suhrkamp taschenbuch
wissenschaft 2072

Die Politik hat den Konsumenten entdeckt und stellt sich zunehmend auf dessen Haltungen und Ansprüche ein. Werden dadurch postdemokratische Verfallsprozesse beschleunigt, oder entsteht stattdessen eine neue Form von Verbraucherdemokratie? Jörn Lamla nimmt die politischen Dynamiken in den Blick, die auf die Interdependenzen und Folgeprobleme der Konsumgesellschaft reagieren und neue Antworten suchen. Öffentliche Kämpfe um eine zeitgemäße Gemeinwohlinterpretation spielen dabei ebenso eine Rolle wie die Praktiken eines moralisch aufgeladenen Konsumalltags. Ziel ist die Entwicklung einer politischen Soziologie, die den verschiedenen innovativen Kräften kapitalistischer Marktordnungen, digitaler Technologien, rechtsstaatlicher Regulierung, zivilgesellschaftlicher Beteiligung, kollektiver Intelligenz und sozialer Bildungsprozesse angemessen Rechnung zu tragen weiß.

Jörn Lamla lehrt und forscht als Professor für Soziologische Theorie an der Universität Kassel.

Jörn Lamla

Verbraucherdemokratie

Politische Soziologie der Konsumgesellschaft

Suhrkamp

Für Linus

Bibliografische Information der Deutschen Nationalbibliothek
Die Deutsche Nationalbibliothek verzeichnet diese Publikation
in der Deutschen Nationalbibliografie;
detaillierte bibliografische Daten sind im Internet
über http://dnb.d-nb.de abrufbar.

suhrkamp taschenbuch wissenschaft 2072
Erste Auflage 2013

Umschlag nach Entwürfen
von Willy Fleckhaus und Rolf Staudt
Druck: Druckhaus Nomos, Sinzheim
Printed in Germany
ISBN 978-3-518-29672-1

Inhalt

7

Einleitung

> Aber genauso wie meines Erachtens die Mannigfaltigkeit des Freizeitverhaltens im heutigen Amerika größer ist, als man an der Oberfläche wahrnimmt, so könnten auch die Quellen für utopisches politisches Denken verborgen bleiben, sich dauernd wandeln und ständig selbst verstecken. Obgleich die Neugier und Aufgeschlossenheit dem offiziellen Bereich des politischen Geschehens gegenüber durch das dauernde ›Krisengerede‹ der Presse und der verantwortlichen Kreise des öffentlichen Lebens verdrängt worden sind, könnten die Menschen in dem Bereich, der noch von ihrem Privatleben übriggeblieben ist, neue kritische und schöpferische Maßstäbe entwickeln. Wenn diese Menschen nicht schon in Zwangsjacken gesteckt werden, ehe sie überhaupt den Anfang dazu machen […], so lernen sie vielleicht eines Tages, nicht nur mit Verbrauchsgütern wie Lebensmitteln oder Büchern, sondern auch mit den ›größeren Gütern‹ richtig umzugehen: einer Nachbarschaft, einer Gesellschaft und einer Lebensweise.[1]

Das vorliegende Buch widmet sich der Frage, wie sich die zahlreichen Probleme und Herausforderungen der heutigen Konsumgesellschaft angemessen politisch bewältigen und regulieren lassen. Und es gibt der gesuchten Lösung auch gleich einen Namen: *Verbraucherdemokratie*. Was dieser Name genau impliziert, ist allerdings nicht leicht festzustellen und wird mich das gesamte Buch hindurch beschäftigen. Schon das Wort Verbraucherdemokratie ist weder im wissenschaftlichen Sprachgebrauch noch in der Alltagssprache verankert.[2] Es löst somit zunächst Spekulationen aus, die in unterschiedlichste Richtungen gehen können. Was wird der

1 David Riesman u. a., *Die einsame Masse. Eine Untersuchung der Wandlungen des amerikanischen Charakters*, Reinbek 1958, S. 319.

2 Zudem weist es das Manko auf, die weibliche Form aus Gründen sprachlicher Vereinfachung zu ignorieren. Zum Ausgleich verwende ich bei den Bürgerinnen nur die weibliche Form. Damit werden traditionelle Zuschreibungen durchbrochen, war doch der Konsum lange vor allem weiblich, die Politik hingegen männlich konnotiert (vgl. Victoria de Grazia, Ellen Furlough (Hg.), *The Sex of Things. Gender and Consumption in Historical Perspective*, Berkeley, Los Angeles 1996). Die jeweils anderen Geschlechter sind also stets mit angesprochen.

Autor damit meinen? Zum Beispiel könnte er darunter etwas völlig *Neues* verstehen, das die in die Krise geratenen, nationalstaatlich organisierten repräsentativen Institutionen demokratischer Politik flankieren und entlasten, wenn nicht sogar ersetzen soll. Die Demokratie verlasse das Terrain staatlicher Rechtsetzung und Regulierung und verlagere sich in eine gänzlich andere Arena: den *Markt*. Hier erscheint das Volk, der Souverän, als Ansammlung individuell agierender *Consumer Citizens*, die mit den Mitteln ihrer Bankkonten auf die Geschicke ihrer durch transnational agierende Großkonzerne maßgeblich bestimmten Gesellschaft Einfluss nehmen.[3] Ist es das, was der Autor unter Verbraucherdemokratie versteht?

Dann treten im Geiste gleich die *Kritiker* dieser Interpretation auf den Plan und stellen den Begriff umgehend unter Ideologieverdacht. Sie weisen darauf hin, dass durch solche Ideen nur die postdemokratischen Tendenzen, die in den westlichen Gesellschaften ohnehin unübersehbar seien, weiter befördert würden, was im Ergebnis zur Aushöhlung noch der letzten staatlichen Kapazitäten führe, die dem Kollektiv der Bürgerinnen über die ökonomische und soziale Macht privater Interessen einen Rest an Entscheidungsautonomie sichern könnten.[4] Andere Kritiker sehen den schwerwiegenderen Kategorienfehler darin, als relevante Wirtschaftsbürgerinnen gerade die Verbraucher ins Auge zu fassen, anstatt sich auf die Unternehmer, Aktionäre und Beschäftigten zu konzentrieren. Die entscheidenden Weichenstellungen im Kapitalismus beruhten schließlich auf dem Zwang zur Kapitalinvestition: Für das Grundproblem der Mehrwertproduktion (G-W-G') hätten die am einfachen Kauf (G-W) orientierten Konsumenten kein ausreichendes Sensorium. Sie seien Unsicherheitsfaktor oder Störgröße, aber niemals Regulierungsinstanz des Marktes.

Es finden sich aber auch *affirmative* Stimmen zu diesem ersten Verständnis von Verbraucherdemokratie, die in dem (durchaus kritischen) Bewusstsein vorgetragen werden, dass die nationalstaatlichen Modi verbindlichen Entscheidens längst ihre Fähigkeit verloren hätten, wirksam auf die globalen Entwicklungen Einfluss zu nehmen. Man müsse sich doch nur die Bankrotterklärungen der internationalen Staatengemeinschaft anschauen, wenn es um

3 Vgl. Michele Micheletti, *Political Virtue and Shopping. Individuals, Consumerism, and Collective Action*, New York, Houndmills u. a. 2003.

4 Vgl. etwa Colin Crouch, *Postdemokratie*, Frankfurt/M. 2008.

die Verteilung der Lasten der Finanzkrise oder das Abwenden der weltweiten Klimakatastrophe gehe. In dieser Konstellation sei es zu begrüßen, wenn sich die Zivilgesellschaft zu neuen Ufern aufmache und Bürgerinnen »den Kaufakt als Stimmzettel« entdeckten.[5]

Damit sind aber nur die Interpretationsmöglichkeiten am einen Pol des Spektrums umrissen. Spekulationen über das Wort »Verbraucherdemokratie« könnten auch in eine ganz andere Richtung gehen. Es könnte weniger normativ und utopisch auf eine Zukunft jenseits der Nationalstaaten bezogen, sondern vielmehr empirisch und realistisch an deren jüngerer Vergangenheit orientiert werden. Der Begriff zielte dann auf eine *Zustandsbeschreibung des Politischen* in einer Gesellschaft, die maßgeblich von den Mittelschichten dominiert wird, deren kulturelle Werte sich vor allem um Wohlstand und Konsum drehen und die die individuelle Lebensspanne zum Maß aller Dinge machen. Die Bürgerinnen scheinen darin auf die Zuschauerplätze des politischen Systems verwiesen zu sein und bekommen von Eliten über die Massenmedien ein launisches Werbespektakel vorgespielt, zu dem sie hin und wieder per Abwahl oder Akklamation Stellung nehmen dürfen – wie in einer Casting-Show. Hinzu komme das Selbstverständnis einer staatlichen Administration, die sich primär als Dienstleister für Kunden und Klienten verstehe, für die passgenaue Vertragskonditionen gesucht, denen Service geboten und günstige Preise gemacht werden müssten, also insbesondere nur so wenig Steuern wie irgend möglich auferlegt werden dürften, sodass die wohlfahrtsstaatlichen Optionen eines *kollektiven* Konsums immer weiter schwinden.

So betrachtet spielte der Terminus der links-intellektuellen Kritik am gegenwärtigen Demokratieverfall geradezu in die Hände. Aber auch zu diesem Begriffsverständnis lassen sich differenzierende oder offen bejahende Positionen einnehmen, die auf Erfolge eines solchen Regimes im 20. Jahrhundert verweisen, das die allgemeine Wohlfahrt gesteigert, zu mehr Gleichberechtigung geführt und als Exportschlager der Demokratie nicht nur die friedliche Wende in der internationalen Blockkonfrontation und die staatliche Einheit Deutschlands gebracht habe, sondern auch in den Schwellen- und Entwicklungsländern zunehmend den gesellschaftlichen Zielhori-

5 Ulrich Beck, *Weltrisikogesellschaft. Auf der Suche nach der verlorenen Sicherheit*, Frankfurt/M. 2007, S. 182.

zont definiere.[6] Was also ist gemeint? Wird das Wort Verbraucherdemokratie hier normativ oder nüchtern deskriptiv gebraucht?

Für sich bietet *weder* der eine *noch* der andere Pol solcher spekulativen Interpretationen hilfreiche Anknüpfungspunkte. Verbraucherdemokratie bezeichnet weder eine Alternative zu bestehenden staatlichen Institutionen, noch geht es darum, diesen Institutionen und Konventionen moderner Demokratien lediglich einen neuen Namen zu geben. Eingenommen wird vielmehr eine Perspektive auf die *Entwicklung* der Demokratie, die sich verändern muss, wenn sich die gesellschaftlichen Probleme signifikant verschieben. So betrachtet liefern dann *sowohl* die Interpretationen am ersten Pol, die auf das Neue der Verbraucherdemokratie gerichtet sind, *als auch* die am entgegengesetzten Pol, wonach wir längst in einer solchen leben, Anhaltspunkte für die Analyse: Die Verbraucherdemokratie ist sowohl *Realität* als auch *Projekt.* Sie basiert und reagiert auf Strukturen und Dynamiken, Herausforderungen und Ansprüche einer Gesellschaft, die um den Konsum und die Konsumenten kreisen. Vorläufig lässt sie sich damit bestimmen als *der politische Prozess, der auf die strukturellen Probleme und problematischen Entwicklungen der Konsumgesellschaft reagiert, diese öffentlich thematisiert und im Rahmen eines Gemeinwesens, das alle davon direkt und indirekt Betroffenen umfasst und angemessen zu repräsentieren beansprucht, einer kollektiven Lösung bzw. Korrektur zuzuführen versucht.* Beginnen muss ihre Untersuchung daher bei der Konsumgesellschaft und ihren Problemen.

Konsumgesellschaft – Dimensionen der Verbraucherdemokratie

Die Einführung der Verbraucherdemokratie als analytisches Konzept lässt sich in dem Maße motivieren, wie sich eine gesellschaftliche Problemkonstellation zeigt und zuspitzt, die von den Praktiken des Konsumierens ihren Ausgang nimmt und/oder folgenreich auf solche Praktiken zurückwirkt.[7] Doch ist es nicht ganz einfach, die-

6 Vgl. etwa Lizabeth Cohen, *A Consumers' Republic: The Politics of Mass Consumption in Postwar America*, New York 2003.

7 Zwar sind eindimensionale Gesellschaftsbegriffe immer verzerrend, aber die ökonomischen, kulturellen und politischen Belange unserer Gegenwart sind in sol-

ser noch recht abstrakten Bestimmung schärfere Konturen abzugewinnen. Eine solche Konstellation umfasst viele Probleme, die sich auf ganz unterschiedlichen Allgemeinheitsniveaus manifestieren. Der begrifflichen und analytischen Systematisierung solcher Dimensionen widmet sich das nachfolgende *erste Kapitel.* Vorerst muss eine kurze Andeutung konsumgesellschaftlicher Problemschichten anhand einiger wichtiger *Unterscheidungen* genügen, um das Ausmaß der Herausforderungen an die Verbraucherdemokratie deutlich zu machen und grob deren Ausgangslage zu skizzieren. Die erläuternden Beispiele sind willkürlich herausgegriffen, und der Eindruck der Unübersichtlichkeit, der sich damit einstellt, ist wohl seinerseits ein wichtiges, konstitutives Moment dieser gesellschaftlichen Ausgangskonstellation. Jedenfalls ist er hier durchaus gewollt, um deutlich zu machen, dass von der Konsumgesellschaft zu reden nicht zwangsläufig bedeutet, die moderne Gesellschaft auf eine einzige ihrer vielen Dimension zu reduzieren, sondern vielmehr dazu auffordern soll, die Komplexität moderner Gesellschaftstheorie neu zu akzentuieren und zu rekonstruieren.

Zu nennen wären in der Konsumgesellschaft zunächst die *ökonomischen* Probleme der effizienten Güterversorgung und die *ökologischen* der nachhaltigen Ressourcennutzung und des Klimaschutzes, die beide mit den Gewohnheiten der Verbraucher eng verzahnt sind. Sodann finden sich Probleme der Einhaltung von Menschenrechten und der *globalen* Verteilungsgerechtigkeit zwischen den an der Produktion, Vermarktung und Nutzung – z. B. eines Markenartikels – Beteiligten und davon Betroffenen sowie der *lokalen* Konkurrenz um Status und Ansehen in einer bis in die Mittelschichten hinein von Prekarität bedrohten Arbeits- und Wohlstandsgesellschaft, in der die Teilhabe am Konsum solcher Waren auch über Inklusion und Exklusion entscheidet.[8] Die Pro-

chem Maße von Konsumsyndromen durchzogen, dass eine *Perspektivierung als Konsumgesellschaft* begründet erscheint – nicht zuletzt, um etablierte Auffassungen von der Moderne als industriekapitalistische Arbeitsgesellschaft im System von Nationalstaaten zu korrigieren (vgl. exemplarisch Anthony Giddens, *Konsequenzen der Moderne*, Frankfurt/M. 1995 sowie Claudius Torp, Heinz-Gerhard Haupt, »Einleitung: Die vielen Wege der deutschen Konsumgesellschaft«, in: Heinz-Gerhard Haupt, Claudius Torp (Hg.), *Die Konsumgesellschaft in Deutschland 1890-1990. Ein Handbuch*, Frankfurt/M., New York 2009, S. 9-24, hier: S. 9-15).

8 Vgl. Berthold Vogel, *Wohlstandskonflikte. Soziale Fragen, die aus der Mitte kom-*

bleme der Verbraucherdemokratie können sich aber auch um Fragen des vorbeugenden Gesundheitsschutzes drehen, die wie der Gammelfleisch-, der BSE- oder der Dioxin-Skandal aus den schwer überschaubaren *Strukturen* industrieller Massentierhaltung und Lebensmittelproduktion resultieren, oder um solche des Jugendschutzes, die mit spezifischen *Ereignissen* wie der Markteinführung alkoholhaltiger Süßgetränke (Alkopops) zusammenhängen. Hinzu kommen Probleme der *Herrschaft* und ihrer *Legitimation*, etwa wenn das Vermögen führender transnationaler Markenkonzerne das Bruttoinlandsprodukt zahlreicher Wohlfahrtsstaaten übersteigt oder die Entsorgung überschüssiger Waren als Almosen an die Armutsbevölkerung erfolgt.[9] Die Palette an Problemen ist also sehr breit und lässt kaum eine gesellschaftliche Konfliktlinie außen vor. Terror und Krieg zwischen den Völkern und Nationen oder die Herausforderungen des demographischen Wandels in einer alternden Gesellschaft stünden nun nicht gerade für Probleme der Konsumgesellschaft, könnte man meinen, aber schon ein kurzes Nachdenken über Blutdiamanten, den weltweiten Durst nach Öl, die Folgen des Massentourismus oder den »Kostenfaktor Kind« verunsichert diese Aussage.

So viel zur Vielfalt der *Issues* des Untersuchungsfeldes und seiner möglichen *Policies*. Sie umfassen gewiss auch die nachfolgende Problemschicht, die *Abhängigkeiten* identifiziert, denen sich Probleme der *Autonomieerwartung* und *-gewinnung* gegenüberstellen lassen: Die nicht selten tödliche Sucht nach harten Drogen ist nur der extremste Fall einer Grundproblematik, die in der Konsumgesellschaft viele Facetten und Schattierungen aufweist. Dabei geht es nicht nur um Tabak, Alkohol, Kaffee, Marihuana, Zucker, Fette usw., sondern auch um nichtphysiologische Abhängigkeiten, nicht zuletzt vom Shopping selbst, sowie um die kehrseitigen Zumutungen von Selbstdisziplin und um die sozialpolitischen und diskursiven Formationen der Aktivierungsgesellschaft mit ihrer Fitnesskultur, die sich bis weit in den Konsumalltag hinein erstrecken. Dieses Problem wird hier analytisch herausgehoben, weil es zugleich auf einen wichtigen Grundwiderspruch aufmerksam

men, Hamburg 2009; Zygmunt Bauman, *Leben als Konsum*, Hamburg 2009; Steffen Mau, *Lebenschancen. Wohin driftet die Mittelschicht?*, Berlin 2012.

9 Vgl. Stephan Lorenz (Hg.), *TafelGesellschaft. Zum neuen Umgang mit Überfluss und Ausgrenzung*, Bielefeld 2010.

macht, den Peter Wagner als unauflösbare Spannung zwischen den Zielen der *Freiheit* und der *Disziplin* charakterisiert hat und der sich in wechselnden Arrangements durch die gesamte Geschichte der Moderne zieht und für diese konstitutive Bedeutung hat.[10] Was hier zunächst auf der *individuellen* Seite der Konsumgesellschaft als Problem auftaucht und allein Freiheiten und Disziplinierungen der Verbraucher zu betreffen scheint, hat eine nicht minder wichtige *kollektive* Dimension: Es geht bei diesem Widerspruch auch um die Gestaltungs- und Regulierungskapazitäten der modernen Gesellschaft, um ihren aufklärerischen Anspruch, sich als politisches Gemeinwesen ein Höchstmaß an Autonomie erhalten und damit auf ihre zukünftige Entwicklung steuernd Einfluss nehmen zu können. Auch diese Probleme ihrer politischen Form, die sich in der spätmodernen Gesellschaft als gravierende Herausforderungen für die Demokratie und ihre bestehenden Institutionen erweisen dürften, hängen womöglich eng mit den Strukturen und Dispositionen einer Konsumgesellschaft zusammen. Sie muss demnach neue Wege finden, um ihre kollektive Autonomie zu steigern und Abhängigkeiten zu reduzieren.

Auf der einen Seite sind dabei erweiterte *direkte Partizipationsmöglichkeiten* der Verbraucher in Rechnung zu stellen, die insbesondere durch die neuen digitalen Informations- und Kommunikationstechnologien mit ihren *Social Media*- und *Web 2.0*-Anwendungen in Reichweite rücken.[11] Veränderungen der Macht- und Kommunikationsverhältnisse reichen bis ans Supermarktregal heran, wenn zukünftig mittels Barcode-Scanner und Smartphone Pro-

10 Peter Wagner, *Soziologie der Moderne. Freiheit und Disziplin*, Frankfurt/M., New York 1995.

11 Einen interessanten Hinweis darauf gibt ein Flyer der Management Circle AG für ein Intensivseminar zum Marketing in Zeiten des Web 2.0: »So kontrollieren Sie die Verbraucherdemokratie!«, wird darauf plakativ verkündet. Und im Text wird erläutert: »Denn in der Ära des Web 2.0 bestimmen die Anwender die Inhalte, die auf Verbraucherseiten Produkte bewerten. Diese neue Verbraucherdemokratie führt dazu, dass authentische Werbung interessanter wird und klassische Werbeslogans für Verbraucher langweiliger werden. Auf diese Entwicklung muss man sich einstellen.« Zur Sicht des Marketings auf die »Konsumenten-Demokratie« vgl. auch Nadine Walter, Kai Alexander Saldsieder, »Machtfaktor Konsumentendemokratie – Chancen und Herausforderungen für die Markenführung im Web 2.0«, in: Ulrich Görg (Hg.), *Erfolgreiche Markendifferenzierung. Strategie und Praxis professioneller Markenprofilierung*, Wiesbaden 2010, S. 127-148.

dukteinschätzungen durch Freundschaftsnetzwerke, Testinstitute, Nichtregierungsorganisationen oder kommerzielle Verbraucherportale sekundenschnell verfügbar sind. Der digitale Kommunikationsraum ist daher bevorzugtes und zugleich stark umkämpftes Terrain für Experimente einer *direkten* Verbraucherdemokratie. Auf der anderen Seite darf aber nicht übersehen werden, dass sich um die Interessen, Probleme und Bedürfnisse in der Konsumgesellschaft ein äußerst komplexes Netzwerk von *Repräsentationsbeziehungen* gespannt hat. Es umfasst Marketing und NGOs, Parteien und Verbände, private Testinstitute und Institutionen des staatlichen Verbraucherschutzes auf unterschiedlichen nationalen und transnationalen Ebenen, sodann Anwaltskanzleien, wissenschaftliche Theorien und Forschungsprogramme von der Markt- über die Hirnforschung bis zur Kulturanthropologie, Aktionskünstlerinnen und Publizistinnen, Designstudios und Werbestars, aber auch Kreditvermittlungs- und Schuldnerberatungsstellen usw. – ganz zu schweigen von jenen Advokatorinnen, die sich für die nichtmenschlichen Wesen einsetzen, etwa für die Rechte von Tieren oder die Ansichten des »lieben Gott«. Überall wird *im Namen* der Verbraucher gesprochen, wird versucht, ihnen eine Stimme zu verleihen oder ihren *wahren* Willen zu übersetzen. Dass dies stets mit Interessenverschiebungen einhergeht, kann sozialwissenschaftlich ebenso wenig bezweifelt werden wie die Ungleichgewichte, die sich zwischen den unterschiedlichen Anliegen einstellen und reproduzieren.

Demnach stellen sich der Verbraucherdemokratie auch Fragen ihrer *politischen Verfassung*, die sich wiederum von solchen der *politischen Kultur* unterscheiden lassen. So steht einerseits die mehr oder weniger dauerhafte Institutionalisierung von Grundrechten, etwa Eigentums- und Vertragsrechten, Informations- und Klagerechten, Mit- und Selbstbestimmungsrechten, Mindestteilhabe- und Schutzrechten usw. zur Disposition, müssen Formen der effektiven Gewaltenteilung gefunden, Verfahrensabläufe festgelegt und Verbindlichkeiten geschaffen werden. Auf der anderen Seite geht es dann aber um die Selbsttranszendierung der Verbraucherdemokratie, um ihre Lern- und Entwicklungsfähigkeit, ihren kollektiven Bildungsprozess, da sie sich – wie andere Demokratieformen auch – bei der Abarbeitung des konsumgesellschaftlichen Problemdrucks selbst im Wege stehen kann. So verkürzt der Konsumismus den

Zeithorizont im Vergleich zur Wahlperiode parlamentarischer Demokratien ein weiteres Mal erheblich, wenn er das Lebensmotto der Hedonisten zum allgemeinen Maßstab erhebt: Ich will alles, und zwar sofort![12] Die politische Kultur der Konsumgesellschaft wird in der Verbraucherdemokratie mithin zur Aufgabe der *Verbraucherbildung*, wobei jedoch unklar bleibt, in welchem Maße ein Entgegenkommen passender Persönlichkeitsdispositionen tatsächlich erforderlich ist. Womöglich greifen andere Mechanismen besser – etwa technologische Innovationen, wissenschaftliche Expertise, charismatische Führungskraft, Infrastrukturmaßnahmen, internationale Vereinbarungen, Rechtsstaatlichkeit, professionalisierte Stellvertretung oder multimediale Massenmobilisierung –, um die Probleme der Konsumgesellschaft zu lösen. Unverzichtbar ist es daher, die Analyse der Verbraucherdemokratie mehrdimensional anzulegen und sie gesellschaftstheoretisch zu reflektieren und zu unterfüttern.

Demokratischer Experimentalismus – Theorie der Verbraucherdemokratie

Was wie der Auftakt zu einem utopischen Entwurf für ein neues kosmopolitisches Gemeinwesen klingen mag, ist also tatsächlich eher als *analytische* Annäherung an einen Prozess gemeint, der längst im Gange ist. Die Suche nach der Verbraucherdemokratie vollzieht sich bereits über eine Vielzahl an Entwürfen und Annäherungen, von denen sicherlich viele scheitern werden. Sofern sie aber für die skizzierte Problem- und Krisenkonstellation der Konsumgesellschaft empfänglich bleibt, diese zu artikulieren lernt und die eigenen Stärken und Defizite reflektiert, so lautet meine These, bleibt die Chance auf politische Bildungsprozesse, verbesserte Repräsentationsverhältnisse, kollektive Autonomiegewinne, ein wachsendes Verantwortungsbewusstsein und steigende Steuerungskapazitäten in der Demokratie erhalten. Ein Automatismus darf

12 Vgl. zu diesen Zeitproblemen der Konsumgesellschaft Hartmut Rosa, »Über die Verwechslung von Kauf und Konsum: Paradoxien der spätmodernen Konsumkultur«, in: Ludger Heidbrink u. a. (Hg.), *Die Verantwortung des Konsumenten. Über das Verhältnis von Markt, Moral und Konsum*, Frankfurt/M., New York 2011, S. 115-132.

aber sicher nicht unterstellt werden. Es ist und bleibt kontingent, ob die Konsumgesellschaft für die Bearbeitung ihrer Probleme ihre politischen Institutionen innovativ erweitert oder diese im Sinne der Postdemokratiethese zunehmend erodieren oder erstarren lässt. Zwei Theoretiker lassen sich in diesem Zusammenhang anführen, die solche Bedingungen genauer inspizieren, nämlich John Dewey und Bruno Latour. Deren Überlegungen führe ich im *zweiten Kapitel* zu einem Analyserahmen zusammen, der als *Demokratischer Experimentalismus* bezeichnet wird.[13] Damit sind der Zustand und der Operationsmodus benannt, in dem die Verbraucherdemokratie sich befindet und entwickelt.

Beide, Dewey in seiner 1927 publizierten Arbeit über *Die Öffentlichkeit und ihre Probleme* sowie Latour in seinem 1999 erschienenen *Parlament der Dinge*, gehen von einem rekursiven Zusammenhang zwischen den indirekten Nebenfolgen, die aus den komplexen Verflechtungen und Interdependenzen des sozialen Handelns in der modernen Gesellschaft resultieren, und einer darauf antwortenden, innovativen Fortbildung demokratischer Institutionen und Staatsformen aus.[14] Dabei kommt der experimentellen Suche nach Lösungen für die Probleme oder »Dinge«, wie Latour die »Streitsachen«[15] zu nennen pflegt, in Prozessen und Verfahren der Öffentlichkeit (Dewey) oder parlamentarischen Versammlung (Latour) zentrale Bedeutung zu. »Ein Staat«, schreibt Dewey, »ist […] schon von Natur aus immer etwas, das geprüft, erforscht und nach dem gesucht werden muß. Beinahe sobald seine Form stabilisiert ist, muß er erneuert werden.«[16] Und auch bei Latour gründet die politische Ordnung nicht auf einem Gesellschafts-, sondern auf einem »Lernvertrag«, wobei die Hüter der Verfassung, die Administratoren und Verfahrenswächter, die für die Kontinuität des öffentlichen Lebens sorgen, ein »Versuchsprotokoll« zu führen haben.[17] Die Unübersichtlichkeit des konsumgesellschaftlichen Problemdrucks

13 Vgl. auch Hauke Brunkhorst (Hg.), *Demokratischer Experimentalismus. Politik in der komplexen Gesellschaft*, Frankfurt/M. 1998.

14 John Dewey, *Die Öffentlichkeit und ihre Probleme*, Bodenheim 1996; Bruno Latour, *Das Parlament der Dinge. Für eine politische Ökologie*, Frankfurt/M. 2010.

15 Bruno Latour, *Von der »Realpolitik« zur »Dingpolitik« oder wie man Dinge öffentlich macht*, Berlin 2005, S. 32.

16 Dewey, *Die Öffentlichkeit und ihre Probleme*, S. 41.

17 Latour, *Das Parlament der Dinge*, S. 257 und 292.

muss also nicht nur Überforderung und Erosion der bestehenden demokratischen Institutionen bedeuten. Die Demokratie kann sich auch zu neuen Ufern aufmachen, sofern sie sich ihre Lernfähigkeit bewahrt.

Mit ihrer Betonung des experimentellen Vorgehens übertragen Dewey und Latour Momente wissenschaftlicher Forschungslogik und Erkenntnisgewinnung auf das Feld der Politik. Dabei streben sie keine Übertragung der Macht an Philosophenkönige oder Technokraten an. Eher gilt das Gegenteil: Die Wissenschaften dürften sich nicht länger in ihrem Elfenbeinturm verkriechen, der nur dazu diene, einen fragwürdigen Monopolanspruch auf objektive Tatsachenfeststellung zu behaupten und zu verteidigen. Ihre Wahrheitssuche sei in hohem Maße von politischen Wertsetzungen durchzogen und müsse sich daher durch Anschlussfähigkeit an den Common Sense legitimieren. Die Erweiterung kollektiven Wissens sei auf demokratische Experimentiergemeinschaften angewiesen, in denen die Logik des forschenden Lernens auf unterschiedlichste soziale Problemkonstellationen verallgemeinert wird.[18] Diese experimentelle Methode, die *Logic of Inquiry*, allgemein zu fassen und jene Bedingungen zu identifizieren, unter denen sie zu einem substantiellen Fortschreiten des kollektiven Erfahrungswissens beiträgt, mit dem die problematischen Nebenfolgen in erweiterten Formen der Staatlichkeit politisch reguliert und die gesellschaftlichen Interdependenzen zum Identifikationsbestandteil einer vergrößerten Gemeinschaft werden können, ist Sinn und Zweck des Analyserahmens. Dewey und Latour sehen den Schlüssel hierzu in der *Öffentlichkeit*.

Im *theoretischen Modell* des Demokratischen Experimentalismus ist diese Öffentlichkeit der Ort der Versammlung, an dem sich jenes Kollektiv neu zusammenfinden muss, das durch ein zur Streitsache gewordenes gesellschaftliches Problem oder »Ding« bereits folgenreich vernetzt ist, ohne darin aber bereits ein gemeinschaftlich kontrolliertes Handeln erblicken zu können. Die Identifikation dieses Kollektivs, eine Art »Wir im Wartestand«, kann als grundlegende Aufgabe einer sich darum bildenden Öffentlichkeit betrachtet werden. Erforderlich sind dann jedoch verschiedene weitere Schritte, um die Problemsituation zu ordnen, Vorschläge und mögliche

18 Vgl. Matthias Kettner, »John Deweys demokratische Experimentiergemeinschaft«, in: Brunkhorst (Hg.), *Demokratischer Experimentalismus*, S. 44-66.

Lösungen zur Sprache zu bringen, diese auszufiltern und in eine hierarchische Beziehung zu bringen, um schließlich solche neuen Vorstöße für die *demokratische Repräsentation des Kollektivs und der Anliegen seiner Mitglieder* zu generieren, die Akzeptanz finden und geeignet sind, sich institutionell und gewohnheitsmäßig zu verfestigen. Zugleich müssen diese Lösungen *symbolisch* durchgearbeitet, protokolliert und repräsentiert sein, soll der öffentliche Lernprozess das kollektive Wissen nachhaltig erweitern und sich von der situativen Logik des Trial-and-Error-Verfahrens unterscheiden.[19]

Zugleich ist klar, dass die *empirische Wirklichkeit* von einem solchen theoretischen Modell mehr oder weniger abweicht, dass es also Probleme und Hindernisse für die Öffentlichkeit geben wird, sich in dieser Weise zu identifizieren und zu organisieren. Das ist auch für Dewey und Latour offensichtlich, die sich auf Walter Lippmann beziehen, der die Öffentlichkeit als »Phantom« abgekanzelt hat – wenngleich sie dessen Elitismus nicht teilen.[20] Der Soziologie hilft das Modell gleichwohl, den Zustand der Öffentlichkeit zu diagnostizieren und festzustellen, wie weit die Demokratie davon entfernt ist, sich neu zu formieren und den drängenden gesellschaftlichen Herausforderungen zu stellen. Die Analyse kann sich einerseits auf die *innere Konstitution* der Öffentlichkeit richten und untersuchen, wie stark sie fragmentiert oder fokussiert ist, welche Experimente und Lösungsansätze im Gespräch sind, ob sich neue Repräsentationsbeziehungen entwickeln und wie begründet die Annahme erscheint, dass diese sich institutionell verfestigen und bewähren. Sie muss andererseits aber auch deren *äußere Bedingungen* im Auge behalten, etwa das Tempo des gesellschaftlichen Wandels, die strukturelle Komplexität der Sachprobleme oder die Beharrungstendenzen etablierter Mächte und Institutionen, um die Chancen demokratischen Lernens angesichts der mächtigen Eigendynamiken in der späten Moderne abschätzen zu können.

Damit weist das Modell des Demokratischen Experimentalismus der Analyse der Verbraucherdemokratie einen Weg, nämlich zunächst einmal die öffentlichen Anstrengungen in den Blick zu nehmen, Probleme der Konsumgesellschaft angemessen zur Sprache zu bringen und ihre Handlungsnetzwerke zu repräsentieren.

19 Vgl. Latour, *Das Parlament der Dinge*, S. 140-209; John Dewey, *Logik. Die Theorie der Forschung*, Frankfurt/M. 2002.

20 Walter Lippmann, *The Phantom Public*, New York 1925.

Dies kann sicherlich auf sehr unterschiedlichen Ebenen passieren, angefangen bei den *unzähligen Skandalen und Detailproblemen* wie dem Dioxin im Frühstücksei, dem Rauchverbot in Gaststätten oder dem T-Shirt für 4,95 Euro bei H&M, die allesamt ihre Öffentlichkeit finden. Da die Probleme der Konsumgesellschaft sich aber zugleich zu einer *Krisenkonstellation* verschärfen, wobei der Begriff der Krise auf die strukturelle Überforderung der bestehenden, selbst in die Probleme verstrickten politischen Institutionen und Lösungsansätze abstellt, lassen sich Prozesse der Formierung einer Öffentlichkeit auch auf übergeordneter Ebene vermuten. Die Verbraucherdemokratie entwickelt sich demnach nicht nur verstreut und unzusammenhängend in lokalen Arenen, sondern gewinnt auch als allgemeines, übergreifendes Projekt Gestalt, wie am publizistischen *Diskurs* der Verbraucherdemokratie verdeutlicht werden kann. Darüber dürfen freilich die vielen kleinen Experimente nicht vergessen werden. Sie sind und bleiben ein wesentlicher Bestandteil der politischen Formierungsprozesse. Und ebenso wenig darf bei der Analyse dieser Öffentlichkeit stehen geblieben werden, ohne deren interne Dynamik mit den eigendynamischen Prozessen der kulturellen *Praktiken* und institutionellen *Ordnungen* in der Konsumgesellschaft ins Verhältnis gesetzt zu haben. Dabei ist zu fragen, ob und inwieweit diese einer Verbraucherdemokratie entgegenkommen oder nicht.

Öffentlichkeit – Diskurs der Verbraucherdemokratie

In der vergangenen Dekade hat sich auf dem Sachbuchmarkt ein reger, vielleicht auch lukrativer publizistischer Diskurs zu den Fragen der Verbraucherdemokratie entwickelt. Überwiegend jüngere Journalistinnen und (Medien-)Intellektuelle haben in dieser Zeit mit – hier in der Reihenfolge ihrer Erstveröffentlichung aufgelisteten – Buchtiteln wie *Culture Jam* (Erstveröffentlichung 1999), *No Logo!* (2000), *Schwarzbuch Markenfirmen* (2001), *Das konsumistische Manifest* (2002), *Konsumrebellen* (2004), *Fake for Real* (2005), *Kunde König ruiniert sein Land* (2006), *Die Einkaufsrevolution* (2006), *Habenwollen* (2006), *Consumed* (2007), *Glanz und Elend der Kommerzkultur* (2007), *Öko. Al Gore, der neue Kühlschrank und ich* (2008), *Ende der Märchenstunde. Wie die Industrie die Lohas und Lifestyle-Ökos vereinnahmt* (2009) usw. eine interessierte Leserschaft gefunden, gefolgt und begleitet von einer ansteigenden Forschungs- und Publikationstätigkeit in den Sozialwissenschaften.[21]

Als eine Art »whirlpool of argumentative action«[22] ist die Arena dieses publizistischen Sachbuchmarktes gut geeignet, eine erste Diagnose zum Zustand der Öffentlichkeit und ihrer demokratischen Experimente vorzunehmen. Mit den Mitteln einer »Soziologie der Kritik«[23] lässt sich anhand dieser Textdokumente herausarbeiten, welche Weltbezüge, Rechtfertigungsordnungen und Engagementformen in dieser Öffentlichkeit artikuliert werden und ihre Bahnen kreuzen. Und diese Liste ist – unabhängig von der Frage ihrer Vollständigkeit – eindrucksvoll. Auf den ersten Blick präsentiert sich dieser Diskurs als ziemlich heterogene Ansammlung von Kritiken bzw. Affirmationen der Konsumgesellschaft, und der Eindruck einer starken Fragmentierung der verbraucherdemokratischen Öffentlichkeit bleibt nicht aus. Die Positionen reichen von kapitalismuskritischer Boykottpolitik, aufklärerischen Ansätzen zu mehr Transparenz und Verbraucherinformation, Verteidigungen rechtsstaatlicher Rahmensetzungskompetenz oder moralischen Konsumappellen über dekonstruktive Angriffe auf die Werbespra-

21 Kalle Lasn, *Culture Jamming. Das Manifest der Anti-Werbung*, Freiburg 2005; Naomi Klein, *No Logo! Der Kampf der Global Players um Marktmacht. Ein Spiel mit vielen Verlieren und wenigen Gewinnern*, Pößneck ²2002; Klaus Werner, Hans Weiss, *Das neue Schwarzbuch Markenfirmen. Die Machenschaften der Weltkonzerne*, Wien, Frankfurt 2003; Norbert Bolz, *Das konsumistische Manifest*, München 2002; Joseph Heath, Andrew Potter, *Konsumrebellen. Der Mythos der Gegenkultur*, Berlin 2005; Judith Mair, Silke Becker, *Fake for Real. Über die private und politische Taktik des So-tun-als-ob*, Frankfurt/M., New York 2005; Bernhard Pötter, *König Kunde ruiniert sein Land. Wie der Verbraucherschutz am Verbraucher scheitert. Und was dagegen zu tun ist*, München 2006; Tanja Busse, *Die Einkaufsrevolution. Konsumenten entdecken ihre Macht*, München 2006; Wolfgang Ullrich, *Habenwollen. Wie funktioniert die Konsumkultur?*, Frankfurt/M. 2006; Benjamin R. Barber, *Consumed. Wie der Markt Kinder verführt, Erwachsene infantilisiert und die Demokratie untergräbt*, München 2007; Robert Misik, *Das Kult-Buch. Glanz und Elend der Kommerzkultur*, Berlin 2007; Peter Unfried, *Öko. Al Gore, der neue Kühlschrank und ich*, Köln 2008; Kathrin Hartmann, *Ende der Märchenstunde. Wie die Industrie die Lohas und Lifestyle-Ökos vereinnahmt*, München 2009.

22 Anselm L. Strauss, *Continual Permutations of Action*, Hawthorne, NY 1993, S. 227.

23 Luc Boltanski, Laurent Thévenot, *Über die Rechtfertigung. Eine Soziologie der kritischen Urteilskraft*, Hamburg 2007.

che, offene Marktapologetik oder begrenzte Akzeptanz der Kommerzkultur bis hin zu bildungsbürgerlichem Distinktionsgebaren oder der Sehnsucht nach einem einfachen, authentischen Leben.

Diese Vielfalt kann verschiedene Ursachen haben, die in der Konsequenz ganz unterschiedliche Einschätzungen nahelegen und deshalb nach einer möglichst genauen Analyse verlangen, die im *dritten Kapitel* erfolgt. Ist die diskursive Ausgangslage Beleg für den strukturellen Zerfall öffentlicher Selbstverständigung im Zeitalter der Postdemokratie? Oder spiegelt sie nur in sachangemessener Weise die hohe Komplexität der konsumgesellschaftlichen Problemkonstellation wider? Vielleicht handelt es sich um eine frühe Phase ihrer Formierung, in der die Öffentlichkeit noch perplex vor der unübersichtlichen Gemengelage an Deutungsangeboten steht, die erst allmählich in einen gemeinsamen Problemrahmen überführt werden. Folglich wird erst die Zukunft erweisen, wann und wie die zentrifugale in eine zentripetale Dynamik öffentlicher Lösungssuche umzuschlagen beginnt, wobei empirisch ebenso möglich bleibt, dass das Thema zuvor an den Aufmerksamkeitsfiltern fluktuierender Medienmärkte scheitert oder nur zu Kohärenz gelangt, wo es die Sachproblematik extrem verkürzt. Immerhin, das zeigt der Buchmarkt in jedem Fall, beginnt sich die Öffentlichkeit der Verbraucherdemokratie als solche zu identifizieren. Geprägt ist sie aber zugleich von einer Vielzahl experimenteller Ansätze, etwa des Marktes und seiner Exit-Option, der freiwilligen Selbstbindung oder Quasi-Normierung von Unternehmenspraktiken, der gouvernementalen Führung der Konsumsubjekte, der wissenschaftlichen Expertise und technologischen Innovation, der medienwirksamen Skandalisierung oder der sanktionsbewehrten Entscheidung in der Staatengemeinschaft. Ob es gelingt, diese Pluralität in eine neue kollektive Ordnung zu überführen, ist die spannende, empirisch offene Frage.

Die Autorinnen des publizistischen Diskursfeldes füllen – vielleicht getrieben durch ihre journalistische Konkurrenz – sukzessive die Felder (oder Nischen) einer bestimmten Diskursmatrix, die als solche zwar kaum Thema wird, aber doch so etwas wie den grammatischen Code enthält, auf den sich alle stützen. So setzen sich die Bücher zu drei Handlungsarenen ins Verhältnis – zu jener der *staatlichen Intervention*, der *medialen Kommunikation* sowie der *privaten (Alltags-)Ökonomie* – und wählen daraus ihre primäre Bezugswelt, in der sie bevorzugt nach Lösungen für die Krisen und Probleme der Konsumgesellschaft suchen. Zugleich gehen sie von unterschiedlichen Quellen der Empörung und der Kritik an dieser Konsumgesellschaft aus, die sich auf einer ersten Ebene entlang der Differenz von *Sozial- und Künstlerkritik* bestimmen lassen, die sich jedoch beide intern noch ein weiteres Mal differenzieren.[24] So kann die Sozialkritik eher an liberalen *Rechts-* oder an gemeinschaftlichen *Solidaritätskonzepten* ausgerichtet sein, und die Künstlerkritik unterscheidet sich danach, ob sie eher auf *emanzipative* Freisetzung oder am Ideal der *Authentizität* ausgerichtet ist.

Erkennt man, dass sich der publizistische Diskurs zur Verbraucherdemokratie über alle Positionen dieser Matrix mit ihren Welten des politischen Engagements und Mustern der Kritik erstreckt, wird deutlich, dass hier *eine demokratische Experimentiergemeinschaft darüber debattiert, wie sich die Sphären des Staates, der Medien und der marktbasierten (Alltags-)Ökonomie so neu arrangieren lassen, dass den verschiedenen Forderungen der Sozial- und der Künstlerkritik in der Krisenkonstellation der Konsumgesellschaft besser Rechnung getragen werden kann.* Die Öffentlichkeit weist dabei im Vergleich zu den einzelnen Diskursbeiträgen *als Kollektiv* die höhere Kapazität für die Suche solcher Lösungen auf, die sich als Regulierung der problematischen Nebenfolgen und Interdependenzen der Konsumgesellschaft bewähren können. Die (nachfragebedingte?) Neigung der Publizistinnen, steile und damit vereinseitigende Thesen zur Verbraucherdemokratie ins Feld zu führen, ist nur dann als eine Schwäche auszulegen, wenn es der Öffentlichkeit im weiteren Verlauf der Debatte nicht gelingt, den dadurch gewonnenen Reichtum an Argumenten zu protokollieren, schrittweise zu systematisieren und in Lösungshypothesen zu transformieren.[25]

24 Vgl. Luc Boltanski, Ève Chiapello, *Der neue Geist des Kapitalismus*, Konstanz 2003.

25 Mit der viel diskutierten Schwarmintelligenz einer unverbundenen Masse (vgl. James Surowiecki, *The Wisdom of Crowds: Why the many are smarter than the few and how collective wisdom shapes business, economies, societies and nations*, London 2004) hat diese Form kollektiven Lernens sehr wenig zu tun.

Consumer Citizen? – Praktiken der Verbraucherdemokratie

Die soziologische Analyse der Öffentlichkeit nimmt nicht nur die innere Konstitution der Öffentlichkeit in den Blick, sondern auch deren äußere Bedingungen, um einzuschätzen, ob experimentelle Lösungsansätze, die sich innerhalb des publizistischen Diskurses herauskristallisieren und durchsetzen, die Nebenfolgen und Interdependenzen der Konsumgesellschaft reflexiv unter Kontrolle zu bringen und das Kollektiv besser als bislang zu artikulieren vermögen.[26] Beispielsweise verschiebt der Diskurs schon dadurch, dass er die Praktiken des Konsums ausgiebig thematisiert, die Aufmerksamkeit in Richtung der Verbraucher, denen in vielen Ansätzen mehr Verantwortung für die Nebenfolgen der Konsumgesellschaft abverlangt wird. Sie werden vielfach als Konsumbürgerinnen – oder neudeutsch: Consumer Citizen – angesprochen. Es ist aber weitgehend unklar, inwiefern eine solche Zuschreibung von Bürgertugenden oder Momenten einer Bürgerinnenrolle mit dem Entgegenkommen dazu passender Motivlagen und kultureller Praktiken rechnen kann. Das *vierte Kapitel* widmet sich daher aus soziologischer Perspektive einer solchen Zentrierung der Verbraucherdemokratie auf jenen Akteur ihrer weit ausgreifenden Netzwerke, der ihr den Namen gibt: auf den Verbraucher.

Um eine problematische Adressierung von Verantwortung würde es sich bei den Appellen an die Consumer Citizens dann handeln, wenn die erforderliche »Civic Competence«,[27] die ja bereits im Rahmen der etablierten staatlichen Institutionen nicht ohne weiteres unterstellt werden kann, seitens der Verbraucher in ihren alltagsökonomischen Handlungskontexten nicht oder nur ungenügend aufgebracht werden kann. Der öffentliche Diskurs könnte mit solchen verbraucherzentrierten Lösungsansätzen die geforder-

26 An dieser Stelle verschränkt sich die *Soziologie der Kritik* mit einer *kritischen Soziologie*, die in Rechnung stellt, dass die in der Öffentlichkeit mobilisierte Kritik durch externe Faktoren, die den Beteiligten selbst nicht ohne weiteres zugänglich sind, blockiert, verzerrt oder eingeschränkt sein kann (vgl. Robin Celikates, *Kritik als soziale Praxis. Gesellschaftliche Selbstverständigung und kritische Theorie*, Frankfurt/M., New York 2009).

27 Robert A. Dahl, »The Problem of Civic Competence«, in: *Journal of Democracy*, H. 4 (1992), S. 45-59.

te Verantwortung für die Interdependenzen und problematischen Nebenfolgen der globalisierten Ökonomie unzureichend repräsentieren und artikulieren, wenn er mit normativen Appellen auf politische Funktionsdefizite reagiert, ohne zuvor abzuklären, in welchem Maße die zugeschriebenen und erwarteten bürgerschaftlichen Leistungen auch erbracht werden können. Die Benennung von Verantwortlichen könnte sogar perverse Effekte zeitigen und in »organisierte Unverantwortlichkeit«[28] umschlagen oder die Probleme durch Scheinlösungen verstellen und vergrößern, wenn die Bedingungen nicht ausreichend abgeklärt worden sind, unter denen die Institutionalisierung einer bürgerschaftlichen Leistungsrolle auf der Seite der Verbraucher gelingen kann. Das betrifft nicht nur die Frage, wie dieser bürgerschaftliche Beitrag genau spezifiziert wird, ob es etwa um eine pauschale Tugendzumutung geht, die im Rahmen des Konsumalltags umzusetzen ist, oder um begrenzte Anforderungen, z. B. im Rahmen einzelner Boykott- oder Protestaktionen. Ebenso betrifft es die institutionellen Bedingungen der Qualifizierung oder der politischen Intervention in das komplizierte Gerüst der Verbraucherpräferenzen.[29]

Aus soziologischer Perspektive sind solche experimentellen institutionellen Designs der *Verbraucher*-Demokratie – hier wörtlich verstanden – mit der kulturellen Innenseite der Alltagsökonomie und der Konsumpraktiken der Verbraucher zu konfrontieren und zu verknüpfen. Teilweise leistet dies der publizistische Diskurs selbst. Viel zu oft aber wird darin undifferenziert von *dem* Verbraucher im Singular gesprochen, so als handelte es sich bereits um die massenhafte Inkarnation des gesuchten oder aber verworfenen Kollektivsubjekts.[30] Mittels einiger soziologischer Theorien,

28 Ulrich Beck, *Gegengifte. Die organisierte Unverantwortlichkeit*, Frankfurt/M. 1988.

29 Vgl. Hans-Joachim Giegel, »Kompetenzen und Qualifizierung von Akteuren als Bedingung und Resultat der Qualifizierung von Demokratie«, in: Hans-Joachim Giegel, Dirk Berg-Schlosser (Hg.), *Perspektiven der Demokratie. Probleme und Chancen im Zeitalter der Globalisierung*, Frankfurt/M., New York 1999, S. 177-216; Hubertus Buchstein, »Die Zumutungen der Demokratie. Von der normativen Theorie des Bürgers zur institutionell vermittelten Präferenzkompetenz«, in: Klaus von Beyme, Claus Offe (Hg.), *Politische Theorien in der Ära der Transformation*, Opladen 1996, S. 295-324.

30 Vgl. kritisch dazu bereits Yiannis Gabriel, Tim Lang, *The Unmanageable Consumer. Contemporary Consumption and its Fragmentations*, London 1995.

die sich den kulturellen Praktiken der Verbraucher zuwenden und (gegebenenfalls fehlende) Anschlussfähigkeiten oder Wahlverwandtschaften mit Blick auf die Tugend- und Verantwortungszumutungen im öffentlichen Diskurs herausarbeiten, kann zunächst das argumentative Material für ein stärker differenzierendes Bild der Consumer Citizens gewonnen werden, da Klassiker wie David Riesman, Michel de Certeau oder Albert O. Hirschman ganz unterschiedliche Facetten von Bürgerschaftlichkeit im Konsumalltag sichtbar werden lassen. Sie reichen von Dispositionen zur Außenlenkung der Consumer Citizen über deren Potenzial, sich taktisch von den Anrufungen der Konsumgüterindustrie zu distanzieren und Versuche jeder Fremdkontrolle subversiv zu unterlaufen, bis hin zu biografischen Transformationen und Konversionen der Verbraucher in politische Aktivbürgerinnen, die ihre gesamte Lebensführung entlang kollektiver Werte in der Verbraucherdemokratie neu ausrichten und umgestalten.

Eine solche theoretische Analyse sensibilisiert im nächsten Schritt dafür, welche Unterschiede an Konstellationen und Dispositionen der Verbraucher für deren bürgerschaftliche Mobilisierbarkeit im Rahmen der Verbraucherdemokratie relevant sind. Auf der Grundlage einer Untersuchung zur virtuellen Alltagsökonomie werden die wichtigsten empirischen Differenzierungslinien typologisch nachgezeichnet. Die Praktiken des *internetvermittelten* Konsums liefern dafür gutes Ausgangsmaterial, insofern die sonst nicht leicht zu erhebenden, weil schwer zu verbalisierenden Konsumgewohnheiten hier noch reflexiv zugänglich und thematisierbar sind. Darüber hinaus verändern die neuen digitalen Medien die gesellschaftliche Konstellation, in der kulturelle Praktiken des Konsums situiert sind, insgesamt, sodass Hinweise auf allgemeine Entwicklungstrends in der Konsumbürgerschaft insbesondere auch in diesem Kontext beobachtbar sein dürften.[31] Im Ergebnis zeigt sich ein großer Bedarf an gründlicher empirischer Differenzierung zwischen verschiedenen *Typen* von Verbrauchern, die für die Ausübung einer Bürgerinnenrolle ganz unterschiedliche Voraussetzungen mitbringen, je nachdem, ob sie eher Dispositionen zu traditions- oder innen-geleiteten Konsumpraktiken aufweisen, ob sie

31 Vgl. zu dieser These etwa Margaret Scammell, »The Internet and Civic Engagement: The Age of the Citizen-Consumer«, in: *Political Communication*, H. 4 (2000), S. 351-355.

eher dem Typus des Außen-Geleiteten entsprechen oder ein Muster der taktischen Subversion in ihrem Konsumalltag zu erkennen geben. Von einem emphatischen Konzept des Consumer Citizen sind sie ungefähr gleich weit entfernt, wobei sich ihr *Qualifikationsprofil* in Bezug auf eine solche Rolle grundlegender kaum unterscheiden könnte.

Kultureller Kapitalismus – Ordnungen der Verbraucherdemokratie

Ob sich die politischen Experimente der Verbraucherdemokratie praktisch bewähren, hängt nicht nur von den kulturellen Dispositionen der Verbraucher ab, sondern ist auch von den strukturellen Dynamiken der gesellschaftlichen Ordnung insgesamt abhängig. Das betrifft etwa die Fähigkeit der Märkte und Unternehmen, Kritik, wie sie von sozialen Bewegungen oder Protestgruppen geäußert wird oder sich als herrschende Meinung aus dem publizistischen Diskurs ergibt, zu absorbieren, zu ignorieren oder kreativ umzuwerten. Die Mobilisierung von Verantwortung für die Nebenfolgen der Konsumgesellschaft betrifft nicht nur Akteursgruppen wie die verschiedenen Verbraucher- oder Unternehmenstypen, sondern das sozialökonomische Netzwerk insgesamt, wobei die experimentellen Ausgangsbedingungen keineswegs stabil bleiben, sondern ein sich ständig bewegendes, laufend und spontan auf die öffentlichen Diskurse reagierendes Ziel, ein *moving target*, abgeben. Welche Strategie vor diesem Hintergrund ein politisches Lösungspotenzial entfalten kann, muss – soweit möglich – in Kenntnis dieser strukturellen Eigendynamiken beurteilt werden.

Auch dazu kann mit den Mitteln soziologischer Theorie ein Beitrag geleistet werden, wobei jedoch kein privilegierter Standpunkt gegenüber der politischen Öffentlichkeit beansprucht werden soll, die selbst auf solches Theoriewissen über die Gesellschaft und ihre Dynamik laufend zurückgreift. Vielmehr liegt das Besondere des soziologischen Zugangs in der Methode, die verschiedenen impliziten Theorien von der Gesellschaft und ihrer Eigendynamik zu kontrastieren, zu elaborieren und zu systematisieren. Dies geschieht im *fünften Kapitel* mit Blick auf eine Zeitdiagnose, die eine zunehmende Verschränkung von Kultur und Kapitalismus als Signum der Gegenwartsgesellschaft ausmacht und deshalb als *kultureller Kapitalismus* bezeichnet werden kann. Während eine solche Einschätzung zur gesellschaftlichen Ordnung und ihrer strukturellen Dynamik unter den verschiedenen Theorien durchaus auf breite Zustimmung stößt, sind ihre Implikationen für das Projekt einer Verbraucherdemokratie doch alles andere als klar und unumstritten. Denn je nachdem, welche soziologische Theorie der Diagnose zugrunde gelegt wird, ergeben sich unterschiedliche Einschätzungen zu der Frage, wie aussichtsreich eine Reintegration der »Großen Gesellschaft« zu einer »Großen Gemeinschaft« im Zeitalter des kulturellen Kapitalismus ist, ganz zu schweigen von der Frage, ob und wann dieses »Kollektiv« als »gut artikuliert« gelten darf.[32]

Um die konkurrierenden Einschätzungen zu dieser Frage einer empirischen Klärung näher zu bringen, werden sie auf vier theoretische Modelle oder Hypothesen darüber zurückgeführt, wie das dynamische Verhältnis von Kultur und Kapitalismus im kulturellen Kapitalismus genau zu verstehen ist. Die Grundmodelle verfolgen eine *Homologie*-, eine *Fragmentierungs*-, eine *Kopplungs*- und eine *Aushandlungshypothese*, für die sich jeweils unterschiedliche soziologische Bezugstheorien, Anleihen bei den Klassikern sowie typische Anwendungsbeispiele heranziehen lassen, um dem jeweiligen Interpretationsansatz die nötige Plausibilität zu verleihen. Diese Beobachtung wiederum führt zu der Einsicht, dass es sich mit Blick auf die Gesamtkonstellation des kulturellen Kapitalismus nicht nur um konkurrierende Hypothesen handeln könnte, sondern auch um komplementäre Beiträge zur Erklärung der strukturellen Dynamik in der Gegenwartsgesellschaft. Vor diesem Hintergrund können die experimentellen Reaktionen auf die Krisen und Probleme der Konsumgesellschaft einer differenzierteren empirischen Einschätzung zugeführt werden.

Um die theoretische Konstruktion von vier idealtypischen Strukturdynamiken der sozialen Ordnung im kulturellen Kapitalismus einem ersten empirischen Test zu unterziehen, werden zuvor Wandlungsprozesse im Internet untersucht. Insbesondere in seiner jüngeren Entwicklungsphase, die auch als »Web 2.0«[33] bezeichnet

32 Zu dieser an Dewey und Latour angelehnten Terminologie siehe Kapitel II.

33 Tim O'Reilly, *What Is Web 2.0? Design Patterns and Business Models for the Next Generation of Software*, 2005, ⟨www.oreillynet.com/lpt/a/6228⟩, letzter Zugriff 1.9.2007.

wird, ist der digitale Kommunikationsraum Internet zu einem Experimentierfeld für neue Formen der Verschränkung von Kultur und Ökonomie geworden. Verschiedene Muster der *Intersektion* ökonomischer und kultureller Praktiken und Welten lassen sich darin identifizieren. Im Ergebnis weisen die Praktiken auf sozialen Netzwerkseiten wie MySpace oder Facebook vielfach in Richtung *homologer* Entwicklungen von kulturellen und kapitalistischen Dispositionen, wohingegen verschiedene kommerzielle Anwendungen, die versuchen, den *user-generated content* der Verbraucher für ihre betrieblichen Wertschöpfungsketten nutzbar zu machen, eher einem Modell der »kapitalistischen Landnahme«[34] entsprechen und eine *fragmentierte* Kultur zurücklassen. Daneben finden sich aber auch Formen der technischen und rechtlichen *Kopplung* getrennter Welten einer sozialen Produktion von freier, nicht-proprietärer Software einerseits und proprietärer Produktionsformen andererseits sowie schließlich auch offene Prozesse der *Aushandlung* über die Legalität oder Illegalität digitaler Tauschpraktiken (z. B. File-Sharing) oder staatlicher und kommerzieller Eingriffe in die Privatsphäre (z. B. Vorratsdatenspeicherung).

Die Fallbeispiele machen deutlich, dass in der Analyse von Prozessen sozialer Ordnungsbildung mit verschiedenen strukturellen Dynamiken gerechnet werden muss, die sich bereichsspezifisch ergänzen, aber auch wechselseitig überlagern und damit verstärken oder abschwächen können. Für demokratische Experimente stellt der kulturelle Kapitalismus daher ein schwieriges Terrain dar, das viele Risiken birgt, insofern Ansätze zu mehr Mitbestimmung darin oftmals ohne strukturelle Folgen in die bestehende ökonomische Ordnung integriert oder auf andere Art und Weise unterlaufen werden. Zugleich bietet er aber auch Voraussetzungen und Anknüpfungspunkte für eine Verbraucherdemokratie, insofern die Autonomie der kulturellen Praxis in vielen Bereichen als unverzichtbare Ressource und konstitutive Bedingung dieses sozialökonomischen Arrangements vorausgesetzt werden muss, woraus sich stets auch Chancen für eine gesellschaftliche Machtverschiebung sowie neue politische Regulierungsformen in der Konsumgesellschaft ergeben können.

34 Vgl. Klaus Dörre, »Die neue Landnahme. Dynamiken und Grenzen des Finanzmarktkapitalismus«, in: Klaus Dörre u. a., *Soziologie – Kapitalismus – Kritik. Eine Debatte*, Frankfurt/M. 2009, S. 21-86.

Der Staat der Verbraucher – Defizite der Verbraucherdemokratie

In etwa dem gleichen Zeitraum, in dem der publizistische Diskurs der Verbraucherdemokratie an Fahrt aufgenommen hat, ist hierzulande auch die staatliche Verbraucherpolitik in Bewegung geraten. Maßgeblicher Auslöser war die Rinderkrankheit BSE, die Ende des Jahres 2000 auf Deutschland übergegriffen und zum Rücktritt der grünen Bundesgesundheitsministerin und des sozialdemokratischen Bundeslandwirtschaftsministers sowie zur Neustrukturierung eines Bundesministeriums für Verbraucherschutz, Ernährung und Landwirtschaft unter Leitung von Renate Künast (Bündnis 90/Die Grünen) geführt hatte. Diese zeitliche Koinzidenz wirft nun die Frage auf, inwiefern die staatliche Reorganisation des Politikfeldes die Herausforderungen der Verbraucherdemokratie im Zeitalter des kulturellen Kapitalismus reflektiert und geeignete Lösungen bereits vorwegnimmt. Oder reproduziert die Verbraucherpolitik institutionelle Gewohnheiten der Konsumgesellschaft, ohne zu einer Neuverteilung der Verantwortung für deren systematisch produzierte soziale, kulturelle, ökonomische und ökologische Nebenfolgen zu gelangen? Das *sechste Kapitel* widmet sich unter diesen Gesichtspunkten den Defiziten bestehender staatlicher Ansätze zu einer Verbraucherdemokratie.

Verglichen mit etablierten Paradigmen einer markt-liberalen oder fürsorgestaatlichen Verbraucherschutzpolitik finden sich in den politischen Maßnahmen, die das neue Bundesministerium nach der BSE-Krise ergriffen hat, durchaus experimentelle Ansätze für einen Dritten Weg, der in Richtung einer neuen Verbraucherdemokratie weist. Dieser Weg lässt sich ausgehend von den »Dingen«, also den Sachproblemen, mit denen sich die staatliche Verbraucherpolitik auseinandersetzen muss, rekonstruieren. Sie beschäftigt sich beispielsweise neben Problemen der *Risikoprävention* im gesundheitlichen Verbraucherschutz auch mit Herausforderungen einer grundlegenderen *Reform der Agrarwirtschaft* sowie Fragen der aktiven Beteiligung und angemessenen *Repräsentation der Verbraucher und ihrer Interessen* – nicht zuletzt vor dem Hintergrund veränderter Möglichkeiten durch neue *Informations- und Kommunikationstechnologien*. Zeigt sich in den staatlichen Reaktionen auf diese Probleme einerseits durchaus eine gewisse Experimentierbereitschaft, so kann doch andererseits nicht übersehen werden, dass institutionelle und politisch-kulturelle Routinen des bestehenden Arrangements zwischen Staat, Markt, Industrie, Wissenschaft, Recht und Medien fortgeführt werden, obgleich Zweifel an der Lösungskapazität und Zustimmungsfähigkeit dieser Form, das Kollektiv in der Konsumgesellschaft zu versammeln und zu artikulieren, heute mehr als angebracht erscheinen.

Nicht zuletzt ist Kritik an der Art und Weise angebracht, wie die staatliche Politik die Verbraucher anspricht und für ihre experimentellen Ansätze eines Dritten Weges in verschiedenen Politikfeldern zu mobilisieren versucht. Oft folgt das Muster, mit dem die Regierung die Verbraucher zu bilden und in Consumer Citizens zu transformieren versucht, einem in der Sozialpolitik erprobten Modell der Aktivierung, das erziehungsstaatliche und paternalistische Züge aufweist. Ein solcher *gouvernementaler* Politikansatz ist kritisch zu hinterfragen, weil er die Verbraucher für die Reintegration der Markt- und Konsumgesellschaft vor allem *funktionalisiert*, ohne zu prüfen, ob deren Anliegen dabei auch angemessen *repräsentiert* werden. Insbesondere mit Blick auf die strukturellen Ordnungsdynamiken im kulturellen Kapitalismus erzeugt diese Aktivierungspolitik nur wenige Spielräume für autonome Gestaltung und Reorganisation. Vielmehr liegt sie selbst ganz auf der Linie einer Verschränkung von Kultur und Kapitalismus, von Bürgerschaftlichkeit und Marktordnung, die den problematisch gewordenen Strukturprinzipien der Konsumgesellschaft weitere Expansionsmöglichkeiten verschafft, anstatt neu auszuhandeln, inwiefern diese begrenzt und modifiziert werden müssten. Bürgerin und Konsument werden gleich auf mehreren Gebieten kategorial verschmolzen und den strukturellen Erfordernissen der Märkte eingepasst, indem sie überwiegend als individuelle, d. h. von kollektiven Anliegen abgeschnittene Privatsubjekte angesprochen, aktiviert und vertraglich eingebunden werden.

Hinter dieser fehlerhaften Ausrichtung staatlicher Aktivierungspolitik verbergen sich nicht nur ungleiche Machtverhältnisse und strukturelle Interessen, sondern auch kollektive Abhängigkeiten bis hin zur krankhaften Sucht nach der Fortsetzung der institutionellen und kulturellen Routinen eines produktivistischen Wachstumsregimes. Wenngleich es zu ersten Ansätzen der Aktivierung des Staates für eine neue Regulation und Organisation der sozialökomischen Beziehungen und Handlungen durchaus kommt, zeigen sich doch enorme Schwierigkeiten, diesen eingeschlagenen Pfad der gesellschaftlichen Entwicklung zu verlassen, obwohl genau dies in unserer heutigen Konsumgesellschaft zur Krise der fehlenden Nachhaltigkeit beiträgt. Damit stellt sich abschließend die Frage, ob – und wenn ja, wie – eine Aktivierungsstrategie im Rahmen einer Verbraucherdemokratie denkbar wäre, die sich solch zwanghafter Abhängigkeiten zu entledigen, die produktivistischen Strukturprinzipien zu transzendieren und den kulturellen Kapitalismus als Ressource für eine bessere Artikulation und Repräsentation der in der Konsumgesellschaft versammelten Anliegen zu nutzen versteht.

Was bleibt? – Reserven der Verbraucherdemokratie

In der Rolle eines Protokollanten der öffentlichen Experimentiergemeinschaft oder eines Verfahrenswächters der Verbraucherdemokratie und ihrer intellektuellen Suchbewegungen kann der soziologische Beobachter nicht viel mehr leisten, als auf Reserven hinzuweisen, die in den bisherigen politischen Anstrengungen des Kollektivs vergessen zu werden drohen oder zu wenig gewürdigt zu sein scheinen. Dieser Aufgabe wendet sich das *siebte Kapitel* zu. Ausgehend von den Vorschlägen, die David Riesman und seine Mitarbeiter vor mehr als einem halben Jahrhundert zur Frage vorgebracht haben, wie die Verbraucher am politischen Gemeinwesen stärker partizipieren und durch eine professionalisierte »Freizeitberatung«[35] im Interdependenzgeflecht der Konsumgesellschaft besser repräsentiert werden könnten, wird nach Experimenten gefahndet, die Wege in eine *Nachknappheitsgesellschaft* bahnen könnten. Dieser erläuterungsbedürftige Terminus steht nicht für das Ende aller Knappheiten, sondern für ein in der heutigen Konsumgesellschaft bereits angelegtes Potenzial zur Überwindung der *Fixierung* auf Knappheiten, welches sich die gesellschaftliche Gemeinschaft allerdings erst noch erschließen muss, indem sie einerseits die produktivistischen Zwanghaftigkeiten der Arbeits- und Leistungsgesellschaft, die sich bis in den Konsumalltag hinein erstrecken, strukturell wirksam begrenzt und andererseits auf der

35 Vgl. dazu Riesman u. a., *Die einsame Masse*, S. 313-315.

Grundlage dieser erweiterten Freiheiten und wiedergewonnenen Autonomiespielräume die Kommunikations-, Repräsentations- und Anerkennungsverhältnisse so neu ordnet, dass sie dem kulturellen Kapitalismus Zugewinne an demokratischer Selbstbestimmung abtrotzen können.

Als erstes Schlüsselexperiment ist hier zu diskutieren, inwiefern das *bedingungslose Grundeinkommen* als ein maßgebliches Bürgerinnenrecht der Verbraucherdemokratie anzusehen ist, das nicht nur für deren politische und ökonomische, sondern auch für deren kulturelle Verfassung die Weichen neu und grundlegend anders als bisher stellt. Riesman hätte einen solchen Ansatz sicherlich begrüßt und als notwendig sowie vielversprechend angesehen, um die Verbraucher aus der Umklammerung durch die erwerbsarbeits- und leistungsfixierten Institutionen ein Stück weit herauszulösen. Denn erst dann könnten sie sich ungehemmt der Aufgabe zuwenden, die sozialen Beziehungen, Interdependenzen und Nebenfolgen der Konsumgesellschaft kritisch zu bewerten und neu zu ordnen. Als hinreichend würde er eine solche *rechtliche Weichenstellung innerhalb der kapitalistischen Ökonomie* aber sicherlich nicht ansehen, da die Abhängigkeiten, die derzeit noch verhindern, dass die soziale Wertschätzung sich von ökonomischen Erfolgskriterien lösen kann, zugleich im kulturellen Mythenbestand der Gesellschaft tief verankert sind. Deshalb muss insbesondere geklärt werden, unter welchen Bedingungen sich ein Wertschätzungslernen kollektiv vollziehen kann, das komplementär zu den erweiterten negativen Freiheiten (und deren ökonomisch-rechtliche Institutionalisierung kulturell absichernd) eine positive Hinwendung zu den Gestaltungsaufgaben der Nachknappheitsordnung motiviert und abstützt.

Dieses Problem aufgreifend, wird in einem zweiten Schritt analysiert, inwiefern der *Mythos der Authentizität*, der in der Romantik zu voller Entfaltung gelangt ist, eine *kulturelle Reserve* für diesen Lernprozess bereitstellt. Laut Riesman ist es für die (kulturelle) Konstitution der Verbraucherdemokratie nicht nur entscheidend, wie sich die Abhängigkeit der Verbraucher von der sozialen Anerkennung durch ihre Peers entwickelt, sondern damit zusammenhängend auch, welches Selbstverhältnis sie dabei einnehmen. Der Authentizitätsmythos bietet ein Transformationspotenzial auf beiden Seiten dieses Selbst- und Sozialverhältnisses – ist aber nicht ohne Risiken. Denn vor dem Hintergrund der Diagnose einer wachsenden Verschränkung von Kultur und Kapitalismus stellt sich sofort das Problem, dass der Authentizitätsmythos in der Konsumgesellschaft bereits in vielfältiger Weise kommerziell in Beschlag genommen wird. Es ist daher zu klären, ob und unter welchen Bedingungen diese Reserve angesichts der verschiedenen Strukturdynamiken in den Ordnungen des kulturellen Kapitalismus zu einer besseren Artikulation und Reintegration des Kollektivs beitragen kann. So steht der künstlerkritische Impuls, den dieser Mythos in der Konsumgesellschaft verankert, nicht ohne Grund im Verdacht, verbliebene Kräfte zur Stärkung eines solidarischen Zusammenhalts eher auszuzehren als zu stützen. Wird dieser Mythos jedoch durch die kritische Öffentlichkeit entzaubert – und dafür gibt es empirische Anzeichen ebenso wie strukturelle Gründe –, bleibt ihm am Ende nur der Brückenschlag zur Kritik der sozialen Verhältnisse. Denn der Mythos der Authentizität, so lautet die abschließende These, verankert in der Konsumgesellschaft dann letztlich nur noch eines, nämlich die Grundfrage jeder Verbraucherdemokratie: »Wie wollen und können wir gemeinsam leben?«

Im Ergebnis erweist sich kein einzelner der experimentellen Ansätze und keine einzelne der benannten Reserven der Verbraucherdemokratie als Garant für eine stabile und gut artikulierte Lösung der Probleme der Konsumgesellschaft. Einen Königsweg in die Nachknappheitsgesellschaft gibt es nicht, und die Anfälligkeit aller Vorschläge für die paradoxen Dynamiken, die der kulturelle Kapitalismus zeitigt, machen die Schwierigkeiten deutlich, zu den Hoffnungen auf soziale Reintegration bzw. Warnungen vor unausweichlichen Erosionsfolgen in einer Verbraucherdemokratie eindeutig Stellung zu nehmen. Es ist die Vielzahl der Experimente, aus denen diese Demokratie schöpfen kann und muss und die zugleich die Einsicht vermittelt, dass eine solche Demokratie auch nicht anders als durch experimentelle Kombinationen ihrer vielen Stellgrößen gefunden werden kann. Dieser Prozess kann jedoch ein Lernprozess sein, in dem Fehler zunehmend besser erkannt, Erfahrungen öffentlich reflektiert, Wissensgrundlagen gemeinschaftlich systematisiert und Zukunftsentscheidungen auf dieser Basis kollektiv besser vertreten und verantwortet werden können.

I. Konsumgesellschaft – Dimensionen der Verbraucherdemokratie

(a) Der Kinofilm *Die fetten Jahre sind vorbei* beginnt nach dem Vorspann mit einer Szene vor einem Geschäft für Markensportschuhe. Junge Aktivistinnen in weißen T-Shirts mit der Aufschrift »Stop Sweatshops« verteilen Flugblätter an Passanten und Konsumenten, mit denen sie auf Kinderarbeit und menschenunwürdige Bedingungen bei der Produktion von Turnschuhen in Ländern wie Indonesien oder den Philippinen hinweisen, die hierzulande für 100 Euro verkauft würden, obwohl ihre Herstellung höchstens fünf Euro kosten würde. Die Demonstration endet damit, dass zwei Mitglieder dieser Gruppe, die sich direkt im Laden an Kunden gewendet hatten, gewaltsam aus diesem verwiesen und in Polizeigewahrsam genommen werden. – Wo endet der öffentliche Raum, in dem die Grundrechte der Versammlungs- und Meinungsfreiheit gelten und geschützt sind? Haben private Betreiber von Einkaufszentren, Bahnhöfen oder Flughäfen das Recht, unliebsame Meinungskundgebungen zu untersagen? Gegen die Betreiber des Frankfurter Flughafens hat das Bundesverfassungsgericht in seinem Urteil vom 22. 2. 2011 klargestellt, dass auch in den Abflughallen der *Fraport AG* das Demonstrationsrecht Gültigkeit besitzt. »Als legitimer Zweck zur Einschränkung der Meinungsfreiheit«, so heißt es in den Erläuterungen des Ersten Senats u. a., »kann nicht der Wunsch herangezogen werden, eine ›Wohlfühlatmosphäre‹ in einer reinen Welt des Konsums zu schaffen, die von politischen Diskussionen und gesellschaftlichen Auseinandersetzungen frei bleibt.«[1]

(b) In einer seiner Neujahrsansprachen forderte der damalige Bundeskanzler Gerhard Schröder die Bürgerinnen mit freundlichen Worten dazu auf, durch das eigene Konsum- und Investitionsverhalten »ganz persönlich« den Arbeitsplatz des Nachbarn sichern zu helfen. – In Deutschland wird die anhaltende Kaufunlust oder sogar Konsumverweigerung der Verbraucher immer wieder als eine Hauptursache für das Stocken des deutschen Konjunkturmotors verantwortlich gemacht. Um die Binnennachfrage in

1 Pressemitteilung 18/2011 des BVerfG, ⟨http://www.bverfg.de/pressemitteilungen/bvg11-018.html⟩, letzter Zugriff 17. 8. 2012.

Schwung zu bringen, wird Kaufen zur Bürgerinnenpflicht ernannt. »Geiz macht arm« titelte etwa der *Spiegel* und fragte mit Blick auf die Werbekampagnen großer Elektronikhändler besorgt, ob sich die Republik »auf dem Weg in die Billig-Gesellschaft« befindet.[2] – Und nicht nur was das Geldausgeben betrifft, auch in anderen Hinsichten müssen die politischen Vertreterinnen hin und wieder überrascht zur Kenntnis nehmen, dass sich die Verbraucher querstellen und die administrativ geplanten Abläufe stören, etwa indem sie einen mit etwas höherem Bioethanol-Anteil versehenen Kraftstoff mit dem Namen ›E 10‹ schlicht nicht tanken.

(c) Die Umweltschutzorganisation *Greenpeace* schaltete vor einigen Jahren einen Kinowerbefilm, in dem ein Komitee von Außerirdischen mit einem Jargon, der an Meetings von Top-Managern eines Konzernriesen denken lässt, darüber berät, ob sich die Rettung der Erde lohne oder dieses unrentabel geführte Unternehmen besser abgestoßen werden sollte. Die Antwort fällt negativ aus, weil »Sorg«, der Anwalt der »Erdlinge«, den korrupt wirkenden Vorsitzenden nicht überzeugen kann. Er hat nicht mehr zu bieten als den Appell an die Kinobesucher, zusammen nur noch »gute Produkte« zu kaufen und sich hinter die »guten Firmen« zu stellen. – Internetplattformen für strategischen oder nachhaltigen Konsum wie die Seite www.utopia.de versuchen genau dies: Sie wollen Verbrauchern positive Kaufempfehlungen für Produkte von Unternehmen geben, die hohe ökologische und soziale Standards haben, und zeichnen solches Engagement mit einem Preis aus, anstatt negativ zum Boykott oder Konsumverzicht aufzufordern. Sie fördern damit einen neuen Konsum- und Lebensstil, der in der Marketingwelt als *Lifestyle of Health and Sustainability (Lohas)* bezeichnet wird.

(d) In den Pariser Banlieues eskalierten im Herbst 2005 schon länger schwelende Unruhen frustrierter Jugendlicher, zumeist mit Migrationshintergrund und ohne Arbeit, und weiteten sich zu einem Flächenbrand aus, den der Staat mit harten Restriktionen wie nächtlichen Ausgangssperren bekämpfte. Nacht für Nacht gingen hunderte von Autos in Flammen auf und wurden öffentliche Einrichtungen, Läden und Einkaufszentren gestürmt. – In seinem Buch *Das Elend der Welt* interpretiert der Soziologe Pierre Bourdieu solche Gewalt als Protest gegen die Symbole und den ma-

2 *Der Spiegel*, 51 (2004).

teriellen Ausschluss von der konsumkulturellen Teilhabe.[3] Und in einem viel diskutierten und in zahlreiche Sprachen übersetzten politischen Manifest mit dem Titel *Der kommende Aufstand*, verfasst von einem »unsichtbaren« französischen Komitee, erfahren diese »Freudenfeuer« eine nachträgliche Rechtfertigung als Vorboten einer neuen Strategie der Gegenwehr, als »Taufe eines Jahrhunderts voller Versprechungen« und als lebenspraktische Inbesitznahme eines Territoriums durch die Besitzlosen.[4] Die weit fortgeschrittene »Zersetzung aller gesellschaftlichen Formen«, die sich darin spiegele, schaffe die ideale Bedingung für ein »wildes Massenexperiment« der Emanzipation: »›Autonom werden‹ könnte auch gut heißen: lernen, auf der Straße zu kämpfen, sich leere Häuser zu nehmen, nicht zu arbeiten, sich wie verrückt zu lieben und in den Supermärkten zu klauen.«[5]

(e) Die Drogeriemarktkette dm behauptet sich gut in ihrem von Discountern und Supermärkten hart umkämpften Sektor und verdankt diesen Erfolg der im Vergleich größten Kundenzufriedenheit. Ihr Gründer, Götz Werner, Professor für Entrepreneurship an der Universität Karlsruhe, der sein Unternehmen nach anthroposophischen Grundsätzen leitet, propagiert öffentlichkeitswirksam die Idee eines existenzsichernden Grundeinkommens, das alle Einwohner individuell und ohne jede Arbeits- oder Gegenleistungspflicht erhalten sollen und das die bisherigen Transfereinkommen ersetzen würde. Die Finanzierung soll im Rahmen einer radikalen Steuerreform durch eine auf 50 Prozent der Nettopreise erhöhte Konsum- oder Mehrwertsteuer erfolgen, wodurch der Faktor Arbeit steuerfrei würde.

Dies sind einige erste Schlaglichter auf die Verbraucherdemokratie, wie sie dem interessierten Beobachter bei der morgendlichen Zeitungslektüre, beim Fernsehen, im Kino oder auch in seinem sonstigen Konsumalltag begegnen könnten. Sie alle zeigen aktuelle Phänomene der Politisierung des Konsums und der Konsumgesellschaft, wenn auch aus höchst unterschiedlichen Richtungen, mit ganz verschiedenen Zielen und Mitteln. Eine Politische Soziologie

3 Vgl. Pierre Bourdieu u. a., *Das Elend der Welt. Zeugnisse und Diagnosen alltäglichen Leidens an der Gesellschaft*, Konstanz 1997, S. 85 f.

4 Unsichtbares Komitee, *Der kommende Aufstand*, 2010, ⟨http://linksunten.indymedia.org/node/22964⟩, letzter Zugriff 17. 8. 2012, S. 11 und S. 35.

5 Ebd., S. 23.

der Konsumgesellschaft macht es sich zur Aufgabe, solche Phänomene zu untersuchen und systematisch einzuordnen. Dabei drängt sich eine Vielzahl von Fragen auf: Wie und warum wird der Konsum politisiert? Unter welchen Bedingungen kann er selbst zu einer Form politischen Handelns werden? Wo wird politischer Protest dagegen kommerziell vereinnahmt? Lassen sich Märkte überhaupt durch Moral steuern? Welche Rolle spielen dabei die Medien, öffentliche Kampagnen, soziale Bewegungen und Nichtregierungsorganisationen? Oder bleibt der Konsum primär *Bezugsproblem* für politisches Handeln in politischen Institutionen anstatt auf Märkten? Auf welchen Ebenen wird er zum politischen Problem? Welche Rolle spielt er z. B. in den großen Ordnungsentwürfen der Wirtschaftspolitik? Mit was für Problemen beschäftigt sich der staatliche Verbraucherschutz? Welche Repräsentantinnen gibt es, die beanspruchen, *für* die Verbraucher zu sprechen? Und sprechen sie auch mal *mit* ihnen? Greift die Konsumkultur auf die politische Kultur über, und würde sich daraus eine Bedrohung für die parlamentarische Demokratie ergeben? Inwiefern wird eine solche Tendenz durch Politikinszenierungen, die nach dem Muster der erfolgreichen Markenführung ablaufen, noch verstärkt? Stehen die hohe Spendenbereitschaft und die Scheckbuchmitgliedschaften bei Organisationen der Zivilgesellschaft für ein hohes oder ein niedriges bürgerschaftliches Engagement? Und welche Folgen hat es, wenn der Sozialstaat seine Klienten als Kunden und nicht als Bürgerinnen anspricht und dementsprechend behandelt? In welchem Ausmaß verschmelzen diese Rollen heute, und was bedeutet das für die Sphären des privaten und des öffentlichen Lebens?

Diese Fragen zeigen, dass die Verbraucherdemokratie ein sehr vielschichtiger und unübersichtlicher Forschungsgegenstand ist. Während sich Teildisziplinen wie die Konsumsoziologie, die Forschung zu sozialen Bewegungen oder die sozialwissenschaftliche Politikfeldanalyse vielleicht noch auf einzelne dieser Fragen konzentrieren können, sind sie für eine Untersuchung zur Verbraucherdemokratie alle zugleich relevant. Denn die Verbraucherdemokratie bezeichnet eine übergreifende analytische Perspektive und wird – wie in der Einleitung bereits erwähnt – in erster Annäherung als *der politische Prozess bestimmt, der auf die strukturellen Probleme und problematischen Entwicklungen der Konsumgesellschaft reagiert, diese öffentlich thematisiert und im Rahmen eines Gemeinwesens, das alle davon direkt und indirekt Betroffenen umfasst und angemessen zu repräsentieren beansprucht, einer kollektiven Lösung bzw. Korrektur zuzuführen versucht.* Um diesem Prozessbegriff der Verbraucherdemokratie schärfere Konturen zu verleihen, ist es unverzichtbar, sich die Probleme der Konsumgesellschaft und ihre Politik genauer anzuschauen. Dabei kann ein Blick auf die Forschung zu einzelnen Teilbereichen des Feldes durchaus helfen, Problemdimensionen der Verbraucherdemokratie zu systematisieren, sofern dabei die Differenz der jeweiligen Forschungsperspektive zur hier gewählten nicht aus dem Blick gerät.

Die Verbraucherdemokratie wird somit im ersten Schritt negativ ab- und eingegrenzt. Mit Begriffen und Unterscheidungen, über die sich spezifische Untersuchungsfelder sowie zugehörige Theorierichtungen und Forschungsergebnisse einer Politischen Soziologie des Konsums identifizieren lassen (1), werden zugleich wichtige Dimensionen der Verbraucherdemokratie benannt, obgleich jeder dieser konzeptionellen Ansätze für sich genommen wenig geeignet ist, die Problemzusammenhänge und den Prozess der Verbraucherdemokratie zufriedenstellend zu analysieren. Entscheidend für meine Herangehensweise ist vielmehr die Vermutung, dass sich die Konsumgesellschaft mit ihren vielfältigen Problemen und Dimensionen zu einer politischen Krisenkonstellation ausgewachsen hat, wodurch die bestehenden Institutionen der Demokratie unter Druck geraten. Denn unter einer politischen Krisenkonstellation ist eine Situation der Gesellschaft zu verstehen, in der die etablierten Mittel der Politik nicht mehr ausreichen, um den Problemdruck abzuarbeiten, sondern selbst Teil des Problems werden (2).

1. Grundbegriffe und Untersuchungsfelder einer Politischen Soziologie des Konsums

Der Konsum und die Konsumgesellschaft sind in den letzten zwei Jahrzehnten massiv in den Fokus sozialwissenschaftlicher Forschung gerückt.[6] Die Zeiten, in denen die Konsumsoziologie noch

6 Dies zeigen die zahlreichen inzwischen vorliegenden Überblickswerke (etwa Daniel Miller (Hg.), *Acknowledging Consumption. A Review of New Studies*, London, New York 1995; Stephen Edgell u. a. (Hg.), *Consumption Matters. The production*

als »vergessene Disziplin« bezeichnet werden konnte, sind definitiv vorbei.[7] Schon dieses stark wachsende sozialwissenschaftliche Interesse hat einen gewissen diagnostischen Wert, sofern mit Max Weber angenommen werden darf, dass die Auswahl von Forschungsgegenständen etwas über ihre »Kulturbedeutsamkeit« aussagt und nicht allein mit Forschungslücken einzelner Disziplinen erklärt werden kann.[8] Die Konsumgesellschaft wird gleichzeitig von einer Vielzahl von Disziplinen vermehrt beforscht, von der Geschichtswissenschaft ebenso wie der Soziologie, von der Psychologie ebenso wie der Ethnologie, von der Kunst- ebenso wie der Kommunikationswissenschaft, von der Geographie ebenso wie der Politikwissenschaft und von der Ökotrophologie ebenso wie von den klassischen wirtschaftswissenschaftlichen Teildisziplinen. Ihre Kulturbedeutsamkeit kann sich aus verschiedenen Quellen speisen. Zu diesen gehören aber gewiss nicht nur Glücksversprechungen und Lebensfreude, die mit der Bedürfnisbefriedigung in der Konsumgesellschaft einhergehen. Eine nicht unerhebliche Quelle des Interesses dürften vielmehr nach wie vor auch die zahlreichen Konflikte und Probleme sein, die mit einer Gesellschaft, die um den Konsum und die Konsumenten kreist, einhergehen.

Dafür, dass diese Probleme in naher Zukunft nicht verschwinden, spricht nicht zuletzt die wachsende Aufmerksamkeit, die auf das *Verhältnis von Politik und Konsum* in den vergangenen Jahren in der sozialwissenschaftlichen Forschung zur Konsumgesellschaft

and experience of consumption, Oxford, MA 1996; Don Slater, *Consumer Culture and Modernity*, Cambridge 1997; Hannes Siegrist u. a. (Hg.), *Europäische Konsumgeschichte. Zur Gesellschafts- und Kulturgeschichte des Konsums (18. bis 20. Jahrhundert)*, Frankfurt/M., New York 1997; Ariane Stihler, *Die Entstehung des modernen Konsums. Darstellung und Erklärungsansätze*, Berlin 1998; Doris Rosenkranz, Norbert F. Schneider (Hg.), *Konsum. Soziologische, ökonomische und psychologische Perspektiven*, Opladen 2000), Handbücher (Neva R. Goodwin u. a. (Hg.), *The Consumer Society*, Washington, D.C. 1997; Haupt, Torp (Hg.), *Die Konsumgesellschaft in Deutschland 1890-1990*) sowie Einführungen und Reader mit einschlägigen klassischen Texten (Martyn J. Lee (Hg.), *The Consumer Society Reader*, Malden, MA, Oxford 2000; Juliet B. Schor, Douglas B. Holt (Hg.), *The Consumer Society Reader*, New York 2000; Michael Jäckel, *Einführung in die Konsumsoziologie. Fragestellungen – Kontroversen – Beispieltexte*, Wiesbaden 2004).

7 Günter Wiswede, »Konsumsoziologie – Eine vergessene Disziplin«, in: Rosenkranz/Schneider (Hg.) *Konsum*, S. 23-72.

8 Max Weber, *Schriften zur Wissenschaftslehre*, Stuttgart 1991, S. 43.

gerichtet wurde.[9] Die Untersuchungen in diesem Feld zeigen, dass in der Konsumgesellschaft einiges in Bewegung gekommen ist, dass sich die Grenzen zwischen Wirtschaft, Zivilgesellschaft und Staat verschieben und neue Formen eines politischen, ethischen, moralischen oder nachhaltigen Konsums herausbilden.[10] Nicht mehr nur Unternehmen werden an ihre soziale Verantwortung für die Gesellschaft erinnert, sondern zunehmend auch die Verbraucher, und mit diesen Veränderungen entstehen neue Formen der Bürgerschaftlichkeit, die sich der Gegenüberstellung von Bourgeois und Citoyen, von Verbraucher und Staatsbürgerin entziehen.[11] Im Zuge

9 Auch davon zeugen die verschiedenen Tagungsbände und Sammelwerke zu diesem Forschungsfeld. Vgl. etwa Martin Daunton, Matthew Hilton (Hg.), *The Politics of Consumption. Material Culture and Citizenship in Europe and America*, Oxford 2001; Michele Micheletti u. a. (Hg.), *Politics, Products, and Markets. Exploring Political Consumerism Past and Present*, New Brunswick, London 2004; Jörn Lamla (Hg.), »Unterschätzte Verbrauchermacht. Potenziale und Perspektiven der neuen Verbraucherbewegung«, Themenschwerpunkt, *Forschungsjournal Neue Soziale Bewegungen*, H. 4 (2005); Jörn Lamla, Sighard Neckel (Hg.), *Politisierter Konsum – konsumierte Politik*, Wiesbaden 2006; Sigrid Baringhorst u. a. (Hg.), *Politik mit dem Einkaufswagen. Unternehmen und Konsumenten als Bürger in der globalen Mediengesellschaft*, Bielefeld 2007.

10 Vgl. Frank Adloff u. a. (Hg.), *Wirtschaft und Zivilgesellschaft. Theoretische und empirische Perspektiven*, Wiesbaden 2005; Nico Stehr, *Die Moralisierung der Märkte. Eine Gesellschaftstheorie*, Frankfurt/M. 2007; Dietlind Stolle u. a., »Zwischen Markt und Zivilgesellschaft: politischer Konsum als bürgerliches Engagement«, in: Dieter Gosewinkel u. a. (Hg.), *Zivilgesellschaft – national und transnational. WZB-Jahrbuch 2003*, Berlin 2004, S. 151-171; Dietlind Stolle, Michele Micheletti, »Warum werden Käufer zu ›politischen Verbrauchern‹?«, in: *Forschungsjournal Neue Soziale Bewegungen*, H. 4 (2005), S. 41-52; Rob Harrison u. a. (Hg.), *The Ethical Consumer*, London 2005; Peter Koslowski, Birger P. Priddat (Hg.), *Ethik des Konsums*, München 2006; Birger P. Priddat, *Moralischer Konsum. 13 Lektionen über die Käuflichkeit*, Stuttgart, Leipzig 1998; Geert de Neve u. a. (Hg.), *Hidden Hands in the Market. Ethnographies of Fair Trade, Ethical Consumption, and Corporate Social Responsibility*, Bingley 2012; Ulf Schrader, Ursula Hansen (Hg.), *Nachhaltiger Konsum. Forschung und Praxis im Dialog*, Frankfurt/M., New York 2001; Gerhard Scherhorn, Christoph Weber (Hg.), *Nachhaltiger Konsum. Auf dem Weg zur gesellschaftlichen Verankerung*, München 2002; Frank-Martin Belz u. a. (Hg.), *Nachhaltiger Konsum und Verbraucherpolitik im 21. Jahrhundert*, Marburg 2007; Louis Lebel u. a. (Hg.), *Sustainable Production Consumption Systems. Knowledge, Engagement and Practice*, Dordrecht u. a. 2010; Heidbrink u. a. (Hg.), *Die Verantwortung des Konsumenten.*

11 Vgl. Achim Westebbe, David Logan, *Corporate Citizenship. Unternehmen im gesellschaftlichen Dialog*, Wiesbaden 1995; Simon Zadek u. a. (Hg.), *Building*

dieser Forschungsanstrengungen haben sich einige konzeptionelle Zugänge herauskristallisiert, die dem hier verfolgten Ansatz in mancher Hinsicht durchaus nahekommen. Sie beleuchten zentrale Problemdimensionen der Verbraucherdemokratie, zeigen einige ihrer Facetten und Aspekte auf und gestatten es daher, den Begriff näher einzukreisen. Diese Zugänge weisen im Vergleich zur hier gewählten Perspektive auf die Verbraucherdemokratie aber auch ein Komplexitätsdefizit auf und bleiben hinter dem von mir vorgeschlagenen Ansatz für die Analyse des Verhältnisses von Politik und Konsum in der Gegenwartsgesellschaft zurück.

Diese Zugänge und begrifflichen Abgrenzungen betreffen zunächst Formen des politischen Engagements, die in der Sphäre der *Marktordnung* verbleiben, wie die Praktiken des *politischen, ethischen* oder auch *nachhaltigen* Konsums (1.1). Daneben lassen sich Forschungsperspektiven identifizieren, die das Politische des Konsums nicht ins Private verschieben, sondern weiterhin in der Sphäre einer *zivilgesellschaftlichen Öffentlichkeit* verorten, wo sich eine breite sozio-politische Bewegung des *Konsumerismus* und ihr historischer Wandel verfolgen lässt (1.2). Wird das Verhältnis von Politik und Konsum hingegen ausgehend von der *staatlichen Administration* betrachtet, rücken vor allem die verschiedenen Policy-Dimensionen des komplexen Handlungsfeldes der *Verbraucherpolitik* in den Blick (1.3). Schließlich sind jene Positionen aufzugreifen, die sich skeptisch gegenüber der (funktionalen) Differenzierungstheorie äußern, die in den ersten drei Zugängen noch implizit mitschwingt, und auf die *hybriden* Figuren des Consumer Citizen bzw. Citizen Consumer verweisen, die sich historisch in der kulturellen Praxis herausgebildet haben oder aber – und dies ist nicht immer klar unterschieden – in der Zukunft herausbilden sollen (1.4).

Corporate Accountability. Emerging Practices in Social and Ethical Accounting, Auditing and Reporting, London 1997; Ulf Schrader, *Corporate Citizenship: Die Unternehmung als guter Bürger?*, Berlin 2003; Stefanie B. Hiß, *Warum übernehmen Unternehmen gesellschaftliche Verantwortung? Ein soziologischer Erklärungsversuch*, Frankfurt/M., New York 2006; Holger Backhaus-Maul u. a. (Hg.), *Corporate Citizenship in Deutschland. Bilanz und Perspektiven*, Wiesbaden 2008; Frank Trentmann, »Introduction. Citizenship and consumption«, Special Issue, *Journal of Consumer Culture*, H. 2 (2007), S. 147-158; Kate Soper, Frank Trentmann (Hg.), *Citizenship and Consumption*, Basingstoke 2008; Veronika Kneip, *Consumer Citizenship und Corporate Citizenship. Bürgerschaft als politische Dimension des Marktes*, Baden-Baden 2010.

1.1 Politischer, ethischer und nachhaltiger Konsum im Rahmen des Marktes

Als konzeptionellen Ausgangspunkt für ihre Forschungen zum *politischen* Konsum wählen Dietlind Stolle, Marc Hooghe und Michele Micheletti die Frage, ob die Perspektive auf die Zivilgesellschaft in den pessimistischen Zeitdiagnosen zum Zustand demokratischer Gemeinwesen und des bürgerkulturellen Sozialkapitals eigentlich angemessen justiert ist.[12] Könnte es nicht sein, dass die verbreiteten Thesen zum Verfall der Zivilgesellschaft und zur Krise des sozialen Vertrauens aus einer fragwürdigen Blickverengung auf die Institutionen der Zivilgesellschaft – etwa auf ihr Assoziationswesen, die demokratischen Beteiligungs-, Bewegungs- und Protestformen, die kommunitären Einrichtungen, das freiwillige bürgerschaftliche Engagement usw. – herrühren?[13] Ihre Vermutung lautet, dass dabei ein großer Bereich von politischen Beteiligungs- und Engagementformen gar nicht näher betrachtet wird. Gemeint sind eben solche, die sich in alltäglichen Konsumpraktiken artikulieren.[14] Diese ausgeblendeten Formen politischer Beteiligung und zivilen Engagements werden übersehen, weil sie nicht in feste Assoziationsstrukturen oder gar formale Organisationen münden, sondern sporadischer auftreten, ein eher weiblich geprägtes Artikulationsmuster aufweisen und im Rahmen der privaten, individualisierten Bewältigung des Lebensalltags verbleiben. Während kommunitaristische Zeitdiagnosen die Orientierung auf private Interessen und alltagsökonomische Belange zumeist als Ausdruck des politischen Tugend- und Werteverfalls sehen, spricht doch einiges dafür, dass sich im politischen Konsum ein robustes bürgerkulturelles Sozialkapital neue Artikulationsfelder sucht, die ein individualisiertes, privates, kosteneffizientes und vor allem von Frauen getragenes Muster politischen Engagements erlauben.[15]

12 Stolle u. a., »Zwischen Markt und Zivilgesellschaft«, S. 151-154; vgl. auch Dietlind Stolle, Marc Hooghe, »Consumers as Political Participants? Shifts in Political Action Repertoires in Western Societies«, in: Micheletti u. a. (Hg.), *Politics, Products, and Markets*, S. 265-288.

13 Vgl. insbesondere Robert D. Putnam, *Bowling Alone. The Collapse and Revival of American Community*, New York u. a. 2000.

14 Stolle u. a., »Zwischen Markt und Zivilgesellschaft«, S. 153.

15 Vgl. Michele Micheletti, »Why More Women? Issues of Gender and Political

Solche politischen Konsumpraktiken spiegeln die paradoxe Form eines »individualisierten kollektiven Handelns« wider, das von traditionellen Formen politischer Partizipation – dem »kollektivistischen kollektiven Handeln« – abgegrenzt werden muss.[16] Individualisiertes kollektives Handeln kann als eine politische Ausdrucksform der Spätmoderne aufgefasst und idealtypisch durch einen spontanen Aktivismus von gut informierten Bürgerinnen charakterisiert werden, die auf der Grundlage eines breit verfügbaren Wissens über die gesellschaftlichen Institutionen und ihre lokalen und globalen Zusammenhänge Verantwortung für ihr privates Handeln übernehmen wollen.[17] Konzepte wie »Life-Politics«, »Subpolitik« oder »Politik des Alltags« verorten die alltäglichen Routinen der individuellen Lebensführung in einem erweiterten politischen Handlungsraum, weil und insofern darin eine Verarbeitung von grundlegenden, z.T. existentiellen gesellschaftlichen Fragen ansteht und eine kollektive Vermittlung des Handelns über kulturell oder diskursiv verankerte Begründungspflichten stattfindet, obgleich es formal weitgehend in den Bahnen der privaten Alltagsökonomie verbleibt.[18] Dabei sind allerdings ganz verschiedene Vermittlungsformen in Rechnung zu stellen, die den privaten Konsum auf unterschiedliche Weise in kollektive Strukturen einbinden können: Ich unterscheide hierbei zwischen *ethischen* Konsumpraktiken, die eine motivationale Verankerung in politischen Tugend- und Wertorientierungen bei den Verbrauchern voraussetzen, von solchen Praktiken, bei denen *anonyme* Mechanismen des Marktes oder der Produktion die Vermittlung leisten. Diese Unterscheidung ist

Consumerism«, in: Micheletti u.a. (Hg.), *Politics, Products, and Markets*, S. 245-264.

16 Micheletti, *Political Virtue and Shopping*, S. 27.

17 Vgl. Stehr, *Die Moralisierung der Märkte*, S. 42.

18 Vgl. Anthony Giddens, *Modernity and Self-Identity. Self and Society in the Late Modern Age*, Cambridge 1991; Peter A. Berger, »›Life politics‹. Zur Politisierung der Lebensführung in nachtraditionalen Gesellschaften«, in: *Leviathan*, H. 3 (1995), S. 445-458; Jörn Lamla, *Anthony Giddens*, Frankfurt/M., New York 2003, S. 117-132; Ulrich Beck, »Subpolitik. Der Machtzerfall der Institutionen«, in: Joachim Hohl, Günter Reisbeck (Hg.), *Individuum, Lebenswelt, Gesellschaft*, München, Wien 1993, S. 11-26; Angelika Poferl, *Die Kosmopolitik des Alltags. Zur Ökologischen Frage als Handlungsproblem*, Berlin 2004.

geeignet, die enormen konzeptuellen Unschärfen des »politischen Konsums« zu verdeutlichen.[19]

Der »ethische Konsument« lässt sich ohne Bezug auf die Motive und Wertorientierungen, die dem Verbraucherhandeln zugrunde liegen, nicht sinnvoll definieren.[20] Doch bleibt unklar, ob sich über die ethischen Orientierungen ein Bündel von Praktiken abgrenzen lässt, das dem Begriff des politischen Konsums schärfere Konturen verleiht, um ihn etwa von unpolitischen Konsumpraktiken unterscheiden zu können.[21] Ein ethisches Motiv, verstanden als die Ausrichtung der Konsumentscheidungen an einer Vorstellung vom ›guten Leben‹, weist der Vegetarismus ebenso auf wie die Entschei-

19 Vgl. Ingo Schoenheit, »Politischer Konsum. Ein Beitrag zum faustischen Konsumentenverhalten«, in: Michael Jäckel (Hg.), *Ambivalenzen des Konsums und der werblichen Kommunikation*, Wiesbaden 2007, S. 211-234. Problematisch an der wissenschaftlichen Verwendung von normativen Konzepten des politischen sowie nachhaltigen oder moralischen Konsums (z. B. Ludger Heidbrink, Imke Schmidt, »Das Prinzip der Konsumentenverantwortung – Grundlagen, Bedingungen und Umsetzungen verantwortlichen Konsums«, in: Heidbrink u. a. (Hg.), *Die Verantwortung des Konsumenten*, S. 25-56) scheinen mir insbesondere die stark vereinfachenden handlungstheoretischen Implikationen zu sein, die in Zuschreibungen individueller Verantwortung mitschwingen und damit heutigen sozial- und gesellschaftstheoretischen Verständnissen von Marktprozessen kaum angemessen Rechnung tragen.

20 Harrison u. a. (Hg.), *The Ethical Consumer*, S. 2.

21 Michele Micheletti differenziert zwischen einer *öffentlich* und einer *privat* ausgerichteten Form von *Tugendhaftigkeit*, die sich im politischen Konsum zunehmend kreuzen würden (vgl. Micheletti, *Political Virtue and Shopping*, S. 18-24). Eher dem öffentlichen Pol von Tugendhaftigkeit entsprechen dabei Praktiken wie der Boykott von Markenkonzernen und Produkten aus ›Sweatshops‹. Sie setzen eine moralische Motivation bei den Verbrauchern voraus, insofern sie ihr Handeln an Gemeinwohlgesichtspunkten ausrichten, die für sie zwar kognitiv als gut begründet erscheinen, im unmittelbaren Erfahrungszusammenhang jedoch keine zentrale Rolle spielen müssen, etwa weil die Geschädigten sehr weit weg leben oder Schädigungen sich erst in Zukunft einstellen. Demgegenüber weist der an privaten Tugendidealen ausgerichtete politische Konsum weniger hohe Anforderungen auf: Die Verschränkung politischer Tugendorientierungen mit dem privaten Interesse, das im Konsum allgegenwärtig ist, verschafft diesen eine stabilere motivationale Basis, weil die Schwelle zum ethischen Handeln niedriger liegt, wenn sich dieses mit der Orientierung am eigenen Wohl unmittelbar deckt. Sollen die Konsumpraktiken an einer Ethik des guten Lebens ausgerichtet werden, so das Argument für die Einbeziehung privater Tugenden in das Konzept des politischen Konsums, dann muss diese Ethik auch am Lebensalltag und der lokalen Interessenverfolgung der Handelnden ansetzen können.

dung für den fair gehandelten Kaffee, der Wochenendtrip nach Mallorca ebenso wie die Sparsamkeit des überzeugten Puritaners. Die ethischen Gründe, mit denen Akteure ihre politischen Kauf- oder Boykottentscheidungen rechtfertigen, können auf moralische Unparteilichkeit abzielen oder aber durch Wertvorstellungen geprägt sein, die in Konflikte ethnischer, religiöser oder kultureller Gruppierungen eingelassen sind und für partikulare Macht- und Interessenkämpfe instrumentalisiert werden. Schnell verbirgt sich hinter dem Aufruf, eine bestimmte Marke oder bei einer bestimmten Handelskette nicht mehr zu kaufen, ein rassistisches, Minderheiten diskriminierendes, antisemitisches oder auch antiamerikanisches Motiv.[22] Die Sozialwissenschaften könnten einer ähnlichen Selbsttäuschung unterliegen wie die Verbraucher selbst, die ungeprüft ihr Vertrauen in die Mitverbraucher setzen, die ihrerseits durch ethische Selbstbindung beim Konsum zur kollektiven Zielerreichung beitragen müssten. Was die Verbraucher hierbei ebenso wie die Wissenschaft übersehen könnten, ist die starke Tendenz zur *Pluralisierung* der ethischen Orientierungen in der späten Moderne. Ethische Motive dürften als Vermittler zwischen individualisierten Konsumpraktiken und kollektiven Zielen politischer Marktsteuerung ein zu unsicherer Ankerplatz sein, bei dem auch die Analyse der Verbraucherdemokratie schnell Schiffbruch erleiden würde.

Eine ganz andere Form der Vermittlung wäre demgegenüber durch eine Variante der »unsichtbaren Hand« gegeben, die schon

22 Vgl. Stolle u. a., »Zwischen Markt und Zivilgesellschaft«, S. 156 f.; Cheryl Greenberg, »Political Consumer Action: Some Cautionary Notes from African American History«, in: Micheletti u. a. (Hg.), *Politics, Products, and Markets*, S. 63-82. – Viele Konflikte, die in der Konsumsphäre ausgetragen werden, geben eine vielschichtige und uneindeutige Lagerung von moralischen, ethisch-kulturellen und ökonomischen Motiven und Interessen zu erkennen. Was verbirgt sich z. B. hinter dem Protest mexikanischer Widerstandsgruppen gegen den US-Konzern Wal-Mart, der in Sichtweite der jahrtausendealten Sonnen- und Mondpyramide, des archäologischen Herzens Mexikos, einen Discountmarkt bauen will (vgl. Klaus Ehringfeld, »Im Schatten der Sonnenpyramide«, in: *Frankfurter Rundschau*, 29. 10. 2004, S. 8)? In schwer entwirrbarer Weise vermischen sich hier ethische Kämpfe um die Bewahrung der kulturellen Identität Mexikos mit moralischen Angriffen auf die sozialen Arbeitsbedingungen und ökonomischen Marktpraktiken des weltgrößten Einzelhändlers aus den USA sowie partikularen ökonomischen Interessen lokaler Händler, die ihre wirtschaftlichen Vorteile durch den »größten privaten Arbeitgeber« in Mexiko bedroht sehen.

vor der Marktentnahme durch die Verbraucher den individuellen Konsum mit kollektiven politischen Zielen in Einklang brächte. »Politics of products« nennt Micheletti die Macht- und Aushandlungsprozesse, die ein Produkt durchläuft, bevor es das Licht des Marktes erblickt.[23] Zu denken ist neben Entscheidungen über rechtliche Rahmenbedingungen wie Eigentumstitel oder Tauschregeln und dem Standortwettbewerb u.a. an Sondergenehmigungen, an Steuererleichterungen für Unternehmen, an die Praktiken von Unternehmen gegenüber Zulieferfirmen, an Tarifaushandlungen usw.[24] Auch wenn diese Prozesse zumeist im Hintergrund verbleiben, werden sie unter gewissen Umständen doch sichtbar und zu einem Konfliktgegenstand zwischen Unternehmen, Politik und Zivilgesellschaft. Daran lassen sich dann *politische* Konsumentscheidungen in dem Sinne anknüpfen, dass eine bewusste Wahl von Herstellern und Produkten seitens der Verbraucher möglich wird, die politische Überlegungen berücksichtigt und mit dem Ziel vorgenommen wird, gesellschaftliche Entwicklungen oder Marktprozesse zu beeinflussen.[25] Es könnte aber auch der Fall eintreten, dass es auf die Verbraucher nicht mehr wirklich ankommt, weil durch die politischen Aushandlungen vorab schon ethische Kriterien in die Produktion der Waren und Dienstleistungen eingeflossen sind.

Es sind also Formen politischen Konsums denkbar, die ethische Motivlagen und moralische Selbstbindungen nur in geringem Umfang bei den Verbrauchern voraussetzen. Diese Spannbreite lässt sich am Konzept des *nachhaltigen* Konsums weiter verdeutlichen. So wird in der Diskussion über Nachhaltigkeit – also über das Ziel einer »[dauerhaften] Entwicklung, die die Bedürfnisse der Gegenwart befriedigt, ohne zu riskieren, daß künftige Generationen ihre eigenen Bedürfnisse nicht befriedigen können«, wie es im Brundtland-Bericht der Weltkommission für Umwelt und Entwicklung[26]

23 Micheletti, *Political Virtue and Shopping*, S. 12 f.

24 Das »Politics-of-products«-Konzept erinnert stark an den politisch-kulturellen Theorieansatz von Neil Fligstein, der in ähnlicher Weise die Ordnungsstrukturen von Märkten auf Aushandlungen unterschiedlich mächtiger Marktakteure in Auseinandersetzung mit staatlichen Instanzen zurückführt (Neil Fligstein, *The Architecture of Markets. An Economic Sociology of Twenty First Century Capitalist Societies*, Princeton, NJ 2001; siehe ausführlicher dazu Kapitel V, Abschnitt 2.4).

25 Stolle u.a., »Zwischen Markt und Zivilgesellschaft«, S. 154.

26 Volker Hauff, *Unsere gemeinsame Zukunft. Bericht der Weltkommission für Umwelt und Entwicklung*, Greven 1987, S. 46.

heißt – zwischen einer Effizienz-, einer Konsistenz- und einer Suffizienz-Strategie unterschieden, um dieses Ziel zu erreichen.[27] Die *Effizienzstrategie* hat vor allem die technische Erhöhung des Wirkungsgrades beim Ressourceneinsatz im Blick, wohingegen die Strategie der *Konsistenz* nach »Basisinnovationen, die grundlegend neue Pfade der Technik- und Produktentwicklung eröffnen«, verlangt, um ökologisch problematische Stoffströme durch solche zu substituieren, die sich relativ problemlos in natürliche Kreisläufe einfügen lassen.[28] Der Begriff der *Suffizienz* oder Genügsamkeit schließlich zielt auf Veränderungen im Bereich der Lebensführung, mit dem Ziel, einen weniger ressourcenintensiven und damit verallgemeinerbaren Lebensstil zu verankern. Die Nachhaltigkeit des Konsums kann zwar am »ökologischen Rucksack« objektiv ermittelt werden, den jemand aufgrund seines Wohn-, Mobilitäts-, Ernährungs-, Kleidungs-, Hygiene-, Entsorgungs- und Investitionsverhaltens mit sich herumträgt. Über die Frage, wie sich dieser Rucksack reduzieren lässt, wird sich hingegen nicht so leicht Einigung erzielen lassen. Für die Verbraucher haben die Strategien ganz unterschiedliche Konsequenzen: Muss im Rahmen der Effizienzstrategie das Konsum- und Produktionsverhalten wenig modifiziert und nur in seiner Effizienz gesteigert werden, so erfordert die Konsistenzstrategie in erster Linie produktseitige Innovationen, die mit einigen Anpassungen bei den Verbrauchern (z. B. Mülltrennung) einhergehen können, wohingegen die Strategie der Suffizienz massive Einschnitte in den Konsumgewohnheiten impliziert. Nimmt man also den nachhaltigen Konsum als Beispiel für politischen Konsum, zeigt sich die Spannbreite möglicher Praktiken, die sich hinter dem Konzept verbergen können: Vom *Mainstreaming*[29] biologischer Le-

27 Vgl. Karl-Werner Brand, »Probleme und Potentiale einer Neubestimmung des Projekts der Moderne unter dem Leitbild ›Nachhaltige Entwicklung‹«, in: Karl-Werner Brand (Hg.), *Nachhaltige Entwicklung. Eine Herausforderung an die Soziologie*, Opladen 1997, S. 9-32, hier: S. 22; Joseph Huber, *Nachhaltige Entwicklung. Strategien für eine ökologische und soziale Erdpolitik*, Berlin 1995.

28 Joseph Huber, »Die Konsistenz-Strategie«, in: *Politische Ökologie*, Sonderheft 11 (1998), S. 26-30, hier: S. 27.

29 Vgl. Micheletti, *Political Virtue and Shopping*, S. 108-117; Deutscher Bundestag, *Unterrichtung durch die Bundesregierung. Verbraucherpolitischer Bericht (Drucksache 15/4499)*, Berlin 2004, S. 22 f.; Wissenschaftlicher Beirat für Verbraucher- und Ernährungspolitik beim BMVEL, *Strategische Grundsätze und Leitbilder einer neuen Verbraucherpolitik*, Stuttgart-Hohenheim, Berlin ²2003, S. 7, 25.

bensmittel, die inzwischen in die Discounter Einzug gehalten haben, über die Bereitstellung veränderter Mobilitätsinfrastrukturen (z. B. bessere Fahrradwege und -spuren; Ausbau des öffentlichen Personennahverkehrs) oder Steuernachlässe und Subventionen (für sparsame Autos oder Solardächer) bis hin zum peniblen Nachhaltigkeitsmanagement der gesamten Lebensführung kann vieles darunterfallen.[30]

Wenn die Mittler zwischen individuellem Konsum und kollektiven Zielen derart von ethischer Selbstbindung bis zu technischen oder marktseitigen Innovationen variieren können, wird der Informationswert des Adjektivs »politisch« im politischen Konsum zweifelhaft.[31] Die Wissenschaft operiert hier zum Teil mit idealisierenden Narrativen, wonach die Verbraucher zunehmend in ihren privaten Konsumentscheidungen auf soziale Gerechtigkeit in

30 Vgl. auch Ingo Schoenheit, »Denkanstöße zum Konzept des nachhaltigen Konsums«, in: Schrader, Hansen (Hg.), *Nachhaltiger Konsum*, S. 117-124; Christoph Weber, »Nachhaltiger Konsum – Versuch einer Einordnung und Operationalisierung«, in: Schrader, Hansen (Hg.), *Nachhaltiger Konsum*, S. 63-76; Ursula Hansen, Ulf Schrader, »Nachhaltiger Konsum – Leerformel oder Leitprinzip?«, in: Schrader, Hansen (Hg.), *Nachhaltiger Konsum*, S. 17-45; Scherhorn, Weber (Hg.), *Nachhaltiger Konsum*; Lebel u. a. (Hg.), *Sustainable Production Consumption Systems.*

31 Ein Beispiel dafür, wie sich vermittelnde institutionelle Strukturen aus dem Zusammenwirken von Verbrauchervertretungen und NGOs, Unternehmen, internationalen Organisationen und nationalstaatlichen Regierungen herausbilden, ist die Einrichtung von Gütezeichen (Labels), die z. B. über die Einhaltung von Umweltstandards bei der Herstellung eines Produkts, über die Gesundheitsstandards bei dessen Nutzung, über fairen Handel, über die Herkunft von Lebensmitteln oder über die Verwendung gentechnisch veränderter Organismen Auskunft geben. Als symbolische Rahmenelemente des Konsums sollen sie die Komplexität politischer Entscheidungen und Kontextinformationen auf ein alltagstaugliches Maß reduzieren (vgl. Micheletti, *Political Virtue and Shopping*, S. 89-117; Reinhard Palm, »Soziale Gestaltung der Globalisierung. Sozialsiegel und Verhaltenskodizes von Unternehmen«, in: *Internationale Politik und Gesellschaft*, Nr. 3 (2001), S. 322-334). Andere Mittler sind noch weniger konsumgesteuert (vgl. David Vogel, »Tracing the American Roots of the Political Consumerism Movement«, in Micheletti u. a. (Hg.), *Politics, Products, and Markets*, S. 83-100, hier: S. 99) und setzen bei den Unternehmenspolitiken an, wo sie ethische Standards durch Verhaltenskodizes, Öko-Audit-Verfahren o. ä. festlegen. Zudem bilden sich spezielle Märkte für ethisches und sozial verantwortliches Investment und moralischen Konsum heraus, die in der Verschränkung von Moral und Ökonomie ein neues Geschäftsmodell und keinen Widerspruch sehen (vgl. Priddat, *Moralischer Konsum*, S. 77-97).

transnationalen Wertschöpfungsketten, etwa auf die Inkaufnahme von Menschenrechtsverletzungen bei Standortentscheidungen großer Konzerne, auf Kinderarbeit oder fehlende Sozialstandards in Zulieferbetrieben oder auf die Missachtung von ökologischen Folgen der Produktion achten. Das entsprechende Konsumverhalten äußere sich dann in einer Boykotthaltung oder als »Buycott«, dem Gegenstück, bei dem etwa Fairtrade-Produkte bewusst gekauft werden, um damit zur Verbesserung der Lebensbedingungen in weniger entwickelten Weltregionen beizutragen.[32] Aber der Stellenwert solcher Motive für die empirische Klassifizierung politischen Konsums bleibt vage und unklar.[33] Und auch das Konzept des nachhaltigen Konsums ist weniger geeignet, Konsumpraktiken empirisch zu klassifizieren als ein idealtypisches Verhalten vorzugeben, das sich dann in Broschüren wie dem *Nachhaltigen Warenkorb* niederschlagen kann.[34] Angesichts der immer wieder konstatierten erheblichen Diskrepanz zwischen den Einstellungen und dem Verhalten von Verbrauchern wird deutlich, dass die Rede vom politischen, ethischen oder nachhaltigen Konsum sich wenig eignet, die Entwicklungen in der gesellschaftlichen Vermittlung des Konsums empirisch zutreffend zu registrieren.[35] Vielmehr spiegeln diese sozialwissenschaftli-

32 Vgl. Monroe Friedman, *Consumer Boycotts. Effecting Change through the Marketplace and the Media*, New York, London 1999, S. 201-212.

33 So liegt die Teilnahme an Boykotts oder Buycotts zwar der Messung von politischem Konsum im Rahmen der umfragebasierten Forschung zugrunde, die eine wachsende Beliebtheit solcher marktbasierten Formen des politischen Engagements konstatiert. Aber die Instrumente dieser Forschung basieren doch auf vergleichsweise groben Formen der Selbsteinschätzung: »Politische Verbraucher werden definiert als Menschen, die in den vergangenen zwölf Monaten aus politischen, ethischen oder ökologischen Gründen entweder an einem Boykott oder einem ›buycott‹ teilgenommen haben«, heißt es etwa bei Stolle, Micheletti, »Warum werden Käufer zu ›politischen Verbrauchern‹?«, S. 44. Vgl. auch die Ergebnisse empirischer Erhebungen in Harrison u. a. (Hg.), *The Ethical Consumer*. Im Unterschied dazu zeigen qualitative empirische Untersuchungen, dass etwa Bio-Konsumenten, die in Meinungsumfragen dem politischen Konsumtypus zugerechnet würden, genauer besehen sehr eigeninteressierte oder hoch diffuse Motivierungen aufweisen können, die einer »Politik mit dem Einkaufswagen« kaum entsprechen (vgl. Stephan Lorenz, »Biolebensmittel und die ›Politik mit dem Einkaufswagen‹«, in: Lamla, Neckel (Hg.), *Politisierter Konsum*, S. 91-112).

34 Rat für Nachhaltige Entwicklung, *Der Nachhaltige Warenkorb. Einfach besser einkaufen. Ein Ratgeber*, Berlin [3]2011.

35 Vgl. etwa Timothy M. Devinney u. a., *The Myth of the Ethical Consumer*, Cambridge 2010; Michael S. Aßländer, »Unternehmerische Verantwortung und

chen Konzepte selbst noch wider, dass das Konsumverhalten in der Konsumgesellschaft zum Gegenstand öffentlicher Problematisierung, Politisierung und Klassifizierung wird. Im Vergleich zur analytischen Perspektive der Verbraucherdemokratie mangelt es ihnen jedoch an theoretischer Distanz gegenüber diesem Befund.

1.2 Politischer Konsumerismus als zivilgesellschaftliche Bewegung

Dem Engagement in »kollektivistischen« Strukturen, die eine hohe und dauerhafte Bindung an gemeinsame Ziele, formale Mitgliedschaften oder gar einen Kampf um den Aufstieg in Einflusshierarchien erfordern, stehen die individualisierten politischen, ethischen oder nachhaltigen Konsumpraktiken in der Handlungsarena des Marktes auf den ersten Blick entgegen. An die Stelle der aktiven Beteiligung in herkömmlichen Vereinigungen von Bürgerinnen (Bürgerinneninitiativen, Verbände, Vereine, NGOs usw.) tritt bei den so genannten politischen Konsumenten z. B. ein deutlicher Anstieg von »Scheckbuch-Mitgliedschaften«.[36] Das politische Konsummuster überträgt sich demnach auf das Assoziationswesen der Zivilgesellschaft. Empirische Untersuchungen zur Verteilung der politischen Konsumenten in der Bevölkerung weisen jedoch zugleich auf Einflüsse in der umgekehrten Richtung hin, insofern die entsprechend typisierten Verbraucher ganz ähnliche Dispositionen aufweisen, wie sie bei den Anhängern neuer sozialer Bewegungen festgestellt werden.[37] Diese Beobachtung legt

die Rolle der Konsumenten«, in: Heidbrink u. a. (Hg.), *Die Verantwortung des Konsumenten*, S. 57-74, hier: S. 70 oder die Befunde der Verhaltensökonomik zu den äußerst geringen Verantwortungskapazitäten der Verbraucher, etwa Lucia A. Reisch, Kornelia Hagen, »Kann der Konsumwandel gelingen? Chancen und Grenzen einer verhaltensökonomisch basierten sozialen Regulierung«, in: Heidbrink u. a. (Hg.), *Die Verantwortung des Konsumenten*, S. 221-243.

36 Stolle u. a., »Zwischen Markt und Zivilgesellschaft«, S. 164.

37 Die zentrale Variable ist nicht ökonomisches Einkommen, sondern der Bildungsstand. Und als intervenierende Variable sind nicht Werte entscheidend, sondern praktische Erfahrungen mit bürgerschaftlichem Engagement (vgl. Jørgen Goul Andersen, Mette Tobiasen, »Who Are These Political Consumers Anyway? Survey Evidence from Denmark«, in: Micheletti u. a. (Hg.), *Politics, Products, and Markets*, S. 203-221, hier: S. 216; Stolle, Hooghe, »Consumers as Political Participants?«, S. 277).

nahe, dass die Formen politischen Engagements von Verbrauchern das private Markthandeln weniger an die Stelle zivilgesellschaftlicher Öffentlichkeit treten lassen als vielmehr das kollektive Engagement auf die ›Marktplätze‹ der Gegenwart tragen und damit erweitern wollen. Demnach verwundert es nicht, dass die Abgrenzung zwischen Praktiken des Konsums auf der einen Seite, die das Politische als Markthandeln individualisieren und privatisieren, und den Aktionsformen eines politischen Konsumerismus auf der anderen Seite, die das Politische weiterhin als Angelegenheit der öffentlichen Artikulation von assoziierten Bürgerinnen begreifen, empirisch schwerfällt.[38]

Handelt es sich beim politischen Konsum konzeptionell um die paradoxe Form eines *individualisierten* kollektiven Handelns, so entwickelt sich der politische *Konsumerismus* historisch demgegenüber in Bahnen *kollektiver* Interessen- und Bewegungsorganisationen, die vor allem in der Anfangszeit stark unter dem Einfluss der Gewerkschaftsbewegung standen. Der Konsumerismus bezeichnet die Anstrengungen zur Bündelung der Macht der Verbraucher, um sie als Waffe gegen die Produzenten, den Handel sowie den Gesetzgeber in Stellung zu bringen.[39] Hierbei lassen sich verschiedene historische Etappen unterscheiden:[40]

In der ersten Phase des Konsumerismus, mit der Ausbreitung

38 Dietlind Stolle und Marc Hooghe schlagen vor, im Bereich des Konsums nur dann von politischer Beteiligung zu sprechen, wenn die Aktivitäten über die Privatsphäre hinaus eine Verknüpfung zum politischen System oder Problemkontext herstellen (vgl. ebd., S. 278-284). Demnach reicht es nicht, wenn ein Kunde hin und wieder Artikel mit einem Fairtrade-Label kauft, weil ihn die Vorstellung der Ausbeutung von Kindern irgendwie schreckt. Erforderlich sind vielmehr ein politisches Wissen und Hintergrundbewusstsein beim Einkaufen sowie dessen regelmäßige und aktive Umsetzung, etwa durch Mitgliedschaft in einem digitalen Verbrauchernetzwerk, das mit Hilfe von Nichtregierungsorganisationen wie Greenpeace oder Foodwatch politischen Druck auf Anbieter ausüben kann. Unterscheiden ließen sich gegebenenfalls auch Stufen des politischen Konsums, angefangen vom gelegentlichen Konsum politisch ›gelabelter‹ Waren (1. Stufe) über kontinuierliche Bewusstheit beim privaten Einkauf (2. Stufe) sowie die diskursive Verknüpfung mit öffentlichen Anliegen (3. Stufe) bis hin zur aktiven bürgerschaftlichen Beteiligung in politischen Vereinigungen (4. Stufe).

39 Vgl. Gerhard Selter, »Idee und Organisation des Konsumerismus«, in: *Soziale Welt*, H. 2/3 (1973), S. 185-205.

40 Vgl. Tim Lang, Yiannis Gabriel, »A Brief History of Consumer Activism«, in: Harrison u. a. (Hg.), *The Ethical Consumer*, S. 39-53.

der industriellen Revolution, haben Konsumenten vornehmlich in genossenschaftlichen Zusammenschlüssen und im Verbund mit der Gewerkschaftsbewegung damit begonnen, gegen den Hunger und die materielle Not der lohnabhängigen Bevölkerung zu kämpfen.[41] Dabei verknüpfte beispielsweise die frühe US-amerikanische Verbraucherbewegung ihre Ideen mit einer sozialistisch aufgeladenen Bürgerinnenethik. Sie zielte nicht primär auf günstige Preise und freie Märkte in der Konsum-, sondern auf bessere Bedingungen für Arbeiter in der Produktionssphäre.[42] Ging es in dieser ersten Phase des 19. und frühen 20. Jahrhunderts also vornehmlich um die Beseitigung von Armuts- und Unterversorgungslagen sowie um Statusverbesserung für die lohnabhängigen Schichten, so hat sich die Bewegung im weiteren Verlauf allmählich von sozialistischen Zielsetzungen entfernt und immer stärker auf Probleme konzentriert, die unmittelbar auf den Markt und ihren Lebensstandard als Konsumenten bezogen waren.[43] So markieren die skandalösen Hygienebedingungen und Ausbeutungszustände in den großen Schlachthöfen Chicagos, die Upton Sinclair in seinem sozialkritischen Roman *The Jungle* beschrieben hat, einen Meilenstein für den Protest von Verbrauchern und die rechtliche Durchsetzung ihrer Ansprüche im frühen 20. Jahrhundert, und auch in der Ära des New Deal nach der »Großen Depression« sind es Fleischpreise, die in den USA zur Formierung einer nationalen Bewegung von Hausfrauen aus der Mittelschicht und Arbeiterklasse beitragen, die binnen Wochen Fleischboykotts im ganzen Land auf die Beine gestellt hat.[44]

Im weiteren Verlauf gingen aus dieser konsumeristischen Bewegung Ansätze zur Stärkung und Absicherung der Verbrauchermacht

41 Vgl. Ellen Furlough, Carl Strikwerda (Hg.), *Consumers against Capitalism? Consumer Cooperation in Europe, North America, and Japan, 1840-1990*, Lanham u. a. 1999.

42 Patricia Maclachlan, Frank Trentmann, »Civilizing Markets: Traditions of Consumer Politics in Twentieth-Century Britain, Japan and the United States«, in: Mark Bevir, Frank Trentmann (Hg.), *Markets in Historical Contexts: Ideas and Politics in the Modern World*, Cambridge 2004, S. 170-201, hier: S. 177 f.

43 Vgl. Lawrence Glickman, *A Living Wage. American Workers and the Making of Consumer Society*, Ithaca, London 1997.

44 Vgl. Meg Jacobs, »The Politics of Plenty in the Twentieth-Century United States«, in: Daunton, Hilton (Hg.), *The Politics of Consumption*, S. 223-239, hier: S. 234 f. sowie Cohen, *A Consumers' Republic*, S. 36-38.

innerhalb der Marktordnung hervor, die mit Testmagazinen und durch professionelle verbandsförmige Organisation auf die Verbesserung von Preis-Leistungs-Verhältnissen hinwirkten.[45] Immer wichtiger wurden in der Nachkriegszeit dabei Gesichtspunkte der Sicherheit oder Reinheit von Konsumgütern wie Autos, Lebensmittel usw.[46] Von besonderer Bedeutung für das Selbstverständnis des Konsumerismus war in dieser Phase allgemeiner Wohlstandssteigerung die *Special Message* zum Schutze des Verbraucherinteresses aus dem Jahr 1962, in der US-Präsident John F. Kennedy vier grundlegende Verbraucherrechte proklamierte: das Recht auf Sicherheit und Schutz, das Recht auf Information, das Recht auf Auswahlmöglichkeiten und das Recht, Gehör zu finden.[47] Die Anprangerung der US-amerikanischen Automobilindustrie in seinem Buch *Unsafe at Any Speed* etwa, das den Verbraucheranwalt Ralph Nader schlagartig bekannt gemacht hat, steht exemplarisch für diese Anspruchshaltung.[48]

Doch zugleich stellt der Naderismus der 1960er Jahre auch einen weiteren Wendepunkt und eine Erweiterung der bisherigen Formen des Konsumerismus dar.[49] Denn dessen Kennzeichen war

45 Matthew Hilton, »Die Globalisierung der Verbraucher. Zur Geschichte des Konsumerismus als sozio-politische Bewegung«, in: *Forschungsjournal Neue Soziale Bewegungen*, H. 4 (2005), S. 18-29, hier: S. 18; vgl. auch Matthew Hilton, *Consumerism in Twentieth-Century Britain. The Search for a Historical Movement*, Cambridge 2003 sowie Alain Chatriot u. a. (Hg.), *The Expert Consumer. Associations and Professionals in Consumer Society*, Aldershot 2006.

46 Frank Trentmann, »Bread, Milk and Democracy: Consumption and Citizenship in Twentieth-Century Britain«, in: Daunton/Hilton (Hg.), *The Politics of Consumption*, S. 129-163.

47 Im Zuge der verbandsförmigen Internationalisierung wendete sich die Verbraucherbewegung im letzten Drittel des 20. Jahrhunderts wieder stärker sozialen Verteilungsfragen zu, die durch die krassen Unterschiede in den Lebensbedingungen westlicher Nationen im Vergleich zu denen in Entwicklungsländern aufgeworfen wurden. In diesem Zuge wurde der liberale Kanon von Verbrauchergrundrechten um die vier Rechte »auf Regress, auf Verbraucherschulung, auf eine gesunde Umwelt und auf Zugang zu Basisgütern« erweitert (Hilton, »Die Globalisierung der Verbraucher«, S. 26).

48 Ralph Nader, *Unsafe at Any Speed: The Designed-In Dangers of the American Automobile*, New York 1965.

49 In der Bundesrepublik spielte diese Bewegung, die Verbraucherinformation als »Anti-Marketing« einsetzte, sich ausgehend von den Vereinigten Staaten im 20. Jahrhundert nach Europa und über die gesamte Welt ausdehnte und unter dem Einfluss von Aktivisten wie Nader in den 1960er Jahren wieder stärker

neben einem Aktivismus der Bürgerinnen und der Ausrichtung an medienbezogenen Kampagnenmodellen auch die Erneuerung von Markt- und Systemkritik, die sich im Protest der Studentinnen Ende der 1960er Jahre zu einer Kritik an der Massenkonsumgesellschaft zuspitzte und von den »manipulierten Verbrauchern« teilweise wieder abrückte. Schließlich gingen aus den radikalen Protesten jene Alternativmilieus der neuen sozialen Bewegungen hervor, die in den späten 1970er und 1980er Jahren neue umweltbewusste und ethische Konsumstile aufbrachten und neben der Aufforderung zum Konsumverzicht mit Dritte-Welt- und Bio-Läden auch neue Wachstumsmärkte schufen.

In der jüngsten Vergangenheit haben schließlich Globalisierungskritikerinnen wie Naomi Klein mit Angriffen auf große, multinational operierende Markenkonzerne den kollektiven Verbraucherprotest öffentlichkeitswirksam reaktiviert.[50] Dabei steht die Form dieses Protestes, mittels Boykottaktionen Konzernstrategien zu durchkreuzen oder durch die Manipulation von Werbung kulturelle Freiräume angesichts der Allgegenwart von Marken und Logos zu erneuern, durchaus in Kontinuität zur langen Tradition der Mobilisierung kollektiver Verbrauchermacht durch gezielte Kaufverweigerung[51] sowie zur Kritik an der kapitalistischen Konsum- und Massenkultur. Doch haben sich die Bedingungen für die zivilgesellschaftliche Politik in der Konsumgesellschaft des späten 20. und beginnenden 21. Jahrhunderts durch die ökonomische Globalisierung, neuartige und schwer kalkulierbare Risiken, digitale Kommunikationstechnologien, fortgeschrittene Individualisierung und innovative Strategien des Marketings, die auf eine Pluralität von Lifestyles, auf professionelle Kulturvermittlung sowie auf eine Abkehr vom fordistischen Massenkonsum zielen, auch verändert.

politisierte, nur eine marginale Rolle in den 1970er Jahren, weil hierzulande der Verbraucherschutz staatsnah und am Modell neokorporativer Verbandspolitik ausgerichtet ist, kaum aber von einer aktiven Zivilgesellschaft getragen wird (vgl. Christian Kleinschmidt, »›Konsumerismus‹ versus Marketing – eine bundesdeutsche Diskussion der 1970er Jahre«, in: Christian Kleinschmidt, Florian Triebel (Hg.), *Marketing. Historische Aspekte der Wettbewerbs- und Absatzpolitik*, Essen 2004, S. 249-260; Frank Janning, »Konjunkturen der Konsumentenmacht. Politische Gelegenheitsstrukturen in der deutschen Verbraucherschutzpolitik«, in: *Forschungsjournal Neue Soziale Bewegungen*, H. 4 (2005), S. 30-40).

50 Klein, *No Logo!*

51 Vgl. Friedman, *Consumer Boycotts*; Micheletti, *Political Virtue and Shopping.*

Es ist daher offen und nicht leicht zu überblicken, inwiefern sich die politische Bewegung des Konsumerismus in der gegenwärtigen Konsumgesellschaft neu erfinden muss. Einiges spricht dafür.

So gerät etwa die politische Form des Konsumboykotts unter diesen Randbedingungen noch schneller als zuvor an die Grenzen ihrer Legitimität und Effektivität.[52] Das gilt schon für die Entscheidung über die Auswahl von Issues und von Unternehmen, die boykottiert werden. So kann eine Konzentration des Protests auf Markenkonzerne nicht verhindern, dass Firmen, die weniger vom Markenimage abhängen, mit noch geringeren Skrupeln in aufgerissene Marktlücken vorstoßen. Sodann kommen Probleme der Gewinnung von zuverlässigen Informationen hinzu. Man denke nur an den *Shell*-Boykott aufgrund der Pläne des Konzerns, die Ölbohrplattform Brent Spar im Meer zu versenken. In diesem Fall musste *Greenpeace* gravierende Fehler einräumen, nachdem der Boykott das Unternehmen bereits in die Knie gezwungen hatte.[53] Angesichts der hochselektiven Aufmerksamkeitsfilter der Massenmedien bleiben den Unternehmen kaum Chancen, sachlich und argumentativ auf erhobene Vorwürfe zu reagieren. Sie werden daher vermehrt Vorkehrungen treffen, ihr Image präventiv zu schützen, was wiederum nicht bedeuten muss, dass sie ihre Unternehmenspolitik an Gerechtigkeitsstandards ausrichten, sondern vielfach zur Folge haben wird, dass sie sich noch wirksamer der externen Beobachtung und Überwachung entziehen.[54]

Weiterhin ist die effektive Steuerung nicht gesichert, z. B. kann die wirksame Beendigung von Boykottaktionen kaum garantiert werden. So werden Unternehmen auch dann noch geschädigt, wenn sie längst ihre Praktiken den Vorstellungen ihrer Kritiker gemäß umgestellt haben. Unternehmen müssen folglich von schwer zu berechnenden Eigendynamiken des Protests ausgehen und befürchten, dass sie einseitig Marktanteile einbüßen, weil ähnlich

52 Vgl. Andreas Follesdal, »Political Consumerism as Chance and Challenge«, in: Micheletti u. a. (Hg.), *Politics, Products, and Markets*, S. 3-20.

53 Vgl. Patrick Kammerer, »Verbraucherschutz, Konsumentenmacht und unternehmerisches Handeln im Zeitalter der (Anti-)Globalisierung«, in: *Forschungsjournal Neue Soziale Bewegungen*, H. 4 (2005), S. 89-97.

54 Vgl. Volker Heins, »Mächtige Zwerge, umstrittene Riesen. NGOs als Partner und Gegenspieler transnationaler Unternehmen und internationaler Organisationen«, in: Achim Brunnengräber u. a. (Hg.), *NGOs im Prozess der Globalisierung. Mächtige Zwerge – umstrittene Riesen*, Wiesbaden 2005, S. 172-211.

operierende Konkurrenten verschont bleiben. Schließlich können die Folgewirkungen politischer Eingriffe in Marktprozesse für die Betroffenen in den Regionen der weniger entwickelten Welt kaum übersehen werden. Es ist nicht auszuschließen, dass ein Boykott nur der egoistischen Identitätsökonomie von Verbrauchern dient, die an den Überfluss westlicher Wohlfahrtsgesellschaften gewöhnt sind und nur ihr Gewissen beruhigen wollen, ohne wirklich die Folgen ihres Protestverhaltens für die Betroffenen im Blick zu haben. Vielleicht kann ein Konsumboykott und mediale Aufmerksamkeit das Kapital zur Abwanderung aus einer Region zwingen, in der unzureichende Sozial-, Menschenrechts- und Umweltstandards vorherrschen. Einen Beitrag zur Verbesserung der lokalen Lebensbedingungen muss er damit noch lange nicht geleistet haben. Vor dem Hintergrund dieser Einwände verwundert es wenig, dass der Einsatz von Boykottaktionen unter zivilgesellschaftlichen Gruppen, die Kampagnen in der Konsumsphäre organisieren, heute umstritten ist. So lehne die Clean Clothes Campaign, ein europäisches Netzwerk von NGOs, dieses Mittel inzwischen eher ab, wohingegen die Anti-Sweatshop-Bewegung Nordamerikas keinerlei Schwierigkeiten mit dem Gebrauch dieser Protestform habe.[55]

55 Vgl. Micheletti, *Political Virtue and Shopping*, S. 98. – Neben dem Mittel des Konsumboykotts nutzen Globalisierungs- und Konzernkritiker die *symbolischen Angriffspunkte* der Imagekampagnen, Werbung und Markenabhängigkeit, um mit medienorientierten Aktionen auf Menschenrechtsverletzungen, insbesondere Kinderarbeit und »barbarische« Arbeitsbedingungen sowie unzureichende Umweltstandards aufmerksam zu machen, die von Unternehmen herbeigeführt oder aus Profitinteressen billigend in Kauf genommen werden. Ein anschauliches Beispiel hierfür stellt die E-Mail-Anfrage von Jonah Peretti bei dem Sportbekleidungshersteller Nike dar, ob er im Rahmen des Angebots von Turnschuhen, die auf die Identität des Käufers zugeschnitten und mit persönlichen Botschaften (Nike-iD) gestaltet werden, ein Paar mit dem Schriftzug »Sweatshop« beziehen könne. (Sweatshop ist die Bezeichnung für Ausbeuterbetriebe, die von der Bekleidungsindustrie vor allem in asiatischen Entwicklungsländern flexibel eingerichtet werden.) Nachdem er die Rückmeldung erhielt, dass dies gegen die Regeln verstoße, begründet Peretti seinen Wunsch in der anschließenden E-Mail-Korrespondenz mit der zuständigen Konzernabteilung, deren Verbreitung über das Internet erst zur massenmedialen Aufmerksamkeit für diesen Vorgang geführt hat, damit, dass es ihm nur darum gehe, ein kleines Zeichen dankbarer Würdigung gegenüber der zehnjährigen vietnamesischen Arbeiterin zu setzen, da diese ihm ja erst ermöglicht habe, seine persönliche Turnschuh-Vision zu realisieren (Jonah Peretti, Michele Micheletti, »The Nike Sweatshop Email: Poli-

Historisch betrachtet hat die Bewegung des Konsumerismus als politische Kraft vor allem dann Spuren hinterlassen, wenn sie sich mit anderen politischen Strömungen verbunden hat, die sich für die Ausweitung liberaler Freiheits- und demokratischer Bürgerinnenrechte, für die Beseitigung von Not und Armut, für verbesserte Arbeitsbedingungen und einen höheren Lebensstandard oder für die staatliche Gewährleistung von Sicherheit und Gesundheit einsetzten. Neben den globalisierungskritischen Anti-Corporate Campaigns ist es Matthew Hilton zufolge vor allem die organisierte Verbraucherbewegung, die unter den veränderten Bedingungen der transnationalen Konsumgesellschaft im Konzert der vielen Kräfte politischen Einfluss entfalten kann.[56] Hervorgegangen aus heterogenen Nationalkulturen, habe sie ihre rein »westliche« Ausrichtung auf Probleme der Wohlstandsgesellschaften überwunden und sich auch auf Anliegen der Verbraucher in den Entwicklungsländern eingestellt. Für die Formierung einer internationalen Zivilgesellschaft sei die Bewegung des Konsumerismus in den 1980er Jahren eine zentrale Wegmarke gewesen. So übertreffe die Organisation Consumers International mit ihren ca. 250 Mitgliedsorganisationen aus über hundert Staaten viele andere, prominentere internationale NGOs. In den Institutionen der Weltgemeinschaft habe sie sich einen festen Platz sichern können und genieße hohes Ansehen. Aber welche Form der Konsumerismus in Zukunft auch immer annehmen wird: Die Dimensionen und Ausmaße der Probleme der heutigen Konsumgesellschaft drohen die politischen Kräfte zivilgesellschaftlicher Bewegungen, Organisationen und Öffentlichkeiten doch tendenziell zu überfordern.[57] Es fehlt in vielen Bereichen

tical Consumerism, Internet, and Culture Jamming«, in: Micheletti u.a. (Hg.), *Politics, Products, and Markets*, S. 127-142, hier: S. 130 f.) Der Fall zeigt, wie eine komplexe Diskursstrategie aufgegriffen und ins Ironische gewendet werden kann (vgl. dazu auch Lance W. Bennett, »Branded Political Communication: Lifestyle Politics, Logo Campaigns, and the Rise of Global Citizenship«, in: Micheletti u.a. (Hg.), *Politics, Products, and Markets*, S. 101-125).

56 Hilton, »Die Globalisierung der Verbraucher«. Zur Kampagnenpolitik vgl. Sigrid Baringhorst, »Keine Reizwäsche aus Burma. Menschenrechte durch politisierten Konsum?«, in: Lamla, Neckel (Hg.), *Politisierter Konsum*, S. 233-258; Sigrid Baringhorst u.a., »Wandel und Kontinuität von Protestkulturen seit den 1960er Jahren: Eine Analyse ausgewählter Anti-Corporate Campaigns«, in: Baringhorst u.a. (Hg.), *Politik mit dem Einkaufswagen*, S. 109-135.

57 Erinnert sei an das bekannte, an den neuen sozialen Bewegungen vielfach dis-

noch an geeigneten Strukturen der Governance, also des verteilten kollektiven Regierens, über die sich die Probleme, Konflikte und Interdependenzen dieser Gesellschaft angemessen regeln lassen. Deshalb kann sich die Analyse der Verbraucherdemokratie auch nicht auf die Perspektive des politischen Konsumerismus beschränken – wenngleich sie sehr wichtig ist und zur Untersuchung der hier gestellten Fragen gewiss viel beitragen kann.[58]

1.3 Das Handlungsfeld der staatlichen Verbraucherpolitik

Der politische Konsumerismus hängt mit der staatlichen Verbraucherpolitik eng zusammen. *Historisch* haben die radikalen und

kutierte Problem eines Komplexitätsdefizits von Protestformen, die nicht in gesamtgesellschaftlichen Alternativvorstellungen fundiert sind (vgl. Claus Offe, »New Social Movements: Challenging the Boundaries of Institutional Politics«, in: *Social Research*, H. 4 (1985), S. 817-868; Niklas Luhmann, *Protest. Systemtheorie und soziale Bewegungen*, Frankfurt/M. 1996). Dieses Problem konnte theoretisch entschärft werden, solange der Protest im politischen System noch einen zuständigen Adressaten finden konnte. So musste die rationale Selbsteinwirkung nicht den zivilgesellschaftlichen Akteuren selbst zugemutet werden, sondern konnte dem Zusammenspiel mit demokratischen Organen des Staatsapparates überantwortet werden (vgl. Jürgen Habermas, *Faktizität und Geltung. Beiträge zur Diskurstheorie des Rechts und des demokratischen Rechtsstaats*, Frankfurt/M. 1992; Hans-Joachim Giegel, »Moralische Orientierungen im politischen Prozeß – ein Ankerplatz für die normative Analyse der Demokratie?«, in: Thomas Greven, Rainer Schmalz-Bruns (Hg.), *Politische Theorie heute*, Baden-Baden 1999, S. 177-213). Diese Lösung greift in der transnationalen Konsumgesellschaft aber nur noch sehr bedingt.

58 Der englische Begriff *consumerism* wird vorwiegend zur Bezeichnung der konsumorientierten Massenkultur verwendet und bezeichnet nur noch selten die politisch ambitionierte Verbraucherbewegung (vgl. Colin Campbell, *The Romantic Ethic and the Spirit of Modern Consumerism*, Oxford 1987; kritisch: Conrad Lodziak, *The Myth of Consumerism*, London 2002). Um Verwechslungen vorzubeugen, ist es daher zumindest im angelsächsischen Sprachraum empfehlenswert, den Zusatz *political* vor *consumerism* zu gebrauchen, wenn die Bewegungspolitik gemeint ist. Im Deutschen wird das für Konsumgesellschaften charakteristische massenkulturelle Orientierungssyndrom dagegen nicht als Konsumerismus, sondern als Konsumismus (vgl. etwa Dominik Schrage, »Integration durch Attraktion. Konsumismus als massenkulturelles Weltverhältnis«, in: *Mittelweg*, H. 6 (2003), S. 57-86) oder *Neokonsumismus* (Manfred Prisching, *Die zweidimensionale Gesellschaft. Ein Essay zur neokonsumistischen Geisteshaltung*, Wiesbaden 2006, S. 36-39) bezeichnet (siehe dazu auch Kapitel V, Abschnitt 2.1). Die Verwechslungsgefahr ist also geringer.

weitreichenden Programme der sozialistischen Genossenschaftsbewegung ebenso wie die gemäßigten, marktorientierten Ideen der Verbraucherverbände dazu beigetragen, das Feld der *Konsumpolitik* zu konstituieren.[59] Unter diesen Begriff fallen sämtliche *staatlichen* Interventionen zur Regulierung der gesellschaftlichen Praktiken und Ordnungen des Konsums. Sie haben historisch vielfältige Formen angenommen – von der Verbrauchslenkung in Zeiten der Knappheit und Kriegswirtschaft über die Zensur und ideologische Gleichschaltung von Werbung im Nationalsozialismus oder die Differenzierung von Mehrwertsteuersätzen nach Basis- und Luxusgütern bis hin zum »Begrüßungsgeld« für die Bürgerinnen der DDR, die nach der Wende in die Kaufhäuser und Shopping Malls der Bundesrepublik strömten.[60] Aber auch die strukturellen Verunsicherungen und Herausforderungen in der *gegenwärtigen* Konsumgesellschaft teilt die staatliche Verbraucherpolitik mit den zivilgesellschaftlichen Bewegungen und Organisationen. So ist die nationale Verbraucherpolitik ein staatliches Aufgabenfeld, das sehr stark durch die supranationalen Reorganisationsprozesse auf der Ebene der Europäischen Union beeinflusst wird. Das betrifft die Vereinheitlichung von Qualitäts- und Sicherheitsstandards für die Lebensmittelproduktion ebenso wie politische Gewichtsverschiebungen in den institutionellen Zuständigkeiten von der Legislative hin zur komplex verschachtelten Exekutive oder die Veränderung von Machtverhältnissen durch die Veränderung rechtlicher Vertretungsmöglichkeiten, etwa durch Verbandsklagerechte im Unterschied zur Sammelklage, wie sie aus den USA bekannt ist.[61]

59 Vgl. für die Weimarer Republik: Claudius Torp, »Konsum als politisches Problem. Konsumpolitische Ordnungsentwürfe in der Weimarer Republik«, in: Lamla, Neckel (Hg.), *Politisierter Konsum*, S. 41-65.

60 Vgl. Hartmut Berghoff (Hg.), *Konsumpolitik. Die Regulierung des privaten Verbrauchs im 20. Jahrhundert*, Göttingen 1999 sowie Teil III in Haupt, Torp (Hg.), *Die Konsumgesellschaft in Deutschland 1890-1990*.

61 Vgl. das von Christoph Strünck herausgegebene Sonderheft zum Thema »Reshaping Consumer Policy in Europe«: *German Policy Studies*, H. 1 (2008), insbesondere Frank Janning, »Risk Regulation without Political Conflicts? Regime Structures in Food Safety Politics in Germany, Great Britain and the Netherlands«, in: *German Policy Studies*, H. 1 (2008), S. 67-106, hier: S. 96 sowie Christoph Strünck, »Claiming Consumers' Rights: Patterns and Limits of Adversarial Legalism in European Consumer Protection«, in: *German Policy Studies*, H. 1 (2008), S. 167-192.

Einerseits umfasst die Verbraucherpolitik – insbesondere in Krisenzeiten oder institutionellen Umbruchphasen – somit auch wirtschaftspolitische Ordnungsdebatten. Dabei kann sie ihr Selbstverständnis, ihr Verbraucherbild und ihre politischen und rechtlichen Regulierungsinstrumentarien verändern. Bislang schwankte die politische Ausrichtung der Verbraucherpolitik vor allem zwischen marktkonformen Ansätzen reiner Wettbewerbspolitik, die Edda Müller zufolge die Lissabon-Strategie der Europäischen Union nach wie vor bestimmen, und interventionistischen Ansätzen für einen staatlichen Verbraucherschutz, der durch Regulierung der Ökonomie, durch Stärkung der Verbraucherrechte sowie durch Partizipationsformen, Information und Bildung die Interessen der ›schwächeren Marktakteure‹ gegenüber der Anbietermacht stärken will.[62] Freilich finden sich unter den verbraucherpolitischen Konzeptionen auch Rand- und Zwischenpositionen, die der Realität neokorporatistischer Verhandlungsstaaten, dem Potenzial zur kollektiven Selbstorganisation von Verbrauchern oder ihrer eingeschränkten Informationsverarbeitungskapazität Rechnung tragen wollen und sich nicht allein auf den Gegensatz von Staat und Markt beschränken.[63]

Andererseits entwickelt sich die Verbraucherpolitik als Politikfeld abhängig von einmal eingeschlagenen staatlichen Institutionalisierungspfaden, festgelegten Zuständigkeiten, parlamentarischen Gesetzgebungsverfahren und Verwaltungsabläufen im alltäglichen Politikbetrieb sowie von der Lobbyarbeit und Verhandlungstaktik zahlreicher Akteure des Interessenumfeldes. Die Auswirkungen der BSE-Krise in Deutschland Ende des Jahres 2000, die mit der Schaffung eines neuen Verbraucherministeriums auf Bundesebene umfassendere Restrukturierungen eingeleitet haben, verdeutlichen diese zwei Seiten sehr gut: Einerseits wurden verbraucherpolitische Leitbilder in dieser Zeit charismatisch erneuert; andererseits haben

62 Vgl. Edda Müller, »Current State and Prospects of Consumer Policy: An introductory Essay«, in: *German Policy Studies*, H. 1 (2008), S. 7-44, hier: S. 21 und allgemein dazu: Eberhard Kuhlmann, *Verbraucherpolitik. Grundzüge ihrer Theorie und Praxis*, München 1990.

63 Vgl. Stefan Mitropoulos, *Verbraucherpolitik in der Marktwirtschaft. Konzeptionen und internationale Erfahrungen*, Berlin 1997; Frank Janning, »Der Staat der Konsumenten. Plädoyer für eine politische Theorie des Verbraucherschutzes«, in: Roland Czada, Reinhard Zintl (Hg.), *Politik und Markt, Politische Vierteljahresschrift,* Sonderheft 34, Wiesbaden 2003, S. 151-185, hier: S. 153-165.

sich die Versuche der Implementation weitreichender Programme an der harten Realität institutioneller Routinen und Traditionen gebrochen, insbesondere im konfliktererprobten Sektor der Agrar- und Ernährungspolitik.[64] Die institutionelle Verfestigung der Verbraucherpolitik im Rahmen verschiedener staatlicher Regimes führt dazu, dass sich das Politikfeld zunehmend auf bestimmte inhaltliche Issues oder Projekte versteift. Frank Janning unterscheidet für die Verbraucherpolitik idealtypisch neben den bekannten »Wohlfahrtsregimen« der Sozialpolitik noch zwischen einem *regulatory regime*, das ein bestimmtes Set an institutionellen Mechanismen der Markt-(De-)Regulierung aufweist, sowie einem *risk regulation regime*, das institutionell viel weniger festgelegt ist und von Fall zu Fall neue Akteursnetzwerke knüpft.[65] Hierzulande sind neben der Lebensmittelsicherheit z. B. bestimmte Probleme wie der Datenschutz und die Datensicherheit im Zeitalter digitaler Technologien oder die Beratungsdienstleistungen im Bankwesen ein Dauerthema, werden die Preispolitiken der großen Energieunternehmen und Mineralölkonzerne seit vielen Jahren kritisch beäugt und verstärkt Werbekampagnen und Maßnahmen zur Förderung nachhaltiger Konsummuster lanciert sowie schließlich Modelle für eine angemessene Verbraucherinformationspolitik diskutiert, die sowohl die Informationen *auf* den Produkten betreffen als auch darüber, was sich *hinter* diesen Produkten verbirgt.

Diese im Vergleich zu anderen Handlungsbereichen eher spä-

64 Vgl. auf der einen Seite Edda Müller, »Grundlinien einer modernen Verbraucherpolitik«, in: *Aus Politik und Zeitgeschichte*, H. 24 (2001), S. 6-15 und auf der anderen Seite Frank Janning, »Die Spätgeburt eines Politikfeldes. Verbraucherschutzpolitik in Deutschland«, in: *Zeitschrift für Politik*, H. 4 (2004), S. 401-433 sowie Janning, »Konjunkturen der Konsumentenmacht«.

65 Janning, »Der Staat der Konsumenten«, S. 174 f. (vgl. klassisch: Gøsta Esping-Anderson, *The Three Worlds of Welfare Capitalism*, Princeton 1991 sowie dazu: Stephan Lessenich, Ilona Ostner (Hg.), *Welten des Wohlfahrtskapitalismus. Der Sozialstaat in vergleichender Perspektive*, Frankfurt/M., New York 1998). Dass es sich hierbei um *Idealtypen* handelt, lässt sich an der Analyse von drei wichtigen Handlungsfeldern der bundesdeutschen Verbraucherpolitik nach der BSE-Krise nachvollziehen: In ihren Ansätzen zur Risikoprävention im gesundheitlichen Verbraucherschutz, zur Einleitung einer Agrarwende und zur Förderung einer neuen Ernährungskultur hat die rot-grüne Verbraucherpolitik gerade Momente, die hier der Konstruktion von Regimetypen zugrunde liegen, kombiniert, nämlich solche der Risikoregulierung, der ökonomischen Regulierung und der sozialen Regulierung (siehe dazu Kapitel VI, Abschnitt 1).

te *Ausdifferenzierung* eines staatlichen Politikfeldes bedeutet nun nicht, dass strukturell tiefer liegende Probleme der Konsumgesellschaft oder grundlegende Fragen des Verhältnisses von Konsum und Demokratie aus dem Kanon der Verbraucherpolitik dauerhaft ausgesperrt blieben. Vergleichende Politikfeldanalysen zeigen an den vielfältigen Macht-, Zuständigkeits- und Interessenkonflikten, konzeptionellen Defiziten, Entscheidungsdilemmata, typischen sachlichen Steuerungsproblemen (z. B. in der Gesundheitsvorsorge) usw. stets auch die Grenzen administrativer Aufgabenbewältigung auf, sodass sich auch aus der Binnenperspektive des Staates strukturelle Krisendiagnosen aufdrängen können, die den Bedarf an neuen Politikansätzen anzeigen. Aber für grundlegende »strategische Alternativen der Verbraucherpolitik«, etwa anstelle der Ausdifferenzierung als Politikfeld, das speziell auf Konsumbelange und Verbraucherinteressen zugeschnitten ist, eher die *Entdifferenzierung* im Rahmen einer integrativen »produktions-zentrierten Verbraucherpolitik« zu verfolgen, scheint mir die *policy-orientierte* Perspektive auf bestehende administrative Einrichtungen des Staates kaum noch offen zu sein.[66] Darin liegt aus meiner Sicht ihr »Theoriedefizit«, und das unterscheidet sie von der hier favorisierten Perspektive auf die *Verbraucherdemokratie*.[67]

Die Denkmodelle des gemeinsamen Regierens (Governance) unterschiedlicher Akteure – von administrativen Einrichtungen über Interessenverbände und zivilgesellschaftliche Organisationen, Unternehmen und Marktteilnehmer bis hin zu den Bürgerinnen selbst –, die gegenwärtig auch in Diskussionen zur Verbraucher-

66 Claus Offe, »Ausdifferenzierung oder Integration – Bemerkungen über strategische Alternativen der Verbraucherpolitik«, in: *Zeitschrift für Verbraucherpolitik/Journal of Consumer Policy*, H. 1-2 (1981), S. 119-133, hier: S. 131. Verbraucher sind für Offe (ebd., S. 120-122) Ergebnis von Differenzierungsprozessen in der *kapitalistischen* Gesellschaft, die zugleich dazu führen, dass ihre Interessen in den Machtspielen zwischen ihnen selbst, den Unternehmen und dem Staat strukturell unterrepräsentiert bleiben. Dies führt ihn zur These, »daß Verbraucher nur dann die zur Durchsetzung ihrer Interessen erforderliche Macht gewinnen können, wenn sie dies nicht *als* Verbraucher versuchen, sondern in *struktureller Verknüpfung* von produktiven, konsumtiven und politischen Funktionen« (ebd., S. 127).

67 Vgl. schon Anke Martiny, »Privater Konsum als öffentliche Aufgabe. Das Theoriedefizit der Verbraucherpolitik und seine praktisch-politischen Folgen«, in: *Aus Politik und Zeitgeschichte*, H. 24 (1978), S. 15-37.

politik an Attraktivität gewinnen, implizieren in gewisser Weise bereits eine solche Perspektivenerweiterung.[68] Denn die bestehenden staatlichen Einrichtungen treten darin als Regierungsakteure in Erscheinung, werden aber zugleich auch transzendiert, insofern die sich empirisch herausbildenden oder normativ geforderten kollektiven Regelungsstrukturen im Grunde als neue Form der politischen Organisation auch einen neuen, übergreifenden Staat repräsentieren. Die Analyse solcher Entwicklungen aus der Perspektive der verbraucherpolitischen Administration birgt jedoch die Gefahr, dass sich in diese Modelle sogleich ein instrumentalisierendes Denken einnistet und die Beiträge der nichtstaatlichen Agenturen nur noch dazu dienen, die Defizite oder Steuerungsgrenzen des staatlichen Handelns zu kompensieren. In diesem Sinne beobachtet etwa Frank Nullmeier, dass der Wohlfahrtsstaat seine Leistungen zwar vermehrt auf Wohlfahrtsmärkte auslagert, ohne jedoch seine Bürgerinnen mit dem notwendigen Markt- oder Verbraucherwissen auszustatten, wie sich etwa eine angemessene Rendite für die private Altersvorsorge erlangen oder ein geeignetes Pflegeheim finden lässt.[69] Ohne eine vollwertige Repräsentation und politische Einbeziehung der Verbraucher, deren Dispositionen, Erwartungen, Bedürfnisse, Fertigkeiten und Wissensbestände jenen keineswegs entsprechen müssen, die ihnen vom Staat und seinen Wohlfahrtsmärkten abverlangt werden, wird ein solches Governance-Regime dann schnell zu einer erweiterten Technik der Regierung, einer Ausgeburt der »Gouvernementalität«.[70]

68 Vgl. Wolfgang Streeck, Philippe C. Schmitter, »Gemeinschaft, Markt und Staat – und die Verbände? Der mögliche Beitrag von Interessenregierungen zur sozialen Ordnung«, in: *Journal für Sozialforschung*, H. 2 (1985), S. 133-157; Susanne Lütz, »Governance in der politischen Ökonomie – zum Stand der Debatte«, in: *Politische Vierteljahresschrift*, H. 2 (2003), S. 231-243.

69 Frank Nullmeier, »Demokratischer Wohlfahrtsstaat und das neue Marktwissen«, in: Heinrich-Böll-Stiftung (Hg.), *Gut zu Wissen – Links zur Wissensgesellschaft*, Münster 2002, S. 97-111.

70 Michel Foucault, »Die ›Gouvernementalität‹«, in: Ulrich Bröckling u. a. (Hg.), *Gouvernementalität der Gegenwart. Studien zur Ökonomisierung des Sozialen*, Frankfurt/M. 2000, S. 41-67; siehe auch Kapitel VI, Abschnitt 2. Durch den Einsatz von *Technologien des Selbst* – man denke an den politischen Diskurs über *Fettleibigkeit*, deren Folgekosten durch mehr *Fitness* reduziert werden sollen (vgl. dazu Christine Hentschel, »Der Schlanke Staat und der dicke Konsument. Zur Regierung der Fettleibigkeit«, in: Lamla, Neckel (Hg.), *Politisierter Konsum*, S. 113-131) – und die Mobilisierung von *Sicherheitsbedürfnissen* durch Angstrheto-

1.4 Consumer und Citizen als historische Dispositive des Subjekts

Die vorangehenden Abschnitte haben mit der Marktarena, der Zivilgesellschaft und den in sich verschachtelten staatlichen Administrationen jeweils einen spezifischen institutionellen Rahmen für die Analyse des Verhältnisses von Politik und Konsum favorisiert. Demgegenüber tritt der nun vorzustellende vierte Ansatz, der vor allem historisch und kultursoziologisch ausgerichtet ist, einen Schritt zurück und fragt danach, wo solche Differenzierungen eigentlich herkommen und welche Relevanz sie für wen haben. Es könnte ja sein, dass die Forschungsperspektiven mit diesen Abgrenzungen von Sphären des privaten, öffentlichen oder politischen Engagements etwas festschreiben und gewissermaßen naturalisieren, was sich aus historisch- oder kulturvergleichender Perspektive als äußerst wandelbar herausstellt. So werden die Verbraucher relativ schnell der Sphäre des Privaten und des Marktes, Bürgerinnen hingegen der öffentlichen Sphäre und dem Staat zugerechnet, während man sich drittens als arbeitendes Subjekt auch noch in betrieblichen Organisationen verdingt. Aber diese Zuordnungen, die zunächst sehr plausibel erscheinen mögen, könnten unzutreffend sein und sollten deshalb keinesfalls essentialistisch missverstanden und festgeschrieben werden.[71] Das lässt sich mit einer *genealogischen* Forschungsperspektive plausibel machen, die danach fragt, wie die für uns zur ›zweiten Natur‹ gewordenen Vorstellungen vom Verbraucher und von der Staatsbürgerin eigentlich

rik und die Aufforderung zur Risikovermeidung – auch hierfür bietet die Ernährung gute Beispiele – läuft eine solche Verbraucherpolitik auf *Disziplinierung* der Subjekte und die *gouvernementale Führung* der Bevölkerungsströme hinaus (vgl. Nikolas Rose, »Tod des Sozialen? Eine Neubestimmung der Grenzen des Regierens«, in: Bröckling u. a. (Hg.), *Gouvernementalität der Gegenwart*, S. 72-109). Sie manifestiert sich nicht zuletzt in der Erwartung eines allseits gut informierten Consumer Citizen, der sich in immer mehr Konsumkontexten zum Experten entwickeln kann und in seinen privaten Konsumentscheidungen Verantwortung für seine Mitbürgerinnen und zukünftige Generationen übernimmt (vgl. dazu Nikolas Rose, *Powers of Freedom. Reframing Political Thought*, Cambridge 1999, S. 85-89).

71 Vgl. schon Oskar Negt, Alexander Kluge, *Öffentlichkeit und Erfahrung. Zur Organisationsanalyse von bürgerlicher und proletarischer Öffentlichkeit*, Frankfurt/M. 1972, S. 7.

entstanden sind.[72] Als Teil einer Politischen Soziologie der Konsumgesellschaft ist diese Herangehensweise nicht zuletzt deshalb wichtig, weil damit zugleich die Macht solcher »Dispositive« in den Blick gerät und mit ihr die Frage, wer an diese Macht welche Interessen und Anliegen knüpft.[73] Im Effekt dekonstruiert eine solche Analyse mit den Kategorien des Verbrauchers und der Bürgerin zugleich gängige soziale Klassifizierungen des modernen Subjekts und schafft mit dem resultierenden Wissen um die Kontingenz solcher Typisierungen gewisse Spielräume für Veränderungen.[74]

Genealogische Untersuchungen zur Entstehung des Verbrauchers, der Staatsbürgerin, ihres wechselvollen Verhältnisses sowie

72 »Die Moderne hat den Verbrauchern abhängig von der Rolle der Nation, des Staates, der staatsbürgerlichen Tradition und sozialen Identitäten unterschiedliche Möglichkeiten in verschiedenen politischen und kulturellen Räumen eröffnet. Es gibt keine universelle Geschichte des Verbrauchers, genauso wie es keinen essenziellen Verbraucher gibt.« (Frank Trentmann, »The Modern Genealogy of the Consumer. Meanings, Identities and Political Synapses«, in: John Brewer, Frank Trentmann (Hg.), *Consuming Cultures, Global Perspectives. Historical Trajectories, Transnational Exchanges*, Oxford, New York 2006, S. 16-69, hier: S. 51). Die Übersetzungen englischer Zitate, zu denen nicht bereits Übersetzungen vorliegen, stammen vom Autor.

73 Vgl. Michel Foucault, *Dispositive der Macht. Über Sexualität, Wissen und Wahrheit*, Berlin 1978.

74 Der Verbraucher als sich historisch wandelndes konsumtorisches Subjekt spielt eine wichtige Rolle in der groß angelegten Studie von Andreas Reckwitz, *Das hybride Subjekt. Eine Theorie der Subjektkulturen von der bürgerlichen Moderne zur Postmoderne*, Weilerswist 2006, S. 59. Die politischen Praktiken der Staatsbürgerin werden darin hingegen »bewusst vernachlässigt« (ebd., S. 28 f.). Der moderne Bürgerinnenbegriff ist bekanntlich seinerseits eine hybride Kategorie, die Elemente des *Bourgeois* und des *Citoyen* vermengt (vgl. Sigrid Baringhorst u. a., »Verbraucher und Unternehmen als Bürger in der globalen Mediengesellschaft. Bürgerschaft als politische Dimension des Marktes«, in: Baringhorst u. a. (Hg.), *Politik mit dem Einkaufswagen*, S. 7-28, hier: S. 10 f.). Ein Beispiel für die Analyse von Machttechniken und -verhältnissen liefern Peter Miller und Nikolas Rose, »Mobilizing the Consumer. Assembling the Subject of Consumption«, in: *Theory, Culture and Society*, H. 1 (1997), S. 1-36. Sie zeigen, dass die *Psychologie* als wissenschaftliche Disziplin eine zentrale Rolle in der Formierung des aktiven und kreativen Konsumsubjekts spielt, welches z. B. erst lernen muss, zwischen Marken zu unterscheiden oder für feine Unterschiede im Produktdesign einen Blick zu entwickeln. Vgl. zu dieser Forschungsperspektive weiterhin Anne M. Cronin, *Advertising and Consumer Citizenship. Gender, images and rights*, London 2000 und Dominik Schrage, *Die Verfügbarkeit der Dinge. Eine historische Soziologie des Konsums*, Frankfurt/M., New York 2009.

all ihrer historischen Wandlungen machen sehr deutlich, dass es sich nicht um dauerhaft gleich bleibende Dispositionsgefüge handelt und diese zwei Seiten des modernen Subjekts sich darüber hinaus in hohem Maße wechselseitig hervorbringen und definieren. »Statt isolierte Idealtypen waren Bürger und Verbraucher sich stets verändernde Kategorien, die sich manchmal überlappten, oftmals in einem Spannungsverhältnis zueinander standen, aber immer die Durchlässigkeit von politischer und ökonomischer Sphäre widerspiegelten.«[75] So ist die Privatsphäre als spezifischer Ort des Konsums mit politischen Kämpfen des liberalen Bürgertums verknüpft. Und am Übergang ins 20. Jahrhundert findet in der liberalen bürgerlichen Gesellschaft Großbritanniens tatsächlich so etwas wie eine Verschmelzung von Verbraucher- und Bürgerinnenidentität statt, insofern die Konsumenten hier für freie Märkte und schrankenlosen Handel kämpften und eine zivile Bürgerinnengesellschaft formierten, die kritisch gegenüber staatlichen Regulierungen eingestellt war und die Marktakteure ihre Angelegenheiten selbst regeln lassen wollte. Weil der Verzicht auf staatliche Regulierung aber Sicherheits- und Gesundheitsprobleme im Bereich des Konsums massiv anwachsen ließ, geriet dieses Modell in eine strukturelle Krise und eröffnete damit den Weg zu einem sozialstaatlichen Bürgerinnenmodell.[76]

Ein anderes Beispiel liefert die *höfische Gesellschaft*, in der Luxus und Prunk als frühe Modelle für einen »demonstrativen Konsum« der »feinen Leute« an die *politischen* Existenzbedingungen einer Herrscherelite gekoppelt waren.[77] Die strikte Trennung der Sphären des öffentlichen und des privaten Lebens in der *bürgerlichen Gesellschaft*, in der die weibliche Verbraucherin geächtet war und der männliche Staatsbürger die Politik bestimmte, kann in erheblichem Maße auf die Kritik an diesem Regime des Luxuskonsums zurückgeführt werden.[78] Entsprechend haben die Auseinanderset-

75 Cohen, *A Consumers' Republic*, S. 8.

76 Vgl. Trentmann, »Bread, Milk and Democracy«; Maclachlan, Trentmann, »Civilizing markets«.

77 Vgl. Thorstein Veblen, *Theorie der feinen Leute. Eine ökonomische Untersuchung der Institutionen*, Frankfurt/M. 2007 sowie als weiteren Klassiker Werner Sombart, *Liebe, Luxus und Kapitalismus. Über die Entstehung der modernen Welt aus dem Geist der Verschwendung*, Berlin 1996.

78 Vgl. Sherryl Kroen, »Der Aufstieg des Kundenbürgers? Eine politische Allegorie für unsere Zeit«, in: Michael Prinz (Hg.), *Der lange Weg in den Überfluss: Anfän-*

zungen um den Status als Verbraucher bzw. Bürgerin im späten 19. und frühen 20. Jahrhundert, wo die Konsumenten im Fokus verschiedener Bewegungen und Entwürfe für die liberale Demokratie standen (z. B. bei den »Progressiven«, im New Deal oder bei den »Keynesianern« in den USA), wiederum auch viel mit Geschlechterkämpfen zu tun, in denen maßgeblich von Frauen getragene Bewegungen die hybride Identität eines Citizen Consumer entwickelten.[79] So steht diese Phase exemplarisch für die Entwicklung einer gesellschaftlichen Formation, die Lizabeth Cohen als *Consumers' Republic* bezeichnet hat: Sie arbeitet heraus, wie nicht nur Frauen, sondern darüber hinaus auch Teile der Arbeiterbewegung und der »schwarzen« Bevölkerung sowie der Regierung die Sozialfigur des Citizen Consumer ins Leben riefen, die im Kontrast zum egoistisch auf das eigene Wohl ausgerichteten Käufer-Konsument, der ebenfalls seine Unterstützer in der Administration und bei den Unternehmen fand, am demokratischen Gemeinwesen als einem Freiheit und Gleichheit versprechenden und dafür zu schützenden Kollektiv-Gut orientiert war.[80] Aus diesen Modellen, die während des zweiten Weltkriegs in Konkurrenz zueinander gerieten, insofern zu viel Eigeninteresse den »Kampf an der Heimatfront« gefährden musste, sei dann in der Nachkriegszeit ein neues *hybrides Subjekt* hervorgegangen, der »Käufer als Bürger, der durch seinen Konsum zugleich seine persönlichen Bedürfnisse und seine staatsbürgerlichen Pflichten erfüllte«.[81] Damit war der Weg zu einer Verbraucher-Republik gebahnt, in der Massenkonsum und Indivi-

ge und Entwicklung der Konsumgesellschaft seit der Vormoderne, Paderborn 2003, S. 533-564, hier: S. 536-542.

79 Vgl. Victoria de Grazia, »Empowering Women as Citizen-Consumers«, in: de Grazia, Furlough (Hg.), *The Sex of Things*, S. 275-286; Kroen, »Der Aufstieg des Kundenbürgers?«, S. 548-550.

80 Vgl. Cohen, *A Consumers' Republic.* Fraglich ist, wieweit sich diese Entwicklung verallgemeinern lässt: »Während es im Blick auf die amerikanische Geschichte der Zwischenkriegszeit durchaus Sinn machen könnte, von einem goldenen Zeitalter des aktiven Bürger-Konsumenten zu sprechen, der sich für eine sozialverantwortliche Ausgestaltung der Demokratie einsetzt, liegt der Sachverhalt für Europa, wo Konflikte um die Konsumenten, akute Krisen der Versorgung und die Folgen moderner Massenkonsumkultur in je spezifischer Weise Anteil am Triumph von Faschismus und Kommunismus hatten, offensichtlich anders.« (Kroen, »Der Aufstieg des Kundenbürgers?«, S. 548)

81 Cohen, *A Consumers' Republic*, S. 119.

dualismus Hand in Hand gehen konnten und die sich als Modell einer modernen Wachstumsgesellschaft in der ganzen Welt rasch auszubreiten begann. Und wie der Fall der Mauer zeigte, wurde genau diese Form der Allianz von Verbraucher und Staatsbürgerin, die mit dem Marshall-Plan nach Westdeutschland kam, letztlich zur Bewährungsprobe ganzer politischer Systeme.

Damit ist die Genealogie des Verbrauchers, der Staatsbürgerin und ihres Verhältnisses gewiss noch nicht an ihr Ende gekommen. Die neuen politischen Emanzipationsbewegungen der 1960er und 1970er Jahre formierten sich auf der Grundlage einer Kritik des Massenkonsums und der Standardisierung von Lebensmustern, und die Relevanz des Konsums für kollektive Identitätsvorstellungen führt zu neuen politischen Konflikten – etwa zwischen globaler und lokaler Kultur –, wenn Symbolsysteme unvermittelt oder kolonialisierend aufeinandertreffen. Weiterhin lässt sich ein Trend zu jenem Typus von Staatsbürgerin beobachten, die sich wie ein Kunde gegenüber der staatlichen Politik verhält, d. h. Politik als Konsumgut und medial vermittelte Unterhaltung begreift und bei Parteien und Politikerinnen entsprechende Bemühungen um ein professionelles Marketing evoziert. Teilweise gegenläufig dazu wird insbesondere das Internet als eine Infrastruktur betrachtet, die neue Formen der Vernetzung und Aktivität von Verbrauchern bzw. Bürgerinnen möglich macht und den Eintritt in ein neues Zeitalter des Citizen Consumer herbeiführen könnte.[82]

82 Vgl. Uri Ram, »Glocommodification: How the Global Consumes the Local – McDonald's in Israel«, in: *Current Sociology*, H. 1 (2004), S. 11-31; Uri Ram, »›Don't drink stupid, drink committed‹. Die Verwässerung des Engagements«, in: *Forschungsjournal Neue Soziale Bewegungen*, H. 4 (2005), S. 53-64; sodann Helmut Schneider, *Marken in der Politik. Erscheinungsformen, Relevanz, identitätsorientierte Führung und demokratietheoretische Reflexion*, Wiesbaden 2004; Axel Balzer u. a. (Hg.), *Politik als Marke. Politikvermittlung zwischen Kommunikation und Inszenierung*, Münster 2005; Isabel Kusche, »Wa(h)re Politik? Politische Kommunikationsforschung und Marketingtheorie«, in: Lamla, Neckel (Hg.), *Politisierter Konsum*, S. 281-299 und schließlich Scammell, »The Internet and Civic Engagement«; Christoph Bieber, Jörn Lamla, »Das Netz der Konsumenten. Innovationschancen der Verbraucherbewegung im Internet«, in: *Forschungsjournal Neue Soziale Bewegungen*, H. 4 (2005), S. 65-77. Die Konsequenzen dieser Veränderungen für das professionelle Marketing von Politik diskutiert Margaret Scammell, »Citizen Consumers: towards a new marketing of politics?«, in: John Corner, Dick Pels (Hg.), *Media and*

Allerdings handelt es sich bei *dieser* Verbindung um eine *neue* Sozialfigur. Die Bedeutung von Staatsbürgerin und Verbraucher hat sich ein weiteres Mal verschoben. Der Hybrid tritt nun doppelt auf, nämlich als Consumer Citizen, der seine Wahlhandlungen in Marktumgebungen immer schon mit Gesichtspunkten des Gemeinwohls verknüpft, und als Citizen Consumer, der die Effizienzvorteile der Exit-Option auch gegenüber öffentlich-rechtlichen Leistungsanbietern wirksam zur Geltung bringt.[83] An dieser Verdopplung wird sichtbar, dass die funktionale Differenzierung von Markt und Staat im Subjekt nicht länger zurückgenommen, sondern einerseits mitvollzogen und internalisiert wird, wobei die Vermittlung von Verbraucher und Staatsbürgerin andererseits aber in beiden Sphären vom Subjekt verlangt wird. Das *hybride* Subjekt ist damit zugleich ein *gespaltenes*. Folglich könnte das historische Dispositiv des modernen Subjekts auf neue Weise in der Gesellschaft in Anspruch genommen werden, wobei die Machtinteressen, die sich hinter dieser doppelten Aktivierung verbergen, viel mit der Suche nach geeigneten sozialen Formen zu tun haben, in denen sich die Folgeprobleme der Differenzierung von Staat und Wirtschaft im Kapitalismus bewältigen lassen.[84]

Nun ist die genealogische Perspektive in der Gegenwart angekommen, die zugleich die Grenzen einer solchen Analyseperspektive offenbart. Die verschiedenen politischen Zusammenhänge, in denen heute an die Dispositive des Verbrauchers und der Staatsbürgerin angeknüpft wird, geben kein einheitliches Bild zu erkennen, sondern eher ein offenes Feld für Deutungskämpfe, gegensätzliche Mobilisierungsversuche, unterschiedliche Interessen an der Macht über die Subjekte und dementsprechend widersprüchliche Ausgangslagen für deren Handeln. Es ist überhaupt nicht klar, ob dem heute viel beschworenen neuen Consumer Citizen – der in vielen Fällen nur eine konzeptionelle Kopie des nicht weniger proble-

the Restyling of Politics. Consumerism, Celebrity and Cynicism, London 2003, S. 117-137.

83 Vgl. Anthony Giddens, »Neoprogressivism. A New Agenda for Social Democracy«, in: Anthony Giddens (Hg.), *The Progressive Manifesto. New Ideas for the Centre-Left*, Oxford 2003, S. 1-34, hier: S. 18.

84 Vgl. Stephan Lessenich, »Mobilität und Kontrolle. Zur Dialektik der Aktivgesellschaft«, in: Klaus Dörre u. a., *Soziologie – Kapitalismus – Kritik. Eine Debatte*, Frankfurt/M. 2009, S. 126-177.

matischen und umstrittenen Corporate Citizen ist, also der Idee sozial verantwortlicher Unternehmensführung *(Corporate Social Responsibility)* – praktisches Gewicht zukommt oder ob er sich als diskursive »Luftnummer« erweist. Vor vielen Jahren schon haben Yiannis Gabriel und Tim Lang den »Verbraucher als Staatsbürger« in eine Reihe von *neun* heterogenen Interpretationsansätzen zum Verbraucher der Gegenwart gestellt, den sie letztlich als *Unmanageable Consumer* bezeichnen.[85] Daher muss auch die soziologische Analyse zum Verhältnis von Politik und Konsum entsprechend geöffnet werden. Die genealogische Rekonstruktion verlangt hier gewissermaßen nach einem Methodenwechsel, weil sonst die Gefahr besteht, einen spiegelbildlichen Fehler zu den vorangehenden Forschungsperspektiven zu begehen, nämlich diskursiven Konstruktionen, Rollen- und Verantwortungszuschreibungen die Kraft von Habitusdispositionen zu verleihen und damit idealtypische Orientierungen eines Consumer Citizen zur zweiten Natur der gegenwärtigen Subjektform zu (v)erklären, obgleich die Alltagspraxis der Verbraucher weit davon entfernt ist.

Die Analyseperspektive der Verbraucherdemokratie versucht, zu solchen Konzeptualisierungen des Consumer Citizen oder Citizen Consumer methodologisch Abstand zu gewinnen. Sie betrachtet diese diskursiven Klassifizierungen, an denen sich die Wissenschaft, indem sie diesen mehr oder weniger Gewicht zuschreibt, gewissermaßen selbst beteiligt, als Ausdruck einer vielgestaltigen *Politisierung* des Konsums, die auf einen komplexen politischen Problemdruck der gegenwärtigen Konsumgesellschaft hindeutet und eine historisch noch offene Krisenkonstellation anzeigt. Dieser Herangehensweise kommen Forschungsansätze nahe, die die Dispositive des Consumer Citizen oder Citizen Consumer gewissermaßen als politisches Bildungsprojekt oder -programm analysieren oder sich dem Feld der öffentlichen Dienstleistungen, in denen solche pädagogischen Kreations- und Umsetzungsversuche besonders virulent sind, mit einer *Pluralität* von Konzepten (wie Consumer, Citizen und Coproducer) nähern, um empirisch analysieren zu

85 Gabriel, Lang, *The Unmanageable Consumer*. Neben dem »Verbraucher als Staatsbürger« finden sie Anzeichen für einen auswählenden, einen kommunizierenden, einen entdeckenden, einen identitätssuchenden, einen hedonistischen bzw. künstlerischen Verbraucher, für einen, der Opfer ist, sowie für den Verbraucher, der als Rebell agiert.

können, in welchem Maße und auf welche Weise sie darin eigentlich praktisch wirksam werden.[86]

2. Die Konsumgesellschaft heute – eine politische Krisenkonstellation?

Mit Verbraucherdemokratie bezeichne ich im Unterschied zu den vorangehenden Ansätzen eine gesellschaftstheoretische Analyseperspektive, die an den vielfältigen, wiederkehrenden und zunehmenden *Politisierungen* des Konsums in der Gegenwartsgesellschaft ansetzt und diese als Hinweis darauf versteht, dass mit der Konsumgesellschaft etwas nicht stimmt, dass ein struktureller Problemdruck vorliegt, der sich zu einer Krisenkonstellation auswächst. Darunter verstehe ich eine Konstellation, in der ein hoher politischer Innovationsdruck auf die etablierten Institutionen, Teilsysteme und Handlungsmittel einwirkt, insofern diese vielleicht noch zu vorläufigen Reparaturen einzelner Problemzonen, nicht aber zur Beseitigung der Krise taugen, weshalb die strukturell in der Konsumgesellschaft angelegten Probleme laufend wiederkehren und die Politik zum Scheitern bringen.[87] Ein anschauliches

86 Vgl. John Clarke u. a., *Creating Citizen-Consumers. Changing Publics and Changing Public Services*, London 2007; John Clarke, »Unsettled Connections. Citizens, Consumers and the Reform of Public Services«, in: *Journal of Consumer Culture*, H. 2 (2007), S. 159-178, Adalbert Evers, »Consumers, Citizens and Coproducers – A Pluralistic Perspective on Democracy in Social Services«, in: Gaby Flösser, Hans-Uwe Otto (Hg.), *Toward more Democracy in Social Services*, Berlin, New York 1998, S. 43-52. – Darüber hinaus ist die »Verbraucherbildung« ein Themenfeld mit hoher Konjunktur, das u. a. zur Einführung eines entsprechenden Schulfachs an allgemeinbildenden Schulen in Schleswig-Holstein 2009 sowie von curricular verankerten Querschnittsprojekten in Rheinland-Pfalz 2011 geführt hat. Auch dieses Feld ließe sich gut daraufhin untersuchen, welche Vorstellungen vom Consumer und vom Citizen darin kursieren und Relevanz gewinnen (⟨www.verbraucherkompetenz.de⟩, ⟨blog.verbraucherbildung.de⟩ sowie ⟨www.verbraucherbildung.de⟩, letzter Zugriff 3. 6. 2011).

87 Eine gewisse Nähe zu Max Webers Charisma-Begriff ist nicht zu übersehen. Wesentlich ist die offene Entscheidungskonstellation, die eine Krise auszeichnet und das Politische als strukturell verankerten Innovationsdruck dechiffriert. Denn die Krise ist gerade durch die Abwesenheit von Entscheidungsroutinen und klaren Präferenzordnungen gekennzeichnet. Diese geraten ins Stocken. Eine Überwindung erfordert daher Entscheidungen, die rationale Begründbarkeit

Beispiel dafür sind die regelmäßig wiederkehrenden Skandale im Lebensmittelbereich. Einerseits wird an (scheinbar) bewährten Regulationsformen und Lösungsstrategien erst einmal festgehalten, solange der Druck nicht zu groß wird. Andererseits kann es bei anhaltender Ignoranz gegenüber den bleibenden strukturellen Problemen zu Turbulenzen kommen, die das Gefüge der politischen und gesellschaftlichen Institutionen im Ganzen zum Lernen zwingen, wie dies ansatzweise im Falle der deutschen Verbraucherpolitik nach der BSE-Krise zu beobachten war. Die Perspektive der Verbraucherdemokratie ist auf solche politischen Reaktions- und Lernprozesse gerichtet, aber nicht nur in einzelnen politischen Feldern, bezogen auf einzelne Issues der Verbraucherpolitik, sondern auch und vor allem auf der höheren Aggregatstufe des übergreifenden Gemeinwesens selbst. Die Verbraucherdemokratie bezeichnet eine Perspektive für die Analyse demokratischer Wandlungsprozesse, die sich koextensiv zu den korrespondierenden Problemen der Konsumgesellschaft und ihrem strukturellen Krisendruck verhalten. Wie eine solche Analyseperspektive theoretisch begründet und methodologisch ausgestaltet werden kann, soll in den nachfolgenden Abschnitten erläutert werden (siehe Kapitel II).

Das Instrumentarium, das ich für die Analyse vorschlagen möchte und das im Anschluss an die Theorien von John Dewey und Bruno Latour als *Demokratischer Experimentalismus* bezeichnet wird, unterscheidet sich von den zahlreichen theoretischen Vorläufern, die für eine solche gesellschaftsweite Perspektive auf den Zusammenhang von Konsum und Demokratie in den Sozialwissenschaften entwickelt worden sind. Deren Modelle und Erklärungen werden damit nicht unwichtig, aber in Aussagen transformiert, die selbst experimentellen, hypothetischen Status haben. Ich suche zunächst nach einem inhaltlich schwachen, dafür aber empirisch

und Legitimierbarkeit zunächst ungeschützt in Anspruch nehmen, also riskieren müssen. Erst nachträglich, wenn sich die Entscheidung als praktische Krisenlösung bewährt, lässt sie sich als rationale Lösung rekonstruieren. So kommen Innovationen laut Ulrich Oevermann, (»Genetischer Strukturalismus und das sozialwissenschaftliche Problem der Erklärung der Entstehung des Neuen«, in: Stefan Müller-Doohm (Hg.), *Jenseits der Utopie*, Frankfurt/M. 1991, S. 267-336, hier: S. 321) dadurch zustande, dass bislang nicht genutzte, objektive Möglichkeiten des Handelns und Entscheidens zur Lösung einer Krise mobilisiert werden, wobei »[die] Krisenkonstellation […] das spezifisch konstellierte Filter [bildet], durch das diese Möglichkeiten in die Praxis abfließen können.«

besonders offenen Rahmen für eine Analyse der Verbraucherdemokratie, nach einer Methodologie, die genug Raum bietet, um die verschiedenen Theorien und Modelle mit inhaltlich starken Aussagen darin miteinander konfrontieren, gegeneinander antreten lassen und gegebenenfalls auf neuer Ebene integrieren oder vermitteln zu können. Ziel meiner Politischen Soziologie ist eine Theorie der Konsumgesellschaft, die, von einem pragmatistischen Grundansatz ausgehend, der soziale und politische Strukturbildungen auf Folgeprobleme, Handlungsblockaden und Krisenmanifestationen in der Gesellschaft bezieht, das breite Repertoire an sozialwissenschaftlichen Argumenten und Theoriekonzepten zur Prüfung ihrer Hypothesen ernst nehmen und ausschöpfen will.

Starke Theorien über den Zusammenhang von Konsumgesellschaft und Demokratie, die damit vorerst suspendiert werden, gibt es viele – und nicht wenige sind von bestechender Eleganz. Ein Beispiel hierfür ist die Theorie der *unsichtbaren Hand des Marktes*, die nach Adam Smith auch dann zum Wohlstand der Nationen führt, wenn jeder in erster Linie auf den individuellen Vorteil, die aufgeklärte Eigenliebe, bedacht ist. Diese Theorie einer Gesellschaft von Individuen, die durch ihre Neigung zum Tausch und ihre wechselseitige Abhängigkeit ihre Fähigkeiten trainieren, Bedürfnisse bei den Mitmenschen zu erspüren und die Preise der Marktgüter, die diese Bedürfnisse befriedigen können, in kollektiver Abstimmung festzulegen, will damit ein *politisches* Gemeinwesen begründen. In dieser »Demokratie« liege die Souveränität letztlich beim Verbraucher: »Die Konsumtion ist der einzige Zweck aller Produktion, und das Interesse des Produzenten sollte nur insoweit berücksichtigt werden, als es zur Förderung des Konsumtionsinteresses nötig ist.«[88]

Smith ist ein Klassiker der Verbraucherdemokratietheorie, der immer wieder konsultiert wird, wenn es um die Begründung der »Konsumentensouveränität« gegenüber der »Produzentensouveränität« geht. Doch sind solche normativen Konzepte zugleich typische Beispiele für zu starke, mit der komplexen Lage der heutigen Konsumgesellschaft nicht wirklich gut vermittelbare Theorieposi-

88 Adam Smith, *Der Reichtum der Nationen*, Leipzig 1910, S. 679; zur normativen Ordnungsvorstellung dieser politischen Theorieposition vgl. Boltanski, Thévenot, *Über die Rechtfertigung*, S. 68-92

tionen.[89] Sie stecken voller Annahmen über die handelnden Akteure und ihre Dispositionen, über die politischen Institutionen und das Funktionieren von Märkten, die vor dem Hintergrund heutiger kultur-, alltags- oder wirtschaftssoziologischer Theorien einer kritischen Überprüfung bedürfen. Und das gilt ebenso für die *untersozialisierten* Akteure in der *Theorie der rationalen Wahl*, mit der Smith oft fälschlich in Verbindung gebracht wird, die aber gleichwohl als zweite *starke* Theorie der Verbraucherdemokratie angesehen werden könnte. Denn die Staatsbürgerinnen folgen ihrer Ansicht nach einem Handlungsmodus, für den der rational seinen Nutzen maximierende Konsument das Modell abgibt. Das neoklassische Marktmodell wird als Erklärungsinstrument auch auf die Sphäre der politischen Güter und Entscheidungen übertragen. Wählerinnen übernehmen die Rolle von Konsumenten auf einem Markt, der verschiedene Optionen (Parteiprogramme, politisches Führungspersonal, Wahlenthaltung) anbietet, aus denen nach Gesichtspunkten der Nutzenmaximierung ausgewählt wird. Auch hier liegt ein Modellplatonismus vor, der immer weniger geeignet erscheint, die Zusammenhänge von Marktentwicklungen, Moralvorstellungen, politischen Institutionen und Regulierungen sowie kulturellen Dispositionen der Verbraucher zu beschreiben.[90]

Diese Kritik an gängigen theoretischen Modellen der Verbraucherdemokratie ließe sich noch lange fortsetzen. Als drittes Beispiel sei hier aber nur noch die Kritik der *Politischen Ökonomie* von Karl Marx genannt, der in einem kurzen Abschnitt über »Produktion

89 Wenngleich diese Vermittlung nach wie vor versucht und viel diskutiert wird (vgl. Hermann van Bömmel, *Konsumentensouveränität. Neue Gestaltungsoptionen des Konsumenten in der Postindustriellen Wirtschaft*, Marburg 2003).

90 Vgl. Anthony Downs, *Ökonomische Theorie der Demokratie*, Tübingen 1968. Zur Kritik an sowohl »untersozialisierten« wie »übersozialisierten« Vorstellungen vom menschlichen Akteur vgl. Mark S. Granovetter, »Ökonomische Institutionen als soziale Konstruktionen«, in: Dieter Bögenhold (Hg.), *Moderne amerikanische Soziologie*, Stuttgart 2000, S. 199-217. Etwas spannungsreicher ist das Verhältnis von Demokratie und Konsumgesellschaft in klassischen Theorien der politischen Kultur, die von einer Arbeitsteilung zwischen Bürgerinnen und politischen Eliten in der parlamentarischen Demokratie ausgehen. Sie halten die Partizipationsansprüche des »Souveräns« gegenüber den Eliten gerade damit kurz, dass sie ihm eine *konsumtive* Haltung zuschreiben (vgl. Gabriel A. Almond, Sidney Verba, *The Civic Culture. Political Attitudes and Democracy in Five Nations*, Princeton, NJ 1963).

und Konsumtion« eine *dialektische* Theorie der Verbraucherdemokratie skizziert. Produktion und Konsumtion bezeichnen einen Gegensatz, sie markieren ein geläufiges Differenzschema, obwohl sie auf einer ersten Stufe betrachtet gar keinen Gegensatz bilden, sondern *unmittelbar identisch* sind. Jede Produktion verbraucht irgendetwas (Ressourcen, Kraft, Zeit usw.), und jeder Verbrauch erschafft auch etwas (Arbeitskraft, soziale Verbindungen, Muße usw.). Warum also, so fragt sich Marx, pochen die Ökonomen auf den Unterschied? Die Antwort ist: Weil es Differenzierungsprozesse gibt, die dazu führen, dass sich die Lebensvollzüge aufteilen und Handlungssphären in der Gesellschaft herausbilden, in denen Produktion und Konsumtion jeweils auch ihr *vermittelndes Gegenüber* bilden. Häuser werden gebaut, damit jemand darin wohnen kann; Flugreisen sind nicht möglich, wenn nicht irgendwo die Infrastruktur dafür her- und bereitgestellt wird. So weit, so gut, aber für Marx ist die Geschichte damit noch nicht vollständig erzählt. Es fehlt gewissermaßen noch die *Synthese* des Gegensätzlichen:

> Die Produktion ist nicht nur unmittelbar Konsumtion, und die Konsumtion unmittelbar Produktion; noch ist die Produktion nur Mittel für die Konsumtion und die Konsumtion Zweck für die Produktion, d.h., dass jede der andren ihren Gegenstand liefert, die Produktion äußerlichen der Konsumtion, die Konsumtion vorgestellten der Produktion; sondern jede derselben ist nicht nur unmittelbar die andre, noch die andre nur vermittelnd, sondern jede der beiden schafft, indem sie sich vollzieht, die andre; *sich als die andre.*[91]

Was bedeutet nun dieses »sich als die andre« schaffen genau? Es bedeutet im Unterschied zur zweiten Stufe der Vermittlung von differenzierten Handlungs- oder Lebensvollzügen, dass diese sich nicht nur äußerlich sind oder bleiben, also nicht nur Umwelten füreinander bilden, wie die Systemtheorie es nennt, sondern jede die jeweils andere Seite in der eigenen Sphäre sowohl *re-präsentieren muss* als auch bedingt, d.h. mit der anderen Seite in einem unvermeidlichen *Interdependenzverhältnis* steht. Und daraus folgt, dass die wechselseitigen Repräsentationen mehr oder weniger gut gelingen können. Der Antagonismus zwischen den Sphären kann mehr oder weniger ausgeprägt sein. Es gibt also ein Repräsentationspro-

91 Karl Marx, *Zur Kritik der Politischen Ökonomie*, Berlin 1961, S. 239, Hervorhebung von J. L.

blem und einen Repräsentationsbedarf zwischen den interdependenten Sphären der Produktion und der Konsumtion, worauf in unterschiedlicher Weise reagiert werden kann. Hier können sich äußerst einseitige Abhängigkeiten und asymmetrische Machtbeziehungen entwickeln, aber zugleich zeigt sich der Ansatzpunkt für eine »Demokratisierung der Differenzierungsfrage«.[92] Denn die bestehenden sozialen Kommunikationsformen und ökonomischen Organisationsweisen, in denen diese wechselseitigen Repräsentationen und Abhängigkeiten Gestalt annehmen, etwa das Marketing, Arbeitsabläufe in den Betrieben privatwirtschaftlicher Unternehmen, Shopping-Praktiken und die »Wiederverzauberung«[93] des Lebens in den glitzernden Konsumtempeln unserer Zeit, haben sich historisch entwickelt und lassen sich historisch auch verändern. In einer zukünftigen Verbraucher- und Produzenten-Demokratie könnten folglich die »Missverständnisse« ausgeräumt werden, die sich unter den derzeitigen Verhältnissen einer kapitalistischen Eigentumsordnung, globaler Arbeitsteilung, großer sozialer Ungleichheiten zwischen den Weltregionen, aber auch innerhalb dieser, entfremdeter und entfremdender Arbeits- und Lebensbedingungen, ökologischer Rücksichtslosigkeiten usw. über einen langen Zeitraum eingeschlichen haben.

Doch was bleibt von dieser scharfsinnigen theoretischen Gedankenfigur übrig, wenn man den historischen Materialismus, die Idee von dialektischen Bewegungsgesetzen in der Geschichte und ihren revolutionären Subjekten, als zu große Hypothek fallen lässt?[94]

92 Als Klassiker zum Abhängigkeitseffekt vgl. John Kenneth Galbraith, *Gesellschaft im Überfluß*, München, Zürich 1959, S. 155-166; zur Demokratisierungsperspektive vgl. Hans Joas, »Die Demokratisierung der Differenzierungsfrage. Die Krise des Fortschrittsglaubens und die Kreativität des kollektiven Handelns«, in: *Soziale Welt*, H. 1 (1990), S. 8-27.

93 Vgl. George Ritzer, *Enchanting a Disenchanted World: Revolutionizing the Means of Consumption*, London 1999.

94 Behielte man den historisch-dialektischen Materialismus als theoretischen Rahmen für die Analyse bei, würde sich die Verbraucherdemokratie vor dem Hintergrund der heutigen Konstellation der transnationalen Konsumgesellschaft womöglich als »Multitude« zu erkennen geben, als jene »Menge«, die in den Kapillaren des globalen kapitalistischen »Empire« immer schon heranwächst und irgendwann zum Gegenschlag ausholt (vgl. Michael Hardt, Antonio Negri, *Multitude. Krieg und Demokratie im Empire*, Frankfurt/M., New York 2004 sowie Michael Hardt, Antonio Negri, *Empire. Die neue Weltordnung*, Frankfurt/M., New York 2002). Das könnte zutreffen – oder auch nicht.

Zweierlei: Zum einen wandert die (starke) Theorie auf die empirische Gegenstandsseite der Analyse, insofern sie darin selbst als eine Politisierung der gesellschaftlichen Verhältnisse auftaucht und mit mehr oder weniger Erfolg ihre Argumente zum Einsatz bringt, um für die Realisierung der Verbraucher- und Produzentendemokratie zu kämpfen. Zum anderen aber bleibt auch eine (schwache) Version übrig, die nur behauptet, *dass in den gesellschaftlichen Organisationsformen der Produktion und Konsumtion Erfordernisse der Repräsentation angelegt sind, die darin auf eine bestimmte Weise bearbeitet werden. Dies kann sich aber als unzureichend erweisen, zu strukturellen Problemkonstellationen auswachsen und auch krisenhaft manifestieren, sodass es zu Politisierungen dieser Organisationsformen kommen kann, die auf eine Veränderung der Repräsentationsverhältnisse und Abhängigkeitsbeziehungen abzielen.* In dieser Version erweist sich die Theoriefigur für die hier favorisierte Analyseperspektive als sehr anschlussfähig und hilfreich.

Die Entscheidung, mit der Analyse beim Konsum und der Konsumgesellschaft zu beginnen, ist phänomenologisch begründet: Mich interessiert, was sich hinter den Politisierungen, die hier ansetzen, alles verbirgt, worauf sie wie reagieren und welche Dynamiken damit in den konsumgesellschaftlichen Repräsentations- und Abhängigkeitsverhältnissen einhergehen. Ein solcher phänomenologischer Zugang könnte gewiss als zu sehr an der Oberfläche verbleibend und als den komplexen gesellschaftlichen Verhältnissen im heutigen Kapitalismus nicht angemessen kritisiert werden. So wie in den Konsumwelten alles Blendung und Schein ist, ließe sich einwenden, sind es auch die Probleme, die darin auftauchen, kommuniziert werden und politische Apparaturen auf Trab halten.[95] Aber selbst wenn das der Fall sein sollte, spricht nichts da-

95 Im Unterschied zu Adornos durch und durch pessimistischer Sicht auf die Kulturindustrie (vgl. Max Horkheimer, Theodor W. Adorno, *Dialektik der Aufklärung. Philosophische Fragmente*, Frankfurt/M. 1988, S. 128-176) hatte sich Walter Benjamin auch für die Frage interessiert, ob die Schockerlebnisse und Diskrepanzerfahrungen, die in der modernen Konsum-, Werbe- und Warenwelt an der Tagesordnung sind und die Kontinuitäten im Selbst- und Weltverhältnis zertrümmern können, nach kritischer Durcharbeitung das politische Unterscheidungsvermögen schärfen könnten. An der Sozialfigur des Flaneurs etwa hat er gezeigt, in welchem Maße die Wahrnehmungs- und Aneignungsweisen von den Konsumwelten der kapitalistischen Gesellschaft einerseits durch Parameter der Passagenarchitektur, atmosphärische Lichtverhältnisse und die Wirkung

gegen, sondern vieles dafür, die Analyse zunächst so einzurichten, dass diese Diagnose empirisch sowohl bestätigt als auch falsifiziert werden kann, anstatt sie durch starke theoretische Setzungen bereits zu präjudizieren. Auch Theorien über die Konsumgesellschaft werden deshalb nicht im starken Sinne als Gerüst für die Analyse installiert, sondern im schwächeren Sinne als Generatoren für Hypothesen, Lesarten und Gedankenexperimente verwendet, die an empirisches Material herangetragen werden.

Aus diesem Grunde will ich auch die Aussage nicht vorab *theoretisch* begründen, dass die Konsumgesellschaft die Demokratie heute in eine Krisenkonstellation geführt habe oder sich eine allgemeinere gesellschaftliche Krisenkonstellation mit Bezug zur Sphäre des Konsums und ihren Praktiken heute manifestiere. Auch das ist nur eine Hypothese, die insoweit Plausibilität genießt, als die Politisierung des Konsums ein seit vielen Jahren auftretendes Phänomen ist. Beispielgebend für diese Hypothese sind Zeitdiagnosen, die in der Moderne Phasen historischer Schließung und Öffnung identifizieren, wobei Letzteres für die Phase seit den 1970er Jahren bis heute gelte. So lässt sich die politische Krisenkonstellation der Gegenwartsgesellschaft mit Peter Wagner durch den Übergang in eine »erweiterte liberale Moderne« nach der Krise der »organisierten Moderne« charakterisieren. Die organisierte Moderne steht für eine Phase der historischen Schließung, die auf Prinzipien der kollektiven Interessenrepräsentation in parlamentarischen und neokorporatistischen politischen Systemen, der nationalen wohlfahrtsstaatlichen Regulierung von wirtschaftlichen Prozessen, ei-

räumlicher Größe in Besitz genommen und überwältigt werden. Andererseits jedoch bewahre das spezifische Nähe- und Distanzverhältnis, das der Flaneur zur Menge der Konsumenten sorgsam einzuhalten bestrebt ist und ihm seinen Rauschzustand ermöglicht, zugleich einen Zugang zur Kritik, wie Benjamin an den Dichtungen Baudelaires zeigte (vgl. Walter Benjamin, *Charles Baudelaire. Ein Lyriker im Zeitalter des Hochkapitalismus*, Frankfurt/M. 1974). Also nicht so sehr Manipulation, sondern ein Wechselspiel von ästhetischer Verzauberung und schockartiger Ernüchterung ist für Benjamin das Signum der modernen Konsumgesellschaft. Auch an der technischen Reproduzierbarkeit von Kunstwerken beklagte er nicht so sehr den Verlust von ›authentischen‹ oder ›auratischen‹ Erfahrungen, sondern betonte vielmehr das Potenzial zur Verbreitung und demokratischen Aufarbeitung der in der Moderne noch möglichen Erfahrungen (vgl. Walter Benjamin, *Das Kunstwerk im Zeitalter seiner technischen Reproduzierbarkeit. Drei Studien zur Kunstsoziologie*, Frankfurt/M. 2003).

nem Kanon relativ stabiler Konventionen in Familie, Beruf, Freizeit, einem fordistischen System der Massenproduktion und des Massenkonsums usw. beruhte, aber nicht von Dauer war. Vielmehr setzten in den 1970er Jahren großflächig Prozesse der Dekonventionalisierung ein.[96] Von dieser krisenhaften Dynamik historisch

96 Vgl. Wagner, *Soziologie der Moderne.* Um die erneute krisenhafte Öffnung der Moderne zu erklären, analysiert Wagner die gesellschaftlichen Sektoren der Politik, der Ökonomie und der Kultur. Die Krisenkonstellation der späten Moderne ist durch die Grenzen der im bestehenden nationalstaatlichen Rahmen verfügbaren Handlungsmittel gekennzeichnet, die weitgehend auf das Medium der positiven Rechtsetzung beschränkt sind, dem sowohl Unverfügbarkeiten der institutionellen Entwicklung in Raum und Zeit (exemplarisch ablesbar an den Strömen und Netzen der globalen Finanzwirtschaft) als auch der kulturellen Geltungslogik (exemplarisch ablesbar an Problemen und Reaktionen der Identitätsbildung) gegenüberstehen (vgl. zu diesen Problemzonen auch Manuel Castells, *Der Aufstieg der Netzwerkgesellschaft. Das Informationszeitalter,* Bd. 1, Opladen 2003 und Manuel Castells, *Die Macht der Identität. Das Informationszeitalter,* Bd. 2, Opladen 2002 sowie Jörn Lamla, »Kontexte der Politisierung des Konsums. Die Zivilgesellschaft in der gegenwärtigen Krisenkonstellation von Politik, Ökonomie und Kultur«, in: Adloff u. a. (Hg.), *Wirtschaft und Zivilgesellschaft,* S. 127-153). Bernhard Peters hat diese zweiseitige Krise des Politischen ausgehend vom liberalen Recht benannt: »Der Rahmencharakter des liberalen Rechts macht deutlich, daß die Vernünftigkeit sozialer Beziehungen nicht allein durch das Recht garantiert werden kann. [...] Es gibt eine bewußte, kollektive Selbstgesetzgebung – aber die gibt nur einen äußeren Rahmen des Zusammenlebens vor, der angewiesen bleibt auf andere Formen kollektiver Vernunft im Sinne vernünftigen kollektiven oder sozialen Handelns *und* auf die ›objektive‹ Vernunft einer ›spontanen‹ sozialen Ordnung, wie sie exemplarisch durch das Marktmodell dargestellt wird. Nichts garantiert, daß diese komplementären Vergesellschaftungsmechanismen auch funktionieren [...].« (Bernhard Peters, *Rationalität, Recht und Gesellschaft,* Frankfurt/M. 1991, S. 72) Auf diese Krisenkonstellation lässt sich auch Foucaults Unterscheidung von Regierungstechniken beziehen, die bereits als Reaktionsbildungen verstanden werden können. So liegen die Dispositive der Souveränität, der Sicherheit und des Subjekts ebenfalls genau auf den drei Dimensionen, in denen das Politische nach neuen Antworten suchen muss: Im »Gerechtigkeitsstaat« werden die Gesetze fokussiert, um die Souveränität staatlicher Herrschaft zu festigen; im »Regierungsstaat« werden die rechtlich unverfügbaren, nur in Größen bevölkerungsstatistischer Regelmäßigkeit fassbaren Massen und »Ströme« fokussiert, um unter dem Dispositiv der Sicherheit gouvernementale Führung, d. h. Kontrolle über Raum und Zeit zu erlangen; schließlich fokussiert der »Verwaltungsstaat« die Techniken des Selbst, um das formbare Subjekt zu disziplinieren (vgl. Thomas Lemke u. a., »Gouvernementalität, Neoliberalismus und Selbsttechnologien. Eine Einführung«, in: Bröckling u. a. (Hg.), *Gouvernementalität der Gegenwart,* S. 7-40, hier: S. 13).

sich öffnender Kontingenzspielräume, so die Vermutung, wird nicht zuletzt die eingespielte Ordnung der Konsumgesellschaft massiv erschüttert: Auf der einen Seite verschärft sich die ökonomische Wachstumskrise in dem Maße, wie die nichtintendierten ökologischen und sozialen Folgen dieses institutionellen Entwicklungsmodells dessen Grundlagen auszehren und es somit infrage stellen. Nicht nur der kaum gebremste Raubbau an den endlichen Ressourcen des Erdballs oder die aus der Belastung der Erdatmosphäre mit klimaschädlichen Gasen resultierende Klimaerwärmung, sondern auch Migrationsströme, kriegerische Konflikte und soziale Unruhen, vor allem in weniger entwickelten Erdteilen, die mit Abhängigkeitsstrukturen und Verteilungsmustern einer globalisierten Produktion und Arbeitsteilung eng zusammenhängen, stellen das bestehende, expansionistische Konsumregime zunehmend unter Rechtfertigungsdruck. Hinzu kommen sodann aber noch die unkontrollierbaren kulturellen Dynamisierungen dieses Regimes, die nach wie vor durch Prozesse sozialer Statuskonkurrenz angeheizt werden, sodann aber auch durch Tendenzen zur Pluralisierung von Identitätsmodellen und zur Diversifizierung von Märkten gekennzeichnet sind, die vor dem Hintergrund verschärfter Verteilungskämpfe den konventionellen Rahmen der Konsumgesellschaft aufzusprengen drohen und die darin noch verbliebenen Solidaritätspotenziale massiv unter Stress setzen. Die rechtsstaatlichen Mittel der Politik erweisen sich in vieler Hinsicht als defizitär, wenn es gilt, über die Korrektur einzelner Folgeprobleme hinaus die gesellschaftliche Konstellation angesichts solcher Fehlentwicklungen insgesamt einer Neuordnung näher zu bringen. Zu stark sind die individualisierende Rechtsauffassung und die finanzielle Verfassung der nach wie vor primär nationalstaatlich organisierten Politik selbst in dieses Regime verflochten. Die Neuordnung der Konsumgesellschaft wird daher in erheblichem Maße durch fortgesetzte anomische Entwicklungen bestimmt, die zwar einen kollektiven Regelungsbedarf immer deutlicher zu erkennen geben, die aber noch nicht durch geeignete öffentliche Arenen und Agenturen reflexiv eingefangen und kontrolliert werden können. Aus diesem Grunde, so lautet die Hypothese, setzen in dieser Konstellation an

Sogar die Entstehung grüner Parteien lässt sich als politische Reaktion auf diese Krisenkonstellation verstehen (vgl. Jörn Lamla, *Grüne Politik zwischen Macht und Moral*, Frankfurt/M., New York 2002).

verschiedenen Stellen und vermehrt Politisierungen des Konsums ein, die letztlich auf die offene Suche nach neuen, geeigneten Konventionen und Institutionen verweisen, um die problematischen Interdependenzen und Nebenfolgen seines gesellschaftlichen Regimes in den Griff zu bekommen.

Vorerst reicht diese begründete Vermutung aus, dass die heutige Konsumgesellschaft mit institutionalisierten Widersprüchen, strukturellen Selbstblockaden, etwa ökologischen Wachstumsgrenzen, aber auch kulturellen Konflikten sowie sozialen Spannungen und Spaltungen durchsetzt ist, um die Forschungsfrage zu motivieren, ob und wie ein politischer Prozess der Formierung einer Verbraucherdemokratie voranschreitet. Welcher Art die Probleme genau sind, auf die dieser politische Prozess reagiert, soll und muss hier nicht vorab fixiert werden, sondern ist etwas, das erst in diesem Prozess selbst (und anhand seiner Rekonstruktion) herausgefunden werden kann und muss, indem er Deutungen dieser Probleme hervorbringt und Lösungen entwickelt, die sich bewähren oder aber scheitern und dann neue Deutungen provozieren usw. Die Soziologie kann ihre Theorien in diesen Prozess einspeisen und sollte dies auch tun. Aber wie kann sie diesen dann gleichzeitig noch unbefangen analysieren – zumal sie mit konkurrierenden Theorien operiert? Ich beginne die Analyse deshalb nicht mit Baudrillard oder Bauman, nicht mit Bourdieu oder Campbell und auch nicht mit Galbraith oder Luhmann.[97] Und dennoch startet das soziologische Forschungsvorhaben nicht im Blindflug und ohne jede Orientierung. Es findet seinen Halt in einem pragmatistisch begründeten methodologischen Rahmenkonzept für die Analyse experimenteller politischer Prozesse, das hier auf Probleme der Konsumgesellschaft bezogen wird.

97 Den Beitrag, den diese Theoretiker zur Aufhellung der Vorgänge, die ich untersuchen möchte, leisten oder auch nicht leisten können, will ich erst an späterer Stelle diskutieren (siehe insbesondere Kapitel V, Abschnitt 2).

II. Demokratischer Experimentalismus – Theorie der Verbraucherdemokratie

Der Demokratische Experimentalismus, den ich als empirisch offenen, pragmatistischen Theorierahmen für die Analyse von politischen Prozessen und Reaktionsbildungen in der Konsumgesellschaft empfehlen will, fragt nach den kreativen Anpassungsleistungen und demokratischen Lernprozessen in politischen Gemeinwesen, die auf die Wahrnehmung von strukturellen Problemen oder Blockaden hin in der Gesellschaft in Gang gesetzt werden. Er betrachtet die Selbstregulierungen des Marktes, also die Selbstbindungen der Verbraucher im Konsumalltag oder die Anstrengungen zu mehr Verantwortlichkeit gegenüber den Interessen der Stakeholder in den Konzernen, die gezielte Mobilisierung der Exit-, Voice- und Loyalty-Optionen[1] der Verbraucher im Rahmen von Boykott-, Kampagnen- oder Buykott-Aktionen durch Verbraucherbewegungen und Nichtregierungsorganisationen, die organisatorischen Turbulenzen, mehr oder weniger weitreichenden Gesetzesinitiativen und Governancemodelle in den staatlichen und staatsnahen Administrationen und schließlich auch die verschiedenen diskursiven Wellen und pädagogischen Bildungsprogramme, die offen oder verdeckt auf eine Erneuerung des hybriden Konsumsubjekts als Consumer Citizen oder Citizen Consumer hinauslaufen, allesamt als politische Experimente im Rahmen der Verbraucherdemokratie. Er betrachtet auch die verschiedenen wissenschaftlichen Theorien, Erklärungsansätze und empirischen Untersuchungen, die sich mit der Konsumgesellschaft und ihren Problemen befassen – auch dieses Buch – und nicht zuletzt das Projekt der Verbraucherdemokratie selbst als Experimente. Und das bedeutet zunächst, dass sie scheitern können. Es bedeutet aber zugleich, dass auch daraus noch gelernt werden kann. Insofern startet die Analyse empirisch zwar völlig offen, aber auch optimistisch, was die grundsätzliche Frage anbelangt, ob die Demokratie noch eine Zukunft hat.

Um nun mit meinem eigenen Experiment möglichst sorgfäl-

1 Vgl. Albert O. Hirschman, *Abwanderung und Widerspruch. Reaktionen auf Leistungsabfall bei Unternehmungen, Organisationen und Staaten*, Tübingen 1974.

tig zu verfahren, will ich vorab eine ›Nullhypothese‹ formulieren – oder besser: referieren, insofern diese Hypothese längst ausformuliert vorliegt und auch schon den passenden Namen trägt.[2] Sie lautet schlicht *»Postdemokratie«* (1). Im Anschluss daran wende ich mich dem als ›Alternativhypothese‹ verstandenen theoretischen Modell des Demokratischen Experimentalismus zu, indem ich zwei Vertreter mit einer pragmatistischen Sicht auf das politische Geschehen zusammenbringe, die in dieser Konstellation im Rahmen der soziologischen Theoriediskussionen noch viel zu wenig gewürdigt werden: John Dewey (2) und Bruno Latour (3). Ihr Modell eines Demokratischen Experimentalismus bildet die kollektiven Lernprozesse ab, die von den indirekten Folgen in einer hoch komplexen »Großen Gesellschaft« ihren Ausgang nehmen und über die Suche nach innovativen staatlichen Organisationsformen und Repräsentationsverhältnissen zu einer neuen, wenn auch vorübergehenden Reintegration in einer »Großen Gemeinschaft« führen. Was Dewey in seinem Buch *Die Öffentlichkeit und ihre Probleme* vor allem auf die Entgrenzungen einer Demokratie bezogen hat, deren lokale Town-Hall-Meetings überfordert waren und die nach Ausdehnung im nationalstaatlichen Rahmen verlangte, findet sich bei Latour für die globalen Problemlagen des 21. Jahrhunderts ausbuchstabiert. In seinem *Parlament der Dinge* geht es um Folgeprobleme der Anhäufung hybrider Akteur-Netzwerke, wie sie sich in der BSE-Krise oder der globalen Klimaerwärmung manifestieren. Sie führen zur Einberufung von Versammlungen um diese Sachverhalte (Dinge), in deren Verlauf sich die Kollektive neu zusammensetzen und die – in the long run – die gute gemeinsame Welt einer kosmopolitischen Ordnung zu erschaffen und zu artikulieren lernen. Abschließend bringe ich dieses Modell mit einem methodologischen Instrumentarium für eine pragmatistische Analyse der Verbraucherdemokratie in Verbindung, das auf die Relevanz von *öffentlich geäußerter Kritik* und *Rechtfertigungen* im Prozess der Restrukturierung von Gemeinwesen abstellt – die *Soziologie der kritischen Urteilskraft* von Luc Boltanski und Laurent Thévenot – und zur Theorie des Demokratischen Experimentalismus viele Verbindungen aufweist (4).

2 Vgl. Dirk Jörke, »Warum ›Postdemokratie‹?«, in: *Forschungsjournal Neue Soziale Bewegungen*, H. 4 (2006), S. 38-46, hier: S. 44 f.

Streitschriften zur Verteidigung der Demokratie äußern sich nicht selten mit großer Skepsis zu den Ideen und Experimenten einer Verbraucherdemokratie und erteilen diesen in scharfem Ton eine Absage. So geht beispielsweise der als Befürworter einer *Starken Demokratie*[3] bekannte Kommunitarist Benjamin Barber in seinem Buch *Consumed* den Veränderungen der Bürgerkultur im Konsumkapitalismus nach. Er kommt zu dem Schluss, dass nur die entschiedene Resistenz gegenüber den massiven Vereinnahmungsversuchen der Kultur- und Konsumindustrien im Kapitalismus der Gegenwart vor einer weitgehenden Infantilisierung der Bürgerinnen zu schützen und somit das politische Erbe der Demokratie zu bewahren oder fortzuführen vermag.[4] »Wir sitzen in der Falle einer individualistischen Verbraucherkultur, in der die öffentlichen Güter, die uns als Bürgern gehören, nicht in die Rechnung einbezogen werden.«[5] Seine Infantilisierungsthese verleugnet dabei nicht die Freiheit der Verbraucher, betrachtet die Möglichkeit, aus einer Palette ähnlicher Produkte auszuwählen, aber als etwas völlig anderes als bürgerschaftliche Autonomie. Die Idee einer Verbraucherdemokratie könne daher nur eine Verwässerung und Schwächung des Demokratiegedankens bewirken.[6] Die Eigenständigkeit der politischen Sphäre, die in der öffentlichen Deliberation und kollektiv verbindlichen Normsetzung bestehe, drohe verloren zu gehen, wenn sie dem ökonomischen Feld gegenüber ihre Souveränität nicht länger entgegenstellen und durchsetzen würde. Deshalb wünscht sich Barber selbstbewusste Staatsbürgerinnen eines demokratischen Gemeinwesens, bei denen die Fähigkeit zur

3 Benjamin R. Barber, *Starke Demokratie. Über die Teilhabe am Politischen*, Hamburg 1994.

4 Zur Infantilisierung der Konsumenten und deren Folgen für Demokratie und Aufklärung äußert sich ähnlich auch Bernard Stiegler, *Die Logik der Sorge. Verlust der Aufklärung durch Technik und Medien*, Frankfurt/M. 2008, S. 12: »Ich bin der Auffassung, daß diese Unterschiedslosigkeit zwischen Minderjährigen und Volljährigen die Grundlage unserer Konsumgesellschaft bildet, die die minderjährigen wie die volljährigen Konsumenten in ein strukturelles Gefühl der Unverantwortlichkeit versetzt.« (Hervorhebung weggelassen, J. L.)

5 Barber, *Consumed*, S. 26.

6 Vgl. ebd., S. 128 sowie S. 292-304.

Trennung der Sphären[7] auch die individuelle Lebenskunst bestimmt.

Zum gleichen Ergebnis kommt auch der Wirtschaftswissenschaftler Robert Reich, der unter Bill Clinton US-amerikanischer Arbeitsminister war. Für ihn ist es nicht so sehr die *kulturelle* Tendenz ansteigender Infantilisierung, vielmehr sind es die hoch komplexen *ökonomischen Interdependenzen* der Weltmärkte, die ethische und moralische Appelle an die Adresse von Wirtschaftsakteuren (Manager, Anleger oder Verbraucher) im *Superkapitalismus* zur Wirkungslosigkeit verdammen: »Der Superkapitalismus gibt mir [...] Möglichkeiten, meinen Interessen als Verbraucher und Anleger eine Stimme zu geben. Doch als Bürger habe ich weniger Möglichkeiten denn je, mir mit meiner Meinung Gehör zu verschaffen«.[8] Die Politik befinde sich auf Abwegen einer »Art Scheindemokratie«[9] im Kapitalismus, und zur Rettung der Demokratie sollten sich die Bürger wieder auf das Kerngeschäft der kollektiven Willensbildung und Gesetzgebung besinnen.

Solche Schriften rücken die Experimente, die hier unter dem Namen *Verbraucherdemokratie* verhandelt werden, in die Nähe einer Zeitdiagnose, die unter dem Namen *Postdemokratie* firmiert.[10] Sie erzählt im Wesentlichen eine Verfallsgeschichte der Demokratie, an der nicht zuletzt all die Entgrenzungen einen Anteil haben, die das *emanzipatorische* Projekt der Demokratie in Richtung einer *Politik der Lebensführung* öffnen und sich im Kampf um die Verbesserung der *Lebenschancen* – wie die Politisierungen des privaten Konsums und die Verantwortungsappelle an die Adresse der Wirtschaft nahezulegen scheinen – für Angebote und Angebotsstrukturen in Marktkontexten mehr interessieren als für Anrechte, also die Ausweitung persönlicher, politischer und sozialer Bürgerinnenrechte.[11] Sheldon Wolin bestimmt dieses Entwicklungsstadium

7 Im Sinne von Michael Walzer, *Sphären der Gerechtigkeit. Ein Plädoyer für Pluralität und Gleichheit*, Frankfurt/M., New York 1994.

8 Robert Reich, *Superkapitalismus. Wie die Wirtschaft unsere Demokratie untergräbt*, Frankfurt/M., New York 2008, S. 217.

9 Ebd., S. 271.

10 Vgl. Hubertus Buchstein, Frank Nullmeier, »Einleitung: Die Postdemokratie-Debatte«, in: *Forschungsjournal Neue Soziale Bewegungen*, H. 4 (2006), S. 16-22.

11 Vgl. zum Life-Politics-Konzept: Giddens, *Modernity and Self-Identity*, S. 209-231 sowie zum Konzept der Lebenschancen: Ralf Dahrendorf, *Der moderne soziale Konflikt. Essay zur Politik der Freiheit*, München 1994, S. 39-45. Klassisch zum

im Anschluss an Überlegungen zum Demokratischen Despotismus bei Tocqueville:

Despotismus, wie Tocqueville ihn versteht, bedeutet zugleich die Eroberung der Demokratie und deren Simulation [*mimicry*]. Er ist postdemokratisch, denn der Schlüssel zum Verständnis seines besonderen Charakters ist nicht Härte, sondern das Gegenteil davon, nicht Reglementierung, sondern Privatisierung, nicht Breschnewsche Tristesse, sondern Prunk und verschwenderischer Konsum.[12]

Mit dem Begriff der Postdemokratie verbindet Colin Crouch die These einer parabelförmigen Entwicklung, wonach zwar »die demokratischen Institutionen formal weiterhin vollkommen intakt sind (und heute sogar in vielerlei Hinsicht weiter ausgebaut werden)«, aber »politische Verfahren und die Regierungen [sich] zunehmend in eine Richtung [zurückentwickeln], die typisch war für vordemokratische Zeiten: Der Einfluß privilegierter Eliten nimmt zu, in der Folge ist das egalitäre Projekt zunehmend mit der eigenen Ohnmacht konfrontiert.«[13] Diese Entwicklung wird auf enorme Machtzuwächse der Wirtschaftseliten zurückgeführt, die ihre transnational operierenden Unternehmen zu hoch flexiblen Institutionen umgebaut haben, deren Kapital mit hoher Geschwindigkeit durch die weltumspannenden elektronischen Netze zirkuliert. Sie haben effektive Lobbyorganisationen geschaffen, die den Regierungen jenseits der Öffentlichkeit mit der Abwanderung ihres Kapitals drohen und über Spenden auf die Programme der Parteien einwirken, und sie haben die Gewerkschaften systematisch geschwächt sowie große Teile ihres Unternehmens erfolgreich ausgegliedert, sodass sie sich auf die lukrative Pflege ihres Markenimages konzentrieren können. Die hilflosen und überforderten Regierungen geben ihrerseits noch Macht an die Privatwirtschaft ab, indem sie dieser zunehmend Aufgaben übertragen, etwa im Bereich der öffentlichen Dienstleistungen, aber auch im Bereich der Entwicklung von Politikkonzepten. Zurück in den Institutionen der parlamentarischen Demokratie bleiben nur Personen, die sich für eine Personalisierung der Politik eignen, die wiederum an Methoden

emanzipatorischen Ansatz einer Ausweitung von Bürgerrechten: Thomas H. Marshall, *Class, Citizenship and Social Development*, Garden City, NY 1964.

12 Sheldon S. Wolin, *Tocqueville between Two Worlds*, Princeton, NJ 2001, S. 569.

13 Crouch, *Postdemokratie*, S. 13.

des Showbusiness orientiert ist. Zusätzlich wird die demokratische Öffentlichkeit, verstanden als ernsthafte Diskussionskultur, nach Crouch durch die enorme wirtschaftliche Machtkonzentration im Mediensektor und die Dominanz des kommerziellen Pols und der Werbesprache im »professionellen« Journalismus geschwächt: »Der Konsument hat über den Staatsbürger gesiegt«, heißt es deshalb zum Wandel der politischen Kommunikation bei Crouch.[14] Um sie zu retten, müsse daher ein Weg zurück zum *Kern* der Demokratie gefunden werden, der in einem Prozess des Politischen bestehe, in dem sich die Staatsbürgerinnen zusammenschließen, eine kollektive Identität entwickeln und ihre egalitären Bestrebungen gegen die gesellschaftlichen Machtballungen durchsetzen würden.

Für eine solche *Verankerung der Demokratie im politischen Konflikt* liefern französische Intellektuelle, die der Postdemokratiethese zugerechnet werden können, wie Jacques Rancière, Chantal Mouffe u. a., theoretische und weiterführende Begründungen. Sie stellen die These auf, dass unter dem Deckmantel demokratischer Partizipation und konsensorientierter Politik heute der Kern des Politischen aus der Politik verschwindet, nämlich die Fähigkeit zur Austragung grundlegender Konflikte und Antagonismen, die den hegemonialen Rahmen und die darin verankerten Machtverhältnisse einer bestimmten gesellschaftlichen Ordnung überschreiten. Der Ausdruck »Post-Demokratie«, schreibt Rancière,

> wird uns einfach dazu dienen, das Paradox zu bezeichnen, das unter dem Namen der Demokratie die konsensuelle Praxis der Auslöschung der Formen demokratischen Handelns geltend macht. Die Post-Demokratie ist die Regierungspraxis und die begriffliche Legitimierung einer Demokratie *nach* dem *Demos*, einer Demokratie, die die Erscheinung, die Verrechnung und den Streit des Volks liquidiert hat, reduzierbar also auf das alleinige Spiel der staatlichen Dispositive und der Bündelung von Energien und gesellschaftlichen Interessen. [...] Sie ist die Praxis und das Denken einer restlosen Übereinstimmung zwischen den Formen des Staates und dem Zustand der gesellschaftlichen Verhältnisse.[15]

14 Ebd., S. 67. Diese Diagnose ist freilich nicht ganz neu (vgl. schon Jürgen Habermas, *Strukturwandel der Öffentlichkeit. Untersuchungen zu einer Kategorie der bürgerlichen Gesellschaft*, Frankfurt/M. 1990 sowie Hannah Arendt, *Vita activa oder vom tätigen Leben*, München, Zürich 1981). Zur Ökonomisierung des Journalismus vgl. sodann auch Pierre Bourdieu, *Über das Fernsehen*, Frankfurt/M. 1998, S. 103-121.

15 Jacques Rancière, *Das Unvernehmen. Politik und Philosophie*, Frankfurt/M. 2002, S. 111.

Demokratie – im Unterschied zur Post-Demokratie – ist demgegenüber »der Name dessen, was das gute Funktionieren dieser Ordnung durch ein singuläres Dispositiv der Subjektivierung unterbricht«.[16] Was ist darunter zu verstehen? Wesentlich ist für Rancière, dass jede gesellschaftliche und politische Ordnung Ausschlüsse und Ausgeschlossene produziert, das »Unvernehmen«, das durch den politischen Prozess ins Vernehmbare, Sichtbare übertragen werden und das dabei die bestehende Ordnung – verstanden als die eingewöhnte, institutionalisierte politische Form mit ihrer je spezifischen Weltsicht – notwendig verändern muss, um im Ergebnis einen Demos hervorzubringen, d. h. ein neues kollektives Subjekt, das in einer erweiterten gemeinsamen Welt den bislang Anteilslosen ihren Anteil zuerkennt.

Dieses Verständnis von Demokratie – als unabschließbarer politischer Prozess der Erweiterung und Veränderung von Repräsentationsweisen und -verhältnissen politischer Gemeinwesen – ist nun mit den Ansätzen Deweys und Latours, wie im Folgenden deutlich werden sollte, keineswegs inkompatibel. Vielmehr liegt darin eine ganz wesentliche Gemeinsamkeit. Ein Unterschied resultiert aber daraus, dass dieser Prozess bei Rancière stets auf sozialen Konflikten basiert, als Rivalität ausgetragen wird und im Dissensmodus verbleibt, wohingegen der Demokratische Experimentalismus stärker Sachprobleme, den öffentlichen Dialog und das politische Experiment betont. Aber Letzterer ist damit längst noch nicht blind für strukturelle Machtdifferentiale oder mit jener »Konsensdemokratie« zu verwechseln, die Chantal Mouffe ähnlich wie Rancière zu ihrem (virtuellen) Gegenspieler erkoren hat, um das *Modell der Gegnerschaft* als konstitutives Moment *jeder* Demokratie zu verabsolutieren und so letztlich zum Selbstzweck zu erheben.[17] Dieses Favorisieren des sozialen Antagonismus und des Konflikts, das einen nostalgischen Blick zurück auf die Epoche starker Emanzipationsbewegungen und Kollektividentitäten zu erkennen gibt, läuft Gefahr, alle anderen Formen, in denen politische Lernprozesse zur innovativen Erweiterung der Demokratie und ihrer Institutionen führen können, *vorschnell* als Postdemokratie zu diskreditieren. Wo die Nullhypothese mithin dazu neigt, alle Aufbrüche zu einer

16 Ebd., S. 108 f.

17 Chantal Mouffe, *Über das Politische. Wider die kosmopolitische Illusion*, Frankfurt/M. 2007.

Verbraucherdemokratie, die nicht im sozialen Konflikt münden, pauschal der post-demokratischen Verfallsdiagnose zuzuschlagen, zielt die Alternativhypothese darauf ab, der demokratischen Erneuerung größere experimentelle Spielräume zuzugestehen und den Ansätzen zur Verbraucherdemokratie damit deutlich mehr Neugier entgegenzubringen.

2. Die Öffentlichkeit und ihre Probleme

Der *Demokratische Experimentalismus* bezeichnet hier einen *pragmatistischen* Rahmen für die Analyse der Verbraucherdemokratie und lehnt sich in erster Linie an jene Konzeption von Demokratie und Öffentlichkeit an, die der amerikanische Sozialphilosoph John Dewey vor bald einem Jahrhundert entwickelt hat.[18] Deweys 1927 erschienenes demokratietheoretisches Hauptwerk über *Die Öffentlichkeit und ihre Probleme* geht von massiven gesellschaftlichen Veränderungen in der Moderne aus, die sich in seiner Zeit u. a. am technologischen Wandel durch Eisenbahn, Telegraphie und Radio, an der Ausdehnung der ökonomischen und sozialen Kreise sowie der zunehmenden Differenzierung, Spezialisierung und kulturellen Heterogenität festmachen lassen. Diese Veränderungen münden aus seiner Sicht in einer »Großen Gesellschaft«, einem weit ausgreifenden anonymen Zusammenhang, dessen Angelegenheiten im Rahmen lokaler Zusammenkünfte in den Town-Halls nicht mehr regelbar sind und die deshalb das traditionelle Demokratieverständnis aufsprengen. Darin stimmt er mit Walter Lippmann überein, der ausgehend von dieser Diagnose in seinen 1922 bzw. 1925 publizierten Büchern über *Die öffentliche Meinung* bzw. *Das Phantom der Öffentlichkeit* allerdings Schlüsse zieht, denen sich Dewey, der Lippmanns Bücher ausführlich rezensiert hat, verweigert.[19] Lippmann ist der Ansicht, dass die Große Gesellschaft nur eine Zuschauerdemokratie hervorbringen kann, deren öffentliche Meinung hinter der Komplexität der Sachprobleme hoffnungslos zurückbleiben muss, weshalb er in elitistischer Wendung die

18 Vgl. zum Folgenden Dewey, *Die Öffentlichkeit und ihre Probleme* sowie auch Brunkhorst (Hg.), *Demokratischer Experimentalismus.*

19 Vgl. Walter Lippmann, *Public opinion*, New Brunswick, NJ ^{2}1998 und Lippmann, *The Phantom Public.*

Lösungssuche einem Gremium von wissenschaftlichen Experten übertragen will. Dewey hingegen sieht u.a. in den kommunikationstechnologischen Neuerungen seiner Zeit ein evolutionäres Potenzial, aus dem neue Formen einer translokalen Öffentlichkeit und Demokratie hervorgehen könnten.

Deweys Argumentationsgang ist »konsequentialistisch«:[20] Wo Handlungen systematisch mit problematischen Nebenfolgen für Dritte einhergehen und diese zu kollektiver Beachtung gelangen, komme es über kurz oder lang zur innovativen Fortbildung der staatlichen Ordnung, wachse gleichsam die »Große Gemeinschaft« der Bürgerinnen den komplexen Interdependenzen der »Großen Gesellschaft« nach. Dies geschehe allerdings in einem längeren, offenen Such-, Experimentier- und Entdeckungsprozess, in dessen Mittelpunkt für Dewey die *Öffentlichkeit* steht. Die pragmatistische Theorie geht also davon aus, dass indirekte Handlungsfolgen stets erweiterte gesellschaftliche Zusammenhänge und damit neue Probleme erzeugen, deren gemeinschaftliche Regelungsbedürftigkeit sich zunächst öffentlich artikulieren muss, bevor sie sich allmählich institutionell verfestigen kann. Dewey selbst formuliert dies als *Hypothese* zunächst wie folgt:

> Die indirekt und ernstlich – zum Guten oder zum Schlechten – Beeinflußten bilden eine Gruppe, die hinreichend unterschieden ist, um Anerkennung und einen Namen zu fordern. Der gewählte Name ist *die Öffentlichkeit.* Diese Öffentlichkeit wird von Repräsentanten organisiert und zur Wirkung gebracht, die als Hüter der Sitten, als Gesetzgeber, Angestellte, Richter usw. sich um ihre besonderen Interessen kümmern, – mit Methoden, die dazu bestimmt sind, die vereinigten Handlungen von Individuen und Gruppen zu regulieren. Dann und insofern verbindet die Assoziation sich mit einer politischen Organisation, und etwas, das eine Regierung sein kann, entsteht: die Öffentlichkeit ist ein politischer Staat.[21]

Staat und Demokratie sind nach dieser Auffassung nichts begrifflich Feststehendes, Vorgängiges oder Essentielles, sondern etwas Kontingentes, von bereits vollzogenen Handlungen und daraus resultierenden gesellschaftlichen Interdependenzen Abhängiges. »Ein Staat«, schreibt Dewey, »ist […] schon von Natur aus immer etwas, das geprüft, erforscht und nach dem gesucht werden muß. Beinahe

20 Vgl. Kettner, »John Deweys demokratische Experimentiergemeinschaft«.
21 Dewey, *Die Öffentlichkeit und ihre Probleme*, S. 44.

sobald seine Form stabilisiert ist, muß er erneuert werden.« Auch Kriterien für einen guten Staat lassen sich damit nicht a priori formulieren, sondern immer nur in Relation zur Öffentlichkeit, die »[in] jedem Zeitalter und an jedem Ort [...] eine andere [ist]«.[22]

Auf die gesellschaftliche Globalisierung und dadurch notwendig gewordene Transnationalisierung der Demokratie kann diese Theorie mithin gut übertragen werden. Und auch die Ausweitung demokratischer Experimente auf Verbraucherbelange erscheint nicht ungewöhnlich, insofern deren Konsumentscheidungen deutlich in ein translokales Netzwerk indirekter Handlungsfolgen verstrickt sind. Dewey hat deutlich gesehen und nüchtern registriert, dass es in der moderne Gesellschaft zu einer Ausdifferenzierung von Konsumsphären kommt, die folgenreiche Probleme für die Öffentlichkeit erzeugen: »Der Mensch ist ebensogut ein konsumierendes und sportives Wesen, wie er ein politisches ist.«[23] Und er selbst hat sich zur Zeit der Großen Depression für die Ausweitung politischer Repräsentation auf Verbraucherinteressen sowie Genossenschaftsideen eingesetzt und zudem wohlfahrtsstaatliche Einrichtungen und starke planerische Eingriffe in die Wirtschaft befürwortet.[24] Angesichts starker Mittelschichten in den USA erschien ihm die beabsichtigte Gründung einer Arbeiterpartei nach britischem Vorbild neben Demokraten und Republikanern aussichtslos, sofern nicht auch professionelle Gruppierungen wie Lehrer, die Angestellten, durchschnittliche Einzelhandelskaufleute, Besserverdienende und Farmer angesprochen würden, deren Lebensstandard langfristig gesichert und auf diejenigen ausgeweitet werden sollte, die ihn noch nicht genießen konnten.[25] Erfolgreich reintegriert wurde die durch die Weltwirtschaftskrise aufgeworfene neue öffentliche Agenda dann allerdings nicht durch Deweys »League for Indepen-

22 Ebd, S. 41. Deshalb lässt sich auch als normative Anforderung lediglich festhalten, dass deren Organisation durch Amtspersonen die gemeinsamen Interessen der Öffentlichkeit so gut es irgend geht repräsentieren möge. »Die Bildung von Staaten muß ein experimenteller Prozeß sein« (ebd., S. 42). Als Beleg für diese *Bildungstheorie* der Demokratie führt Dewey nicht nur die Anpassungen an, die mit der geographischen Ausdehnung nötig werden, sondern er verweist auch auf die enorme Vielfalt real existierender Staaten.

23 Ebd., S. 121.

24 Vgl. Cohen, *A Consumers' Republic*, S. 27.

25 Vgl. Alan Ryan, *John Dewey and the High Tide of American Liberalism*, New York, London 1995, S. 290.

dent Political Action«, deren Etablierung als dritte Partei scheiterte, sondern durch Präsident Roosevelts Politik des New Deal.

Demokratie bezeichnet in Deweys Theorie keine ideale Regierungsform, sondern einen pragmatischen gesellschaftlichen Lernprozess, in dem über mehrere Phasen hinweg, mit vielen Versuchen und Irrtümern die Problemkonstellationen zur Sprache gebracht, die betroffenen Gruppen und ihre Interessenlagen bestimmt, Assoziationen gebildet, Expertinnen und Repräsentantinnen gefunden, benannt und in die Pflicht genommen sowie mediale Formen und Arenen der Aushandlung erzeugt werden müssen. Dewey teilt nicht nur Lippmanns Ansichten über den Problemdruck der Großen Gesellschaft, sondern er weiß auch um den besorgniserregenden Zustand der Öffentlichkeit, deren Licht durchaus erlöschen könnte:

> Das Maschinenzeitalter hat [...] das Ausmaß der indirekten Folgen so gewaltig erweitert, vervielfacht, gesteigert und verkompliziert, es hat – mehr auf einer unpersönlichen denn einer gemeinschaftlichen Basis – solche ungeheuren und kompakten Handlungseinheiten geformt, daß die resultierende Öffentlichkeit sich nicht identifizieren und erkennen kann. Und diese Entdeckung ist ihrerseits offenbar eine Vorbedingung jeglicher wirksamen Organisation.[26]

Das Problem sei hierbei nicht zu wenig, sondern »zuviel Öffentlichkeit; die Öffentlichkeit ist zu ausgebreitet und zerstreut und in ihrer Zusammensetzung zu kompliziert«.[27] Dewey diagnostiziert also Fragmentierungstendenzen, die den historischen Prozess problemorientierter Öffnung und vorübergehender organisatorischer Schließung des politischen Handlungsraumes empfindlich stören oder sogar dauerhaft unterbrechen könnten.[28] Die Öffentlichkeit sei verwirrt. Daher betont auch er die Bedeutung von wissenschaft-

26 Dewey, *Die Öffentlichkeit und ihre Probleme*, S. 112.

27 Ebd., S. 120. Vgl. auch Axel Honneth, *Das Recht der Freiheit. Grundriß einer demokratischen Sittlichkeit*, Berlin 2011, S. 506-517, der neben Tendenzen zur politischen »Apathie« beim Publikum und zu einer »Versäulung« der Öffentlichkeit entlang von Klassen- oder Schichtgrenzen insbesondere die Vermarktlichungstendenzen im Pressewesen als jene »sozialen Pathologien« anführt, die Dewey seinerzeit zu besorgten Äußerungen über den Zustand der demokratischen Öffentlichkeit veranlasst hätten, wobei dessen Diagnosen heute aktueller denn je seien.

28 Vgl. dazu auch Harald Wenzel, *Die Abenteuer der Kommunikation. Echtzeitmassenmedien und der Handlungsraum der Hochmoderne*, Weilerswist 2001, S. 69.

licher Expertise, jedoch nicht im Sinne einer sozialtechnologischen Delegation der Lösungssuche an eine Expertenelite, sondern in der Überzeugung, dass die wissenschaftliche Logik des forschenden Experimentierens ihrerseits auf Öffentlichkeit und Demokratie angewiesen ist und die wissenschaftliche Expertise in der Öffentlichkeit also ohnehin nur angemessen zum Tragen kommen kann, wenn sie sich demokratisch öffnet: »Wenn wir sagen, das Denken und die Überzeugungen sollten experimentell und nicht absolutistisch sein, dann denken wir an eine bestimmte Logik der Methode, nicht in erster Linie an Experimente, wie sie in Laboratorien durchgeführt werden.«[29]

Für Dewey liegt zwischen der Wissenschaft und dem gesunden Menschenverstand kein tiefer Graben, sondern beide teilen die gleiche Grundstruktur der Untersuchung (Inquiry), die Dewey in seinem Buch über *Logik* als zyklischen Problemlösungsprozess rekonstruiert, der von einem handlungshemmenden Zweifel oder einer Krisenerfahrung über mehrere Stufen bis zur experimentellen Erprobung und schließlich praktischen Bewährung ausgewählter Problemlösungen verläuft (siehe unten S. 102, Tabelle 1).[30] Es sind im Wesentlichen fünf Stufen, die sich in diesem Prozess der Untersuchung ausmachen lassen, der eine unbestimmte in eine bestimmte Situation überführt: a) Die verworrene, irritierende Situation als Ausgangspunkt, b) die Formulierung einer Problemstellung, c) die Ordnung der Situationsbestandteile und hypothetische Bestimmung einer Problemlösung, d) die Beweisführung und schließlich e) die praktische Erprobung und gegebenenfalls Bewährung dieser Lösung. Der wesentliche Unterschied dieser Logik der Untersuchung zum blinden Prozess des Trial-and-Error-Verfahrens besteht darin, dass der experimentelle Forschungsprozess symbolisch reprä-

29 Dewey, *Die Öffentlichkeit und ihre Probleme*, S. 169.

30 Vgl. Dewey, *Logik*, S. 127-148. Zu den engen Verbindungen zwischen dieser Wissenschaftstheorie und seiner Demokratietheorie vgl. auch Hilary Putnam, »A Reconsideration of Deweyan Democracy«, in: Ders.: *Renewing Philosophy*, Cambridge, Mass., London 1992, S. 180-200, hier: S. 180; James T. Kloppenberg, »Demokratie und Entzauberung der Welt: Von Weber und Dewey zu Habermas und Rorty«, in: Hans Joas (Hg.), *Philosophie der Demokratie. Beiträge zum Werk von John Dewey*, Frankfurt/M. 2000, S. 44-80, hier: S. 52 sowie Hans-Peter Krüger, »Prozesse der öffentlichen Untersuchung. Zum Potenzial einer zweiten Modernisierung in John Deweys ›Logic. The Theory of Inquiry‹ (1938)«, in: Joas (Hg.), *Philosophie der Demokratie*, S. 194-234, hier: S. 202.

sentiert und hierfür auch entsprechend protokolliert, dokumentiert und in seinen symbolischen Beziehungen diskutiert werden muss. Und aus diesem Grund verweist diese Logik in ganz elementarer Weise auf die Forschungs*gemeinschaft* und ihre *Öffentlichkeit*, die sich von der Alltagssprache und dem gesunden Menschenverstand zwar unterscheidet, aber mit diesen nicht unvereinbar ist. Vielmehr wird die Differenzierung entlang spezifischer Funktionen, etwa begriffliche Konsistenz und Verallgemeinerbarkeit auf der einen, Genuss und praktischer Gebrauch auf der anderen Seite, selbst zu einem zu überwindenden Problem für die Öffentlichkeit: »Demokratie ist ein Name für ein Leben in freier und bereichernder Kommunikation. [...] Sie wird ihre Erfüllung finden, wenn die freie Sozialforschung unauflöslich mit der Kunst unumschränkter und ergreifender Kommunikation vermählt ist.«[31]

Sofern diese Verbindung gelingt und das Licht der Öffentlichkeit nicht zuvor erlischt, wird in ihr reflexives Wissen über den Grad der gesellschaftlichen Vernetzung generiert, aus dem die intellektuellen Mittel hervorgehen, mit denen ein neues *gemeinsames* Interesse identifizier-, formulier- und schließlich demokratisch regulierbar wird. Dann wird aus der »Großen Gesellschaft« eine »Große Gemeinschaft«, in der die weit ausgedehnten und verzweigten Handlungsfolgen und ihre Bedeutungen umfassend bekannt und zu geteilten Erfahrungen geworden sind. Diese Große Gemeinschaft ist für Dewey keine Großversion der lokalen Gemeinschaften. Letztere bleiben privilegierte Vermittler, denn »die Intelligenz schläft, und ihre Kommunikation ist bruchstückhaft, unvernehmlich und matt, solange sie nicht die lokale Gemeinschaft als ihr Medium besitzt«.[32] Die Große Gemeinschaft sei vielmehr in erster Linie ein *intellektuelles Problem*, ein Problem der symbolischen Integration und der Verschmelzung von Wissenshorizonten der an den Handlungsnetzwerken beteiligten sozialen Welten. Und erforderlich für die Lösung dieses Problems sei in erster Linie eine »Verbesserung der Methoden und Bedingungen des Debattierens, Diskutierens und Überzeugens. Das ist *das* Problem der Öffentlichkeit.«[33]

31 Dewey, *Die Öffentlichkeit und ihre Probleme*, S. 155.

32 Ebd., S. 181.

33 Ebd., S. 173. Die drei zentralen Bezugspunkte *Staat*, *Gemeinschaft* und *öffentliches Wissen*, die das Gerüst für Deweys Theorie der Demokratie bilden, zeigen bereits an, dass diese Theorie nicht einem der Theorielager einer *repräsentativen*,

Bezieht man Deweys Konzeption von Öffentlichkeit und Demokratie auf die politischen Probleme und die darin sich manifestierende Krisenkonstellation der heutigen Konsumgesellschaft, stellt sich die Frage, ob hier neue Formen demokratischer Regulierung und Beteiligung im Entstehen begriffen sind, die als solche noch nicht vollends erkannt sind, sondern sich im Versuchsstadium befinden und als Wissen zunächst öffentlich formieren müssen, bevor sie institutionelle Gestalt annehmen können. Inwiefern schreitet in der Konsumgesellschaft die Bildung einer problembezogenen Öffentlichkeit voran, welche Strukturen und deliberativen Qualitäten gibt diese zu erkennen, mit welchen Hypothesen wird dort hantiert, und wie verändern diese Experimente perspektivisch die bestehenden Formen der Staatlichkeit? So lauten in einem ersten Schritt die Fragen, die der pragmatistische Theorierahmen des Demokratischen Experimentalismus an die Analyse der Verbraucherdemokratie heranträgt. Bevor aber nach Antworten darauf gesucht werden kann, bedürfen die zum Teil noch vagen Hinweise von John Dewey zunächst einer genaueren theoretischen Ausdeutung und Konkretisierung. Angesichts der enormen Komplexität der (transnationalen) Konsumgesellschaft, der Spezifika der Probleme, die darin durch indirekte Handlungsfolgen im 21. Jahrhundert verursacht sind und auf die Agenda drängen, sowie der Heterogenität von Kommunikationsmedien und -formen, die darin eine Rolle spielen, soll die Frage, ob sich eine Öffentlichkeit der Verbraucherdemokratie gegenwärtig versammelt und wie sie sich gegebenenfalls besser artikulieren könnte, zunächst an einen weiteren Ansatz weitergereicht werden, der zum Demokratischen Experimentalismus von John Dewey erstaunlich große Parallelen aufweist. Gemeint sind die gesellschaftstheoretischen Schriften von Bruno Latour.

einer *partizipatorischen* oder einer *deliberativen* Demokratie zugeschlagen werden kann, sondern die konstitutiven Verbindungen aller drei Momente in den Blick rücken will (vgl. dazu auch Robert B. Westbrook, »John Dewey und die Logik der Demokratie«, in: Joas (Hg.), *Philosophie der Demokratie*, S. 341-361, hier: S. 360). Zu einer ähnlichen Schlussfolgerung hinsichtlich Deweys Position im *Dreieck von Liberalismus, Republikanismus und Prozeduralismus* vgl. Axel Honneth, »Demokratie als reflexive Kooperation. John Dewey und die Demokratietheorie der Gegenwart«, in: Hauke Brunkhorst, Peter Niesen (Hg.), *Das Recht der Republik*, Frankfurt/M. 1999, S. 37-65, hier: S. 41.

3. Die Neuversammlung des Kollektivs

Der Ansatz des Demokratischen Experimentalismus von John Dewey wird in der Politischen Theorie, in der Sozialphilosophie oder auch in der Pädagogik rezipiert, in der Soziologie hingegen kaum.[34] Das könnte sich jedoch ändern, wenn in der soziologischen Diskussion deutlicher wahrgenommen wird, dass weniger selbsternannte Neopragmatisten wie Richard Rorty die legitimen Erben Deweys sind,[35] sondern einer der aktuell meistdiskutierten soziologischen Theoretiker, nämlich Bruno Latour. Doch bleibt die Verbindung selbst in der Latour-Rezeption bislang unterbelichtet.[36] Deweys Theorie der Öffentlichkeit und ihrer Probleme »is pragmatism at its best«, schreibt Latour.[37] Daran anschließend vertrete ich die Ansicht, dass das wenn nicht sogar das Beste, so doch zumindest besonders Interessante an der Akteur-Netzwerk-Theorie und insbesondere der Gesellschafts- und Demokratietheorie von Bruno Latour die Möglichkeit ist, sie als Fortführung dieses Pragmatismus und als Neuformulierung des Demokratischen Experimentalismus für die gesellschaftlichen Problemkonstellationen des 21. Jahrhunderts zu lesen.[38] Das zeigt sich besonders an Latours Entwurf für ein *Parlament der Dinge*, zumal dieser Hinweise enthält, unter welchen Bedingungen die Verbraucherdemokratie nicht länger Sache einer

34 Vgl. neben bereits genannten Arbeiten Rainer Schmalz-Bruns, *Reflexive Demokratie. Die demokratische Transformation moderner Politik*, Baden-Baden 1995; Dirk Jörke, *Demokratie als Erfahrung. John Dewey und die politische Philosophie der Gegenwart*, Wiesbaden 2003; Martin Hartmann, *Die Kreativität der Gewohnheit. Grundzüge einer pragmatistischen Demokratietheorie*, Frankfurt/M., New York 2003. – Die Abstinenz der Soziologie wird exemplarisch noch an dem von dem *Soziologen* Hans Joas herausgegebenen Diskussionsband sichtbar, der ebenfalls stark philosophisch ausgerichtet bleibt (Joas (Hg.), *Philosophie der Demokratie*).

35 Vgl. auch Kloppenberg, »Demokratie und Entzauberung der Welt«, S. 74; Westbrook, »John Dewey und die Logik der Demokratie«, S. 358.

36 Vgl. etwa Georg Kneer u. a. (Hg.), *Bruno Latours Kollektive. Kontroversen zur Entgrenzung des Sozialen*, Frankfurt/M. 2008 oder die Debattenbeiträge zum Verhältnis von Kulturwissenschaft und Akteur-Netzwerk-Theorie in: Sebastian Gießmann u. a. (Hg.), *Politische Ökologie. Zeitschrift für Kulturwissenschaften*, H. 2 (2009), S. 111-151.

37 Bruno Latour, »Turning Around Politics: A Note on Gerard de Vries' Paper«, in: *Social Studies of Science*, H. 5 (2007), S. 811-820, hier: S. 814.

38 Vgl. auch Bruno Latour, Peter Weibel, *Making Things Public. Atmospheres of Democracy*, Cambridge, Mass. 2005.

fragmentierten Öffentlichkeit bliebe, sondern Angelegenheit einer *artikulierten* Öffentlichkeit würde.

Was ist überhaupt ein Ding? Als soziologischer Wissenschafts- und Technikforscher wird Latour in dieser Frage sehr schnell auf naturwissenschaftliche Forschungsgegenstände und hochtechnologische Artefakte festgelegt.[39] Und gewiss ist die symmetrische Berücksichtigung der materiellen, stofflichen Seite der Dinge, des Nicht-Menschlichen, auch ein zentrales Motiv in seinem soziologischen Denken. Aber ein Ding im hier verstandenen Sinne ist dennoch in erster Linie einfach eine Streitsache, ein Problem, das Betroffene erzeugt und um das sich eine politische Öffentlichkeit versammelt.[40] Ausgehend von der Etymologie des Wortes, das ursprünglich einen bestimmten Typ archaischer Versammlung bezeichnet, argumentiert Latour,

> daß wir uns nicht versammeln, weil wir übereinstimmen, ähnlich aussehen, uns wohlfühlen, sozial verträglich sind, uns vereinigen wollen, sondern weil wir durch Streitsachen an einem neutralen, isolierten Ort zusammengeführt worden sind, um zu irgendeiner Art von improvisierter provisorischer (Nicht)Übereinstimmung zu gelangen. Wenn *Ding* gleichzeitig jene bezeichnet, die sich versammeln, weil etwas anliegt, wie auch die Ursachen ihrer Anliegen und Differenzen, sollte es ins Zentrum unserer Aufmerksamkeit rücken: *Zurück zu den Dingen!*[41]

Dieser Aufruf ist für eine Politische Soziologie der Konsumgesellschaft ohne Frage sehr reizvoll, ist ihr Arbeitsgebiet doch voll von umstrittenen, manipulierten, begehrten und gewohnten Objekten.

39 Als Überblick zu dieser Diskussion vgl. Gustav Roßler, »Kleine Galerie neuer Dingbegriffe: Hybriden, Quasi-Objekte, Grenzobjekte, epistemische Dinge«, in: Kneer u.a. (Hg.), *Bruno Latours Kollektive*, S. 76-107.

40 Vgl. exemplarisch für dieses Verständnis des Latour'schen Dingbegriffs den schönen Beitrag von Werner Krauss »Die ›Goldene Ringelgansfeder‹. Dingpolitik an der Nordseeküste«, in: Kneer u.a. (Hg.), *Bruno Latours Kollektive*, S. 425-456. Der These, dass Streitsachen und ihre Vermittlungen *stets* lokal sind und nur auf der Mikroebene untersucht werden können (ebd., S. 439, 453), stimme ich jedoch nur eingeschränkt zu. So wichtig diese Ebene auch ist, die analytischen Möglichkeiten der experimentalistischen Forschungsperspektive würden damit *unnötig* eingeschränkt werden. So wie die öffentlichen Arenen unterschiedliche Skalenniveaus aufweisen können, gilt dies meines Erachtens auch für die Streitsachen und die sich darüber verändernden *»common worlds«*.

41 Latour, *Von der »Realpolitik« zur »Dingpolitik«*, S. 32. Im Griechischen werden die *Dinge* übrigens als *pragmata* bezeichnet, und in der *res publica*, der öffentlichen Sache, stecken sie ebenfalls.

Sie darf aber nicht darauf reduziert werden. Das *politische Ding* manifestiert sich zwar oftmals über die stark vermehrten Monstren und Hybriden, wie die erste deutsche BSE-Kuh, jene Initialzündung für die Neuausrichtung der deutschen Agrar- und Verbraucherpolitik vor einem guten Jahrzehnt, eindrucksvoll belegen kann.[42] Aber im Kern geht es Latour um Grundlegenderes, nämlich um Repräsentationen, Repräsentationsmittel und Repräsentationsverhältnisse, wie man in Abwandlung von Marx sagen könnte, die angesichts der Interdependenzen in der modernen Gesellschaft problematisch geworden sind.[43] Auf der einen Seite stehe die *wissenschaftliche Repräsentation von Tatsachen*, auf der anderen die *politische Repräsentation von Interessen und Werten*, und beide Seiten verdecken, indem sie an dieser Trennung rigide festhalten, dass sie in dieser Reinheit nie existiert haben. In diesem Sinne behauptet Latour provokativ, wir seien »nie modern gewesen«, würden uns über den hohen Grad der Vermischung von Wissenschaft und Politik also bloß hinwegtäuschen und bekämen die Folgen und Folgekosten dieser Realität deshalb heute weitgehend unvorbereitet zu spüren.[44]

42 Vgl. Cordula Kropp, »›Enacting Milk‹. Die Akteur-Netz-Werke von ›Bio-Milch‹«, in: Martin Voss, Birgit Peuker (Hg.), *Verschwindet die Natur? Die Akteur-Netzwerk-Theorie in der umweltsoziologischen Diskussion*, Bielefeld 2006, S. 203-232, hier: S. 225.

43 Vgl. Latour, *Das Parlament der Dinge*, S. 59.

44 Bruno Latour, *Wir sind nie modern gewesen. Versuch einer symmetrischen Anthropologie*, Frankfurt/M. 2008. Um Parallelen und Unterschiede weiter auszuleuchten, empfiehlt sich hierzu die Lektüre von John Dewey, *Die Suche nach Gewißheit. Eine Untersuchung des Verhältnisses von Erkenntnis und Handeln*, Frankfurt/M. 1998. Dewey verfolgt darin die Spaltungen zwischen wahrheitsverbürgender Erkenntnis und handlungsorientierenden Werten durch die Philosophiegeschichte hindurch bis zum modernen Selbstverständnis. Eine asymmetrische Auffassung resultiert ihm zufolge aus einem religiösen Motiv der Gewissheitssuche, welches letztlich bis in die Gegenwart hinein dogmatisch verhindere, dass sich durch angemessene Wechselbeziehungen zwischen Erkennen und Handeln oder Theorie und Praxis jene intellektuellen Fähigkeiten und Methoden zur Kontrolle der modernen Lebensumstände breit entfalten, die historisch möglich, weil in der ergebnisoffenen experimentellen Forschung längst angelegt seien. Das wiederum habe die fatale Konsequenz, dass zwar die technischen Anwendungen dieser Forschungen zur gesellschaftlich beherrschenden Kraft werden konnten, jedoch ohne in ihren sozialen Auswirkungen hinreichend reflektiert worden zu sein, was die allgemeine Verwirrung und Verunsicherung wiederum erhöhe. Und nicht zuletzt gehe damit eine Herabwürdigung all der uns umgebenden Dinge einher, deren Umkehr verlangen würde, unvoreingenommener die vielfältigen

Wie Dewey rückt Latour verschiedene Repräsentationsformen näher aneinander, wobei neben der wissenschaftlichen und politischen im Parlament der Dinge auch noch die ökonomische und moralische Repräsentationsform Berücksichtigung finden. Und wie bei Dewey ist das Ziel, die Kollektive neu zusammenzusetzen und so schrittweise eine gute gemeinsame Welt hervortreten zu lassen, letztlich eine kosmopolitische Ordnung. Wieder geht es um kollektives Experimentieren, das über die alten Gewohnheiten und den gesunden Menschenverstand hinausführt, am Ende aber wieder in einem neuen Common Sense münden müsse: »Während der gesunde Menschenverstand den ehemaligen Zustand des Kollektivs definiert, schlägt der Common Sense dem Kollektiv die Form vor, welche es in naher Zukunft haben wird.«[45] Latour kleidet seinen Verfahrensvorschlag zwar in die Begriffe einer Verfassung mit konstitutionellen Garantien, aber auch für ihn ist der Staat nichts Feststehendes: »Das Kollektiv ist nicht der Staat, und die sehr besondere Form von Regierung, für die wir ein Obdach suchen, wird nicht im alten Staat des Leviathan fertig eingerichtete Büros vorfinden, die ohne Umbauarbeiten einfach bezogen werden können.«[46] Das Kollektiv greift nicht nur auf wissenschaftliche Experimente zurück, sondern versteht sich zunehmend selbst als kollektives Experiment; es gründet sich nicht auf einem Gesellschafts-, sondern auf einem *Lernvertrag*. Der Verwaltung kommt hierbei die Aufgabe zu, sich ausschließlich um die Prozeduren zu kümmern, d. h., sie achtet auf die Einhaltung der Gewaltenteilung und führt das Versuchsprotokoll:

Man muß die Spur der Versuche behalten, muß ihre Resultate registrieren, aufbewahren und archivieren. Wie allgemein bekannt, stellen die Administratoren die Kontinuität des öffentlichen Lebens sicher. Diese Kontinuität wird noch unentbehrlicher, wenn man das Ensemble von akzeptierten und verworfenen Hypothesen oder Propositionen bewahren muß, aus denen sich nach und nach die gemeinsame Welt zusammensetzen wird.[47]

Relationen und Erfahrungszusammenhänge anzuerkennen, die uns im Umgang mit diesen Dingen verbinden.

45 Latour, *Das Parlament der Dinge*, S. 231.

46 Ebd., S. 255.

47 Ebd., S. 257.

Die kandidierenden Entitäten oder »Bürgerinnen«, die in diesem Kollektiv Gehör finden und angemessen repräsentiert sein wollen, nennt Latour »Propositionen«, mehr oder weniger gut artikulierte Vorschläge, die in der Versammlung zunächst vier Verfahrensschritte durchlaufen müssen, bevor entschieden werden kann, ob und wie sie ins Kollektiv aufgenommen werden können (Tabelle 1). Werden die einzelnen Aufgaben und Verfahrensschritte, die Latour unterscheidet, mit Deweys »Logic of Inquiry« parallelisiert, zeigt sich noch deutlicher die Nähe zum pragmatistischen Ansatz des Demokratischen Experimentalismus.

<table>
<tr><th>John Deweys Hypothese:</th><th colspan="3">Bruno Latours Hypothese:</th></tr>
<tr><td>Indirekte Folgen in der Großen Gesellschaft</td><td colspan="3">Krisen in den hybriden Akteur-Netzwerken</td></tr>
<tr><td>erzeugen problematische Interdependenzen,</td><td colspan="3">berufen um die Dinge Versammlungen ein,</td></tr>
<tr><td>um die sich eine Öffentlichkeit bildet, die als demokratische Experimentiergemeinschaft gemäß der allgemeinen Logic of Inquiry</td><td colspan="3">die mit den (Ethno-)Methoden der Wissenschaft, Politik, Ökonomie und Moral in ordentlichen, d. h. folgende Stufen durchlaufenden Verfahren:</td></tr>
<tr><td>1. die noch unbestimmte Situation</td><td>1. Perplexität,</td><td rowspan="2">= einbeziehende Gewalt</td><td rowspan="6">7. Verlaufskontrolle,</td></tr>
<tr><td>2. als Problemstellung reformuliert,</td><td>2. Konsultation,</td></tr>
<tr><td>3. die Situationselemente ordnet und eine Lösung hypothetisch entwirft,</td><td>3. Hierarchie,</td><td rowspan="2">= ordnende Gewalt</td></tr>
<tr><td>4. die symbolisch zu beweisen ist und</td><td>4. Institution,</td></tr>
<tr><td>5. sich praktisch bewähren muss, um</td><td colspan="2">5. Gewaltenteilung,</td></tr>
<tr><td>6. das kollektive Wissen zu erweitern</td><td colspan="2">6. Szenarisierung,</td></tr>
<tr><td>und so einen neuen Staat hervorzubringen,</td><td colspan="3">das Kollektiv neu zusammensetzen und so</td></tr>
<tr><td>der das gemeinsame Interesse der Großen Gemeinschaft repräsentiert und verwaltet.</td><td colspan="3">schrittweise die gute gemeinsame Welt einer kosmopolitischen Ordnung erschaffen.</td></tr>
</table>

Tabelle 1: Demokratischer Experimentalismus: John Dewey und Bruno Latour

Im ersten Schritt, der *Perplexität* genannt wird, klopfen die Propositionen an die Pforte des Kollektivs und sind noch kaum vernehmbar. Hier ist die Versammlung durch maximale Offenheit gekennzeichnet. Im nächsten Schritt, der *Konsultation*, muss sich aber zeigen lassen, dass ihre Forderungen, nachdem sie artikuliert worden sind, auch begründet und relevant sind. Dann müssen die Berufsstände der Wissenschaft, Politik, Ökonomie und Moral nicht nur ihre verschiedenen Formen der *Sensibilität für Neues* einbringen, sondern zudem eine *Jury* bilden, die dafür sorgt, dass nichts unter den Tisch fällt, was von Bedeutung für die Versammlung sein könnte:

›Ich verursache eine tödliche und plötzlich ausbrechende Krankheit‹, sagen dieser Virus und seine Virologen; ›ich verschmutze besonders schnell die Flüsse‹, sagen dieser Wunderdünger, seine Landwirte und Petrochemiker; ›ich verlange Mittel, um die Kosmologie tiefgreifend zu verändern‹, sagen dieser Pulsar und die ihn begleitenden Radioastronomen; ›ich zahle, und dennoch werden meine Wünsche nicht berücksichtigt‹, sagen dieser Konsument und seine statistischen Berechnungsverfahren; [...].[48]

In der zweiten Kammer, der ordnenden Gewalt, angekommen, geht es dann aber nicht mehr um die möglichst umfassende Einbeziehung, sondern um die *Wiederherstellung einer gemeinsamen Welt* und damit um die Kompatibilität der im öffentlichen Raum artikulierten Propositionen.[49] Jetzt ist die Generierung und Diskussion von Hypothesen darüber erforderlich, wie sie sich ihrer *relativen Wertigkeit* nach am besten zueinander anordnen und in eine Beziehung bringen lassen. Ist dies gelungen, erhalten die als wertvoll

48 Ebd., S. 215.

49 Um die Gewaltenteilung zwischen den zwei Kammern, die über ein ›Shuttle‹ verbunden sind, an einem Beispiel zu erläutern: Die grüne Partei hat im Laufe ihrer Geschichte die basisdemokratischen Verfahrensformen allmählich transformiert und einerseits Strukturen ausgebildet, die sich – zumindest der Idee nach – ganz der Aufgabe politischer »Optionenerneuerung« (einbeziehende Gewalt) widmen können, wie etwa die grüne Akademie, wohingegen andererseits Strukturen wie das Präsidium mit der Aufgabe der »Optionenreduktion« (ordnende Gewalt) befasst sind (vgl. Jörn Lamla, »Grüne Professionalisierungsansätze. Perspektiven für den reformpolitischen Kernbestand der neuen Regierungspartei«, in: *Forschungsjournal Neue Soziale Bewegungen*, H. 4 (1998), S. 9-19). Nach Latour kommt alles darauf an, dass diese Aufgaben gut voneinander abgeschirmt sind, da sie »nach Hegemonie« streben und sich keine der Instanzen innerhalb der Versammlung sonderlich dafür interessiert, ob das Kollektiv als Ganzes in seiner Entwicklung eine »Lernkurve« beschreibt (vgl. Latour, *Das Parlament der Dinge*, S. 255). Deshalb sind Instanzen der Verlaufskontrolle erforderlich, die Protokoll führen und Aufgaben der »Optionenerhaltung« übernehmen.

anerkannten und aufgenommenen Propositionen den Status von Wesenheiten. Sie werden als neue Bestandteile des Kollektivs *institutionalisiert*, und der Prozess ist abgeschlossen – allerdings nicht für immer. Denn die von der ordnenden Gewalt ausgeschlossenen Propositionen können bei der einbeziehenden Gewalt Berufung einlegen, und alles beginnt von vorn. Dieser Vorgang entspricht der praktischen Bewährungsprobe gefundener Lösungen bei Dewey: Was auf der »Deponie« des Kollektivs gelandet ist, kann sich noch als zu giftig erweisen.[50] Reflexiv festgehalten wird das (mehr oder weniger gut artikulierte) Ergebnis schließlich noch dadurch, dass sich die vier Berufsstände an der Aufgabe beteiligen, das neue Kollektiv zu *szenarisieren*, sei es durch große Erzählungen (Wissenschaftlerinnen), durch Beschwörung einer Wir-Identität (Politikerinnen) oder Verstärkung einer Innen-Außen-Differenz (Ökonominnen), worüber die Moralisten dann die Sorge äußern können, dass noch Ungerechtigkeiten verblieben sind.[51]

Latour formuliert mit seiner Theorie ebenso wie Dewey eine Alternativhypothese, die – im Unterschied zur »Nullhypothese« der Postdemokratie – davon ausgeht, dass sich die Verbraucherdemokratie im Zustand und Operationsmodus des Demokratischen Experimentalismus befindet und vollzieht: »Die Welt ist jung, die Wissenschaften neu, die Geschichte hat gerade erst angefangen und die Ökologie allenfalls ihr Debüt gegeben: wieso sollten wir schon am Ende damit sein, die Institutionen des öffentlichen Lebens zu erkunden?«[52] Zugleich beinhaltet diese Alternativhypothese keine starken Annahmen über den Ausgang dieses experimentellen Prozesses. *Zustände*, die jenen nahekommen, wie sie in Theorien der Postdemokratie diagnostiziert werden, etwa eine stark fragmentierte Öffentlichkeit oder schlecht artikulierte Kollektive, können in diesem Rahmen genauso registriert werden. Aber deren Interpretation als Postdemokratie wird von den pragmatistischen Demokratietheorien zurückgewiesen. Im Unterschied zur starken, das Verständnis von Demokratie unnötig auf ihre antagonistische

50 Ebd., S. 165.

51 Vgl. ebd., S. 220-229. Schließlich äußert sich Latour auch zur Kunst der Diplomatie, die als Kundschafterin und Dolmetscherin fungiert, um Spielräume für Veränderungen auszuloten, bei sich selbst und bei anderen (vgl. ebd., S. 262-272).

52 Ebd., S. 284.

Dimension einengenden Lesart der Postdemokratie liefert der Demokratische Experimentalismus nur einen offenen Rahmen für die Analyse der Verbraucherdemokratie. In ähnlicher Weise wie Dewey, wenn er das absolutistische Auftreten wissenschaftlichen Wissens als Hindernis für die »freie Sozialforschung« bezeichnet, warnt auch Latour davor, in der Analyse politischer Auseinandersetzungen vorschnell mit soziologischen Theorien zu hantieren. Um der historisch offenen Situation der Demokratie Rechnung zu tragen, müssen ihre Erklärungen mit einer Haltung des Zweifels vorgebracht werden, gilt es, das Bewusstsein von ihrem provisorischen, falsifizierbaren Charakter zu erhalten, selbst dann – oder: gerade dann –, wenn sie bislang immer zugetroffen haben.[53]

Eine politische Frage aufzuwerfen, heißt oft, einen Stand der Dinge zu enthüllen, dessen Vorhandensein bislang verborgen war. Damit riskiert man allerdings, in eine Falle zu tappen, nämlich *soziale Erklärungen* anzubieten [...]. Man verwendet dasselbe alte Repertoire bereits versammelter sozialer Bindungen, um die neuen Assoziierungsformen zu ›erklären‹. [...] Es mag einem Freude machen, eine ›machtvolle Erklärung‹ zu liefern, doch genau darin liegt das Problem: man beteiligt sich an der *Expansion* der Macht und nicht an der Neu-Zusammensetzung ihres Inhalts. [...] Nicht nur für Generäle, Präsidenten, Manager, wahnsinnige Wissenschaftler und Bosse eignet sich die Bezeichnung ›machttrunken‹ – sie lässt sich auch auf jene *Kommentatoren* anwenden, die die Expansion machtvoller Erklärungen mit der Zusammensetzung des Kollektivs verwechseln.[54]

Was in Latours Buch über das Parlament der Dinge gelegentlich wie eine strenge normative Demokratietheorie klingt, ist also kein fertiger Bauplan, sondern nur ein methodischer Leitfaden für die empirischen Erkundungen des Prozesses, in dem sich die Demokratie gegenwärtig entwickelt. Der Analyse vermittelt er wertvolle Hinweise darauf, um welche Dinge das Kollektiv Versammlungen einberufen (Perplexität), wie sorgfältig es dabei alle relevanten Stimmen berücksichtigen (Konsultation), wie restriktiv es dabei mit den Anliegen verschiedener Gruppen oder Entitäten umgehen (Hierarchie) und welche Festigkeit und Integrität es damit in seinen Ordnungen erreichen (Institution) kann, ob alle intellektuellen Ressourcen für den experimentellen Prozess mobilisiert werden

53 Vgl. hierzu Bruno Latour, *Eine neue Soziologie für eine neue Gesellschaft. Einführung in die Akteur-Netzwerk-Theorie*, Frankfurt/M. 2007.

54 Latour, *Von der »Realpolitik« zur »Dingpolitik«*, S. 72 (Hervorhebung von J. L.).

(Berufsgruppen) und ob die öffentlichen Institutionen in der Lage sind, das Verfahren geordnet ablaufen zu lassen (Verlaufskontrolle) sowie welche *Lernkurve* die Artikulationen und Repräsentationen im Kollektiv damit schlussendlich beschreiben. Letztlich wird die Analyse selbst zu einer Art »Verlaufskontrolle«, denn sie »erforscht den Pfad von Versuchen, auf dem das kollektive Experimentieren die *Frage der gemeinsamen Welten erkunden* kann.«[55] Ein solcher Analyserahmen kann auf viele Dinge angewendet werden, nicht zuletzt auf die vielfältigen Probleme der Konsumgesellschaft, die damit – jedenfalls wenn sich die Probleme strukturell und krisenhaft verfestigen – selbst zu einem solchen »Ding« wird. Und es sind all diese »Dinge« – auf ihren ganz unterschiedlichen Skalenniveaus –, um die sich Versammlungen der Verbraucherdemokratie bilden und eine Öffentlichkeit im Sinne Deweys hervorbringen.

Die Konsumgesellschaft ist also der Problemhintergrund für eine Vielzahl von politischen Artikulationen und Experimenten in der Verbraucherdemokratie. Ihre ökonomischen, aber auch kulturellen, ökologischen und sozialen Nebenfolgen und Interdependenzen, die sich in lokalen sozialen Missständen, weltregionalen Ungleichheiten und globalen ökologischen Krisen manifestieren, treten mehr und mehr in den Blickpunkt einer politischen Öffentlichkeit. Fair-Trade und Biosiegel, Markenboykotts und Anti-Corporate Campaigns, Adbusting und Culture Jamming im Werbesektor, Presseerklärungen der staatlichen Verbraucherschützerinnen, Nachhaltigkeitsprogramme der EU-Kommission und selbstbewusst auftretende und sich international organisierende Verbraucherverbände, aber auch mediale Leitbilder für den moralischen, heute eingeschränkten, morgen dagegen die Wirtschaft stärkenden Konsum oder das kommerzielle Marketing von *ö-korrekten Lifestyles* sowie schließlich die zahllosen Verbraucherforen und -netzwerke im Internet bilden ihre Elemente oder Fragmente. In ihr wird mit diversen Modellen und Lösungsansätzen, etwa des Marktes und seiner Exit-Option, der freiwilligen Selbstbindung oder Quasi-Normierung von Unternehmenspraktiken, der gouvernementalen Führung der Konsumsubjekte, der wissenschaftlichen Aufklärung und technologischen Innovation, der medienwirksamen Skandalisierung sowie sanktionsbewehrten Vereinbarungen

55 Latour, *Das Parlament der Dinge*, S. 300 (Hervorhebung von J. L.).

der Staatengemeinschaft experimentiert, um die Interdependenzen der transnationalen gesellschaftlichen Ordnung politisch einzuhegen. Die *Frage*, die mich im Folgenden interessiert, lautet, *ob diese Öffentlichkeit der Verbraucherdemokratie im Sinne Deweys in der Lage ist, sich als solche zu identifizieren, wie weit sie in ihrer kollektiven experimentellen Lösungssuche bereits gekommen ist und wie gut sie mit ihren (Zwischen-)Resultaten das Kollektiv zu artikulieren vermag*. Um dieser Frage im nachfolgenden Kapitel nachgehen zu können, muss dem theoretischen Rahmen zuvor noch ein weiterer pragmatistischer Baustein hinzugefügt werden, nämlich ein Gerüst für die Analyse der Art und Weise, wie die verschiedenen Propositionen, die in die experimentelle Suche nach Lösungen für die Probleme der Konsumgesellschaft eingespeist werden, in der Öffentlichkeit zur Sprache kommen. Diesen Baustein finde ich in der soziologischen Theorie der kritischen Urteilskraft von Luc Boltanski und Laurent Thévenot, die ergänzt wird um die Theorie sozialer Welten und Arenen von Anselm L. Strauss.

4. Die Pluralität gemeinsamer Welten und die Arenen ihrer Kritik

Boltanski und Thévenot verfolgen in ihrem Buch *Über die Rechtfertigung* Spuren, die der Imperativ der Rechtfertigung in der gesellschaftlichen Praxis zieht. Sie sind davon überzeugt, dass es einen pragmatischen Druck zur Rechtfertigung in allen möglichen Handlungs- und Interaktionszusammenhängen gibt.[56] Als dessen Grundmuster identifizieren sie das Problem der Vermittlung von Allgemeinem und Besonderem, das in den unterschiedlichsten Situationen auftauchen kann, z.B. überall dort, wo etwas bestimmt, eingeordnet, klassifiziert, beurteilt oder als von allgemeinem Belang dargestellt wird. Die Rechtfertigung ist demnach auch ein Akt der Vermittlung von etwas Besonderem mit einem Allgemeinen. Man rechtfertigt sein Einkommen mit dem als allgemeingültig unterstellten Prinzip der *Leistungsgerechtigkeit* oder den Schuss, den man auf den Feind abgegeben hat, mit seiner *Staatsbürgerpflicht* gegenüber dem Vaterland. Die Frage, die sich daran anknüpfen lässt

56 Boltanski, Thévenot, *Über die Rechtfertigung*, S. 20.

und die bei Boltanski und Thévenot im Zentrum steht, betrifft das Spektrum an allgemeinen Ordnungen, auf die sich Rechtfertigungen beziehen können. Herrscht diesbezüglich große Beliebigkeit? Oder gibt es ein einziges, letztes Prinzip, ein oberstes Allgemeines, auf das sich alle Rechtfertigungen beziehen lassen müssen? Die Autoren drängen in dieser Frage nicht auf philosophische Klarheit oder Gewissheit, wollen die Antwort nicht aus Axiomen deduzieren, sondern bevorzugen den Weg der empirischen Rekonstruktion. Anhand von Managementhandbüchern weisen sie die alltagspraktische Wirksamkeit und damit Existenz von *sechs* weitgehend disjunkten »gemeinsamen Welten« nach, in denen auf je spezifische Weise auf ein Gemeinwohl (Allgemeines) Bezug genommen wird, die also beanspruchen, angemessene Artikulationen des gesellschaftlichen Kollektivs zu sein. Dies sind die Welten der *Inspiration*, des *Hauses*, der *Meinung*, der *Staatsbürgerschaft*, des *Marktes* und der *Industrie*.

Jede enthält auf ihre Weise eine in sich kohärente Ordnung der Rechtfertigung. Um dies zu verdeutlichen, haben Boltanski und Thévenot die »Respektlosigkeit begangen«, bescheidene und höchst vergängliche Ausschnitte der zeitgenössischen Ratgeberliteratur aus dem Bereich des Managements »den unsterblichen Werken der politischen Philosophie gegenüberzustellen«.[57] Denn Philosophen wie z. B. Adam Smith, Jean-Jacques Rousseau, Thomas Hobbes oder Augustinus arbeiteten jene idealtypischen »Gemeinwesen«, auf die man sich in Situationen der Rechtfertigung oder Konfliktbearbeitung bezieht, in großer Klarheit zu Ordnungsentwürfen für die gesamte Gesellschaft aus. Diese *Reinheit* kann die Rechtfertigungspraxis unter den gesellschaftlichen Bedingungen einer *Pluralität* von gemeinsamen Welten (etwa im Rahmen eines Unternehmens) zwar nicht aufrechterhalten. Aber im Großen und Ganzen reproduzieren die Welten die Begründungsmuster ihrer Ahnherren. Die pragmatischen Konstellationen zwingen sie dazu, weil es in der sozialen Praxis innerhalb dieser Welten immer wieder erforderlich ist, *strittige* Situationen in *geordnete* zu überführen. Denn sie alle implizieren auf ihre Weise Unterschiede zwischen Zuständen der »Größe« und dem, was als »klein« gilt, also Größenverhältnisse, und induzieren damit Probleme der Zuweisung solcher

57 Ebd., S. 35.

Zustände zu Personen oder Entitäten: Weil eine Person als Genie gilt, bekommt sie vom Mäzen alle Freiheiten eingeräumt, ohne irgendwelche Erwartungen zu stellen (Welt der Inspiration); weil der Markterfolg doch zeigt, dass es jemand offenbar verstanden hat, mit seinem Angebot die Bedürfnisse der Konsumenten zu treffen oder zu wecken, geht der erzielte Reichtum schon in Ordnung (Welt des Marktes); weil niemand sonst das Land so gut repräsentieren kann, muss diese Frau an die Spitze des Staates gewählt werden (staatsbürgerliche Welt); weil ihm das Publikum zu Füßen liegt, geht an dieser Person als Gast in der Show *im Moment* nichts vorbei (Welt der Meinung); der Output dieser sehr zuverlässigen Technologie ist gigantisch und präzise messbar, deshalb müssen wir ihr den Vorzug geben (Welt der Industrie); weil sich die Eltern um uns immer gekümmert haben, sollten wir ihrem Vorbild folgen (Welt des Hauses).

Die empirische Pluralität von Rechtfertigungsordnungen hindert Boltanski und Thévenot nicht daran, ein formales Modell dieser Ordnungen zu entwickeln, das sich auf jede dieser gemeinsamen Welten und jedes dieser idealen politischen Gemeinwesen anwenden lässt.[58] Sie schaffen sich damit ein methodisches Grundgerüst oder Raster für die systematische Analyse und den Vergleich dieser Ordnungen. So weisen alle diese Rechtfertigungsordnungen bestimmte *übergeordnete Prinzipien* auf oder geben einen spezifischen *Investitionsmodus* zu erkennen, dem man zu entsprechen hat, wenn man in einer Welt zu »Größe« gelangen will. Der pragmatistische Zugang der Analyse kommt dabei aber erst dort voll zur Geltung, wo das Element der *Bewährungsprobe* oder *Prüfung* in dieses Modell Einzug erhält und die Ordnungen nicht mehr als gegeben, als ideale Gebilde, sondern als »umstrittene Tatsachen«[59] erscheinen, die diese Welten laufend in ihrem Bestand gefährden und deshalb gewissermaßen »Bestandsschutzmaßnahmen« und »Reparaturbemühungen« induzieren.[60] Um die Ordnungen der gemeinsamen Welten zu sichern, muss laufend demonstriert werden, dass darin »alles seine Ordnung hat«, also »alles mit rechten Dingen zugeht«. Zugleich aber kann genau dies laufend bezweifelt werden. Die Geltungsansprüche, die geäußert werden, sobald sich jemand auf

58 Vgl. ebd., S. 31, 108-114 und 196-201.

59 Latour, *Eine neue Soziologie für eine neue Gesellschaft*, S. 150.

60 Vgl. Boltanski, Thévenot, *Über die Rechtfertigung*, S. 179-196.

übergeordnete Prinzipien beruft, weisen einen Überhang auf, der sich mobilisieren lässt, um auf Missstände, Fehlallokationen usw. hinzuweisen. In diesem Sinne sind Rechtfertigungsordnungen zugleich wesentliche *Quellen für Kritik*.[61] Ihr pragmatischer Gebrauch setzt die Fähigkeit zur Distanznahme und die kritische Urteilskraft gewissermaßen immer schon voraus, wobei die Pluralität von gemeinsamen Welten, ihr Nebeneinander, eine wichtige Stütze dieser Kompetenzen bildet:

> Die theoretische Konstruktion eines Universums, in dem ein Zwang zur Rechtfertigung besteht und in dem die Rationalität von Handlungen sich auf dem Prüfstand der Kritik bewähren muss, hat die Möglichkeit der Entfaltung unterschiedlicher Welten zur Voraussetzung. Die darin vorhandenen Objekte stehen allen zur Verfügung und ermöglichen die Geltendmachung und damit natürlich auch die praktische Beherrschung der in Prinzipien begründeten Formen von Gerechtigkeit.[62]

Von hier aus kann nun die Analyse zwei Richtungen einschlagen. Und beide sind auch bei Boltanski und Thévenot angelegt. *Zum einen* kann untersucht werden, wie in den gemeinsamen Welten angesichts dieser Allgegenwart von Kritik sowie insbesondere der Pluralität von Kritiken vorgegangen wird, um die jeweilige *Ordnung* zu *bewahren*. Hierbei wird das Augenmerk auf den legitimierenden Einsatz von Prüfungen, gewissermaßen ihre Ritualisierung im Dienste der Wahrheitsbekräftigung, oder auf die internen Reformen gelenkt, die mit Blick auf die defizitäre Umsetzung eines Prinzips in den Welten angemahnt werden können.[63] Die Liebe der Eltern zu ihren Kindern und der Zusammenhalt der Familie wird durch Feste und rituelle Gabenpraktiken bekräftigt (Welt des Hauses), und am Nationalfeiertag präsentiert sich die politische Führungsriege feierlich und in großer Eintracht vor dem Brandenburger Tor (staatsbürgerliche Welt), oder aber das Leistungsprinzip wird in Anschlag gebracht (und damit ebenfalls bekräftigt), um auf

61 Auf einem sprachpragmatischen Zusammenhang von Geltungsansprüchen und Kritikpotenzial fußt bekanntlich auch das Werk von Jürgen Habermas, *Theorie des kommunikativen Handelns*, 2 Bde., Frankfurt/M. 1981.

62 Boltanski, Thévenot, *Über die Rechtfertigung*, S. 317.

63 Vgl. Luc Boltanski, »Individualismus ohne Freiheit. Ein pragmatischer Zugang zur Herrschaft«, in: *WestEnd. Neue Zeitschrift für Sozialforschung*, H. 2 (2008), S. 133-149, hier: S. 139.

die ungleichen Aufstiegschancen von Männern und Frauen im akademischen Berufs- und Berufungssystem hinzuweisen und Reformen anzumahnen (Welt der Industrie). Von besonderem Interesse sind für eine Analyse in dieser Richtung die »Forminvestitionen«[64] sowie Argumentationsstrategien, mit denen sich die gemeinsame Welt als quasi natürliche Ordnung darstellen oder aber die Vielfalt von Rechtfertigungsordnungen dort, wo sie nicht verborgen werden kann, in eine hierarchische Abstufung bringen lässt.

Zum anderen aber kann die Analyse sich auch auf die Turbulenzen richten, die dadurch ausgelöst werden, dass in der Gesellschaft die verschiedenen Welten immer wieder aufeinandertreffen, somit in Konflikt miteinander geraten und letztlich *das Gemeinsame*, das alle diese Welten doch jeweils repräsentieren wollen, *infrage stellen* können. Dazu zählen nicht zuletzt die historisch offenen Situationen, in denen »das kollektive Experimentieren« die oben mit Dewey und Latour aufgeworfene »Frage der gemeinsamen Welten erkunden« *muss*. Auch Boltanski und Thévenot interessieren sich für die *wechselseitigen Kritiken* zwischen den verschiedenen Welten sowie die unterschiedlichen *Dynamiken der Rechtfertigung* in solchen Konstellationen.[65] Sie diskutieren verschiedene Reaktionsweisen auf diese Pluralität, etwa die »Billigkeit«[66] von Urteilen oder das »Arrangieren von stimmigen Situationen«,[67] sowie die verstörende »Monströsität von hybriden Settings«[68] und nicht zuletzt

64 Vgl. Laurent Thévenot, »Rules and Implements: Investment in Forms«, in: *Social Science Information*, H. 1 (1984), S. 1-45.

65 Vgl. Boltanski, Thévenot, *Über die Rechtfertigung*, S. 289-317. Dabei interessieren sie sich zunächst wenig dafür, dass in solchen Situationen die Einrichtung der Prüfungen selbst *experimentelle* Züge annehmen kann. Obgleich mit dem Begriff der »existentiellen Prüfungen«, die nicht vorgefertigt sind, sondern »erprobt – oder wie man sagt ›erlebt‹ werden, ohne auf einfache Weise formuliert oder thematisiert werden zu können, da ihr Format noch nicht etabliert ist« (Boltanski, »Individualismus ohne Freiheit«, S. 140), etwas Ähnliches angesprochen ist, bezeichnet dieser doch nur den besonderen Fall einer offenen Situation, in der sich das aus den gemeinsamen Welten zuvor ausgeschlossene »Unvernehmbare« (vgl. Rancière, *Das Unvernehmen.*) durch »radikale Kritik« zu Wort meldet.

66 »Ein billiges Urteil ist darum bemüht, die der Vielfalt der Einigungsprinzipien inhärente Spannung zu befrieden, indem es ausgleichend wirkt und mildernde Umstände anführt.« (Boltanski, Thévenot, *Über die Rechtfertigung*, S. 209; vgl. auch ebd., S. 312 f.)

67 Vgl. ebd., S. 307-311.

68 Vgl. ebd., S. 303-307.

die Möglichkeiten der Brücken- und Kompromissbildung.[69] Erst unter diesem letzten Gesichtspunkt aber – der mit »Kompromiss« insofern unglücklich bezeichnet ist, als in diesem Begriff eigentlich keine *neue* Qualität zum Ausdruck kommt – wenden sich die Autoren explizit solchen Situationen zu, die als *experimentell* bezeichnet werden können. So würden etwa »Kompromisswesen und -objekte« eingeführt, die den Gegensatz der übergreifenden Prinzipien zweier Welten erträglich machen, auch wenn solche Gebilde zunächst fragil bleiben, wie folgendes, die Welten des Staates und des Marktes vermittelnde Beispiel zeigt:

Die Identität eines ›Nutzers‹ umfasst den Widerspruch zwischen dem ›Bürger‹ und dem ›Kunden‹; die Einrichtung der ›Vorschlagsbox‹, die sich an den Nutzer richtet, hebt das Spannungsverhältnis zwischen einem ›Forderungskatalog‹ und dem ›Reklamationsbuch‹ auf. Die zahlenmäßige Zunahme und die Stabilisierung solcher Objekte bilden die Vorstufe einer neuen Welt.[70]

Die Charakterisierung dieser Objekte als *Vorstufe* einer *neuen Welt* besagt nun freilich zugleich, dass Boltanski und Thévenot auch den *Vollzug* einer solchen Neubildung für möglich halten. Und nicht nur das: In gewisser Hinsicht scheint dieser Vollzug etwas sehr Normales zu sein. Einerseits verdeutlichen sie dies an dem Kompromiss des »staatsbürgerlich-industriellen Gemeinwesens«, das für die gemeinsame Welt des modernen Wohlfahrtsstaats mit seinen Arbeitnehmerrechten, seinen Sozialleistungen, seinen kollektiven Interessenvertretungen, seiner staatlichen Wirtschaftslenkung, seinem Verbraucherschutz usw. eine neue Rechtfertigungsordnung bereitstellt, die durch die theoretischen Schriften von Emile Durkheim auch ihren neuen Ahnherren gefunden habe.[71] Andererseits legt Luc Boltanski zusammen mit Ève Chiapello acht Jahre nach dem Erscheinen von *Über die Rechtfertigung* mit dem Buch *Der neue Geist des Kapitalismus* selbst die Rekonstruktion eines neuen Ge-

69 Vgl. ebd., S. 367-447.

70 Ebd., S. 369.

71 Vgl. ebd., S. 378-393. Durkheim habe sich bei Rousseau (staatsbürgerliches Gemeinwesen) und Saint-Simon (industrielles Gemeinwesen) mit dem zum Kollektivbewusstsein umgedeuteten Allgemeinwillen und dem zur organischen Solidarität umgedeuteten organisierten arbeitsteiligen Produktionszusammenhang die erforderlichen Bausteine genommen, um einen neuen kohärenten Begründungsentwurf für dieses politische Gemeinwesen entwickeln zu können.

meinwesens vor – ohne allerdings als dessen »Ahnherr« bzw. »Ahnfrau« gelten zu wollen –, das als »projektbasierte Polis« bezeichnet wird und kaum noch als Kompromissfigur erkennbar, sondern im Wesentlichen *neuartig* ist.[72] Der historische Möglichkeitsraum, der sich hier zeigt und der für die Kritik und das kollektive Experiment der Demokratie notwendig geöffnet bleibt, solange die Praxis der Rechtfertigung darin noch eine Rolle spielt,[73] bedeutet nun gewiss nicht, dass sich ein neues Gemeinwesen – etwa der Verbraucherdemokratie – einfach finden, ausformulieren und reflexiv stabilisieren ließe. Das ist zu Beginn des Prozesses kollektiven Experimentierens allerdings auch weder förderlich noch erforderlich:

> Der Fortbestand des Modells der Rechtfertigungsordnung in neuen Formen von Größe ist gewährleistet, ohne dass eine vollständige theoretische Beherrschung der Struktur des Modells zwingend erforderlich ist, insofern die Eigenschaften, die durch das Auftauchen neuer Kompromissobjekte offengelegt wurden, einer logischen Kontrolle und einer systematischen Konfrontation mit den Gerechtigkeitsvorstellungen des Common Sense unterzogen werden. Dass diese Arbeit an der Form sehr gewissenhaft erfolgt, erklärt teilweise den Umstand, dass gewöhnliche Personen die Kompetenz besitzen, intuitiv die Gültigkeit eines Arguments zu erkennen, ohne deshalb selbst neue Rechtfertigungsprinzipien hervorbringen zu können. Ohne eine Natur, in der sie zu Entfaltung kommen könnten, blieben diese ohnehin reine Utopie.[74]

Damit haben Boltanski und Thévenot die Anschlussstelle für das Modell des Demokratischen Experimentalismus bereits markiert. Auch darin bildet die Szenarisierung des neuversammelten Kollektivs oder die Re-Integration der »Großen Gesellschaft« im Rahmen

72 Vgl. Boltanski, Chiapello, *Der neue Geist des Kapitalismus*, S. 176-185.

73 Und dies ist keineswegs dauerhaft gesichert: »Das hier vorgestellte Modell nimmt zwar einen zwingenden Rechtfertigungsimperativ an, stellt jedoch natürlich nicht in Abrede, dass die Personen sich diesem Imperativ nicht auch durch Gewalt oder Täuschung entziehen können; vielmehr lassen sich damit die Übergänge zur Gewalt oder der Rückfall in die Bedeutungslosigkeit genau ausmachen; ebenso lassen sich auch die auf eine Rechtfertigung hinauslaufenden Situationen von solchen der Herrschaft oder der Kontingenz unterscheiden; und indem es die allgemeinen Anforderungen, denen ein Prinzip genügen muss, um in einem Urteil angewandt werden zu können, herausarbeitet, lassen sich auch die akzeptablen Rechtfertigungen von den inakzeptablen Zuordnungen unterscheiden.« (Boltanski, Thévenot, *Über die Rechtfertigung*, S. 463)

74 Ebd., S. 378.

der »Großen Gemeinschaft« den Abschluss und nicht den Anfang eines experimentellen politischen Prozesses, der gleichwohl in geordneten Verfahren einer Öffentlichkeit verlaufen muss, in dem mühsam gefundene Problemlösungen symbolisch durchdrungen und auch protokollarisch festgehalten werden und in dem sich die neuen Regelungsformen für die Konfliktmaterien insbesondere praktisch bewähren können müssen. Ganz am Ende ihres Buches fragen die Autoren dann schließlich auch noch nach den verschiedenen Momenten einer »Pragmatik der Reflexion«, die das theoretische Bezugsproblem bereits sehr gut bezeichnet, insofern zwischen der Pragmatik des Handlungs*ablaufs* und seiner *Unterbrechung* durch den Reflexionsvorgang eben eine grundlegende Spannung besteht.[75] Eine Pragmatik der Reflexion beschäftigt sich – in beiden Richtungen – mit dem Übergang von Krise und Routine.

75 Vgl. ebd., S. 464-478. Ulrich Oevermann hat diese elementare Krisenkonstellation der Lebenspraxis treffend als *widersprüchliche Einheit von Entscheidungszwang und Begründungsverpflichtung* bestimmt. Eine *Krise* liegt vor, wenn sich dieser Widerspruch manifestiert, also die Lebenspraxis nicht fortgesetzt werden kann, ohne eine dieser zwei Anforderungen auszusetzen oder zu verletzen (vgl. Ulrich Oevermann, »Ein Modell der Struktur von Religiosität. Zugleich ein Strukturmodell von Lebenspraxis und von sozialer Zeit«, in: Monika Wohlrab-Sahr (Hg.), *Biographie und Religion. Zwischen Ritual und Selbstsuche*, Frankfurt/M., New York 1995, S. 27-102). Ganz ähnlich fassen Boltanski und Thévenot unter dem Begriff der Krise solche Momente zusammen, »in denen die Beteiligten sich darauf einigen, dass die Realität gemeinsam ermittelt werden muss. [...] Die Krise ist also ein paradoxer Moment, in dem die Einzelnen im Unterschied zum Moment der Handlung ganz mit der Frage nach der Einigung über die Wirklichkeit beschäftigt sind, in dem aber ohne einen Vollzug der Handlung in einer mit Erwartungen und Verpflichtungen erfüllten Gegenwart der Sinn für die Wirklichkeit fehlt. [...] Die Personen sind nicht mehr mit dem Vorhandensein von unverzüglich zu erledigenden Dingen konfrontiert, können sich aber auch noch nicht auf die Realität eines gemeinsam getroffenen Urteils stützen. Sie müssen daher persönlich Urteile vertreten, die Allgemeingültigkeit beanspruchen. [...] Um nicht pathologisch zu sein, muss die gemeinsame Beratung auf ein Ende in Gestalt einer Entscheidung zulaufen, die mit den vorgebrachten Argumenten kompatibel ist.« (Boltanski, Thévenot, *Über die Rechtfertigung*, S. 469) Neben dem eher deliberativen Idealtypus der Krise und Krisenlösung gibt es aber auch den umgekehrten Fall der charismatischen Entscheidung, die das persönliche Urteil ungeschützt mit der Entscheidung verknüpft und sich erst im Nachhinein mit dem Problem der rationalen Begründbarkeit auseinandersetzt oder auseinandersetzen muss. Im Demokratischen Experimentalismus sind beide Vorgehensweisen von Belang.

Leider verfolgen Boltanski und Thévenot dieses Spannungsverhältnis in ihrem »Nachwort« aber nur aus einer theoretischen Perspektive auf praktische Handlungsvollzüge und Interaktionen, die mit der Theorie der »gemeinsamen Welten« und »Rechtfertigungsordnungen« – ihrer stabilisierenden Schließung und ihrer historischen Öffnung – nicht mehr vermittelt wird. An diesem Punkt bietet es sich deshalb an, ihr Modell durch einen weiteren – diesmal wieder US-amerikanischen – Vertreter des soziologischen Pragmatismus zu erweitern. Denn Anselm L. Strauss hat mit seiner *Theorie der sozialen Welten und Arenen* für die »Pragmatik der Reflexion« ein begriffliches Analyseinstrumentarium entwickelt, das nicht das Handeln oder die direkte Interaktion fokussiert, sondern die *Ebene der Aushandlung von kollektiven Ordnungen.*[76]

Strauss ergänzt also die Theorie der sozialen Welten um das Konzept der *»sozialen Arena«*, und es ist dieses Konzept, das den bis zu diesem Punkt erarbeiteten Analyserahmen des Demokratischen Experimentalismus sinnvoll um einen letzten Baustein ergänzt. Dabei ist es von eher theoretischem Interesse und nicht entscheidend, ob sein Begriff der »sozialen Welten« mit dem der »gemeinsamen Welten« von Boltanski und Thévenot voll kompatibel ist. Er ist ohne Frage sehr viel offener und allgemeiner: Insofern die sozialen Welten oftmals Magazine oder Fachzeitschriften hervorbringen, um ihr Selbstverständnis zu pflegen, veranschaulicht etwa eine typische Bahnhofsbuchhandlung mit ihren Regalreihen voller Zeitschriften für Hobbyköche, Modeinteressierte, Modelleisenbahner, Computerspieler, Hunde-, Pferde- und Autohalter usw. schon recht gut, um was es sich handelt.[77] Soziale Welten drehen sich also nicht in erster Linie um Fragen der Rechtfertigung und ihre Ordnungen der »Größe«, obgleich diese schnell ins Spiel kommen können. Im Zentrum des Konzepts stehen vielmehr deren *Kernaktivitäten*, also Praktiken. Für die Analyse interessieren diese wiederum jedoch weniger aus der Perspektive des Handelns, also ihrer Ausführung. Vielmehr werden sie *als Objekt sozialer Konstruktion und Aushandlung* betrachtet. Die Theorie konzentriert sich auf die kollektiven Prozesse, die sich in

76 Vgl. insbesondere Anselm L. Strauss, *Negotiations. Varieties, Contexts, Processes and Social Order*, San Francisco 1978 sowie Strauss, *Continual Permutations of Action.*

77 Vgl. Anselm L. Strauss, »A Social World Perspective«, in: *Studies in Symbolic Interaction*, H. 1 (1978), S. 119-128, hier: S. 125 f.

den unterschiedlichsten sozialen Welten wiederholen, ganz ähnlich wie Boltanski und Thévenot für die verschiedenen gemeinsamen Welten ein allgemeines formales Modell ihrer tragenden Elemente aufstellen. Während Fußballspielen, ärztliche Beratung und Gedichteschreiben kaum vergleichbar sind, gilt dies für die Eigenschaften sowie zugehörigen Prozesse durchaus, etwa: Räume zu besetzen und zu verteidigen, Technologien zu erfinden, zu vermarkten und an den Nachwuchs zu vermitteln oder Interessenorganisationen zu gründen sowie Bewegungen und Strömungen hervorzubringen. Die wichtigsten Prozesse aber, die Strauss untersucht und die mit den genannten oft einhergehen, sind das *Authentisieren* der Kernaktivität und *Legitimieren* ihrer Grenzen einerseits und die *Segmentierung* von sozialen Welten in Subwelten sowie die *Intersektion* verschiedener sozialer Welten oder Subwelten andererseits.[78]

An diesem Punkt wird schon deutlicher, dass es sich bei den »gemeinsamen Welten« um einen analytischen Aspekt von sozialen Welten handelt, gegebenenfalls auch um einen Typus von Subwelt, bei dem sich die Kernpraktiken ganz auf die Erfordernisse der Rechtfertigung, insbesondere das Einrichten und Durchführen von Prüfungen richten. Probleme der Authentisierung und Legitimation kommen aber in allen sozialen Welten zum Tragen, etwa wenn technische Neuerungen auftreten oder Subgruppen Verbindungen zu anderen Welten herstellen. »Fragen der ›Authentizität‹ von Ausführung und Produkt, der Echtheit und Reinheit, von Original und Fälschung, aber auch Fragen der Angemessenheit und Unangemessenheit, sogar von Moral und Unmoral und Legalität und Illegalität stellen sich in einer schnellen, wechselhaften und verwickelten Art und Weise.«[79] Verschieben sich die Grenzen dessen, was als zulässige Praktik gilt, produziert dies Gewinner und Verlierer im Hinblick auf Status, Ansehen und Anerkennung sowie die Verteilung wichtiger Ressourcen und Einflussmöglichkeiten. Mit anderen Worten bedroht es anerkannte »Größenverhältnisse«. Strauss verweist hier auf die historischen Erzählungen, das Umschreiben der Geschichte und Theoriebildungen in sozialen Welten, die oftmals mit der

78 Vgl. Anselm L. Strauss, »Social Worlds and Legitimation Processes«, in: *Studies in Symbolic Interaction*, Jg. 4 (1982), S. 171-190; Anselm L. Strauss, »Social Worlds and their Segmentation Processes«, in: *Studies in Symbolic Interaction*, Jg. 5 (1984), S. 123-139 sowie Strauss, *Continual Permutations of Action*, S. 215-219.

79 Strauss, »Social Worlds and Legitimation Processes«, S. 172 f.

Herausbildung von Expertenrollen oder prominenten Vertretern einhergehen, also Deutungschancen ungleich verteilen, sowie auf die Möglichkeiten wechselseitiger Beobachtung, Evaluation und Kritik hinsichtlich der reklamierten Standards einer Kernaktivität.[80] Gelingt es nicht, solchen Standards Anerkennung in einer sozialen Welt zu sichern, droht diese in Subwelten zu zerfallen. Dieser Prozess wird als *Segmentation* bezeichnet und kann mehr oder weniger radikal verlaufen. Insgesamt sind die von Strauss identifizierten Prozesse damit jenen ähnlich, die Boltanski und Thévenot in der ersten Richtung analysieren, also mit Blick auf die Stabilisierung von Rechtfertigungsordnungen als Reaktion auf oder Vorbeugung vor Kritik.

Von der Segmentierung in Subwelten zu unterscheiden ist aber die *Intersektion* verschiedener Welten. Das ist die zweite Analyserichtung, die Boltanski und Thévenot ebenfalls eingeschlagen und bis zu dem Punkt verfolgt haben, wo aus der offenen Situation wechselseitiger Kritik verschiedener Welten durch Kompromiss- und Brückenbildung eine neue gemeinsame Welt zu entstehen beginnt. Hier setzt das theoretische Konzept der *sozialen Arena* an und verbindet die Theorie sozialer Welten mit dem Ansatz der ausgehandelten Ordnung. Insbesondere dort, wo verschiedene Welten aufeinandertreffen und Konflikte oder Unsicherheiten und ungeklärte Fragen aufwerfen, bilden sich nach Strauss Arenen, in denen *Abgesandte* der beteiligten Welten *in Aushandlungen miteinander treten*. Diese Arenen darf man sich nicht nur als Parlamente oder Debattierclubs vorstellen, auch wenn darin ohne Frage stets eine Form von (Mikro-)Politik stattfindet. In der Tradition des Chicagoer Pragmatismus geht es Anselm Strauss vielmehr um die verschiedenen Wege und Möglichkeiten, eine ins Stocken geratene kollektive Praxis fortzusetzen: »Der Begriff der Arena soll hier die auf Streitfragen bezogene Interaktion sozialer Welten bezeichnen – wobei das auf jene Streitfragen bezogene Handeln innerhalb und zwischen den sozialen Welten diskutiert, ausgefochten, verhandelt, manipuliert und sogar erzwungen wird.«[81]

80 Vgl. ebd., S. 174-185.

81 Strauss, *Continual Permutations of Action*, S. 226. – Im Unterschied zum älteren Konzept der »negotiated order« (vgl. Strauss, *Negotiations*) zielt der Begriff »processual ordering« auf ein offeneres Verständnis von Praxis ab und fordert dazu auf, den Anteil, den etwa deliberative Aushandlungen an Krisenlösungen haben, empirisch zu bestimmen und nicht theoretisch zu präjudizieren (vgl. dazu

Aber auch wenn darin keineswegs nur Argumente zum Einsatz kommen, sind soziale Arenen gleichwohl »Strudel argumentativen Handelns«,[82] die sich vorübergehend – und manchmal zur Verstetigung neigend – überall dort bilden, wo Abgrenzungsprobleme zwischen den Welten manifest werden, die Authentizität einer Kernaktivität (und ihrer Prüfungsform) offen kritisiert wird, so dass Stellung dazu bezogen werden muss, oder wo knappe Ressourcen zu verteilen sind. Sie werfen Probleme der Repräsentation auf (Wer darf für welche soziale Welt sprechen oder entscheiden?), Fragen der Situationsdefinition (Was genau ist das Problem?), bringen verschiedene Bündniskonstellationen hervor und münden in diversen Formen der *Neuordnung* sozialer Beziehungen, sei es durch *Hierarchisierung* der sozialen Welten, durch vorübergehende *Kompromisse* oder durch die Herausbildung einer *neuen, übergreifenden sozialen Welt*. Erneut bestehen große Parallelen zum theoretischen Modell der gemeinsamen Welten und ihrer wechselseitigen Kritik. Der Unterschied ist, dass die Analyse durch das Konzept der sozialen Arena erst den entscheidenden Hinweis bekommt, wo sie einsetzen muss, wenn sie die »Pragmatik der Reflexion«, d. h. die aus einer Krise hervorgehenden politischen Experimentier- und Entscheidungsprozesse, auf der handlungsübergreifenden Ebene der gemeinsamen Welten mitsamt ihren Prozessen reflexiver Aushandlung verfolgen will: Sie kann und muss dann zunächst jene *Arenen* in den Blick nehmen, in denen sich die *wechselseitigen Kritiken* dieser Welten *artikulieren* und eine *Öffentlichkeit* bilden.

Damit stellt sich die Frage, ob sich eine Arena ausmachen lässt, in der sich die Öffentlichkeit der Verbraucherdemokratie – verstanden als eine Experimentiergemeinschaft mit einem demokratischen Verfahren der Neuversammlung des Kollektivs – bereits übergreifend konstituiert. Gibt es einen solchen Strudel des argumentativen Handelns, in dem sich diese Öffentlichkeit als solche identifiziert und erkannt hat oder doch zu entdecken beginnt? Um diese Frage zu beantworten, wird die Analyse im Folgenden auf den *publizistischen Diskurs der Verbraucherdemokratie* gelenkt.

Strauss, *Continual Permutations of Action*, S. 257 f. sowie Bruno Hildenbrand, »Mediating Structure and Interaction in Grounded Theory«, in: Antony Bryant, Kathy Charmaz (Hg.), *The Sage Handbook of Grounded Theory*, Los Angeles, CA u. a. 2007, S. 539-564, hier: S. 542).

82 Strauss, *Continual Permutations of Action*, S. 227.

III. Öffentlichkeit – Diskurs der Verbraucherdemokratie

Historisch lassen sich Phasen, in denen die öffentliche Kritik ein hohes Maß an Kohärenz und Nachdruck erreicht, von solchen Phasen abgrenzen, in denen die Kritik an Kraft einbüßt oder weitgehend verstummt. So beginnen Luc Boltanski und Ève Chiapello ihr Buch über den neuen Geist des Kapitalismus mit der Beobachtung, dass die in den 1960er und 1970er Jahren noch so lebendige Kritik am Kapitalismus, »als eine Sozialkritik klassisch-marxistischer Prägung und Forderungen ganz anderer Art nach Kreativität, Freude und Kraft der Phantasie, nach einer Emanzipation in allen Lebensbereichen und der Zerstörung der ›Konsumgesellschaft‹ einen Schulterschluss vollzogen«,[1] in der heutigen Zeit weitgehend verstummt sei. Der Kapitalismus jedoch sei keineswegs verschwunden, sondern habe sich ausgeweitet, stärker durchgesetzt, produziere wachsende soziale Ungleichheiten und neue Formen prekärer Lebens- und Beschäftigungsverhältnisse. Er müsse offenbar einen Weg gefunden haben, die Kritik zu lähmen, zu zerstören, zu absorbieren oder aber zu verarbeiten und zu integrieren, um seine Ordnung – oder zumindest jene Momente davon, die ihn über verschiedene seiner Entwicklungsphasen hinweg *als* Kapitalismus identifizierbar machen – aufrechtzuerhalten.[2]

1 Boltanski, Chiapello, *Der neue Geist des Kapitalismus*, S. 21.

2 Als übergreifendes Erkennungsmerkmal des Kapitalismus gilt dessen *Imperativ der unbegrenzten Kapitalakkumulation* mit formell friedlichen Mitteln (ebd., S. 39). Dieses *Formprinzip* ist historisch wandlungsfähig, wobei Boltanski und Chiapello in Abwandlung der Protestantismusthese von Max Weber sowie der ideengeschichtlichen Rekonstruktion von Begründungen für den Kapitalismus durch Albert O. Hirschman, *Leidenschaften und Interessen. Politische Begründungen des Kapitalismus vor seinem Sieg*, Frankfurt/M. ²1984, davon ausgehen, dass letztlich *jede* konkrete Ausprägung dieser Form auch eine motivationale Basis benötigt, also die Mitglieder der Gesellschaft zur Teilnahme an dieser Ordnung bewegen können muss. Der *Rechtfertigungsimperativ* sei deshalb auch im Kapitalismus wirksam, könne nur in begrenztem Maße umgangen werden und fordere daher, die ungleichen Wertschätzungen und »Größenverteilungen«, die der Kapitalismus produziert, durch einen dazu passenden kapitalistischen *Geist* zu legitimieren und abzusichern.

Dem Kapitalismus gelinge es, seine Grundordnung gegen Kritik zu verteidigen oder abzuschirmen, weil er aus Versatzstücken der in unterschiedlichen »gemeinsamen« Welten artikulierten Ansprüche sowie durch neue Kompromissobjekte und Prüfungsformen allmählich eine neue Rechtfertigungsordnung hervorbringe. Er schaffe es sozusagen, sich im anhaltenden Kampf dieser Welten, die ja alle mit dem Anspruch aufträten, das *allgemeine Wohl angemessen repräsentieren* und damit eine legitime Ordnung für das Gemeinwesen begründen zu können, mit seinem Deutungsangebot durchzusetzen oder zumindest hinreichend gegen konkurrierende Anliegen und Gemeinwohlinterpretationen, die jeweils auch ihre Geltungs- und Einflusszonen zu sichern wissen mögen, zu verteidigen. Letztlich müsse er selbst glaubhaft auf eine ideale »Polis« – so nennen Boltanski und Chiapello die Rechtfertigungsordnungen bzw. deren ideale Gemeinwesen – verweisen können. Er müsse sich *nach innen* durch die Einrichtung von geeigneten *legitimierenden* Prüfungen stabilisieren können. Er müsse sich aber auch *nach außen*, mit Blick auf die in den Arenen der Kritik geäußerten Bedenken, konkurrierenden Ansichten, alternativen Größenvorstellungen, experimentellen Entwürfe usw., bewähren können – und dabei nicht zuletzt pragmatisch anschlussfähig bleiben. Der Kapitalismus müsse deshalb nicht nur den Nachweis erbringen, dass das Allgemeinwohl in seinen Ordnungen angemessen verankert ist, diese also gerechte (im Sinne von konsistent rechtfertigbare) Verhältnisse hervorbringen, sondern auch den alltagsökonomischen Erfordernissen der Handelnden so weitgehend Rechnung tragen, dass diese entsprechend seinen Vorgaben (oder Prüfungen) zur Mitwirkung motiviert werden und sich auch dann engagieren, wenn sie nicht zu den unmittelbaren Nutznießern gehören.[3]

Damit liefert die von Boltanski und Chiapello vorgelegte Studie zum neuen Geist des Kapitalismus ein interessantes Modell für die hier verfolgte Untersuchung zum politischen Prozess der Verbraucherdemokratie. In ganz ähnlicher Weise wird dieser als andauernde Auseinandersetzung um die angemessene Repräsentation der »guten gemeinsamen Welt« einer »kosmopolitischen Ordnung« oder der »Großen Gemeinschaft« verstanden – wenn auch von einem anderen Startpunkt, nämlich der Politisierung der Konsum-

3 Vgl. Boltanski, Chiapello, *Der neue Geist des Kapitalismus*, S. 54.

gesellschaft, ihrer Interdependenzen und Nebenfolgen, ausgehend. Auch der Begriff der Polis kann als eine Variante jener Auffassung von Demokratie verstanden werden, wie Dewey sie bereits treffend auf den Punkt gebracht hat: »Als Idee betrachtet, ist die Demokratie nicht eine Alternative zu anderen Prinzipien assoziierten Lebens. Sie ist die Idee des Gemeinschaftslebens selbst.«[4] Die Demokratie ist eine Reflexionskategorie des Politischen. Sie verankert im politischen Prozess die Idee und die anhaltende Verpflichtung zur offenen und experimentellen Suche nach der »Großen Gemeinschaft«, d. h. nach jener sozialen Assoziations- und Lebensform, die das Gemeinwohl am besten realisiert und sichert. Die Antwort, die Boltanski und Chiapello auf die auch hier interessierende Frage geben, wie sich denn nun in der Gegenwartsgesellschaft die Repräsentationsverhältnisse wandeln und welche Auffassungen von Gemeinwohl und Gemeinwesen sich damit (auf Kosten welcher Gruppe von negativ Betroffenen) vorübergehend stabilisieren können, soll hier jedoch nicht vorschnell übernommen werden.

Sie soll gleichwohl zur Kenntnis genommen werden, zumal die »projektbasierte Polis«, wie Boltanski und Chiapello diese neue »konnexionistische Welt« nennen,[5] immerhin insoweit die Frage der Verbraucherdemokratie berührt, als in ihr die *Hinwendung zu den Verbrauchern* ein gewichtiges Moment der Neuausrichtung wird: Vor dem Hintergrund der Kritik an der Massenkonsumgesellschaft etwa bemüht sich der Kapitalismus um permanente Produktinnovationen, die die »Vermassungsängste vorübergehend besänftigen« sollen, und »[indem] mit Nachdruck ein kundennaher Service, die Bedeutung eines sensiblen Eingehens auf die Kundenwünsche und der Ausbau individualisierter Beziehungen betont werden, soll ein Gefühl des Authentischen in Form menschlicher Kontakte in der kapitalistischen Produktion Einzug halten«.[6] Aber der *Fokus* der Studie bleibt auf die Neuorganisation der *Produktion* und die betriebliche Einbindung von Mitarbeiterinnen und Mitarbeitern gerichtet. Der Projekt-Begriff und die darin legitimierten Verhältnisse der Größe, die mit der Fähigkeit zum biografischen Wechsel zwischen Projekten und der Zahl der kommunikativen Verbindungen wachse, werden an den flexiblen und netzwerkförmigen Beschäfti-

4 Dewey, *Die Öffentlichkeit und ihre Probleme*, S. 129.

5 Boltanski, Chiapello, *Der neue Geist des Kapitalismus*, S. 147-185.

6 Ebd., S. 145 f.

gungs- und Produktionsverhältnissen festgemacht. In dieser Ordnung, so lautet die zentrale These ihres Buches, sei nun die Kapitalismuskritik auf innovative Weise – vorübergehend – stillgestellt worden, indem sich die ökonomischen Rechtfertigungsordnungen Teile der Kritik zu eigen gemacht hätten.

Wesentlich für die Pendelbewegungen der Kritik im Kapitalismus sowie für ihre relative Blockiertheit in der Gegenwart sei der Unterschied zwischen einer »Sozial-« und einer »Künstlerkritik« am Kapitalismus.[7] Diese Grundformen der Kritik stützen sich auf unterschiedliche Quellen der Empörung: Im ersten Fall etwa auf die Erzeugung von Armut, sozialer Ungleichheit oder die Aushöhlung solidarischer Gemeinschaftsbeziehungen, wohingegen bei der »Künstlerkritik« die Entfremdung und Unterdrückung von menschlichen Potenzialen zur freien, kreativen, authentischen oder autonomen Tätigkeit oder Persönlichkeit im Vordergrund stehen. Mit ihrem Angriff auf Unterdrückungstendenzen im fordistischen Produktionssystem sowie auf den standardisierten Massenkonsum seit den 1960er Jahren habe die Künstlerkritik – so die These – ein deutliches Übergewicht gewonnen, wodurch Werte der Emanzipation, Freiheit und Selbstverwirklichung in den Mittelpunkt und Fragen der Verteilungsgerechtigkeit oder kollektiven Absicherung an den Rand gedrückt worden seien. Dem neuen Geist des Kapitalismus kämen diese diskursiven Verschiebungen entgegen, insofern sie sich als neue Figuren der Rechtfertigung für die Auflösung starrer sozialstaatlicher Strukturen und die Etablierung von netzförmig-flexiblen ökonomischen Institutionen instrumentalisieren ließen. Zentral für das neue Ordnungsgefüge des Kapitalismus sei damit, dass es ihm gelungen ist, die Künstler- gegen die Sozialkritik auszuspielen.

Im Mittelpunkt der Untersuchung zum neuen Geist des Kapitalismus steht allerdings der »Managementdiskurs«.[8] Methodisch gewinnen die Autoren ihre empirischen Einsichten in die Muster der Kritik und die Weisen der Investition von Engagement für das Gemeinwohl sowie die entsprechenden Prüfungen der Wertigkeit solchen Engagements aus der Analyse von Handbüchern für das Management. Aber warum wird die Forschungsentscheidung so und nicht anders gefällt? Repräsentiert dieser Diskurs wirklich jene

7 Vgl. ebd., S. 80-84, S. 257 und S. 379-513.

8 Ebd., S. 51 und S. 91.

öffentliche Arena der Kritik, in der die verschiedenen »gemeinsamen Welten« heute die großen Folgeprobleme ihrer gesellschaftlichen Interdependenzen reflektieren und ein neues Arrangement suchen müssen? Öffentliche Auseinandersetzungen über Konsumpraktiken im heutigen Kapitalismus finden darin nur am Rande Berücksichtigung.[9] Dabei gibt es auf diesem Feld einen ausgedehnten und durchaus intensiv geführten publizistischen Diskurs, der sich ebenso in den Blick nehmen ließe, um herauszufinden, welchen Zustand die öffentliche Kritik an den ökonomischen Institutionen und Strukturen der kapitalistischen Gesellschaft heute aufweist.

Aus diesem Grund wird hier, gewissermaßen als Korrektiv oder Erweiterung, eine andere Forschungsentscheidung gefällt und nicht die Sphäre der Produktion, sondern die der Konsumtion als Bezugspunkt für die Analyse einer Arena genommen, in der die Pluralität von gemeinsamen Welten neu versammelt und in einen öffentlichen Diskurs verwickelt wird. An diesem Diskurs lässt sich nicht zuletzt untersuchen, ob sich in aktuellen Varianten einer konsumzentrierten Kapitalismus-, Kultur- oder Gesellschaftskritik die Diskrepanzen und Widersprüche zwischen gerechtigkeitsorientierter Sozialkritik und auf Emanzipation und Selbstverwirklichung ausgerichteter Künstlerkritik eher fortsetzen und vielleicht sogar verschärfen oder ob hier tragfähige Brücken, Kompromisse und neue Konvergenzlinien zwischen den Kritikmustern entstehen bzw. gänzlich anders gelagerte Probleme der normativen Integration und Vermittlung aufbrechen. Dazu gehe ich ganz im Sinne von Boltanski und Chiapello vor und kontrastiere aus einem Sample publizistischer Buchbeiträge zur Konsumgesellschaft und ihren Problemen die verschiedenen normativen Positionen – oder »Propositionen« –, die in dieser Arena aufeinandertreffen.[10] Anhand

9 Vgl. ebd., S. 483-485.

10 Zum *methodischen* Vorgehen: Auswahlentscheidend war im Sinne der Grounded Theory (vgl. Anselm L. Strauss, Juliet Corbin, *Grounded Theory. Grundlagen qualitativer Sozialforschung*, Weinheim 1996) das Ziel, durch minimale und maximale Kontrastierung immer weiterer Fälle allmählich zu einer gesättigt erscheinenden Matrix oder Typologie von Positionen dieses Diskurses zu gelangen. Dabei kommt es darauf an, alle Propositionen ernst zu nehmen und gebührend zu Wort kommen zu lassen. Die Kombinationen von Kritikmustern, Größenvorstellungen und dominanten Weltbezügen sollen nicht vorschnell bewertet werden, auch wenn die Diskurspositionen mal mehr, mal weniger elaboriert

der in den Büchern jeweils auffindbaren Kritikmuster sowie der Vorstellungen von wertzuschätzendem Engagement für das – in bestimmter Weise interpretierte – Gemeinwohl lassen sich diese Positionen hinreichend scharf voneinander abgrenzen.[11]

1. Kritikmuster und Engagementformen im publizistischen Diskurs der Verbraucherdemokratie

1.1 Markenboykott und dezentrale partizipatorische Demokratie

Mit der Unvereinbarkeit oder Widersprüchlichkeit zweier Stränge der Kritik nicht abfinden will sich das Schlüsseldokument für die Politisierung des Konsums im noch jungen publizistischen Diskurs der Verbraucherdemokratie, der hier im Folgenden analysiert werden soll. In Naomi Kleins globalisierungskritischem Bestseller *No Logo!* wurde nach den Protesten von Seattle gegen die von der Welthandelsorganisation (WTO) vertretene neoliberale Wirtschaftspolitik im Jahr 1999 vielfach das zentrale Manifest für ein neues zivilgesellschaftliches Projekt gesehen. Dieses Buch greift sowohl die sozialen, kollektiven Verteilungswirkungen der ökonomischen Strategien und Produktionsverlagerungen multinationaler Markenkonzerne als auch die Muster der Kundenbindung und -kommunikation durch Werbung sowie das Branding von Kulturräumen an. Mit dieser Ausrichtung nimmt das Buch von Naomi Klein ohne Frage sowohl sozial- als auch künstlerkritische Argumente auf, die

vertreten sein mögen. Es kommt zunächst darauf an, das *Spektrum* an Propositionen zu erfassen. Sodann ist es für die Rekonstruktion aber unverzichtbar, die *gegenseitigen Kritiken*, die in der Arena des publizistischen Diskurses explizit mobilisiert werden oder latent enthalten sind, ebenfalls zu erfassen. Deshalb werden zu den verschiedenen Propositionen und ihren Annahmen und Geltungsansprüchen auch kritische Hinweise protokolliert. Dies ist nicht zuletzt deshalb wichtig, weil erst vor dem Hintergrund des *möglichen kollektiven Sachverstandes* die intellektuelle Güte und der *erreichte Entwicklungsstand dieser Öffentlichkeit* im Sinne einer Verlaufskontrolle eingeschätzt werden können.

11 Vgl. als erste Vorfassung, aus der vereinzelte Formulierungen in dieses Kapitel eingeflossen sind, Jörn Lamla, »Politisierter Konsum – konsumierte Politik. Kritikmuster und Engagementformen im kulturellen Kapitalismus«, in: Lamla, Neckel (Hg.), *Politisierter Konsum*, S. 9-37.

auf unterschiedliche Weise eine Empörung über den Kapitalismus nahelegen. Es verbindet also zumindest prospektiv Anliegen der Künstlerkritik, die auf kulturelle Autonomie und Authentizität zielen, mit einer Sozialkritik, die ökonomische Ausbeutung anprangert und für soziale Umverteilung plädiert – und es zieht nicht zuletzt aus dieser Verbindung ein erhebliches Maß seiner Strahlkraft.

Aber welche Rolle spielt dieses Buch im publizistischen Diskurs der Verbraucherdemokratie? Formuliert es bereits ein neues demokratisches Experiment in dem Sinne, dass ein neues, globales Gemeinwesen darin aufscheint, welches dann aus anderen Welten seinerseits kritisiert wird? Oder ist es auf einer logisch früheren Stufe der experimentellen Suche im politischen Prozess der verbraucherdemokratischen Versammlung anzusiedeln? Drückt es vielleicht in erster Linie Verwirrung aus, zeigt also den Zustand der Perplexität eines Kollektivs an, dessen Konsumpraktiken plötzlich nicht mehr wie gewohnt fortgesetzt werden können? Oder liefert es einen ersten Deutungsvorschlag für den Problemrahmen, auf den sich alle weiteren Experimente der Verbraucherdemokratie verständigen und beziehen sollen? Benennt es vielleicht im Wesentlichen nur den Problemzusammenhang der Konsumgesellschaft? Diese Fragen lassen sich klären, wenn die Muster der Kritiken, die hier mobilisiert werden, mit der Frage nach der normativ ausgezeichneten Form des Engagements in Verbindung gebracht werden. Dann wird deutlicher, dass die Ausrufe »No Logo!« und »No Sweatshop!«[12] zunächst nicht viel mehr beinhalten, als die *Aufforderung* an das Kollektiv, zwischen den verschiedenen gemeinsamen Welten und ihren Künstler- bzw. Sozialkritiken neue Brücken zu suchen.

Im Gegensatz zu den Verbraucherboykotts in den Siebzigerjahren besteht heute eine diffusere Beziehung zwischen Fragen des Lebensstils (was essen, was rauchen, was tragen) und der größeren Frage, wie der Weltkonzern – mit seiner Größe, seinem politischen Gewicht und seiner mangelnden Transparenz – die Weltwirtschaft umorganisiert.[13]

Als Manifest einer politischen Verbraucherbewegung mit deutlich konturiertem Projektcharakter eignet sich *No Logo!* genauer

12 Vgl. Kai-Uwe Hellmann, »No Sweatshops! No Logos! Die globale Zivilgesellschaft im Kampf gegen die ökonomische Globalisierung«, in: Adloff u. a. (Hg.), *Wirtschaft und Zivilgesellschaft*, S. 157-174.

13 Klein, *No Logo!*, S. 350, vgl. auch ebd., S. 440 f., S. 457 und S. 515.

besehen kaum: »So enthält es in der Tat nahezu überhaupt keine theoretische Betrachtung noch irgendeine Aussage darüber, was die ideologische Einheit zwischen den verschiedenen Strängen des Protests begründet.«[14] Das Buch repräsentiert in erster Linie eine journalistische Suchbewegung mit unverkennbar prophetischen Zügen, wobei die Kluft zwischen konsum- und markenorientierten Aktionen im reichen Westen und Anstrengungen zur Verbesserung der Lebenssituation von Bevölkerungsteilen in den armen Weltregionen selbst bemerkt wird und vorerst nicht anders als durch *Beschwörung* einer neuen sozialen Bewegung überbrückt werden kann:

> Anstatt die Aufmerksamkeit weiterhin auf das Spiegelkabinett zu richten und es (wie die postmodernen Akademiker) als empirische Wahrheit durchgehen zu lassen und anstatt (wie die Identitätskrieger) um bessere Spiegel zu kämpfen, konzentrieren sich die Medienaktivisten von heute auf die Zerschlagung der glänzenden, undurchdringlichen Oberflächen der Markenkultur. Und dann heben sie die Scherben auf und nutzen sie als scharfe Waffen in einem Krieg der Taten und nicht der Images.[15]

Zwar ist der transnational operierende *Markenkonzern* ein geeignetes Objekt der Kritik, insofern sich daran die Verbindung verschiedener Kritikstränge intuitiv sehr gut plausibilisieren lässt. Aber »ob die verschiedenen Brennpunkte des konzernkritischen Widerstands noch andere Dinge gemeinsam hatten, als dass sie sich auf bekannte Markennamen konzentrierten«, galt es für Naomi Klein erst herauszufinden.[16] Entsprechend liefert das Buch über weite Strecken vor allem Analysen, Recherchen, Explorationen, wie sie am Anfang einer öffentlichen Suche nach den Grundlagen und Verbindungslinien der Kritik ohne Frage sinnvoll sind. Die Rolle von Marken, die Art und Weise, wie sie aufgebaut werden, eingesetzt werden, welche Umbaumaßnahmen in den Konzernstrategien sich damit verbinden, wie sie sich die Jugendkulturen zunutze machen usw., stehen zunächst im Vordergrund. Und in einem zweiten großen Teil sind es die weitreichenden Umstrukturierungen in der Arbeitswelt, die mit den Machenschaften der Markenkonzerne einhergehen, die Zustände in den Sweatshops der so

14 Hilton, *Consumerism in Twentieth-Century Britain*, S. 299.
15 Klein, *No Logo!*, S. 141.
16 Ebd., S. 19.

genannten Entwicklungsländer, die Entwertungen der materiellen Produktion im Vergleich zum Symbolwert der Marke, aber auch die zunehmende Prekarisierung der Beschäftigungsverhältnisse in der westlichen Welt.

Erst im dritten Teil des Buches wird die neue Bewegung, die zu finden die Autorin sich berufen fühlt, selbst zum Gegenstand einer Analyse, die allerdings im Bemühen, sie freizulegen und für alle sichtbar zu machen, zugleich eine Vielzahl von gegenläufigen, die Diagnose wieder verunsichernden Beobachtungen zusammenträgt. Dürfen die Angriffe auf die Symbolwelten der Markenkonzerne Selbstzweck sein oder nicht? Gibt es nicht vielleicht doch ganz unterschiedliche Motive für das kritische Engagement? Ist es die gleiche Art von Empörung wie bei den Trägern konzernkritischer Kampagnen, wenn Jugendliche für ihre Turnschuhe nur noch 30 Dollar statt 100 Dollar zahlen wollen, nachdem sie mehr über die Produktionskosten im Vergleich zu den Werbekosten erfahren haben?[17] Und was bedeutet es für die globale Solidarität, wenn diejenigen, die in den ostasiatischen Staaten mit Nike-Schuhen an den Füßen und einem Menü von McDonald's vor dem Bauch zur Kenntnis geben, dass sie »zu sehr damit beschäftigt [seien], Fabrikarbeiter zu organisieren, als dass sie sich um die westliche Lifestyle-Politik kümmern könnten«?[18] Kein Wunder also, dass am Ende des Buches – in einem mit zeitlichem Abstand geschriebenen bilanzierenden Nachwort – das folgende Bekenntnis steht: »Um die Wahrheit zu sagen, existiert eigentlich gar keine einheitliche Bewegung, sondern es gibt Tausende von Bewegungen, die über ein komplexes Netz miteinander verknüpft sind, ähnlich wie ihre Websites im Internet.«[19] Aber diese Äußerung besagt freilich nicht viel mehr, als dass es einen Zusammenhang von Interdependenzen in der transnationalen Konsumgesellschaft gibt, der solche Verbindungen stiftet, weil er alle zu Beteiligten oder Betroffenen darin wurzelnder Folgeprobleme macht. Und zu einer solchen Beschreibung der Situation passt es dann auch, die daraus folgenden öffentlichen Prozesse als die Suche nach einer neuen gemeinschaftlichen Grundlage selbst auszugeben: »Wenn diese Bewegung eine Ideologie hat, dann die Demokratie, und zwar nicht nur eine Demokratie

17 Vgl. ebd., S. 381.
18 Ebd., S. 440.
19 Ebd., S. 515.

der Wahlkabine, sondern eine mit allen Aspekten unseres Lebens verwobene Demokratie.«[20]

Letztlich stehen Marken- und Globalisierungskritiker wie Naomi Klein dort, wo sie sich für eine bestimmte Form des Engagements stark machen, trotz aller Bemühungen um einen Brückenschlag in erster Linie für die Reaktivierung der Sozialkritik an den Exklusions- und Verteilungswirkungen des flexiblen Kapitalismus und sehen sich hierbei in Kontinuität zu sozialen Bewegungen, die für soziale Gerechtigkeit, Frieden, Menschenrechte, kulturelle Toleranz, Demokratie und Ökologie kämpfen. Wo politische Handlungsempfehlungen mit der Kritik verknüpft werden, gerät die Politisierung der Marken und des Konsums vor allem zu einem *Mittel*, um Aufmerksamkeit und politischen Einfluss zu gewinnen. Der markenkritische Protest gegen Konzerne wie Nike oder Shell »sei nicht das eigentliche Ziel ihrer politischen Arbeit, sondern nur ein Werkzeug, ein Mittel, um Zugang zu einem riesigen und häufig gestaltlosen Wirtschaftssystem zu finden«, zitiert Klein eine Aktivistin: »Es ist eine Einstiegsdroge«.[21] Damit bleibt eine Verknüpfung zu Kritikansätzen, die einen anderen, neuen Konsum- und Lebensstil als *Zweck* propagieren, freilich in Reichweite. Wie Sozial- und Künstlerkritik aber programmatisch und pragmatisch zu verknüpfen sind, bleibt unterbestimmt und potenziell umstritten. Ein Engagement, das sich auf die Sphäre des Konsums konzentriert, wird letztlich eher abgelehnt. Für Naomi Klein sind die Probleme des globalen Arbeitsmarktes »zu gewaltig, als dass sie durch unsere Interessen als Konsumenten definiert – oder auf sie reduziert – werden könnten«.[22] Deshalb postuliert sie, dass wir »es noch einmal mit politischen Lösungen versuchen, die von demokratisch gewählten Volksvertretern formuliert und durchgesetzt werden, ehe wir das Handtuch werfen und uns mit den Verhaltenskodizes der Konzerne, mit unabhängigen Beobachtern und mit der Privatisierung unserer kollektiven Bürgerrechte zufrieden geben« und somit unseren »Weg als mündige Staatsbürger suchen müssen«.[23] Insbesondere dort, wo die Normsetzung – wie bei den Verhaltenskodizes – von Unternehmen in Eigenregie ohne Beteiligung be-

20 Ebd., S. 518.

21 Ebd., S. 520 f.

22 Ebd., S. 439.

23 Ebd., S. 456. Vgl. auch ebd., S. 441-455.

troffener Arbeiterinnen und Arbeiter vorgenommen werde, sei die Entwicklung anderer Verfahren, Institutionen und Trägergruppen erforderlich, damit das Prinzip (lokaler) demokratischer Selbstbestimmung verteidigt oder überhaupt erst wieder zur Geltung gebracht werde.

1.2 Kampagnen zur Aufklärung der Verbraucher

Das *Schwarzbuch Markenfirmen*, das kurz nach seiner ersten Auflage 2001 bereits in einer erweiterten zweiten Version erschienen ist, weist zu *No Logo!* auf den ersten Blick viele Parallelen auf.[24] Auch hier sind es die Markenkonzerne, die in den Fokus der Kritik geraten. Auch hier würde man das Bemühen um einen Brückenschlag zwischen Künstler- und Sozialkritik erwarten. Doch wo ein minimaler Kontrast vermutet wird, kann sich in der empirischen Analyse schnell ein großer Unterschied in der Ausrichtung der Kritikmuster und Engagementformen herausstellen. Und so ist es auch hier: Das Buch will in erster Linie über die sozialen und ökologischen Folgen und Zusammenhänge *informieren*, die mit den »Machenschaften der Weltkonzerne« – wie es im Untertitel heißt – einhergehen, etwa über Kinderarbeit, Menschenrechtsverletzungen, Ausbeutungsverhältnisse, kriegerische Auseinandersetzungen oder Ressourcenvernichtung.

Nach einem einführenden Überblick und mehreren fallbezogenen Reportagen – über die Verstrickungen deutscher Konzerne wie Bayer in den Abbau von Coltan im kriegsgebeutelten Kongo, aus dem das für mikroelektronische Konsumgüter wie Mobiltelefone etc. benötigte Tantal gewonnen wird; über die Praktiken der Pharmaforschung; über die Rolle des Shell-Konzerns im Kampf der nigerianischen Militärdiktatur gegen das Ogoni-Volk, der u. a. zur Hinrichtung des Widerstandskämpfers und Trägers des alternativen Nobelpreises Ken Saro Wiwa führte; sodann über die Lebensmittel- und Bekleidungsindustrie usw. – listet es zu diesem Zweck in einem mehr als 100 Seiten umfassenden Abschnitt zweiseitige Firmenporträts von Markenkonzernen auf. Darin wird für jede der 53 in die Liste aufgenommenen Markenfirmen einzeln dargestellt, welche Produkte und Marken im Angebot sind, wie viele Beschäf-

24 Vgl. Werner, Weiss, *Das neue Schwarzbuch Markenfirmen.*

tigte das Unternehmen hat und welchen Umsatz bzw. Gewinn es erzielt sowie – als Schwerpunkt – welche Vorwürfe dem jeweiligen Unternehmen gemacht werden können und an wen sich diese Vorwürfe adressieren lassen. Unter der Rubrik, »Was Sie tun können« wird dabei auf einen Abschnitt im Buch verwiesen, der für die Frage einschlägig ist, wie hier das Muster der Konzern- und Kapitalismuskritik mit einer normativ ausgezeichneten Form des Engagements für das Gemeinwohl verknüpft wird.[25]

Dass es gerade Marken sind, die dabei in die Kritik geraten, hat vor allem »pragmatische Gründe« und nichts mit einer Kritik dieser Form der Vermittlung von Werten und Sinnstiftungen zu tun: »Marken gründen ihre Macht auf ein mit Werbemilliarden gepflegtes Image. Genau dort sind sie angreifbar. Wenn sich Marken als besonders modern, sozial, gesund, sportlich fair, kinderlieb, multikulturell oder frauen-, familien- und umweltfreundlich darstellen, ist es nur gerecht, wenn man sie an ihren eigenen Werten misst.«[26] Das Markenprinzip wird also nicht infrage gestellt, sondern als Mittel zum Zweck genutzt, um Informationsungleichgewichte zu korrigieren und eine Änderung von sozialen, ökonomischen und ökologischen Repräsentationsverhältnissen in der Konsumgesellschaft darüber anzustoßen. In der Frage, wie diese Veränderung genau vonstattengehen soll, unterscheidet sich die Argumentation dann aber deutlich von der Haltung Naomi Kleins:

> Wer auf dem Biobauernhof lebt und sich in selbst gestrickte Pullis aus selbst gezüchteter Schafwolle kleidet, muss ohnehin nicht mehr überzeugt werden. Für die meisten von uns ist das aber kein realistisches Lebensmodell und wird es vermutlich auch nicht werden. Es liegt uns daher fern, unseren Leserinnen und Lesern vorschreiben zu wollen, was sie kaufen sollen und was nicht. Es gibt Menschen – vermutlich sehr viele –, die nicht auf modische Markenware verzichten wollen. Und andere, die bereit sind, ihr Konsumverhalten sehr radikal in Richtung nachhaltiger Lebensstil zu verändern. Wir wollen beide Gruppen ansprechen, weil wir der Meinung sind, dass es mehr Sinn macht, viele Menschen dazu zu bewegen, einen Schritt zu tun, als mit der Forderung nach einer völligen Veränderung des Lebensstils einen Großteil der Leute abzuschrecken. [...] Insgesamt reden wir nicht dem Verzicht das Wort, sondern im Gegenteil der Steigerung

25 Vgl. ebd., S. 50-61.
26 Ebd., S. 47.

der persönlichen Lebensqualität durch eine geringere Abhängigkeit vom Konsumterror.[27]

Nicht zuletzt angesichts der ungleichen Kaufkraftausstattungen hält sich das *Neue Schwarzbuch Markenfirmen* stärker als *No Logo!* damit zurück, Druck auf die Verbraucher auszuüben, ihren Konsum- und Lebensstil zu überdenken und nur noch ethisch *unbedenkliche* Produkte zu kaufen: Es gebe

> immer mehr Menschen, deren knappes Haushaltsbudget einen völligen Umstieg auf höhere Qualität nicht zulässt. Und es wäre arrogant, genau diesen Menschen ein schlechtes Gewissen machen zu wollen. Deshalb bleibt es die persönliche Entscheidung jedes und jeder Einzelnen, bewusst und dennoch mit Rücksicht auf die eigenen wirtschaftlichen Verhältnisse einzukaufen.[28]

Das Schwarzbuch ist also sehr zurückhaltend mit ethischen Anforderungen, die auf eine Vorstellung des guten Lebens zurückgehen und die Verbraucher auf ein gemeinsames, einheitliches Wertesystem verpflichten wollen. »Pragmatismus statt Moral«[29] lautet in diesem Punkt ihr Motto: Wenn man die Konzerne bei ihren ökonomischen Interessen packe, lasse sich am meisten erreichen – und darauf komme es an.

Mit ihrer liberalen Haltung gegenüber den individuellen Verbrauchern sind Werner und Weiss zugleich aufgeschlossener für eine Politik mit dem Einkaufswagen, bei der die Kaufentscheidungen der Verbraucher für das Projekt der Verbraucherdemokratie tragend werden. Genau deshalb schreiben sie ihr Buch als *Handreichung für die Verbraucher*, als eine Informationskampagne in Buchform, die nicht vorgibt, aus der Masse individualisierter Verbraucher eine neue soziale Bewegung formen zu wollen. Vielmehr könne sich das Engagement für das Gemeinwohl auch in der Welt des Marktes angemessen vollziehen, wenn es dort zu einer kritischen Masse an aufgeklärten Konsumenten und Investoren kommt. Dazu kann das Buch auf verschiedene Weise nützlich werden, etwa für jeden Leser als Einzelperson oder auch als Arbeitsmaterial in Schulen, woraus dann etwa Formen des freiwilligen Engagements von Jugendlichen hervorgehen können, die alternative Stadtführungen durchführen und die Besucher und Bewohner an den Einkaufsorten, an denen

27 Ebd., S. 51 f.
28 Ebd., S. 53.
29 Ebd., S. 60.

die Markenkonzerne in Erscheinung treten, über deren Geschäftspraktiken aufklären. Zwar werden auch die Staatsbürgerinnen adressiert, aber abgesehen von der Sympathieäußerung gegenüber dem zivilen Ungehorsam von Aktivistinnen, die Felder mit genmanipulierten Pflanzen verwüsten, oder der »Schokoguerrilla«, die eine Verbraucherinformation auf Süßwaren klebt, deren Kakao von Kindersklaven geerntet wurde, gehen diese Appelle nicht sehr weit. Ab einem bestimmten Punkt reiche der bewusste Konsum allerdings nicht mehr. Dann müssten wir

> uns zusammentun und gemeinsam Konzerne und politische Entscheidungsträger unter Druck setzen. Das können wir, indem wir uns bestehenden Organisationen wie Attac oder Umwelt- und Menschenrechtsorganisationen, Gewerkschaften und anderen anschließen oder diese unterstützen. Oder indem wir selbst konkrete Aktionen planen, mit denen wir die Probleme der globalen Ausbeutung durch Konzerne einer breiteren Öffentlichkeit bewusst machen.[30]

Selbst in dieser Bezugnahme auf die staatsbürgerliche Welt scheint noch die Dominanz des marktförmigen Gemeinwesens durch, weil auch hier die *individuelle Wahl* zwischen einer Reihe von Optionen, wie man sich für das Gemeinwesen engagieren kann, das Muster der Argumentation bestimmt. Im Ergebnis unterscheidet sich das Schwarzbuch damit von anderen Ratgebern für den Einkauf oder Alltag zwar in der Schonungslosigkeit der sozialkritischen Information, aber nicht wesentlich in den normativen Empfehlungen für die zu wählende Form eines individualisierten Engagements. *Change the World for a Fiver* haben Eugénie Harvey und David Robinson ihren Ratgeber genannt, der mit 50 kleinen Ideen aufzeigen will, wie jeder dazu beitragen kann, auf einfache Weise die Welt zu verändern. *We are what we do* nennen sie die Bewegung, die daraus hervorgehen soll, dass die Verbraucher daran denken, das Licht auszumachen, wenn sie Räume verlassen, ihre Brille recyclen, weil andere sich keine leisten können, mit Bus und Bahn fahren, sofern es geht, oder dass sie »irgendwo Mitglied [werden]«.[31]

30 Ebd., S. 57. Vgl. auch ebd., S. 58f

31 Eugénie Harvey, David Robinson, *Einfach die Welt verändern. 50 kleine Ideen mit großer Wirkung*, München, Zürich 2006, S. 35.

Zweifel daran, dass der Brückenschlag zwischen Kultur- und Kapitalismuskritik durch medienwirksame Angriffe auf die transnational operierenden Markenkonzerne zufriedenstellend gelingt, nähren schließlich auch die Gegenreaktionen, die sich im publizistischen Diskurs finden. So dechiffrieren die Kanadier Joseph Heath und Andrew Potter, die unter dem Titel *Konsumrebellen* (im Original: *The Rebel Sell*) den »Mythos der Gegenkultur« entlarven wollen, die einleitende Bemerkung von Naomi Klein zum Strukturverfall ihres Viertels in Toronto[32] als Klage über den damit eingetretenen Distinktionsverlust. Lebte sie doch zwischen Resten der heimischen Bekleidungsindustrie in einer Gemeinschaft aus Künstlerinnen und Individualisten, die nun der Exklusivität ihres Lebensstils beraubt worden seien:

> Wenn man ein paar Jahre vorher sagte: ›Ich wohne in einem Loft in King-Spadina‹, war das für jeden, der sie zu vernehmen wusste, eine klare Botschaft. Es besagte: ›Ich bin cool. Cooler als du.‹ Aber wenn es ein Dutzend neuer Wohnanlagen gibt, wird das Signal vom allgemeinen Rauschen verschluckt. Woher sollen die Leute denn wissen, dass man in einer ›richtigen‹ Fabriketage wohnt und nicht bloß in einer dieser Yuppie-Etagen?[33]

Es ist dieser gegenkulturelle Gestus, der die Autoren zweifeln lässt, ob sich Kleins Plädoyer für dezentrale bürgerschaftliche Selbstorganisation von einfachen Markenboykotts und ethischen Einkaufsratgebern groß unterscheide.[34] Angeregt durch eine Untersuchung von Thomas Frank zu den Eroberungszügen des Coolen in der Wirtschafts- und Marketingkultur seit den 1960er Jahren betrachten Heath und Potter die Ideale der Konsumrebellen vor allem als Ausdruck der sozialen Konkurrenz um angesehene Lebensstile und knappe Positionsgüter, die dem Konsumkapitalismus dabei hilft, laufend neue Moden und Märkte zu erschließen.[35] Unabhängig von der Frage, ob dieser Vorwurf die normative Position von Naomi Klein angemessen rekonstruiert und damit wirklich trifft, sind es

32 Vgl. Klein, *No Logo!*, S. 12 f.

33 Heath, Potter, *Konsumrebellen*, S. 166.

34 Vgl. ebd., S. 396-401.

35 Vgl. ebd., S. 15 sowie Thomas C. Frank, *The Conquest of Cool: Business Culture, Counterculture, and the Rise of Hip Consumerism*, Chicago 1997.

solche in mehrere Richtungen abgefeuerten Kritiksalven, die nach und nach zu erkennen geben, welche Form des Engagements für das Gemeinwohl nach Ansicht dieser Autoren nur noch verbleibt.

Denn von einem solchen Verdacht, das politische Engagement durch die Konsumkritik auf gegenkulturelle Gesten zu reduzieren, nehmen Heath und Potter auch jene nicht aus, die einen Bewusstseinswandel hin zum *nachhaltigen Konsum* forcieren wollen und für regional erzeugte Biolebensmittel, naturnahe und möglichst handgefertigte Produkte sowie Slow Food werben: Wer die entsprechende Infrastruktur in einer typischen nordamerikanischen oder europäischen Stadt suche,

> wird zweifellos nur in den eleganteren Stadtteilen (vermutlich in Universitätsnähe) fündig. Man beginnt sich zu fragen, ob das umweltbewusste Verbraucherverhalten nur eine andere Form des rebellischen Konsumdenkens ist. Wie sind wir dahin gelangt, dass sich unsere gutwilligsten und umweltbewusstesten Bürger solch eine blasierte und genießerische Auffassung von sinnvollem politischem Handeln zugelegt haben?[36]

Die Neuauflage alten Gegenkulturdenkens[37] machen sie überall dort aus, wo Verbraucher mit moralischen Appellen belagert werden, um sie zu einer Bewusstseinsveränderung und zur Umkehr in ihrem Alltagsverhalten zu bewegen. Gegen solche therapeutischen Interventionsformen hegen die Autoren eine tiefe Abneigung, weil sie gänzlich ungeeignet seien, kollektive Handlungsprobleme zu lösen, und mit ihrem symbolischen Radikalismus den Weg zu solchen Lösungen nur unnötig erschwerten.[38] Auch werde in Verweigerungsritualen wie dem jährlich für den Tag nach Thanksgiving ausgerufenen internationalen Buy-Nothing-Day ausgeblendet, dass Nichtkaufen den Kapitalismus sowieso nicht schädigen könne, weil dann andere das zur Bank getragene Geld ausgeben würden.[39] Ebenso könne sich manche Protestaktion schnell als egoistisch herausstellen, wenn das gute Gewissen der Konsumenten Folgekosten erzeugt, die ausschließlich andere (z. B. Beschäftigte der boykottierten Betriebe) oder die Gemeinschaft zu tragen haben.

Heath und Potter legen eine weitgehend liberale Haltung zu

36 Heath, Potter, *Konsumrebellen*, S. 372.

37 Vgl. dazu schon Theodore Roszak, *Gegenkultur. Gedanken über die technokratische Gesellschaft und die Opposition der Jugend*, München 1973.

38 Vgl. Heath, Potter, *Konsumrebellen*, S. 123.

39 Ebd., S. 141.

den Praktiken des Konsums an den Tag, weil diese nun einmal durch die Institution des Marktes vermittelt seien. Um die problematischen Auswüchse des Kapitalismus zu korrigieren, setzen sie politisch ganz auf die repräsentativ-demokratische Gestaltung der rechtlichen Rahmenbedingungen für Märkte und Konsum. Um beispielsweise Jugendliche vor den Folgen der Konsumkonkurrenz zu schützen, schlagen sie vor, Schuluniformen zur Pflicht zu machen.[40] Diese Maßnahme richtet sich aber nicht gegen Märkte oder die Konsumkultur als solche, sondern nur gegen das Marktversagen in bestimmten Bereichen. Die gegenkulturelle Suche nach einer Gesamtalternative gehe dagegen prinzipiell fehl und schwäche mit ihrem Ablehnungsgestus nur die staatlichen Institutionen, die zur Regelsetzung noch in der Lage wären: »Natürlich steht nirgendwo geschrieben, dass der Staat die Folgen des Marktversagens allein korrigieren soll. Er wird aber immer der wichtigste Akteur sein, einfach deshalb, weil er die Grundstruktur der Eigentumsrechte definiert und durchsetzt, die den Markt erst *hervorbringen*.«[41]

Eine Reproduktion und direkte Fortsetzung findet dieses Argumentationsmuster bei Kathrin Hartmann in ihrem Buch *Ende der Märchenstunde*, das aufzeigen will, *wie die Industrie die Lohas und die Lifestyle-Ökos vereinnahmt*.[42] Hauptangriffsziel sind in ihrem Falle die neuen Portale für strategischen Konsum, wie etwa Utopia.de. Sie würden der irrigen Vorstellung Glauben schenken, dass die Wirtschaft durch moralische Appelle an die Verantwortung der Marktakteure zur Lösung der globalen Probleme beitragen könne. Hartmann weist auf die unzähligen Paradoxien hin, die sich bei einem marktförmigen Engagement – vermittelt durch einen moralisch korrekten Lifestyle – einstellen würden. Einer »Konsumentendemokratie« nach dem Motto »Einkaufen ist eine Wahl« kann sie nur Zynismus entgegenbringen:

Sie entlässt die Probleme der Welt auf einen Markt, die Unternehmen werfen ihre ›Lösungsangebote‹ in Form von Produkten dazu, und der König

40 Vgl. ebd., S. 202-229

41 Ebd., S. 403.

42 »Dass sich […] die Wirtschaft als Weltretter aufspielt, die mit ihrem Know-how […] pragmatische Lösungen anbieten kann, verdeckt […], dass nur politische Lösungen – nämlich verbindliche Gesetze und wirtschaftsunabhängig kontrollierte Standards – wirklich für Gerechtigkeit, Klima- und Umweltschutz weltweit sorgen.« (Hartmann, *Ende der Märchenstunde*, S. 189)

Kunde darf auswählen, ob er lieber seinem Körper was Gutes tut (bio), den Bananen-, Kaffee- oder Reisbauern in Entwicklungsländern (fair), dem Klima (›klimaneutral‹) oder einfach nur seinem Geldbeutel (billig).[43]

1.4 Moralischer Konsum

Bernhard Pötter hält dagegen die Idee für berechtigt, vor allem die Verbraucher zu mehr Verantwortung und bürgerschaftlichem Engagement moralisch zu verpflichten:

> Nachhaltiger Konsum kann nur gelingen, wenn alle Beteiligten (Industrie, Politik, Verbraucher) zusammen daran arbeiten, neue Produkte und Verfahren zu entwickeln, und lieb gewordene Gewohnheiten überdenken. Zieht man hier eine Zwischenbilanz, fällt sie für die Verbraucher nicht schmeichelhaft aus, denn in den letzten Jahrzehnten haben sich Industrie und Politik durchaus bewegt – der deutsche Verbraucher dagegen sehr selten.[44]

Der Autor lastet die externen Folgekosten des durchschnittlichen Konsummusters westlicher Gesellschaften demnach in erster Linie den Konsumenten an, weil sie innovativen Ansätzen in der Verbraucherpolitik zu wenig entgegenkämen. Solche Kosten werden etwa über den *ökologischen Rucksack* eines bestimmten Mobilitätsmusters konkret bezifferbar, dessen Verallgemeinerung auf alle Erdbewohner die Ökosysteme kollabieren ließe. Mit Blick auf die sozialen Ungleichheiten lassen sich aber auch Ausgaben für westliche Luxuskonsumgüter (Make-up, Eiskrem) mit äquivalenten Beträgen konfrontieren, die es kosten würde, Grundbedürfnisse weltweit zu befriedigen.[45] Solche Dramatisierungen dienen dazu, eine Zuschreibung von moralischer Verantwortung an die Adresse der privaten Konsumsubjekte zu untermauern. Auch wenn politische Änderungen dieser Zustände prinzipiell von verschiedenen Akteuren und Institutionen gemeinsam vorangebracht werden müssen und somit die Einnahme einer komplexen Governance-Perspektive erfordern, wird bei den individuellen Verbrauchern doch der größte Nachholbedarf gesehen. Zivilgesellschaftliche Consumer-Watch-

43 Ebd., S. 231.

44 Pötter, *König Kunde ruiniert sein Land*, S. 15.

45 Vgl. Worldwatch Institute (Hg.), *Zur Lage der Welt 2004. Die Welt des Konsums*, Münster 2004, S. 48.

Organisationen sollten deshalb nach Ansicht von Pötter mit intelligenten Werbekampagnen und durchaus provokativ auf solche Zusammenhänge und die fehlende Verantwortungsbereitschaft hinweisen.[46]

Diese Politik der Verbraucheraktivierung, die den moralischen Appell an eine gewisse Verzichtbereitschaft mit positiv beworbenen sozial-ökologischen Werten verknüpfen will, soll zwar von der Zivilgesellschaft getragen werden, unterstützt damit aber auch einen Regierungsstil, der den Staat durch Optimierung und Steigerung der Selbststeuerung der Subjekte in seiner Verantwortung zu entlasten trachtet. Die Politisierung des Konsums durch den Appell an die bürgerschaftliche Verantwortung der Verbraucher erfolgt dabei im Namen des *Prinzips der Nachhaltigkeit*, das ökologische, ökonomische und soziale Gemeinwohlgesichtspunkte umfasst und die Einnahme einer unparteilichen, globalen und überzeitlichen, nicht das Wohl einzelner, sondern den Kooperationszusammenhang der Gattung fokussierenden Perspektive verlangt. Aspekte der Künstlerkritik, die an den Problemen und kulturellen Vorstellungen individueller Selbstverwirklichung ansetzen, spielen demgegenüber kaum eine Rolle. Möglicherweise liegt darin die Erklärung, warum sich die Idee der Nachhaltigkeit bislang als schwer mit der alltäglichen Lebensführung der Verbraucher und den darin verankerten ästhetischen Wertvorstellungen vermittelbar erweist, wie der Autor selbst feststellt. Sein Vorschlag, den Begriff der Nachhaltigkeit »durch Wörter wie ›Vernunft‹, ›Verantwortung‹, ›Gerechtigkeit‹, ›Zukunft‹« zu ersetzen, ändert daran gleichwohl wenig, da solche Begriffe weitgehend dieselben kognitiven Haltungen und Verstehensleistungen bei den Adressaten voraussetzten, insofern sie alle auf die Einnahme eines verallgemeinerbaren moralischen Standpunktes abzielen.[47] Dieser Vorschlag gibt somit zu erkennen, dass Bernhard Pötter strikt an der Fähigkeit und Möglichkeit einer individuellen moralischen Selbstbeherrschung seitens der vernunftbegabten Subjekte gegen alle empirisch beobachtbaren Widerstände festhält und nur noch die geeigneten Wege sucht, wie sich diese Disposition im Verbraucheralltag stabil abrufen, d. h. sittlich verankern lässt.

Einen weiteren Schritt in genau diese Richtung gehen publi-

46 Vgl. Pötter, *König Kunde ruiniert sein Land*, S. 133-152.

47 Ebd., S. 135; vgl. dazu auch Scherhorn, Weber (Hg.), *Nachhaltiger Konsum*.

zistische Sachbücher, die eine moralische *Konversionsgeschichte* behandeln, welche vom Dasein als gleichgültiger Hedonist, dessen Lebensalltag tief in die Kultur des westlichen Konsumismus verstrickt ist, über Schlüsselereignisse oder -erlebnisse zu einem bewussten, moralisch gefilterten Konsum führt. Ein Beispiel hierfür ist etwa Jonathan Safran Foers Buch *Tiere essen*, das sich kritisch mit der (US-amerikanischen) Fleischindustrie und der mit ihr verbundenen Massentierhaltung auseinandersetzt. Der Bewusstseins- und Einstellungswandel, an den der Autor appelliert, habe bei ihm selbst erst eingesetzt bzw. wurde in dem Moment ausgelöst, als er Vater wurde und wissen wollte, welche Lebensmittel er seinem Sohn ruhigen Gewissens vorsetzen darf.[48] Dieses Wissenwollen entwickelte eine Eigendynamik, die schließlich in seinem Buch mündete: »Als Vater eines Kindes wurde ich mit Realitäten konfrontiert, die ich als Bürger nicht ignorieren und als Schriftsteller nicht für mich behalten konnte«, heißt es im Klappentext. Solche Konversionsgeschichten sensibilisieren für die Voraussetzungen und Schwierigkeiten, eine im Namen der Nachhaltigkeit oder Gerechtigkeit geführte Sozialkritik des Verbraucherverhaltens mit eingelebten alltagskulturellen Dispositionen zu verknüpfen, die diesem Verhalten zugrunde liegen. Die inszenierte Vorbildlichkeit soll gleichwohl auch dazu dienen, eine solche moralische Umkehr als allgemein möglich und auf alle Verbraucher übertragbar erscheinen zu lassen.

Auch Peter Unfried hat sein Buch *Öko. Al Gore, der neue Kühlschrank und ich* als einen solchen autobiografischen, streckenweise auch autoethnographischen Bericht angelegt. Nicht ohne Selbstironie nimmt er in dieser Einstellung zur Kenntnis, dass es in seinem Fall ein Besuch im Kino, nämlich die Botschaft des oscarprämierten Dokumentarfilms *An Inconvenient Truth* von Al Gore über die drohende Klimakatastrophe war, die das in Gang setzte, was er eine »lebensverändernde Bewusstseinserweiterung«[49] nennt. Dem Vorwurf, sich nur eine bequeme, das Gewissen beruhigende Konsumentenmoral zugelegt zu haben, begegnet er mit dem Hinweis auf die Eigendynamik dieses Konversionsprozesses:

48 Vgl. Jonathan Safran Foer, *Tiere essen*, Köln 2010, S. 16.
49 Unfried, *Öko*, S. 11.

Es ist im Gegenteil so, dass mit dem, was man macht, auch das Gefühl wächst, dass es eigentlich viel zu wenig ist. Ich kenne Menschen, die sich keine Badewanne mehr einlassen können, ohne daran zu denken, dass von der Wassermenge ein kleines, afrikanisches Dorf einen Tag seinen Durst löschen könnte.[50]

Was Albert O. Hirschman als *Shifting Involvement*[51] bezeichnet hat, könne demnach auch innerhalb der Konsumsphäre vonstattengehen, nämlich ein Wandel der Meta-Präferenzen, der sich gründlich und grundlegend auf die private Lebensführung auswirke. Es findet in diesem Fall ein Wechsel vom hedonistischen und ästhetisch an den Urteilen der Peer-Group ausgerichteten Lifestyle hin zur moralischen Selbstbindung statt, die nun aber nicht mehr automatisch in die politische Arena drängt, sondern eher die privaten Entscheidungen am Markt zu einer öffentlichen Angelegenheit umdeutet. So lässt sich der missionarische Eifer erklären, der mit diesem publizistischen Engagement einhergeht. Doch genau damit stößt Unfried auf ein zentrales Problem. Offenbar lässt sich das, was er selbst erfahren und durchlebt hat, nicht so leicht reproduzieren. Und so behandelt das Buch im Wesentlichen die Frage, wie diese innere Umkehr zu einer Massenbewegung werden kann.

Nehmen wir jetzt mal an, Sie seien sensibel, kritisch, bewusst, hedonistisch, selbstverliebt und selbstironisch: also ein wunderbarer Mensch. Eigentlich. Und jemand würde Ihnen den bewussten Konsum und seinen potenziellen Nutzen für Selbst, Klima und Welt nahe bringen wollen. Wie müsste er das tun, damit Sie am Ende nicht sagen, das sei Ihnen zu moralisch und er selbst sei früher lustiger gewesen?[52]

Die Lösung liege nicht in der Moralisierung, in Lebensstilanklagen, die »den Kritisierten nicht nachdenklich machen, sondern bockig«.[53] Vielmehr müsse eine neue Öko-Elite die veränderten Wertsetzungen vorleben und diesem Lebensstil damit Modellwirkung verleihen. Der Einfluss der Peergroups soll mithin nicht reduziert, sondern als Mittler genutzt werden, um dem moralischen Konsum Breitenwirkung zu verleihen. Gegen die »›Hollywoodisie-

50 Ebd., S. 77.

51 Vgl. Albert O. Hirschman, *Engagement und Enttäuschung. Über das Schwanken der Bürger zwischen Privatwohl und Gemeinwohl*, Frankfurt/M. 1984 (s. dazu auch Kapitel IV, Abschnitt 1.3).

52 Unfried, *Öko*, S. 23.

53 Ebd., S. 116.

rung‹ des Klimaschutzes«[54] hat der Autor also wenig einzuwenden, außer dass die deutschen Äquivalente zur Toyota Prius fahrenden Julia Roberts, zum Klimaaktivisten Leonardo di Caprio oder zu George Clooney und seinem Elektro-Auto noch nicht recht in Sicht seien. Außerdem müsse an der Produktpolitik angesetzt werden, da auch der Geschmack an der Nachhaltigkeit erst mit dem Essen komme.[55] Damit gibt der Autor insgesamt eine Wendung hin zu Marketinginstrumenten zu erkennen, die gleichsam die »Einstiegsdrogen« bereitstellen sollen, denen die Verbraucher verfallen müssen, bevor sie ihre alten Gewohnheiten zu revidieren beginnen.

Dieser Ansatz freilich rückt den Vorschlag in die Nähe solcher Marketingstrategien, die mit dem *Lifestyle of Health and Sustainability* in ähnlicher Weise trendsetzend wirken wollen – auch wenn die kommerzielle Philosophie des *Shopping hilft die Welt verbessern* hier durchaus nicht unkritisch gesehen wird.[56] In jedem Fall bleibt zwischen der moralischen, eigendynamischen Transformation, die Unfried bei sich selbst feststellt, und den konsumistischen Methoden, mit denen andere dazu verführt werden sollen, ihr Konsumverhalten zu verändern, eine Kluft bestehen. Denn was im Falle des etwas bewussteren, wählerischen und auf Kriterien der Gesundheit und Nachhaltigkeit achtenden Hedonismus der Lohas gerade *nicht* vorausgesetzt wird, ist jene grundlegende kognitive Reorganisation der Präferenzen und Handlungsmaximen, d. h. die Politisierung und moralische Aufladung des privaten Konsums, die, nach den autobiografischen Schilderungen des stellvertretenden Herausgebers der *taz* zu urteilen, jedoch entscheidend für sein neues Engagement gewesen sein dürfte. Letztlich geht es hier nur noch um Mitläufer, die der neuen Öko-Elite zu einer Breiten- und damit Marktwirksamkeit verhelfen sollen. Auf den Begriff der *Einkaufsrevolution*, mit dem Tanja Busse ihren publizistischen Diskursbeitrag betitelt hat, wirft diese Propaganda-Lesart solcher Programmschriften für den Übergang zum moralischen Konsum freilich ein ganz neues Licht: »Wenn die Frauenzeitschriften den Lohas-Trend also in die Friseursalons und Wartezimmer des Landes tragen, wenn die Kon-

54 Ebd., S. 167.

55 Vgl. ebd., S. 202.

56 Vgl. ebd., S. 139-151 sowie Fred Grimm, *Shopping hilft die Welt verbessern. Der andere Einkaufsführer*, München 2006.

formitätsgläubigen glauben, man sollte besser dabei mitmachen, könnte das die Basis für eine breite Bewegung politischer Konsumenten sein.«[57]

Offenbar braucht auch diese politische Bewegung charismatische Führerinnen und passive Geführte. Die Diskrepanz zwischen einer Lohas-Ästhetik und den Reflexions- und Konsistenzanforderungen des moralischen Konsums wird damit freilich nicht wirklich überbrückt. Doch bleibt auch Skepsis erkennbar, ob ein solches *Revolutionsverständnis* den Transformationsbedingungen einer individualisierten Konsumgesellschaft mit ihren hoch diversifizierten Märkten angemessen ist. Nur wenige Seiten weiter äußert die Autorin diese Bedenken selbst, wenngleich sie sich davon nicht entmutigen lassen will und in der Formulierung erneut zu erkennen gibt, dass sie die kollektive Versammlung und politische Organisation der Bewegung für realistisch hält, insofern die Revolution und ihre Richtung gewissermaßen objektiv festliegen und von ihren Trägern nur noch bemerkt und ins Bewusstsein gehoben werden müssen. Aus der Klasse »an sich« erhebt sich mit historischer Notwendigkeit eine Klasse »für sich«, also ein neues politisches Subjekt – beinahe ganz so wie in der Marxschen Revolutionstheorie:

> Die meisten der Konsumenten […] würden ihr Einkaufen vermutlich nicht als politischen Konsum bezeichnen. Genau darauf aber kommt es an: Nur wenn die Einzelnen merken, dass ihre persönlichen Kauf- oder Boykott-Entscheidungen eine politische Dimension haben, wird aus vielen überzeugten Einzeltätern ein mächtiger politischer Akteur.[58]

Wie stellt sich demgegenüber eine politische Verbrauchermobilisierung aus der Perspektive der Künstlerkritik dar? Ich betrachte dazu im Folgenden vor allem solche Diskurspositionen, die sich im Namen kultureller Werte und Entfaltungsmöglichkeiten mit fragwürdigen Erscheinungen des gegenwärtigen Konsumismus auseinandersetzen.

1.5 Culture Jamming als mentaler Umweltschutz

Eine erste Variante der Künstlerkritik, die Verbraucher adressiert und z. B. den erwähnten Buy-Nothing-Day eingeführt hat, findet

57 Busse, *Die Einkaufsrevolution*, S. 264.

58 Ebd., S. 271.

sich im *Manifest der Anti-Werbung* von Kalle Lasn, das sich für einen subversiven Angriff auf die Medien der Kommerzialisierung von Kultur im gegenwärtigen Konsumkapitalismus stark macht. Gewisse Anschlüsse an die Position des nachhaltigen Konsums ergeben sich hier durch die Analogie, die zwischen Ökosystem und Kultur hergestellt wird und die Argumentation weitgehend trägt: »Vor 15 Jahren machten sich die meisten von uns auch noch keine Gedanken über Chemikalien in Lebensmitteln oder über Schadstoffemissionen der Industrie. [...] Heute sind wir auf dem besten Weg, denselben Fehler noch einmal zu begehen, wenn es um die ›mentale Umweltverschmutzung‹ geht.«[59]

Es sei die mediale, vom Konsum bestimmte Kultur, die zum Abstumpfen der Fähigkeit führe, »Empathie zu empfinden, soziale Themen ernst zu nehmen und von Gräueltaten ergriffen zu sein«.[60] Wie »Schläfer« würden die Verbraucher »von Logos in Bewegung gesetzt«, ohne es zu merken, und zu Mitgliedern einer Konsumentensekte, denen jedes freie Denken abgewöhnt wurde.[61] Diese Entwicklung soll dadurch umgekehrt werden, dass Culture Jammer – so heißen die selbsternannten Maschinenstürmer des Informationszeitalters – die Botschaften der Markenkonzerne und der Medienindustrie mit deren eigenen Mitteln der Werbung und des Marketings in einem »Guerillakrieg der Informationen« manipulieren und in ihrer Glaubwürdigkeit erschüttern.[62]

Die Anti-Werbung richtet an die Verbraucher den Appell, aus dem Konsumterror auszusteigen, sich zu verweigern und anzufangen, ein anderes Leben zu führen. In mancher Hinsicht ähnelt sie damit den Aufforderungen zur Genügsamkeit und zu einem nach-

59 Lasn, *Culture Jamming*, S. 27.

60 Ebd., S. 38.

61 Ebd., S. 51; vgl. auch ebd., S. 66.

62 Ebd., S. 129. Exemplarisch für diese Kritikvariante ist auch der Roman *Neununddreißig neunzig* des ehemaligen Werbetexters Frédéric Beigbeder, in dem der totalisierende Zugriff der Werbung mit ihrer bildreichen Sprache aus der Innenansicht dargestellt und entlarvt wird. »Was wie ein Spaß begonnen hat, regiert inzwischen unser Leben: Werbung finanziert das Fernsehen, kontrolliert die Presse, diktiert den Sport (im Worldcup-Finale wurde nicht Brasilien von Frankreich geschlagen, sondern Nike von Adidas), alteriert die Gesellschaft, modelliert die Sexualität und fördert das Wachstum.« (Frédéric Beigbeder, *Neununddreißig neunzig*, Reinbek ^{5}2001, S. 44)

haltigen Lebensstil mit seiner moralischen Ausrichtung.[63] Aber die Kritikvarianten unterscheiden sich auch: Die Begründung dieser Politisierung des Konsums folgt einer Logik, die sich nicht auf die moralischen Prinzipien der Linken, des Feminismus oder akademische Analysen zum Zustand des Ökosystems stützen will, gleichwohl aber auf die Veränderung von Grundstrukturen des Gesellschaftssystems abzielt:

> Culture Jammer unterscheiden sich von Downshiftern. Sie wollen nicht nur selbst raus aus dem Hamsterrad des Konsums und mehr Zeit haben für ihre Kinder. Sie lehnen dieses Leben ab, weil sie das Gefühl haben, dass unsere Kultur eine erschreckende Fehlentwicklung durchläuft, an der sie einfach nicht mehr teilnehmen wollen.[64]

Die Kritik hält am *Traum eines spontanen, authentischen Lebens* fest, der durch die Konsumreligion bis zur Unkenntlichkeit verstümmelt worden sei und den es nun wiederzubeleben gelte, um auf den Trümmern der zerschlagenen Kommerzkultur eine neue Kultur »mit einer nichtkommerziellen Seele« zu errichten.[65] Die Nähe des favorisierten gegenkulturellen Lebensstils zu den Formen eines nachhaltigen, suffizienten Konsums liegt im Falle Lasns vor allem darin begründet, dass die Komposition aus Bio-Konsum, der Bewegung in freier Natur, der Unterstützung lokaler Tauschringe und regionaler Märkte sowie der spontanen Gegenwartsorientierung seiner Vorstellung von einem Engagement für das authentische Leben ziemlich genau entspricht. Aber kann die Kritik in dieser *romantischen* Suchbewegung nach dem wahren, authentischen Leben noch einen festen Grund finden? Oder handelt es sich bei dieser »Authentizität« selbst um einen Mythos, der maßgeblich vom Konsumkapitalismus befeuert wird, wie etwa Heath und Potter mit Blick auf die boomende Tourismusbranche oder die Konjunktur fernöstlicher Religionen und Therapieformen behaupten würden?[66]

63 Vgl. Lasn, *Culture Jamming*, S. 168-180.
64 Ebd., S. 170; vgl. auch ebd., S. 122-128.
65 Ebd., S. 14.
66 Vgl. Heath, Potter, *Konsumrebellen*, S. 308-346.

Auch hier hilft die Methode der Fallkontrastierung weiter, insofern sich ein Sachbuch, das auf den ersten Blick als minimaler Kontrast zu Lasns Manifest der Anti-Werbung erscheint, in bestimmter Hinsicht als scharfer Gegensatz erweist. Judith Mair und Silke Becker nehmen die Haltung einer Künstlerkritik ein, die zwar in der Wahl der subversiven Mittel weitgehend den Strategien der Culture Jammer folgt, sich aber vom Ziel einer authentischen Gegenkultur radikal verabschiedet und eine *Taktik des So-tun-als-ob*, des *Fake for Real* an ihre Stelle treten lässt. Die Autorinnen wissen um die Fallen gegenkultureller Attacken im kulturellen Kapitalismus: »Wer heute als Kritiker, Rebell, Querulant oder Störenfried von sich reden macht, muss damit rechnen, noch ehe er sich versieht, zum Impulsgeber und Ideenlieferant des Systems zu werden, gegen das er sich richtet.«[67]

Dieses Schicksal habe auch die Culture Jammer ereilt, deren Methoden von den Werbe- und Marketingagenturen längst vereinnahmt worden sind.[68] Anstatt sich dagegen jedoch zu wehren und weiterhin auf der Differenz von falscher Kommerzkultur und authentischem Leben zu beharren, spiele die wahre Subversion – ganz im Stile Andy Warhols – mit der Ununterscheidbarkeit von Fake und Realität und irritiere Politik und Wirtschaft durch Taktiken der Unterwanderung: »Wo das Konforme sich rebellisch gibt und die Mächtigen sich um den Posten des Kritikers rangeln, muss das Nichtkonforme und Kritische lieb, nett und harmlos daherkommen.«[69]

Unverkennbar steht hinter diesem Kritikansatz eine postmoderne Theorie, für die Macht- und Gewaltverhältnisse maßgeblich durch symbolische Ordnungen getragen werden und *Emanzipation* nur darin bestehen kann, die kulturellen Regeln sozialer Schließung zu entlarven. Wie die philosophische Methode der Dekonstruktion

67 Mair, Becker, *Fake for Real*, S. 219.

68 Vgl. dazu auch Martin Doll, »Vom Protest zum Produkt. Über die Schattenseite der Rebellion als Lifestyle«, in: Lamla, Neckel (Hg.), *Politisierter Konsum*, S. 163-183 und Rudi Maier, »Werbung & Revolte. Protestemblemata in kommerziellen Werbeanzeigen 1967 bis heute«, in: Lamla, Neckel (Hg.), *Politisierter Konsum*, S. 143-161.

69 Mair, Becker, *Fake for Real*, S. 237.

lehrt, muss eine solche Strategie der subversiven, irritierenden Kritik von Diskurswelten darauf verzichten, sich auf ein positives Bild vom guten Leben zu beziehen, weil sich alle normativen Standpunkte stets innerhalb solcher Zeichensysteme und Sprachspiele bewegen. Das dürfte der Grund sein, warum die Autorinnen eine Künstlerkritik, die sich suchend auf authentische Lebensformen bezieht, rundherum ablehnen und als eine durchweg verlogene Form des Engagements für das Gemeinwohl entlarven wollen. Authentizität werde im gegenwärtigen Kapitalismus mit besonderer Sorgfalt auf allen Ebenen und insbesondere in den Medien (z. B. über Fernsehformate wie *Big Brother*) inszeniert und tauge daher am wenigsten zum Ankerpunkt gegenkultureller Kritik.[70] Allerdings wird darauf nicht einfach mit einer Feier des Inauthentischen reagiert, sondern ein Weg gesucht, wie sich die Subjekte von diesen Symbolwelten der Ökonomie, der Marken und des Konsums insgesamt emanzipieren können. Um den Code Authentizität/Inauthentizität zu überwinden, empfehlen sie deshalb, mit subversiven Taktiken des »So-tun-als-ob« zwischen seinen beiden Seiten so lange hin- und herzuchangieren, bis dieses romantische Sprachspiel der Moderne implodiert.

Die Dekonstruktion des Authentischen, das in dieser politisch-praktischen Wendung des Ideals ironischer Subjektivität als alltägliches Theaterspiel und nichts weiter entlarvt wird, lässt sich allerdings pragmatisch nicht ganz durchhalten, wie die Autorinnen selbst in aufschlussreicher Weise zu erkennen geben. Das Verdrängte kehrt z. B. dort zurück, wo die Autorinnen das Personal identifizieren und in seiner besonderen »Größe« auszeichnen, welches die *Kommunikationsguerilla* anführen soll, wo sie also eine bestimmte Form des Engagements für das Gemeinwohl gegenüber anderen normativ auszeichnen. Es müsse sich schon um Medienprofis und Vertreter der *Creative Class* handeln, weil nur sie das *Handwerk der Aufmerksamkeitsökonomie* richtig beherrschen und den Fake glaubhaft – also authentisch? – rüberbringen können:

Für einen gelungenen Fake ist es wichtig, den richtigen Ton zu treffen, für den man einen Fake-Urheber benötigt, der in der Lage ist, die feinen Unterschiede und Nuancen zu erkennen und zu imitieren. Damit das auch

70 Vgl. ebd., S. 29-35.

klappt, ist es hilfreich, wenn der Fakende eine gewisse Nähe zu denen besitzt, gegen die er den Fake im Schilde führt. Also zu Meinungs-, Medien-, Marketingmachern. Der Angriff auf das System durch den Fake ist damit auch eher etwas für Mittelstandstöchter und -söhne. Allerdings nichts für die dem einstigen Mittelstand entsprungenen Bürschchen und Gören, die sich für die Pose des authentischen Outlaws entschieden haben.[71]

Hier wird also ein politisches Betätigungsfeld geschaffen, auf dem sich nun all die enttäuschten *Bobos* (»bourgeoise bohemien«) ausleben dürfen, die ihr Künstlerdasein ökonomischen Zwängen zur Selbstvermarktung verdanken und die im Laufe der Zeit ein feines Gespür für die semiotischen Codes der Marketing- und Werbewelt ausgebildet haben. Aber damit entpuppt sich das Vorhaben als Element in einem soziokulturellen Positionskampf, der mit klassischen Distinktionsstrategien operiert und wenige Auserwählte von der Masse der Verworfenen abhebt. Die Unterscheidung von Authentizität und Inauthentizität wird damit als ein sozial wirksames Kommunikationsschema jedoch gerade reproduziert.

Anderen Modellen politischer Einflussnahme sei die Variante der Aufstörung der Konsumkultur klar vorzuziehen. Angesichts der Dominanz von Zeichen, Symbolen, Marken und Images, die im gegenwärtigen Kapitalismus zum geschlossenen System geformt würden, müsse man die Frage stellen, »ob Politik heute noch der richtige Platz ist, um politisch zu sein – also um gesellschaftlich, sozial und wirtschaftlich Einfluss auszuüben«.[72] Der herkömmlichen Politik von Parteien, Interessengruppen und Bewegungen fehle es an Attraktivität. Zudem reduzierten die medialen Inszenierungen Politik in Zeiten einer *Ökonomie der Aufmerksamkeit* auf vermarktbare Unterhaltung, ihre Trägergruppen auf ein poliertes Image und die Bürgerinnen auf Politik-Konsumenten, deren Aufbegehren sich mangels Adressaten auf das Privatuniversum als einzig verbliebenen Handlungsraum zurückziehen müsse.[73] Das Modell eines politischen Engagements von Verbrauchern wird als damit verbliebene mögliche Alternative vollends zurückgewiesen:

Der Konsumaktivismus ist nicht mehr als eine politische Randsportart unter der Flagge ›Unser Kapitalismus soll schöner werden‹. […] Wer

71 Ebd., S. 241.

72 Ebd., S. 114.

73 Vgl. ebd., S. 48-67 sowie Georg Franck, *Ökonomie der Aufmerksamkeit. Ein Entwurf*, München 1998.

mehr will als Lippenstifte ohne Tierversuche, keine von Kinderhänden zusammengeflickten Turnschuhe und Eier von freilaufenden Hühnern, ist hier schlecht aufgehoben. Radikaler Widerstand und fundamentale Kritik sind nicht gewünscht und wirtschafts- oder gesellschaftspolitische Fragestellungen, die sich nicht in konsumierbaren Produkten oder Dienstleistungen niederschlagen, bleiben per se außen vor.[74]

Mit dieser Bevorzugung der Medienbühne gegenüber den staatlichen Institutionen und den Sphären privater Entscheidung in Ökonomie und Haushalt rücken zwei Handlungsarenen in den Blick, die jenseits der Werbung und des Marketings für konsumbezogenes politisches Engagement infrage kommen könnten, nämlich für ein Engagement der *Staatsbürgerinnen* bzw. Politikerinnen oder der *Verbraucher* auf Konsummärkten und in ihrem privaten Alltag. Werden beide Alternativen in diesem Fall als untauglich eingestuft, die Künstlerkritik im heutigen Kapitalismus zur Geltung zu bringen, so findet sich doch auch eine Reihe anderer Propositionen innerhalb des publizistischen Diskurses der Verbraucherdemokratie, die im Kontrast zum Medienaktivismus jeweils genau eine dieser zwei Arenen bevorzugen, um *entweder* die Wertgrundlagen des Authentischen zu verteidigen *oder* aber die Emanzipation von solchen Ansprüchen und Mythen zu unterstützen. Solchen ebenfalls künstlerkritischen Positionen wird im Folgenden entlang der zwei Kontrastierungsdimensionen Markt/Staat und Authentizität/Inauthentizität weiter nachgegangen.

1.7 Marktfreiheit als Zivilitätsgarant

So befürwortet und feiert Norbert Bolz die *konsumistische Kultur* selbst als maßgebliche *zivilisatorische Errungenschaft*. Er plädiert in seinem *konsumistischen Manifest* für die freie, marktförmige Entfaltung und globale Verallgemeinerung des westlichen Massenkonsums, weil darin übersteigerte Erwartungen an die Authentizität des eigenen Lebens auf heilsame Weise gebannt würden: »Der Konsumismus ist das Immunsystem der Weltgesellschaft gegen den Virus der fanatischen Religionen.«[75]

Bolz beschwört hier das Bild des fundamentalistischen Terrors und des Krieges als jene Gefahren herauf, die mit starken Wün-

74 Mair, Becker, *Fake for Real*, S. 198.

75 Bolz, *Das konsumistische Manifest*, S. 16.

schen nach Authentizität und Ursprünglichkeit, etwa wenn sie in primordialen Konstruktionen der eigenen ethnischen Herkunft münden, verbunden sein können. Den bürgerschaftlichen Beitrag der Verbraucher sieht er demnach weder in der Verankerung sozialer Gerechtigkeits- oder Nachhaltigkeitsstandards noch in der Verteidigung einer Konzeption des guten, authentischen Lebens, sondern in einer Pazifizierung der globalen Gesellschaft angesichts des drohenden religiösen und kulturellen Fundamentalismus und seiner verschiedenen Ausprägungen.

Gegen diese im Konflikt der Kulturen angelegten Bedrohungen sei die Zusicherung *negativer Freiheiten*, wie sie der Markt institutionalisiert, ein probates Mittel. Bolz greift ein Argument Niklas Luhmanns auf, wonach der ökonomische Code Zahlen/Nicht-Zahlen, der im Medium des Geldes verankert ist, schon dadurch zivilisierend wirkt, dass er die Marktaktivitäten für unbeteiligte Dritte erträglich und tolerierbar macht: »Das Geld, das der, der auf knappe Güter zugreift, zahlen muß, beruhigt den, dem nur das reine Zusehen bleibt, weil jenem nun das Geld knapp wird.«[76] Auf diese Weise werde Gewalt im Kampf um knappe Ressourcen vermeidbar. Das Geld und die Marktbeziehung habe eine Konsumkultur hervorgebracht, deren Akteure gelernt hätten, gelassen, reserviert, leidenschaftslos und ein wenig blasiert miteinander umzugehen.[77] Diese kühle, rein sachliche und unpersönliche Haltung von Marktteilnehmern, die den Tausch mit anonymen anderen zur gewöhnlichen sozialen Verkehrsform werden lasse, sei das Erfolgsrezept kapitalistischer Demokratien.[78] Indem er die Verbraucher

76 Ebd., S. 78 f.; vgl. dazu Niklas Luhmann, *Die Wirtschaft der Gesellschaft*, Frankfurt/M. 1988, S. 253.

77 Vgl. klassisch dazu Georg Simmel, »Die Großstädte und das Geistesleben«, in: Ders.: *Aufsätze und Abhandlungen 1901-1908*, Bd. I (Gesamtausgabe Bd. 7), Frankfurt/M. 1995, S. 116-131.

78 Vgl. Bolz, *Das konsumistische Manifest*, S. 59-62. Gegen linke Kapitalismusschelte wird hier also der zivilisatorische Fortschritt betont, den die kapitalistischen Demokratien gebracht hätten. Dass sich die Kompatibilität von Kapitalismus und Demokratie historisch bewährt habe und damit einer einfachen Gleichsetzung von Kapitalismus mit Barbarei offensichtlich widerspreche, ist ein verbreitetes Argument (vgl. Karl-Heinz Bohrer, Kurt Scheel (Hg.), *Kapitalismus oder Barbarei? Sonderheft MERKUR. Deutsche Zeitschrift für europäisches Denken*, H. 9/10 (2003) und ideengeschichtlich, d. h. mit deutlich mehr Distanz zur Frage, ob das Argument auch zutrifft: Hirschman, *Leidenschaften und Interessen*). Dabei geht

auf den Wechsel der Moden und den Wunsch nach permanenter Veränderung dressiere, also ständig in Bewegung versetze, halte der Konsumismus die soziale Sinnsuche auf Zivilisationstemperatur.

Mit dieser Sichtweise lässt sich der moderne Konsumismus als Exportschlager der westlichen Welt anpreisen. So bezeichnet auch Richard Herzinger die US-amerikanische »Konsumentenkultur« als »wahre Leitkultur des Westens«. Deren soziale Integrations- und Zivilisierungsleistungen müssten nicht mehr die ideale Welt- oder Gesamtstaatsbürgerin voraussetzen und böten Platz für kulturelle Differenz, wie sie in der Postmoderne gegen authentische Gemeinschafts- und Identitätsnormen ins Feld geführt würden:

> Das Konsumprinzip ist das amerikanische Integrationskonzept schlechthin: Es fokussiert alle Fortschrittsanstrengungen auf das private Glück jedes Einzelnen. Der Einzelne aber kann sich als Konsument seiner Individualität versichern, sich zugleich aber im Gleichklang mit der großen Konsumentengemeinschaft fühlen. Das Endziel Konsum hält zudem Rassismus und religiös-kulturellen Hass im Zaum. Kommt doch jeder Einzelne, egal, welcher Hautfarbe, Religion oder kulturellen Herkunft, als Konsument infrage und darf daher nicht grundsätzlich aus der Konsumentendemokratie ausgeschlossen werden.[79]

Zweifel, ob das Markthandeln unabhängig von politischen Interventionen und gesetzlichen Regulierungen diese befriedenden Wirkungen tatsächlich erbringt, lassen sich freilich anbringen. Wird die Toleranz gegenüber Andersdenkenden in einer Kultur wirklich erhöht, deren Ideal ein mobiles »Auto-Ich« ist, das sich seine private Geborgenheit im eigenen Automobil schafft, in dem es zugleich beweglich und von Kontakten zu »unausstehlichen Menschen«[80] verschont bleibt? Reichen die Metaphern der *unsichtbaren Hand* des Marktes oder der *gesellschaftlichen Arbeitsteilung* wirklich, um die These abzusichern, dass die Verbraucher letztlich aus wohlverstandenem Eigeninteresse heraus eine Kultur der wechselseitigen

es nicht nur um die friedliche Koexistenz demokratischer und privatwirtschaftlicher Institutionen, sondern um bürgerkulturelle Erfordernisse einer freiheitlichen Gesellschaftsordnung (vgl. dazu auch Ralf Dahrendorf, »Die Zukunft der Bürgergesellschaft«, in: Bernd Guggenberger, Klaus Hansen (Hg.), *Die Mitte. Vermessungen in Politik und Kultur*, Opladen 1993, S. 74-83), die Norbert Bolz nun ausgerechnet in der Konsumkultur angelegt sehen will.

79 Richard Herzinger, »Endziel Konsum«, in: *Die Zeit*, 2. 11. 2000, S. 58.

80 Bolz, *Das konsumistische Manifest*, S. 92 f.

Sorge und des zivilen Umgangs miteinander hervorbringen? Es sei schlicht »intelligent, nett zu sein. Wer dagegen Erfolg sucht, indem er die Dummheit der anderen ausnutzt, zerstört damit die Umwelt, in der er Erfolg haben kann. Je komplexer das Wirtschaftssystem, umso mehr hängt der eigene Erfolg vom Erfolg des anderen ab.«[81] Nach Bolz bedarf es keiner moralischen Gefühle und auch keines solidarischen Gemeinsinns zwischen den Teilnehmern, um die Marktordnung als idealen Kooperationszusammenhang zu rechtfertigen und dem rationalen Verhalten des *homo oeconomicus* hierbei »Größe« zuzuschreiben. Doch in vielen anderen Diskursbeiträgen wird der Markt für genau gegenteilige Entwicklungen verantwortlich gemacht, in denen moralische Verantwortung, kollektive Regeln und Solidaritätsstandards erodieren, anstatt gestärkt zu werden.[82]

Auch wird den sozialkomparativen Orientierungen nicht hinreichend Rechnung getragen, die im Konsum eine zentrale Rolle spielen, der doch immer auch als soziales Kampf- und Distinktionsmittel fungiert, wie Simmel, Veblen oder Bourdieu gezeigt haben.[83] Der Konsumismus kann eine Verschärfung von Rivalität, Neid und Eitelkeit nicht verhindern, vielmehr verdienen Märkte daran, diese Motive immer wieder zu wecken und zu bedienen.

81 Ebd., S. 14. Schon Durkheim hatte gegen solche Vorstellungen von Solidarität die soziale Anomie angeführt, die sich einstelle, wenn keine allgemeingültigen Regeln und Gerechtigkeitsstandards verankert würden. Diese bedürfen nach Durkheim aber der politischen Institutionalisierung durch den Staat und zivilgesellschaftliche Assoziationen (vgl. Emile Durkheim, *Über soziale Arbeitsteilung. Studie über die Organisation höherer Gesellschaften*, Frankfurt/M. 1977).

82 Vgl. dazu auch Honneth, *Das Recht der Freiheit*, S. 320-360; Sighard Neckel, »›Leistung‹ und ›Erfolg‹. Die symbolische Ordnung der Marktgesellschaft«, in: Eva Barlösius u. a. (Hg.), *Gesellschaftsbilder im Umbruch. Soziologische Perspektiven in Deutschland*, Opladen 2001, S. 245-265.

83 Vgl. Georg Simmel, »Die Mode«, in: Silvia Bovenschen (Hg.), *Die Listen der Mode*, Frankfurt/M. 1986, S. 179-207; Veblen, *Theorie der feinen Leute* und Pierre Bourdieu, *Die feinen Unterschiede. Kritik der gesellschaftlichen Urteilskraft*, Frankfurt/M. 1982. Dass diese Einbindung des Konsums in kulturelle Abgrenzungskämpfe nicht konfliktsteigernd, sondern einzig harmonisierend auf die Beziehungen der Marktteilnehmer wirken soll, kann auch dann noch im öffentlichen Diskurs infrage gestellt werden, wenn berücksichtigt wird, dass sich die kulturellen Konfliktlinien gegenüber der älteren Logik des Klassenkampfes heute stark vervielfältigt und verselbständigt haben (vgl. dazu Mike Featherstone, *Consumer Culture and Postmodernism*, London 1991).

Weil an dieser Erkenntnis auch Norbert Bolz nicht vorbeikommt, greift er schließlich zu der Hilfskonstruktion, gegenwärtig würden sich spezielle »Märkte der Sorge« herausbilden, die gleichsam als Korrektiv der agonalen Kampfmotive im Konsumismus fungieren könnten.[84] Die Zivilität würde durch das Angebot und den Konsum spezieller *caring products* – vom ethischen Engagement über den Wellness-Bereich bis zum Tamagotchi – gesichert und erneuert. Aber diese Diagnose einer zivilisatorischen Produkt- und Marktentwicklung steht auf tönernen Füßen: Zum einen greift der Autor auf eine allgemeine Bedürfnishierarchie (Maslow) zurück, wo er sonst die postmoderne Vielfalt, Unstillbarkeit und den Konstrukt-Charakter von Bedürfnissen hervorhebt, die endlose Enttäuschungsspiralen in Gang setzten. Zum anderen handelt er sich mit der näheren Bestimmung dieses Sorgemotivs den gesamten Problemkomplex von sozialer Anerkennung, Liebe und der Suche nach positivem Lebenssinn wieder ein: Der postmaterialistische Kunde kauft keine Güter, »sondern Geschichten, Gefühle, Träume und Werte«.[85]

Erneut überkreuzen sich hier zwei Argumentationsstränge der Künstlerkritik. Beinhaltet das negative Freiheitsideal auf der einen Seite die Abgrenzung und Emanzipation von den starken Werten, so kehrt die romantische Sehnsucht nach authentischer Lebensführung auf der anderen Seite auch im Konsumismus wieder: Einerseits argumentiert Bolz, dass die Ausrichtung der Marktakteure an der Zahlungsfähigkeit »eine stabile Letztorientierung des Lebens (ermögliche), die auf ›authentische‹ Motive verzichten kann«.[86] Identitätskonflikte würden demnach unkompliziert durch flexibles Umerzählen der eigenen Lebensgeschichte aufgelöst – und Marketing und Werbung liefern hierfür die Formulierungshilfen.[87]

84 Vgl. Bolz, *Das konsumistische Manifest*, S. 103-107. Auch Birger Priddat geht ganz ähnlich davon aus, dass soziale Anerkennungsmotive Märkte für moralische Bedürfnisbefriedigung hervorbringen, die »auf der Basis nicht von Tugend, sondern von Tugendverzicht« arbeiten (Priddat, *Moralischer Konsum*, S. 89). Anders als Bolz verwischt Priddat die Spannung zur nicht-marktförmigen Moral zwar nicht, leistet allerdings auch keinen Beitrag zur Klärung dieses Verhältnisses (vgl. ebd., S. 96 f.).

85 Bolz, *Das konsumistische Manifest*, S. 109.

86 Ebd., S. 87.

87 Vgl. ebd., S. 102.

Es bedarf folglich auch keiner subversiv agierenden Medienelite, wenn der Konsumismus das Sprachspiel von Authentizität und Inauthentizität von selbst implodieren lässt:

> Selbst das Authentische lässt sich relativieren; denn es wäre doch fatal, gäbe es ein Authentisches, bei dem man *nicht* auswählen könnte. Lieber opfert man die Authentizität als die Wahlfreiheit. Die Optionierung erstreckt sich selbst darauf. Die Befreiung *zur* gewählten Identität endet bei der Befreiung *von* jeder möglichen Identität.[88]

Andererseits ist die Konstruktion von Authentizität selbst zu einem lukrativen Markt geworden. Die Marke ist dafür ein gutes Beispiel. Viele Verbraucher zahlen gern etwas mehr dafür, dass *Nutella* drin ist, wo *Nutella* drauf steht, selbst wenn nicht wenige von ihnen wissen, dass darauf nicht viel zu geben ist, insofern etwa das Discount-Prinzip oft nicht auf der Reduktion der Waren-, sondern der Markenqualität basiert. Ein weiteres Beispiel liefert der Tourismus. Auch hier wird die Authentizität kultureller Erfahrungen zielgruppengerecht – mal mit, mal ohne Komfort – inszeniert und hergestellt.[89] Und so wie Fernreisen als Metapher für die Suche nach dem Selbst fungieren, gibt es weitere Konsumbereiche, die Authentizität als innere Einheit der Person erfahrbar machen wollen: Ratgeberliteratur, Extremsportarten, Yoga-Kurse und vieles mehr. Sogar die neurophysiologische Basis authentischen Auftretens, jene Seinsgewissheit, die für Handlungssicherheit in Situationen wie Vorstellungsgesprächen oder bei einem ersten Date sorgt, wird von der Pharmaindustrie systematisch als Markt erschlossen.[90] Wenn aber die Märkte der *Sorge* schließlich sogar auf Bedürfnisse abzielen, die auch von religiösen Heilslehren bedient werden, wie die Marke *Mecca-Cola* zeigt, dann fällt der angebliche zivilisatorische Abstand zwischen Konsumismus und Fundamentalismus schnell

88 Prisching, *Die zweidimensionale Gesellschaft*, S. 149.

89 Vgl. Jeremy Rifkin, *Access. Das Verschwinden des Eigentums*, Frankfurt/M. 2002, S. 195-205; Oliver Häußler, »Reisen in der Hyperrealität. Baudrillard und das Problem der Authentizität«, in: *Voyage. Jahrbuch für Reise- und Tourismusforschung*, Bd. 1: *Warum Reisen?*, Köln 1997.

90 Vgl. Alain Ehrenberg, *Das erschöpfte Selbst. Depression und Gesellschaft in der Gegenwart*, Frankfurt/M., New York 2004; Hennric Jokeit, »Neuropsychologische Ansichten zur Authentizität«, in: Ursula Amrein (Hg.), *Das Authentische. Referenzen und Repräsentationen*, Zürich 2009, S. 209-223.

in sich zusammen.[91] Der sorgsam aufgebaute Feind, der religiöse Fanatismus, entpuppt sich als regulärer Mitbewerber im Inneren des Konsumismus.

1.8 Neues Verbraucher-Bildungsbürgertum

Die voranstehende Diskussion macht deutlich, dass der Konsumismus nicht unbedingt selbst als Kultur aufgefasst werden muss, sondern nur eine kulturelle Form ist, die auf die Zufuhr kultureller Ressourcen angewiesen bleibt, deren Quellen nicht in Markt-, sondern in anderen Sozialbeziehungen, Traditionen, Werten oder schöpferischen Tätigkeiten liegen. Er transformiert die Kultur zwar, reproduziert sie aber auch – einschließlich ihrer Differenzen und Konflikte. Einem solchen Argument kommt die folgende Position der publizistischen Diskursarena durchaus schon nahe:

> Statt […] neue Themen oder Motivvarianten zu kreieren, verläßt sich die Konsumkultur parasitär darauf, daß von anderswo emotional aufgeladene Inhalte geliefert werden. Warenästhetik und Werbung sind somit in ihrem Charakter reaktiv; um selbst als Kultur durchzugehen, bleiben sie auf das angewiesen, was lange allein als Kultur galt.[92]

Auch der Versuch, sich von den Mythen des Authentischen zu emanzipieren, könnte sich als weit weniger trivial erweisen, als es der Konsumismus der heutigen, voll entfalteten Geldwirtschaft verspricht. Folglich bleibt umstritten, ob die Konsumkultur nur dort als Garant für Zivilität infrage kommt, wo sie sich in Opposition zu den Idealen des Authentischen entwickelt, oder ob es nicht eher darum gehen müsste, Zivilität und Authentizität im Rahmen der Konsumkultur miteinander zu vermitteln. In seinem Buch *Habenwollen. Wie funktioniert die Konsumkultur?* zieht Wolfgang Ullrich anders als Norbert Bolz den Schluss, dass eine Kultivierung und Zivilisierung des Konsums besondere Bildungsanstrengungen erfordert. Authentizität wird hier weniger mit Fundamentalismus assoziiert als vielmehr mit der Ausbildung von Individualität im Zuge der biografischen Entwicklung. Die Konsumkultur sei auf das Ziel der Formierung des Selbst, der eigenen Identität, der Entfal-

91 Vgl. Bolz, *Das konsumistische Manifest*, S. 115 sowie zu Mecca-Cola: Ram, »›Don't drink stupid, drink committed‹«.

92 Ullrich, *Habenwollen*, S. 198.

tung und Vergewisserung personaler Einzigartigkeit hin angelegt, sie sei »zu einer großen Fürsorgemaßnahme für das Individuum geworden«,[93] wobei sich dieses Ziel aber nicht von selbst einstelle:

> Nur zur Fiktionalisierung ihres Lebens Unbegabte erwarten von einzelnen Objekten – einem T-Shirt oder Stofftier – sehr viel und interessieren sich bevorzugt für Artikel, die nur jeweils einen Traum plakativ und klischeehaft wiederträumen lassen. Schlimmstenfalls vertrauen sie auf einen Slogan wie ›create your own life‹ – selbst wenn er auf die Verpackung einer Schuheinlage für 49 Cent gedruckt ist. Alle anderen aber wissen, daß man Dinge nicht überfordern darf und erst mit einem größer angelegten Konsumprogramm Aussicht auf eine umfassende Erweiterung der beschränkten Individualität hat.[94]

Das Authentische bezeichnet dieser Lesart zufolge nichts Essentielles oder Ursprüngliches. Es ist ein biografischer Bildungsauftrag, dem man sich nur – gegebenenfalls unter Zuhilfenahme von Konsumgütern – annähern kann. Schon Hegel wusste, dass das Authentizitätsideal der Moderne nicht mehr als harmonischer Zustand gedacht werden kann, wie noch Rousseau in seiner Entfremdungskritik unterstellt hat, sondern eine Zerrissenheit und daraus resultierende schwierige, nicht stillzustellende Suchbewegung ausdrücke.[95] Als Freiheitsgewinn, der eine Transformation des Selbst und damit Bildung erst ermögliche, sei dies allerdings zu begrüßen. Die gegenwärtige Konsumkultur steht den existentiellen und biografischen Problemen, die sie den Individuen nicht wirklich abnehmen kann, bisweilen recht hilf- und einfallslos gegenüber, verspricht etwa ewige Jugend, wo die Endlichkeit des Lebens in ihrer Unausweichlichkeit bewusst zu werden droht, oder sucht nach einfachen soziologischen, psychologischen oder neurobiologischen Gesetzen, um den Willen der Verbraucher zu ergründen oder zu beeinflussen. Eine solche Konsumkultur sei noch kindisch, urteilt Ullrich. Sie müsse als Medium für Identitätsbildungsprozesse erst noch reifen.[96]

Deshalb bestimmt Ullrich den Begriff *Konsumbürgertum* in Analogie und Fortsetzung zu dem des *Bildungsbürgertums*, auch wenn das Bildungsbürgertum lange einen anti-ökonomischen und

93 Ebd., S. 34.
94 Ebd., S. 59.
95 Siehe dazu Kapitel VII, Abschnitt 2.1.
96 Vgl. ebd., S. 95, S. 196 und S. 205.

anti-konsumistischen Affekt demonstriert habe. Doch würde dabei übersehen, dass sie gar nicht weit auseinander lägen und vielfach Überschneidungen aufwiesen, wobei insbesondere die Figur des Sammlers einen Übergang markiere.[97]

> Die Anliegen haben sich gegenüber dem Zeitalter des Bildungsbürgertums [...] nicht einmal verändert. Auch für Schiller und innerhalb der Theorie ästhetischer Erziehung ging es darum, dem Individuum zu mehr Selbstbestimmung – zur Freiheit in der Wahl seiner Identität – zu verhelfen. Nur fand damals vor einem Gemälde oder im Konzertsaal und in der konzentrierten Auseinandersetzung mit einem Werk statt, was heute eher vor einem Kaufhausregal, im Marken- oder Museumsshop und mit Blick auf den eigenen Geldbeutel geschieht.[98]

Auch die Konsumkultur müsse durch biografische Prozesse der Geschmacksverfeinerung vorangebracht und entwickelt werden. In den Rezeptions- und Vermittlungsweisen von Kunst und Literatur könne sie hierfür wichtige Anregungen finden. Auch in Foren der öffentlichen Diskussion und unabhängigen Konsumwissenschaft sieht Ullrich wichtige Bausteine, um diese Bildungsprozesse zu flankieren.[99]

Die Künstlerkritik, der dadurch in Markt- und Marketingwelten deutlicher als bisher Gehör verschafft werden soll, bleibt damit aber ganz auf die individuelle Persönlichkeit bezogen. Die Bildung der Konsumbürgerinnen ist in erster Linie kein politisches oder moralisches, sondern ein *ästhetisches* Anliegen. Doch genau in dieser Frage, ob die Autonomie und Authentizität der selbstbewussten Konsumbürgerinnen in der Sphäre der Kunst und der ästhetischen Bildung ein angemessenes Modell finden kann, herrscht in der Diskursarena der Verbraucherdemokratie wiederum Uneinigkeit. Andere Autoren wollen diese Ideale gerade dadurch retten, dass sie weniger ästhetische Anliegen der privaten Existenz als vielmehr die *politischen Tugenden* der Bürgerinnen wieder stärker zur Geltung bringen.

97 Vgl. ebd., S. 191.
98 Ebd., S. 193.
99 Vgl. ebd., S. 202-205.

So verwendet auch Charles Taylor den Begriff der Authentizität als historisch offene Kategorie, deren Auslegung stets umkämpft bleibe. Um sie als Anker für die Artikulation von Unbehagen und Kritik an der Moderne zu reaktivieren, komme es darauf an, die Quellen dieses Authentizitätsideals wieder sichtbar und erfahrbar zu machen. Diese Quellen seien zwar noch nicht vollends verschüttet. Doch habe der jüngere gesellschaftliche Wandlungsprozess eine enorme Trivialisierung und Verflachung des Ideals bewirkt, ein »Abgleiten in den Subjektivismus«,[100] der zwar das heutige Verständnis von Authentizität präge, deren Bedeutungsgehalt damit aber systematisch verfehle.

> Das Bild, das ich vorlege, ist […] das eines Ideals, das zwar entartet, aber dennoch als solches überaus wertvoll ist und nach meinem Dafürhalten von uns Heutigen gar nicht verworfen werden kann. Was wir brauchen, ist also weder eine Verurteilung in Bausch und Bogen noch unkritisches Lob, noch behutsam abgewogene Ausgleichsmaßnahmen. Was uns not tut, ist ein tätiges Wiedergewinnen, durch das uns dieses Ideal helfen kann, unsere Praxis wiederherzustellen.[101]

Authentizität ist für Taylor ein *moralisches* Ideal, das den modernen »Gedanken der Selbstverwirklichung« mit dem Ziel der »Treue zu sich selbst« verbindet.[102] *Ästhetische* Gesichtspunkte würden damit keineswegs unwichtig, zumal es im Sinne Johann Gottfried Herders durchaus um die *Bildung* einer je individuellen Identität gehe, d. h. darum, die je »eigene originelle Daseinsweise« herauszufinden, die nicht länger aus sozialen Standeskategorien und auch nicht aus moralischen Imperativen abgeleitet werden könne, sondern »im Innern erzeugt werden« müsse und deshalb Verbindungen zum Akt künstlerischer Selbstschöpfung aufweise.[103] Gerade an Schillers Briefen *Über die ästhetische Erziehung des Menschen* lasse sich aber auch zeigen, wie eine solche Auffassung dann in einen Gegensatz zu den moralischen Elementen des Ideals geraten konnte, »denn die ästhetische Ganzheit« der individuellen Identität wird dann zuneh-

100 Charles Taylor, *Das Unbehagen an der Moderne*, Frankfurt/M. 1995, S. 65.
101 Ebd., S. 32.
102 Ebd., S. 22.
103 Ebd., S. 57 und S. 72.

mend um ihrer selbst willen wertvoll, d. h. zu einem unabhängigen Ziel »mit eigenem *telos* und eigener Ausprägung des Guten und der Genugtuung«.[104]

Den Verfallsprozess macht Taylor am Wandel hin zu einer neuen Vorstellung von einem Ästhetischen fest, das die Individualität einseitig ins Zentrum stellt (und bei Ullrich als normative Folie für den Begriff des Konsumbürgertums dient). Denn am Fall ebenjenes Künstlers, der eine originelle Definition seiner selbst anstrebt, erläutert Taylor die *Folgen* eines Wandels in der Kunstauffassung von der mimetischen Annäherung an die Realität zur kreativen Neuschöpfung eines Selbstbildes. Authentizität komme dadurch zunehmend in einen Gegensatz zu *überindividuell* geltenden Regeln und werde allein auf ästhetisch-expressive Werte ausgerichtet. Unglücklich verknüpft mit dem Ideal der »Freiheit durch Selbstbestimmung«, das in einem »neutralitätsorientierten Liberalismus« münde und im Konsumismus schließlich auf die Freiheit des Auswählens reduziert werde, verkomme der Authentizitätskult zur Rechtfertigung für einen zerrütteten sozialen Atomismus.[105]

> Freiheit durch Selbstbestimmung ist zum Teil so etwas wie die automatische Notlösung der Authentizitätskultur, während sie zur gleichen Zeit ihr Verderben bedeutet, denn diese Lösung verstärkt den Anthropozentrismus noch weiter. Dadurch wird ein Circulus vitiosus in Gang gebracht, der uns zu einem Punkt drängt, an dem das Wählen selbst unser verbleibender Hauptwert ist. Doch das führt [...] zur völligen Zerrüttung des Ideals der Authentizität wie auch der damit verknüpften Ethik der Anerkennung von Unterschieden.[106]

Für Taylor ist Authentizität weder von Bedeutungs- und Werthorizonten, die das individuelle Leben des einzelnen Menschen – etwa in zeitlicher und räumlicher oder auch ökologischer Hinsicht – übersteigen, noch von Beziehungen sozialer Anerkennung und dialogischer Aushandlung zu trennen. Aus diesem Grunde führt hier die im Ideal der Authentizität verankerte Künstlerkritik an der Kultur des modernen Konsumismus über die Welten des Marktes und der ästhetischen Bildung individueller Verbraucher hinaus und in die

104 Ebd., S. 76; vgl. auch Friedrich Schiller, *Über die ästhetische Erziehung des Menschen in einer Reihe von Briefen. Mit den Augustenburger Briefen*, Stuttgart 2000.
105 Vgl. Taylor, *Das Unbehagen an der Moderne*, S. 73-81.
106 Ebd., S. 81.

Welt der *staatsbürgerlichen* Gemeinschaft hinein. An die Stelle der Künstlerbiografie als Modell authentischer Selbstverwirklichung tritt das Modell des *Handwerks* als normativ ausgezeichnete Form des Engagements für das Gemeinwohl, die zwar ebenfalls eine Bildungsperspektive eröffnet, dabei aber weniger individualistisch und personengebunden ist. Diesem Handwerk der Bürgerinnenexistenz kommt in erster Linie die Aufgabe zu, gegen die Fragmentierung des demokratischen Gemeinwesens Widerstand zu leisten, die mit dem Atomismus der Marktgesellschaft und dem Instrumentalismus ihres bürokratischen Staatsapparates einhergeht und dazu führt, »daß ein Volk immer weniger imstande ist, sich einen gemeinsamen Zweck zu setzen und diesen zu erfüllen«.[107] Das Ziel ist folglich, durch eine »Politik der demokratischen Ermächtigung«[108] die moralischen Quellen jenes Authentizitätsideals wieder zu stärken, die in der modernen Konsumkultur durch rein ästhetische Orientierungen eines expressiven Individualismus verschüttet wurden, aber letztlich immer noch wirksam sind. Das Authentizitätsstreben im Konsumismus, so lautet die Pointe einer solchen Position in der Arena der Verbraucherdemokratie, birgt Reserven für ein politisches Bildungsprojekt, das in einer Revitalisierung des *demokratischen* Handwerks von Bürgerinnen (im Sinne von Citoyen) münden kann.

Wenngleich die Kritik an der modernen Konsumkultur bei dem Sozialphilosophen Taylor eine wichtige Rolle spielt und seine Verknüpfung von Authentizitätsorientierung und demokratischer Politik für das untersuchte Diskursfeld durchaus einschlägig ist, fällt er aus dem Sample doch insofern heraus, als seine Texte nicht gerade als publizistische Sachbücher auf der öffentlichen Bühne erscheinen. Doch wird eine entsprechende Argumentationsfigur auch von solchen Intellektuellen aufgenommen, die sich mit populärerem Schreibstil an ein größeres Publikum richten und sehr viel stärker zwischen den Bühnen der Wissenschaft, des Feuilletons und der öffentlichen Politisierung changieren. So können die Bücher von Richard Sennett, Benjamin Barber und auch Zygmunt Bauman nun daraufhin geprüft werden, ob sie mit einem strukturgleichen Kritikmuster operieren und zu ähnlichen oder andersartigen Appellen an das demokratische Engagement von Verbrauchern bzw. Bürgerinnen kommen.

107 Ebd., S. 125.
108 Ebd., S. 132.

Sennett hat viel über den Wandel des Arbeitslebens im flexiblen Kapitalismus sowie über den Wandel des öffentlichen Lebens geschrieben, die Konsumkultur dabei aber lange Zeit vernachlässigt, wie er selbst zugesteht.[109] Deren erhebliches Gewicht für die Analyse der Gegenwartsgesellschaft und der *Kultur des neuen Kapitalismus* resultiere nicht zuletzt aus ihren Auswirkungen auf die Politik und politische Kultur, die sich an das Modell der Werbung anlehne, damit Politikerinnen als Marken auf der medialen Bühne positioniere und die »Konsumenten-Zuschauer-Bürger« dazu bringe, freiwillig eine passive Haltung einzunehmen.[110] Mit Sorge beobachtet Sennett diesen Umgang der Bürgerinnen mit der Politik: »Wenn sie sich wie moderne Konsumenten verhalten, denken sie nicht mehr wie Handwerker. [...] Als bloßer Konsument kann sich der Bürger von politischen Problemen abwenden, wenn sie ihm zu schwierig oder zu unangenehm werden.«[111]

Zwar weise die Konsumkultur auch emanzipatorische Seiten auf, insofern sie die einzelnen Individuen befähige, geistig flexibler zu werden, sich selbst zu verändern und damit aus sozialen Abhängigkeiten und erstarrten Routinen ihres bisherigen Lebensalltags zu befreien. Aber für die Demokratie sei es schädlich, wenn sie am Vorbild der Benutzerfreundlichkeit ausgerichtet werde, weil dann niemand mehr bereit ist, sich das erforderliche Sachwissen zu den komplexeren politischen Fragen zu verschaffen. Die Konsumkultur tritt an die Stelle der Intimität, der Sennett vor gut 35 Jahren die Verantwortung für den damals schon diagnostizierten Verfall des öffentlichen Lebens zugeschrieben hatte.[112] Strukturelle Ähnlichkeiten weisen diese beiden Kategorien – Konsumismus und Intimität – in der Erzeugung ichbezogener, narzisstischer Persönlichkeiten auf. Dieser Kult, der sich nur um das Selbst und die innere Gefühlswelt der Individuen drehe, sei keineswegs die Grundlage einer zivilisierten Existenz, sondern stehe der Fähigkeit im Wege, unter Absehung von der Person zu politischen Lösungen für gesellschaftliche Interessenkonflikte zu gelangen.

Das Ideal der Authentizität, an dem Taylor mit seiner Kritik

109 Vgl. Richard Sennett, *Die Kultur des neuen Kapitalismus*, Berlin 2005, S. 12.

110 Ebd., S. 128.

111 Ebd., S. 134.

112 Vgl. Richard Sennett, *Verfall und Ende des öffentlichen Lebens. Die Tyrannei der Intimität*, Frankfurt/M. 1983.

kontrafaktisch noch festhält, ist für Richard Sennett durch die Assoziation mit subjektiver Innenorientierung und gefühlter Gemeinschaftszugehörigkeit diskreditiert. Anstatt an diesem Begriff noch festzuhalten, findet er ein Äquivalent im *Begriff des Handwerks*, das der konsumistischen Kultur als Bildungshorizont gegenübergestellt wird. Im Vergleich zur Unterscheidung von Authentizität und Inauthentizität sei dieses Ideal weniger bedenklich, weil es die Anfälligkeit für Fehler und Unvollkommenheiten immer schon beinhaltet und mitdenkt: »Der klumpfüßige Hephaistos – mit seinem Stolz auf die eigene Arbeit und auch auf sich selbst – ist die würdigste Gestalt, die wir werden können«, beendet Sennett seinen ersten Band über die materielle Kultur, in dem er das Handwerk einer genaueren Analyse unterzieht.[113] Nicht der Kommunitarismus, sondern der Pragmatismus liefert den sozialphilosophischen Horizont, in dem der Autor das zu Taylor analoge Argument verorten will, wonach die Überwindung der Sackgassen, in die der Konsumismus und die Kultur des neuen Kapitalismus die Demokratie führen, der Besinnung auf eine kulturelle Praxisform bedarf, die den Blick für kollektive, den engen Horizont der individuellen Persönlichkeit überschreitende Sachprobleme zu öffnen in der Lage ist. Aber warum hat die handwerkliche Einstellung diese Eigenschaft, nicht nur im produktiven und konsumtiven Umgang mit den Dingen, sondern auch im Umgang mit den Mitmenschen und dem politischen Gemeinwesen eine andere, solidarische Bürgerinnenkultur zu begründen?

Sennett definiert die zum Handwerk gehörende Einstellung als diejenige, »etwas um seiner selbst willen gut zu machen. In allen Bereichen handwerklicher Einstellung spielen Disziplin und Selbstkritik eine wichtige Rolle. Man orientiert sich an gewissen Standards, und im Idealfall wird das Streben nach Qualität zum Selbstzweck.«[114] Sie führt das Streben weg von den subjektiven Empfindungen, der intimen Innerlichkeit des Handelnden und den Problemen seiner Selbst-Identität bzw. Selbst-Veränderung hin zu *unpersönlicheren, objektivierbaren Kriterien der Wertschätzung* einer Tätigkeit. Das was diese Einstellung als Wegbereiter einer höher qualifizierten politischen Kultur auszeichnet, ist das uneigennützige Gefühl der inneren Verpflichtung und des Engagements für eine

113 Richard Sennett, *Handwerk*, Berlin 2008, S. 392.

114 Sennett, *Die Kultur des neuen Kapitalismus*, S. 84.

Sache sowie die weite Verbreitung und universelle Zugänglichkeit der elementaren Eigenschaften dieser handwerklichen Einstellung in der Bevölkerung.[115] Allerdings bedarf es für diese Rückbesinnung – soll sie mehr als ein kraftloser Appell an die Wertgrundlagen der Demokratie sein – eines Ankers in der bestehenden Kultur des neuen Kapitalismus, die im Fokus dieser Kritik steht. Und hier trifft sich Sennett dann doch wieder mit Charles Taylor, wenn er den Wunsch der modernen Menschen hervorhebt, ihre Lebensgeschichte eigenständig zu interpretieren und als Erfahrungszusammenhang zu erzählen:

> Ein kurzfristig orientiertes, auf mögliche Fähigkeiten konzentriertes Ich, das vergangene Erfahrungen bereitwillig aufgibt, ist – freundlich ausgedrückt – eine ungewöhnliche Sorte Mensch. Die meisten Menschen sind nicht von dieser Art. Sie brauchen eine durchgängige Biographie, sind stolz darauf, bestimmte Dinge gut zu können, und legen Wert auf die Erfahrungen, die sie in ihrem Leben gemacht haben.[116]

Letztlich führt der Weg zur Reaktivierung des Bürgerinnenhandwerks auch hier über das im neuen Kapitalismus fortdauernde Wirken des Authentizitätsmythos, auch wenn dieser nicht mehr beim Namen genannt wird. Die Handwerkskunst ist ein integratives Ideal, das alle Bereiche der Lebensführung umgreift und letztlich neben Arbeit und Politik auch die Konsumpraktiken einbezieht, die genauso um ihrer selbst willen gut gemacht werden können und Qualität als Selbstzweck anstreben können wie die Herstellung der dabei benutzten Konsumgüter. Das betrifft den Gebrauch von Kochtöpfen nicht weniger als den Gebrauch von Büchern oder Musikinstrumenten. Man fühlt sich hier an den Wahl- und Werbespruch des Versandhändlers *Manufaktum* erinnert – »Es gibt sie noch, die guten Dinge« –, der sich das Ethos des Handwerks auf die Fahnen geschrieben und damit eine neue Stufe der Kulturvermittlung und -vermarktlichung erreicht hat. Das Handwerk der Politik, die Bürgerinnen- und Staatskunst, fällt deshalb aber keineswegs mit dem Konsum zusammen, sondern bleibt eine eigene Handlungssphäre, die besondere sachliche Anforderungen an eine gute Ausführung stellt.

Eine Parallele findet diese Argumentation bei Benjamin Barber in seinem Buch *Consumed*, dessen Hauptkritik auf den *infantilis-*

115 Vgl. ebd., S. 154 f. sowie Sennett, *Handwerk*, S. 385.

116 Sennett, *Die Kultur des neuen Kapitalismus*, S. 10. Vgl. auch ebd., S. 146-150.

tischen Ethos zielt, der sich immer mehr durchsetze und nicht nur den gesellschaftlichen Nachwuchs zu Konsumenten disponiere und über deren scheinbar gewonnene Freiheit und Autonomie täusche, sondern auch die Erwachsenen ergreife, die dadurch den Sinn für Politik, Macht und Demokratie vollends zu verlieren drohten.

Vierzig Jahre nach Erscheinen des *Eindimensionalen Menschen* spricht [...] viel dafür, dass durch das Zusammenwirken des allgegenwärtigen Konsumismus, der bestimmenden Rolle von Werbung und Marketing und der vom infantilisierenden Kommerz bewirkten Homogenisierung von Kultur und Werten ein kulturelles Ethos entstanden ist, das gewiß nicht totalitär ist, das aber die Freiheit ihres staatsbürgerlichen Inhalts beraubt und den staatsbürgerlichen Pluralismus auszutrocknen droht. Nimmt man die Privatisierung und das Branding hinzu, so sind wir durch diese kommerzielle Homogenisierung als Staatsbürger weniger frei geworden und als Gesellschaft weniger vielfältig, als wir es nach den Vorstellungen traditioneller Liberaler oder in den Augen traditioneller kapitalistischer Produzenten und Konsumenten sein sollten.[117]

Barber konzentriert sich vor allem auf die These, dass der Verfall demokratischer Öffentlichkeit keineswegs durch politischen Konsum oder die Politisierung der Konsumenten ausgeglichen werden kann, sondern der schizophrene Zustand einer Konsumbürgerschaft durch Reaktivierung des Staatsbürgerinnenideals überwunden werden müsse: »Es war ein wichtiger Punkt der hier vertretenen Argumentation [...], daß man Staatsbürger und Verbraucher nicht miteinander verwechseln sollte.«[118] Wo eine gegenteilige These aufgestellt wird – und Barber bezieht sich dabei vor allem auf Lizabeth Cohens *Consumers' Republic* – liege eine Verwechslung vor, weil die politischen Erfolge der so genannten Verbraucherbewegung nicht auf die Stärkung der Verbraucher selbst oder ein politisches Handeln in der Marktarena zurückgingen, sondern auf klassisches Bürgerinnenhandeln, das über die Repräsentantinnen in den Parlamenten die staatlichen Regierungen zu Interventionen im Interesse der Verbraucher gebracht habe.[119] Hingegen seien alle Ansätze wie *Civic Consumerism* oder *Corporate Citizenship* zum Scheitern verurteilt, die nicht zugleich durch das Handeln von Regierungen und Gesetzgebungskörperschaften flankiert würden, weil dann der

117 Barber, *Consumed*, S. 216.
118 Ebd., S. 293.
119 Vgl. ebd., S. 294.

politische, ethische oder moralische Konsum nur als ein Segment ins Portfolio der Konzerne gelange: »Man bietet den Kunden eine breite Vielfalt von Waren und Dienstleistungen an, darunter auch solche, die mit staatsbürgerlichen Zielen verbunden sind, welche die Kunden unterstützen können.«[120]

Einen Garanten der Demokratie sieht Barber demgegenüber in einem echten kulturellen Pluralismus, gestützt durch eine *Zivilreligion* oder eine »bürgerliche Berufung«,[121] die jedoch allesamt durch die Konsumkultur bedroht werden, wenn sie nicht bereits weitgehend verdrängt worden sind. Klar ist damit, dass die Reaktivierung der Demokratie jenseits des Marktes und des Verbraucherhandelns stattfinden muss, unklar aber ist, woher sie ihre Energien heute noch beziehen können soll, wenn die dominante Konsumkultur – etwa mittels ihres Authentizitätsideals – als Ausgangspunkt für diesen politischen Bildungs- und Transformationsprozess nicht infrage kommt. Wenn Barber zudem herausstellt, dass die eigentliche Herausforderung in den globalen ökonomischen Interdependenzen liegt, auf die das System nationalstaatlich organisierter Demokratien nicht gut reagieren kann, wird das Problem nicht eben kleiner: »Das infantilistische Ethos fragmentiert uns – Verbraucher gegen Staatsbürger, diese Nation gegen jene Nation –, doch der eigentliche Kontext, in dem es Identität zu entwickeln gilt, ist ein globaler Marktplatz ohne demokratische oder integrative Leitlinien.«[122] Wie schon in einem früheren Entwurf[123] sind vor allem die Infrastrukturen der öffentlichen Kommunikation, etwa das Internet mit seinen enormen Möglichkeiten, ein wichtiger Ansatzpunkt für Barber. Insgesamt aber steht seine Künstlerkritik an den infantilisierenden Auswirkungen des Konsumismus in ähnlicher Weise wie die Sozialkritik der ökonomischen Globalisierung von Naomi Klein für die enormen Schwierigkeiten, eine plausible politische Perspektive für die – zugleich ausweglose – Balance oder Vermittlung von (globaler) Demokratie und Gerechtigkeit einerseits und dominanter Konsumkultur andererseits aufzuzeigen. Barber steht damit eher am Übergang zwischen den Diskurspositionen der Sozial- und Künstlerkritik, allerdings wiederum auf wenig gefestigten

120 Ebd., S. 302 f.
121 Ebd., S. 337 f.
122 Ebd., S. 331.
123 Vgl. Barber, *Starke Demokratie*, S. 233-296.

Brücken. Denn auch seine Vorschläge zur *globalen staatsbürgerkulturellen Erneuerung* bleiben letztlich schlicht appellierend: »Ein Rezept für ihre Verwirklichung habe ich nicht.«[124]

1.10 Politische Begrenzung der Kommerzkultur

Der Ruf nach einer »Wiederbelebung des in Vergessenheit geratenen Handwerks der Bürgerexistenz« findet sich schließlich auch in einer Zeitdiagnose von Zygmunt Bauman wieder, wonach die Gegenwartsgesellschaft »ihre Mitglieder in erster Linie als Konsumenten und nicht als Produzenten in die Pflicht nimmt«.[125] Dies klingt durchaus ähnlich wie die Künstlerkritik am Konsumismus bei Charles Taylor, Benjamin Barber oder Richard Sennett. Doch genau besehen hat Bauman die Hoffnung vollends aufgegeben, dass dieses Handwerk aus konsumkulturell überformten und entstellten Authentizitätsansprüchen der Moderne heraus reaktiviert werden könne, da sich die Verbraucher vollständig auf die funktionalen Erfordernisse des Marktes im flexiblen Kapitalismus eingestellt hätten:

> Der lockere, assoziative Status der eigenen Identität, die Gelegenheit, sich aus dem Angebot ›des echt Authentischen‹ zu bedienen, die ›dauernde Beweglichkeit‹ sind in der heutigen Welt des Konsums die Zeichen der Freiheit. Wahlfreiheit des Konsumenten ist zum Wert an sich avanciert; was zählt, ist das Auswählen, nicht was ausgewählt wird.[126]

Die Freiheit zu wählen ist für Bauman allerdings in erster Linie einem gesellschaftlichen Erwartungsdruck geschuldet, dem auf der Seite der Individuen keineswegs autonome Kompetenzen nachfolgen müssen. Sie haben diesen Status zwar »de jure«, keineswegs aber auch »de facto« inne, sondern müssen sich die formal gewährte und geforderte Autonomie erst erarbeiten.[127]

Unter den Bedingungen der *flüchtigen Moderne* nehme dieser Imperativ die Gestalt des Ideals der *Fitness* an, d.h. der permanenten geistigen und körperlichen Beweglichkeit, die in der Konsumgesellschaft bis zur Sucht gesteigert werde. Der eigentliche

124 Barber, *Consumed*, S. 339.
125 Zygmunt Bauman, *Flüchtige Moderne*, Frankfurt/M. 2003, S. 54 und S. 93.
126 Ebd., S. 105 f.
127 Vgl. ebd., S. 43.

Fitnesstest liege »nicht im Heute, sondern in der Zukunft: man ist fit für zukünftige, unbekannte Herausforderungen, hat einen flexiblen, anpassungs- und aufnahmefähigen Körper«.[128] Dieses Ideal ist auf permanente Selbstoptimierung hin ausgerichtet, die in den Konsumangeboten einen unerschöpflichen Vorrat vorfindet, ohne ihr Ziel je erreichen zu können. Vielmehr vermitteln die Konsumoptionen immer nur kurze Zustände der Gewissheit, die so schnell vergehen, wie sie im Kaufrausch gekommen sind. Die konsumistische Kultur kann folglich nach Bauman als ein *Kommodifizierungsdruck* verstanden werden, der sich geschickt als Freiheits- und Emanzipationsversprechen getarnt hat.[129] Die Vagabunden und Überflüssigen unseres Zeitalters seien jene »fehlerhaften Konsumenten«, die nicht in der Lage sind, auf die Anreize des Marktes zu reagieren, und denen die Ressourcen fehlen, die erst den Zutritt zu den Tempeln des Konsums gewähren. Um diesen Entwicklungen etwas entgegenzusetzen, hält Bauman die Revitalisierung von Politik und Öffentlichkeit für unabdingbar:

> Der Weg vom Individuum *de jure* zum Individuum *de facto* führt über den Status des *Bürgers*. Ohne autonome Gesellschaft keine autonomen Individuen. Gesellschaftliche Autonomie erfordert eine freiwillige und fortlaufende deliberative Selbstkonstitution, die nur über eine gemeinsame Anstrengung aller Beteiligten zu haben ist. [...] Es geht um die Wiederbelebung und Neugestaltung der verwaisten Agora – um jenen Ort des Austauschs zwischen dem Besonderen und dem Allgemeinen, dem privaten und dem öffentlichen Glück.[130]

Gegen kommunitaristische Vorstellungen von einem gemeinsamen Werthorizont, Zusammengehörigkeitsgefühl oder gar einem nachwirkenden romantischen Authentizitätsmythos, von denen diese Rückkehr zum politischen Handwerk ihren Ausgang nehmen könnte, geht Bauman allerdings von einem Pluralismus in der Zivilgesellschaft aus, der erst allmählich durch Aushandlung und Versöhnung anstelle von Versagung oder Verleugnung von Differenzen eine gemeinsame Perspektive hervorzubringen vermag.[131] Für ihn kommt das Korrektiv also ohnehin nicht von innen, aus der Kultur selbst, sondern eher von außen. So hält Bauman *einerseits* am

128 Ebd., S. 94.
129 Vgl. ebd., S. 83 und S. 156.
130 Ebd., S. 53.
131 Vgl. ebd., S. 209.

Modell des sozialstaatlichen Rechts fest, das diesem Pluralismus und daraus hervorgehenden kollektiven Lernprozessen eine gewisse politische Absicherung bieten kann:

> Der Sozialstaat ist die ultimative moderne Verkörperung der Idee der Gemeinschaft: das heißt, die institutionelle Inkarnation einer solchen Idee in ihrer modernen Form einer abstrakten, imaginierten Totalität, die gewoben ist aus gegenseitiger Abhängigkeit, Verbindlichkeit und Solidarität. Soziale Rechte – das Recht auf Respekt und Würde – verbinden diese imaginierte Totalität mit der alltäglichen Realität ihrer Mitglieder und verankern diese Vorstellung im festen Grund der Lebenserfahrung.[132]

Allerdings sei die Sozialstaatspolitik in der Konsumgesellschaft ihrerseits so stark angegriffen, dass diesem Appell der Adressat abhandengekommen zu sein scheint. Das macht Bauman nicht zuletzt am »Verbraucheraktivismus« fest, dem er nicht zutraut, eine vergleichbare neue Form gesellschaftlichen Engagements hervorzubringen, die ebenso effektiv wie der Sozialstaat oder traditionale Gemeinschaften die Grundlagen der Solidarität hervorzubringen oder aufrechtzuerhalten vermag.[133] Dieser Aktivismus belege eher, wie die Öffentlichkeit von privaten Sorgen kolonisiert werde und politische Wertfragen dadurch an Partikularinteressen flüchtiger Gemeinschaften hängen blieben. Deshalb setzt er *andererseits* auf die *Distanz der Exilantinnen*, die sich von der konsumistischen Kultur noch nicht vollends haben vereinnahmen lassen. Diese Position der Fremden verknüpft er mit einem Modell soziologischer Aufklärung, das in der Erfahrung biografischer Fragmentierung und individueller Brüchigkeit zwar allgemeine und weitverbreitete Ansatzpunkte bei den Individuen vorfinde, aber letztlich den reflektierten Akteuren kritischer Sozialwissenschaft eine politische Schlüsselposition zuteile, weil nur sie in der Lage seien, dieses Unbehagen zu artikulieren.[134]

Etwas populärer aufbereitet findet sich diese Position bei Robert Misik, der in seinem *Kult-Buch* zum *Glanz und Elend der Kommerzkultur* ebenfalls auf staatliche Grenzziehungen für den Kulturkapitalismus setzt, um die in der Konsumsphäre durchaus angelegten Freiheitspotenziale zu stützen. Ziel der Politik, aber auch von Entscheidungen, die der Einzelne treffe, müsse es sein, »Souveränität«,

132 Bauman, *Leben als Konsum*, S. 184.

133 Ebd., S. 191.

134 Vgl. Bauman, *Flüchtige Moderne*, S. 244-252.

das heißt »Räume zurückzugewinnen, die von der Kommerzkultur nicht vollends determiniert sind, wobei Räume sowohl im buchstäblichen wie im metaphorischen Sinn gemeint sind«.[135]

> Wenn praktisch jeder Lebensstil schon von der Stange zu haben ist, es für jeden Wunsch und jedes ersehnte Erlebnis schon kommerzialisierte Angebote gibt, wenn die innere und äußere Landnahme des Kapitalismus jeden Flecken auf Marktförmigkeit hin zugerichtet hat, bleibt kaum mehr ein Raum, wo die Subjekte sich selbst erproben, selbst etwas entwickeln können.[136]

Gelänge es, den öffentlichen Raum vor der völligen privatwirtschaftlichen Vereinnahmung zu schützen, wäre es einfacher, das »Bewusstsein für die Mechanismen, die Dynamik und die Paradoxien des Konsumkapitalismus« zu schärfen und damit den Bürgerinnen ein Stück Autonomie zurückzugeben, frei zu entscheiden, welche Facetten des Spiels sie mitspielen wollen und »welche Aspekte des kulturkapitalistischen Arrangements« sie aktiv bekämpfen wollen.[137] Für diese Freiheitssicherung gegenüber dem Konsumismus ließen sich noch Kritikgrundlagen benennen, wohingegen das Ideal der Authentizität vollends verbraucht und auch vom Handwerk nicht mehr zu retten sei, da beide heute längst zum Gegenstand weit getriebener Kommerzialisierung geworden seien. Das zeige sich am Versandhaus *Manufactum*, das mit dem Slogan »Es gibt sie noch, die guten Dinge« werbe und dessen Katalog zur »Bibel des Authentizitätskonsumenten« aufgestiegen sei.[138] Die Expansion des Kulturkapitalismus hingegen lasse sich sehr wohl noch kritisieren, insofern diese darauf hinauslaufe, dass Shopping zur einzigen verbliebenen öffentlichen Aktivität und die Shopping-Malls zum Inbegriff des öffentlichen Raums werden, in dem freilich kein Demonstrationsrecht herrscht, soziale Ungleichheiten für diejenigen, die nicht am Konsumkapitalismus teilhaben können, zu noch härteren Exklusionserfahrungen führen und der Kampf der Kulturen durch seine Vermarktlichung noch zusätzlich angeheizt wird.

135 Misik, *Das Kult-Buch*, S. 190 f.
136 Ebd., S. 56.
137 Ebd., S. 189.
138 Ebd., S. 126. Vgl. dazu auch Uli Burchardt, *Ausgegeizt! Wertvoll ist besser – Das Manufactum-Prinzip*, Frankfurt/M., New York 2012.

2. Die öffentliche Matrix der Verbraucherdemokratie

Im publizistischen Diskurs der Verbraucherdemokratie kristallisiert sich eine Öffentlichkeit heraus, in der die Probleme der Konsumgesellschaft aus verschiedenen Richtungen reflektiert und zum Gegenstand einer kollektiven Lösungssuche werden. Eine Pluralität »gemeinsamer Welten« wird darin sichtbar, deren Aufeinandertreffen in dieser Arena verschiedene Muster der Kritik und Ansätze eines Engagements für das Gemeinwohl »in Wallung« versetzt. Die Analyse der verschiedenen Positionen, die in dieser Arena vertreten werden, zeigt dabei *erstens*, dass es sich wirklich um eine Pluralität von Welten handelt, die mit verschiedenen Prinzipien der Rechtfertigung auf ganz unterschiedliche Interpretationen des Gemeinwohls Bezug nehmen. Zwar legt die Konsumgesellschaft als jenes »Ding«, um welches sich die Auseinandersetzungen drehen und das die Versammlung dieses publizistischen Diskurses zusammenhält und koordiniert, eine Verbindung von Sozial- und Künstlerkritik durchaus nahe, denn schon die Problematisierung der Markenkonzerne stellt diese Verbindung her. Aber eine Vermittlung der damit verknüpften Welten und Rechtfertigungsordnungen fällt dieser Öffentlichkeit nach wie vor schwer. Das dürfte insbesondere damit zusammenhängen, dass der durch den Streitgegenstand »Konsumgesellschaft« gesteckte Rahmen des Diskurses sehr abstrakt bleibt und dadurch Raum für sehr heterogene Probleminterpretationen liefert. So weisen die Perspektiven auf die sozialen Ungleichheiten in den global vernetzten Wertschöpfungsketten einerseits, die der Sozialkritik vor allem zugrunde liegen, und auf die kulturellen Aspekte westlicher Konsumstile andererseits, auf die mit der Künstlerkritik vor allem Bezug genommen wird, noch große Verzerrungen auf. Und auch zwischen der staatsbürgerlichen Welt kollektiv verbindlichen Entscheidens und der individualisierten Welt des Marktes oder der privaten Welt des Hauses reproduziert sich im Diskurs die Differenz zwischen öffentlichem und privatem Engagement, obgleich dafür gerade nach Möglichkeiten der Überbrückung gesucht wird, insofern nämlich diese Differenz für die Krisenkonstellation der heutigen Konsumgesellschaft symptomatisch und mitverantwortlich zu sein scheint. Das »Ding«, um das es geht, kann den versammelten Dissens nur auf eine schwache Weise koordinieren.[139] Um die zentrifugalen Tendenzen, von denen dieser Diskurs deshalb bislang bestimmt ist, in eine zentripetale Dynamik umzukehren, fehlt es dieser öffentlichen Arena an pragmatischer Erdung durch solche Streitsachen, bei denen hoher Entscheidungs- und Einigungsdruck besteht. Erst im Hin und Her zwischen einer übergreifenden öffentlichen Reflexion und der lokalen Manifestation der Probleme in der Praxis kann der Prozess einer experimentellen Demokratie Stück für Stück vorankommen.

Zweitens zeigen sich aber zumindest Ansätze zu Kompromissbildungen zwischen den Welten, insofern etwa die Welt der Meinung mit ihren Logos und Symbolen im Rahmen von Aufklärungs- oder Protestkampagnen mit den Welten der staatlichen Politik bzw. des Engagements in der Marktordnung als vermittelndes Glied Verbindungen eingeht. Das betrifft aber wiederum vor allem die Sozialkritik, etwa im dezentral-partizipatorischen Politikansatz von Naomi Klein oder im Modell der Verbraucheraufklärung von Klaus Werner und Hans Weiss. Im Bereich der Künstlerkritik hingegen bildet auch diese Welt der massenmedialen Kommunikation den Bezugspunkt für eine spezifische, selbstgenügsame Form des bürgerschaftlichen Engagements, nämlich für solche Positionen, die es aus dem einen oder anderen künstlerkritischen Grund darauf abgesehen haben, ihre kommerzielle Aneignung und Ausformung durch *Adbusting*, *Fakes* oder *Culture Jamming* zu stoppen.

Doch auch über die Welt der Meinung hinaus zeigen sich kreative Brückenbildungen. Denn sowohl die Künstler- als auch die Sozialkritik werden als Quellen der Empörung keineswegs nur in legitimierender Absicht in Anschlag gebracht – so als müssten die ökonomischen Ordnungen der kapitalistischen Produktion und die kulturellen Ordnungen der Kreativität und Selbstverwirklichung nur noch einmal an eigenen Maßstäben gemessen und genauer überprüft werden. Das wäre keine Krisenkonstellation, sondern würde sich innerhalb der Welten als Verbesserung und Reform ihrer Prüfungen vollziehen.[140] Die Kritiken nehmen aber auf eine experimentelle Konstellation der Großen Konsumgesellschaft

139 Vgl. zur Unterscheidung von koordinierten und unkoordinierten Dissensen auch Max Miller, »Rationaler Dissens. Zur gesellschaftlichen Funktion sozialer Konflikte«, in: Hans-Joachim Giegel (Hg.), *Kommunikation und Konsens in modernen Gesellschaften*, Frankfurt/M. 1992, S. 31-58.

140 Siehe zu dieser Terminologie Kapitel II, Abschnitt 4.

Bezug, in der die Ordnungen längst durcheinander geraten sind: Die Orientierung der *Unternehmens*politik an Schwankungen und Launen der Finanz*märkte*, die *kommerzielle* Ausrichtung der kulturellen *Kreativität*, die Folgen des *ökonomischen Wachstums* für die *ökologischen Lebensbedingungen*, die Aushöhlung *staatlicher* Regulierungsmöglichkeiten durch die Macht der *Banken und Konzerne* ebenso wie durch die individualisierten Formen der *Subjektivität* usw. – all diese gesellschaftlichen Hybridisierungen, Interdependenzen oder folgenreichen Vernetzungen bilden den Hintergrund für einen kritischen publizistischen Diskurs, in dem die Quellen der Empörung immer schon auf Nebenfolgen der Praktiken anderer Welten bezogen und mit den Möglichkeiten verknüpft sind, die andere Welten für die Entfaltung eines gemeinwohlbezogenen Engagements bieten. In diesem Sinne verweisen die Künstler- und die Sozialkritik weniger auf Prinzipien der Rechtfertigung, die in eigenen Welten fest beheimatet sind. Vielmehr markieren sie Prinzipien, die den Ordnungen des Marktes und des Hauses, der Meinung und des Staates oder des staatlich-industriellen Kompromisses in der Konsumgesellschaft zunächst äußerlich sind und als Quellen der Empörung kritisch auf diese bezogen werden. Ähnlich wie der kapitalistische Geist[141] können oder müssen diese Welten solche Kritiken für die Erneuerung ihrer Rechtfertigungen und Prüfungen aufgreifen. Die *Kritikmuster* und *Engagementformen* der rekonstruierten Diskursbeiträge bilden also keine geschlossenen Einheiten, deren öffentliche Versammlung ein Universum sauber differenzierter Sozialordnungen reproduziert oder entstehen lässt, sondern sie testen in den meisten Fällen spezifische und teils neuartige Kombinationen oder Verbindungen von verschiedenen übergreifenden Gemeinwohlprinzipien und »gemeinsamen Welten« aus.

Dadurch lassen sich die verschiedenen Positionen des publizistischen Diskurses der Verbraucherdemokratie in einer *zweidimensionalen Matrix* anordnen (vgl. Tabelle 2), die in der einen Dimension zwischen der Welt des (Sozial-)Staates, der Welt der Meinung sowie den Welten des Marktes bzw. des Hauses, also den Sphären der privaten (Alltags-)Ökonomie, unterscheidet, die als *Rahmungen für die Entfaltung eines gemeinwohlbezogenen Engagements* adressiert oder kritisiert werden. In der anderen Dimension hingegen

141 Vgl. Boltanski, Chiapello, *Der neue Geist des Kapitalismus*, S. 59.

wird nach den *Mustern der Kritik* und den *Prinzipien*, die in unterschiedlichen *Quellen der Empörung* wurzeln, unterschieden. Dabei fällt nun schließlich *drittens* auf, dass die Unterscheidung von Sozial- und Künstlerkritik selbst noch zu grob ist, um das Spektrum der im Diskurs sich abzeichnenden Fälle angemessen abbilden zu können. Vielmehr sind jene weiteren Differenzen in den Kritikmustern zu berücksichtigen, die auch schon von Boltanski und Chiapello herausgestellt worden sind: Die Kritikmuster können sich im Rahmen der Sozialkritik entweder auf allgemeine Prinzipien der Gerechtigkeit (Recht) oder aber auf solche der gemeinschaftlichen Solidarität stützen; und die Künstlerkritik kann entweder mehr auf das Prinzip der Emanzipation oder aber auf das der Authentizität Bezug nehmen.[142] Bemerkenswert ist dabei vor allem, dass diese Binnendifferenzen innerhalb der Muster der Künstler- und der Sozialkritik keinesfalls nebensächlich sind, sondern im Gegenteil zu scharfen Abgrenzungen und Gegensätzen zwischen einzelnen Propositionen des öffentlichen Diskurses führen.

<table>
<tr><th rowspan="2"></th><th colspan="2">Sozialkritik</th><th colspan="2">Künstlerkritik</th></tr>
<tr><th>Recht</th><th>Solidarität</th><th>Emanzipation</th><th>Authentizität</th></tr>
<tr><td>Staat</td><td>The Rebel sell (Heath/Potter; Hartmann): Staatliche Politikgestaltung</td><td rowspan="2">No Logo! (Klein): Dezentral-partizipatorische Demokratie und Markenboykott</td><td>Räume der »Kommerzkultur« begrenzen (Misik; Bauman)</td><td>Handwerk der Bürgerexistenz (Taylor; Sennett; Barber)</td></tr>
<tr><td>Meinung</td><td rowspan="2">Schwarzbuch Markenfirmen (Werner/Weiss): Kampagnen zur Aufklärung der Verbraucher</td><td>Fake for Real (Mair/Becker): Subversion via Dekonstruktion</td><td>Culture Jamming (Lasn): mentaler Umweltschutz</td></tr>
<tr><td>Markt/Haus</td><td>Moralischer Konsum (Pötter; Worldwatch; Unfried; Busse)</td><td>Konsumistisches Manifest (Bolz): Konsum = Zivilität</td><td>Habenwollen (Ullrich): ästhetischer Bildungsprozess</td></tr>
</table>

Tabelle 2: Matrix konsumzentrierter Kritikmuster und Engagementformen

142 Vgl. ebd., S. 80.

Das wird an den Positionen von Kalle Lasn einerseits und Judith Mair und Silke Becker andererseits deutlich. Beide nutzen dieselben subversiven Methoden, um die Sprache der Massenmedien und der Werbung politisch zu durchkreuzen. Aber sie unterscheiden sich grundlegend in ihren Missionen: Während Lasn zurück zu einer Art grünem, genügsamem und dadurch authentischem Lifestyle möchte, weist die andere Position jegliche mit Authentizitätsvorstellungen verknüpften Geltungsansprüche zurück und sucht stattdessen nach einer Form der Lebensführung, die sich von starken, mit Konzeptionen des *guten Lebens* assoziierten Werten emanzipiert. Emanzipation bezieht sich dabei gar nicht mehr auf materielle Abhängigkeiten in der ökonomischen Sphäre, sondern auf symbolische Abhängigkeiten, wie sie durch *Mythen* der Authentizität aufrechterhalten werden. Demnach lässt sich ein breites Spektrum an normativen Vorstellungen und Ansprüchen mit dieser Form eines medien- und meinungsbezogenen Protests am Konsum verknüpfen, was noch deutlicher wird, wenn auch die mehr oder weniger rein instrumentellen Weisen des Zugriffs auf diese Engagementform in der Sozialkritik von Naomi Klein oder Klaus Werner und Hans Weiss mitberücksichtigt werden. Dass diese Differenz von Authentizitäts- und Emanzipationsansprüchen sich im publizistischen Diskurs auch bei anderen Autoren noch durchhält und sich zwischen neokonsumistischen Positionen einerseits, wie sie von Bolz, Prisching oder auch Bauman vertreten werden, und (ästhetischen) Theorien der Subjektbildung andererseits, die von Ullrichs Vorstellungen zur neuen Konsumbürgerlichkeit bis zum staatsbürgerlichen Handwerk bei Sennett reichen, laufend reproduziert, zeigt eine hohe Relevanz der damit verbundenen Problemstellungen an.

Dabei fällt zweierlei auf: *Zum einen* erzeugt die Differenz von Authentizität und Emanzipation einen Reflexionssog, der den publizistischen Diskurs tief in die Sozialphilosophie hineinzieht, einerseits in Richtung postmoderner Theorien des Subjekts, andererseits in Richtung einer hermeneutischen Suche nach den Quellen des Selbst. Dort versuchen sich die unterschiedlichen Positionen jeweils zu vergewissern – aber mit bescheidenem Erfolg. Denn *zum anderen* fällt auf, dass diese Reflexionen sich vielfach an den pragmatischen Zwängen brechen, auf die sie immer dann stoßen, wenn sie ihre Kritik mit einer Form des Engagements in ihrem Entwurf für die »Verbraucherdemokratie« vermitteln müssen. Einerseits treten diese Brüche als *Diskrepanzen* auf, weil die bildungs- oder staatsbürgerlichen Ideale der Authentizität unter den Bedingungen der heutigen Konsumgesellschaft nicht mehr konsistent umgesetzt werden können und nur noch einen irgendwo verlorenen Zustand eines idealen Gemeinwesens beschwören. Andererseits verstricken sich diejenigen, die der Ansicht sind, das Ideal der Authentizität müsse als Bezugspunkt für ein gemeinwohlbezogenes Engagement fallen gelassen werden, etwa weil es zu fundamentalistischen Abschließungen kultureller Gemeinschaften drängt oder aber als kultureller Motor das endlose Spiel der Distinktionen und Imaginationen der Konsumgesellschaft in Gang hält, in *(performative) Widersprüche*: Die kreative Klasse erhebt für ihr Projekt, die Symbolwelten der Konsumgesellschaft zu zerstören, einen Führungsanspruch und reklamiert damit genau jene Position der »Größe« für sich, die in der Welt der Inspiration zu vergeben ist, nämlich Authentizität (Mair/Becker), oder ihre Vertreter bemerken gar nicht, dass der Markt das Ideal der Authentizität nicht nur auflöst, sondern auch laufend erneuert (Bolz). Und nicht viel anders stellt sich die Situation bei Bauman dar, wenn er die besonderen Erfahrungen der Exilantinnen normativ auszeichnet, deren öffentliche Artikulation auf die herausragenden intellektuellen Kompetenzen der Sozialwissenschaften angewiesen sei.

Hier scheint es demnach ein echtes, hartnäckiges intellektuelles Problem zu geben, das von verschiedenen Seiten zwar eingekreist ist, aber noch nicht als *gemeinsames* Bezugsproblem identifiziert und klar benannt werden kann. Die Öffentlichkeit befindet sich diesbezüglich noch im Zustand der Verwirrung, der Perplexität, hat aber bereits Voraussetzungen geschaffen, diesen zu verlassen: Zum einen liegen vielfältige Vorschläge – Propositionen – auf dem Tisch, wie dieses Problem zu deuten und anzugehen ist; zum anderen macht die Art der Kommunikation der Differenz selbst bereits performative Widersprüche sichtbar, die darauf hindeuten, dass sich der diskursiv noch unversöhnlich gebende Gegensatz von Authentizitäts- und Emanzipationsansprüchen in der Praxis sehr viel weniger scharf und deutlich äußerst. Daran lässt sich in solchen Arenen anknüpfen, in denen – anders als in diesem publizistischen Diskurs – auch ein pragmatischer Entscheidungsbedarf vorliegt, der kompromissförmige Vermittlungen der Standpunkte forcieren kann. Erneut hängt das Fortschreiten des experimentellen Prozesses damit aber von einer stärkeren Verschränkung von praktischen Problemkonstellationen und intellektueller Elaboration ab.

Das gilt nun umso mehr, als sich dieses Vermittlungsdefizit strukturgleich im Rahmen der *Sozialkritik* wiederholt. Auch hier reproduziert sich die Differenz von *liberalen* Positionen der Rechtfertigung einerseits, die Gerechtigkeitsansprüche an die moderne Form des *Rechts* binden, um damit zugleich individuelle Freiheitsansprüche sichern zu können, und Vorstellungen eines guten Lebens andererseits, die positiv zu bestimmen versuchen, welches die *Werte* sind, auf die sich alle Mitglieder der »Großen Gemeinschaft« doch eigentlich solidarisch verständigen können sollten, so dass sie nur noch in praktisches politisches oder alltagsökonomisches Handeln überführt zu werden bräuchten. Letztere Positionen brechen sich an der Wertepluralität der heutigen Konsumgesellschaft, die sich entweder in der Schwierigkeit zeigt, von der Sozial- zur Künstlerkritik eine tragfähige Brücke zu schlagen (Klein), oder aber in der faktischen Verschmelzung dieser Kritikmuster manifestiert, insofern der *moralische* Konsum von einer *privat-ästhetischen* Lebensstilentscheidung nicht mehr zu unterscheiden ist, wenn sich allein die segmentäre Logik des Marketings als jene Form anbietet, dieses Engagement in der Praxis zu mobilisieren (Unfried, Busse). Der Alternative, die richtige Konsummoral *autoritativ* überwachen zu lassen (Pötter), fehlt es umgekehrt an staatlicher Durchsetzungsfähigkeit, die auch die Anhänger einer rechtsstaatlichen Regulierungsinstanz für die Folgeprobleme und Ungerechtigkeiten der transnationalen Konsumgesellschaft heute schmerzlich vermissen (Heath/Potter, Hartmann). Bleibt daher am Ende doch nur die Hoffnung der Aufklärung auf den *mündigen Verbraucher*, verstanden als freies Rechtssubjekt (Werner/Weiss)? Oder finden sich auch hier ungenutzte Möglichkeiten, die verschiedenen Problemdeutungen und Gemeinwohlgesichtspunkte zur Kongruenz zu bringen?

Wiederum zeigt sich also der große Klärungsbedarf, den die Öffentlichkeit in der Frage noch hat, wie sich die Ansprüche der Sozialkritik mit den pragmatischen Bedingungen für die Ausgestaltung des Gemeinwohls in der Konsumgesellschaft vermitteln lassen. Auch in dieser Frage können die im Einzelnen vorgetragenen Propositionen ihre jeweiligen Gegenüber kaum überzeugen, wenngleich sie alle in der Summe ohne Frage wichtige Gesichtspunkte in die Debatte werfen und deshalb allesamt auch weiterhin konsultiert werden sollten. Es handelt sich insgesamt um zehn für die Klärung der Probleme der Verbraucherdemokratie relevante Sprecherpositionen. Es ist nicht so, dass einzelne Positionen leicht aussortiert werden könnten, weil sie nichts beizutragen hätten oder alle von ihnen formulierten Propositionen durch einen anderen Beitrag schon vollständig integriert und aufgelöst worden wären. Das müssten sie sich alle wechselseitig zugestehen, wenn sie sich auf eine ernsthafte Prüfung ihrer Geltungsansprüche einlassen und dieser nicht durch billige Urteile oder andere Ausflüchte ausweichen würden. Ergebnis der Analyse ist also auch, dass bislang keine einzelne Position in dieser Matrix beanspruchen kann, die Probleme der Konsumgesellschaft wesentlich besser und umfassender zu artikulieren als alle anderen.

Die Öffentlichkeit als Versammlung all dieser konträren Propositionen stellt vielmehr nur in ihrer Gesamtheit einen Reflexionshorizont und ein Reservoir an Ideen und Argumenten, Problemdeutungen und Vorschlägen bereit, aus dem der weitere Experimentierprozess der Verbraucherdemokratie intellektuelle Ressourcen beziehen kann, um nach und nach sowie vermittelt über die konkreten Streitsachen oder »Dinge« einen Standpunkt zu ermitteln, der das versammelte Kollektiv breit zustimmungsfähig repräsentiert. Die Matrix selbst, mit ihren verschiedenen Kritikmustern und Engagementformen, fasst diesen Interpretationsrahmen heuristisch zusammen. Demnach versammelt sich hier eine Öffentlichkeit, die bemüht ist, die verschiedenen Ansprüche sowohl der Sozial- als auch der Künstlerkritik in der heutigen Konsumgesellschaft mit Gemeinwohlvorstellungen und Engagementformen zu vermitteln, die in die Welten und Praktiken des Staates, der Meinung, des Marktes und des Hauses eingelassen sind. Die Voraussetzungen, um eine *demokratische Experimentiergemeinschaft* zu konstituieren, kann die Öffentlichkeit damit aber noch nicht erfüllen. In dieser Hinsicht müssen neben ihrem praxisenthobenen Diskursmodus noch einige weitere Probleme *der* Öffentlichkeit benannt werden, die zusätzlich zur Komplexität der Problemkonstellation mit einen Grund dafür liefern, warum es ihr so schwerfällt, im Sinne der Logik einer politischen Untersuchung (Logic of Inquiry) zu verfahren und unter Berücksichtigung aller relevanten Hinweise zu gemeinsamen Problembeschreibungen zu gelangen, aus denen dann auch gemeinsame Lösungsvorschläge hervorgehen und experimentelle Vorstufen zu einer neuen »gemeinsamen Welt« und Rechtfertigungsordnung erwachsen können.[143] Der publizistische Sachbuchmarkt folgt nämlich seinen eigenen Regeln des journalistischen Feldes,[144] in dem es darauf ankommt, eine Marktnische zu besetzen und mit klaren Worten »die Welt zu erklären« – was dann allerdings jedes Buch auf seine Weise macht. So werden Manifeste im Plural produziert, die recht gut geeignet sind, um den Raum relevanter Propositionen in unterschiedlichen Richtungen auszuleuchten. Der gewählte Duktus verhindert aber, die zentrifugale Dynamik der Öffentlichkeit irgendwann in eine zentripetale zu überführen. Das wird nicht zuletzt an der Art und Weise deutlich, wie Theorien innerhalb dieses Diskurses der Verbraucherdemokratie von den Beitragenden mobilisiert werden. Sie dienen primär der Untermauerung starker Thesen, deren hypothetischen Charakter sie verbergen, werden also vielfach »absolutistisch«, nicht »experimentell« im Sinne John Deweys, verwendet und fungieren somit als »machtvolle Erklärungen« im Sinne Latours, die selbst nicht mehr infrage stehen. Die Tabelle ist so gesehen ein Versuch, diese Dynamik umzukehren, indem sie die verschiedenen Propositionen in einem gemeinsamen Rahmen präsentiert und damit beginnt, dessen problematische Situationsbestandteile zu ordnen.

Von diesem Standpunkt aus können die verschiedenen *Experimente der Verbraucherdemokratie*, die im Gespräch sind oder auch durch praktische, Fakten schaffende Entscheidungen einzelner Akteure aus dem großen konsumgesellschaftlichen Netzwerk unvermittelt forciert werden, einer gedankenexperimentellen Über-

143 Solche Experimente finden zwar in der Praxis laufend statt, aber auch von dieser Seite nicht durch kontrollierte Vermittlung (im Sinne experimenteller »Verlaufskontrolle«) mit dem Reflexionshorizont der Öffentlichkeit. – Schwierigkeiten, Linien der Konvergenz zwischen den Empörungsquellen der sozialen Ungerechtigkeit einerseits und des Unbehagens am Konsumismus andererseits freizulegen, lassen sich nicht dadurch umgehen, dass im Rahmen einer postkonventionellen Prinzipienmoral eine solche Konvergenz einfach konstruiert wird (vgl. etwa Adela Cortina, »Eine Ethik des Konsums. Die Bürgerschaft der Verbraucher in einer globalen Welt«, in: Koslowski, Priddat (Hg.), *Ethik des Konsums*, S. 91-103). Denn erst die praktische Erfahrung dieser Empörung vermag Motivationsprobleme aufzulösen, mit denen kognitivistische Verantwortungsethiken so ihre Schwierigkeiten haben.

144 Vgl. Bourdieu, *Über das Fernsehen*, S. 103-121.

prüfung unterzogen werden, die nicht ganz so selektiv verläuft, wie es in den Einzelstellungnahmen der zehn Positionen jeweils geschieht. Exemplarisch lässt sich dies an der Proposition verdeutlichen, den *Verbrauchern* ein höheres Maß an *Verantwortung* für die Folgeprobleme der Konsumgesellschaft abzuverlangen. Was sollte schon falsch sein an so einem Vorschlag? Dazu möchte ich zunächst Gegenargumente präsentieren, die innerhalb der öffentlichen Matrix der Verbraucherdemokratie mehr oder weniger überzeugend ins Feld geführt werden könnten, um anschließend mit etwas mehr Abstand zu prüfen, ob nicht die Art und Weise, wie die Öffentlichkeit mit einem solchen Vorschlag ihr Problem zu fassen versucht, insgesamt falsch ist.[145]

Was die Kritiken am Postulat der Konsumentenverantwortung in der Arena anbelangt, so genügen wenige Hinweise. Es handele sich im Grunde um einen Offenbarungseid. Die Gesellschaft habe ihre kollektive Gestaltungs- und Steuerungsfähigkeit verloren und wisse sich nicht anders zu helfen, als an jeden Einzelnen zu appellieren; weil die viel beschworene *Corporate Social Responsibility* im kapitalistischen Überlebenskampf an Grenzen stößt, suche man nun einen anderen Hebel, ohne dieses fatale System bei der Wurzel zu packen; der Ansatz unterschätze nicht nur die Infantilisierung der Staatsbürgerinnen, sondern leiste auch noch einen aktiven Beitrag dazu; er überfordere die Verbraucher heillos mit Informationsbeschaffungspflichten und entlaste die Unternehmen, und schließlich reproduziere er den gouvernementalen Stil eines *sozialpolitischen* Aktivierungsregimes, das Risiken ungenügender Alterssicherung, eintretender Arbeitslosigkeit oder chronischer Krankheit zunehmend privatisiert. Im Klartext gehe es doch um die Frage, wer die Zeche für die Fehler der Vergangenheit bezahlt. Zugleich blieben *perverse Effekte* nicht aus: Die mit reinem Gewissen ihre Urlaubsflüge klima-kompensierenden Lohas trügen mit ihrer Manufaktum-Wohlfühl-Ästhetik den größten ökologischen Rucksack; ihre moralischen Bedürfnisse würden von einer expansiv ausgerichteten (Werbe-)Industrie vereinnahmt; nichts anderes als egoistischer Protektionismus verberge sich hinter der Absicht, mit dem Kauf bestimmter T-Shirts oder Motorenöle Arbeitsplät-

145 Das folgende Beispiel ist eingeflossen in Jörn Lamla, »Verbraucherdemokratie: Ein Zwischenbericht zur Politik der Konsumgesellschaft«, in: Heidbrink u. a. (Hg.), *Die Verantwortung des Konsumenten*, S. 93-112, hier: S. 107-111.

ze in Deutschland zu sichern; individuelle Einsparungen würden durch kollektive Zuwächse des Konsums mehr als aufgefressen (Rebound-Effekt); der sorgsam getrennte Müll lande zu großen Teilen ohnehin in Verbrennungsanlagen, und die Konsumenten fingen schließlich damit an, *trotzig* auf die moralischen Verantwortungszumutungen zu reagieren.

Gegen diese Kritiken gibt es wiederum Gegenargumente in der öffentlichen Arena. Aber darum geht es hier nicht, sondern um die öffentliche Dynamik, die an einem solchen Vorschlag sichtbar wird: Was auf den ersten Blick als plausible Situationsbeschreibung erscheint – die Konsumenten tragen in einer Verbraucherdemokratie Verantwortung für die problematischen Nebenfolgen der Konsumgesellschaft –, kann für die kollektive Lösungssuche in dieser gesellschaftlichen Krisenkonstellation zur Belastung werden. Der Grund dafür ist einfach zu verstehen: *Verantwortung* eignet sich als *Zuschreibungskategorie* und provoziert Prozesse des Zuschiebens, Wegschiebens und Weiterreichens zwischen den Beteiligten,[146] zumal wenn es sich um ein hoch interdependentes Netzwerk wie die Industrie- oder die Konsumgesellschaft handelt. Auch wenn offensichtlich kein einzelner Akteur tatsächlich die Verantwortung für das zu übernehmen vermag, was angesichts überbordender Komplexität alles schiefläuft, selbst wenn für all diese Probleme Verbindungen irgendwie zu ihm zurücklaufen, richtet sich die Suche gleichwohl auf Schuldige, auf Verursacher und nicht auf die Strukturen. »Unser Unternehmen hat in den letzten Jahren die Standards deutlich erhöht. Jetzt könne man von den Konsumenten doch wohl verlangen, dass sie sich informieren und nicht weiter nach Discount-Preisen verlangen« oder »Selbstverständlich würden wir den öffentlichen Nahverkehr benutzen, wenn es die Kommunalverwaltung endlich hinbekäme, attraktive Verbindungen in die Fläche zu bringen« – so oder so ähnlich sieht das Verschieben von Verantwortung aus. In der Folge kommt es – bildlich gesprochen – zur Überbetonung der Knoten gegenüber den Kanten des Netzwerks. Wird die Verantwortung aufgrund der strukturellen Überforderungslage aber zwischen den Konsumenten, Produzenten, Handelsunternehmen, Politikerinnen, Gewerkschaften, Aktionären, Werbeschaffenden, korrupten Regimen, Experten, NGOs usw.

146 Vgl. Beck, *Gegengifte.*

hin- und hergeschoben, blockiert sich die öffentliche Lösungssuche letztlich selbst, weil die Nebenfolgen und Interdependenzen im Ergebnis an keiner Stelle verantwortlich reguliert werden.

Die Öffentlichkeit der Verbraucherdemokratie gebietet in ihrem jetzigen Zustand und mit ihren derzeitigen Positionierungen diesem Spiel nicht Einhalt, sondern spielt es mit und trägt so dazu bei, dass die Verantwortung liegen bleibt, wo die Mittel fehlen, sie argumentativ wegzubewegen – etwa bei den hoch individualisierten und eher schwach repräsentierten Verbrauchern. Möglicherweise fehlen dort aber auch die Mittel, die Verantwortung zu schultern. Damit wäre das Problem zwar vorerst vom Tisch, aber nur bis zur nächsten Manifestation der Krise. Abschließend stellt sich somit die Frage, wie die Öffentlichkeit der Verbraucherdemokratie aus dem Sprachspiel wechsel- oder einseitiger Verantwortungszuschreibung aussteigen kann, ohne ihre Gesamtverantwortung für die problematischen Nebenfolgen und Interdependenzen der Konsumgesellschaft aufzugeben. Erforderlich scheint dafür wiederum eine stärkere Rückbindung der öffentlichen Reflexion an die komplexen figurativen Prozesse und Ordnungsbildungen der Konsumgesellschaft zu sein. Als Ausgangspunkt sind diese zwar Bestandteil einer diffusen Problemartikulation, die aber durch eine publizistische Reflexion, die sich selbstreferentiell gegenüber den konkreten Streitsachen abschließt, nicht gut in kollektives Erfahrungswissen überführt werden kann. Stattdessen läuft der Diskurs Gefahr, sich allein über Kategorien und Differenzschemata wie Staat vs. Markt, Recht vs. Solidarität, Emanzipation vs. Authentizität, Kultur vs. Ökonomie oder auch Individuum vs. Gesellschaft zu reproduzieren, ohne deren Tragfähigkeit für eine Analyse und Beschreibung der problematisierten Vorgänge noch zu testen.

Am Fallbeispiel der Sweatshops in der Bekleidungsindustrie hat Iris Young alternativ dazu ein »Social Connection Model« entworfen, in dem sie soziale Verantwortlichkeiten nicht als allgemeine Bürgerinnenpflichten, sondern abgestuft nach dem institutionellen und materiellen Vermögen an Macht und Einfluss bestimmt, das den sozialen Positionen verschiedener Akteure im komplexen Interdependenzgefüge der globalen Gesellschaft entspricht. Anstelle der wechselseitigen Zuschreibung von Verantwortlichkeiten nach dem Muster des Verursacherprinzips käme es ihrer Ansicht nach darauf an, das implizite Wissen über die Zusammenhänge und Verstrickungen zunächst expliziter verfügbar zu machen – etwa über die Auswirkungen des schnellen Modewechsels im Westen, der durch expressive Konsum- und Alltagsgewohnheiten mitbedingt ist, auf die Produktionsverhältnisse in den Entwicklungsländern. Wichtiger als die recht hilflosen Versuche, mit individuellem Kaufverhalten Institutionen und strukturelle Prozesse verändern zu wollen, sei daher das Engagement, solche Zusammenhänge sichtbar zu machen, zu kommunizieren und publik zu machen.[147]

Verbraucherdemokratie, im Sinne des Demokratischen Experimentalismus verstanden, bedeutet genau dies: Die Suche nach einem *angemessenen Repräsentationsverhältnis des Kollektivs*, bezogen auf die Sachprobleme der Konsumgesellschaft, aber auch auf die *Handlungsmacht und Verantwortungskapazitäten* aller daran beteiligten oder davon betroffenen Propositionen und Stakeholder. Dewey zufolge geht dies in komplexen Gesellschaften nicht ohne das *Zwischenschalten staatlicher Regulierungsinstanzen*, die allerdings noch gar nicht existieren, sondern erst gefunden und geschaffen werden müssen. An diesen *Staat* kann deshalb die Verantwortung ebenso wenig delegiert werden wie an seine *Consumer Citizens*. Mit Latour lässt er sich vielmehr als das erst noch zu erarbeitende und zu institutionalisierende *kollektive Handlungsprogramm* oder *Akteur-Netzwerk* verstehen, das verschiedene – menschliche und nicht-menschliche, individuelle und organisationsförmige, politische und ökonomische – Handlungsträger in die Lösung der Probleme der Konsumgesellschaft einbindet.[148]

147 Vgl. Iris Marion Young, »Responsibility and Global Justice. A Social Connection Model«, in: *Social Philosophy and Policy*, H. 1 (2006), S. 102-130.

148 Latour hat an Beispielen wie der Betonschwelle, die in verkehrsberuhigten Zonen in die Fahrbahn eingelassen ist und die moralische Selbstkontrolle der Autofahrer durch das materielle Interesse an der Schonung ihrer Stoßdämpfer ersetzt, oder am berühmten Berliner Schlüssel, der seine Benutzer konstruktionsbedingt dazu zwingt, die Türen verschlossen zu halten, gezeigt, wie Verantwortung im hochtechnisierten Zeitalter verteilt ist (vgl. Bruno Latour, *Der Berliner Schlüssel. Erkundungen eines Liebhabers der Wissenschaft*, Berlin 1996). Hinter diese Einsicht wird die Verbraucherdemokratie wohl kaum zurückfallen können. Vielmehr muss sie das Prinzip dieser Hybridisierung verallgemeinern und demokratisieren. Dann werden die interessanteren Experimente in der Konsumgesellschaft nicht länger Markt gegen Staat, Technik gegen Moral oder Skandalisierung gegen positives Recht ausspielen und auch nicht den Wert der Freiheit gegen den der Authentizität oder beide gegen die Ziele ökologischer Nachhaltigkeit, sozialer Teilhabe und Gerechtigkeit. Vielmehr wird vermittelt

Im Ergebnis dieser Suche werden die Lasten der Probleme ohne Zweifel neu verteilt werden müssen, und auch die Verbraucher werden gewiss ihren Anteil zu tragen haben – sei es durch höhere Steuern und Preise, durch Übernahme von Risiken und/oder durch moralische Selbstbeschränkung hinsichtlich der gegebenen Konsummöglichkeiten. Die Öffentlichkeit aber müsste das *demokratische Prinzip* der *geteilten Verantwortung* in ihren Experimenten und Entwürfen stärker gewichten als die Fokussierung einzelner Gruppen oder Typen von Verantwortlichen, um eine kollektive Lösungssuche nicht vorzeitig in sozialen Antagonismen zu blockieren. Dem Lauf der Dinge käme eine solche distanziertere Beobachterhaltung ohnehin näher. Denn am Ende sind es stets kollektive Arrangements, wenngleich mit wechselnden Schwerpunkten und ungleichen Kräfteverhältnissen, in denen die gesellschaftlichen Folgeprobleme politisch reguliert und bewältigt werden. Gelänge es der Öffentlichkeit, dafür eine geeignete Beschreibungssprache zu finden, wäre es auch leichter, die demokratischen Experimente entsprechend zu rahmen und ein Netzwerk mit verteilten und gewichteten Verantwortlichkeiten zu bilden.

über die vielen Sachprobleme der Verbraucherdemokratie das Verhältnis allmählich neu arrangiert, in dem die Repräsentanten der entsprechenden Welten und ihre bevorzugten Lösungsstrategien zum Zuge kommen.

IV. Consumer Citizen? – Praktiken der Verbraucherdemokratie

Der publizistische Diskurs der Verbraucherdemokratie fokussiert teils explizit – im Leitbild des nachhaltigen Konsums, durch die Zuschreibung von Verantwortung oder die Warnung vor Überforderung –, aber vor allem auch implizit – dadurch, dass er den Konsumalltag und die Konsumgewohnheiten durch die vermehrte öffentliche Diskussion und Thematisierung ins öffentliche Bewusstsein hebt – die Praktiken der Verbraucher. Sie werden darin mit den indirekten Folgen konfrontiert, die ihre alltäglichen und außeralltäglichen Entscheidungen in der Konsumgesellschaft laufend erzeugen. Dadurch stellt sich die Frage, ob sich die Verbraucher zukünftig für das Gemeinwohl stärker einsetzen sollten und, wenn ja, wie sie dies könnten. Schließlich sind sie – in Personalunion – alle auch Bürgerinnen eines politischen Gemeinwesens, das je nach Blickweite von ihrer lokalen Gemeinschaft bis hin zum kosmopolitischen Zusammenhalt in der Weltgesellschaft reichen kann. Es scheint daher nahezuliegen, die *Verbraucher*-Demokratie wörtlich zu nehmen und die Konsumenten darin als die souveränen Bürgerinnen zu betrachten und anzusprechen. In der wissenschaftlichen Literatur hat sich für diese Sichtweise der Terminus *Consumer Citizen* durchgesetzt.[1]

Unklar ist jedoch, ob es sich bei diesem Konzept um mehr handelt als um eine diskursive Zuschreibung von Funktionen, also die Postulierung einer zusätzlichen Rolle, die bei den Verbrauchern verankert werden soll – und zwar unabhängig davon, ob sie für diese selbst handlungsleitend ist oder werden kann. Historisch ist

1 Vgl. dazu auch Kapitel I, Abschnitt 1. Dieses Konzept ist nach dem Vorbild des Begriffs *Corporate Citizenship* gebildet, also der Adressierung von Tugend- und Gemeinwohlzumutungen in Richtung Unternehmen und Konzerne (vgl. Backhaus-Maul u. a. (Hg.), *Corporate Citizenship in Deutschland*), und wird oft komplementär zu diesem verwendet – in etwa so, wie die Demokratietheorie auch sonst eine Arbeitsteilung zwischen Bürgerinnen und Eliten vornimmt (vgl. Holger Backhaus-Maul, Ingolf Schubert, »Unternehmen und Konsumenten: Diffuse Verantwortung und schwache Interessen?«, in: *Forschungsjournal Neue Soziale Bewegungen*, H. 4 (2005), S. 78-88 sowie als Überblick über die gesamte Diskussion Kneip, *Consumer Citizenship und Corporate Citizenship*).

das Verhältnis von Verbraucher und Bürgerin gewiss wechselvoll, so dass sich auch in Zukunft neuartige Verbindungen ergeben könnten. Um diesen Lösungsansatz aber auf eine Bewährungsprobe zu stellen, soll er hier mit den Praktiken der Verbraucher konfrontiert werden, wie sie sich aus theoretischer und empirischer Perspektive darstellen. Im ersten Schritt werden dazu drei klassische Theorien gesichtet, die wertvolle Bausteine zu einer soziologischen Theorie des Consumer Citizen liefern (1). Anschließend wird diese Theorie auf der Grundlage empirischer Fallrekonstruktionen aus einem Forschungsprojekt zur »virtuellen Alltagsökonomie« überprüft und am Beispiel digitaler Konsumpraktiken zu einer theoretisch gesättigten Typologie ausgearbeitet (2). Dadurch wird es schließlich möglich, die Erwartungen an die Consumer Citizens mit jener Ausgangslage zu konfrontieren, die in der Verbraucherschaft, mit ihren habituellen Praktiken und historischen Dispositionen, vorgefunden wird und von der politische Bildungsprozesse in der Konsumgesellschaft ausgehen müssten (3).

1. Bausteine einer soziologischen Theorie des Consumer Citizen

Die drei Abhandlungen, die im Folgenden aufgegriffen werden, um die Figur theoretisch zu erhellen, verfolgen keine normative Theorie dieses Consumer Citizen, die sich darüber auslässt, was die Verbraucher alles können und sollten, um als verantwortungsvolle Bürgerinnen der Verbraucherdemokratie zu gelten. Sie benutzen diesen Begriff auch gar nicht oder allenfalls zufällig und gehen den aktuellen Diskussion um viele Jahrzehnte voraus. Diese Distanz zu den gegenwärtigen politischen Anrufungen der Verbraucher scheint mir ihr großer Vorteil zu sein. Sie interessieren sich für die Verbraucher und deren kulturelle Praktiken, so wie sie sind. Dem Consumer Citizen nähern sie sich daher allesamt auf indirekte Weise. Dabei arbeitet David Riesman heraus, wie die alle Lebensbereiche durchdringenden Verbrauchereigenschaften auch vor dem politischen Verhalten nicht Halt machen (1.1), wohingegen Michel de Certeau umgekehrt nach dem elementar Politischen im Konsumalltag (1.2) forscht. Während die Unterschiede zwischen Konsument und Bürgerin dabei jeweils komplett verschwimmen, bleiben sie bei Albert O. Hirschman vollständig getrennt und liefern ihm sein Erklärungsproblem, nämlich das Schwanken zwischen den entsprechenden Engagementformen endogen zu erklären (1.3). Trotz dieser Unterschiede arbeiten sich alle drei Theorien an der einen Frage ab, welche *Autonomiepotenziale und -reserven* die Verbraucher besitzen oder mobilisieren könnten. Damit liefern sie wertvolle theoretische Bausteine für eine Untersuchung, die sich dafür interessiert, mit welchen habituellen Dispositionen die Verbraucher auf die Verbraucherdemokratie treffen, in welchen politischen Formen sie sich daran beteiligen und wie sie sich gegebenenfalls zukünftig mit mehr Verantwortung daran beteiligen könnten (1.4).[2]

1.1 Die Autonomie des Außen-Geleiteten

David Riesman formuliert in jener Passage gegen Ende seines Buches *Die einsame Masse*, die ich dieser Arbeit vorangestellt habe, die These, dass die Menschen aus ihrem Privatleben heraus »neue kritische und schöpferische Maßstäbe entwickeln« und so eines Tages lernen könnten, »nicht nur mit Verbrauchsgütern wie Lebensmitteln oder Büchern, sondern auch mit den ›größeren Gütern‹ richtig umzugehen: einer Nachbarschaft, einer Gesellschaft und einer Lebensweise«.[3] Er interessiert sich in den abschließenden Kapiteln des Buches für die Bedingungen, unter denen die »außen-geleiteten« Verbraucher, die in der modernen Gesellschaft Übergewicht erhielten und der öffentlichen Politik weitgehend richtungslos gegenüberständen, aus ihrer Abhängigkeit von Meinungen anderer befreit werden und demokratische Autonomie entwickeln könnten. Sein gemeinsam mit Reuel Denney und Nathan Glazer verfasstes Buch ist nicht zuletzt deshalb auch für die Beschäftigung mit den heutigen Problemen der Verbraucherdemokratie als weit-

2 Den folgenden Abschnitten liegen veröffentlichte Arbeiten zugrunde, wobei hier der überarbeiteten englischen Fassung des Argumentationsgangs gefolgt wird (vgl. Jörn Lamla, »Die Autonomie des Verbrauchers und ihre politischen Formen. Bausteine einer Kulturtheorie des Consumer-Citizen«, in: Baringhorst u. a. (Hg.), *Politik mit dem Einkaufswagen*, S. 53-80; Jörn Lamla, »Consumer Autonomy and its Political Manifestations. Towards a Sociological Theory of the Consumer Citizen«, in: *Krisis. Journal for Contemporary Philosophy*, H. 1 (2012), S. 32-48).

3 Riesman u. a., *Die einsame Masse*, S. 319.

sichtiger und ertragreicher Klassiker der Soziologie anzusehen, dem es wieder mehr Aufmerksamkeit zu widmen gilt.

Bei Riesman tritt der Verbraucher also in Gestalt des außengeleiteten Charakters auf den Plan, der hier die typische Gestalt der entwickelten Moderne bezeichnet. Diese wird mit historisch früheren Typen kontrastiert, wodurch sich die Frage nach Autonomiepotenzialen und Bildungsprozessen genauer stellen lässt. Seine Unterscheidung von drei Charakteren – dem traditions-geleiteten, dem innen-geleiteten und dem außen-geleiteten Charakter – erfolgt in der Absicht einer empirischen Generalisierung von Merkmalen, die zu bestimmten Zeiten dominant in der amerikanischen Gesellschaft wurden, wobei stets betont wird, dass sie kaum je in der Reinheit ihrer idealtypischen Abstraktionen vorkommen, sondern in mannigfaltigen Abstufungen und Mischungsverhältnissen.[4] Der typologische Ansatz rechnet also mit der *Koexistenz* verschiedener Charaktere, Engagementformen und mit Differenzen im Zeitgeist einer Epoche und begreift es als sein Hauptproblem, jeweils empirisch angemessene Ebenen der Verallgemeinerung von Merkmalen zu identifizieren, auf denen die Mannigfaltigkeit konkreter Einzelfälle zu überschaubaren und theoretisch aussagekräftigen Typen gruppiert und angeordnet werden kann.

Der Außen-Geleitete unterscheidet sich signifikant von jenem prinzipienfesten, an Idealen ausgerichteten *Typus des Innen-Geleiteten*, den Riesman – wie viele nach ihm – in Anlehnung an Max Webers Rekonstruktion von Spuren der protestantischen Ethik im Geist des modernen Kapitalismus bestimmt.[5] Eine wesentliche Eigenschaft dieses überzeugten Berufsmenschen, dessen asketische Züge, Entschlossenheit und Rastlosigkeit Weber auf seelische Bedürfnisse zurückführte, die aus dem Glauben an die calvinistische Lehre der Gnadenwahl resultierten, ist ein inneres Richtungsbe-

4 Vgl. ebd., S. 47.

5 Dabei wollte Weber klären, wie sich der moderne ökonomische Habitus gegen die vorherrschende traditions-geleitete Lebensweise durchsetzen konnte (vgl. Max Weber, *Die protestantische Ethik und der »Geist« des Kapitalismus*, Weinheim [2]1996). Die Arbeit von David Riesman und Mitarbeitern interessiert sich hingegen ebenso wie Daniel Bell, *Die kulturellen Widersprüche des Kapitalismus*, Frankfurt/M., New York 1991; Campbell, *The Romantic Ethic and the Spirit of Modern Consumerism* bis hin zu Boltanski, Chiapello, *Der neue Geist des Kapitalismus* vor allem für jene Schwellen oder Brüche, die nach oder mit der vollen Entfaltung des Kapitalismus entstehen.

wusstsein, das sein Handeln weitgehend unabhängig von den geäußerten und wechselnden Meinungen und Ansichten seiner Mitmenschen macht. Im Kontrast zu diesem Handeln nach einem inneren »Kreiselkompass« kennzeichnet Riesman den *außen-geleiteten Typus* durch das nautische Gegenbild einer »Radar-Anlage«, die ausgelegt ist, sämtliche Signale aus der Umwelt einzufangen, um auswerten zu können, wie das Handeln am günstigsten an diese Umwelt anzupassen ist.[6] »Günstig« verweist hierbei vor allem auf die Gunst der anderen und nicht unbedingt auf ein ökonomisches Kalkül: Der Außen-Geleitete braucht laufend die *Anerkennung* und *Bestätigung* seiner jeweiligen Bezugsgruppen.

Das für die Ausbildung dieser Charakterzüge maßgebliche soziale Feld ist nicht die Produktion, der innere Zusammenhang von Beruf und Berufung, sondern angesichts des Ressourcenüberschusses in Wohlstandsgesellschaften zunehmend die Freizeit, das harmonische Zusammenleben und die fluktuierenden Welten des Konsums. Die Erziehung zum Verbraucher wird nach Riesman bei einsetzendem Bevölkerungsrückgang funktional:

> In der Tat ist in der Phase der beginnenden Bevölkerungsschrumpfung die Bevölkerungskurve stark mit unproduktiven Verbrauchern besetzt, also der wachsenden Anzahl von alten Menschen und der rückläufigen Anzahl von jungen, noch unausgebildeten, und diesen muß einerseits wirtschaftlich Gelegenheit gegeben werden, an dem Überfluß teilzunehmen, andererseits müssen sie die hierfür erforderliche Charakterstruktur besitzen.[7]

Beginnend mit der frühen Sozialisation durch verständnisvolle Eltern und Lehrer, deren Einfluss allerdings im Laufe der Kindheit und Jugend zugunsten der Peer-Group, also der Gruppe der Altersgenossen, zurücktritt, reichen die Instanzen, die den außengeleiteten Charaktertypus hervorbringen, bis zur veröffentlichten Meinung durch moderne Massenunterhaltungsmittel und kundenorientierte Marktakteure. Das Individuum lernt, sich flexibel auf die äußeren Erwartungen einzustellen, d. h. seine Meinungen und seinen Geschmack entsprechend zu wechseln, und spezialisiert sich auf die zwischenmenschliche Kommunikation in Freizeit und Beruf, indem es seine Persönlichkeit durch kleine Stilbesonderheiten

6 Vgl. Riesman u. a., *Die einsame Masse*, S. 32-41.
7 Ebd., S. 35.

(»marginal differentiations«) ausformt und damit für die *antagonistischen Kooperationen* in diesen Feldern fit macht.

Sein außen-orientiertes Konsumverhalten schlägt auch auf andere Handlungsbereiche durch und prägt nicht zuletzt die *politischen* Haltungen und Engagementformen, die Riesman jeweils bezogen auf die Charaktertypen und ihre Untertypen rekonstruiert. Unter den Außen-Geleiteten nähmen zwar viele die Haltung einer neuen Gleichgültigkeit an. Eine nicht unerhebliche Minderheit zelebriere jedoch ein ausgiebiges politisches Interesse. Dies sind die *Informationssammler* (»inside-dopester«), die das außen-geleitete Konsumverhalten auf die Politik übertragen: »Wir können uns unter dem Informationssammler einen Menschen vorstellen, der (aus guten Gründen) zu dem Schluß gekommen ist, daß er, unfähig den Verlauf des politischen Geschehens zu ändern, diesem nur noch Verständnis, aber keinen Handlungsimpuls entgegenbringen kann.«[8] Diese *konsumierende Bürgerin* bemüht sich, stets gut informiert zu erscheinen, nimmt anderen gegenüber eine abgeklärte, tolerante Haltung ein und beschränkt sich darauf, sich selbst zu manipulieren. Durch ihr Konsuminteresse stützt sie das massenmedial verbreitete, illusionäre Bild einer von »Persönlichkeiten« gemachten Politik, die tatsächlich bloß inszeniert ist. Mit der Zeit kann sie gegenüber der öffentlichen Meinung keine klare Position mehr beziehen, weil sie Zusammenhänge zwischen der Politik und ihren persönlichen Erfahrungen nicht mehr interpretieren kann: »Der außen-geleitete Informationssammler ist unfähig, irgendein Werturteil auf eine vorgefaßte und auf einem einheitlichen Gefühlszusammenhang beruhende Überzeugung zu stützen.«[9] Es ist die hybride Gestalt eines Consumer Citizen, dem die Quellen der Autonomie weitgehend abhandengekommen sind. Die Verschmelzung von politischen und Konsum-Orientierungen und der Wunsch, sich stets alle Optionen offenzuhalten, disponieren ihn zum *Drifter*, der seine Entscheidungsfähigkeit weitgehend eingebüßt hat.[10]

Mit dieser Schlussfolgerung gibt sich Riesman jedoch keines-

8 Ebd., S. 193.

9 Ebd., S. 239.

10 Vgl. Richard Sennett, *Der flexible Mensch. Die Kultur des neuen Kapitalismus*, Berlin 1998 sowie zusammenfassend Hartmut Rosa, *Beschleunigung. Die Veränderung der Zeitstrukturen in der Moderne*, Frankfurt/M. 2005, S. 381-390.

wegs zufrieden, weshalb er im dritten Hauptteil des Buches systematisch nach *Reserven* sucht, die insbesondere von den Außen-Geleiteten, aber auch von anderen Charaktertypen, gegen die Konformitätszwänge in Anschlag gebracht werden können. Eine einfache Gleichsetzung des Innen-Geleiteten mit der autonomen Bürgerin sowie des Außen-Geleiteten mit dem hilflos allen Modeströmungen ausgelieferten Verbraucher verbietet sich für Riesman. Auf ihre Weise repräsentieren alle Charaktertypen ein konformistisches Handlungsmuster: »Die ›Angepaßten‹ (adjusted) [...] sind die typischen Traditions-Geleiteten, Innen-Geleiteten und Außen-Geleiteten – jene, die ihrer charakterlichen Struktur nach den Forderungen der Gesellschaft oder Klasse in den jeweiligen Stadien der Bevölkerungsbewegung entsprechen.«[11] Neben die *Angepassten* und *Autonomen* stellt Riesman noch die *Anomalen*. So praktiziert jene innen-geleitete Bürgerin, die ihre Maximen unter gegenwärtigen Bedingungen noch gesinnungsethisch vertritt (»Hier stehe ich, ich kann nicht anders«), eine womöglich auch für sie selbst schädliche Form von Anpassungsverweigerung. Die Lösung des Problems kann demnach kaum in einer Neuauflage von Charaktermerkmalen des alten Bildungsbürgertums bestehen, auch wenn in der innen-geleiteten Epoche die Autonomiepotenziale vielleicht größer waren.[12] Riesman sucht daher nach unentdeckten Reserven, die den Verbrauchern im Zeitalter des außen-geleiteten Charakters zur Autonomie verhelfen können. Auch wenn er hauptsächlich Hindernisse dieser Autonomie identifiziert, also das Problem eher mit den Mitteln einer bestimmten *Negation* angeht, liefern seine Bemühungen doch eine herausragende Quelle für jede zeitgemäße Theorie des Consumer Citizen.[13]

Das Haupthindernis für die Herausbildung autonomer Consumer Citizens sieht Riesman in der falschen Zentrierung aller Anstrengungen auf das Feld der Arbeit. Der *zwanghafte Produktivismus*, der fest in die Institutionen der modernen Wohlfahrtsgesellschaft eingeschrieben ist, hindert sie daran, sich auf die Vorteile und Möglichkeiten der Freizeitgestaltung wirklich einzulassen. Stattdessen wird das Berufsleben mit Ansprüchen der Selbstver-

11 Riesman u. a., *Die einsame Masse*, S. 253 (Hervorhebung weggelassen, J. L.).

12 Vgl. ebd., S. 263.

13 Sie werden unter *positiven* Vorzeichen in der Zusammenführung (Abschnitt 1.4) sowie in Kapitel VI, Abschnitt 3 und Kapitel VII erneut aufgegriffen.

wirklichung überzogen, die darin oftmals nur unzulänglich realisiert werden können. So tritt dort massenhaft die gespielte Freundlichkeit oder inszenierte Aufrichtigkeit in Erscheinung, die das Erfolgskalkül des Marktkontextes nicht abzuschütteln vermögen, in dem sie hervorgebracht wurden. Das demonstrative Konsumieren, das Siegfried Kracauer an Angestellten[14] beobachtet hat, ihr zwanghaftes Distinktionsgebaren gegenüber der alten Arbeiterklasse, deren »Widerstand gegenüber jedem persönlichen Engagement bei der Arbeit« sie im Grunde beneiden, das Gefühl, Urlaub stets als produktive Investition rechtfertigen zu müssen, und vieles mehr lässt Riesman zu dem Schluss kommen, dass sich Autonomie nur durch eine deutlichere Abgrenzung zur Sphäre der Erwerbsarbeit gewinnen lässt.[15] Aber auch wenn eine solche negative Freiheit – etwa durch ein bedingungsloses Grundeinkommen – hergestellt wäre, würde sich die Autonomie noch nicht von selbst einstellen. Dieses Problem sieht Riesman sehr klar, was ihn jedoch nicht davon abhält, »die Möglichkeit einer organischen Entwicklung der Autonomie aus der Außen-Lenkung«[16] ernsthaft weiter eruieren zu wollen.

Charakterliche Reserven, die in der Freizeit zu entfalten wären, liegen ihm zufolge in der gesteigerten Sensibilität und Reaktionsfähigkeit, die mit der Außen-Lenkung einhergeht. Doch müssten diese Reserven auf andere Weise mobilisiert werden, um die Selbstinterpretation zu verfeinern, d. h. »die eigenen Gefühlsbewegungen, Entfaltungsmöglichkeiten und Grenzen zu erkennen und zu achten«, anstatt sie laufend an externe Anforderungen auszuliefern.[17] Während der innen-geleitete Typ in all seinen privaten (Konsum-)Entscheidungen mit einer gewissen ethischen Festigkeit ausgestattet ist und die traditions-geleitete Persönlichkeit vielen kommerziellen Anrufungen einfach aufgrund ihrer tief verankerten Konsumgewohnheiten widersteht, weist der außen-geleitete Verbraucher keine habitualisierten Kapazitäten dieser Art auf, die es ihm gestatten würden, die Flut von Einstellungen und Meinungen, die in der Marktsphäre oder in der politischen Öffent-

14 Vgl. Siegfried Kracauer, *Die Angestellten. Aus dem neuesten Deutschland*, Frankfurt/M. 2001.

15 Riesman u. a., *Die einsame Masse*, S. 281.

16 Ebd., S. 272.

17 Ebd.

lichkeit zirkulieren, aktiv einzudämmen. Können sich traditionelle Gewohnheiten und ethische Überzeugungen zu Belastungen entwickeln, wo Umgewöhnungen oder Neuorientierungen im Konsumverhalten notwendig erscheinen, stellt sich das Problem im Fall des Anerkennung suchenden Verbrauchers genau umgekehrt dar. Er muss überhaupt erst wieder lernen, Widerstandskräfte zu entwickeln. Bevor nun die Bedingungen, unter denen ein solcher Lernprozess möglich werden könnte, näher bestimmt werden, soll aber zunächst mithilfe zweier weiterer Theorien untersucht werden, ob Riesmans Typologie das Spektrum der Problemlagen und Artikulationsweisen von Verbraucherautonomie bereits vollständig in den Blick bekommt bzw. durch welche weiteren Charakterzüge sie womöglich ergänzt werden muss. Dies ist nicht zuletzt als Vorbereitung für die spätere Beschäftigung mit der empirischen Frage wichtig, welche dieser verschiedenen typisierten Ausprägungen von »Verbraucherautonomie« sich denn in der gegenwärtigen, um digitale Technologien bereicherten Konsumgesellschaft auffinden lassen und welche darin Dominanz erlangen.

1.2 Die Taktiken des Verbrauchers

Eine abstraktere und dadurch sehr weitreichende Fassung von Verbraucherautonomie lässt sich ergänzend zu den Überlegungen von Riesman u. a. aus Michel de Certeaus sozialtheoretischen Überlegungen zur *Kunst des Handelns* gewinnen. Zwar spricht de Certeau nicht vom Consumer Citizen. Seine Theorie rückt gleichwohl eine *politische Qualität des Verbraucherhandelns* in den Blick, die in den verschiedensten Praktiken des Alltags zum Tragen kommen kann. Auch wenn diese nicht auf einen speziellen Typ von Verbraucher beschränkt sein mag, schließt dies nicht aus, dass sich ein vierter Grundcharakter bestimmen lässt, der sich durch einen ideal- und realtypisch denk- und beobachtbaren Kontrast zu den Eigenschaften aller »irgendwie-geleiteten« Charaktertypen Riesmans auszeichnet, insofern er sich durch taktische Finessen dem Modus des »Gelenktseins« überhaupt zu entziehen trachtet. Solche Verbraucher hätten dann jene Autonomiepotenziale, die im Folgenden näher betrachtet werden, in besonderer Weise kultiviert. Und es gibt deutliche Hinweise, dass sie gerade in Zeiten anonymer Märkte im digitalen Raum an Gewicht gewinnen.

Der Zugang, den de Certeau wählt, ist ungewohnt, weil Konsum weder ökonomisch über Warentausch, Geldverwendung, Haushalt, Knappheit oder Überfluss noch kulturell oder sozialpsychologisch anhand von Kategorien des Bedürfnisses, des Statuskampfes, der Neugier o. ä. bestimmt wird. Vielmehr orientiert sich sein Begriff der »Konsumpraktiken« an Wittgensteins Philosophie der normalen Sprache.[18] Es ist das Modell des *alltäglichen Gebrauchens* von Sprache, des Sprechaktes und der Sprachspiele, dessen Übertragung dem Verbraucherhandeln bei de Certeau ganz elementar politische Züge verleiht.[19] Denn durch diesen gebrauchstheoretischen Ansatz wird dem Konsum ein Moment von Aktivität zugesprochen, wo ihm in herkömmlichen Gegenüberstellungen zur Produktion, Investition oder Politik, die sehr viel eher mit Macht, Einflussnahme und Veränderung assoziiert werden, stets das Stigma des Passiven, Fremdbestimmten oder Vernichtenden anhaftet. Im alltäglichen Gebrauchen von Vorgegebenem bleibt stets ein Potenzial der kreativen Überschreitung angelegt, das einen elementaren Baustein politischer Autonomie in der Lebenspraxis verankert. Im Ergebnis führt dies zur Revision gewohnter Einteilungen, insofern auch der arbeitende Mensch als »Verbraucher« betrachtet werden kann, der sich zu den vorgegebenen Bedingungen seines Arbeitslebens, den Wahlmöglichkeiten, Einschränkungen, Arbeitsmitteln usw. verhalten, sich diese also gebrauchend aneignen muss. Zugleich erscheinen die herkömmlicherweise dem »Konsumalltag« subsumierten Praktiken nicht mehr als einheitlicher Block, insofern sie in unterschiedlicher Weise politisch oder kommerziell aufgeladen sein können.

Der Gegenstand des Gebrauchens ist immer etwas Vorgegebenes, seien es Waren, Sprache, kulturelle Codes, städtische Räume, Technologien oder was auch immer, das allerdings erst durch das Gebrauchen sozial wirksam wird. Das Vorgegebene und sein Gebrauch stehen in einem wechselseitigen Bedingungs- oder Konstitutionsverhältnis. Überlegungen zu diesem Zusammenhang finden sich bekanntlich schon bei Karl Marx im *Achtzehnten Brumaire des Louis Bonaparte*: »Die Menschen machen ihre eigene Geschichte, aber sie machen sie nicht aus freien Stücken, nicht unter selbst-

18 Vgl. Ludwig Wittgenstein, *Philosophische Untersuchungen*, Frankfurt/M. 2003.
19 Vgl. Michel de Certeau, *Kunst des Handelns*, Berlin 1988, S. 46-51.

gewählten, sondern unter unmittelbar vorgefundenen, gegebenen und überlieferten Umständen.«[20] Obgleich diese Stelle in der soziologischen Tradition häufig zitiert wurde, hat man darin zumeist wenig Anlass gesehen, die Dominanz des Arbeits- oder Produktionsparadigmas in Zweifel zu ziehen. Mit de Certeau ließe sich jedoch behaupten, dass die Menschen in erster Instanz immer *Nutzer* oder *Verbraucher* sind, insofern sie in allen Lebensbereichen stets auf vorgefundene Möglichkeiten verwiesen sind und nur im Gebrauch dieses Angebotes gestaltend tätig werden können. Es gilt also zu klären, wie und in welchen Bereichen diese Verbraucher zu autonomen Gestaltern ihrer Lebensverhältnisse werden können, ohne den Gegensatz von Arbeit, Politik und Konsum vorab festzuschreiben.

An der Theorie der Sprache lässt sich der Gedanke präzisieren. Sprechen, Schreiben oder Lesen sind Praktiken des Sprachgebrauchs (parole), die nur möglich sind, weil es die Sprache als komplexes Gefüge von Zeichen und Regeln (langue) bereits gibt. Aber dieses strukturelle Sprachgefüge bleibt *virtuell* existent, solange es nicht durch Gebrauch zu *praktischer* Wirksamkeit in Raum und Zeit gebracht worden ist. Dieser rekursive Zusammenhang bildet auch den Ausgangspunkt in Anthony Giddens' Theorie der Strukturierung, die ebenfalls an die Philosophie von Wittgenstein anschließt.[21] Im Zentrum steht dessen Begriff einer Regel, die in grundlegender Weise vom Anwendungs-Know-how der Handelnden abhängt. Diese müssen ein praktisches Wissen davon haben, wie Regeln kontextspezifisch, also je nach Situation, zu gebrauchen sind, da die Regeln unmöglich alle Aspekte ihrer Anwendung vorab regeln können. Denn gegen das notwendig verallgemeinernde Strukturmoment jeglicher Regel (sonst wäre es keine) steht die Singularität von Raum-Zeit-Stellen, durch die hindurch sich eine

20 Karl Marx, Friedrich Engels, *Der achtzehnten Brumaire des Louis Bonaparte. Ausgewählte Werke in sechs Bänden*, Bd. 2, Berlin 1972, S. 308.

21 Vgl. Anthony Giddens, *Die Konstitution der Gesellschaft. Grundzüge einer Theorie der Strukturierung*, Frankfurt/M., New York 1992. Zu den hier ansetzenden Theoriedebatten um Strukturalismus und Poststrukturalismus sowie die Theoreme der Praxis bzw. Praktiken vgl. auch Theodore R. Schatzki, *Social Practices. A Wittgensteinian Approach to Human Activity and the Social*, Cambridge 1996 und Andreas Reckwitz, »Grundelemente einer Theorie sozialer Praktiken. Eine sozialtheoretische Perspektive«, in: *Zeitschrift für Soziologie*, H. 4 (2003), S. 282-301. Einen Bezug zum Konsum stellt u. a. Alan Warde, »Consumption and Theories of Practice«, in: *Journal of Consumer Culture*, H. 2 (2005), S. 131-153 her.

Praxis vollzieht. Auch Garfinkels Ethnomethodologie betont diese aktiven und kreativen Anpassungsleistungen der Handelnden im Regelgebrauch, die im Regelgefüge stets auch Modifikationen, Verschiebungen oder Grenzverletzungen bewirken.[22] Es gibt keine Strukturreproduktion ohne Strukturtransformation. Genau darin wurzelt eine Machtquelle jedes Handelnden, ein *Vermögen*, das bis in die alltäglichsten Routinevollzüge hineinreicht. Verglichen mit der Theorie von Giddens liegt eine besondere Leistung de Certeaus darin, diesen Handelnden provokativ Verbraucher zu nennen und damit eine neue Sicht auf *Konsumpraktiken* einzuleiten.[23]

So stellt er z. B. unter den Praktiken des Sprachgebrauchs dem *Schreiben* das *Lesen* gegenüber, das als typische Konsumpraktik gelten kann, die scheinbar nichts Eigenes produziert, sondern nur Vorgegebenes benutzt, also im Vergleich zur Tätigkeit des Autors das Bild vom passiven Verbraucher zu bestätigen scheint:

> Das gesellschaftliche und technische Funktionieren der gegenwärtigen Kultur hierarchisiert diese beiden Tätigkeiten. Schreiben bedeutet, den Text zu produzieren; lesen bedeutet, den Text des Anderen zu rezipieren, ohne ihm einen eigenen Stempel aufzudrücken, ohne ihn neu zu gestalten.

22 Vgl. Harold Garfinkel, *Studies in Ethnomethodology*, Cambridge 1967.

23 Gewisse Unterschiede werden sichtbar, wenn man die jeweilige Behandlung der *Machtproblematik* genauer betrachtet: Macht ist für Giddens ein Vermögen zur Umgestaltung von Objekten oder materiellen Phänomenen (allokative Macht) bzw. ein Vermögen, den Entscheidungsspielraum anderer Akteure zu modifizieren (autoritative Macht). Die transformativen Kapazitäten, die hierbei zum Tragen kommen, sind aber keineswegs allein als Eigenschaft der Akteure aufzufassen. Vielmehr gehen sie maßgeblich auf die Verteilung von Ressourcen zurück, die wiederum ein *Moment institutionalisierter Strukturen* sind (vgl. Lamla, *Anthony Giddens*, S. 45-62). Das sieht de Certeau kaum anders. Er setzt aber andere Akzente und unterscheidet solche (machtpolitischen) Praktiken, die in Strukturen angelegte oder ausgewiesene Ressourcen gebrauchen, von solchen, die sich auf Quellen der Autonomie stützen, die in den Institutionen nicht vorgesehen sind. Auch Giddens, *Die Konstitution der Gesellschaft*, S. 199-213 betont freilich, dass Macht keine Einbahnstraße ist und die Handelnden sich auch unter restriktiven Bedingungen einen Rest an Autonomie bewahren. Ebenso wie de Certeau, *Kunst des Handelns*, S. 105-112 distanziert er sich vom Machtverständnis der Überwachung und Disziplinierung bei Michel Foucault, *Überwachen und Strafen. Die Geburt des Gefängnisses*, Frankfurt/M. 1976. Alternativ dazu greift er insbesondere die Analysen zur »totalen Institution« von Erving Goffman auf, *Asyle. Über die soziale Situation psychiatrischer Patienten und anderer Insassen*, Frankfurt/M. 1973.

[…] Was man in Frage stellen muß, ist leider nicht diese Arbeitsteilung (sie ist nur zu real), sondern die Gleichsetzung von Lektüre und Passivität.[24]

Denn nach de Certeau verhält es sich eher umgekehrt: Das Schreiben unterliege, indem es sich zunächst von der Außenwelt absondere, auf die es ausgehend von einer leeren Seite konstruierend einwirken will, einer »Ökonomie der Schrift«, die als mythische Praktik die moderne, technokratische Herrschaftsordnung reproduziert: »Selbst die Revolution, diese ›moderne‹ Idee, stellt ein Schreib-Projekt auf der Ebene einer ganzen Gesellschaft dar, die die Absicht hat, sich gegenüber der Vergangenheit als unbeschriebenes Blatt zu konstituieren […].«[25] Gegen Formen des Politischen, die sich in den Codes verfangen, aus denen sie ihre Macht und Wirksamkeit schöpfen, bringt de Certeau die Praktiken des Lesens ins Spiel, die im Text wildern können, weil sie nichts erschaffen müssen.

Gegen das strukturalistische Denken wird hier also eine *Autonomie der Praxis* betont, die sich in Raum und Zeit vollzieht und nicht vollständig kontrollieren oder disziplinieren lässt.[26] De Certeau unterscheidet Praktiken dahingehend, wie sie zur Ordnung der Strukturen, Codes und Sprachsysteme stehen. Die Differenz von *Raum* und *Zeit* ist hierfür wesentlich, denn Kennzeichen institutioneller Machtpraktiken sei eine Dominanz des Ortes über die Zeit, wohingegen Konsumpraktiken die Zeit dem Ort vorziehen müssten. Der *Ort* steht bei de Certeau für das Planerische, für eine Heimatbasis, von der aus strategisch agiert werden und in die man sich zurückziehen kann, um in Ruhe zu kalkulieren, die Beziehungen zu ordnen usw. Wichtig für die ortsbezogenen Praktiken ist daher die Abgrenzung gegenüber anderen, fremden Territorien. Die Vorbereitungen des Handelns benötigen allerdings Disponibilität in der Zeit, weshalb deren Fließen und Vergehen als natürlicher Feind dieser Form von Machtpraktiken erscheint. Umgekehrt haben die Konsumpraktiken gar keine solche Basis, keinen Ort,

24 de Certeau, *Kunst des Handelns*, S. 299.

25 Ebd., S. 248, Hervorhebung weggelassen. Vgl. auch ebd., S. 245 f.

26 Kritisch setzt sich de Certeau (vgl. ebd., S. 112-129) auch mit dem Habitus-Konzept auseinander und bezeichnet Pierre Bourdieu, *Entwurf zu einer Theorie der Praxis auf der ethnologischen Grundlage der kabylischen Gesellschaft*, Frankfurt/M. 1979 als brillanten Text, der aber noch dem strukturalistischen Denken verhaftet bleibe.

von dem aus sich die Handelnden als Subjekte entwerfen könnten. Weil sie vollständig auf das Gebrauchen von Vorgegebenem beschränkt sind, können sie sich eine gewisse Autonomie nur durch die Ausnutzung der in der *Zeit* sich bietenden günstigen Gelegenheiten bewahren. Genau diese Form von Autonomie sei aber eine in Praktiken des Gebrauchens notwendig enthaltene Qualität, die gegen alle Versuche ihrer Kolonialisierung durch ordnende Prinzipien bewahrt bleibt: »*Die Konsumpraktiken sind die Phantome einer Gesellschaft, die ihren Namen trägt. Wie früher die ›Geister‹ postulieren sie die vielförmige und geheime produktive Tätigkeit.*«[27]

Diese Überlegungen münden in eine Unterscheidung *politischer Formen*, die für die Beschäftigung mit dem Autonomieproblem des Consumer Citizen hohen Anregungsgehalt besitzt. De Certeau unterscheidet zwischen Taktiken und Strategien, um das spezifisch Politische der Alltagspraktiken von Verbrauchern auf den Begriff zu bringen. Betrachten wir zunächst die Definition von Strategien:

> Als *Strategie* bezeichne ich die Berechnung (oder Manipulation) von Kräfteverhältnissen, die in dem Moment möglich wird, wenn ein mit Willen und Macht versehenes Subjekt (ein Unternehmen, eine Armee, eine Stadt oder eine wissenschaftliche Institution) ausmachbar ist. Sie setzt *einen Ort* voraus, der als etwas *Eigenes* beschrieben werden kann und somit als Basis für die Organisierung von Beziehungen zu einer *Exteriorität* dienen kann, seien dies Stoßrichtungen oder Bedrohungen (Kunden oder Konkurrenten, Feinde, das Umland der Stadt, Forschungsziele und -gegenstände etc.).[28]

Eine Analyse von Strategien könnte in der modernen Konsumgesellschaft gut am Marketing und an der Trendforschung durchgeführt werden, sofern diese von einem sicheren Ort aus versuchen, durch Ordnung und Einteilung des Raumes der Zeit vorauszueilen. Grundlegend für die strategischen Praktiken ist die Typisierung und Beobachtung der Anderen, der »panoptische Blick« auf die Objekte, deren Einteilung und Klassifizierung eine mit der Ordnung ihres Wissens verbundene Macht mobilisieren. Auch wenn sie immer tiefer in die Sphäre der privaten Erfahrungen und Erzählungen vordringen, müssen sie die narrativen Zusammenhänge doch ab einem bestimmten Punkt abschneiden und in die Spra-

27 de Certeau, *Kunst des Handelns*, S. 86, (Hervorhebung J. L.)
28 Ebd., S. 87.

che einer Mode kleiden, die sich dann wie ein Gerücht (Werbung) verselbständigen und verbreiten kann. Durch diese sprachlichen Ordnungs- und Darstellungszwänge, die sich der ökonomischen Produktionslogik verdanken, reproduzieren die Strategien des Marketings laufend eine *Diskrepanz* zwischen den *konstruierten Geschichten*, die dem Körper ihren modischen Code aufdrücken wollen, und den *Spuren existenziell gelebter Geschichtlichkeit*, die sich wie ein störendes Geräusch in den körperlichen Praktiken bemerkbar machen.[29] Indem das Marketing diese unverfügbare Eigenaktivität der Verbraucher leugnet, diszipliniert oder auszutreiben versucht, repräsentiert es die modernen »›Informations‹-Techniker [...], die immer weniger von den Konsumenten wissen«.[30]

29 Vgl. ebd., S. 265-270 sowie ergänzend Roland Barthes, *Die Sprache der Mode*, Frankfurt/M. 1985.

30 de Certeau, *Kunst des Handelns*, S. 296. Indem er die Widersprüchlichkeit des Praxisvollzugs in Raum und Zeit betont, geht de Certeau zu *semiologischen* Theorien auf Abstand, die Konsum und Politik als diskursiv codiert ansehen. So diagnostizieren verschiedene historische Analysen in der Gegenwart eine *konsumistische Subjektformation* und behandeln den postmodernen Konsumenten dabei wie ein beschreibbares leeres Blatt, dessen Konsumroutinen sich durch die historisch übergreifenden Diskursstrategien weitgehend kulturell codieren lassen (vgl. etwa Reckwitz, *Das hybride Subjekt*; Prisching, *Die zweidimensionale Gesellschaft*). Seine Theorie reiht sich dagegen in eine *praxeologische* Theorietradition ein. Aus deren Perspektive ist eine Lebensführung, die sich ganz nach den Lifestyle-Vorlagen der Werbe- und Markenindustrie richtet, der (pathologische) Grenzfall und keinesfalls der Normalfall. De Certeaus Buch gilt damit auch als Referenzwerk der *Cultural Studies*. Deren Geschichte wiederum gibt eine gewisse Pendelbewegung zwischen den Polen der praxeologischen bzw. semiologischen Analyse von Subjektformen und Konsumpraktiken zu erkennen: Sie schwanken bisweilen zwischen der fragwürdigen Annahme von »Konsumenten-Souveränität« und einem »Foucault-Effekt«, womit das Bestreben gemeint ist, den sozialen Machtverhältnissen in den Mechanismen und Strukturen der polyvalenten medialen Kulturproduktion nachzuspüren (vgl. Andreas Hepp, *Cultural Studies und Medienanalyse. Eine Einführung*, Opladen 1999). Theoretisch reflektiert wird die Differenz bei Stuart Hall, »Die zwei Paradigmen der Cultural Studies«, in: Karl-Heinz Hörning, Rainer Winter (Hg.), *Widerspenstige Kulturen. Cultural Studies als Herausforderung*, Frankfurt/M. 1999, S. 13-42, der die beiden Paradigmen allerdings als Kulturalismus und Strukturalismus bezeichnet. Dabei steht die kulturalistische (hier: praxeologische) Perspektive für die Betonung der aktiven und kreativen Rezeptionshaltung der Subjekte, die in den Cultural Studies gegen vorschnelle Manipulationsvorwürfe an die Adresse der Massenmedien betont wird. Umgekehrt erinnert die strukturalistische (hier: semiologische) Perspektive unter Rückgriff auf die Arbeiten Foucaults an den engen Zusammenhang von gesellschaftlichen Diskurs- und Machtordnungen.

Im Gegensatz zu den Strategien [...] bezeichne ich als *Taktik* ein Handeln aus Berechnung, das durch das Fehlen von etwas Eigenem bestimmt ist. Keine Abgrenzung einer Exteriorität liefert ihr also die Bedingung einer Autonomie. Die Taktik hat nur den Ort des Anderen. [...] Sie hat also nicht die Möglichkeit, sich einen Gesamtüberblick zu verschaffen und den Gegner in einem abgetrennten, überschaubaren und objektivierbaren Raum zu erfassen. Sie macht einen Schritt nach dem anderen. Sie profitiert von ›Gelegenheiten‹ und ist von ihnen abhängig; sie hat keine Basis, wo sie ihre Gewinne lagern, etwas Eigenes vermehren und Ergebnisse vorhersehen könnte. Was sie gewinnt, kann nicht gehortet werden. Dieser Nicht-Ort ermöglicht ihr zweifellos die Mobilität – aber immer in Abhängigkeit von den Zeitumständen –, um im Fluge die Möglichkeiten zu ergreifen, die der Augenblick bietet.[31]

Nicht in den dichotomen Praktiken des *Auswählens*, sondern in den fließenden Praktiken des *Anwendens* und *Umfunktionierens* lägen demnach die taktischen Autonomiepotenziale des Consumer Citizen. Eine Politisierung dieser Formen hätte weitreichende Konsequenzen für das demokratietheoretische Verständnis von Zivilgesellschaft oder bürgerschaftlichem Engagement, das mit einer Aktivierung der Verbraucherschaft verbunden wäre. Denn die »populären Taktiken« verankern de Certeau zufolge eine »soziopolitische Ethik« im ökonomischen System, die sich von der Illusion bereits verabschiedet hat, »dass sich in Kürze etwas ändern wird«.[32] Sie gehen kein strategisches Bündnis mit den Mächtigen ein, und weit davon entfernt, eine ganze Gegenkultur entwerfen und durchsetzen zu wollen, geht es den Taktiken um die Erhaltung von Räumen, in denen sich Praktiken entfalten können, die nicht den Regeln des Marktes oder des Gesetzes folgen. So kann etwa in der Weigerung von Verbrauchern, Geld für digitale Waren zu bezahlen, die sich über *Internet-Tauschbörsen* auch kostenlos downloaden lassen, ein subpolitischer Akt erblickt werden. Für de Certeau wäre dies gewiss ein Beispiel dafür, wie der *Potlatch* als Hinweis auf eine andere Ökonomie im fortgeschrittenen Liberalismus überlebt – wenn auch in illegaler Form:

Aus diesem Grunde wird auch die Politik der ›Gabe‹ zu einer Taktik der Umfunktionierung. Ebenso verwandelt sich der Verlust, der in einer Öko-

31 de Certeau, *Kunst des Handelns*, S. 89.
32 Ebd., S. 73.

nomie der Gabe freiwillig war, in einer Ökonomie des Profits in Überschreitung: sie zeigt sich hier als Exzeß (Verschwendung), Protest (Ablehnung des Profits) oder Vergehen (Angriff auf das Eigentum).[33]

Es stellt sich allerdings die Frage, ob die Autonomie der Verbraucher in dieser politischen Form ausreichend gesichert werden kann. Sind Taktiken und Strategien nur als prinzipielle Alternativen oder auch in Kombination denkbar? Einerseits weisen neuere Zeitdiagnosen darauf hin, dass *strategische Optionen der Zivilgesellschaft ohnehin schwinden* und der flexiblen Bewegung in locker geknüpften sozialräumlichen Netzwerkstrukturen unseres Zeitalters die Zukunft gehört.[34] Andererseits ist völlig unklar, ob sich die Taktiken einer *fragmentierten* Verbraucherschaft noch »herdenmäßig« zu einem politischen Projekt bündeln (lassen), das mit bürgerschaftlichen Ideen einer demokratischen Autonomiesicherung irgendetwas zu tun hat.[35] Auch de Certeau ist sich hier unsicher: Waren die Taktiken unter traditionalen Bedingungen noch in Rituale des Alltags eingebunden, so tauchen die Konsumpraktiken in der atomisierten Großstadt des heutigen Liberalismus wild verstreut auf. Sie irren darin als »Immigranten« umher, und es ist unklar, ob sie in diesem Zustand nennenswerte Wirkung erlangen können.[36] Sie können im Verbraucherhandeln anomische Formen ebenso annehmen wie die Form eines zivilen Ungehorsams oder eines nur partiellen Bruchs mit sozialen Konventionen. Wenn die Bemühungen um Autonomieerhaltung oder -erweiterung dabei aber nur noch vereinzelt

33 Ebd., S. 74, (Hervorhebung weggelassen, J. L.)

34 Vgl. Castells, *Die Macht der Identität.*

35 Vgl. de Certeau, *Kunst des Handelns*, S. 353.

36 Es habe »den Anschein, daß die Verallgemeinerung und die Expansion der technokratischen Rationalität im Rahmen der gegenwärtigen Geschichte zu einem Losbröckeln und Auswuchern dieser Praktiken, die früher durch stabile lokale Einheiten reguliert wurden, zwischen den Maschen des Systems geführt hat. Immer mehr geraten die Taktiken aus der Bahn. Losgelöst von den traditionalen Gemeinschaften, die ihr Funktionieren festlegten, beginnen sie in einem sich homogenisierenden und sich ausdehnenden Raum überall aufzutauchen. Die Konsumenten verwandeln sich in Immigranten.« (Ebd., S. 94) Diese Entwicklung wirft schon deshalb die Frage nach weiteren strategischen Optionen und Ressourcen der Consumer Citizen auf, weil die Taktiken durch intelligente Veränderungen im (politischen) Marketing ihrerseits vereinnahmt zu werden drohen: Indem es die Verbraucher mit medial produzierten *Trugbildern der Glaubwürdigkeit* versorgt, ersetzt es das traditionale Moment religiöser Rituale und bietet den Taktiken neue, ambivalente Heimaten (vgl. ebd., S. 311-333).

auftauchen und ganz im Rahmen des privaten Engagements verbleiben, ist es höchst ungewiss, ob sie irgendwelchen öffentlichen politischen Einfluss entfalten können. Daher soll der Blick noch auf ein weiteres Muster der Autonomiesicherung von Verbrauchern geworfen und dessen spezifische Verlaufsform untersucht werden.

1.3 Shifting Involvements

Die Ambivalenz, die sich angesichts dieser ungewissen politischen oder ökonomischen Dynamiken von Verbrauchertaktiken einstellt, könnte sich in jenem »Schwanken« der Consumer Citizens zwischen »Privatwohl und Gemeinwohl« wiederholen, das Albert O. Hirschman zum Gegenstand seiner theoretischen Reflexion gemacht hat. Dabei geht Hirschman allerdings anders als de Certeau davon aus, dass die zyklisch und phasenweise sich ablösenden Engagementformen des Verbrauchers und der Bürgerin entsprechend differenzierte Handlungsarenen des Konsums und der Politik vorfinden. Seine These, wonach es die in diesen Arenen angelegten Enttäuschungserfahrungen sind, die den biografischen Wechsel zwischen den Engagementform motivieren, setzt voraus,

> daß wir es mit Verbrauchern zu tun haben, die sich außerdem auch ihrer Rolle als Staatsbürger bewußt sind und in einer Gesellschaft leben, in welcher der Gegensatz von privatem und öffentlichem Leben Gewicht hat, so daß beide Sphären dauernd um die Aufmerksamkeit und die Zeit des Konsumenten-Bürgers konkurrieren.[37]

Hirschman vergleicht und konfrontiert unterschiedliche Handlungsoptionen des Verbrauchers bzw. der Bürgerin miteinander. Am geläufigsten ist sein Begriffspaar Abwanderung und Widerspruch (Exit/Voice), dem als dritte Option die Loyalität gegenübersteht, die etwa einer Marke, einem Unternehmen oder einer Partei entgegengebracht werden kann.[38] Es handelt sich um strukturell in die Ordnungen des Marktes bzw. demokratischen Staates eingelassene Optionen, auf wahrgenommenen Leistungsabfall zu reagieren. Hirschman kritisiert marktliberale Theorien der Wohlfahrtsproduktion, indem er zeigt, dass die freie Konkurrenz um Kunden keineswegs zwingend den Output optimiert und unter Umständen

37 Hirschman, *Engagement und Enttäuschung*, S. 70.
38 Vgl. Hirschman, *Abwanderung und Widerspruch*.

sogar der planwirtschaftlichen Steuerung in autoritären Staaten unterlegen sein kann. Auch wenn die Abwanderungsoption der Verbraucher gesichert ist, also keine Monopole auf dem Markt bestehen, können sich bei Verzicht auf vernehmbaren Protest (Voice) Verhältnisse einspielen, die zur allgemeinen Senkung der Qualität marktseitig angebotener Produkte führen. Es sei daher zur Hebung des allgemeinen Wohlstands notwendig, eine Balance zu finden zwischen dem Markt und solchen demokratischen Institutionen, die Feedback ermöglichen.

Exit, Voice and Loyalty bewegt sich noch ganz auf dem Gebiet einer institutionellen Analyse von Handlungsoptionen und deren Wohlfahrtseffekten, da diese Handlungen in den *institutionellen Ordnungen* des Marktes oder der Politik vorgesehen sind. Hirschman interessieren jedoch auch die *Motivlagen*, und er rechnet mit widersprüchlichen *Dispositionen* der Handelnden, die in ökonomischen Theorien des rational kalkulierenden strategischen Akteurs nicht adäquat erfasst werden. Im Anschluss an Tibor Scitovsky sucht er nach einer triftigen Erklärung für Abstufungen im persönlichen Engagement[39] und findet diese in einer Zyklustheorie emotionaler Wandlungen: In der modernen Gesellschaft korrigieren sich Hirschman zufolge die verschiedenen Motivlagen und Orientierungen der Consumer Citizens nach einiger Zeit von selbst. Das Schwanken zwischen Privatwohl und Gemeinwohl kann durchaus stark in die eine oder andere Richtung ausschlagen. Aufgrund von Enttäuschungserfahrungen, die der eigeninteressierte Verbraucher oder die politisch engagierte Bürgerin in ihren Handlungsfeldern jeweils machen, setzt jedoch ein Präferenzwandel ein. Dessen *endogene* Logik will Hirschman ausgehend von den Erfahrungen im privaten Konsumbereich über die Verlagerung des Engagements in die politische Arena bis zur erneuten Hinwendung zu den privaten Interessen herausarbeiten. Die Konzentration auf endogene Faktoren geschieht nicht gegen die Einsicht, dass *äußere* Ereignisse (z. B. Kriege oder ökonomische Krisen) für kollektive Verhaltensänderungen häufig sehr erklärungskräftig sind. Vielmehr geht es ihm darum, die Aufmerksamkeit auf sonst eher vernachlässigte Faktoren zu lenken, auf die *inneren* Triebkräfte, die hinter den genannten Verhaltensänderun-

39 Vgl. Tibor Scitovsky, *Psychologie des Wohlstands. Die Bedürfnisse des Menschen und der Bedarf des Verbrauchers*, Frankfurt/M., New York 1977.

gen stehen könnten. Es handelt sich dabei um eben jene Faktoren, die für das massenhafte Auftreten eines Präferenzwandels bei Konsumenten bzw. Bürgern verantwortlich sind, wenn sie sich eine Zeitlang entweder in der Sphäre des privaten oder des öffentlichen Lebens bewegt haben und dann ihre dabei gemachten Erfahrungen einer wertenden Prüfung unterziehen.[40]

Zunächst tritt auch Hirschman dem Vorurteil entgegen, dass einem aktiven politischen Handeln das passive Verbraucherdasein gegenübersteht. Vielmehr handele es sich um zwei Formen eines aktiven, engagierten Lebens: »(Die) eine ist die traditionelle *vita activa*, die ganz der politischen Arbeit gewidmet ist, die andere ist darauf gerichtet, sich selbst und der eigenen Familie ein besseres Leben verschaffen zu wollen, wobei mit ›besser‹ hier vor allem vermehrter materieller Wohlstand gemeint ist.«[41] Die zweite Engagementform impliziert keine *produktivistische* Haltung, die das Lebensglück vollständig in Geldäquivalenten misst und auf Erwerbsarbeit fixiert ist, da die Zufriedenheit in einzelnen Tätigkeitsbereichen Hirschman zufolge stärker von der Zufriedenheit mit der gesamten Lebenssituation abhängt als umgekehrt. Gegen den abstrakten Maßstab des Geldes führt er außerdem das *praktische Gebrauchen* von Gütern an, bei dem sich vielfältige Überraschungen positiver oder negativer Art einstellen.[42] So werden auch hier die komplexen Alltagsvollzüge zum eigentlichen Untersuchungsgegenstand, wobei die Enttäuschung im Konsumbereich ähnlich wie im Fall »positionaler Güter«[43] zunächst an formalen Kriterien verschiedener Güterklassen festgemacht wird. Hirschman unterscheidet kurzlebige *Ver*brauchsgüter wie Nahrungsmittel, deren Konsum ein verhältnismäßig geringes Enttäuschungspotenzial aufweise, von verschiedenen Arten langlebiger *Ge*brauchsgüter sowie Dienstleistungen, die für das allmähliche Einsetzen des Präferenzwandels bedeutsamer seien. Die Enttäuschungen basieren auf der Erfahrung einer *Diskrepanz* zu den Erwartungen, die mit bestimmten Gütern verbunden sind, die sich im Falle langlebiger Begleiter des Alltags oder sozialer Dienstleistungsbeziehungen durch Abwanderungsstrate-

40 Hirschman, *Engagement und Enttäuschung*, S. 11.

41 Ebd., S. 13.

42 Vgl. ebd., S. 33 f.

43 Vgl. Fred Hirsch, *Die sozialen Grenzen des Wachstums. Eine ökonomische Analyse der Wachstumskrise*, Reinbek 1980.

gien oder Verdrängung nicht so leicht aus der Welt schaffen lässt.[44]

Diese Diskrepanzerfahrung und das resultierende Enttäuschungsgefühl basieren auf einem Zurechnungsproblem: In den Konsumalltag spielt mehr hinein als die instrumentelle Beziehung zu einem Gut oder Dienstleistungsanbieter. So zeigt Hirschmans Analyse der Dienstleistungsbeziehung (etwa zu Ärztinnen, Therapeutinnen oder Bildungseinrichtungen), dass die Zurechnung der Enttäuschung auf die verkaufte Leistung nicht zweifelsfrei möglich ist. In gelingender Weise von Dienstleistungsangeboten Gebrauch zu machen erfordert nämlich häufig aktive Eigenleistungen der Klienten, deren Fehlgehen ebenso für die Unzufriedenheit mit einem Resultat verantwortlich sein kann wie das Angebot. Ebenso ist bei langlebigen Gebrauchsgütern oft nicht die Qualität des Produkts, sondern die vor dem Kauf projizierte Glückserwartung verantwortlich dafür, dass sich in der alltäglichen Nutzung anschließend ein Diskrepanzgefühl einstellt.[45] Auch dieses hängt von Arten der Lebensführung und ihren weiteren Bedingungskonstellationen ab, seien es nun Erschöpfungszustände angesichts des Alltagstrotts oder der Stress aufgrund von Termindruck oder vollen Autobahnen, die zur Einschätzung beitragen, dass das Leben vom Glückszustand, der mit einzelnen Anschaffungen assoziiert war, weit entfernt ist.[46]

44 Vgl. dazu auch Leon Festinger, *A Theory of Cognitive Dissonance*, Stanford 1957.

45 Vgl. Hirschman, *Engagement und Enttäuschung*, S. 50-52.

46 Das Entstehen von Enttäuschungen lässt sich in ähnlicher Weise am Verhältnis von Konsum und Liebe beobachten: Konsumpraktiken und Liebe sind im Zuge der Kommerzialisierung der Romantik über die verschiedenen gesellschaftlichen Klassen hinweg eine enge Verbindung eingegangen: Das Rendezvous im exklusiven Restaurant, die gemeinsame Fernreise und – ganz wichtig für die USA – das Autokino sind Beispiele dafür, dass sich um den Konsum herum sozialkulturelle Praktiken stabilisiert haben, die für Vergemeinschaftungs-, Identitäts- und Subjektbildungsprozesse zentral geworden sind. Die Balance von Konsum und Liebe aufrechtzuerhalten ist allerdings äußerst voraussetzungsvoll. An der narrativen Struktur der Berichte ihrer Gewährspersonen beobachtet Eva Illouz, *Der Konsum der Romantik. Liebe und die kulturellen Widersprüche des Kapitalismus*, Frankfurt/M., New York 2003, S. 183, dass es in der heutigen Gesellschaft zunehmend misslingt, Bilder von romantisch aufgeladenen, den Alltag überschreitenden Affären und Abenteuern in einen biografischen Erzählfaden einzuweben, mit dem der Aufbau und die Pflege einer echten Liebesbeziehung berichtet wird. Hier manifestieren sich Brüche zwischen virtuellen Bild- und Zeichenwelten einerseits und gelebter Alltagspraxis andererseits, die von den Handelnden prag-

Das entscheidende Problem für Hirschman ist nun, den *Wechsel in die politische Arena* zu erklären, ohne auf externe Faktoren und Ereignisse zu rekurrieren. Er geht davon aus, dass dieser Wechsel eine Veränderung im gesamten Lebensstil dokumentiert. Mit dem Konzept der Willensäußerungen zweiter Ordnung bzw. der Meta-Präferenzen von Harry G. Frankfurt und Armartya Sen sucht Hirschman nach Erklärungen, wie es zur kritischen Neueinschätzung des gesamten Systems der »in Kaufentscheidungen und sonstigen Handlungsweisen ›zutage tretenden‹ Präferenzen im Blick auf andere mögliche Präferenzordnungen« kommt.[47]

Sicherlich führt nicht ein einziger Weg in die politische Arena. Ein wiederkehrendes Muster in den verschiedenen Politisierungspfaden, die Hirschman an aufkommenden Konsumkritiken entziffert, scheint aber ein Missverhältnis zwischen spezifischen institutionellen Marktoptionen und diffuseren alltagskulturellen Erwartungen – also eine Art Konflikt zwischen System und Lebenswelt – zu sein. Dies trifft auf die traditionale Kritik am Konsumis-

matisch und biografisch bewältigt werden müssen. Dass dabei Krisenerfahrungen überwiegen und das Leiden zunimmt, macht Illouz insbesondere am neuen Phänomen der Partnersuche mittels Internet deutlich, das zu einer massenhaften Manifestation von Enttäuschungen am Übergang von der virtuellen zur realen Welt führt (vgl. dazu Eva Illouz, *Gefühle in Zeiten des Kapitalismus*, Frankfurt/M. 2006, S. 113-168).

47 Hirschman, *Engagement und Enttäuschung*, S. 76-78. Vgl. dazu auch Harry G. Frankfurt, »Freedom of the Will and the Concept of a Person«, in: *Journal of Philosophy*, H. 1 (1971), S. 5-20 sowie Armatya Sen, »Rational Fools: A Critique of the Behavioural Foundations of Economic Theory«, in: *Philosophy and Public Affairs*, H. 4 (1977), S. 317-344. Hirschmans Theorie nimmt also weitreichende Transformationen im Rahmen biografischer Bildungsprozesse an. Sie zeigt an der privaten Lebensführung des Verbrauchers einen Modus der Reorganisation oder Akkomodation von Orientierungsschemata auf, ähnlich jenem, der in der Mead-Piaget-Kohlberg-Erikson-Schule die Übergänge zu höheren Entwicklungsstufen der Ich-Identität oder des Moralbewusstseins erklärt (vgl. dazu Jürgen Habermas, »Stichworte zu einer Theorie der Sozialisation«, in: ders., *Kultur und Kritik*, Frankfurt/M. 1973 sowie Jürgen Habermas, *Moralbewußtsein und kommunikatives Handeln*, Frankfurt/M. 1983). Allerdings ist das Zyklusmodell von Hirschman offener. Es behauptet keine Invarianz von Entwicklungsstufen und behandelt den Wechsel in die öffentliche Arena als historische und nicht als universelle Form biografischer Krisenbewältigung. Mithin seien andere Verbindungen von Consumer und Citizen nicht nur denkbar, sondern angesichts der Instabilität sowohl der reinen Privatexistenz als auch des engagierten Staatsbürgers auch erwünscht.

mus, die dessen kulturelle Zersetzungstendenzen anprangert, ebenso zu wie auf eine Kritik ungleicher Lebenschancen, die aus starken Einkommensunterschieden resultieren, oder auf eine existentialistische Argumentation, die im Konsum eine völlig unzureichende Kompensation tieferer Sinnfragen erblickt, sowie schließlich auf die Mobilisierung von Zukunftsängsten, die mit der rastlosen Innovationsdynamik der Konsumgüterindustrie verbunden werden können.[48] Immer werden Autonomieansprüche thematisiert, die im Wechsel in die Politik nicht einfach die Verfolgung marktstrategischer Zwecke mit neuen Mitteln sehen. Die im Konsumalltag angelegten Enttäuschungen führen demnach *nicht auf direktem Wege* zur Politisierung des Engagements. Vielmehr können sie sehr lange zur Beibehaltung oder sogar Steigerung eines marktkonformen Konsummusters beitragen, dessen laufende Erneuerung ja gerade auf permanente Entwertung angewiesen ist. Oder die Akteure verfallen in depressive Stimmungslagen, wenn die ins private Alltagsgeschehen eingelassene Fähigkeit zur Bewahrung von Distanz und Unabhängigkeit gegenüber den konsumkulturellen Anrufungen versagt. Für den Wechsel in die politische Arena erforderlich ist daher die Bereitstellung und Aktivierung von *Interpretationsquellen*, die das Diskrepanzgefühl des enttäuschten Verbrauchers mit anderen, die systemischen Codes des Marktes überschreitenden Sinn- und Lebensbezügen in Verbindung bringen und eine Neubewertung unter veränderten Meta-Präferenzen einleiten:

> Am plausibelsten kann man es sich vielleicht so vorstellen, daß sich erfahrene Enttäuschungen mit der Zeit in konsumkritischen Bedürfnissen zweiter Ordnung niederschlagen und dann ein äußeres Ereignis (der Vietnamkrieg oder eine individuelle Neurose) den tatsächlichen Wechsel zum politischen Engagement auslöst. Umgekehrt könnte auch die Enttäuschung die Rolle des auslösenden Ereignisses übernehmen, wobei dann die Bedürfnisse zweiter Ordnung ihre Ursache nicht in Konsumerfahrungen haben würden, sondern z. B. in jugendlichen Geistern eingepflanzten Ideologien davon, wie wichtig es sei, sich für eine gute Sache einzusetzen und so dem Gemeinwohl zu dienen.[49]

Für das politische Engagement der vom privaten Verbraucherdasein enttäuschten Bürgerin zählt dementsprechend nicht so sehr

48 Vgl. Hirschman, *Engagement und Enttäuschung*, S. 53-66. Zum Konflikt zwischen System und Lebenswelt vgl. Habermas, *Theorie des kommunikativen Handelns*.

49 Hirschman, *Engagement und Enttäuschung*, S. 81.

der strategische Erfolg, sondern vor allem die Praktizierung einer veränderten Lebensform. Angesichts der Befriedigungen, die aus dem gemeinwohlorientierten Handeln selbst gezogen werden, können die damit verbunden politischen Zielvorstellungen verhältnismäßig unbestimmt bleiben und fluktuieren. Die Illusion oder das Gefühl, an einer Verbesserung der Gesellschaft aktiv teilzuhaben, ist zunächst wichtiger als der tatsächlich erreichte oder erreichbare Fortschritt in der Sache.[50] Enttäuschungen in der politischen Arena resultieren dementsprechend vorwiegend aus alltagspraktischen Konflikten zwischen den Erwartungen an die Aktivitäten und eintretenden Erfahrungen, etwa hinsichtlich des erforderlichen Zeitaufwandes von gemeinwohlorientiertem Engagement, für das sich schwerlich ein angemessenes Maß finden lässt. Überengagement, Suchtbildung auf der einen und systematische Unterforderung durch die politischen Institutionen der repräsentativen Demokratie auf der anderen Seite bezeichnen daher das Spektrum an Faktoren, die eine erneute Abwendung – diesmal vom politischen Leben – vorbereiten:

Das Engagement derjenigen, die aktiv an der Gestaltung der Ereignisse mitzuwirken in der Lage sind, mag an der Gefahr der Überforderung scheitern, während andere, die nicht mehr, aber auch nicht weniger wollen, als mit Nachdruck ihre Sorge und Beunruhigung über diese oder jene Frage zu Gehör zu bringen, aufgrund der Gefahr der Unterbeanspruchung aufgeben, die sich mit der Einsicht einstellt, daß sie doch im wesentlichen auf den Gebrauch des Stimmzettels beschränkt sind. Möglich ist auch, daß ein einzelner Mensch in verschiedenen Phasen seines oder ihres Lebens beide Erfahrungen macht; interessanter noch, er könnte erkennen – und dies ist meiner Meinung nach eine keineswegs seltene Intuition –, daß sich bei einer Teilnahme am öffentlichen Leben lediglich die unbefriedigende Wahl zwischen übermäßiger und unzulänglicher Beteiligung bietet und daß Engagement daher in jedem Falle auf Enttäuschung der einen oder der anderen Art hinauslaufen wird.[51]

Die endgültige Rückwendung auf private Interessen wird insbesondere dann vollzogen, wenn sich zu erlittenen Enttäuschungen die ernüchternde Einsicht gesellt, dass die Politik nur dem Machtkampf und der Selbstsucht von Politikerinnen dient, die jegliche Glaubwürdigkeit in Bezug auf ihre guten Absichten verspielen. Da

50 Vgl. ebd., S. 90-99.

51 Ebd., S. 130 f., Hervorhebung weggelassen, J.L.

Versuche, private Interessen mit dem öffentlichen Leben unter diesen Umständen zu verbinden, schnell unter Korruptionsverdacht geraten, erscheine die konsequente Abwendung plausibler und attraktiver.[52]

Anders als zahlreiche Krisendiagnosen, die darin nur den Verlust einer dezidiert politischen Öffentlichkeit sehen würden, leitet Hirschman aus seinen Analysen die Forderung ab, nach Wegen der pragmatischen Vermittlung und Verschränkung von privatem und politischem Engagement zu suchen.[53] Dass sich keine versöhnlichen Formen in Reaktion auf anhaltende Diskrepanzerlebnisse als Verbraucher wie als Staatsbürgerin einstellen, erklärt er mit der *institutionellen Ausdifferenzierung* einer öffentlich-politischen und einer privat-ökonomischen Handlungssphäre. Er rekurriert dabei auf die Institutionen der Kleinfamilie und der Märkte einerseits und die ambivalenten Beteiligungsmöglichkeiten im Rahmen politischer Kollektive und Organe wie Parteien, Verbände oder Parlamentsfraktionen andererseits, die – so seine These – zwischen berufsförmiger Aufopferung und periodisch wiederholtem Urnengang keinen Mittelweg bereithalten. Dadurch werden die Optionen für Exit und Voice so ungünstig auf getrennte gesellschaftliche Handlungssphären verteilt, dass alternative, d. h. weniger schwankende oder resignative Formen der Vermittlung von privatem und öffentlichem Engagement systematisch erschwert oder gar verhindert werden. Ob und wie sich ausgehend von diesen gesellschaftlichen Bedingungen dennoch Consumer Citizens mit einer stabilen Disposition für eine sowohl private als auch politische Nutzung verbliebener Autonomiepotenziale entwickeln können, ist die gemeinsame Frage, auf die die Theorien von David Riesman, Michel de Certeau und Albert O. Hirschman zulaufen, deren zentrale Lösungsansätze nun abschließend zusammengeführt werden.[54]

52 Vgl. ebd., S. 136-142.

53 Vgl. ebd., S. 146 f. Zu den Krisendiagnosen zählen exemplarisch Arendt, *Vita activa*; Habermas, *Strukturwandel der Öffentlichkeit*; Sennett, *Verfall und Ende des öffentlichen Lebens*; Bauman, *Flüchtige Moderne*.

54 Hirschman und Riesman interessieren sich beide für Entwicklungen, die infolge der Wohlstandssteigerungen und Konsumrevolutionen auftreten, wie sie insbesondere für die 1950er Jahre typisch waren, die aber schon früher begannen. Dabei geht Hirschman von Beobachtungen aus, die Riesman noch nicht machen konnte: Seine Zyklustheorie steht unter dem Eindruck der Politisierungen von 1968 sowie deren Abflauen im Laufe der 1970er Jahre, in denen »der ungestörte

1.4 Die Autonomie der Verbraucher und ihre politischen Formen

Ausgehend von drei soziologischen Perspektiven auf die alltägliche Lebensführung wurde die Frage verfolgt, welche Autonomieprobleme, aber auch welche Potenziale zur Sicherung von Autonomie aus Handlungskonstellationen von Verbrauchern erwachsen und welche politischen Formen diese annehmen. Die hybride Gestalt der Consumer Citizens und deren typische Praktiken kultursoziologisch zu durchleuchten ist nicht zuletzt deshalb wichtig, weil sie wachsende Aufmerksamkeit in einem gesellschaftspolitischen Diskurs erfährt, der die bürgerschaftliche Autonomie der Verbraucher aktivieren und diese in den Dienst einer verantwortungsvollen Zivilisierung der globalen Marktgesellschaft stellen will, für deren politische Gestaltung andere Mittel abhandengekommen oder zumindest deutlich geschwächt worden sind. Dies kann – muss aber nicht zwingend – zur Konsequenz haben, dass solche Ambivalenzen, Konflikte, Probleme oder Spannungen ausgeblendet bleiben, die aus der Lebens- und Alltagsperspektive der Verbraucher selbst für Gewinne oder Einbußen an Autonomie vordringlich sind. Unter dem ideologischen Deckmantel der Aktivierung, Förderung und Forderung von Verbraucherautonomie würde dann eine Politik betrieben, die Entscheidungslasten und moralische Zumutungen auf die individuellen Konsumsubjekte bloß abwälzt und damit in der Konsequenz deren Autonomieprobleme noch verschärft.[55] Gegen Instrumentalisierungen dieser Art macht die Kultursoziologie Gesichtspunkte der Autonomiegewinnung stark, die an der

wirtschaftliche Aufschwung der vorausgegangenen Jahre von einer Periode der Instabilität und der Krisen abgelöst wurde« (Hirschman, *Engagement und Enttäuschung*, S. 9). Aus heutiger Sicht stellt sich die Frage, ob das Zyklusmodell des Engagements von Consumer und Citizen über diese historische Konstellation von 1968 und die Wirtschaftskrise der 1970er hinaus überhaupt verallgemeinert werden kann. Im historischen und internationalen Vergleich – man denke an das Buch von Cohen, *A Consumers' Republic* über das Nachkriegsamerika, an den Fall der Mauer (vgl. Kroen, »Der Aufstieg des Kundenbürgers?«) oder die Zunahme politischer und ethischer Konsumstile in skandinavischen Ländern (vgl. Micheletti u. a. (Hg.), *Politics, Products, and Markets*) – finden sich andere Konstellationen, die womöglich stabilere Vermittlungen von Consumerism und Citizenship ermöglich(t)en.

55 Siehe dazu auch Kapitel III, Abschnitt 2 sowie Kapitel VI, Abschnitt 2.

alltäglichen und biografischen Lebensführung ansetzen, die aber gleichwohl in der Wiederaneignung eines politischen Handlungsraumes durch die Verbraucher münden können und wohl auch müssen.

Die Theorie der Konsumpraktiken von Michel de Certeau hat den Blick auf Formen der Autonomiegewinnung oder -sicherung gelenkt, die Überschreitungen von Regeln und Konventionen geordneter Marktteilnahme primär über *subversive Taktiken* realisieren. Dadurch sind weitergehende Politisierungen des Verbraucheralltags, wie sie von Albert O. Hirschman als Reaktion auf Enttäuschungen, Elemente eines Präferenzwandels und Motive des Wechsels in die politische Handlungsarena untersucht worden sind, freilich nicht ausgeschlossen. Denn die *Shifting Involvements* zwischen Verbraucher und Bürgerin lassen sich nicht einfach als strategisches Hin- und Herwechseln zwischen Exit- und Voice-Optionen interpretieren, sondern bezeichnen viel eher *verschachtelte Bildungsprozesse*, die, angetrieben durch Probleme der Autonomiesicherung oder -erweiterung, nach geeigneten praktischen Formen der Lebensführung suchen. Diese scheitern aber nicht zuletzt an den institutionellen Rahmenbedingungen der ausdifferenzierten politischen und ökonomischen Ordnungen, weil diese ein ausgeglichenes Engagement sowohl für das Privat- als auch das Gemeinwohl systematisch erschweren. Die damit eingenommene Perspektive auf die institutionellen und kulturellen Voraussetzungen der Autonomiegewinnung über (politische) Bildungsprozesse wird noch bedeutsamer, wenn die *Lebenskonstellationen heutiger Verbraucher* mit David Riesman durch Tendenzen charakterisiert werden, die zur Ausbreitung von *Dispositionen der Außen-Geleiteten* führen, für die ein Wechsel von Engagementformen schon deshalb erschwert ist, weil sie tief in Abhängigkeiten von äußeren Meinungsmoden verstrickt und zu deren Spielball geworden sind. An den Schwierigkeiten, diese Abhängigkeiten ein Stück weit zu überwinden und die Konformitätsregeln der Anerkennung und der marginalen Differenzen in Richtung einer gesteigerten Autonomie der Verbraucherpersönlichkeit zu überschreiten, lassen sich einige der Kriterien ablesen, denen die *politischen Formen* ihrer Realisierung und Förderung heute genügen müsste.

Riesman ist sich ebenso wie de Certeau und Hirschman im Klaren darüber, dass in diesem Zusammenhang zunächst einmal der

Fähigkeit und Möglichkeit zur (narrativen) Aktivierung des lebensgeschichtlichen Erfahrungsschatzes große Bedeutung zukommt. Dies dürfte sich als wesentliche Quelle für die Kultivierung von Lebenskunst und Autonomie im Dasein der Verbraucher erweisen und erst die stabile Basis bereitstellen, auf der sich die biografischen Prozesse einer politischen Reorganisation von Meta-Präferenzen abspielen können. So finden Taktiken des Alltags hierin jene Orientierungsgrundlage, die in Schemata und Codierungen des Marketings, der Mode, der hegemonialen Diskurse sowie Normen und Konventionen niemals ganz aufgeht, wobei de Certeau in der Gegenwartsgesellschaft allerdings deutliche Gefährdungen dieses subjektiven Habitats ausmacht. Und auch Hirschman kann sich eine stabile Transformation von Mustern persönlichen Engagements kaum vorstellen, die ohne eine solche biografische Arbeit auskäme. Doch auch er betont die Schwierigkeiten und Überforderungen, die der Versuch mit sich bringt, die privaten und politischen Präferenzen unter den Bedingungen und Anschlussoptionen gesellschaftlicher Differenzierung narrativ und lebenspraktisch zu integrieren. Heute lassen sich diese Prozesse wohl kaum mehr nach Bildungsidealen modellieren, die vom innen-geleiteten Charakter ausgehen oder die ein komplettes Überwechseln in die politische Handlungsarena empfehlen, noch können sie sich in beliebigen Praktiken des Konsumalltags entfalten. Insofern hat Riesman das Problem theoretisch besonders scharf und zeitgemäß konturiert, wenn er es von Dispositionen der Außen-Geleiteten her denkt, die auch Symptom der gesellschaftlichen Zumutungen durch kommerzielle Anrufungen und eine fehlende Einbindung der privaten Lebensführung in den politischen Prozess sind. Um Autonomie zurückzugewinnen, benötigen sie ein *geeignetes Setting, Ressourcen und Freiräume*, für deren nähere Bestimmung und Eingrenzung Riesman kluge Anhaltspunkte geliefert hat. Seine Kriterien lassen sich systematisch in vier Kategorien zusammenfassen und mit neueren Theorieansätzen verknüpfen:

a) Als ein wesentliches Element der Autonomiekonstitution ist die unverbrüchliche Zusicherung einer *Privatsphäre* anzusehen.[56] Die Privatsphäre ist ein Ort des Rückzugs von den Anstrengungen kommunikativer Vernetzung und zwischenmenschlichen Austau-

56 Vgl. dazu auch Beate Rössler, *Der Wert des Privaten*, Frankfurt/M. 2001.

sches und bietet dem Einzelnen zudem die Möglichkeit, in »Spielen, bei denen er allein seinen Träumen nachhängen kann und die seine Phantasie anregen«, seine persönlichen Neigungen und Interessen besser kennen und einschätzen zu lernen.[57] Die Institutionalisierung geeigneter Grenzwälle um das Private ist nicht zuletzt gegenüber der Erwerbsarbeitssphäre wichtig. Am Beispiel der Hobbys diskutiert Riesman Schwierigkeiten, private Erkundungen des Selbst im Rahmen *handwerklicher Tätigkeiten* zu vollführen, da sich diese stets mit berufsförmigen Tätigkeiten messen lassen müssten.[58] Dies kann aus heutiger Sicht als warnender Hinweis gelesen werden, dass die Praktiken, die der privaten Selbstexploration in der Freizeit und dem Erlernen eines verantwortungsvollen, tätigen Umgangs mit den Möglichkeiten individuellen Engagements gewidmet sind, immer Gefahr laufen, durch marktförmige Schablonen – etwa seitens der Beratungsliteratur – oder durch institutionell definierte Anforderungsprofile überformt und vorgeprägt zu werden. Hier kommt es darauf an, dass die Verbraucher *taktische* Fertigkeiten entwickeln, sich von solchen Anrufungen und Ansprüchen im Alltag nicht vollständig vereinnahmen zu lassen, wofür Räume des privaten Rückzugs eine wichtige Stütze bilden können.

b) Autonomie werden Verbraucher sodann nicht unabhängig von geeigneten *Bedingungen sozialer Anerkennung* gewinnen können. Vielmehr bedürfen insbesondere die Außen-Geleiteten der Unterstützung durch *Freunde*, die sie bei der Interpretation ihres lebensgeschichtlichen Zusammenhangs begleiten und damit »die Lebhaftigkeit und die Aufdeckung jener verborgenen Anlagen des Selbst fördern und anerkennen, zumindest aber nicht bestrafen«.[59] Dabei handelt es sich um eine Form der sozialen Wertschätzung der *Authentizität* einer Persönlichkeit, die an der Künstlerbiografie ein Modell finden kann, jedoch nur, sofern diese Abstand zu den verstümmelten marktförmigen und massenmedialen Inszenierungen von Aufrichtigkeit hält, die das Unterscheidungsvermögen des Verbrauchers allenthalben zu unterminieren drohen.[60] Riesman sucht nach Wegen der Geschmacksverfeinerung durch einen egali-

57 Riesman u. a., *Die einsame Masse*, S. 301.
58 Ebd., S. 307 f.
59 Ebd., S. 290.
60 Vgl. ebd., S. 304.

tären Austausch unter den Verbrauchern, der ohne Bevormundung auskommt.[61]

Hierbei stellt sich allerdings die Frage, ob sich die Anerkennung ästhetisch-expressiver Werte einem deliberativen Austausch und dadurch angestoßenen Lernprozessen überhaupt fügen kann. Die Antwort muss nicht negativ ausfallen, sofern angenommen werden darf, dass der moderne *Mythos der Authentizität* einen Geltungsüberhang aufweist, an dem sich die Consumer Citizens in ihrem »Kampf um Anerkennung«[62] kritisch abarbeiten, reiben und über den sie auch politische Bildungsprozesse einleiten können. Dieser Mythos[63] kennzeichnet eine tief greifende Ambivalenz im heutigen Kapitalismus: Einerseits ist er bevorzugtes Objekt kulturindustrieller Übergriffe auf die gesamte Lebensführung durch kommerzielle Lifestyle-Schablonen, andererseits bleibt er eine Quelle der Kritik, da er die Aufmerksamkeit auf Diskrepanzen zwischen symbolischem Schein und praktischer Lebenswirklichkeit lenken kann und so das ökonomische Sprachspiel doch auch durchkreuzt. Aus diesem Grund lässt sich die Figur eines »Kampfes um Anerkennung«, also einer offenen Auseinandersetzung über den Sinngehalt normativer Geltungsansprüche, konsistent auf Fragen und Probleme der Authentizität übertragen. Die Frage ist, unter welchen Bedingungen diese Dynamik dem Außen-Geleiteten hilft, aus der Abhängigkeit von konsumistisch und massenmedial codierter Wertschätzung des Selbst auszubrechen. Zunächst einmal sind hierfür geeignete Formen des Disputs innerhalb von wie zwischen verschiedenen sozialen Welten und *Peergroups* zu finden.

c) Eine weitere Voraussetzung für die Entwicklung von Verbraucherautonomie sieht Riesman sodann in Tätigkeiten, die einer *seelischen Verarmung* in der Privatsphäre entgegenwirken. Am Beispiel des ehrenamtlichen, heute würde man sagen: freiwilligen bürgerschaftlichen Engagements von Frauen an der Heimatfront, aber auch an Formen der Geselligkeit in Clubs oder Vereinigungen verdeutlicht er, dass ihm eine gewisse *Partizipation* am politischen Gemeinwesen hierfür unverzichtbar erscheint.[64] Die Autonomie

61 Vgl. ebd., S. 311-313.

62 Vgl. Axel Honneth, *Kampf um Anerkennung. Zur moralischen Grammatik sozialer Konflikte*, Frankfurt/M. 1992.

63 Siehe dazu auch Kapitel VII, Abschnitt 2.

64 Vgl. Riesman u. a., *Die einsame Masse*, S. 293-298.

kann demnach gerade nicht im ganz privaten Konsumalltag gesichert werden. Vielmehr laufen die Konsumgewohnheiten darin in hohem Maße Gefahr, zur Verbreitung von Depressionen beizutragen, da sie häufig zur bloßen Kompensation jener Leerstellen in der Freizeit dienen, die unter anderen Umständen den nötigen Freiraum für die Entfaltung der Persönlichkeit bieten würden.[65] Allerdings bedarf es auch für diese politische Form der Geselligkeit und Partizipation am öffentlichen Leben eines Rahmens, der Lernoffenheit sichert und den Beiträgen einer noch unbekannten, neuen oder fremden Kultur nicht mit desinteressierter Toleranz, aber auch nicht mit Vorurteilen und Klischees begegnet.[66]

d) Paradoxerweise ist die Autonomie der Verbraucher schließlich kaum zu sichern, ohne Hilfe von *Freizeitberatern* in Anspruch zu nehmen, also von vermittelnden oder stellvertretend für die Verbraucher entscheidenden Akteuren. Riesman benennt das Folgeproblem sehr klar: »Allerdings bleibt der Einwand, daß die Abhängigkeit des außen-geleiteten Menschen nur noch erhöht werden wird, wenn man ihn dem Freizeitberater anvertraut, damit dieser seine Freizeitbeschäftigungen kultiviere, denn er ist ja gerade aufgrund seiner Abhängigkeit außen-geleitet und nicht autonom.« Aber diese Entwicklung ist für Riesman nicht ohne Alternative. Vielmehr kommt es auf die Form des Zusammenwirkens zwischen Berater und Klient an: Für die Verbraucherbildung von kleinen Kindern etwa entwirft er ein Experiment, in dem sich ein von Werbung und anderen Geschmacksmaßstäben unbeeindruckter Verbrauchernachwuchs ausgerüstet mit Gutscheinen in »einer Art ständig geöffneter Weltausstellung« frei bewegen kann. Der Marktforschung soll so die Chance gegeben werden, ein umfassenderes Verständnis für die Praktiken des Gebrauchens und die darin angelegten Autonomiepotenziale der Consumer Citizens zu entwickeln. Auch wenn

65 Heute wird Depression bereits als Volkskrankheit bezeichnet. Vgl. dazu Ehrenberg, *Das erschöpfte Selbst.*

66 Ob das Internet einer solchen Öffentlichkeit eine geeignete technische Infrastruktur bieten kann, in der gemeinwohlbezogene Kriterien für bürgerschaftliches Engagement ebenso wie (ästhetische) Kriterien der sozialen Wertschätzung authentischer Individualität in lernoffener und egalitärer Atmosphäre verhandelt werden, soll noch genauer beleuchtet werden (vgl. den folgenden Abschnitt 2 und Kapitel V, Abschnitt 1). Neben innovativen Ansätzen der Verbrauchervernetzung setzen sich im digitalen Kulturraum jedenfalls auch eingespielte kommerzielle und politische Muster fort.

ein solches Szenario recht utopisch wirkt, das in der Marktforschung »eines der wirkungsvollsten Mittel« sieht, »um zu einer demokratischen Kontrolle unserer Wirtschaft zu gelangen«, lassen sich die Hilfestellungen verschiedener Akteure doch danach unterscheiden, ob sie die Autonomie der Verbraucher eher stärken oder schwächen.[67]

Die beratenden, verführenden, unterstützenden oder mobilisierenden Aktivitäten von Designerinnen, Verkäuferinnen, PR-Managerinnen, Werbetragenden, Marktforscherinnen, Verbraucheranwältinnen, Schuldnerberatungsstellen, Bewegungsaktivistinnen, Produkttesterinnen und anderen intermediären Instanzen sind mit dem *Modell eines professionellen Arbeitsbündnisses* zu konfrontieren, das dem Klientenbezug in therapeutischen Berufen als Norm zugrunde liegt.[68] Deren Fokus ist die Wiederherstellung oder Kräftigung der beschädigten oder gefährdeten Autonomie und Integrität einer Person – was kaum bedeuten kann, dass sich das Leben nur noch um die Existenz als auswählender Verbraucher und kompetenter Marktteilnehmer dreht. Vielmehr müsste zum Ethos all der

67 Riesman u. a., *Die einsame Masse*, S. 314-316. Für Anbieter konstatiert Riesman: »Natürlich besteht die Freizeitberatung [...] oft allein in dem Versuch, eine Ware oder einen Dienst abzusetzen, anstatt darin, dem einzelnen zu dem zu verhelfen, was er gerade braucht oder brauchen könnte.« (Ebd., S. 314) Marktforschern attestiert er hingegen, dass sie »sehr wohl (wissen), daß sich die Anwendungsmöglichkeiten ihrer Methoden nicht darin erschöpfen, die Menschen so zu manipulieren, daß sie irgendwelche Artikel oder bereits bestehende kulturelle Anschauungen kaufen oder sich mit kleinen Besonderheiten [...] ausstaffieren, sondern daß sie durchaus auch dazu benutzt werden können, um zu erfahren, welche Wünsche die Menschen nicht nur augenblicklich, sondern – mit der Befreiung ihrer Phantasie – auch in Zukunft haben könnten« (ebd., S. 316; vgl. auch Cornelia Koppetsch, »Die Werbebranche im Wandel. Zur Neujustierung von Ökonomie und Kultur im neuen Kapitalismus«, in: Kai-Uwe Hellmann, Dominik Schrage (Hg.), *Konsum der Werbung. Zur Produktion und Rezeption von Sinn in der kommerziellen Kultur*, Wiesbaden 2004, S. 147-161). Zu bedenken ist freilich (und skeptisch macht), dass das Feld der individuellen Freizeitberatung inzwischen als entscheidender Wachstumsmarkt im kulturellen Dienstleistungskapitalismus ausgemacht worden ist und somit *das Ziel der Autonomiegewinnung wiederum unter ökonomische Prämissen zu geraten droht* (vgl. etwa Shoshana Zuboff, James Maxmin, *The Support Economy. Why Corporations are Failing Individuals and the Next Episode of Capitalism*, New York 2002).

68 Vgl. Ulrich Oevermann, »Theoretische Skizze einer revidierten Theorie professionellen Handelns«, in: Arno Combe, Werner Helsper (Hg.), *Pädagogische Professionalität. Untersuchungen zum Typus pädagogischen Handelns*, Frankfurt/M. ²1997, S. 70-182.

beratenden Instanzen, die um die *individuellen* Verbraucher herum aufgestellt sind, ebenso wie der Sprecherinnen für das *kollektive* Verbraucherwohl das Ziel gehören, sich mittelfristig eher überflüssig denn unverzichtbar zu machen. Sie müssten auch mit Blick auf die zuvor genannten Elemente von Verbraucherautonomie – also eine robuste Privatsphäre, tolerant-interessierte Wertschätzungsrelationen und bürgerschaftliche Partizipationsmöglichkeiten – die Institutionalisierung solcher (politischen) Formen und Verfahren vorantreiben, die nicht nur entsprechende *Lernprozesse* bei den Verbrauchern anstoßen, sondern auch wieder in kollektiven *Gewohnheitsbildungen* münden. Und dieses Ziel kann nur erreicht werden, wenn sie ihrerseits am Aufbau sozialer Infrastrukturen mitwirken, in denen eine *Kultur begründeten Vertrauens* der Verbraucher in ihre verschiedenen, an der Entwicklung interdependenter Marktordnungen beteiligten Mitbürgerinnen und Handlungseinheiten gedeihen kann.

2. Konsumwelten und Alltagsökonomie – eine Typologie digitaler Konsumpraktiken

Die theoretischen Bausteine, die in den voranstehenden Abschnitten zu den Verbrauchern und ihren Fähigkeiten, die Rollen kreativer Consumer Citizens auszufüllen, zusammengetragen worden sind, werden in den nun folgenden Abschnitten durch die Konfrontation mit empirischen Forschungsergebnissen vertieft, die aus einer Untersuchung zur »virtuellen Alltagsökonomie« der Verbraucher, d. h. zur Nutzung des Internets für Konsumpraktiken, stammen.[69] Das DFG-Projekt zielte darauf ab, Zusammenhänge und Wechselwirkungen zwischen den dynamischen Strukturentwicklungen digitaler Marktplätze im Internet und den Konsumpraktiken privater Haushalte, einschließlich der Gebrauchsweisen internetspezifischer Geldformen und Zahlungssysteme, empirisch zu rekonstruieren und *typologisch* zu erschließen.

69 Das Projekt »CyberCash – Konsumpraktiken in der virtuellen Alltagsökonomie« wurde gemeinsam mit Sighard Neckel beantragt und mit Mitteln der Deutschen Forschungsgemeinschaft (DFG) in der Laufzeit von August 2005 bis Juli 2007 am Zentrum für Medien und Interaktivität (ZMI) der Universität Gießen durchgeführt.

Nun lassen sich *Typen* in der qualitativen Sozialforschung in vielerlei Hinsicht aus empirischem Material gewinnen. Entscheidend ist der theoretische Ertrag, der sich aus den Abgrenzungen und Unterscheidungen hinsichtlich einer bestimmten wissenschaftlichen Fragestellung gewinnen lässt. Hintergrund der folgenden Typologisierung ist das Interesse an Erkenntnissen über die Verbraucher als Akteure der Verbraucherdemokratie, d. h. über ihre Handlungspotenziale und Fähigkeiten, politische Verantwortung für die indirekten Folgen der Konsumgesellschaft zu übernehmen. Diese Fragestellung verlangt nach den vorangehenden Überlegungen zu einer soziologischen Theorie des Consumer Citizen allerdings nach einer gänzlich unvoreingenommenen Perspektive auf die Verbraucher und ihre Alltagspraktiken. Ziel ist es, das Spektrum an Dispositionfaktoren zu rekonstruieren, das die Unterschiede der empirisch auffindbaren Typausprägungen von Konsumpraktiken erklärt und verständlich macht. Inwiefern im Raum dieser Praktiken auch Tugenden oder Relevanzgesichtspunkte eines politischen Bürgerinnenhandelns – sei es als schwache Spuren oder als dominante Motivkonstellationen – auftauchen, kann hierbei nur die zweite Frage sein und wird zunächst als empirisch kontingent angesehen. Denn es soll ja herausgefunden werden, ob sich hinter der Kategorie des Consumer Citizen mehr verbirgt als eine *diskursive Konstruktion* von Aufgaben oder Verantwortungszumutungen. Es geht vielmehr um die Frage, ob diese ins Ökonomische hineingeschobenen demokratischen Rollenzuschreibungen aus der Binnenperspektive der Konsumpraxis und des Verbraucherhandelns überhaupt anschlussfähig und dort bereits angekommen sind bzw. die Konsumpraktiken sich auf eine Weise zu transformieren beginnen, die diesen Erwartungen entgegenkommt. Möglich ist auch, dass sich die alltäglichen Gewohnheiten und Habitusformationen der Verbraucher überhaupt nicht oder kaum verändern.

Diese Frage wird hier auf den Gegenstandsbereich der in den Konsumwelten des Internets sich abspielenden digitalen Praktiken von Verbrauchern bezogen. Dies macht deshalb Sinn, weil das Internet oft als die technologische, soziale, ökonomische und kommunikative Infrastruktur schlechthin für Bildungs- oder Formierungsprozesse hin zum Consumer Citizen angesehen wird.[70]

70 Vgl. etwa Scammell, »The Internet and Civic Engagement«; Manuel Castells, *Die Internet-Galaxie. Internet, Wirtschaft und Gesellschaft*, Wiesbaden 2005,

Anknüpfend an die schon von Adam Smith propagierte Idee der »Konsumentensouveränität« argumentiert etwa Hermann van Bömmel, dass den Verbrauchern durch die Informations- und Kommunikations-Technologie (IuK) in der postindustriellen Wirtschaft Mittel an die Hand gegeben sind, ihre »Präferenzen in allen ökonomischen Dimensionen anzuzeigen und durchzusetzen«, worunter der Autor auch moralische Gesichtspunkte fasst. Konsumenten ließen sich demnach nicht mehr auf bloße Marktentnahme reduzieren. Sie würden – zumindest perspektivisch – auch die »Letzt-Verantwortung für Abläufe in der Produktionssphäre, damit Verantwortung für die Umwelt und die sozialen Verhältnisse in den Betrieben« übernehmen.[71] Gewiss verändert das Internet die Bedingungen und Möglichkeiten für den Konsumalltag in ziemlich radikaler Weise, sodass an den Konsumpraktiken einiges in Bewegung kommen dürfte.[72] So hat Sigrid Baringhorst in ihrem Aufsatz »Konsumenten als Netizens« einige Parameter zusammengetragen, die sich mittelfristig auch auf die Habitusformation der Verbraucher verändernd auswirken könnten:[73]

d) Das Internet stärkt die Wirtschaftsmacht der Verbraucher durch die Erleichterung des Zugangs zu Marktinformationen, angefangen von Preisvergleichen bis hin zu Produkt- und Testberichten. Und potenziell erweitert es nicht nur die Exit-, sondern auch

S. 142; Bennett, »Branded Political Communication«; Birger P. Priddat, »Lernmaschine«, in: *Frankfurter Allgemeine Zeitung*, 8. 1. 2004; Sigrid Baringhorst, »Konsumenten als Netizens. Das Internet als ambivalentes Medium für ein Empowerment von Verbrauchern«, in: Baringhorst u. a. (Hg.), *Politik mit dem Einkaufswagen*, S. 81-108.

71 van Bömmel, *Konsumentensouveränität*, S. 272 und S. 274.

72 Historisch betrachtet hatten Entwicklungen im Bereich der IuK-Technologien stets weitreichende Konsequenzen für das Zusammenleben. Ihr Potenzial, soziale Beziehungen nicht nur in Raum und Zeit auszudehnen, sondern zudem in Quantität und Qualität zu modifizieren, wird an Technologien wie Schrift, Buchdruck, Telegrafie, Radio und Fernsehen, Satelliten, Mobiltelefon usw. sehr deutlich. Deren Bedeutung für den sozialen Wandel wird von zahlreichen sozialwissenschaftlichen Theorien herausgestellt (vgl. etwa Anthony Giddens, *The Nation-State and Violence*, Cambridge 1985; Niklas Luhmann, *Die Gesellschaft der Gesellschaft*, Frankfurt/M. 1997).

73 Baringhorst, »Konsumenten als Netizens«. Die Auflistung folgt in umgekehrter Reihung den vier Kriterien des vorangehenden Abschnitts zur Frage, wie sich eine Transformation der Verbraucher in autonome Consumer Citizens vollziehen könnte.

die Voice-Optionen innerhalb der Marktsphäre, auch wenn diese anbieterseitig noch zögerlich umgesetzt werden. Dadurch könnte sich die Form der »Freizeitberatung« verändern.

c) Daneben bietet das Internet zivilgesellschaftlichen Organisationen einen Raum, weil es in ihm sehr viel leichter fällt und erweiterte Optionen gibt, Verbraucher für politische Protestkampagnen zu mobilisieren und einzuspannen, sodass sich auch deren Partizipationsmöglichkeiten im politischen Gemeinwesen, das hier nicht mehr mit den Grenzen des Nationalstaates zusammenfällt, verändern. Perspektivisch hält das Internet auch Möglichkeiten für eine weniger zentralisierte, horizontale Vernetzung von Verbrauchern bereit, aus der sich neue Formen des konsumbürgerschaftlichen Engagements entwickeln könnten.

b) Gegenwärtig wird von solchen Möglichkeiten vor allem auf so genannten Social-Network-Sites und in Online-Communities Gebrauch gemacht, die zugleich dem Aufbau und der Pflege von Beziehungen mehr oder weniger reziproker Anerkennung dienen, die quer zu den etablierten, ökonomisch und massenkulturell dominierten Kriterien sozialer Wertschätzung liegen könnten (aber freilich nicht müssen).

a) Und schließlich weitet das Internet auch die Möglichkeiten spielerischer Selbstexploration in der Privatsphäre aus, die aus theoretischer Sicht eine weitere wesentliche Ressource der Steigerung von Verbraucherautonomie darstellt. Das Suchtpotenzial der virtuellen Welten des Internets soll damit freilich nicht geleugnet werden.

Ob sich die Verbraucher im oder mittels Internet zu Consumer Citizens oder Netizens entwickeln und aus der Privatsphäre heraus politische Bildungsprozesse durchlaufen, entscheidet sich freilich nicht an den vielfältigen Möglichkeiten, die das Internet bietet, sondern daran, wie von diesen Potenzialen Gebrauch gemacht wird. So hat etwa Manuel Castells eine neue kulturelle Spaltungslinie prognostiziert zwischen einer Minderheit an »Interagierenden« des Informationszeitalters, die diese digitale Netzinfrastruktur kreativ einzusetzen versteht, und einer Masse der »Interagierten«, für die das Internet eine fremdgestaltete Multimedia-Umwelt darstellt, die auf Unterhaltung und eine diversifizierte und flexiblere Form von standardisiertem Massenkonsum programmiert ist.[74] Auf der Basis

74 Castells, *Der Aufstieg der Netzwerkgesellschaft*, S. 424.

von Fällen aus dem eingangs genannten Projekt, die in einer mehrstündigen Erhebung mittels eines (medien-)biografischen, narrativen Interviews[75] und teilnehmender Beobachtung ihrer Computer- und Internetnutzung im privaten Haushalt erfasst worden sind, soll dieser Fragenkomplex hier empirisch genauer aufgehellt werden. Dabei bediene ich mich einer typologisierenden Darstellung der Verbraucher und ihrer Online-Praktiken, auch wenn diese Form des Zugriffs der Singularität und Individualität dieser Fälle nicht gerecht werden kann. Ziel ist es, die unterschiedlichen Fälle durch minimale und maximale Kontrastbildung ihrer Konsumpraktiken in einen aussagekräftigen Zusammenhang zu bringen (2.2 bis 2.4). Zuvor werden einige methodische Vorüberlegungen angestellt und die Zielsetzungen sowie das Forschungsdesign des Projektes erläutert (2.1). Schlussfolgerungen zu den Perspektiven des Consumer Citizen im Internetzeitalter schließen das Kapitel ab (3).

2.1 Vorbemerkungen zur Methode

Ein geeignetes methodisches Forschungsdesign für ein Projekt zu den »Konsumpraktiken in der virtuellen Alltagsökonomie« zu entwickeln setzt gewisse Kenntnisse über das Medium Internet und hohe Sensibilität für die Komplexität des sozial-ökonomischen Feldes voraus, das sich im digitalen Interaktionsraum ausbreitet und äußerst dynamisch entwickelt. Denn die Gefahr ist groß, durch theoretische Vorlieben oder eingeschliffene methodische Verfahren und Instrumente eine Sichtweise bloß noch zu bestätigen, die sich unabhängig von der empirischen Forschung zum neuen Medium bereits verfestigt hat. So verwundert es wenig, wenn Vertreterinnen einer poststrukturalistisch oder postmodern vorgeprägten Vorstellung vom Subjekt und seinen Praktiken der Identitätsbehauptung das Internet als einen Raum begreifen und erkennen, in dem das freie Spiel mit multiplen Charakteren und Präsentationsformen des eigenen Selbst zur vollen Entfaltung gelangt.[76] Werden zur empiri-

75 Vgl. Stefan Aufenanger, »Interview«, in: Ruth Ayaß, Jörg R. Bergmann (Hg.), *Qualitative Methoden der Medienforschung*, Reinbek 2006, S. 97-114, hier: S. 107-109.

76 Vgl. etwa Sherry Turkle, *Leben im Netz. Identität in Zeiten des Internet*, Reinbek 1998; Kenneth Gergen, *Das übersättigte Selbst. Identitätsprobleme im heutigen Leben*, Heidelberg 1996.

schen Bestätigung einer solchen Theorie dann allerdings Praktiken wie die Online-Rollenspiele in virtuellen Multi-User-Dungeons (MUDs) herangezogen, in denen der virtuelle Geschlechts- oder Rollentausch mehr als naheliegt, so wirft dies doch Zweifel auf, ob damit mehr über die Subjektformen der Gegenwart herausgefunden werden kann, als es mit einer Beobachtung von Ausschweifungen und Verwandlungen in der Hochphase des Kölner Karnevals möglich wäre. Nicht weniger problematisch wäre es, wenn die Grenzen des Untersuchungsfeldes von vornherein stark beschnitten würden, nur weil die Vorstellungen oder Nutzungsgewohnheiten im Konsumalltag der Forschenden über eine Handhabung des Internets als digitale Variante eines Versandhauskatalogs nicht hinausgehen.

Auch Miller und Slater kritisieren mit Blick auf Ausdrücke wie »Cyberspace« oder »Virtual Reality«, dass die Internetforschung die jeweiligen theoretischen Vorlieben oft schon durch die Art des methodischen Zugangs bestätigt: »Tatsächlich könnte der Fokus auf Virtualität oder Getrenntheit als bestimmende Merkmale des Internets weniger in den Eigenschaften des Internets begründet sein als in den Bedürfnissen dieser verschiedenen intellektuellen Projekte.«[77] Um solche Verzerrungen oder Einengungen des Blicks so weit wie möglich zu vermeiden und für Überraschungen offen zu bleiben, ist eine *ethnografische Grundhaltung* unverzichtbar. Sie hält das Interesse, fremde und unbekannte Welten näher kennen zu lernen, ebenso wach, wie sie auffordert, sich das Vertraute, aus der eigenen Anschauung Gewohnte immer wieder fremd zu machen.[78]

77 Daniel Miller, Don Slater, *The Internet. An Ethnographic Approach*, Oxford, New York 2000, S. 5.

78 Vgl. Klaus Schönberger, »Der Internetforscher im eigenen Feld. Der Fall Claudio Belmonte oder die Unmöglichkeit, ohne die Ausnahme die Regel zu denken«, in: Katharina Eisch, Marion Hamm (Hg.), *Die Poesie des Feldes. Beiträge zur ethnographischen Kulturanalyse*, Tübingen 2001, S. 184-195; Christian Lüders, »Beobachten im Feld und Ethnographie«, in: Uwe Flick u. a. (Hg.), *Qualitative Forschung. Ein Handbuch*, Reinbek 2000, S. 384-401; Klaus Amann, Stefan Hirschauer, »Die Befremdung der eigenen Kultur. Ein Programm«, in: Dies. (Hg.), *Die Befremdung der eigenen Kultur. Zur ethnographischen Herausforderung soziologischer Empirie*, Frankfurt/M. 1997, S. 7-52. – Erstaunlich ist, dass die methodischen Herausforderungen der Internetforschung in neueren deutschen Handbüchern oder Überblickswerken zur qualitativen Medienforschung nur sehr marginal behandelt werden (vgl. etwa Lothar Mikos, Claudia Wegener

Letzteres wird umso wichtiger, je weiter das Wissen um die kulturellen Praktiken zum stillen, impliziten Wissen (*tacit knowledge*) abgesunken ist und sich in körpergebundenen Routinen vollzieht, die auszuführen zwar ein praktisches Können voraussetzt, das aber nicht als mentale Repräsentation dieses Könnens vorliegt.[79] Der Alltag der Verbraucher und ihre Konsumpraktiken sind voller Gewohnheiten, die nicht zuletzt deshalb sehr schwer sozialwissenschaftlich zu erheben und zu erforschen sind, weil sie nicht ohne weiteres im Rahmen eines Interviews erfragt oder berichtet werden können. Den Zugang zu diesen Praktiken über die Internetnutzung der Verbraucher zu suchen erweist sich vor diesem Hintergrund trotz aller Schwierigkeiten, die mit der Komplexität des digitalen Handlungsraumes verbunden sind, als großer Vorteil für die Konsumforschung, weil die noch junge Geschichte dieses neuen Mediums dabei hilft, den Konsumalltag mit seinen Gewohnheiten narrativ und diskursiv zum Thema zu machen. Die Möglichkeiten, die das Internet bietet oder auch nur bieten könnte, um die individuelle Alltagsökonomie der Verbraucher zu erweitern oder zu erleichtern, stellen eine »natürliche« Irritation dar, die in vielen Fällen den Einstieg in eine Verbalisierung und eine distanzierende Betrachtung der eigenen Konsumpraktiken und -routinen sehr erleichtert.

Die Probleme und Herausforderungen der ethnografischen Forschung auf diesem Gebiet sind damit aber längst nicht vom Tisch. So kann zwischen den Zugangsweisen einer *Offline-* und einer *Online-Ethnografie* unterschieden werden, die in ihrer Umsetzung voneinander stark abweichen. Erfordert Erstere die physische Kopräsenz mit den Untersuchungssubjekten und somit den Gang in die privaten Haushalte oder das Aufsuchen anderer Orte des internetvermittelten Konsums, etwa Internetcafés oder die Büroräume von Beschäftigten, die den Internetzugang ihres Arbeitgebers auch für private Zwecke nutzen können, so lässt sich online dagegen vom eigenen Schreibtisch aus Ethnografie betreiben, insofern das

(Hg.), *Qualitative Medienforschung. Ein Handbuch*, Konstanz 2005 oder Ayaß, Bergmann (Hg.), *Qualitative Methoden der Medienforschung*).

79 Vgl. theoretisch dazu Anthony Giddens, *Central Problems in Social Theory. Action, Structure and Contradiction in Social Analysis*, Houndmills u. a. 1979, S. 57 f.; Giddens, *Die Konstitution der Gesellschaft*, S. 57; Schatzki, *Social Practices* und Reckwitz, »Grundelemente einer Theorie sozialer Praktiken«.

Eintauchen in die Welten des Internets mit seinen Foren, seinen Orten des Konsums, seinen Spielplätzen und seinem Gemeinschaftsleben einen *digitalen Zugang* verlangt. Schließlich lässt sich angesichts der »Multilokalität« eines alltagsökonomischen Handelns, das auf das Internet als Mittel des Konsums zurückgreift, auch argumentieren, dass eine Kombination beider Zugänge im Rahmen einer »Webnografie« unvermeidlich ist. Sich die Implikationen dieser verschiedenen Herangehensweisen klarzumachen, kann helfen, begründete methodische Entscheidungen zu treffen.[80]

So nähert sich der *erste* dieser drei ethnografischen Zugänge dem Feld ausgehend von der Vorstellung einer häuslich-lokal dominierten privaten Alltagskultur. Dies impliziert, dass digitale Konsumpraktiken vor allem von lokalen Milieus, biografischen Dispositionen und physisch-materiellen Ressourcen bestimmt oder beeinflusst werden. Die Forschung müsse deshalb *offline* stattfinden und sich dorthin bewegen, wo die Praktiken von Handelnden mit ihren Körpern, technischen Artefakten und praktischen Fertigkeiten in lokalen Kontexten vollzogen werden. Das Internet erscheint dabei als *black box*, als unbekanntes Ding, das pragmatisch angeeignet werden muss, und in der Art und Weise, wie sich die Nutzer diesem Medium, ausgehend vom Ort ihrer privaten Lebenspraxis, nähern, an dem der PC oder das Notebook steht, das den Zugang zum World Wide Web ermöglicht, greifen sie auf verfügbares kulturelles Handlungs- und Hintergrundwissen zurück, in dem sich über die Biografie hinaus familien-, generationen-, gruppen- oder organisationsspezifische Erfahrungen, Traditionen, Routinen und Interessen sedimentiert haben.[81] Um den kulturellen Codes ihrer digitalen Konsumpraktiken auf die Spur zu kommen, sind daher längere oder ausgedehntere Aufenthalte in diesem Feld erforderlich,

80 Vgl. dazu Winfried Marotzki, »Online-Ethnografie«, in: Ralf Bohnsack u. a. (Hg.), *Hauptbegriffe Qualitativer Sozialforschung. Ein Wörterbuch*, Opladen 2003, S. 129-130; Jörg Strübing, »Webnografie? Zu den methodischen Voraussetzungen einer ethnografischen Erforschung des Internets«, in: Werner Rammert, Cornelius Schubert (Hg.), *Technografie. Zur Mikrosoziologie der Technik*, Frankfurt/M., New York 2006, S. 249-274.

81 Vgl. zu dieser Zugangsvariante Lothar Mikos, »Alltag und Mediatisierung«, in: Mikos, Wegener (Hg.), *Qualitative Medienforschung*, S. 80-94; Maria Bakardjieva, *Internet Society. The Internet in Everyday Life*, London u. a. 2005 sowie Andreas Hepp, »Kommunikative Aneignung«, in: Mikos, Wegener (Hg.), *Qualitative Medienforschung*, S. 67-79.

bei denen nicht nur vereinzelte Verbraucher, sondern das komplexe Setting, in das deren Alltagsökonomie eingebettet ist, etwa der private Haushalt, die familiäre Konstellation, das berufliche Umfeld usw., beobachtet werden müssen.[82] Dabei sind große Hürden des Feldzugangs zu überwinden, geht es doch darum, Personen ausfindig zu machen, die sich nicht nur über ihre Lebensgeschichte und die Rolle, die Computer und Internet in ihrem Konsumalltag spielen, befragen lassen, sondern ihre Privatsphäre einer längerfristigen, wiederholten teilnehmenden Beobachtung öffnen und ständige Begleitung in ihrem Alltag akzeptieren.[83] Doch ist diese Art des Feldzugangs in gewisser Hinsicht alternativlos, insofern viele digitale Konsumpraktiken, die auf der technologischen Infrastruktur des Internets aufbauen, für eine Online-Ethnografie unsichtbar bleiben. Ein Großteil der über das Internet abgewickelten ökonomischen Praktiken geht nämlich in geschützten, für Dritte nicht einsehbaren und sozial entleerten Räumen vonstatten, die das breite Warenangebot über wenige Mausklicks in der Privatsphäre verfügbar machen.[84]

Demnach scheint der *zweite* Zugang, die *Online*-Ethnografie, auf den spezielleren Bereich solcher Praktiken zugeschnitten zu sein, die das Internet für soziale Interaktionen nutzen, die im digitalen Kommunikationsraum stattfinden und dort für Dritte – jedenfalls wenn sie zugelassen wurden – direkt beobachtbar und durch Text-, Ton- oder Videomitschnitt auch protokollierbar sind. Davon ist der Konsumalltag keineswegs ganz ausgenommen, denn

82 Vgl. Miller, Slater, *The Internet*, S. 21 f.

83 Vgl. dazu Bakardjieva, *Internet Society*, S. 79.

84 Für George Ritzer, *Die Globalisierung des Nichts*, Konstanz 2005, S. 195-224 sind große Konsum-Websites – mit einer gewissen Ausnahme von Auktionsplattformen wie eBay – paradigmatisch für eine soziale und kulturelle Entleerung. Ihr formaler Charakter, die Austauschbarkeit der Inhalte, das Fehlen signifikanter Anderer ebenso wie einer verpflichtenden Geschichtlichkeit, ihre örtliche Ungebundenheit und ihr Bestreben, durch Programmierung das Verhalten der Nutzerinnen und Nutzer zu steuern, die als Verbraucher die meiste Arbeit erledigen, stünden zusammengenommen für einen anhaltenden ökonomischen Rationalisierungsprozess, der die Entwicklung von Websites dirigiert. – Zur Kundenarbeit vgl. auch G. Günter Voß, Kerstin Rieder, *Der arbeitende Kunde. Wenn Konsumenten zu unbezahlten Mitarbeitern werden*, Frankfurt/M. New York 2005, S. 53-82 sowie Tabea Beyreuther u. a. (Hg.), *consumers@work. Zum neuen Verhältnis von Unternehmen und Usern im Web 2.0*, Frankfurt/M., New York 2012.

auch Verbraucher nutzen das Internet, um sich über Foren und Plattformen mit relevanten Informationen zu versorgen oder ihren Einkauf als gemeinsame Schnäppchenjagd zu zelebrieren. Die auch als »virtuelle Ethnografie« bezeichnete Methode geht davon aus, dass das Internet oder der jeweils betrachtete Teil davon einen *eigenständigen Kulturraum* bzw. eine in sich strukturierte »kleine soziale Lebenswelt« ausbildet, die eine Übertragung methodischer Prinzipien der herkömmlichen Ethnografie in die neue Medienumgebung ermöglicht. Ziel ist dann die Erschließung der in diesem Sozialraum gültigen kulturspezifischen Kommunikationscodes und Regeln sowie die Anfertigung darauf basierender »dichter Beschreibungen« der lokalisierten Kultur.[85]

Zunächst gilt, was für andere, für uns neue Kulturräume auch gilt: Nähert man sich [...] einem anderen Kulturraum in ethnografischer Absicht [...], so werden zunächst soziale Strukturen, Regeln, Konventionen, Interaktionen, Kommunikationsstrukturen und Gruppenbildungen interessieren. Man wird Dokumente dieses Kulturraums untersuchen und selbst in ihn hineingehen, um zu beobachten und mitzuerleben, was dort in welcher Weise geschieht [...] und wie Kultur – verstanden als eine hinreichend klar abgrenzbare Praxis der routinemäßigen Signifikation, eine spezifische Praxis der Bedeutungserzeugung – strukturiert ist.[86]

Vor allem Newsgroups und Mailinglisten, themenspezifische Forendiskussionen, Online-Spiele, die so genannten MUDs[87], Social-

85 Vgl. Christine Hine, *Virtual Ethnography*, London u. a. 2000; Benita Luckmann, »The Small Life-Worlds of Modern Man«, in: *Social Research*, H. 4 (1970), S. 580-596 sowie dazu auch Anne Honer, »Lebensweltanalyse in der Ethnographie«, in: Flick u. a. (Hg.), *Qualitative Forschung*, S. 194-204 und schließlich Clifford Geertz, »Dichte Beschreibung. Bemerkungen zu einer deutenden Theorie der Kultur«, in: Ders., *Dichte Beschreibung. Beiträge zum Verstehen kultureller Systeme*, Frankfurt/M. 1987, S. 7-43.

86 Marotzki, »Online-Ethnografie«, S. 129.

87 Die Abkürzung steht für Multi-User-Dungeon oder -Dimension. Zur Erläuterung heißt es etwa auf der Internetseite zum Spiel *Silberland*: »Ein MUD ist eine kleine Welt für sich. Ein MUD hat im allgemeinen ein Grundthema, dem es sich verschreibt, im Falle des Silberlands ist dies die weitgefächerte Welt der Fantasy. Hier bewegen sich Wesen wie etwa Elfen, Zwerge, Hobbits und auch Menschen in einer virtuellen Welt, bestehen Abenteuer, erkunden das Land, kämpfen gegen kleine wie große Monster oder reden auch einfach nur miteinander.« ⟨www.silberland.at⟩, letzter Zugriff 4. 2. 2013; vgl. auch Gerit Götzenbrucker, *Soziale Netzwerke und Internet-Spielewelten*, Wiesbaden 2001. Zu den weiteren Beispielen vgl. sodann Howard Rheingold, *The Virtual Community: Homesteading on*

Network-Sites, Chat- und Flirträume usw. stellen typische Gegenstände dieser ins Internet verlagerten Form konventioneller Ethnografie dar. Unabhängig davon, ob diese Sicht auf andere internetbasierte Praktiken ohne weiteres übertragen werden kann, handelt es sich bei diesen Beispielen gewiss um Kulturräume, deren Mitglieder ein abgrenzbares Set an Konventionen teilen und sich in gemeinsamen lebensweltlichen Bedeutungshorizonten bewegen. Dennoch werden insbesondere gegen die Auffassung, hierbei handele es sich um virtuelle *Gemeinschaften*, Bedenken erhoben.[88] Das deutet darauf hin, dass die Grenzen dieser Kulturräume diffus und ihre Regeln für eine innere Kerngruppe möglicherweise konstitutiv, für einen weiteren Nutzerkreis aber wenig Geltung besitzen. Man denke nur an die online-ethnografisch kaum zugänglichen Lurker, die sich nicht mit Nickname und Passwort anmelden, sondern nur in den öffentlich zugänglichen Bereichen herumlesen und zuschauen.

Der *dritte* ethnografische Ansatz geht deshalb davon aus, dass das Internet weniger aus homogenen Kulturräumen besteht, sondern als *soziale Arena* aufzufassen ist, in der verschiedene soziale Welten und Praktiken aufeinandertreffen und auf unterschiedliche Weise – durch Aushandlungen, Konfliktaustragungen, Hybridisierungen, raumzeitliche Segmentierungen und Interdependenzen, soziale Evolution usw. – vermittelt werden. Auch Christine Hine

the Electronic Frontier, Reading 1993; Luciano Paccagnella, »Getting the Seats of Your Pants Dirty: Strategies for Ethnographic Research on Virtual Communities«, in: *Journal of Computer Mediated Communication*, H. 1 (1997), ⟨http://jcmc.indiana.edu/vol3/issue1/paccagnella.html#s3.2⟩, letzter Zugriff 24. 8. 2007; Annette N. Markham, *Life Online. Researching Real Experience in Virtual Space*, Walnut Creek 1998; Nancy K. Baym, *Tune In, Log On: Soaps, Fandom, and Online Community*, London u. a. 2000; Winfried Marotzki, »Interaktivität und virtuelle Communities«, in: Christoph Bieber, Claus Leggewie (Hg.), *Interaktivität. Ein transdisziplinärer Schlüsselbegriff*, Frankfurt/M., New York 2004, S. 118-131.

88 Vgl. etwa Barry Wellman, Milena Gulia, »Virtual Communities as Communities. Net Surfers don't Ride Alone«, in: Marc A. Smith, Peter Kollock (Hg.), *Communities in Cyberspace*, London 1999, S. 167-194; Christian Stegbauer, »Von den Online Communities zu den computervermittelten sozialen Netzwerken. Eine Reinterpretation klassischer Studien«, in: *Zeitschrift für qualitative Bildungs-, Beratungs- und Sozialforschung*, H. 2 (2001), S. 152-173; Jochen Gläser, »Neue Begriffe, alte Schwächen: Virtuelle Gemeinschaft«, in: Michael Jäckel, Manfred Mai (Hg.), *Online-Vergesellschaftung? Mediensoziologische Perspektiven auf neue Kommunikationstechnologien*, Wiesbaden 2005, S. 51-72.

empfiehlt, das Internet nicht nur als separierte, in sich geschlossene Kulturen in begrenzten sozialen Räumen zu betrachten, sondern zudem als kulturelles Artefakt, das durch die Arten und Weisen seines Gebrauchs zum *Schnittfeld* einer Vielzahl kultureller Praktiken, Motive, Zuschreibungen und Relevanzsetzungen wird.[89] Insbesondere bricht die Unterscheidung von Offline- und Online-Welten oder -Kulturen mit dieser Zugangsweise weitgehend zusammen. In den alltagsökonomischen Konsumpraktiken der Verbraucher überschneiden sich diese Sphären laufend und werden auf unterschiedlichste Weise kombiniert, etwa wenn in einem Laden, also offline, vor dem Kauf mittels internetfähigem Handy noch ein Preisvergleich eingeholt oder ein Foto von der Anprobe an die Peergroup geschickt wird. Oder wenn die eigenen Bewegungsmuster durch den physischen Raum mittels GPS-Daten direkt in Empfehlungen eines Ortsbesuchs für das eigene soziale Online-Netzwerk übersetzt werden.[90] Als hilfreich für die Untersuchung der vielschichtigen Aspekte und Weltbezüge solcher hoch vernetzten Konsumpraktiken erweist sich das Konzept der *Multi-Sited Ethnography* von George E. Marcus. Die Aufgabe der Ethnografie bestehe darin, verschiedenen Spuren zu folgen, um unscharf gewordene Feldgrenzen aufzuhellen – gewissermaßen als »an exercise in mapping terrain«.[91] Da-

89 Hine, *Virtual Ethnography*, S. 27; vgl. sodann Fritz Schütze, »Das Konzept der sozialen Welt im symbolischen Interaktionismus und die Wissensorganisation in modernen Komplexgesellschaften«, in: Inken Keim, Wilfried Schütte (Hg.), *Soziale Welten und kommunikative Stile*, Tübingen 2002, S. 57-83; Adele E. Clarke, *Situational Analysis. Grounded Theory after the Postmodern Turn*, Thousand Oaks, CA 2005.

90 Auf die Erfassung solcher Grenzüberschreitungen durch die mobilen Formen der Internetnutzung, insbesondere von Jugendlichen, zielen Vorschläge einer »connective ethnography« (vgl. Kevin M. Leander, Kelly K. McKim, »Tracing the Everyday ›Sitings‹ of Adolescents on the Internet: A Strategic Adaptation of Ethnography Across Online and Offline Spaces«, in: *Education, Communication and Information*, H. 2 (2003), S. 211-240; Christine Hine, »Connective Ethnography for the Exploration of e-Science«, in: *Journal of Computer-Mediated Communication*, H. 2 (2007), article 14 ⟨http://jcmc.indiana.edu/vol12/issue2/hine.html⟩, letzter Zugriff 4. 2. 2013 sowie Andreas Hepp u. a. (Hg.), *Konnektivität, Netzwerk und Fluss. Konzepte gegenwärtiger Medien-, Kommunikations- und Kulturtheorie*, Wiesbaden 2006.

91 George E. Marcus, »Ethnography in/of the World System: The Emergence of Multi-Sited Ethnography«, in: *Annual Review of Anthropology*, Jg. 24 (1995), S. 95-117, hier: S. 99.

bei ließen sich der Gegenstand und seine Grenzen unterschiedlich konstruieren, insofern ganz verschiedene soziologische Bezugskonzepte die ethnografische Kartographie anleiten können, angefangen von den Wanderungsbewegungen der menschlichen Akteure, über die der Artefakte, bestimmte Metaphern, eine Storyline oder Konfliktlinie bis hin zur lebensgeschichtlichen Perspektive der Biografieforschung.[92]

Die Forschungen im Rahmen des CyberCash-Projektes waren sowohl an den virtuellen Konsumwelten interessiert als auch an der Alltagsökonomie der Verbraucher und bewegten sich zwischen online- und offline-ethnografischen Perspektiven hin und her. Insofern es aber zunächst darum ging, anhand verschiedener digitaler *Konsumpraktiken* gehaltvolle Unterscheidungen von *Verbrauchertypen* zu generieren, stand anfangs ein Erhebungsdesign im Vordergrund, das auf die alltagskulturelle und (familien-)biografische Rückbettung der Internetnutzung, der Medienkompetenz, des Geldgebrauchs und der kommerziellen Orientierungen abhob und deshalb offline ansetzte, d.h. die Verbraucher in ihren privaten Haushalten aufsuchte. Die Ausgangsannahme war, dass sich die Nutzungspraktiken nur angemessen erfassen lassen, wenn sie als eingebettet in die Gesamtökonomie des privaten Alltags begriffen werden. Zugleich war aber die Einsicht leitend, dass die Konsumpraktiken im Internet auf einen *sozial dezentrierten Handlungsraum* treffen, der sich *dynamisch* entwickelt und durch komplexe ökonomische, technische und kulturelle Prozesse strukturiert wird. Gemäß einer »strategischen Analyse des Handelns«, die bei den Verbrauchern als Akteuren ansetzt, wurden diese Eigendynamiken der sozialen, ökonomischen, juristischen und technischen Ordnungen jedoch methodisch eingeklammert.[93] [Das Internet] wurde – so ließe sich in Abwandlung des bekannten Thomas-Theorems sagen – als eine »virtuelle Realität« betrachtet, die jeweils durch die alltägliche Nutzung seitens der untersuchten Verbraucher praktisch kon-

92 Vgl. ebd., S. 105-110. Diese Konstruktionsoffenheit gibt nach Strübing, »Webnografie?«, S. 264-267 Anlass, den Ansatz der »fokussierten Ethnografie« aufzugreifen, die den erfahrungsintensiven, längerfristigen Feldaufenthalt zugunsten einer datenintensiven, auswertungsextensiven Forschungspraxis mittels technischer Aufzeichnungsgeräte aufgegeben hat (vgl. Hubert Knoblauch, »Fokussierte Ethnographie«, in: *Sozialer Sinn*, H. 1 (2001), S. 123-141, hier: S. 129-133).

93 Vgl. methodologisch dazu Giddens, *Die Konstitution der Gesellschaft*, S. 342-347.

struiert und handlungsrelevant wurde.[94] [Das Internet] erscheint dann einmal als digitaler Katalog mit elektronischem Postkasten und im nächsten Fall als chaotisches und geheimnisvolles Universum, in dem es unendlich viel zu entdecken gibt. Parallel fanden aber bereits erste online-ethnographische Erkundungen statt, die an der Dynamik der sozialen Ordnungen im Internet interessiert waren und deshalb mit der methodischen Einstellung einer »institutionellen Analyse« (Giddens) vorgenommen wurden. Damit deren Einsichten für die Rekonstruktion von Konsumpraktiken nicht verloren gingen, wurde in den Erhebungen – sowohl was die Fallkontrastierungen (*theoretical sampling*) als auch die Leitfäden für die einzelnen Interviewgespräche anbelangt – mit einer Heuristik gearbeitet, die auf konkurrierende Theorien zurückgriff. Für die Internetforschung lässt sich diese Multiperspektivität nutzen: Sie hilft, verschiedene Facetten digitaler Konsumwelten und alltagsökonomischer Praxis in den Fokus zu rücken, die für das untersuchte Geschehen alle Relevanz haben können.[95]

94 Vgl. William Isaac Thomas, Dorothy Swaine Thomas, *The Child in America: Behavior Problems and Programs*, New York 1928, S. 572.

95 Im Bereich der Techniksoziologie etwa finden sich zum einen Arbeiten, die auf die Erfassung *lateraler Mobilisierungseffekte* von Technologien spezialisiert sind, wie die Akteur-Netzwerk-Theorie (vgl. etwa Bruno Latour, »Über technische Vermittlung«, in: Andréa Belliger, David J. Krieger (Hg.), *ANThology. Ein einführendes Handbuch zur Akteur-Netzwerk-Theorie*, Bielefeld 2006, S. 483-528; Bruno Latour, *Die Hoffnung der Pandora. Untersuchungen zur Wirklichkeit der Wissenschaft*, Frankfurt/M. 2002, S. 36-95), wohingegen andere Theorieentwürfe Technologie als praktisches Gebrauchsmittel kompetenter und kreativer Akteure betrachten (etwa Karl-Heinz Hörning, *Experten des Alltags. Die Wiederentdeckung des praktischen Wissens*, Weilerswist 2001), während dritte Positionen sich bemühen, einen Mittelweg zu finden (vgl. Werner Rammert, *Technik – Handeln – Wissen. Zu einer pragmatistischen Technik- und Sozialtheorie*, Wiesbaden 2007). Nicht anders verhält es sich mit der Soziologie des Geldes: Hier Theorien, die an Machtrelationen und Systembildungen interessiert sind, die mit symbolischen und materiellen Verweisungszusammenhängen dieses Zirkulationsmediums einhergehen (Luhmann, *Die Wirtschaft der Gesellschaft*; Hanno Pahl, *Das Geld in der modernen Wirtschaft. Marx und Luhmann im Vergleich*, Frankfurt/M., New York 2008), dort Analysen, wie die Möglichkeitsüberschüsse, die das Geld als »absolutes Mittel« (Georg Simmel, *Philosophie des Geldes*, Frankfurt/M. 1989, S. 298) mit sich bringt, im Alltag pragmatisch geschlossen werden, wofür kreatives Handeln erforderlich ist (Viviana A. Zelizer, *The Social Meaning of Money*, Princeton, NJ 1994; Viviana A. Zelizer, »Die Farben des Geldes. Vielfalt der Märkte, Vielfalt der Kulturen«, in: *Berliner Journal für Soziologie*, H. 3 (2000), S. 315-332; Christine

Die Erhebung musste demnach so angelegt sein, dass diese Breite und Vielfalt empirisch in den Blick geraten konnte. Um ein geeignetes Untersuchungsdesign zu kreieren, wurden über die Ethnografie hinaus auch methodologische Maximen der biografieanalytischen Einzelfallrekonstruktion sowie der Grounded Theory befolgt. So wurden für die Datengewinnung letztlich verschiedene Ansätze aus dem Repertoire der qualitativen Methoden aufgegriffen und zu einem Forschungsinstrumentarium zusammengefügt, das die folgenden Erhebungsschritte beinhaltet:[96]

– Online-Fragebogen,[97] der zur Vorselektion des Samples, zur Er-

Wimbauer u. a., »Prekäre Balancen – Liebe und Geld in Paarbeziehungen«, in: Christoph Deutschmann (Hg.), *Die gesellschaftliche Macht des Geldes. Leviathan-Sonderheft 21*, Wiesbaden 2002, S. 263-285) – und auch hier gibt es vermittelnde Positionen (etwa Christoph Deutschmann, *Die Verheißung des absoluten Reichtums. Zur religiösen Natur des Kapitalismus*, Frankfurt/M., New York ²2001). Das Internet erscheint ausgehend von solchen Theorien ganz ähnlich als komplexes Medium, dessen Strukturierung in zwei Richtungen untersucht werden kann und muss: Eigendynamische Emergenzeffekte hier, kreativ-pragmatische Adaptionen an die Alltagspraxis dort. Die Theorien sensibilisieren also dafür, dass in manchen Sektoren des Internets *offene Interaktionssituationen* vorliegen, in denen Regeln symmetrisch ausgehandelt werden müssen, wohingegen in anderen Regionen Bindungen durch *Netzwerk- und Lock-In-Effekte* oder programmierte Algorithmen auf eine Weise erzeugt werden, die nutzerseitig nur die Wahl zwischen Anpassung und Verweigerung und damit zwischen Inklusion und Exklusion lässt (vgl. Klaus Goldhammer, »Ein Blick zurück nach vorn: Die Internet-Ökonomie. Ökonomisches Handeln im Netz«, in: Stefan Münker, Alexander Roesler (Hg.), *Praxis Internet – Kulturtechniken der vernetzten Welt*, Frankfurt/M. 2002, S. 102-119; Christian Stegbauer, »Die Gebundenheit von Raum und Zeit im Internet«, in: *Sozialwissenschaften und Berufspraxis*, H. 4 (2002), S. 343-352). Siehe zu den online-ethnografischen, »institutionellen« Analysen das nachfolgende Kapitel V, Abschnitt 1.

96 Vgl. Klaus Kraimer (Hg.), *Die Fallrekonstruktion. Sinnverstehen in der sozialwissenschaftlichen Forschung*, Frankfurt/M. 2000; Anselm L. Strauss, *Grundlagen qualitativer Sozialforschung. Datenanalyse und Theoriebildung in der empirischen soziologischen Forschung*, München 1994; zur Erhebung vgl. auch Jörn Lamla, »Konsumpraktiken in der virtuellen Alltagsökonomie. Forschungsdesign und exemplarische Fallskizze«, in: Renate Buber, Hartmut Holzmüller (Hg.), *Qualitative Marktforschung. Konzepte – Methoden – Analysen*, Wiesbaden 2007, S. 779-803, hier: S. 786-790.

97 Die zahlreichen Tools, die vorwiegend für Online-Umfragen im Bereich der quantifizierenden Sozialforschung entwickelt worden sind, lassen sich ohne weiteres auch für qualitative Erhebungen nutzen. In unserem Fall wurde auf das Open-Source-Umfragetool *php-surveyor* zurückgegriffen (vgl. ⟨www.phpsurvey-

hebung von objektiven Daten und zur Vorbereitung eines Interviews anhand erster Angaben zum Internetnutzungsverhalten diente;

- narratives Interview zur (Internet-)Biografie, um die sinnstrukturellen Zusammenhänge zwischen Internetnutzungs- und Konsumverhalten einerseits und lebensgeschichtlich erworbenen kulturellen oder habituellen Dispositionen andererseits herausarbeiten zu können;
- offenes Leitfadeninterview zu Alltags- und Konsumpraktiken, welches zunächst unabhängig von der Internetnutzung nach fallspezifischen Relevanzen sucht, die im Spektrum konsumbezogener Internetanwendungen mehr oder weniger konsistent wiederkehren können;
- Gespräch am heimischen PC zur Erhebung von Surfgewohnheiten,[98] insofern Alltagsroutinen nur begrenzt sprachlich repräsentiert und darstellbar sind;
- Argumentations- und Reflexionsfragen zur Erhebung von Deutungsmustern zum gesellschaftlichen Wandel im Internetzeitalter, von Selbstkonzepten, ethischen Vorstellungen und Kriterien der sozialen Anerkennung;

or.org/index.php⟩, letzter Zugriff 9. 8. 2006). Neben einigen »objektiven« Daten (sozio-demographische Daten wie Alter, Geschlecht, Familienstand, Beruf, Einkommen sowie Daten zur Haushaltskonstellation, zur Anzahl von Computern im Haushalt, zur Art des heimischen Internetanschlusses usw.) wurden auch Daten zur Internetnutzung anhand vorgegebener Kategorien sowie offener Fragen erhoben. Insbesondere wurden die Teilnehmer aufgefordert, ihre Top Ten häufig im Alltag besuchter oder genutzter Internetseiten, Shoppingportale, Suchmaschinen usw. aufzulisten.

98 Auf die Vorinstallierung technischer Aufzeichnungsapparaturen zur Erhebung nonverbaler Praktiken der konsumorientierten Internetnutzung, so genannte Screencorder oder Screencams (vgl. Nicola Döring, *Sozialpsychologie des Internet*, Göttingen ²2003, S. 226), wurde ebenso verzichtet wie auf die Analyse elektronischer Prozessdaten (z. B. History-Dateien der Webbrowser) oder die Videoaufzeichnung des Geschehens vor dem Computer, da diese Methoden als zu aufwendig, kontrollintensiv und dadurch verzerrend betrachtet wurden. Das Gespräch vor dem PC schloss sich dagegen umstandslos an den vorhergehenden Interviewteil an, mit dem Unterschied, dass die Demonstration der Internetnutzung nicht unter akutem Erzähldruck stand. Die Kommentierung des Surfens stellte sich gleichwohl zwanglos von selbst ein, und der Interviewer konnte es übernehmen, den Aufruf bestimmter Websites kurz verbal zu kommentieren, sodass sich die Surfprozedur anhand der durchgängigen Tonbandaufzeichnung später rekonstruieren ließ.

- ethnografische Beobachtungen im privaten Haushalt, wobei insbesondere die räumliche Konstellation des Internetzugangs für spätere Auswertungen fotografisch festgehalten wurde, sowie schließlich
- Website-Analysen von Favoritenseiten, um Abweichungen der Konsumpraktiken von Typisierungen feststellen zu können, wie sie durch das Design der Websites seitens der Anbieter implizit oder explizit vorgenommen werden.

Nach erfolgreicher Bewältigung einiger anfänglicher Feldzugangsprobleme[99] wurden im Projekt knapp 100 Personen mittels Online-Fragebogen befragt, von denen dann 19 Fälle nach Gesichtspunkten der Fallkontrastierung ausgewählt und ausführlicher untersucht wurden. Für die Auswertung der Interviewtranskripte wurden insbesondere Verfahren der sequenzanalytischen Interpretation sowie der Codierung (mittels der Software MaxQDA2) eingesetzt. Die Analyse des Interviewmaterials erfolgte in mehreren Schritten. Zunächst wurde anhand der Ersterzählung und des obligatorischen immanenten Nachfrageteils zur Internet-Biografie rekonstruiert, was [das Internet] aus der Perspektive der Lebensführung der Befragten bedeutet. Anhand der episodischen Erzählungen zur Alltagsorganisation und zu ökonomischen Praktiken der Haushaltsführung und des Konsums konnten die im ersten Schritt generierten Hypothesen zum einen überprüft und verfeinert werden. Zum anderen ließen sich weiterführende Hypothesen darüber bilden, in welcher Hinsicht insbesondere der Konsumalltag und die Konsumgewohnheiten das für die soziale Konstruktion des neuen Kommunikationsraums maßgebliche praktische Handlungswissen bereitstellen. In einem dritten Schritt konnte dann anhand der episodischen Erzählungen zur Internetnutzung sowie der Präsentation am heimischen PC (Surfgewohnheiten) untersucht werden, ob sich dieses Wissen pragmatisch dort bewährt, wo es auf die Strukturen und (Eigen-)Dynamiken des digitalen Kommunikationsraums trifft. Die weiteren Interviewteile und Beobachtungsdaten sowie exemplarische Analysen favorisierter Websites wurden

99 Vgl. Jörn Lamla, »Zugänge zur virtuellen Konsumwelt. Abgrenzungsprobleme und Revisionsstufen der Ethnografie«, in: Friederike Heinzel u. a. (Hg.), *»Auf unsicherem Terrain«. Ethnographische Forschung im Kontext des Bildungs- und Sozialwesens*, Wiesbaden 2010, S. 127-139.

ergänzend herangezogen, um die Einschätzungen zum Fall weiter abzurunden. Im Ergebnis kristallisierten sich auf diesem Wege drei maximal kontrastierende Basistypen heraus, die im Folgenden einschließlich ihrer internen minimalen Kontraste (Subtypen) vorgestellt werden.[100]

2.2 Interne Relevanz-Hierarchie der Alltagsökonomie

Auf die Frage hinsichtlich der ökonomischen Online-Aktivitäten ihrer Familie gibt *Marianne Günther*[101] an, dass sie *»ja eigentlich nur ganz wenig im Internet machten«* und dass sie die Dinge, die sie einkauft, *»lieber erst einmal angreift«*, also ausprobiert. Ohne darauf besonders befragt worden zu sein, fügt sie hinzu, dass dies auch der Grund sei, warum sie und ihr Mann *»so gut wie nicht«* aus dem Katalog bestellten. So habe sie einen Arbeitskittel für die Hausarbeit über ein Versandhaus bestellt, der dann nicht passte und zurückgesandt werden musste. Da Frau Günther diese Analogie ganz naturwüchsig und unvermittelt herstellt, lässt sich schließen, dass für sie [das Internet] die elektronische Variante eines Versandhauskatalogs darstellt und aus ähnlichen Gründen wenig attraktiv ist.

Dieses Muster digitaler Konsumpraktiken kann als Eckfall eines Typus angesehen werden, der durch hohe Autonomie der alltäglichen Lebenspraxis gekennzeichnet ist. Der Fall zeigt, wie durch milieukulturell verankerte und biografisch aufgeschichtete Deutungsmuster und Handlungsroutinen in den Konsumpraktiken starke Resistenzen dem Internet gegenüber wirksam werden können, die

100 Vgl. auch die Vorarbeiten in Lamla, »Konsumpraktiken in der virtuellen Alltagsökonomie«; Jörn Lamla, »Digitale Konsumwelten als politische Bildungsräume? Zur Typologisierung der Online-Praktiken von Verbrauchern«, in: Petra Grell (Hg.), *Neue digitale Kultur- und Bildungsräume*, Wiesbaden 2010, S. 145-167 sowie Jörn Lamla, Sven Jacob, »Shopping im Internet. Anstöße für die kulturtheoretische Dimensionierung der Konsumsoziologie«, in: Kai-Uwe Hellmann, Dominik Schrage (Hg.), *Das Management der Kunden. Studien zur Soziologie des Shopping*, Wiesbaden 2005, S. 196-217. Eine neuere Zusammenfassung und Weiterführung der folgenden Überlegungen findet sich in Jörn Lamla, »›Netizenship‹ oder Alltagsökonomie? Typologische Betrachtungen über die Motivlagen und Beteiligungsmuster von Internetnutzern sowie die Zukunft digitaler Demokratie«, in: Beyreuther u. a. (Hg.), *consumers@work*, S. 152-179.

101 Die Namen der zitierten Interviewpartnerinnen und -partner aus dem DFG-Projekt wurden sämtlich durch Pseudonyme ersetzt.

dessen virtuelle Verweisungshorizonte und technischen Potenziale von vornherein stark limitieren. Weil es für sie unabdingbar scheint, Urteile über Qualität und Beschaffenheit einer Sache auf der Grundlage unmittelbarer Erfahrungen zu fällen, ist Shopping für Frau Günther nicht ohne Konsequenzen für die Qualität des Vorgangs in die digitale Welt des Internets verlängerbar. Hierbei spielt die Materialität der Güter eine wesentliche Rolle. Hinzu kommt aber auch ein allgemeines Misstrauen gegenüber Anbieter-Beziehungen, die aufgrund ihrer technischen Vermitteltheit die lokalen Kontexte neutralisieren und die Möglichkeiten der Situationsaushandlung stark beschneiden. Würde sie zum Kern von Internetverweigerern gehören oder technikfeindlich eingestellt sein, könnte dieser Fall sicher wenig über das große Nutzerspektrum aussagen, das gerade wegen der alltagsökonomischen Verwendungsmöglichkeiten zu starken Zuwächsen des Internets geführt hat.[102] Aber weder ist sie technikfeindlich – ihr Mann ist Ingenieur –, noch verweigert sie sich dem Online-Shopping prinzipiell.

An ihrer Erzählung von Fällen, bei denen sie schließlich doch Güter mittels Internet bezieht, lässt sich daher näher prüfen, inwiefern die mit ihrer restriktiven Nutzung verknüpften Autonomieansprüche beim Shopping und Konsumieren auch tatsächlich durchgehalten werden. So berichtet Frau Günther, dass sie und ihr Mann regelmäßig Musik-CDs über den Online-Versender *Amazon* beziehen. Die Begründung hierfür ergibt sich zunächst ganz pragmatisch aus Organisationsproblemen: Da es in ihrem Wohnort kein gut ausgestattetes Musikgeschäft gebe, seien sie gezwungen, in die nächst größere Stadt zu fahren, um die von ihnen gewünschten Titel – es handelt sich in überwiegendem Maße um »ernste« Musik – zu beziehen. Geht man nun aber davon aus, dass die von Amazon zur Verfügung gestellten Hörbeispiele für die Beurteilung komplexer musikalischer Werke wenig geeignet sind und die von anderen Kunden verfassten Rezensionen und Besprechungen ebenfalls nur digital vermittelte *sekundäre Erfahrungen* darstellen, könnte man annehmen, dass die Familie – gegen den zuerst unterstellten Habitus eines defensiven Einkaufsverhaltens – doch den Verlockungen

102 Vgl. Maria Gerhards, Annette Mende, »Nichtnutzer von Online: Kern von Internetverweigerern?«, in: *Media Perspektiven*, H. 8 (2002), S. 363-375; Birgit van Eimeren u. a., »Internetverbreitung in Deutschland: Unerwartet hoher Zuwachs«, in: *Media Perspektiven*, H. 8 (2003), S. 338-358.

des einfachen Aussuchens und Bestellens erliegt und ohne vorherige Prüfung und Kontrolle die Waren bezieht.

Es stellt sich aber im Verlauf der Erzählung heraus, dass die eben erwähnten Träger sekundärer Erfahrungen (Tonbeispiele und Onlinerezensionen) keinerlei Relevanz für die Kaufentscheidung haben. Frau Günther versichert, dass ausschließlich »objektive Informationen« über Dirigent, Orchester, Solist etc., die aufgrund einer langjährigen Hörerfahrung Gültigkeit erlangt haben, ausschlaggebend für die zu treffende Entscheidung sind. Der hohe Kontrollanspruch bezüglich der entscheidungsrelevanten Kriterien bleibt also auch im Falle der Nutzung des Internets für Shopping- oder Konsumzwecke konstitutiv. Das in einem bildungsbürgerlichen Milieu angeeignete kulturelle Kapital liefert hier die Gewähr dafür, dass nur solche Güter im Internet gekauft werden, deren Qualitätsausweis nach Gesichtspunkten, die für die Aufrechterhaltung lebenspraktischer Autonomie wichtig sind, vollständig erbracht ist. Dies setzt nicht zwingend die physische Präsenz der Ware oder Anwesenheit von Verkaufspersonal voraus, verhindert aber, dass sich Frau Günther auf das Internet als Medium des Konsums auch dann einlässt, wenn ihre familiengeschichtlich verankerten alltagspraktischen Souveränitätsansprüche ungesichert erscheinen, d.h. Kriterien entscheidungsrelevant werden, die sich nicht an das Erfahrungswissen direkt anschließen lassen. Indem sie das Internet als *ein* Mittel des Konsums unter vielen weitestgehend emotionsfrei dann nutzt, wenn es nach lebenspraktischen Kriterien angemessen erscheint, ist sie in der Lage, Verselbstständigungseffekte des Mediums zu umgehen, ohne auf der anderen Seite dessen Nutzung vollständig ablehnen zu müssen.

Eine Reihe von weiteren Fällen im Sample bestätigt einerseits, dass die Routinen des Alltagslebens und die biografisch aufgeschichteten Relevanzen der Nutzer maßgeblich die Aneignung und Konstruktion des Internets – hier verstanden als »Konsummittel« – bestimmen.[103] Andererseits werden aber auch einige minimale

103 Vgl. zum Konzept des Konsummittels Ritzer, *Enchanting a Disenchanted World*. – Märkte, die zu diesem Typus strukturell passen, ordnen sich diesen Relevanzen entsprechend und stellen ein Internetangebot bereit, das hohe Anschlussfähigkeit durch Ähnlichkeiten zum gewohnten Katalogeinkauf, durch Bereitstellung transparenter Produkt- und Preisinformationen und die Verwendung herkömmlicher Zahlungsmethoden (Rechnung, Vorkasse, Nachnahme,

Kontrastdimensionen innerhalb dieses Typus sichtbar, die eine weitere Binnendifferenzierung nahelegen.

Beispielhaft hierfür kann etwa der virtuelle Gang durch den Online-Supermarkt von *Liselotte Arenowitz* angeführt werden, die als Pendlerin zwischen dem Arbeitsort in der Schweiz und ihrer Familie und Partnerschaft in Deutschland die Vorteile der Online-Bestellung bei der schweizerischen *Migros* schätzen gelernt hat. Pragmatische Anforderungen der Alltagsorganisation werden auch hier zum bestimmenden Faktor der Transformation von Konsumgewohnheiten. Das Internet und sein Konsumangebot werden vollständig nach solchen Gesichtspunkten gefiltert. Dies macht Frau Arenowitz im Interview und bei der Vorführung ihrer Favoritenseiten am Bildschirm eindrucksvoll dadurch deutlich, dass sie ihren Online-Einkauf wie den gewohnten Gang durch die Regalreihen gestaltet. Sie hat ihren Einkaufszettel im Kopf und weiß längst genau, wo sie was findet. Welche Produkte und Offerten es rechts und links davon gibt, ist ihr gleichgültig. *Transformationen* der Alltagsökonomie finden daher kaum statt und verdanken sich – wenn überhaupt – pragmatischen Kompromissen, die ihr das digitale Kommunikationsmedium abverlangt: So gibt es für den Online-Einkauf abweichend vom Gang in den Supermarkt eine Mindestbestellsumme von 100 Franken, was aber kaum stört, da Frau Arenowitz ohnehin für längere Zeitabschnitte plant.

Für das rekursive Zusammenspiel von Konsumpraktiken und Marktdynamiken wesentlich ist auch hier die Limitierung möglichen Markthandelns durch historisch-biografisch aufgeschichtete kulturelle und ökonomische Relevanzen des Alltagslebens. Dabei wäre die alltagsökonomische Internetnutzung als Typik eines rationalen, sparsam-kontrollierten Konsumentenverhaltens missverstanden. Denn die Orientierungsstruktur bietet Raum für *Verführungen* durch die Symbolsprache der Internetangebote, wenn es etwa um die Suche nach Geschenken für Bekannte und Verwandte geht. Darin manifestieren sich milieuspezifische Differenzen zu Frau Günther. Aus biografieanalytischer Perspektive wird aber deutlich, dass sich dahinter nicht Inkonsequenz oder ein Autonomieverlust gegenüber den medial inszenierten Kaufmotiven verber-

Bankeinzug) anstelle netzspezifischer Währungen usw. aufweist. Auch die Vereinfachung der Rücksendemöglichkeit von bestellten Waren veranschaulicht ein solches Entgegenkommen.

gen. Vielmehr wird einfach die ganze Bandbreite an eingelebten Konsumpraktiken ins Internet verlagert, einschließlich jenes begrenzten Bereichs (oder Budgets) für Shoppingpraktiken, in denen die Selbstkontrollansprüche etwas heruntergefahren werden. Im Falle von Frau Arenowitz dürfte die Verlagerung der *Pluralität* von alltagsökonomischen Praktiken mit Ausgrenzungs- und Stigmatisierungserfahrungen im »realen Leben« zusammenhängen. Denn sie hatte in ihrer Berufsbiografie wiederholt mit Mobbing zu kämpfen, worauf sie nicht nur passiv mit Exit-Strategien reagierte, sondern mit aktiver Suche nach Kontexten, in denen eine berufliche Selbstverwirklichung unter Vermeidung solcher Schwierigkeiten möglich war. So wechselte sie in der Situation von Arbeitslosigkeit etwa zu einem autonomen Radiosender, der im Beruf ähnlich von körperlicher Begegnung befreit wie das Internet im Konsumalltag. Deshalb verwundert es nicht, dass [das Internet] hier zum *universellen Konsummittel* werden kann, ohne doch die Relevanzen des Alltags und der privaten Lebensführung deswegen schon (fremd) zu bestimmen.

Somit kann die Aufrechterhaltung lebenspraktischer Autonomieansprüche durchaus mit gewissen Transformationen von Konsumgewohnheiten einhergehen. Im Fall der Psychotherapeutin *Heidemarie Hohenbichler* zeigt sich etwa, wie ein bildungsbürgerlicher Habitus in Kombination mit der Erziehung von Kindern im Alter von Teenagern zum schrittweisen und gezielten Abbau generationsspezifischer Fremdheit gegenüber dem neuen Medium führen kann. Auch bei ihr überwiegt – wie in den vorhergehenden Fällen – die Autonomie einer privaten Lebensführung, die sich in Alltagsgewohnheiten manifestiert, die durch das Konsummittel Internet vielleicht modifiziert, nicht aber in ihrer Relevanz-Struktur verändert werden. Zugleich lässt sich diese Struktur am Fall Hohenbichler näher bestimmen: Konsumpraktiken haben nur einen abgeleiteten Status in der Alltagsökonomie, und eine konsistente narrative Hierarchisierung, ausgehend von den ethischen Gesichtspunkten eines guten Lebens über deren Konkretisierung in biografischen Lebensplänen bis hinab zu den alltäglichen Mitteln des Konsums, stellt selbst ein schützenswertes Gut dar.[104] Bei Frau

104 Dieser Typus bestätigt damit, was nach Paul Ricœur, *Das Selbst als ein Anderer*, München 1996, S. 188-200 für eine narrative Identität des Selbst generell zu gelten scheint, nämlich die Integration und hierarchische Vermittlung der

Hohenbichler wird dieser Zusammenhang sehr anschaulich, wenn sie sich über die maschinell generierten, auf der Auswertung von Kundenprofilen basierenden Buchvorschläge von Amazon aufregt und solche übergriffigen Werbeformen mit dem Hinweis auf eigene Autonomie- und Individualitätsansprüche streng zurückweist:

Was Sie vielleicht interessiert, äh die Amazon-*Seite hat ja so einen Dienst, in dem sie sich mein Kaufverhalten und sich da rein schleicht in mein Gehirn und mir dann alles Mögliche vorschlägt. Des ärgert mich, dann denk ich wieso, jetzt hab ich einmal einen Krimi mir gekauft, wo halt zufällig kommt da vor des Wort Blut. Ja jetzt schlagen sie mir alles vor, wo Blut vorkommt, des is ja doch wohl ätzend oder? Käufer, die dieses Buch gekauft haben, haben auch jenes*

Alltagspraktiken mit übergeordneten Praxiseinheiten der Lebensführung wie biografischen Lebensplänen und ethischen Vorstellungen vom guten Leben. Ricœurs Identitätstheorie betrachtet Identität sowohl auf der Ebene sprachlicher Zuschreibung eines Selbst (Selbstheit) als auch auf der Ebene des »Charakters« als praktischer Wirkmacht, womit er »die Gesamtheit der dauerhaften Habitualitäten eines Menschen, aufgrund deren man eine Person wiedererkennt«, bezeichnet (Selbigkeit). Zwischen diesen beiden Polen der Identität vermittelt und oszilliert nach Ricœur die *narrative Identität* (ebd., S. 147 und S. 150). Theoretisch umstritten ist, ob das Konzept der narrativen Identität hier unausgesprochen die Subjektform des Bildungsbürgertums favorisiert, indem es mit der Vorstellung einer hierarchischen Integration von Praktiken, Lebensplänen und ethischen Prinzipien einen Grad an Kontinuität, Konsistenz oder Kohärenz autobiografischer Erzählungen allgemein unterstellt, der tatsächlich nur für einen sehr spezifischen, historisch kontingenten Typus von Identität zutreffend ist. Alternativ dazu schlägt etwa Jean-Claude Kaufmann, *Die Erfindung des Ich. Eine Theorie der Identität*, Konstanz 2005, S. 178 vor, den strukturellen Ort der Vermittlung durch ein Spektrum von (narrativen) Praktiken zu kennzeichnen, an dessen einem Ende biografische Bilanzierungen und am anderen »unmittelbare« Identitäten stehen, die kontextabhängig das Fortsetzen des Handelns gewährleisten und oft fragmentarischen und ikonischen Charakter haben. Unabhängig davon bleibt aber auch nach Kaufmann das Problem bestehen, ob es invariante Bedingungen der Konstitution autonomer, d. h. im Rahmen einer kongruenten Lebenspraxis handlungsfähiger Subjekte gibt. Er greift das Konzept der »identity salience« auf, um deutlich zu machen, dass verschiedene Identitätsebenen und -prozesse nicht beliebig wählbar, also als Äquivalente aufzufassen seien, sondern durchaus in hierarchischen, durch das emotionale Gedächtnis gestützten Beziehungen zueinander stünden, wobei die Selbstachtung und die Suche nach Anerkennung der dominante Filter seien: »Die Wahl zwischen Selbstbildern ist niemals rein technisch oder interesselos. Sie wird ständig und zentral von der Notwendigkeit, die Selbstachtung wiederherzustellen, bestimmt« (ebd., S. 199).

Buch gekauft. Da hab ich gedacht, es is ne Frechheit. Ich weiß doch selber, was ich kaufen will. Also ich finde das bevormundend und schau das nie an, ne? Da stell'n sich mir die Haare auf, weil des kommt mir ein bisschen zu ›big brother watching you‹ das des, man weiß natürlich, dass man Spuren lässt mit jedem Klick, ne, das weiß man. Aber dass die jetzt da gleich ein Profil erstellen und jetzt glauben, ich bin eine Vampir- äh-Freundin, weil einmal da in dem Titel des Wort Blut vor kam, also wirklich, nee.

Ausgehend vom ersten Fall Marianne Günther zeigt sich innerhalb dieses ersten Typus zwischen den zwei genannten weiteren Fällen und den im Folgenden vorzustellenden männlichen Repräsentanten ein minimaler Kontrast, der genauere Aufmerksamkeit verdient. Sind Frau Arenowitz und Frau Hohenbichler aufgrund ihrer gefestigten Prinzipien den neuen Medien gegenüber aufgeschlossen und bauen diese als Konsummittel umfassend in ihre alltagsökonomischen Gewohnheiten ein, was notwendig auch zur Veränderung dieser Gewohnheiten führt, so bleibt demgegenüber die Nutzung des Internets bei Wilhelm Urbig und Wolfgang Rieger extrem limitiert, obgleich auch sie keine aktive Verweigerungshaltung gegenüber der digitalen Technologie an den Tag legen.

So beschränken sich die Kenntnisse über [das Internet] bei *Wilhelm Urbig* auf drei Konsum-Websites: eBay, Amazon und das ZVAB (Verzeichnis antiquarischer Bücher). Diese drei Seiten ermöglichen ihm, umfänglicher als über lokale Antiquariate sein Hobby auszuüben, klassische Literatur – vor allem die Bücher des Manesse Verlags – zu sammeln. Und ihre Nutzung beschränkt sich auch konsequent hierauf. Beeindruckend ist dabei vor allem, wie die Ausweitung des Marktplatzes – Herr Urbig bestellt Bücher und CDs nun vielfach aus dem Ausland – mit einem rigiden Minimalismus sonstiger Kenntnisse rund um das Internet einhergeht. Beispielsweise ist Herr Urbig nur sehr wenig mit der Nutzung von Browsern vertraut und muss, um auf seine Seiten zu kommen, stets einen komplizierten Weg über die Suchmaschine Google gehen, in dessen Suchmaske er die Anfangsbuchstaben seiner Zielseite tippt, um durch die Speicherfunktion dann zu den von Google bereitgestellten Links zu kommen. Von einer Abspeicherung als Favoriten oder der Nutzung der Adresszeile des Browsers hatte Herr Urbig bis zum Zeitpunkt des Interviews noch nichts gehört. Google und der Browser sind in der fallspezifischen Internetkonstruktion überhaupt nicht getrennt.

Dieser Fall[105] macht deutlich, dass die Autonomie alltäglicher Lebenspraxis die Internetnutzung kehrseitig auch stark beschränken kann. Während Wilhelm Urbig seinen Handlungsraum immerhin gezielt erweitert und sich hierfür die nötigen Tipps von seinem Bruder holt, finden sich andere Fälle im Sample, bei denen die Alltagsroutinen noch stärker verhindern, dass innovative Potenziale der digitalen Technologie, die für die eigene Lebenspraxis Entlastung bringen könnten, in den Blick kommen. Wenn etwa die Internet-Biografie nur ein diffuses, unzureichendes Wissen vom neuen Medium vermittelt und eine veränderte Nutzung im Alltag hohe Transaktionskosten beinhalten würde, für die in den aktuellen Lebensentwürfen die zeitlichen Ressourcen fehlen, bleiben digitale Konsumwelten weitgehend verschlossen. Im Falle von *Wolfgang Rieger* etwa, für den es im Interview schwer vorstellbar erschien, dass die hin und wieder für die Anfertigung von Präsentationen konsultierte Online-Enzyklopädie *Wikipedia.de* nicht von einem professionellen Unternehmen produziert werde, bleibt [das Internet] eine fremde Region. Und das, obwohl der Finanzmanager im beruflichen Alltag routinemäßig mit komplexer Computer- und Intranet-Technologie operiert und sich die Herausforderungen in der Alltagsorganisation nach der Scheidung von der Mutter seiner Kinder mehren.

Innerhalb dieser Gruppe von ähnlich gelagerten Fällen zeigt sich demnach ein Unterschied in der Art und Weise, wie die Autonomie der alltagsökonomischen Lebenspraxis angesichts der Möglichkeitsüberschüsse des Internets verteidigt wird. Bei einem Teil der Fälle sind es die Routinen des Alltags selbst, die geschützt werden. Bei einem anderen Teil sind demgegenüber die Relevanzen des Konsumalltags in Prinzipien verankert, die reflexiv zugänglich sind und damit auch unter veränderten Bedingungen aufrechterhalten oder behutsam angepasst werden können. Mit Blick auf die typologischen Unterscheidungen von David Riesman und seinen Mitarbeitern lassen sich in diesen Fällen Verbraucher erkennen, die entweder einem *innen-geleiteten* oder einem eher *traditions-geleiteten* Orientierungsmuster folgen, je nachdem, ob die biografisch und habituell verankerten Relevanzsetzungen im Konsumalltag auf starken Wertungen beruhen oder aber affektuell, d. h. an der

105 Der Fall wird an späterer Stelle noch einmal aufgegriffen (siehe Kapitel VII, Abschnitt 1.1).

Aufrechterhaltung der ontologischen Gewissheit, die eine routinisierte Lebenspraxis vermittelt, ausgerichtet sind. Beide Subtypen unterscheiden sich jedoch wesentlich von jenem außen-geleiteten Charakter, dem Riesman seine besondere Aufmerksamkeit gewidmet hatte.

2.3 Außen-geleiteter Konsum und seine post-soziale Transformation

Einen maximalen Kontrast zum ersten Typus und seinen zwei Subtypen bilden folglich solche Fälle, bei denen die Relevanz-Hierarchien im Rahmen internetvermittelter Konsumpraktiken modifiziert werden oder aus dem Gleichgewicht kommen. Liegen biografische Dispositionen zur Außenlenkung vor, so können die Konsumpraktiken sehr viel stärker von den Zeichensystemen der Konsumgesellschaft in Regie genommen und z. B. einem permanenten Modewandel unterworfen werden. Die alltagsökonomischen Entscheidungen hängen dann also weniger von biografisch herausgebildeten Prinzipien oder einem praktischen Routinewissen ab, sondern von eigendynamischen Entwicklungen in der Peergroup oder in den Symbolwelten des Konsums, die sich gegen ihre materialen Voraussetzungen und Erfahrungen verselbständigen. Aus diesem Grund ist das Wechselspiel von Konsumpraktiken und Marktdynamiken hier ein grundlegend anderes als beim ersten Typus: Während sich das Internetangebot dem ersten Typus anpassen muss, ist das Wechselspiel hier deutlich weniger festgelegt. So kann sich das Bedürfnis nach sozialer Anerkennung mit Konsum- und/oder Internetsurfpraktiken auf eine Weise vermischen, dass die in den digitalen Welten jeweils geltenden Standards der Anerkennung bestimmen, wohin sich die alltagsökonomischen Relevanzen entwickeln. Transformationspfade sind dann in höherem Maße kontingent, weil ethische Orientierungen der Lebenspraxis nicht mehr traditional verankert oder innen-geleitet auftreten, sondern an äußere und womöglich kommerziell organisierte Instanzen delegiert werden.

Ein erstes Beispiel dafür liefert der Fall eines 31-jährigen selbständigen Psychologen und Programmierers, der im Interview erläutert, wie er einen »exklusiven Wein« über das Internet erwirbt. *Felix Ahrens* postet zu diesem Zweck in einem Weindiskussionsforum die Aussage: »*Alle spanischen Rotweine sind scheiße*«. Er gibt an, dass er sich aufgrund seiner Erfahrung mit diesem Forum sicher sein könne, dass sich in den durch seine Provokation ausgelösten, ob der Pauschalität seiner Aussage empörten Diskussionen vertrauenswürdige Hinweise und Empfehlungen bezüglich guter spanischer Rotweine sowie der Bezugsquellen finden lassen. Einer dieser Empfehlungen folgend, bestellt Herr Ahrens dann einige Flaschen über einen spanischen Weinversender. Auf die Nachfrage, warum er sich nicht auch bei einem ortsansässigen Weinhändler beraten lasse, bei dem zumal die Möglichkeit bestehe, ein empfohlenes Produkt auch zu probieren, gibt Herr Ahrens an, dass er *»als Kind des Internets«* dieses eben als primäre Informationsquelle nutze. Er könne auch nicht davon ausgehen, dass der ansässige Weinhändler die im Diskussionsforum ausgesprochene Empfehlung führe, so dass ein Probieren dort aller Wahrscheinlichkeit nach nicht möglich sei. Schließlich ist anzumerken, dass er in seiner Erzählung keinerlei Angaben oder Hinweise auf seine unmittelbare Erfahrung beim Genuss bzw. Konsum ebendieses Weines macht.

Dieser Fall ist im Vergleich zum ersten Typus deshalb aufschlussreich, weil beim Lebens- und Genussmittel Wein ebenfalls erfahrungsgesättigte kulturelle Urteilskompetenzen eine Rolle spielen und auch Herr Ahrens diesbezüglich einen hohen Autonomieanspruch demonstriert. Allerdings ist er nicht in der Lage, zwischen den internetvermittelten Diskussionsbeiträgen *über* Wein, also sekundären Erfahrungen, und jenen im unmittelbaren Verzehr angeeigneten und habituell ausgeformten Unterscheidungskriterien wie Geschmack, Geruch etc. zu differenzieren. Stattdessen gründet er seine Urteilskompetenz auf seine lange und intensive Auseinandersetzung mit dem Medium [Internet], das er in allen Facetten zu durchschauen und deshalb kontrolliert einzusetzen vermöge. Daraus leitet er die Überzeugung ab, mit großer Sicherheit an die für seine Konsumzwecke wesentlichen Informationen zu gelangen – gegebenenfalls auch mit ganz unkonventionellen Methoden. Dass er aber den Erwerb eines »exklusiven Weines« zur Demonstration seiner Medienkompetenz wählt, illustriert bereits, wie sehr seine Konsumpraktiken von Eigengesetzlichkeiten dieses Mediums und seiner Informationsnetze, diskursiven Zeichensysteme und kommerziellen Symbolwelten in Regie genommen werden, insofern sie darauf angewiesen sind, die vielschichtigen Signale eines zuvor in

Schwingung versetzten anonymen Kommunikationszusammenhangs zu dechiffrieren.

Die *Verstrickungen*, die beim Vorliegen einer Disposition zum außen-geleiteten Handeln aufgrund der Abhängigkeit von den Wertschätzungen Dritter in der alltagsökonomischen Nutzung des Internets drohen, lassen sich gut am Fall von *Elke Bertram* sichtbar machen.[106] Frau Bertram wurde 1967 in der DDR geboren und wechselte nach dem Abitur und einem Grund- und Hauptschullehramtsstudium in die Wirtschaft, wo sie zunächst für einen Verband in ostdeutschen und dann westdeutschen Abteilungen, später in Westdeutschland dann in mittelgroßen Unternehmen in den Bereichen Aus- und Weiterbildung sowie Personalmanagement tätig war und zügig in leitende Positionen aufstieg. Parallel absolvierte sie noch ein Abendstudium im Fach Betriebswirtschaftslehre. Nachdem sie 1998 ihren Ehemann kennen gelernt hatte, der heute als selbständiger Finanzberater arbeitet, mit diesem nahe seiner Heimat zusammengezogen war und einige Jahre als Personalleiterin in einem Familienunternehmen mit über 500 Mitarbeitern gearbeitet hatte, gab sie diesen Beruf mit der Geburt der gemeinsamen Tochter im Frühjahr 2001 auf. An ihrer Erzählung ihrer Lebensgeschichte wird sehr deutlich, dass sie diesen Schritt mit Blick auf den bisherigen beruflichen Lebensweg und die darin erfahrene soziale Anerkennung – etwa für ihre Auslandsdienstreisen nach Paris oder New York – als weitreichende Krise und scharfen Karriereknick erlebt hat, der mit Gefühlen der Missachtung und Degradierung einherging.

Dann hat mich das tierisch angenervt, dass man plötzlich reduziert wird auf dieses Kind, ja. Also früher, klar man, wenn man Personalleiter ist und mit dem internationalen Unternehmen, Sie gehen irgendwo auf ne Feierlichkeit im Freundeskreis oder so, ne, erweiterter Bekanntenkreis oder so, es wurde so viel wurde man gefragt auch so zum Job und was machst du und wie läuft das und ich hab gehört im Personalwesen so und so oder inner FAZ stand und so weiter und so fort und es fragt Sie keiner mehr. Na wie geht's denn der Kleinen ja und kannst du denn oder können Sie schon durchschlafen? Und blablablablabla. Kann schon laufen, kann schon sprechen, kann schon dies, kann schon jenes. Also nach elf Monaten ist mir jedenfalls ziemlich die Decke auf den Kopf gefallen.

Da ihr Familienalltag zudem weitgehend durch die Abwesenheit des Ehemannes gekennzeichnet ist, wird [das Internet] – nicht zu-

106 Auch dieser Fall wird in Kapitel VII, Abschnitt 1.1 noch einmal aufgegriffen.

letzt aufgrund seiner Vorzüge, das Einkaufen und Organisieren des Alltags raum-zeitlich unabhängiger zu machen – zu einem immer wichtigeren *Interaktionspartner*. Zwar beansprucht Frau Bertram für sich ein Höchstmaß an Autonomie gegenüber den digitalen Konsumwelten mit ihren Informationsfluten, ihren Versuchen, Kundenprofile zu erstellen und anschließend mit Newslettern personalisierte Angebote zu unterbreiten oder ihren bisweilen zweifelhaften Geschäft- und Vertragsformen. Eine ökonomisch effiziente Organisation des Alltags genießt bei ihr sehr hohe Priorität. Sie ist stets darauf bedacht, alle Abläufe so zeitsparend und funktional wie möglich zu organisieren, wendet also ihre Managementfähigkeiten konsequent auf den privaten Haushalt an. Der Konsum mittels Internet dient in dieser Lebenskonstellation gleichwohl nicht mehr nur der Entlastung, sondern nimmt auch kompensatorische Züge an. So stellt sich bei Frau Bertram die Gewohnheit ein, anstelle einsamer Abende vor dem Fernseher lieber im Internet zu stöbern:

So heute Abend machste mal n eBay-Abend oder so, ne, dass ich mich dann einfach so ne Stunde davor setze und so gucke, ob ich irgend so'n altes olles Teil kriege. Oder diese Küchenuhr, die hab ich mir dann am eBay ersteigert oder so was, ja, und da hat man ja dann so'n Gefühl langsam dafür ob das jetzt n reeller Preis ist oder nicht oder dass man einfach guckt, was ist so, was wird da gehandelt für welchen Preis? Das – also meistens guck ich aus Neugier rein, ist selten, dass ich so gezielt rein guck.

Einerseits gehen die Neugier und das Recherchieren im Internet auf berufliche Erfahrungen und Ambitionen zurück, insofern Frau Bertram das Internet schon während ihrer früheren Berufstätigkeit vor allem für Marktrecherchen genutzt hat und nun, nach elfmonatiger Babypause, den Plan gefasst hat, sich im häuslichen Rahmen mittels einer Online-Geschenk-Agentur erneut erfolgreich beruflich zu verwirklichen. Andererseits ersteigert sie sich an diesen Abenden auch das ein oder andere »Teil«, wobei sie *»manchmal [...] auch bescheuerte Sachen«* macht und sich wie *»neulich [...] so ne Milchkanne, Dachbodenfund, für drei Euro fünfzehn ersteigert, ne, und hab dann drei Euro fünfzig Porto bezahlt, ne, also des muss dann auch nicht unbedingt mein Mann mitkriegen, weil der findet das dann doof, ne«*. Dass diese Vorfälle nicht als seltene Entgleisungen aufzufassen oder als wohldosierter Luxus zu verstehen sind, sondern etwas über den außen-geleiteten Konsum-Typus und seine Abhängigkeit von der sozialen Wertschätzung durch seine Bezugsgruppen verraten, lässt sich an zwei Favoritenseiten näher erläutern, die Frau Bertram neben Google und eBay fest in ihren Konsumalltag integriert hat. Das Rabattsystem Payback und die Kataloge des Bekleidungshändlers Heine.de spielen ebenfalls in ihrer alltagsökonomischen Internetnutzung eine große Rolle. Doch was kennzeichnet diese digitalen Konsumwelten? Welche Konsumdispositionen setzen sie bei ihren – überwiegend weiblichen – Nutzern voraus?

Payback ist ein Bonussystem, bei dem für Einkäufe in einem Partnergeschäft, z. B. einem real-Supermakt, einem Drogeriemarkt der Kette dm, einem Kaufhof-Warenhaus oder obi-Baumarkt, aber auch bei diversen Onlineshops wie amazon oder eBay entsprechend der Kaufsumme Bonuspunkte auf das persönliche Payback-Konto gutgeschrieben werden.[107] Das System dient im Vergleich zu früheren Rabattmarken weniger der Kundenbindung als vielmehr der Sammlung von Kundendaten für die Marktforschung. Hier interessiert nun primär die Website www.payback.de, die vor allem zwei Praktiken offeriert: Das *Sammeln* und das *Einlösen* von Punkten. Durch den Ausbau zu einem eigenständigen Onlineshop, dessen Angeboten schon wegen ihres Überraschungsmomentes eines wechselnden Sortiments etwas Überflüssiges anhaftet, werden diese Praktiken auf dieser Internetseite derart mit Verheißungen und einem Erlebnischarakter aufgeladen, dass das Mittel zum Sparen – die Nutzung des Bonussystems – zum eigentlichen Zweck wird. Paradox daran ist allerdings, dass zum Erreichen dieses Zweckes, der aktiven und intensiven Teilnahme an den Segnungen dieses Online-Angebots, laufend das genaue Gegenteil von Sparen erfolgen muss, nämlich das Ausgeben von Geld. Zwar durchschaut Frau Bertram scheinbar diese Absicht des Bonussystems: *»die woll'n natürlich, dass ich mehr kaufe, mach ich aber nicht«*. Doch gehört es gerade zur Methode von Payback, den Geizigen die Sparsamkeit

107 An diesem Beispiel zeigt sich, dass im Internet spezielle Geldformen und Zahlungssysteme entstehen, deren Wirkung auf Konsumpraktiken abgeschätzt werden muss. Denn *dass* dem Geldmedium eine Macht kaum abgesprochen werden kann, die Alltagsökonomie zu bestimmen und in Abhängigkeit von seinen Verheißungen zu bringen, hat Simmel an dessen pathologischen Gebrauchsformen wie Geiz, Geldgier, exzessive Verschwendung oder Verschuldung hinreichend deutlich gemacht (vgl. Simmel, *Philosophie des Geldes*, S. 318-332 sowie dazu Christoph Deutschmann, »Geld als ›absolutes Mittel‹. Zur Aktualität von Simmels Geldtheorie«, in: *Berliner Journal für Soziologie*, H. 3 (2000), S. 301-313).

nicht auszutreiben, sondern diese Disposition zu bekräftigen und geschickt als Mittel der Verführung zu nutzen. Hier zeigt sich der tiefere Sinn des Saturn-Werbeslogans: »Geiz ist geil!«

Der scheinbare Widerspruch löst sich somit auf, wenn die Verbraucher eine Disposition für solche Konsumpraktiken mitbringen, nämlich jene, sich der eigenen Sparsamkeit zu versichern, indem man sich diese Eigenschaft permanent an geeigneten Kaufhandlungen beweist. Das kann nicht nur durch die Jagd nach Schnäppchen, sondern eben auch durch das Sammeln und Einlösen von Bonuspunkten beim Einkaufen geschehen. Elke Bertram nutzt das System in diesem Sinne, wenn sie sich über das Angebot einen gewissen zusätzlichen Luxus, d. h. *»alle möglichen Sachen wo ich, na ja, wo ich vielleicht zu geizig bin oder zu sparsam, weiß ich jetzt auch nicht«*, verschafft: *»Ich kauf mir dann halt so Sachen, also hier diese Pastateller, die hab ich mir gekauft, die würde ich mir so nicht kaufen, die sind schweineteuer. [...] Da kann man richtig auftrumpfen, wenn man Pastateller hat«*. Der außen-geleitete Typ ist von äußeren Zeichen der Bestätigung sehr viel abhängiger als der innen- oder traditions-geleitete Verbraucher. Im Falle von Frau Bertram wird dieses Feedback-Bedürfnis gleich auf zwei Ebenen sichtbar: Einerseits auf der abstrakten Ebene des Geldes, als *pay-back*; andererseits auf der Ebene symbolischer Distinktionswerte, die mit dem Erwerb von Luxuswaren verbunden sind. Allerdings manifestiert sich auch auf dieser zweiten Ebene ein Problem, wenn sich die erwartete soziale Anerkennung nicht einstellt und die gewählten Mittel des Konsums als ungeeignet erweisen – zumal sie ja mit der verlorenen beruflichen Wertschätzung konkurrieren müssen. Eine Spirale aus Enttäuschungen und Steigerungen kompensatorischer Konsumanstrengungen könnte die Folge sein.

Der Online-Katalog des Modehauses Heine bestätigt dieses Muster eindrucksvoll. Die Website bietet alles, was man aus semiologischer Perspektive[108] von einer ausgefeilten Modespra-

108 Semiologische Theorieansätze – also strukturalistische und poststrukturalistische Positionen – räumen den differentiellen Verweisungszusammenhängen der Zeichen einen Vorrang vor ihrer konkreten Verwendung durch die handelnden Akteure ein. Das zentrale Argument geht auf die klassischen sprachwissenschaftlichen Arbeiten von Ferdinand de Saussure, *Grundfragen der allgemeinen Sprachwissenschaft*, Berlin ³2001 zurück, der aus der willkürlichen (arbiträren) und deshalb über kulturelle Konventionen festzulegenden Beziehung zwischen

che[109] erwarten darf: Anstelle funktionaler Kategorien – etwa Hosen, Schuhe, Kleider usw. – entfaltet die Internetseite heine.de

Bezeichnendem und Bezeichnetem (Signifikant und Signifikat) den weitreichenden Schluss gezogen hat, dass die Sprache (langue) als virtuelles System unabhängig von den konkreten Gebrauchsweisen (parole) studiert werden kann. In ihrer linguistisch gewendeten Durkheim-Tradition betrachten die Vertreter der strukturalistischen und poststrukturalistischen Theorien Kultur als (kognitives) Klassifikationssystem, das eine soziale Realitätsebene sui generis bildet und nach eigenen, entweder universellen (z. B. bei Lévi-Strauss) oder historisch sich formierenden (z. B. bei Foucault) Regeln geordnet ist. Das rationale Subjekt der Aufklärung verliert in dieser Perspektive seine Zentralstellung. Es wird in einem Spiel der Zeichen dezentriert, das nach Jacques Derrida, »Die Struktur, das Zeichen und das Spiel im Diskurs der Wissenschaften vom Menschen«, in: Ders., *Die Schrift und die Differenz*, Frankfurt/M. 1972, S. 422-442 allerdings *unabschließbar* ist. Daraus erklärt sich die poststrukturalistische Kritik an strukturalistischen Positionen, die eher von *geschlossenen* Diskurswelten ausgehen.

109 Roland Barthes kommt das Verdienst zu, das Forschungsprogramm der Semiologie systematisch entwickelt und (wie vor ihm schon Lévi-Strauss) auf solche bedeutungstragenden Zeichensysteme ausgeweitet zu haben, die dem Gebiet der Soziologie näher stehen als der Linguistik (Roland Barthes, *Elemente der Semiologie*, Frankfurt/M. 1983). Die *Modewelt* ist einer dieser Untersuchungsgegenstände. Barthes rekonstruiert die Mode als »Ensemble kollektiver Vorstellungen«, wie es sich – losgelöst von der konkreten Praxis des Auswählens, Kaufens und Tragens der Kleidung – als schriftliche Zeichenordnung in den Modezeitschriften niederschlägt (Barthes, *Die Sprache der Mode*, S. 19). Dabei interessiert ihn insbesondere das rhetorische System, das dem jährlichen Wechsel der Kleiderordnung erst einen sozialen Sinn verleiht. Denn als in höchstem Maße arbiträres (wenngleich klar ökonomisch motiviertes) Zeichensystem muss die tautologische Sprache der Mode – wonach als modisch gilt, was gerade nicht außer Mode ist und umgekehrt – durch ein Geflecht von rhetorischen Verweisungen und Konnotationen mit Gründen und Funktionen so angereichert und rationalisiert werden, dass ihre paradoxe Struktur verborgen bleiben kann (vgl. ebd., S. 269 ff.). Indem sie die Welt der Mode mit Oppositionswerten wie Arbeit und Freizeit, Tätigkeit und Sein sowie kleinen romanartigen Erzählungen versehen, die vorwiegend aus der Welt der Muße und des Festes stammen, erzeugen die Zeitschriften eine euphorische Stimmung, in der sich die Handelnden aus den Elementen der Mode ein Modell ihrer Persönlichkeit zu kombinieren versuchen, obgleich diesen Identitäts-Bausteinen der willkürliche und fragmentarische Charakter diskret produzierter und schon bald entwerteter Signifikanten anhaften bleibt. Von der Modesprache geht folglich eine Macht aus. Sie gibt den Selbstinszenierungen ein ganzes Drehbuch vor und zeigt sich nicht zuletzt in der Botschaft, dass sich die Körper nach der Mode formen und in ihre Struktur einpassen lassen. Die virtuellen Zeichenwelten kontrollieren so die leibgebundenen Praktiken des Konsums.

zum Zeitpunkt des Interviews ein komplexes Zeichensystem, das mit eigensinnigen Stilkategorien (z. B. *casual*, *business* und *evening*) operiert und innerhalb dieser oder ähnlich gebauter Kategorien auf vielfältige Kombinationsmöglichkeiten verweist, sodass ein bestimmtes Kleidungsstück eigentlich nie als solches, sondern immer in einem komplexen Netz von Ergänzungsmöglichkeiten (passende Schuhe, Hüte, Schmuck usw.) oder Alternativvorschlägen erscheint und damit zusätzliche Kaufanreize setzt. Wird nun diese Sprache daraufhin analysiert, welche Dispositionen die Nutzerinnen – dass mit einer Ästhetik gearbeitet wird, die konsequent auf das modern Weibliche ausgerichtet ist, bedarf wohl kaum der Erwähnung – typischerweise aufweisen werden, so fällt vor allem ein Distinktionsmotiv in den Blick, welches sich in der Exklusivität der Sprache, der Zurückhaltung mit Preisofferten, der vielfach unterstellten Gewandtheit und Weltläufigkeit usw. bestätigt finden kann. Diese mittelschichtbezogenen Codierungen weisen freilich wiederum einen performativen Widerspruch auf, in dem sich jene Nutzerinnen verfangen, die sich auf das Sprachspiel einlassen. Denn dem inhaltlichen Versprechen, mit dem Einkauf bei Heine einem vornehmen Club anzugehören, widerspricht das Format eines allgemein über Internet oder Katalog zugänglichen, also frei verfügbaren und zudem anonymen Massenmarktes.[110] Damit fehlt dem virtuell erhobenen Anspruch auf Exklusivität nahezu jedes Potenzial, sich auch pragmatisch im Rahmen der alltäglichen Lebensführung bewähren zu können.

Die Sogwirkung, die von den Distinktionssymbolen der Konsumwelten ausgeht, wird durch die fehlende alltagspraktische Bestätigung ihrer Wirksamkeit nicht geschmälert, sondern eher noch verstärkt. Das ist die Logik kompensatorischer Konsumpraktiken.[111] Die Unfähigkeit dieses Typus von Verbraucher, der Steigerungsspirale Einhalt zu gebieten, wird dabei selten so offen eingestanden wie im Interview mit *Hanne Baumert*, die ebenso wie Frau Bertram fasziniert von eBay und zudem leidenschaftliche Flohmarktgängerin ist. Die ehemalige Kunstlehrerin gibt an, schon immer Schwierigkeiten gehabt zu haben, sich den Kauf schöner

110 Vgl. zu den Paradoxien der Mode auch schon Simmel, »Die Mode« sowie Elena Esposito, *Die Verbindlichkeit des Vorübergehenden: Paradoxien der Mode*, Frankfurt/M. 2004.

111 Vgl. Stihler, *Die Entstehung des modernen Konsums*, S. 210-226.

Dinge zu verkneifen. Aber die stark erweiterte, scheinbar endlose Verfügbarkeit von Gebrauchtwaren und Sammlerstücken durch [das Internet] wird unter diesen Voraussetzungen zu einem echten Problem. Das Fehlen von Stoppregeln – etwa im Unterschied zu Herrn Urbig, der seiner Büchersammelleidenschaft ein genau festgelegtes monatliches Budget einräumt – führt nämlich hier dazu, dass der Ehemann von Frau Baumert regelmäßig durch die Republik fahren muss, um alte Wohnanhänger, Wendeltreppen oder auch ein altes Boot abzuholen, dass zudem die Sammlung von Hüten und alten Masken seiner Frau immer größer wird und die seit langem angehäuften Schulden sich auf diese Weise jedenfalls nicht verringern. Während einer Demonstration der eigenen Nutzungspraxis vor dem Bildschirm wird das *Suchtpotenzial* von eBay für Verbraucher, wie Frau Baumert sie repräsentiert, sehr anschaulich:

Ja da kommt doch immer was Neues. Und manchmal seh ich so aus dem Augenwinkel grad noch [atmet schockiert ein]: Da konnte was Gutes gewesen sein. Und dann geh ich manchmal noch zurück, um die neuen Bildchen zu sehen. Die wollen – ja klar, die turnen einen an, ne. Und dann muss ich gucken [lacht]. [...] Also eBay macht ja so Querverbindungen. Die haben gesehen: Ich hab so was beobachtet, hab's nit ersteigert oder bin überboten worden, das registrieren die dann ja, und dann geben die einem zum Anlocken dann das, was demnächst kommt, was so ähnlich ist. Das funktioniert ja [lacht].

Mit dem Verweis auf das Ähnliche und damit auf das möglicherweise noch etwas bessere Angebot *kombiniert* eBay hier den älteren Mechanismus der *Außenlenkung durch Zeichensysteme der Konsumwelten*, der in der industriellen Gesellschaft mit ihren Gesetzen der Serie zur vollen Entfaltung gekommen ist, mit *neuen Möglichkeiten der digitalen Technologien.*[112] Der Typus des außen-geleiteten Ver-

112 Jean Baudrillard hat zu dieser Entwicklung interessante Hypothesen beigesteuert. Den Gedanken, dass nicht Waren, sondern Zeichenrelationen konsumiert werden, dehnt er auf das gesamte Gebiet der Alltagsgegenstände aus: »Der Verbrauch ist die virtuelle Totalität aller Gegenstände und Mitteilungen, die in ein mehr oder minder kohärentes Gespräch einmünden« (Jean Baudrillard, *Das System der Dinge. Über unser Verhältnis zu den alltäglichen Gegenständen*, Frankfurt/M., New York 1991, S. 244). Entscheidend ist nun, dass diese Zeichenrelationen so manipuliert werden können, dass sie die für den Absatz erforderlichen Wünsche, Bedürfnisse und Konsumpraktiken bei den Subjekten systematisch erzeugen. Dies gilt insbesondere für das *Gesetz der Serie* in der industriellen Produktion (vgl. ebd., S. 171-193): Durch den permanenten Hinweis

brauchers lässt sich offenbar in minimal kontrastierende Subtypen danach differenzieren, *welches* äußere Symbolsystem seine Alltagsökonomie beherrscht. Neben der speziellen Peergroup oder gesellschaftlich anerkannten beruflichen Statusdifferenzen, den Distinktionscodes der Luxuswaren oder den Verheißungen des Geldes als »absolutem Mittel« sind nicht nur Verweisungszusammenhänge der Modesprache oder Typ- und Seriennummern in Rechnung zu stellen, sondern auch die symbolische Plastizität und technische Vernetzung, die durch den digitalen Code und sein Prozessieren in Computern und im Internet möglich werden.

So kann das Internet über den instrumentellen Aspekt eines Konsummittels hinaus die Qualität eines Interaktionspartners gewinnen, der seinerseits für die erwarteten sozialen Resonanzen – auf unterschiedlichen Ebenen – Sorge trägt.[113] Ein besonders in-

auf andere, bessere, zukünftige und einzigartige *Modelle* orientiert die *Serie* den Massenkonsum auf ein virtuelles Ideal, das unerreichbar ist und dadurch die Produktionsmaschinerie am Laufen hält. Möglich wird dies insbesondere dort, wo die Gegenstände ihren funktionalen Rückhalt in den eingelebten alltagskulturellen Traditionszusammenhängen des Bürgertums verloren haben und so ein virtuelles Spiel der freien Wahl und Kombinatorik ermöglichen, mit dem sich die Verbraucher auf sublime Weise in die kapitalistische Wirtschaftsordnung integrieren lassen. Dafür bürgt der moderne Katalog-Einkauf ebenso wie der Kredit oder die Werbung, die allesamt eine formelle Emanzipation der Konsumenten befördern, sich dadurch aber auch deren Komplizenschaft mit der Produktionsordnung sichern. Deutet sich hier bereits ein dynamischer Zusammenhang zwischen den Sinnwelten des Konsums und den medialen Formen der Zeichenrelationen an, so vollendet sich dieser in der gegenwärtigen Phase des Informationszeitalters: Durch die umfassende Integration im Medium des digitalen Codes schlössen sich die Zeichen zu einem gesellschaftlichen Simulationszusammenhang ab, der eine exakte Verdopplung der Realität verspreche, sie damit umfassend definiere und neu erschaffe, aber zugleich hinter dem Prozessieren eines einheitlichen binären Schemas auch verschwinden lasse (vgl. Jean Baudrillard, »Die Simulation«, in: Wolfgang Welsch (Hg.), *Wege aus der Moderne. Schlüsseltexte der Postmoderne-Diskussion*, Weinheim 1988, S. 153-162).

113 Diese Qualität erinnert an das *Theorem der »Post-Sozialität«* von Karin Knorr-Cetina, »Sozialität mit Objekten. Soziale Beziehungen in post-traditionalen Wissensgesellschaften«, in: Werner Rammert (Hg.), *Technik und Sozialtheorie*, Frankfurt/M., New York 1998, S. 83-120. Es postuliert nicht das Ende von Sozialität, sondern deren Ausweitung auf Beziehungen zu Objekten. In dem Maße, wie komplexe technische oder Wissens-Objekte in spätmodernen Gesellschaften den Alltag prägen, entwickeln sich – teils kompensatorisch – soziale Bindungen zu diesen Artefakten. Entscheidend ist dabei, dass die Beziehungsqualität, die sich zwischen Mensch und Objekt in einer längeren Interaktionsgeschichte

teressantes, extremes Beispiel hierfür liefert der Fall *Jens Treichel*, dessen exzessive Nutzung von Internetangeboten wie *Paid-Mails* oder *Webmiles* im Interview auffiel: *»Hier sind dann halt: Sammeln A bis Z, kann man jeden Tag Punkte machen. Man geht hier ›Klick for Miles‹, dann klickt man hier auch auf diese vier Banner und hier unten eigentlich auch noch, aber ich mach nich überall mit.«* Erklärungsbedürftig daran ist vor allem, dass ökonomische Motive für die Aufrechterhaltung dieser Praktiken weitgehend ausfallen, weil sich Herr Treichel über die verschwindend geringen Verdienstmöglichkeiten einer Tätigkeit wie »Werbebanner-Klicken« oder »Testberichte-Schreiben« sehr im Klaren ist: *»Das bringt nichts, das Geld is sowas von gering, das bringt eigentlich nichts«*. Warum also werden solche Praktiken dennoch aufrechterhalten?

Ein biografisch verankertes Motiv scheint zu sein, dass sich Herr Treichel angesichts gewisser Schwierigkeiten, soziale Beziehungen auszuhandeln und zu stabilisieren, auf Interaktionsoptionen des digitalen Kommunikationsraums zurückzieht, die ihm berechenbarer und verlässlicher erscheinen und zugleich Formen einer weniger verbindlichen Beziehungsaufnahme offerieren. Der Fall bestätigt die Theorie von Karin Knorr-Cetina, wonach Beziehungen zu Objekten und die mit diesen verbundenen Geheimnisse und Rätsel in unserer Zeit immer wichtiger werden, um das Bedürfnis nach ontologischer Gewissheit zu stabilisieren. Dominant bleibt dabei für Jens Treichel aber die Suche nach Anerkennung vor dem Hintergrund erfahrener Missachtung in der Familie. Auch die Klick-Routinen dienen letztlich der Aufrechterhaltung von Selbstachtung durch anwachsende Punktestände, die Jagd nach Schnäppchen und das clevere Austricksen der Werbeindustrie. Für Knorr-Cetina sind solche Praktiken durch ein Mangel-Wunsch-System im Sinne Jacques Lacans zu erklären, welches ihre Aufrechterhaltung und ste-

entwickelt, Züge komplexer kultureller Lebensformen annimmt: »Hinsichtlich der Beziehungen zu Objekten beruht die Idee einer postsozialen Form auf der Intuition, dass Individuen sich auf (manche) Objekte in manchen Bereichen nicht nur als diejenigen, die etwas ›tun‹ bzw. etwas innerhalb eines Handlungsrahmens ›bewerkstelligen‹, beziehen, sondern als erlebende, fühlende, reflexive und sich erinnernde Wesen – als Träger jener Art von Erfahrungen, die wir für die Sphäre intersubjektiver Beziehungen zu reservieren pflegen.« (Karin Knorr-Cetina, Urs Brügger, »Traders' Engagement with Markets. A Postsocial Relationship«, in: *Theory, Culture and Society*, H. 5/6 (2002), S. 161-185, hier: S. 163).

tige Perfektionierung motiviert. Der Wunsch nach Anerkennung setzt in diesem Fall allerdings voraus, dass die Gegenseite für eine solche anspruchsvolle Gabe auch infrage kommen kann, die nach Ansicht zahlreicher Sozialtheoretiker von einer hohen *persönlichen* Qualität im Unterschied zu den *anonymen* Austauschbeziehungen des Marktes geprägt sein und in einer *zeremoniellen* Form vollzogen werden müsste.[114] Tatsächlich spielen *Webmiles* und *Paid-Mails* mit der Sprache der Gabe, indem sie spontan ins Leben treten, Überraschungen bereithalten, z. B. gehäuft am Valentinstag und zu Weihnachten ihre Aktionen starten und Verdienstchancen offerieren. Damit sind die technischen Agenten durchaus bestrebt, eine solche Sozialität zu simulieren. Letztlich verfehlen sie diese jedoch, weshalb sich auch Jens Treichel zusätzlich zu seinen interobjektiven Klick-Aktivitäten noch in soziale Online-Communities begibt, deren intersubjektive Praktiken viel stärker um diese besondere Gabe kreisen.[115]

In dem Maße, wie dem Verbraucher nun digitale Plattformen offeriert werden, auf denen *genuin soziale* Austauschbeziehungen mittels der neuen Kommunikationstechnologien des Internets oder anderer Dienste stattfinden, verkompliziert sich die Situation weiter, weil das Spektrum dieser Anwendungen sehr unterschiedliche Grade und Formen der Vergemeinschaftung umfassen kann. Die Symbole und Zeichen der sozialen Wertschätzung können auch in

114 Vgl. etwa Paul Ricœur, *Wege der Anerkennung. Erkennen, Wiedererkennen, Anerkanntsein*, Frankfurt/M. 2006, S. 290-306; Marcel Hénaff, *Der Preis der Wahrheit. Gabe, Geld und Philosophie*, Frankfurt/M. 2009, S. 166-219.

115 Wo die »Sozialität mit Objekten« technisch und kommerziell so eingerichtet wird, dass sie soziale Anerkennung im anspruchsvollen Sinne einer persönlichen, reziproken Gabenbeziehung zu simulieren versucht, befördert dies tendenziell Prozesse der »Anerkennungsvergessenheit«, die nach Axel Honneth, *Verdinglichung. Eine anerkennungstheoretische Studie*, Frankfurt/M. 2005, S. 62-77 typisch für Verdinglichungsphänomene unserer Gegenwartsgesellschaft sind. Der Grund dafür liegt im schleichenden Verlust der Fähigkeit, die reziproken Verhältnisse zu erkennen, die zwischen Personen gegeben sein müssen, um Beziehungen auf wechselseitige Anerkennung zu gründen – wobei diese Fähigkeit nach Honneth (ebd., S. 76 f.) im Unterschied zu Knorr-Cetina sogar für nicht-verdinglichte Beziehungen zu Objekten und Artefakten konstitutiv ist. Vgl. hierzu auch Jörn Lamla, Katharina Witterhold, »Click-Work: eine Form post-sozialer Verdinglichung. Fallstudie zu den Dispositionen unmotivierter Internetnutzung«, in: *Sozialwissenschaften und Berufspraxis*, H. 2 (2009), S. 240-249.

den Umgebungen der Social-Network-Sites noch mehr oder weniger kommerziell überformt und technisch instrumentalisiert sein. Je nach den biografischen und milieuspezifischen Dispositionen der Nutzer einerseits und den Eigendynamiken in den Bezugsgruppen andererseits sind hier ganz unterschiedliche Verläufe zwischen einer Steigerung oder aber Reduktion der lebenspraktischen Autonomie in der Alltagsökonomie denkbar.[116] Um die minimalen Kontrastierungen dieses außen-geleiteten Typus von Verbraucher abzuschließen, sei hier am Fall *Lena Pelzer* lediglich noch gezeigt, dass die digitalen sozialen Netzwerke die Außenabhängigkeiten nicht zwingend vertiefen müssen, sondern auch zur Entwicklung neuer sozialer Kompetenzen und Autonomiereserven führen können, die das Repertoire an Handlungsmöglichkeiten zur Bewältigung von Problemen der alltäglichen Lebensführung erweitern.

Die ausgedehnte Nutzung von eBay – auch für Verkäufe – erklärt sich bei Frau Pelzer zunächst aus alltagsökonomischen Sparzwängen der jungen Familie mit zwei Kindern und geringem Einkommen. Doch allmählich transformiert sich [das Internet] zu einem Raum der Kommunikation und des sozialen Miteinanders. Es ist die Verbraucher-Plattform Ciao.de, in der sich Frau Pelzer so wie Jens Treichel viele Stunden in der Woche aufhält, um kreativ deren Möglichkeiten zur Meinungsbekundung und sozialen Vernetzung zu nutzen. Dabei hat Frau Pelzer allerdings durch ihren Ehemann, von dem sie inzwischen getrennt lebt, das Negativbeispiel einer Online-Spielsucht direkt vor Augen. Dessen Internetverhalten macht sie auch maßgeblich für die spätere Trennung verantwortlich. Doch zuvor hat sie sich mit der Alleinverantwortung für die Familie fast schon abgefunden und lange an der Beziehung festgehalten. In dieser Situation hilft ihr der soziale Austausch und die Erfahrung von Anerkennung über Online-Freundschaften dabei, sich aus dieser Lage zu befreien und die privaten Abhängigkeiten aufzukündigen. Soziales *Networking* – online und offline – wird für sie somit allmählich zum Modell einer Lebenspraxis, in der schließlich auch ihr Beruf als Anwältin mit den Aufgaben einer allein erziehenden Mutter zweier Kinder vereinbar wird. Lena Pelzer repräsentiert damit einen gemischten Typus, der Momente verschiedener Alltags- und Konsumpraktiken kombiniert, ein-

116 Siehe ausführlich dazu das Fallbeispiel in Kapitel V, Abschnitt 1.1.

schließlich einiger Taktiken, wie sie an den nachfolgenden Fällen des dritten Verbrauchertypus sichtbar werden. Beispielsweise übt Lena Pelzer durch subversive Praktiken des Berichteschreibens bei Ciao.de eine Form des Protests gegen die technischen Vorgaben und Restriktionen des Plattformbetreibers aus. Diese Vorgaben sehen vor, dass ein Testbericht zu einem Produkt mindestens 120 Wörter umfassen muss, um überhaupt hochgeladen werden zu können. Aus Sicht von Lena Pelzer führt dies zu massiven und unnötigen Ausschweifungen, was in vielen Fällen so absurde Züge annimmt, dass die Verpackungen detailliert beschrieben werden, in denen Produkte geliefert werden. In Reaktion darauf haben Nutzer wie Frau Pelzer die Kunstform der *»Hundertzwanziger«* ins Leben gerufen. Das sind knappe, aber präzise geschriebene Berichte mit exakt 120 Wörtern, die von Insidern sehr geschätzt, aber von unbedarften Mitgliedern wegen ihrer Kürze routinemäßig schlecht bewertet werden.

2.4 Subversive Taktiken und ökonomische Konventionen

Carsten Mewes, ein 21-jähriger Jura-Student, berichtet, dass er das Internet für seinen Konsumbedarf nutze, wo immer dies möglich ist. Die Palette der über das Internet bezogenen Waren reiche von solchen, die selbst digital und somit direkt aus dem Netz zu beziehen sind, bis hin zu Waren, die mittels Internet erworben, aber per Post versandt werden. Die einzige Ausnahme würden Lebensmittel bilden, wobei er aber angibt, großes Interesse an einem Lebensmittel- oder Getränkeservice via Internet zu besitzen, da er *»einfach sehr bequem«* sei und für derlei Verrichtungen die Wohnung nicht gerne verlasse. Auch Herr Mewes taucht folglich oft und tief in die digitalen Konsumwelten ein, so dass ähnliche außen-geleitete Orientierungen wie beim vorangehenden Typus hier zu erwarten gewesen wären. Zugleich deutet die Aussage auf alltagsökonomische Motivlagen hin, wie sie einen typischen Gewohnheitsmenschen kennzeichnen. Die beispielhaften Erzählungen zeigen jedoch, dass sich seine Konsumpraktiken weder dem ersten noch dem zweiten Grundtypus zuordnen lassen. Weder die Lenkung durch biografisch sedimentierte interne Prinzipien oder Routinen noch durch ein äußeres System aus Signalen, symbolischen Verweisungszusammenhängen oder Wertschätzungspraktiken einer Peergroup sind hier maßgeblich für die Konsumpraktiken. Vielmehr steht der Modus eines durch konventionelle Regeln – der internen oder äußeren Art – geleiteten Handelns hier insgesamt zur Disposition. Es ist die von Michel de Certeau aufgezeigte *alltagspraktische Kunst, sich der Geltung solcher Regeln taktisch zu entziehen*, die bei diesem dritten Grundtypus das Konsumverhalten bestimmt, wobei sich auch hier minimale Kontraste zeigen, insbesondere darin, wie genau und wie stark solche Distanznahmen in der Alltagsökonomie vollzogen werden und ob sie auf subversive Absichten oder egoistisches Privatinteresse zurückgehen.

Ein erstes Beispiel, von dem Herr Mewes berichtet, bezieht sich auf den Bezug von digitalen Produkten: Musiktitel und Studienskripte. Er betont in diesem Zusammenhang explizit, dass der *Nutzen* [vom Internet] für ihn darin liege, solche Produkte beziehen zu können, ohne dafür bezahlen zu müssen. Er nutzt für diese Praktik sowohl die verschiedenen Musik- und Filmtauschbörsen als auch *gehackte* Nutzernamen und Passwörter, die ihm den Zugang zu kostenpflichtigen Seiten ermöglichen. Dabei erliegt er in keiner Weise der Illusion, internetvermittelte Kommunikation gewährleiste Anonymität und dementsprechend Sicherheit vor Strafverfolgung. Vielmehr ist ihm bewusst, dass seine Identität relativ leicht zu ermitteln ist. Er geht aber davon aus, dass der Aufwand der Verfolgung dieser Delikte für die Betroffenen (noch) zu hoch sei. Bezogen auf das unentgeltliche Laden von Musik, Software und Filmen aus dem Internet gibt er an, dass er gar nicht die Empfindung habe, jemanden zu schädigen. Weiter berichtet er, über eBay einen als Neuware angebotenen, aber offensichtlich defekten DVD-Player erworben zu haben. Dies sei aber nicht weiter problematisch gewesen, da er diesen selbst wieder mittels eBay (zu einem höheren Preis) veräußern konnte. In diesem Zusammenhang erläutert er, dass er selbst bei der Möglichkeit einer Reklamation des Defektes den Aufwand dafür als zu hoch empfunden hätte und den »Schaden« einfacher durch Weiterveräußerung ausgleichen könne. Auf die Frage, ob er diese Praktiken nicht als Betrug oder Diebstahl empfinde, gibt er an, dass dies doch *»jeder so macht«*.

Es ist also nicht nur die durch die verlustfreie Reproduzierbarkeit digitaler Waren fehlende materielle Knappheit, die im Internet grundlegende Regeln des ökonomischen Verkehrs für Herrn Mewes außer Kraft zu setzen scheint. Vielmehr erzeugen die Unübersichtlichkeit des digitalen Marktplatzes, die räumliche Distanz zu den anonymen Tauschpartnern und das Fehlen wirksamer Sanktionen eine Situation, in der – bei Vorliegen einer solchen strategischen Disposition – das *Unterlaufen von Regeln und taktische Regelbrüche selbst die neue »Regel« werden*. Entwicklungstendenzen im Internet in Richtung Normlosigkeit oder Anomie wird bekanntlich seitens staatlicher und wirtschaftlicher Akteure, die an der Aufrechterhaltung ordnungsrechtlicher Rahmenbedingungen ein Interesse haben, mit zunehmender Repressionsandrohung und direkter Kontrolle – etwa durch Entanonymisierung des Internets – zu begegnen versucht.[117] Ob und ab wann solche Sanktionen als angemessen erscheinen, hängt jedoch auch von den habituellen Charakterzügen der Verbraucher ab, die keineswegs alle in der Weise ihren eigenen Vorteil durchzusetzen versuchen, wie es Herr Mewes tut. Vielmehr lassen sich in dieser Konstellation auch andere Subtypen identifizieren, je nachdem, wie *weit* das taktische Unterlaufen ökonomischer Regeln und Konventionen *reicht* und in welchem Maße deren Einhaltung oder Ablehnung nur von drohenden Sanktionen abhängt, also eher *strategisch* motiviert ist, oder aber eine normative Orientierung an den Gründen ihrer Sollgeltung zu erkennen gibt, also deren *Anerkennung* oder auf *normative Prinzipien* gestützte *Zurückweisung*.[118] Aus diesen Kontrastierungsdimensionen lässt sich ein idealtypisches Schema konstruieren (Tabelle 3), dessen empirische Plausibilität im Folgenden an einigen minimalen Kontrastfällen sichtbar gemacht werden kann. Sie sollen verdeutlichen, dass der Modus, in dem die Distanzierung von ökonomischen Konventionen selbst zur ökonomischen Konvention wird, nicht unerheblich variieren kann.

	nonkonformistisch	*konformistisch*
strategisch	Anomie (Normlosigkeit)	strategische Form ökonomischer Konventionalität
normenreguliert	politische/moralische Subversion	Bagatellisierung

Tabelle 3: Vier Subtypen taktisch agierender Verbraucher

117 Vgl. dazu Christoph Engemann, *Electronic Government – Vom User zum Bürger. Zur kritischen Theorie des Internets*, Bielefeld 2003.

118 Vgl. zu dieser Unterscheidung Habermas, *Theorie des kommunikativen Handelns*, Bd. 2, S. 131 f.

Im Sample der ausgewerteten Interviews findet sich eine Reihe weiterer Befragter, in der Regel männlichen Geschlechts, die bereitwillig von ihren *Down- und Upload-Praktiken* mittels Peer-to-Peer-Programmen berichten, die vom frühen *Napster*-Stadium bis zu den aktuell verbreiteten Torrent-Clients reichen. Diese digitalen Konsumpraktiken sind ganz offensichtlich weit verbreitet und beinhalten alle eine gewisse taktische Distanznahme zu den Konventionen, die in den digitalen Handlungsräumen durch geltendes Recht, durch Allgemeine Geschäftsbedingungen (AGBs) sowie durch technische Standardisierung oder informelle Normen verankert sind. Die individuellen Motivstrukturen, die zu solchem Verhalten führen, unterscheiden sich jedoch zum Teil erheblich.

Ein erster Kontrast zu Herrn Mewes zeigt sich in den Praktiken von *Markus Dietze*, der in den 1960er Jahren in der DDR geboren wurde und sich – ausgehend von frühen Programmierkenntnissen und dem spielerischen Umgang mit einem aus dem Westen beschafften Atari 130XE – die Weiten der Welt [des Internets] erst nach der Wende erschließt. Dabei führen ihn sein Technikinteresse und die Haltung spielerischer Exploration auch zur Nutzung der Musiktauschbörse *Napster*, wobei die Phase aber biografisch und sozial-räumlich begrenzt ist. So wie es in der DDR einen informellen Tauschsektor und Schwarzmarkt gab, der neben der offiziellen ökonomischen Ordnung existierte, wird auch die Nutzung von Napster nicht als Kampfansage an die Musikindustrie und Eigentumsordnung verstanden, obgleich Herr Dietze darin sehr wohl eine illegale Handlung sieht. Die Praktiken werden vielmehr pragmatisch re-normalisiert: Sie sind weitgehend ökonomisch motiviert gewesen, weshalb sie mit steigendem Einkommen wieder verschwanden, und werden mit der Innovationsfeindlichkeit einer Musikindustrie erklärt, die sich mit Kopierschutz und Digital Rights Management an überholte Ordnungen hefte, anstatt zeitgemäße, unkomplizierte Vertriebsformen für den MP3-Download zu schaffen.

Auch Herr Dietze hat also ein recht genaues Wissen von den unterschiedlichen »Ökonomien«, die gegenwärtig in der digitalen Marktarena koexistieren. Seine Motivation, die aus seiner Sicht partielle und vorübergehende Anomie strategisch auszunutzen, ist aber sehr viel begrenzter als bei Carsten Mewes. Zwar greift er die Unschärfen legalen Handelns im Internet taktisch auf. Aber er rechtfertigt die eigene Abweichung von den Konventionen der geltenden Eigentumsordnung als jugendliches Ausprobieren des in der rechtlichen Grauzone Machbaren und noch Erlaubten. So wird die taktische Distanzierung *bagatellisiert* und das Verletzen von Reziprozitätsnormen *ironisiert*, wie sich an folgender Sequenz zeigt:

Was ich mir runtergeladen hab, sind meistens auch nur Sachen, die ich auf Kassette hatte und einfach nur noch mal in besserer Form haben wollte. Das ist eigentlich der – sonst hab ich die Tauschbörsen wenig genutzt, und vor allen Dingen zähl ich zu den Parasiten, die's meistens auch nur im Download nutzen und nicht im Upload was bereitstellen, na ja [lacht].

In der jüngeren Generation der in den 1980er Jahren Geborenen taucht dieses Muster der Bagatellisierung durchaus wieder auf. Dabei geraten aber auch aufschlussreiche minimale Kontraste in den Blick. Der Student *Martin Hellwig* beispielsweise ist nicht mehr in der komfortablen Lage, nur downloaden zu können, weil ihm das Programm *eDonkey* abverlangt, auch seinerseits Dateiordner seiner Festplatte freizugeben. Er ist dabei allerdings vorsichtig und darauf bedacht, seine Anonymität zu wahren, um einer Strafverfolgung zu entgehen. Obwohl er nach seinem Gefühl etwas Illegales macht, rechtfertigt auch er seine Downloadaktivität einerseits mit der rechtlichen Grauzone, andererseits pragmatisch dadurch, dass seine Nutzung der Downloadmöglichkeiten sich in Grenzen halte. Da sein Rechner aber 24 Stunden am Tag läuft, wirkt dieser Konformismus strategisch vorgeschoben. Das Ganze sei mehr eine Art ausgiebiges Testen von Filmen und Musik vor dem Kauf jener digitalen Kulturwaren, die ihn überzeugen und deren Besitz dann auch materialisiert werden soll. Letzteres impliziert übrigens, dass die *Verpackungen* digitaler Waren diesen Wert symbolisieren müssen, da deren Abspielqualität durch den Kauf von Originalen ja nicht verändert wird. Auch dies gibt zu erkennen, dass es vor allem der »Warenfetisch« ist, d.h. die im unpersönlichen Warenverkehr verankerten *Wertfiktionen*, die Herrn Hellwig noch an gewisse ökonomische Konventionen binden.[119] Die Anerkennung der normativen Geltung solcher Konventionen, die auf einer Form der sozialen Perspektivenübernahme beruht, ist hingegen nur schwach

119 Vgl. Karl Marx, *Das Kapital. Kritik der politischen Ökonomie*, Bd. 1, Berlin 1962, S. 85-98.

ausgeprägt. Das Resultat ist daher eine inkonsistente Haltung, wonach zwar erst der Kauf die soziale Wertschätzung zum Ausdruck bringen könne, gleichzeitig aber das Gegenteil praktiziert wird: *»Meistens äh such ich dann, ob ich's runterladen kann [lacht]«*.

Oliver Wagner wiederum repräsentiert innerhalb der Generation der in den 1980er Jahren Geborenen einen weiteren minimalen Kontrast zu den vorangehenden Subtypen. Hat er anfangs die Musiktauschbörsen ausgiebig genutzt, so präsentiert er sich im Interview heute als *»großer Verfechter des Urheberrechts«*, weil er selber Filme mache und später professionell drehen möchte und um die Verdienstschwierigkeiten von Künstlern wisse. Für diesen Studenten, der im Interview seinen Vater als starke moralische Autorität schildert, haben normative Selbstbindungen und Konsistenzpflichten größeres Gewicht. Allerdings hat auch bei ihm die Angst vor Strafverfolgung ihren Anteil an der biografischen Neuausrichtung, die zur normativen Achtung und Bekräftigung ökonomischer Eigentumsrechte führt. Und zudem werden Distinktionskalküle sichtbar, wenn er seine eigene Prinzipienfestigkeit vergleichend herausstellt:

Ich bin wahrscheinlich einer der wenigen, der durch diese Musiktauschbörsen sich im Endeffekt mehr CDs gekauft hat, als er's ohne getan hätte. Also das hab ich wirklich ganz konsequent gemacht immer: Reingehört, äh gemerkt o.k., da is ein Lied nur auf diesem Album, dann war das Ganze überhaupt nich mehr relevant für mich, hab ich auch sofort gelöscht. Und sobald halt zwei, drei Lieder relevant waren, dann äh musste dieses Album sofort her, und dann hab ich mir das – es ging dann auch im selben Zug los, dass ich dann bei Amazon gekauft habe.

Diese Haltung von Oliver Wagner geht nicht so weit, andere Studierende zu missionieren oder in Urheberrechtsfragen politisch aktiv zu werden. Sein Engagement bleibt privat und spricht andere nur im Modus moralisierender Abgrenzung an. An diesem Fall scheint gleichwohl die Möglichkeit auf, dass sich die Prinzipien des innen-geleiteten Charakters mit subversiven Taktiken verbinden. Zwar führt die »Prinzipienmoral« Oliver Wagner zurück zu den geltenden ökonomischen Konventionen und damit in die Nähe jenes Subtyps, den Markus Dietze repräsentiert. Aber die Art, wie er die Urheberrechte zum Thema macht, gibt doch zu erkennen, dass er die geltenden Regeln des Marktes, insbesondere dessen Eigentumsordnung, nicht als etwas Feststehendes, sondern als ökonomische Konventionen betrachtet, die zwischen Musikindustrie, Künstlerinnen, Hackerinnen, der sozialen Welt des Open Source und den Instanzen des Staates auszuhandeln sind. Moralische Prinzipien könnten unter diesen Rahmenbedingungen auch *subversive* Regelbrüche legitimieren und als eine Art *zivilen Ungehorsams* erscheinen lassen.

Einer solchen politischen Auffassung von der ökonomisch-rechtlichen Ordnung kommt schließlich auch *Dominik Stein* nahe, dessen Handeln allerdings ebenfalls in einem privaten Rahmen verbleibt und dabei subversive Taktiken mit der Kontingenz ökonomischer Machtverhältnisse legitimiert, weshalb seine Konsumpraktiken den Kreis schließen und mehr mit der strikt instrumentellen Haltung gegenüber normativen Konventionen von Carsten Mewes teilen als mit dem moralischen oder normregulierten Handeln von Oliver Wagner bzw. Markus Dietze. Dominik Stein entwickelt Taktiken, um den konsumistischen Hedonismus mitleben zu können, ohne dafür (viel) Geld ausgeben zu müssen. Biografisch spielt dabei eine Rolle, dass er in prekären Verhältnissen aufgewachsen ist und nach Konflikten mit seinem Stiefvater noch während seiner Oberstufenzeit in eine eigene Wohnung gezogen ist, also die Familienkontakte abgebrochen und sich früh selbst durchgeschlagen hat. Da er seine Ausbildungen wiederkehrend abbricht, scheint sich an dieser Prekarität in nächster Zeit auch wenig zu ändern. Herr Stein bewahrt sich unter diesen Bedingungen Autonomie dadurch, dass er sich neben Gelegenheitsjobs in kreativer Weise die [im Internet] gegebenen Gewinn- und Sparmöglichkeiten aneignet. Erinnert dieses Muster in mancher Hinsicht an Jens Treichel, so ist die Haltung hier doch eine andere, erfindungsreichere. Statt für Cent-Beträge auf Werbebanner im Internet zu klicken oder ellenlange Verbraucherberichte zu schreiben, versucht Herr Stein lieber, seine Computerspielfähigkeiten (Autorennen) zu barer Münze zu machen, oder nutzt die zur Kundenbindung oder Marktforschung gedachten Gutscheine und Rabatte beim Online-Kauf auf eine taktisch-subversive Weise, bei der die Registrierung als Neukunde mehrfach erfolgt und Vergünstigungen bringt.

Der Habitus von Herrn Stein weist daher weniger das Muster eines politischen Kampfes für eine bessere ökonomische Ordnung im Internet auf, sondern gibt *abenteurerkapitalistische Züge* zu erkennen. Die Schattenseiten dieser Haltung hat er beim Online-Pokern kennengelernt, das seine Schulden kräftig wachsen ließ. Und es gehört für ihn zur Normalität, mit Vertragspartnern in Konflikt zu geraten, etwa mit dem bislang einzigen langjährigen Arbeitgeber – einem großen Online-Versandhaus für Computerbedarf und Elektronik –, weil er die Waren parallel in großem Stil bei eBay umgesetzt hat.

Irgendwie hat mir aber mein Arbeitgeber da einen Strich durch die Rechnung gemacht, weil der dann gesagt hat, nein, ich dürfte das nicht aufgrund meines Arbeitsvertrages und ich würde ja, wenn ich ein leuchtendes Kabel verkaufe übers Internet, würd ich ja meinem Arbeitgeber die Kundschaft wegnehmen. Und die da auch wohl vielleicht die Angst hatten, ich könnte einem Kunden sagen: ›Hier, nee, kaufen Sie das nicht da und ne, ich geb' Ihnen mal 'ne Adresse, wo Sie das irgendwie andersher beziehen.‹ Deswegen haben die mir das auch unterbunden.

Bei seinen Markt- und Konsumpraktiken würde er aber nie so weit gehen wie Carsten Mewes und defekte Waren ohne entsprechende Kennzeichnung über eBay anbieten (oder dies zumindest nicht so freimütig zugeben). Märkte erscheinen bei Herrn Stein nicht als normfreie Zonen, aber doch als Feld eines allgemeinen Interessenkampfes, an dem unterschiedliche Akteure mit unterschiedlichen ökonomischen Machteinsätzen teilnehmen. Subversives Verhalten und taktische Nutzungsformen des Internets werden daher nicht als politischer Beitrag zur Institutionalisierung einer anderen ökonomischen Ordnung gesehen, sondern, wenn überhaupt, als eine notwendige Überlebensstrategie gerechtfertigt. Als individueller Marktakteur müsse man – als Produzent ebenso wie als Konsument – sehen, wo man in diesem Kampffeld bleibt, wobei die Faktizität geltenden Rechts als relevante Randbedingung Berücksichtigung finden müsse. Dies wird etwa an den vorbeugenden Maßnahmen gegen Strafverfolgung sichtbar:

Da gibt's natürlich auch Mittel und Wege und Tricks, ähm weil das ja auch immer zunehmend äh verfolgter wird. Der Download ist ja nicht unter Strafe gestellt, es is ja das Anbieten von Ware. Und die geh'n ja auch alle davon aus, wenn ich so eine Tauschbörse nutze, dass ich das auch anbiete. Aber da gibt es auch Tricks, indem ich zum Beispiel in meinem Download-Ordner ganz viele andere Dateien habe, die frei zugänglich sind, also irgendwelche freie Musik, gibt's ja auch, oder Fernsehsendungen oder was weiß ich, irgendwelche selbstgemachten Bilder. Die setz ich auch bei mir in den Ordner, setze da die Priorität auf ganz hoch, und auf die anderen Sachen, die eben illegal sind, kann ich die Priorität auch ganz runter setzen. Und wenn ich jetzt auch noch beschränke, o.k., es dürfen maximal so und so viel Leute irgendwie sich bei mir in die Warteliste stellen, ähhm, dann kommen die quasi nie dazu, die illegalen Downloade überhaupt äh daran zu kommen beziehungsweise nur sehr sehr, wenig.

3. Konsumwelten als politische Bildungsräume? – Consumer Citizens und Verbrauchertypen

Die zuvor entwickelte Verbrauchertypologie deckt sich in vielen Hinsichten mit den Unterscheidungen, die einerseits von David Riesman, andererseits von Michel de Certeau ins Gespräch gebracht worden sind. Dabei bilden der traditions- und der innen-geleitete Charakter als Subtypen zusammen den ersten Haupt- oder Basistyp. Dieser ist dadurch gekennzeichnet, dass die Konsumpraktiken weitgehend durch eine interne Relevanz-Hierarchie der langfristig eingewöhnten oder an biografisch und ethisch ausgebildeten Prinzipien ausgerichteten Lebensführung kontrolliert werden. Davon unterscheidet sich deutlich der zweite Typ des Außen-Geleiteten, dessen Konsumpraktiken eine starke Abhängigkeit vom anerkennenden Feedback der sozialen oder post-sozialen Umwelt zu erkennen geben. Schließlich wurde das Muster taktischer Distanzierung von den Konventionen des Marktes hier nicht als eine Grundeigenschaft aller Konsumpraktiken und Formen des Internetgebrauchs rekonstruiert, die demnach alle Verbraucher in gleichem Maße beträfe, sondern als zentrales Charakteristikum eines dritten Basistypus, der sich allerdings intern hinsichtlich der Reichweite seines (Non-)Konformismus sowie der Motive für dieses Verhalten noch einmal in mehrere Subtypen untergliedern lässt.

Was vor dem Hintergrund der Bausteine für eine soziologische Theorie des Consumer Citizen sofort auffällt, ist das Fehlen eines Verbrauchertyps, der im Sinne Albert O. Hirschmans durch Shitting Involvements gekennzeichnet wäre oder solche zu erkennen gibt. Wie ist dieses Fehlen zu interpretieren? Dafür gibt es mehrere Ansatzpunkte:

Einen *ersten* Anhaltspunkt liefert der in die Tabelle 3 aufgenommene normenreguliert operierende Nonkonformist, dessen Praktiken und Taktiken des Konsums politisch oder moralisch motivierte subversive Akte zu erkennen geben. Dieser Subtyp weist zumindest eine gewisse Verwandtschaft zu jenem Consumer Citizen auf, wie er mit Hirschman zu verstehen wäre. Denn die Distanzierung gegenüber den Konventionen des Marktes, die hier vorliegt, basiert auf der höheren Gewichtung von politischen oder moralischen Metapräferenzen. Sie vollzieht sich somit als prinzipiengestützte Prüfung von Normen, die zu dem Schluss kommt, dass bestehende Eigentumsrechte oder Institutionen des Warentausches ein Legitimitätsdefizit aufweisen, das wiederum Regelverstöße oder zivilen Ungehorsam als legitimen Akt erscheinen lässt. Die Praktiken würden somit tatsächlich eine gewisse Verschiebung des Verbraucherhandelns in die Arena der Politik widerspiegeln. Allerdings bleibt dieses Feld in der Typologie doch ohne klaren Repräsentanten und damit eine eher idealtypische Konstruktion, wenngleich die kontrastierten Fälle Hinweise darauf geben, dass eine solche Motivstruktur empirisch vorkommen kann und zwei Verbraucher (O. Wagner und D. Stein) zumindest Züge dieser Haltung zu erkennen geben. Insgesamt bleibt dieser Subtypus aber ein schwaches, weil empirisch nicht wirklich nachgewiesenes Äquivalent für einen Consumer Citizen à la Hirschman.

Anders verhält es sich *zweitens* mit dem innen-geleiteten Typ von Verbrauchern, dessen Metapräferenzen ja ebenfalls solchen ethischen Vorstellungen vom guten Leben folgen können, die stark durch politische oder moralische Prinzipien der Demokratie, des Gemeinwohls, der Gerechtigkeit, der Nachhaltigkeit o. Ä. geprägt sind. Der Unterschied zum vorangehenden Fall ist allerdings, dass die Metapräferenzen hier erst recht keine zyklischen Verschiebungen zu erkennen geben, die auf Enttäuschungen von den Möglichkeiten des Handelns und Erlebens beruhen, wie sie die Konsumsphäre oder das politische System offerieren. Auch wenn solche Erfahrungen in der Biografie eine Rolle gespielt haben, zeichnen sich die Fälle doch vor allem durch ihre *Charakterfestigkeit* und dadurch aus, dass sie die Praktiken des Verbrauchers und der Staatsbürgerin über eine stabile Relevanz-Hierarchie in ihrer Lebensführung fest integriert haben. Zukünftige Verschiebungen in der Gewichtung des privaten oder politischen Engagements sind damit gewiss nicht ausgeschlossen. Aber der von Hirschman diagnostizierte biografische Krisendruck ist nicht sehr ausgeprägt, da diese Persönlichkeiten bereits das »rechte Maß« für ihre Ökonomie des Alltags gefunden zu haben glauben. Das qualifiziert sie nun *möglicherweise* dafür, die Rolle eines Consumer Citizen auszufüllen, der seine Konsumpraktiken politisch folgen- und verantwortungsbewusst vollzieht. Zu bedenken ist dabei jedoch, dass die internen Relevanz-Hierarchien eine *Form* von Verbraucherpraktiken typologisch einordnen und über die *Inhalte* der zugrunde liegenden Relevanzen im Grunde wenig bis nichts aussagen. Es können ganz unterschiedliche ethische Vorstellungen vom guten Leben die Konsumpraktiken anleiten, etwa religiöse, auf das Familienglück bezogene, hedonistische ebenso wie asketische oder auch ästhetische Prinzipien – und in vielen, dann aber traditions-geleiteten Fällen sogar das Prinzip der Gewohnheit selbst. Insofern ist dieser erste Basistyp mit Riesmans Charaktertypen besser zu beschreiben als mit Hirschmans Abhandlung über Engagement und Enttäuschung.

Es bleibt aber noch ein *dritter* Interpretationsansatz, der den Baustein, den Hirschman zur Theorie des Consumer Citizen beisteuert, im Spiel hält: Es könnte ja sein, dass nicht hinreichend nach geeigneten Kontrastfällen gesucht bzw. an den falschen Stellen gesucht wurde. Denn politisch hoch engagierte oder ehemals engagierte Bürgerinnen wurden nicht systematisch ins Sample aufgenommen und auf ihre Motive und Dispositionen hin untersucht. Dort hätte sich aber die Hypothese von den Shifting Involvements bestätigen können, wonach auf die Enttäuschungen in der privaten Sphäre des Konsums, sofern sie mit einem Wandel der Metapräferenzen einhergehen, letztlich ein Wechsel in das Handlungsfeld der Politik folgen muss (und umgekehrt). Dieser Befund hätte allerdings zur Konsequenz, dass sich an der Differenzerfahrung und den harten Grenzen zwischen den institutionellen Sphären des privaten Konsumalltags und der öffentlichen Politik seit Hirschmans Zeitdiagnose nicht wirklich viel verändert hat: entweder man ist Consumer oder aber Citizen. Beides zugleich, also Consumer Citizen sein, wie es auch Hirschman angesichts der Implikationen seiner Analyse als Modell für eine Zukunft jenseits systematisch produzierter Enttäuschung und Überforderung nahegelegt hat, das geht dann offenbar nicht. Eine solche, vielleicht etwas *zu* resignative Interpretation wird von der hier empirisch gewonnenen Typologie insofern gestützt, als die Verbraucher über das gesamte Spektrum hinweg eine überwiegend auf das private Wohl bezogene

Orientierung in ihrer Alltagsökonomie und ihrer biografischen Lebensplanung zu erkennen geben.[120]

Das steht zwar nicht unbedingt im Gegensatz zu neueren Theorien vom Consumer Citizen und seinen politischen Konsumpraktiken oder individualisierten Kollektivhandlungen.[121] Behaupten diese doch gerade, dass sich entgegen den Negativdiagnosen zum Tugend- und Werteverfall der heutigen Demokratien in der Sphäre des privaten Konsums ein robustes bürgerkulturelles Sozialkapital zeige und Artikulationsformen suche, die ein individualisiertes, privates, kosteneffizientes und maßgeblich von Frauen getragenes politisches Engagement ermöglichen. Aber auch in diesen Formen, so wäre zumindest mit Hirschman anzunehmen, müssten sich Reste einer Unzufriedenheit, Enttäuschung und inneren Zerrissenheit zeigen, sofern sie wirklich zum Ziel hätten, die institutionell verfestigte funktionale Trennung von privatem und öffentlichem Leben aufzuheben. Doch davon ist bei den empirischen Fällen nicht viel zu finden. Das ins Private verlagerte Engagement, sofern es überhaupt politisch ist, wirkt in der überwiegenden Zahl der Fälle eher unbekümmert.

Daraus lässt sich schließen, dass der Consumer Citizen als *theoretisches Konstrukt* mehr »Ideal« als »Typus« ist. Wird diese Figur hingegen ausgehend von den Konsumpraktiken *empirisch* rekonstruiert, ergibt sich ein komplexes, differenziertes Bild und kein Typ mit glatten Konturen, wie die These von der zunehmenden Verknüpfung des politischen Engagements der aktiven Staatsbürgerin mit der privaten Alltagsökonomie des Verbrauchers suggeriert. Sicherlich finden solche Verknüpfungen empirisch statt, jedoch auf sehr verschiedene Weise und mit ganz unterschiedlichen Konsequenzen für die Frage, inwiefern die Verbraucher als Consumer

120 Dass es gleichwohl eine politische Bewegung und somit ein Potenzial für netzbürgerschaftliches Engagement im Internet gibt, das sich bislang allerdings wiederum stark an den institutionellen Möglichkeiten politischer Partizipation ausrichtet, zeigen die Wahlerfolge und das schnelle Wachstum der Piratenparteien. Vgl. dazu Jörn Lamla, Hartmut Rosa, »Beschleunigungsphänomen und demokratisches Experiment. Auf welche Problemlage reagieren die Piraten?«, in: Christoph Bieber, Claus Leggewie (Hg.), *Unter Piraten. Erkundungen in einer neuen politischen Arena*, Bielefeld 2012, S. 175-185 sowie weiterführend auch Lamla, »›Netizenship‹ oder Alltagsökonomie?«, S. 169-176.

121 Vgl. Stolle u. a., »Zwischen Markt und Zivilgesellschaft«, S. 153; Micheletti, *Political Virtue and Shopping*, S. 21 f. und S. 27. Siehe auch Kapitel I, Abschnitt 1.

Citizens die Verantwortung für die indirekten Folgen der Konsumgesellschaft in der Verbraucherdemokratie übernehmen könnten.

Dies lässt sich nun besser verstehen: Denn wenn wir uns vom Modell einer anspruchsvollen Integration von Consumer und Citizen, wie es mit Hirschman konzipiert werden kann, verabschieden, dann bleibt nicht etwa ein anspruchsloserer Consumer Citizen übrig, der sich zwar nicht mehr mit dem Problem quält, wie sich im demokratischen Gemeinwesen kollektiv angemessene Lösungen für drängende gesellschaftliche Probleme finden lassen, dafür aber in seinem privaten Konsumverhalten geeignete Kompensationsleistungen vollbringt, indem er sich vor dem Kauf umfassender über die sozialen, ökologischen und ökonomischen Produktionsbedingungen der Waren informiert, sich mit mehr Disziplin dabei beobachtet, ob seine alltägliche Lebensführung mit seinen ethischen Überzeugungen übereinstimmt, und zudem gelernt hat, sich von den Anrufungen der Konsumgüterindustrie oder anderen »Machthabern« auf diesem Feld taktisch zu distanzieren. Vielmehr haben wir es empirisch mit *drei* höchst verschiedenen Ausprägungen von Consumer Citizens zu tun, und jene idealisierte, weil konsistent lebende, zugleich immer gut und vollständig informierte sowie auf dem Markt taktisch versiert agierende Konsumbürgerin liegt genau im Schnittfeld dieser drei Verbrauchertypen. Sie bleibt eine idealtypische, von der Empirie aus kaum zu bestätigende Konstruktion. Zwar kann und wird es eine solche Schnittmenge der drei Basistypen empirisch durchaus geben, in der die gewünschten Eigenschaften – die Prinzipientreue des Innen-Geleiteten, die Informationsaufnahmekapazität des Außen-Geleiteten und die politische Kreativität des Taktikers – vereint werden. Die Unterschiede der drei Typen, die durch die Rekonstruktion und Kontrastierung empirischer Fälle aufgedeckt und abgesichert wurden, sind aber nichts, was man aus dem Regal ziehen und sich nach Belieben aneignen kann. Vielmehr verweisen sie auf *historisch herausgebildete Habitusformationen* und *institutionell verankerte Dispositionen*, die sich solch freier Kombinatorik von Konsumpraktiken verschiedenen Verbrauchertypen standhaft widersetzen.[122]

122 Auf die Idee einer solchen Kombinierbarkeit der Praktiken unterschiedlicher Verbrauchertypen kann kommen, wer mit Reckwitz die Form des Subjekts theoretisch vollständig historisiert und verflüssigt, sodass nur noch die kulturell codierten und diskursiv repräsentierten Routinepraktiken als »Ausgangs-

Hinter der gegenwärtigen Mobilisierung des Consumer Citizen verbirgt sich demnach in erster Linie ein Diskursphänomen, das auf Typen von Verbraucher-Subjekten trifft, deren Dispositionen diesem Idealtyp nur bedingt und wenn, dann in ganz unterschiedlichen Hinsichten entgegenkommen, je nachdem, um welchen Typ von Alltagsökonomie es sich handelt. Angesichts dieser Ausgangslage ist es für den experimentellen Prozess der Verbraucherdemokratie von Bedeutung, auf welche Widerstände Versuche treffen, die den Verbrauchern gleichwohl bürgerschaftliche Verantwortung für die Folgeprobleme der Konsumgesellschaft zuweisen wollen. Wie anschlussfähig ist der Ruf nach dem Consumer Citizen an den ersten, zweiten und dritten Grundtypus? Und wo liegen jeweils die Grenzen oder typabhängigen Hürden?

Für den *ersten Typ* gilt, dass die Verbraucher womöglich ihre

punkt« und »kleinste Einheit der sozial- und kulturwissenschaftlichen Analyse« des Subjekts übrig bleiben (Reckwitz, *Das hybride Subjekt*, S. 38): »Indem es nichts anderes ist als ein Träger routinisierter Praktiken, lässt es sich als eine Agglomeration von Kompetenzen begreifen, als ein Set inkorporierter und interiorisierter Kriterien und Schemata, mit denen es in den Vollzug bestimmter Praktiken ›einrückt‹. Bevor der Mensch Subjekt ist, ist er nichts anderes als ein organisches Substrat, ein körperlicher Mechanismus (einschließlich neurophysiologischer Strukturen); dadurch dass dieses körperliche Wesen sich in Praktiken trainiert, wird es zum Subjekt im Sinne eines Bündels von Dispositionen, die sich auch als ein praktisches Schemawissen begreifen lassen.« (Ebd., S. 40) Nun ist gewiss richtig, dass die Sozialtheorie handlungsfähige Subjekte nicht einfach voraussetzen darf, sondern in ihrer historischen Genese und kulturellen Hervorbringung untersuchen muss, wofür sich die sozialen Praktiken als Ausgangspunkt durchaus eignen. Aber Reckwitz scheint daraus zu folgern, die »allgemeine Subjektform« einer bestimmten gesellschaftlichen Epoche lasse sich – im Sinne einer idealtypischen Abstraktion – unabhängig von fallrekonstruktiven Analysen konkreter *Prozesse der Individuation* solcher Subjekte finden, insofern er sich mit der Beobachtungsebene diskreter Praktiken und ihrer diskursiven Rahmungen begnügt (ebd., S. 43). Auf diese Weise würde der idealtypische Consumer Citizen mit seinen politischen Praktiken des Konsums als aufkommende Subjektform der Gegenwart vorschnell bestätigt und als diskursives Konstrukt damit sozialwissenschaftlich noch einmal verdoppelt werden. Eine interessante Frage bleibt gleichwohl, wie viel historische Plastizität die historischen Subjektformen der Gegenwart empirisch aufweisen. Denn als Bildungsprojekt, das von den drei disparaten Verbrauchertypen ausgehen kann und eine Neuformierung des modernen Konsumsubjekts erst noch herbeiführen müsste, bleibt der idealtypische *Consumer Citizen* gewiss ein relevantes historisches Experiment.

Konsumpraktiken längst nach verantwortungsethischen politischen Relevanzen, Prinzipien und Tugenden einer Bürgerin der Verbraucherdemokratie ausrichten. Diese Verbraucher müssen nicht mehr überzeugt werden und sind zur Übernahme von Verantwortung in ihrer Alltagsökonomie ohnehin bereit. So bevorzugt Frau Arenowitz beispielsweise aus ökologischen Gründen regionale Produkte beim Lebensmittelkauf. Keineswegs jedoch müssen es notwendig Biolebensmittel sein. Die seien nicht besser als konventionelle. An einer solchen Argumentationshaltung zeigen sich nun nicht nur die Anschlussmöglichkeiten für den Diskurs, sondern auch spezifische Grenzen und Widerstände dieses Typs, die der Mobilisierung als Consumer Citizen entgegenstehen können: Innen-Geleitete halten an den Relevanz-Hierarchien, die sie in ihrer Biografie ausgebildet haben und auf denen ihr Selbstbild fußt, fest und verteidigen ihr Konsumverhalten darauf hin. Das gilt für den Fall, bei dem die *Ausbildung ethischer Relevanzen* mit den *öffentlichen Meinungen und Lernprozessen* nicht übereinstimmen, genauso wie für den glücklichen Fall, bei dem eine solche Passung vorliegt. Denn es gibt nicht nur solche Verbraucher des ersten Typus, deren innere Prinzipien der *Verantwortung* für die Folgen ihrer Konsumpraktiken die höchste Relevanz geben, sondern *Gesinnungsethiker* unterschiedlichster Couleur, die alle ihre Art der Lebensführung zu verteidigen wissen.[123]

Anders dagegen die Verbraucher des *zweiten Typs*, die zur Bestätigung ihres Selbstbildes auf die Anerkennung von anderen angewiesen sind und in stärkerem Maße auf von außen, sei es technisch, sozial oder auch kommerziell, vorgegebene Relevanzen reagieren. Diese Verbraucher sprechen auf diskursive Mobilisierungen ganz anders an als die Verbraucher des innen-geleiteten Typs. Und sofern sie der Sphäre der Politik nicht mit Desinteresse gegenüber-

123 Zum Gegensatz von Gesinnungs- und Verantwortungsethik vgl. Max Weber, »Politik als Beruf«, in: Ders., *Gesammelte Politische Schriften*, Tübingen [5]1988, S. 505-560, hier: S. 551-560. – Eine mögliche (aber wiederum kontingente) Passung, bei allerdings schwer zu ändernden Konsumpraktiken, liegt auch bei den *traditions-geleiteten* Verbrauchern vor. Denn manch traditioneller Lebens- und Konsumstil dürfte unter Ökobilanzgesichtspunkten in der Verbraucherdemokratie besser als alle anderen abschneiden, insbesondere bei älteren, *genügsam* lebenden Menschen. Aber das gilt eben keineswegs für alle Gewohnheitsmenschen und ist daher keine Eigenschaft, die dem traditions-geleiteten Konsum an sich zukommt.

treten, sondern ihre Fähigkeiten als emsige Informationssammler auch hier entfalten, haben sie ein offenes Ohr für die öffentlichen Meinungen zu den Problemen der Konsumgesellschaft. Unklar ist nur, *welcher* Meinung sie folgen sollen. Gäbe es nur eine, wäre dies vielleicht nicht weiter tragisch. Aber das ist nicht der Fall. In den öffentlichen Arenen der Verbraucherdemokratie konkurrieren viele Akteure darum, zu belegen, dass sie mit ihren Interessen auch diejenigen der Verbraucher repräsentieren. Als Consumers und Citizens werden diese aus mannigfaltigen Richtungen angesprochen und mobilisiert, sei es für einen nachhaltigen Lifestyle, das Vorziehen des Neuwagenkaufs in der Finanzkrise, den Boykott eines Mineralölkonzerns, das Tanken des Kraftstoffes E 10 oder dafür, diesen Kraftstoff dem eigenen Auto um Himmels willen nicht zuzumuten, weil es kaputt gehen könnte oder weil Lebensmittel nicht in Benzintanks gehören. Hinter dem Appell an die »Macht der Verbraucher« verbirgt sich oftmals der Kampf um die Verfügung über diese »Ressource«, also darum, ihren kollektiven Willen auslegen und vertreten zu dürfen, aber auch darum, ihr Handeln im Sinne der eigenen Ziele beeinflussen zu können. Unter diesem Gesichtspunkt konkurrieren z. B. auch im Internet Meinungsplattformen für Verbraucher wie die Seite Ciao.de, deren Credo die Suche nach dem besten Preis-Leistungsverhältnis für was auch immer ist, und die Seite Utopia.de, für die dieses Kriterium eher nachrangig ist, wohingegen die Lust an einem Luxus, der zugleich *das Gute* verkörpert, ausgiebig zelebriert wird. Dabei wird die Abhängigkeit der Außen-Geleiteten von den konkurrierenden Parteien der Verbraucherdemokratie ausgenutzt und zugleich verfestigt, insofern sie in erster Linie mit Mitteln und Zugriffsweisen der Werbung, durch Kampagnen, Mainstreaming usw. überredet und für deren Belange eingespannt werden. Solange das Kollektiv der Verbraucherdemokratie aber fragmentiert bleibt und auf Verbraucherseite die Kompetenz fehlt, sich von solchen Anrufungen zu distanzieren und ein eigenes, auf Erfahrungswissen gegründetes Urteil zu bilden, driften Consumer Citizens dieses Typs zwischen den öffentlichen Kraftfeldern der Konsumgesellschaft hin und her oder teilen sich darin entsprechend den Meinungskonjunkturen in ihre Bezugsgruppen auf.

Davor gefeit ist wiederum der *dritte Typ*. Hier überwiegen Cleverness und Marktwissen, sodass diese Verbraucher strategische

Absichten des Marketings oder anderer Akteure zu entlarven und auch taktisch zu unterlaufen wissen. Aufgrund ihrer Distanz zu den geltenden Konventionen haben diese Verbraucher einen Sinn für den politischen Aushandlungscharakter der Märkte.[124] Und am Internet mit seinen digitalen Waren und deren künstlicher Knappheit erfahren und erproben sie unmittelbar die Kontingenz und Veränderbarkeit von ökonomischen Regeln und Ordnungen. Damit bringen sie in eine Verbraucherdemokratie, die sich mit den Problemen der Konsumgesellschaft auseinandersetzen und Vorschläge für deren »Neuversammlung« entwickeln muss, sicherlich ebenfalls wichtige Qualifikationen ein, die der Consumer Citizen gut gebrauchen kann, insofern er sich als verantwortungsbewusstes Subjekt in seinen Konsumpraktiken mit den »Mächtigen« des Handlungsfeldes auch mal anlegen und den Konflikt riskieren muss. Völlig unklar ist jedoch – und daran zeigen sich die Grenzen und Hindernisse, die der dritte Typ seiner Mobilisierung als Consumer Citizen entgegensetzt –, wen der taktisch agierende Verbraucher in solchen Auseinandersetzungen repräsentiert, für wen er also einsteht und auf welche Nebenfolgen und Interdependenzen der Konsumgesellschaft er Acht gibt, wenn er seine *subversiv* vorgetragenen Angriffe auf die ökonomische, politische und rechtliche Ordnung vollzieht. Der wahrscheinliche Schluss ist nach Durchsicht der empirischen Fälle dieses Basistyps, dass diese Repräsentanz über das eigene Wohl und Fortkommen nicht weit hinausreicht. Denn der Handlungsrahmen der untersuchten Verbraucher bleibt auf die private Interessenverfolgung beschränkt.

Die empirisch am Beispiel digitaler Konsumpraktiken und deren (alltags-)ökonomischer Einbettung gewonnene Typologie führt also zu dem ernüchternden Schluss, dass die vorhandenen Habitusformationen der Verbraucher von sich aus keinen Consumer Citizen hervorbringen, der den Erfordernissen der Verbraucherdemokratie voll entgegenkommt. Man müsste an dieser Stelle schon einen starken funktionalistischen Glauben in die soziale Evolution setzen, wollte man argumentieren, dass sich die Konsumgesellschaft aufgrund ihrer Problem- oder Krisenkonstellation in naher Zukunft aus dem vorhandenen Reservoir an Verbrauchertypen

124 Vgl. dazu Neil Fligstein, »Markets as Politics. A Political-Cultural Approach to Market-Institutions«, in: *American Sociological Review*, H. 4 (1996), S. 656-673.

dennoch von selbst die erforderliche Subjektgestalt formen wird. Gewiss liegt ein Potenzial dafür vor, jedoch verteilt über drei Typen, die vom Ideal des Consumer Citizen alle ähnlich weit, aber in unterschiedlichen Richtungen entfernt sind. Dem Sozialwissenschaftler, der die Denkweisen des Funktionalismus oder Evolutionismus abgelegt hat, bleibt dagegen nichts anderes übrig, als nach weiteren Ermöglichungsbedingungen einer Verbraucherdemokratie Ausschau zu halten, die nicht oder zumindest nicht allein in den Dispositionen der individuellen Verbraucher wurzeln können, sondern über andere Wege und Mechanismen der öffentlichen Suche nach einer geeigneten Problemlösung entgegenkommen. Im nachfolgenden Kapitel wird daher die Formation des kulturellen Kapitalismus und deren konstitutiver Widerspruch in Augenschein genommen, um die eigendynamischen Entwicklungen der gesellschaftlichen Ordnungen besser abschätzen zu können; anschließend wird dann der Staat daraufhin untersucht, welche Rolle er in der experimentellen Suche nach Lösungen und einer dementsprechenden Mobilisierung der Verbraucher gegenwärtig spielt.

V. Kultureller Kapitalismus – Ordnungen der Verbraucherdemokratie

Die *Reflexionen*, die in der Öffentlichkeit der Verbraucherdemokratie zu einer Sammlung von Vorschlägen für die Lösung der Probleme der Konsumgesellschaft geführt haben, sind mit der *Pragmatik* des Alltagshandelns von Verbrauchern nur schwer in Einklang zu bringen. Womöglich ist eine direkte Übersetzung der Erkenntnisse in individuelle Handlungsmotive der Consumer Citizens aber auch gar nicht erforderlich, dann nämlich nicht, wenn – vermittelt durch eine »unsichtbare Hand« oder »hinter dem Rücken der Akteure« – bereits Prozesse der Neuordnung oder Ordnungsbildung in der Gesellschaft vonstattengehen, die diesen Propositionen entgegenkommen und eine Neuversammlung des Kollektivs erleichtern. Möglicherweise trifft aber auch das Gegenteil zu. Deshalb gilt es zu untersuchen, welche Spuren die verschiedenen Kritiken, Anliegen und Mobilisierungsansätze der Öffentlichkeit, etwa mit Mitteln des Rechtsstaates in die Konsumgesellschaft zu intervenieren, ihre Zeichenwelten zu dekonstruieren, ihre Eigentumsordnung und ökonomischen Verteilungswirkungen solidarisch anzugreifen oder aber den Markt als Zivilitätsgarant zu verteidigen, in den spontanen, eigendynamisch emergierenden Formen der sozialen und ökonomischen Ordnung hinterlassen. Das ist die zweite Seite, zu der hin die Weisen der Vermittlung von Pragmatik und Reflexion in der Verbraucherdemokratie analysiert werden können und müssen.

Aus diesem Grunde soll der Blick nun auf die *Ordnungen* der Verbraucherdemokratie gerichtet werden. Darunter verstehe ich die raum-zeitlich ausgedehnten Regelmäßigkeiten oder Muster von Handlungsverläufen, Interaktionen, Interdependenzen, Machtbeziehungen, Größenverhältnissen und Rechtfertigungen, die mit der methodischen Einstellung einer »institutionellen Analyse« untersucht werden können.[1] Sie zeigen sich einem Beobachter, der – keineswegs zwingend mit starken theoretischen Annahmen, wie sie in der Theorie sozialer Systeme enthalten sind – sich im Sinne einer Multi-Sited-Ethnography dafür entscheidet, andere Verbin-

1 Vgl. zu dieser wiederum an Giddens anschließenden Einstellung Lamla, *Anthony Giddens*, S. 63-82.

dungen im Feld zu verfolgen als jene, die man sieht, wenn man den (Konsum-)Subjekten und ihren Lebensgeschichten folgt. Hierfür kommt die *laterale Vernetzung* von Praktiken durch Waren (von der Produktion bis zur Entsorgung) oder durch Artefakte ebenso in Frage, wie die durch einen symbolischen Raum von Zeichen, Verweisungen, Geschichten und schließlich durch die Konflikte um all dies.[2]

Die gleichzeitige Relevanz von Künstler- und Sozialkritik im publizistischen Diskurs der Verbraucherdemokratie, aber auch deren fortgesetzte Unvermitteltheit, die Gegensätze in den Weisen der Gemeinwohlrepräsentation, die zwischen und vor allem auch innerhalb von diesen Mustern der Kritik immer wieder aufbrechen, weisen darauf hin, dass für die Analyse der *Ordnungsdynamiken der heutigen Konsumgesellschaft* vor allem *zwei Komplexe* näher in Augenschein genommen werden müssen: Die *Kultur* und die *Ökonomie*. Auch wenn diese Begriffe nicht sehr trennscharf sind, kristallisieren sie sich doch als maßgeblicher Problemhorizont aller demokratischen Experimente heraus, die in der Öffentlichkeit reflektiert und in Ansätzen auch deliberiert werden. Mit unterschiedlichen Schwerpunkten arbeiten sich die Kritiken – ausgehend von ihren verschiedenen »gemeinsamen Welten« – in der öffentlichen Arena der Verbraucherdemokratie daran ab. Und schon dies weist darauf hin, dass es gar nicht darum gehen kann, Kultur und Ökonomie als getrennte Ordnungen – was sie ohnehin nicht sind – in den Blick zu nehmen, sondern in den Arten und Weisen ihrer Verbindung und Verschränkung, d. h. empirisch gewendet: in den *Zonen ihrer Intersektion.*

Dies geschieht im Folgenden zunächst wieder exemplarisch anhand jener dynamischen Neuordnungsprozesse von Kultur und Ökonomie, wie sie sich im Internet mit dem Übergang zum so genannten »Web 2.0« abzeichnen (1). Anschließend werde ich die Konstellation des »kulturellen Kapitalismus«, die als widersprüchlicher, krisenhafter Problemhintergrund der heutigen Konsumgesellschaft in den entstehenden Ordnungen der digitalen Welt ihre charakteristischen Züge und Entwicklungsdynamiken zu erkennen

2 Vgl. etwa Arjun Appadurai, »Introduction: Commodities and the Politics of Value«, in: Ders. (Hg.), *The Social Life of Things. Commodities in Cultural Perspective*, Cambridge 1986, S. 3-63. Siehe auch die Bemerkungen zu Marcus, »Ethnography in/of the World System« im vorigen Kapitel IV, Abschnitt 2.1.

gibt, dadurch weiter ausleuchten und zu verallgemeinern versuchen, dass ich dazu verschiedene theoretisch begründete Hypothesen miteinander vergleiche und konfrontiere (2). Mit dem so gewonnenen »Besteck« an konkurrierenden theoretischen Erklärungen lässt sich schließlich der politische Möglichkeitsraum genauer abstecken, in dem sich Experimente und Ansätze zu einer *Vergemeinschaftung des Marktes* gegenwärtig bewegen (3).

1. Die Neuversammlung der »gemeinsamen Welten« im Web 2.0

Das Internet ist ein »Ding«, eine Streitsache, um die sich diverse soziale Welten mit ihren verschiedenen Vorstellungen von »gemeinsamer«, d. h. allgemein rechtfertigbarer Ordnung, mit ihren Kernpraktiken, ihren spezifischen Prüfungsformen usw. versammeln. Es ist ein sehr offenes, zunächst wenig festgelegtes, aber gerade deshalb besonders hart umkämpftes Terrain, auf das eine Pluralität von Gemeinwohlansprüchen und Hegemoniebestrebungen der verschiedenen Welten einprasselt, die es alle auf ihre Weise einzunehmen und sich anzuverwandeln versuchen. Mit dem Problem des *Datenschutzes* etwa kann sich aus der Perspektive *staatlicher* Sicherheitsansprüche etwas ganz anderes verbinden (»Speichert die Datenspuren der Terroristen!«) als etwa aus Sicht der Welt des *Hauses* (»Selbst dessen äußere Fassade dürft ihr euch nicht ohne mein Einverständnis anschauen!«). Das Resultat ist eine mehr oder weniger – das wird als *empirische* Frage interessieren – durch Arenen der Konfliktaushandlung vermittelte, ungeplante, vielleicht auch ungerichtete Evolution von sozialen, ökonomischen, rechtsstaatlichen und kulturellen, etwa die Definition des Privaten oder die Wertigkeiten oder Größen der öffentlichen Meinung betreffenden Ordnungsmustern. Das gilt nicht zuletzt für die *Ordnungen der Konsumgesellschaft*, die in diesen digitalen Reorganisations- oder Neuordnungsprozess stark verwoben sind. Und es betrifft damit auch die *Repräsentationsverhältnisse* verschiedener sozialer Welten in der Konsumgesellschaft. Es ist daher keine Überraschung, dass in dieser Konstellation auch die Verbraucherdemokratie am Horizont auftaucht und beispielsweise auf dem Flyer für ein Seminarangebot der *Management Circle AG* gleich das passende Angebot für ihre Klientel unterbreitet wird: »So kontrollieren Sie die Verbraucherdemokratie!« Das Internet ist ein großer Marktplatz und zugleich noch viel mehr als das. Es erscheint wie ein großer, in seinen kulturellen und ökonomischen Konventionen und Ordnungsmustern noch nicht – oder zumindest in Teilbereichen noch wenig – eingelebter und ausgehärteter *digitaler Basar*.

Das Emergieren digitaler Ordnungen liefert Einblicke in die Vermittlungsprobleme zwischen einer öffentlichen Reflexion, wie sie in der Arena des publizistischen Diskurses stattfindet, und jener Pragmatik von Entscheidungen, die jenseits deliberativer Vorklärungen Fakten schafft und gegebenenfalls resultierende Konflikte in Kauf nimmt. Das gehört unter den Bedingungen differenzierter Gesellschaften auch zum demokratischen Experimentalismus – und vergrößert einerseits die Probleme, kann andererseits aber auch innovationsfördernd wirken.[3] In einer ersten Entwicklungsphase des weltweiten Datennetzwerks, die als »Web 1.0« bezeichnet werden kann,[4] mag dieses Vorgehen noch vergleichsweise unproblematisch gewesen oder zumindest erschienen sein. Vielleicht waren gute Internetadressen begehrt und umkämpft, aber noch kaum das Internet selbst. Denn jede Welt war damit beschäftigt, sich ihre eigene Repräsentation im neuen Medium überhaupt erst einmal erbauen und erschaffen zu müssen. Dieser Prozess folgte

3 Auf solche Prozesse der Innovation zielt auch das an Simmels Geldtheorie, Schumpeters Konzept der schöpferischen Zerstörung sowie den Neo-Institutionalismus anschließende Modell der »*Mythenspirale*« von Deutschmann, *Die Verheißung des absoluten Reichtums*, S. 146-150 ab: Durch seine Unerschöpflichkeit und seine Vermögenseigenschaften treibe das Geld immer wieder Erfindungen und charismatische Ideen hervor, die in unterschiedlichsten Kontexten oder Laboratorien der Gesellschaft aus Krisen, Zufällen, Neigungen oder Phantasien entstehen. Erst allmählich verschaffen sie sich rationale Rechtfertigungen und stabilisieren Erwartungen, über die sich ein neuer Markt entwickeln und etablieren kann. Dessen Institutionalisierung umgreift dann typische Arbeitsformen, Konsummuster, Organisationsweisen, politisch-rechtliche Rahmenbedingungen und technische Infrastrukturen und verläuft somit quer zur funktionalen Differenzierung. Die bekanntesten solcher *großflächigen Konventionalisierungen*, die noch persönliches Charisma konservieren, sind Fordismus und Taylorismus, später ergänzt um den Keynesianismus. Auch deren Innovationskraft war aber irgendwann erschöpft, sodass Produkte und Angebote nur noch kosmetisch verändert wurden und die Mythenspirale von vorn begann.

4 O'Reilly, *What Is Web 2.0?*

– in der Sprache der Theorie sozialer Welten und Arenen[5] – einer eher *segmentären* Logik: In den Weiten dieses Raumes konnte jede soziale Welt zunächst ihr eigenes Territorium besetzen und die eigene Homepage einstellen, da für alle Platz vorhanden war. Sicherlich war und ist die Technologie (Hardware, Server, Browser, Transferprotokolle, Dienste usw.) niemals neutral, sondern immer schon umstritten gewesen. Worauf es jedoch ankommt, ist die davon deutlich unterscheidbare *Zunahme an Intersektionen* unter den verschiedenen sozialen Welten in der Phase des so genannten »Web 2.0«. Denn in dieser Phase wird deutlich, dass sich Märkte und Kulturen, eher kommerziell oder eher solidarisch, aber auch anders ausgerichtete soziale Welten nicht nur in das neue Medium hinein verlängern, sondern darin in wachsendem Maße auch neue Verbindungen eingehen. Charakteristisch sind etwa digitale Plattformen, die nur durch ein hohes Maß an Eigenaktivität ihrer Nutzer (*user-generated content*) funktionieren. Die Nutzerbeiträge werden darin zu einer wesentlichen Quelle der *Wertschöpfung*, wobei dies in ganz verschiedenen Hinsichten zutreffen kann: Sie können etwa als Quelle künstlerischer Kreativität von Wert sein, von Intimität oder Freundschaft, von sozialer Anerkennung, von Qualitätsjournalismus oder massenhafter Aufmerksamkeit, sodann aber auch von Marketing und Werbung oder schlicht als (unbezahlte) Arbeit. Alle gemeinsamen Welten können sich also mit ihren Gemeinwohl- und Größenvorstellungen auf die Nutzer und ihre Investitionen richten. Die interessante Frage ist, was passiert, wenn sie sich dabei zunehmend in die Quere kommen.

Dass sich für die Analyse von *Ordnungsprozessen* im Internet die Theorie sozialer Welten geradezu anbietet, wird schon an deren Definition durch Tomatsu Shibutani in einer Abhandlung zu Referenzgruppen deutlich, auf die sich später auch Strauss bezogen hat: »Jede soziale Welt ist ein kultureller Raum, dessen Grenzen weder durch ein Territorium noch durch formale Gruppenmitgliedschaft bestimmt werden, sondern durch die Reichweite wirksamer Kommunikation.«[6] Diese Grenzen sind nun durch die neuen

5 Siehe dazu Kapitel II, Abschnitt 4.

6 Tomatsu Shibutani, »Reference Groups as Perspectives«, in: *American Journal of Sociology*, H. 6 (1955), S. 562-569, hier: S. 566; vgl. auch Strauss, »A Social World Perspective«, S. 119. Die Social-World-Perspective ist vor allem deshalb attraktiv, weil sie die Komplexität der Wissensorganisation und -verteilung heutiger Ge-

digitalen Kommunikationsmedien signifikant verschoben worden, worauf sich alle Welten irgendwie neu einstellen müssen. Und auch *Intersektionsprozesse* verschiedener sozialer Welten sind bereits in den 1970er Jahren am Beispiel der Computing World untersucht worden, um typische Konfliktmuster sowie Entwicklungsverläufe und Innovationsprozesse in diesem Feld zu rekonstruieren. So wurden etwa 14 Subwelten der Computerwelt identifiziert, deren Mitglieder sich mit je eigenen Interessen um den *Computer als »Ding«* versammeln, etwa Programmierer, die Hardware-Industrie, Anwender, die z. T. ihrerseits Software-Applikationen verändern, Hobbybastler, Großauftraggeber wie z. B. das US-Verteidigungsministerium, Händler, Ausbilder, Systemadministratoren und viele mehr bis hin zu den Privatkonsumenten, die lediglich an der Nutzung digitaler Informationen oder Anwendungen interessiert sind.[7] Eine zentrale Rolle nehmen dabei Trägergruppen ein, die den technologischen Innovationsprozess vorantreiben. So wurde die Einschätzung formuliert, dass sich in der Computing World der damaligen Zeit drei Hauptinteressen mit ungleichem Einfluss gegenüberstanden, nämlich

›technologische Innovation‹, ›Nutzer-Orientierung‹ und Verbraucher-/Staatsbürgerinteressen. Das Erste ist dominant. Das heißt, dass die Computer-Welt so strukturiert ist, dass laufend innovative Technologien hervorgebracht und in großem Maßstab verbreitet werden, sobald sie ökonomisch tragfähig sind. Demgegenüber ist die Nutzer-Orientierung ein ›herausforderndes Interesse‹, und die Anliegen der Verbraucher und Staatsbürger repräsentieren schließlich ein ›unterdrücktes Interesse‹.[8]

30 Jahre nach jener Entwicklungsphase der Computerwelt, als der IBM-Konzern noch in der glorreichen Position war, die Marktent-

sellschaften in den Blick zu nehmen gestattet: »Die Wissenslandschaft wird […] immer fluider, immer multiaspektueller, immer konkurrenter und widersprüchlicher, immer theoretischer und reflexiver – kurz immer unübersichtlicher. […] Ein zentrales theoretisches Konzept für diese sozialen Arrangements der kreativen Wissensproduktion und -anwendung ist die Kategorie der sozialen Welten«, schreibt Schütze, »Das Konzept der sozialen Welt«, S. 59.

7 Vgl. Rob Kling, Elihu M. Gerson, »Patterns of Segmentation and Intersection in the Computing World«, in: *Symbolic Interaction*, H. 2 (1978), S. 24-43 sowie Rob Kling, Elihu M. Gerson, »The Social Dynamics of Technical Change in the Computing World«, in: *Symbolic Interaction*, H. 1 (1977), S. 132-146, hier: S. 133.

8 Ebd., S. 140.

wicklung mit seiner Hardware weitreichend zu kontrollieren, die dann jedoch allmählich auf den Bereich der Software (Microsoft) überging und heute beim Internet-Giganten Google gelandet ist, könnte es allerdings sein, dass diese Diagnose einer gewissen Revision unterzogen werden muss. Um Prozesse der Ordnungsbildung im Web 2.0 zu untersuchen, werden im Folgenden einige *Zonen der Intersektion* verschiedener sozialer Welten in den Blick genommen, insbesondere der Welt des Marktes mit den Welten der Meinung, der Inspiration, des Hauses oder des Staates, deren Aufeinandertreffen eine Gewichtsverschiebung in den Repräsentationsverhältnissen unterschiedlicher Interessen und Anliegen der Verbraucherdemokratie bewirken könnte.[9] Welche Konsequenzen diese Intersektionen für die Strukturdynamik des Internets haben werden, welche Ordnungen daraus – gegebenenfalls neu – entstehen und welche Chancen sich daraus für eine Verbraucherdemokratie ergeben, die Verhältnisse der Repräsentation mit Blick auf die hoch interdependenten Netzwerke der Konsumgesellschaft neu einzurichten, ist nicht leicht zu überblicken. Für Yochai Benkler ist der Kampf um die »institutionelle Ökologie« dieser »digitalen Umwelt« jedenfalls keineswegs entschieden.[10] Er betont die Chancen für ein Positivsummenspiel, wenn marktorientierte Unternehmungen mit nicht-marktförmigen Gemeinschaften im Internet

9 Der Entwicklung des Internets als Marktplatz stehen die Ideen der frühen Visionäre des Internets gegenüber, denen zufolge »virtuelle Gemeinschaften« und die kreativ-gestalterischen Aspekte der Nutzung für die Entwicklung der Ordnungen prägend sein würden. Für Internet-Pioniere wie Howard Rheingold oder Sherry Turkle wird das bunte Leben im World Wide Web im Kern durch kulturelle Praktiken wie Mailinglisten, Diskussionsforen, freie Software, Chaträume, Multi-User-Online-Spiele usw. bestimmt. Unabhängig davon, ob der Gemeinschaftsbegriff diese Phänomene zutreffend beschreibt, gehe von der Mischung aus relativer Anonymität und Gabentauschethik, die sich dort finde und die den kollaborativen Arbeitsstil der frühen User- und Newsgroups fortführe, doch ein Großteil der Faszination im Internet aus. Und weil das Internet aufgrund seiner materiellen und technologischen Eigenschaften praktisch bereits im vollständigen Besitz der Nutzer und somit (abgesehen von den Kabelnetzen) bereits »vergemeinschaftet« sei, werde es den Kontrollbestrebungen großer Medienkonzerne zum Trotz stets Räume für ein offenes, dezentrales, spontanes und nicht-proprietäres soziales Engagement bereithalten (vgl. Rheingold, *The Virtual Community*; Turkle, *Leben im Netz*).

10 Vgl. Yochai Benkler, *The Wealth of Networks. How Social Production Transforms Markets and Freedom*, New Haven, London 2006, S. 22-28 und S. 383-459.

kollaborieren. Durch die Internettechnologie werde es für Millionen von Freiwilligen möglich, an der *Produktion des Gemeinwohls* auf einfachem Wege teilzunehmen. Das Aufkommen von *sozialer* Software habe die materiellen Bedingungen für nicht-proprietäre Praktiken des solidarischen Teilens, der informationellen Vernetzung und der Gemeinschaftsbildung auf breiter Basis verbessert, wovon nicht nur die Ökonomie profitiere:

> Sie sind inzwischen im Zentrum der Informationsökonomie angekommen und spielen darin eine substanzielle Rolle als Modi der Motivation, Information und Organisation von produktivem Verhalten. […] Es sind die Möglichkeiten der Informations-, Wissens- und Kulturproduktion durch soziale anstelle von markt- und eigentumsbasierten Beziehungen – durch kooperative Produktion mit gleichberechtigten anderen und koordiniertem Handeln individueller Akteure –, die die Chancen für größere Handlungsautonomie, eine kritischere Kultur, eine stärker diskursiv engagierte und besser informierte Republik und vielleicht auch gerechtere globale Gemeinschaft erzeugen.[11]

Im Vergleich zur alten, industriellen Informationsökonomie weise die Netzwerktechnologie ein Demokratisierungspotenzial auf, solange über die Partizipation frei entschieden werde. Auch die Konzerne, die sich für viele Milliarden soziale Plattformen wie YouTube, MySpace oder StudiVZ sichern, setzten ihre Kontrollmacht über die Kulturproduktion aufs Spiel.[12] Wohin das letztlich führt, ist empirisch offen.

Ich beginne meine ethnografischen Streifzüge durch digitale Plätze der Konsumgesellschaft am Beispiel der Shopping- und Meinungsplattform Ciao.de (1.1). Dieses Fallbeispiel wird mich zu der *Diagnose* führen, dass für die Prozesse der Ordnungsbildung im gegenwärtigen Zeitalter eine Formation charakteristisch ist, die als *kultureller Kapitalismus* bezeichnet werden kann. Um die Diagnose durch dieses eine Fallbeispiel aber nicht vorzeitig in eine bestimmte Richtung zu verengen, wird sie in einem zweiten Schritt mit einigen weiteren Phänomenen konfrontiert, in denen ökonomische und kulturelle Welten aufeinandertreffen, Verbindungen eingehen und Konflikte austragen (1.2). Sie bestätigen zwar, dass die gegenwärtige Formation der Gesellschaft kaum verstanden werden kann, wenn nicht das dynamische Verhältnis, die Interdependenzen, Vernet-

11 Ebd., S. 92.
12 Vgl. ebd., S. 91-127.

zungen und Hybridisierungen zwischen der ökonomischen Welt des Kapitalismus und den sozialen Welten kultureller Vergemeinschaftung in den Blick genommen werden. Schon die Koexistenz von Sozial- und Künstlerkritik in der publizistischen Öffentlichkeit der Verbraucherdemokratie legt diesen Schluss nahe. Aber die weiteren Fälle verunsichern diese Diagnose auch, insofern sie unterschiedliche theoretische Interpretationen dessen nahelegen, was denn unter dem kulturellen Kapitalismus genau zu verstehen sei.

1.1 Das Fallbeispiel einer Shopping- und Meinungsplattform

Ciao ist eine kommerzielle, von einem Marktforschungskonzern in vielen landessprachlichen Versionen betriebene Internetplattform, wo sich einerseits Verbraucher über die Qualität zahlloser Produkte in unterschiedlichsten Kategorien austauschen. Andererseits fungiert die Plattform als Preis- und Qualitätsvergleichsseite sowie als Shopping-Portal, dessen Einträge bei Produktsuchen von Google hoch gelistet werden und direkt auf eine Vielzahl von Online-Partnershops verlinken.[13] Hinter der Plattform stand zunächst ein 1999 in München gegründetes Marketing-Unternehmen, das Survey-Daten zu Verbraucherwünschen und Konsumverhalten verkauft und in diesem Online-Segment als Marktführer in Europa galt.[14] Im Jahr 2005 wurde das Unternehmen für 154 Millionen US-Dollar von der Greenfield Corporation übernommen, um das erfolgreiche Modell auch auf den US-amerikanischen Markt zu übertragen. Im September 2008 schließlich übernahm dann Microsoft die Seite und ihren Besitzer Greenfield Online für 486 Millionen US-Dollar, um es in seine als Konkurrenz zu Google geplante Suchmaschine Bing zu integrieren. Nach Informationen verschiedener Nachrichtenportale scheint diese Neuausrichtung letztlich aber missglückt zu sein, weshalb Microsoft die Plattform Ende des Jahres 2011 – zu einem wahrscheinlich sehr viel geringeren Preis – wieder abgestoßen und an das französische Unternehmen LeGuide verkauft habe. Berichtet wird in diesem Zusammenhang von Beschwerden gegen

13 ⟨www.ciao.de⟩, letzter Zugriff 6.7.2012.

14 Vgl. Dominik Dallwitz-Wegner, »Verbraucherportale und Online-Access-Pools am Beispiel Ciao AG«, in: Martin Welker u.a. (Hg.), *Online-Research. Markt- und Sozialforschung mit dem Internet*, Heidelberg 2005, S. 223-230.

Google bei der Behörde für Kartellermittlungen der Europäischen Kommission, an denen Ciao (und Microsoft) beteiligt waren. Es geht um den Vorwurf, Google würde durch seine Suchalgorithmen u. a. Ciao in seinen Ergebnislisten systematisch herabstufen.[15] Aber was ist Ciao, abgesehen von einem global gehandelten Unternehmen, noch?

Im Sinne der Multi-Sited Ethnography wird das Geschehen auf dieser Plattform im Folgenden in mehreren Richtungen verfolgt.[16] Ich beginne bei der *Leitidee* der Plattform, gewissermaßen ihrer offiziellen Storyline, beleuchte anschließend einige ihrer *Community*-Funktionen, wende mich im dritten Schritt der Praktik des Produkt-*Reviews* zunächst anhand ihrer Blaupause zu, um schließlich die kulturellen Schreibpraktiken darauf hin zu durchleuchten, welchen *Wert* sie für die Verbrauchergemeinschaft haben, wie diese Wertschöpfung durch den Marktkontext ökonomisch *angeeignet* wird sowie welche Formen der *Konfliktaustragung* damit einhergehen.

Storyline: Der perfekte Markt!

Schaut man sich im Hilfe-Zentrum der Website den ersten Eintrag zur Frage an, was Ciao eigentlich genau ist, so steht weniger das Einkaufsportal mit seinen Preisvergleichs- und Suchoptionen im Vordergrund als vielmehr die Hilfe der Verbraucher untereinander:

> Ciao ist eine Community von mehreren Millionen Mitgliedern, die zum Nutzen anderer Verbraucher Millionen von Produkten und Dienstleistungen testen und kritisch bewerten. Durch die Verbindung von unabhängigen Verbrauchertests mit aktuellen Preisinformationen hunderter Online-

15 Interessant ist dies nicht zuletzt vor dem Hintergrund des ganz anders ausgerichteten älteren Vorwurfs, wonach Google seine Suchalgorithmen im November 2003 gezielt verändert habe, sodass Review-Seiten und Preissuchmaschinen überhaupt erst an den ersten Stellen gelistet würden, was zur Vorrangstellung des »commercial speech« im Netz geführt habe (John Batelle, *The Search. How Google and Its Rivals Rewrote the Rules of Business and Transformed Our Culture*, New York 2005, S. 164).

16 Die Abschnitte zu diesem Fallbeispiel sind – mit einigen Modifikationen und Erweiterungen – übernommen aus Jörn Lamla, »Markt-Vergemeinschaftung im Internet. Das Fallbeispiel einer Shopping- und Meinungsplattform«, in: Ronald Hitzler u. a. (Hg.), *Posttraditionale Gemeinschaften. Theoretische und ethnographische Erkundungen*, Wiesbaden 2008, S. 170-185, hier: S. 175-182.

Shops ist Ciao einer der umfangreichsten Einkaufsberater im Internet, der Millionen von Konsumenten in den wichtigsten west-europäischen Märkten in landessprachlichen Versionen kostenlos zur Verfügung steht. Mehr als 38 Millionen Verbraucher besuchen Ciao jeden Monat und machen es damit zu einem der größten und erfolgreichsten Shopping-Portale in Europa.[17]

Indem Ciao so dargestellt wird, als würde die Plattform nicht nur im großen Maßstab Anbieter und Konsumenten zusammenbringen, sondern dabei auch noch einen rationalen Informationsfilter auf der Grundlage eines unabhängigen und freien Meinungsaustausches bereitstellen sowie die Preiskonkurrenz beleben, greift die Selbstdarstellung auf die Ideen des »perfekten Marktes« zurück. Gestützt wird dies noch durch die umfassende zeitliche und räumliche Verfügbarkeit des Zugangs zu diesem Markt mittels Internet. Und schließlich werden diese Ideen ganz im Sinne von Adam Smith auf den Verbrauch als Zweck der Produktion bezogen, indem herausgestellt wird, dass es sich vor allem um eine kostenlose Leistung für die Konsumenten handelt. Lediglich im letzten Satz der Selbstbeschreibung deutet sich vorsichtig an, dass hier auch dem ökonomischen Erfolgsinteresse der Anbieter eine gewisse Aufmerksamkeit entgegengebracht wird. Diese Gewichtung relativiert sich jedoch, wenn der ethnografische Blick von der Semantik der Selbstbeschreibung weg in Richtung struktureller Weichenstellungen auf der Plattform verändert wird.[18]

So führt etwa die »Tour« für neue Nutzer nach dem Anklicken in zwei separate soziale Welten.[19] Wählen muss man zwischen einer »Shopping-Tour« und einer »Community-Tour«. Mit Ersterer werden Verbraucher angesprochen, die sich für Produkte interessieren, Preise vergleichen oder etwas kaufen wollen. Sie gelangen in der Regel über Suchmaschinen wie Google und Yahoo direkt zu den entsprechenden Produktkategorien, ohne dass irgendeine

17 Vgl. ⟨www.ciao.de/faq.php/Id/2/Idx/1⟩, letzter Zugriff 4. 2. 2013.

18 An die Adresse der Anbieter gerichtet, heißt es an anderem, von der Plattform gänzlich getrenntem Ort im Internet: »Ciao bietet Händlern und Werbekunden eine hoch effektive Marketing-Umgebung an, über die sie gut informierte Kunden im kritischen Moment ihrer Kaufentscheidung erreichen. Von zwölf Millionen Plattformbesuchern pro Monat gehen mehr als zwei Millionen weiter zu Händlern, wo sie dann kaufen.« ⟨www.ciao-ag.com/media/⟩, letzter Zugriff 7. 10. 2005.

19 Vgl. ⟨www.ciao.de/tour.php⟩, letzter Zugriff 4. 2. 2013.

Registrierung nötig wäre. Demgegenüber müssen Verbraucher, die im Meinungsaustausch über ihre Erfahrungen mit Produkten oder Dienstleistungen berichten wollen und denen die zweite Tour in Aussicht stellt, dass sie dabei Freunde finden, Geld verdienen und Spaß haben werden, sich persönlich anmelden, um als Mitglied der Community aufgenommen werden und tätig sein zu können. Die Exklusivität wird auch dadurch symbolisiert, dass der Schriftzug hinter dem Ciao-Logo nach dem *Einloggen* von »unabhängige Kaufberatung« auf »Die Verbrauchercommunity« umspringt. Aus der virtuell möglichen Gemeinschaft aller Verbraucher, die hier der Leitidee nach Souverän des Marktes sein oder werden sollten, wird eine Minderheit mit besonderen Rechten und Verbindlichkeiten herausgelöst, wohingegen die restlichen Marktteilnehmer als amorphe Masse zurückbleiben. *Die Trennung zwischen den sozialen Welten des Marktes und der solidarischen Gemeinschaft wird in der Verbraucherschaft wiederholt, um das Verhältnis zwischen diesen beiden Welten darin auf spezifische Weise konstruieren und gestalten zu können.* Schon aufgrund dieser Trennung handelt es sich um eine Repräsentationsbeziehung *ohne* Kommunikationsbeziehung zwischen der Community und der umfassenden Verbraucherschaft.

Die Verbrauchercommunity: Von der Kulturalisierung des Marktes ...

Hinweise darauf, dass zwischen Markt und Gemeinschaft eine artifizielle Relation hergestellt wird, geben bereits die heterogenen Motivlagen der zwei Verbrauchergruppen. Sind es doch vor allem konsumferne Anreize, vom Geldverdienen bis zur Freundschaftsbildung, mit denen hier neue Mitglieder für die Community gezielt geworben werden. Im Folgenden betrachte ich einige Strukturelemente, die auf der Plattform ein Community-Leben erst erzeugen und dieses mit dem anonymen Marktplatz in Beziehung setzen. Von zentraler Bedeutung sind hier:

- das System von *Kleinstvergütungen* für Testberichte. Sie stiften Interdependenzen zwischen den Mitgliedern, da ihre Verteilung von wechselseitigen Qualitätsbewertungen abhängig gemacht wird: »Die Erfahrungsberichte für besonders gekennzeichnete Produkte werden jedes Mal vergütet, wenn Sie von einem anderen Ciao-Mitglied mit ›hilfreich‹, ›sehr hilfreich‹ oder ›besonders hilfreich‹ bewertet werden.«[20]

– Auch die *Überwachung* wird den Mitgliedern selbst übertragen, die aufgefordert sind, Missbrauch für Schleichwerbung oder anderes Fehlverhalten an das Unternehmen zu melden. Erst dann reagieren die Betreiber von Ciao.de mit Sanktionen, während sie sonst einen generösen Vertrauensvorschuss gewähren und den Teilnehmern im Sinne ihrer »liberalen« Grundhaltung (scheinbar) völlige Meinungsfreiheit zusichern.
– Jedoch werden Community-Tätigkeiten sehr subtil über *technische Weichenstellungen* reguliert. Ein Testbericht muss z. B. mindestens 120 Wörter umfassen, um *gepostet* werden zu können. Die wichtigste implizite Richtlinie wird aber durch den Klickpfad festgelegt, der zur Eingabemaske für einen Testbericht führt: Man kann nur über *einzelne* Produkte schreiben, die in den bestehenden Kategorien *gelistet* sein müssen oder auf Vorschlag darin aufgenommen werden. Im Bereich der Produkttests ist das Spektrum für Meinungsäußerungen der Community-Mitglieder also vorab durch eine Investition in die technische Form bereits eingeschränkt worden.
– Weitere Elemente dienen dem Aufbau und der Pflege einer internen *Beziehungsdynamik* der Gemeinschaft. So haben alle Mitglieder private und öffentliche Gästebücher, über die sie jenseits von Testberichten in Kontakt treten können, sodann steht ihnen frei, persönliche Visitenkarten mit Bildern einzustellen, und sie können bis zu hundert andere Mitglieder in ihr »Netz des Vertrauens« aufnehmen. Durch wechselseitiges Kommentieren ebenso wie gute Bewertungen oder die Aufnahme in Vertrauensnetze anderer erhält man als Mitglied Community-Punkte, die zwar anders als die Vergütungen für Berichte keinen materiellen Wert haben, aber dafür *Aufmerksamkeit* in der sozialen Welt dieser Community sichern.

Statuskämpfe um Anerkennung in der Welt der Meinung und die anhaltende wechselseitige Beobachtung und Interaktion führen zusammen mit den technischen Regulierungen und dem ökonomischen Anreizsystem zur Herausbildung bestimmter normativer

20 ⟨www.ciao.de/faq.php/Id/2/Idx/5⟩, letzter Zugriff 1. 9. 2007.

Standards für das Kommunikationsverhalten der Mitglieder. Mit Boltanski und Thévenot ließe sich diesbezüglich auch von *Konventionen* sprechen, denen ein *bestimmtes Set an Prüfungen und Rechtfertigungen* inhärent ist. Dabei wird die materielle Sanktionsmacht, also das Abstrafen von Berichten als »nicht hilfreich«, schon deshalb zurückhaltend eingesetzt, weil das Geld von Dritten kommt – nämlich aus den Einnahmen, die Ciao dadurch erzielt, dass es für die Anbieter der Produkte eine Vermarktungsplattform bereitstellt und diesen zudem Marktforschungsergebnisse verkauft – und daher innerhalb der Community nicht als knappe Ressource wahrgenommen wird. Befördert dies einerseits die Bildung von *Klickzirkeln*, in denen die untereinander »Vertrauten« sich pauschal gut bewerten und wechselseitig das Konto aufbessern, so setzen die *Hierarchiebildungen* und die *Gruppendynamik* dieser Beliebigkeit andererseits gewisse Grenzen. Als typisches Muster der Selbstregulierung finden sich etwa Kommentare, die folgenden Duktus haben: »Willkommen bei Ciao! Dein Bericht hat mir viele nützliche Hinweise gegeben, könnte aber noch ein bisschen persönlicher sein, oder? Wenn Du ihn änderst, lass es mich wissen, dann werde ich neu bewerten.« In solchen Äußerungen wird auf bestimmte Maßstäbe referiert. Aber welche sind das, und wo sind sie verankert?

... zur Vermarktlichung der Kultur: Blaupause für die Kommodifizierung von Erfahrung

Zur Beantwortung dieser Fragen betrachte ich zunächst den von der Organisation bereitgestellten »Leitfaden zum Schreiben von Erfahrungsberichten«. Er versammelt sechs Merkpunkte unter der Überschrift »Was Sie beim Schreiben eines Berichtes beachten sollten« und fünf weitere, was vermieden werden sollte. Die ersten zwei Punkte lauten wie folgt:

a. Schreiben Sie Ihren Bericht als Entscheidungshilfe für andere. Bedenken Sie bitte, dass andere aufgrund Ihres Erfahrungsberichts eine Kaufentscheidung fällen. Versuchen Sie deshalb bitte, alle für eine Entscheidung relevanten Aspekte abzudecken, ohne dabei lediglich die Produktdaten und Funktionen aufzuzählen. Machen Sie klar, ob und wem Sie das Produkt empfehlen.

b. Beschreiben Sie Ihre EIGENE Erfahrung. Die Leser wollen etwas über das Produkt oder die Dienstleistung aus der Sicht eines Konsumenten erfahren. Wenn Sie Ihren Bericht auf Ihren Erfahrungen aufbauen, ermöglichen Sie dem Leser, das Produkt einzuschätzen und herauszufinden, ob es für seine Bedürfnisse das richtige ist.[21]

Eine sequenzielle Analyse dieses Textes offenbart gewisse Schwierigkeiten und strukturelle Dilemmata, mit denen die Autoren von Erfahrungsberichten zurechtkommen müssen. Das zeigen schon die ersten beiden Punkte, geht es doch im ersten darum, dass der Bericht anderen bei ihren Kaufentscheidungen helfen soll, wohingegen der zweite Punkt darauf abstellt, »EIGENE« Erfahrungen zu reflektieren und darzustellen. Paradox ist an dieser Konstellation, dass sich diese zwei Anforderungen einerseits wechselseitig stark begrenzen, wohingegen sie andererseits beide möglichst weitgehend erfüllt werden müssten, soll die Verbrauchergemeinschaft Einkaufsberatung mit lebensweltlicher Erfahrungsbildung verknüpfen. Die Orientierung an anonymen Anderen und damit an einer standardisierten Einkaufssituation limitiert jedoch die Möglichkeiten, individuelle Erfahrungen als Quelle der Gebrauchswertanalyse, Bedürfnisreflexion usw. ernsthaft anzuzapfen. In diesem Sinne verstehe ich den Leitfaden, dessen Geltung in der oben genannten exemplarischen Kommentierung bestätigt wird, als eine *Blaupause für die Kommodifizierung von Erfahrung*. Es wird unter diesen pragmatischen Rahmenbedingungen darauf hinauslaufen, dass die individuelle Erfahrung lediglich insoweit herangezogen wird, als sie zur Beurteilung der Nützlichkeit in Abhängigkeit zum *Tauschwert* eines Produkts oder einer Dienstleistung hilfreich ist. Der deliberative Austausch der Verbrauchergemeinschaft wird maßgeblich um *Fragen des Preis-Leistungs-Verhältnisses* kreisen.

Latent werden die Mitglieder dabei aufgefordert, die Anonymität des Online-Marktplatzes dadurch auszugleichen, dass sie die Welt der Waren durch narrative Elemente aus ihrer persönlichen Lebensgeschichte oder ihrem Alltag *mit Authentizität anreichern*, auf diese Weise *Gebrauchswerte beschwören* und ein *Klima des Vertrauens* erzeugen. Diese widersprüchlichen Anforderungen können die Erfahrungsberichte nur dadurch ausbalancieren, dass sie sowohl Personalisierung als auch professionelles Produkttesten à la *Stiftung Warentest* durch rhetorische Darstellungstechniken simu-

21 ⟨www.ciao.de/faq.php/Id/4/Idx/1⟩, letzter Zugriff 1. 9. 2007.

lieren. Aber beides müssen sie aus strukturellen Gründen verfehlen: Subjektive Erfahrung wird durch ein oberflächliches Lifestyle-Vokabular und standardisierte Einkaufssituationen gefiltert, und die Objektivität der Tests ist dadurch massiv getrübt, dass die Berichte keine Produkte vergleichen und durch den persönlichen Besitz der Objekte von vornherein zur Affirmation neigen. Denn für das, was ich mit meinem Geld gekauft habe, neige ich tendenziell dazu, nachträglich auch gute Gründe zu (er)finden. So hat z. B. die Verbraucherzentrale Nordrhein-Westfalen für eine Zufallsstichprobe von zehn Produkten, die von der Stiftung Warentest mit »mangelhaft« bewertet wurden, Berichte und Bewertungen auf Verbraucherplattformen analysiert. Neun von zehn Produkten erhielten großes, teils sogar hymnisches Lob.[22]

Konflikte zwischen den verschiedenen »gemeinsamen Welten«

Ich fasse die bislang rekonstruierten Strukturelemente kurz zusammen: Unter dem Vorwand des freien Meinungsaustausches zum Wohle der Verbraucher und zur Perfektionierung des Konsummarktes evoziert und pflegt die Ciao-AG durch geeignete Forminvestitionen in einem abgesonderten Bereich die Bildung einer sich weitgehend selbst tragenden Community, deren Mitglieder beinahe kostenlos das Warenangebot mit dem Mehrwert authentischer Nützlichkeit ausstatten. Mitglieder mit Spitzenwerten hinsichtlich der Aktivität auf der Plattform erklärten mir bei einem Offline-Stammtisch, den ich im Rahmen meiner *Multi-Sited Ethnography* auch aufgesucht habe, dass die Verdienstchancen selbst bei extremer Testaktivität, die in durchschnittlich einem Bericht pro Tag mündet, monatlich 80,- Euro oder in Ausnahmefällen 100,- Euro nicht übersteigen. Zudem sei die Entlohnung seitens der Ciao-AG in den vergangenen Jahren immer mehr eingeschränkt worden. Der Gebrauchswert, den die zahllosen Berichte repräsentieren, wird zwar ebenso simuliert wie durch die Werbung, wenn auch mit ganz anderen Stilmitteln. Aber dieser Widerspruch ändert nichts daran, dass der kommodifizierte *Erfahrungs-Talk* auf der Seite des Shopping-Portals einen innovativen Modus der kulturellen Wie-

22 Vgl. Verbraucherzentrale Nordrhein-Westfalen, *Stichprobe bei Verbraucherforen im Internet: Mangelhafte Meinungen*, Pressemitteilung vom 27. 7. 2005.

dereinbettung des anonymen digitalen Marktes bereitstellt. Auf diese Weise wird *die kulturelle Wertschöpfung der Community* im Zuge der dynamischen Intersektion mit den Marktordnungen im Web 2.0 *ökonomisch angeeignet*.

Die interessante Frage ist, ob dies auch zu Konflikten zwischen den verschiedenen Welten führt. Fühlen sich die Verbraucher ausgebeutet? Weisen sie die Kolonialisierung ihrer Community-Kultur durch die Welt des Marktes zurück? Oder finden die Mitglieder auch unter diesen Randbedingungen noch genügend Autonomiespielräume für ihre kulturellen Anliegen? Zwei Reaktionsweisen, die den Rechtfertigungsordnungen der Welt der Industrie (Leistung), der Welt der Meinung (Anerkennung) und der Welt der Inspiration (Kreativität) zugerechnet werden können, geben hierüber näheren Aufschluss.

Bei einigen Mitgliedern finden sich in der Tat Ansätze einer gewissen Widerspenstigkeit.[23] Ein erstes Beispiel dafür ist der Unmut, der sich bei altgedienten Rezensentinnen einstellte, als Ciao den Trend zu Videopostings (YouTube etc.) aufgegriffen und Videoberichte über Produkte einführte. Diese anfangs mit bis zu zehn Euro pro Bericht entlohnte Darstellungsform, deren Einführung mit Blick auf die Konkurrenz aus ökonomischer Perspektive rational und nachvollziehbar erscheint, wurde von der schreibenden Zunft als Entwertung ihrer Arbeitsleistung erlebt. Gegen die visuelle Vorführung der Produkte wird die Fähigkeit zur Reflexion und Distanzierung hochgehalten, die sich im Medium der Schriftlichkeit bei Autorinnen wie Rezipientinnen eher einstellen würde. Daran wird auch deutlich, dass es gar nicht die ökonomischen Verdienstchancen sind, sondern persönliche Bindungen an die Kernpraktik dieser sozialen Verbraucherwelt sowie daraus resultierende Anerkennung durch die Peers, die das hohe Maß an Präsenz und Einsatz erklären. Die hohe Entlohnung einer viel anspruchsloseren visuellen Darstellungspraxis löste vor diesem Hintergrund das Gefühl aus, vom Unternehmen nicht angemessen gewürdigt zu werden.

Über stillen Protest oder Unmutsäußerungen bei einem Stammtisch gehen solche Vorbehalte aber selten hinaus, wie sich auch am zweiten, schon im Zusammenhang mit dem Fallbeispiel Lena

23 Im Sinne von Karl-Heinz Hörning, Rainer Winter (Hg.), *Widerspenstige Kulturen. Cultural Studies als Herausforderung*, Frankfurt/M. 1999.

Pelzer[24] erwähnten Beispiel zeigt: So hat sich in Reaktion auf die technisch regulierte Mindestzahl von 120 Wörtern von Testberichten und die daraus resultierende Tendenz zu Ausschweifungen, die bis zur Detailbeschreibung von Verpackungen reichen, die Kunstform so genannter »Hundertzwanziger« herausgebildet, an der sich auch Frau Pelzer beteiligt. Das sind knappe, aber auch möglichst präzise geschriebene, qualitativ anspruchsvolle Berichte mit exakt 120 Wörtern, die von Insidern sehr geschätzt, aber von unbedarften Mitgliedern wegen ihrer Kürze routinemäßig schlecht bewertet werden. Es handelt sich um eine *leicht subversive Taktik*, die einen *gewissen symbolischen Protest* gegenüber den Formvorgaben der Plattform zum Ausdruck bringt. Ihre Hauptstoßrichtung scheint aber im *Distinktionswert* zu liegen, sich durch die Beteiligung an diesen Schreibpraktiken einer *exklusiven Kulturelite* innerhalb der Verbrauchergemeinschaft zurechnen zu können. Eine effektive Interessenvertretung der marktfernen Welten gegenüber den Besitzern der Eigentumsrechte an der Shopping- und Meinungsplattform ist in der Community hingegen nicht zu finden.

Das Café

Dabei gäbe es durchaus einen zentralen Ort auf dieser Plattform, um solch eine Vertretung zu organisieren, insofern die Mitglieder dort ohnehin schon kollektive Selbstvergewisserung über ihre soziale Verbraucherwelt praktizieren. Warum werden dort nicht Sprecherinnen gewählt, die in eine politische Auseinandersetzung mit der Unternehmensleitung treten? Dieser Ort der Vergemeinschaftung und des Erfahrungsaustauschs, der von jenen Verbrauchern, die über das Shopping-Portal eintreten, gänzlich abgeschottet (weil in keiner Weise verlinkt) bleibt, ist das Ciao-Café.[25] Es handelt sich um eine Art Rückzugsgebiet für die Gemeinde, wo ergänzend zur Beziehungs- und Kontaktpflege über private und öffentliche Gästebücher zu unterschiedlichen, auch nicht-kommerziellen Themen Berichte geschrieben und kommentiert werden können. Unter den gleichen technisch-strukturellen Bedingungen wie im Bereich der Produktberichte finden sich hier nicht nur Ansätze zur kreativen

24 Siehe Kapitel IV, Abschnitt 2.3.

25 ⟨www.ciao.de/cafe⟩, letzter Zugriff 4. 2. 2013.

Selbstverwirklichung durch das Schreiben von Gedichten oder durch das Ausleben von Facetten des eigenen Selbst, die im realen Leben eher verborgen werden, sondern auch zahllose autobiografische Narrationen, in denen Familienprobleme und andere Aspekte des alltäglichen Leidens dargestellt werden, etwa Suchtprobleme, Liebeskummer usw.

Daran zeigt sich, wie die Ansprüche und Bewährungsproben der »gemeinsamen Welt des Hauses« in diesen digitalen Treffpunkt hineingetragen werden. Die Community wird von nicht wenigen Mitgliedern als Ersatz für fehlende Ansprech- und Bezugspartner im »realen« Leben adressiert, was sich nicht selten in hohen Online-Präsenzzeiten niederschlägt. Aber sie geraten damit auch in die Fallen einer Pseudo-Vergemeinschaftung, insofern die geäußerte Solidarität im Café über eine inszenierte Form von Betroffenheit selten hinausgeht. Daran zeigt sich wiederum die durchschlagende Kraft der »gemeinsamen Welt der Meinung«: Viele Mitglieder sehen den Reiz der Community darin, wie mir eine Informantin versicherte, an den privaten Offenbarungen ihrer Peers so partizipieren zu können, als wäre man mitten in einer großen Daily-Soap.

Anhand des Ciao-Cafés lässt sich gut beobachten, wie sich die Erfahrungsreflexion, die im Bereich der Produkt-Testberichte induziert, aber zugleich auch stark beschnitten wird, verselbständigt und sich ein Ventil verschafft. Diese Bestrebungen werden von der Ciao-AG jedoch kanalisiert, indem sie mittels Technikeinsatz segmentiert und in eine Nische geschoben werden, wo die Community-Kultur nicht unkontrolliert auf den Marktplatz ausstrahlen kann. Um die kalte, anonyme Warenwelt im Internet kulturell zu beleben und einzubetten, wird lediglich ein guter Ersatz für die verlorene, aber durch herkömmliche Werbung im Internet nicht mehr hinreichend kompensierbare *Aura des Authentischen* benötigt.[26] Die Produktberichte verwandeln sich unter der Hand in eine digitale Version von Mund-zu-Mund-Propaganda.[27] Dieser Werbe-

26 Hierfür reicht übrigens ein relativ kleiner Kern, um den sich Netzwerke von Gelegenheitsaktiven spannen. Eine Zufallsstichprobe im Mitgliedercenter offenbart, dass der nominell größte Teil der angeblich einige Millionen Teilnehmer großen Mitgliedschaft aus Karteileichen besteht, die wohl nie richtig gelebt haben.

27 Vgl. Thorsten Hennig-Thurau, Gianfranco Walsh, »Electronic Word-of-Mouth:

effekt resultiert vor allem aus der subjektiven Form des Testens, weil Kunden ihre getätigten Kaufentscheidungen tendenziell eher rechtfertigen und nachträglich rationalisieren als unvoreingenommen zu kritisieren, wobei die kleinen Geschichten oder alltagsnahen Darstellungen in Schrift und Bild besser als jede professionelle Kampagne geeignet sind, Gebrauchswertfiktionen zu vermitteln.[28] Die Marktwelt interessiert sich für diese Narrationen aus der Community jedoch nur insoweit, wie diese kulturelle Gratisproduktion einen ökonomischen Mehrwert erzeugt, nicht aber für die Probleme und Leiden der Nutzer – es sei denn, sie ließen sich als Marktwissen ebenfalls aufbereiten und gewinnbringend verkaufen.

Die Vergemeinschaftung der Verbraucher zu einer aktiven und vernetzten Marktbürgerschaft wird hingegen mehr behindert als befördert. Erst wird der Markt von Problemerörterungen gereinigt, die nicht auf einzelne Produkte bezogen sind. Im Café werden solche Themen dann aber wie Produkte behandelt, sodass selbst Autobiografien technisch als Testberichte aufgemacht sind und so auch kommentiert werden. Die im kommerziellen Kontext eingeübte Rhetorik überträgt sich teilweise bis in die allgemeine und politische Deliberation, die aufgrund des Fehlens offener und selbstgesteuerter Forendiskussionen ohnehin stark limitiert ist. Da verwundert es auch nicht mehr, dass sich die Ordnung dieser Form von »Verbraucherdemokratie« im *Kaufverhalten der Community-Mitglieder* verändernd niederschlägt, von denen mir einige versicherten, sie würden nun *Warenregale nach Produktneuigkeiten »abscannen«*, um den ersten Bericht dazu zu schreiben.

Markt-Vergemeinschaftung als Paradigma des kulturellen Kapitalismus?

Ciaos Shopping- und Meinungsplattform ist ein in mehrfacher Hinsicht »strukturell verlogenes« Gebilde: Die Ideen der Meinungsfreiheit und der Verbraucherorientierung werden für eine artifizielle Wiedereinbettung des Marktes missbraucht, die primär dem *Anbieterinteresse* verpflichtet ist. Dabei wird die Produktwer-

Motives for and Consequences of Reading Customer Articulations on the Internet«, in: *International Journal of Electronic Commerce*, H. 2 (2004), S. 51-74.

28 Vgl. dazu auch Wolfgang Fritz Haug, *Kritik der Warenästhetik. Gefolgt von Warenästhetik im High-Tech-Kapitalismus*, Frankfurt/M. 2009.

bung Verbraucherinnen überantwortet, die sich im Rahmen einer virtuellen Gemeinschaft in der *marktfreundlichen Darstellung von Erfahrungen* üben und so die in den Preisen bloß abstrakt behaupteten Gebrauchswerte der Warenwelt authentisieren. Ihre Vergemeinschaftung als Verbraucher bleibt dagegen hinter der Bildung einer *Spaß-Community* mit ihren für das Internet typischen Statuskämpfen zurück. Dabei wäre es aufgrund ihrer kulturellen Beiträge zur ökonomischen Wertschöpfung mehr als gerechtfertigt, wenn sie gegenüber dem Betreiber der Plattform Mitspracherechte einforderten und diesen demokratisch kontrollierten. So dürfte für sie nicht nur von Interesse sein, welchen Gewinn das Unternehmen aus dem Verkauf ihrer Konsumprofile erzielt und wie sich dieser zu den Ausschüttungen für Berichte verhält. Insofern *offizielles* Ziel die verbraucherfreundliche Ausgestaltung des Marktplatzes ist, könnten sie vielmehr auch die geltende »Verfassung« und die Repräsentationsverhältnisse der Plattform infrage stellen. Doch dazu fehlt das nötige Kollektivbewusstsein.

Ciao ist ein *Fallbeispiel* dafür, wie die Intersektionen sozialer Welten, insbesondere auch der von Boltanski und Thévenot identifizierten »gemeinsamen Welten«, im Web 2.0 neue, hybride Ordnungsstrukturen hervortreten lassen. Die Ausrichtung dieser eigendynamischen Ordnungsbildungen legt eine Hypothese nahe, die im Folgenden auf ihr zeitdiagnostisches Potenzial hin befragt werden soll: Es handelt sich demnach um ein Phänomen des *kulturellen Kapitalismus*. Die *besondere* Form der (kolonialisierenden) Markt-Vergemeinschaftung von Verbrauchern, die an diesem Fall rekonstruiert wurde, spiegelt die *allgemein* gewachsenen Anforderungen der Verschränkung und wechselseitigen Einbettung von Markt und Kultur im Gegenwartskapitalismus wider. Ob Ciao für diese allgemeinere Ordnungsdynamik des kulturellen Kapitalismus paradigmatisch ist und die digitale Plattform somit dessen *übergreifendes Formprinzip* widerspiegelt, bleibt zu klären. Generalisierungen dieser Art sollten stets sorgfältig erwogen werden.[29] Vorerst ist

29 Für eine solche, vielleicht vorschnelle Generalisierung vgl. etwa Jeron Lanier, *Beware the Online Collective*, ⟨www.edge.org/3rd_culture/lanier06/lanier06.2_index.html⟩, letzter Zugriff 4. 2. 2013 (2006): »Die Idee vom Web 2.0 besteht darin, dass ein Unternehmer ein Konzept entwirft, das eine riesige Zahl von Menschen zur Mitwirkung bei einer Online-Aktivität bewegt – wie z. B. das Teilen von Videos bei *YouTube*. Indem dann eine Möglichkeit geboten wird, Werbung an

Ciao nur *ein* Fallbeispiel. Die *zeitdiagnostische Hypothese*, wonach der *kulturelle Kapitalismus die Ordnungsdynamiken der gegenwärtigen Konsumgesellschaft prägt*, deren problematische Interdependenzen und Nebenfolgen die Verbraucherdemokratie kollektiv neu zu regulieren versucht, gilt es zunächst weiter zu elaborieren und zu prüfen. Weder ist an dieser Stelle klar, was der kulturelle Kapitalismus genau bezeichnet und impliziert, noch welchen Stellenwert die spezifische Form der Intersektion, wie sie sich an diesem Fall zeigte, für die übergreifende Dynamik von Ordnungen im Web 2.0, im Internet und in der ganzen Gesellschaft einnimmt.

Ein erster Einwand gegen eine Verallgemeinerung dieser Befunde zum Formparadigma der Markt-Vergemeinschaftung könnte etwa lauten, dass es im Internet doch auch noch andere Verbraucherportale und -repräsentationen gibt. Nahezu alle politischen, ökonomischen und zivilgesellschaftlichen Akteure und Institutionen nutzen heute das Internet, um mit ihren Tätigkeiten öffentlich präsent zu sein. Mit Verbraucherinteressen oder Konsumentenprotest befasste Organisationen und Bewegungen bilden hier keine Ausnahme. Insbesondere ließe sich auf Utopia.de verweisen, die Plattform für »strategischen Konsum«, die inhaltlich ganz andere Schwerpunkte für die Verschränkung *ihrer* Verbrauchergemeinschaft mit den von *ihr* bevorzugten ökologischen Produkt- und Marktsegmenten setzt. Doch dieser Einwand greift nicht. Denn darin zeigt sich bereits eine gewisse Resignation der Verbraucherdemokratie vor den Ordnungsdynamiken, wie sie Ciao repräsentiert: Indem nämlich die ökologische Variante einer solchen Shopping- und Meinungsplattform dasselbe Muster mit anderen Vorzeichen bloß kopiert, folgt sie bereits der alten, *segmentären* Logik der Verbreitung und Verankerung von sozialen Welten im Internet. Während die *Welt des Marktes* dagegen längst die Zonen der *Intersektion* vergrößert und sich mit ihren massiven Forminvestitionen darin

diese gigantische Menge von Teilnehmern zu richten oder ihnen Optionen zum Einkaufen online bereitzustellen, lässt sich dies in astronomischem Umfang zu Geld machen. Das Verblüffende an dieser Idee ist, dass die Leute selbst den Wert darstellen – und dass sie zugleich für den Wert, den sie repräsentieren, selbst bezahlen, anstatt dafür bezahlt zu werden. Kauft man beispielsweise etwas, das beworben wurde, fließt ein Teil des Preises an die Werbung – aber in der neuen Online-Welt war man selbst der Köder für die Werbung, der man ausgesetzt war. Der ganze Kreislauf ist bemerkenswert effizient und kreiert schneller als jedes andere Unternehmensmodell in der Geschichte riesige Vermögen.«

komfortabel einrichtet, bewegen sich die *anderen Welten* mit ihren Vorstellungen von Größe und Gemeinwohl und ihren anders gelagerten Repräsentationen der Verbraucher als brave Nachbarn innerhalb dieser vorgegeben Ordnungen oder »Verfassungen« und pflegen darin ihre Marktnische. Würde sich die Verbraucher-Community von Utopia.de entschließen, ihre Mitglieder massenhaft auf der Ciao-Plattform aktiv werden zu lassen, um die dort gegebenen Meinungsäußerungsmöglichkeiten für eine Problematisierung der primär am Preis-Leistungs-Verhältnis orientierten Repräsentationen des Verbraucherwohls sowie für eine Politisierung der strukturell angelegten Repräsentationsverhältnisse zu mobilisieren, sähe das Bild ganz anders aus. Aber so strategisch, wie in diesem Gedankenexperiment, ist der »strategische Konsum« dann wohl doch nicht.[30]

Aus diesem Grund gilt es im Folgenden weitere Phänomene des Web 2.0 in den Blick zu nehmen, die ebenfalls in den *Intersektionszonen* der »gemeinsamen Welten« im kulturellen Kapitalismus angesiedelt sind, darin aber womöglich auf andere Weise, also kontrastierend zum gewählten Fallbeispiel der Shopping- und Meinungsplattform ihre Ordnungen entwickeln.

1.2 Intersektion, Segmentation, Aushandlung – Varianten digitaler Ordnungsbildung

Der Kapitalismus bedarf der Erzeugung von Vertrauen, Bedürfnissen, Rechtfertigungen und symbolischen Wertquellen, die der Markt allein nicht sichern und bereitstellen kann. Märkte sind vielmehr, wie die neuere Wirtschaftssoziologie betont, selbst in vielfacher Hinsicht von kulturellen Sinnstiftungen, Einbettungen und Ressourcen abhängig.[31] Im Zeitalter der Wissensgesellschaft

30 Auch andere Verbraucherschutzorganisationen oder -bewegungen reproduzieren dieses segmentäre Muster, angefangen vom Verbraucherverband *vzbv* über *Greenpeace* oder *Foodwatch* bis hin zum »Konsum-Netz« von *ATTAC* – in der Regel sogar dort noch, wo sie das Boykott- oder Kampagnenmodell ins Internet verlängern (vgl. Bieber, Lamla, »Das Netz der Konsumenten«).

31 Vgl. etwa Jens Beckert u. a., »Einleitung. Neue Perspektiven für die Marktsoziologie«, in: Jens Beckert u. a. (Hg.), *Märkte als soziale Strukturen*, Frankfurt/M., New York 2007, S. 19-39; Michel Callon, »Introduction: The Embeddedness of Economic Markets in Economics«, in: Ders. (Hg.), *The Laws of the Markets*, Oxford 1998, S. 1-57; Mark Granovetter, »Ökonomisches Handeln und soziale

gilt dies mehr denn je. Das Web 2.0 ist dementsprechend stark von Bemühungen und unternehmerischen Entwürfen geprägt, diese wild wuchernde Produktivkraft darin zu domestizieren und nutzbar zu machen. Aber die Widersprüche im Arrangement des kulturellen Kapitalismus würden vorschnell – sei es als neue *Form* oder als neuer *Geist* des Kapitalismus – aufgelöst werden, wenn Kolonialisierungen, Kompromiss- und Brückenbildungen zwischen den Welten nur in einer Richtung analysiert würden. Das Arrangement ist jedoch darauf angewiesen, dass die *Differenz von Kultur und Kapitalismus erhalten* bleibt. Auch im Falle der Shopping- und Meinungsplattform Ciao dürfte die Ordnung zusammenbrechen, wenn die Verbrauchercommunity ihre Kernaktivitäten plötzlich als Werbung »(miss)verstehen« würde. Erst die narrativen Techniken subjektiver Erfahrungsberichte und ihre Verknüpfung mit »echten« Biografien und Selbstentwürfen dienen hier als Qualitätsgarant der kulturell vermittelten Werturteile. Ebenso ginge die Motivation für das freiwillige Engagement verloren, das die Nutzer der Verbraucherplattform aufbringen, wenn sie sich teilweise bis zu mehreren Stunden täglich ihrer Online-Community widmen und schriftlich über Produkte und Erfahrungsberichte reflektieren. Die antagonistische Symbiose oder der symbiotische Antagonismus des kulturellen Kapitalismus muss also aus zweierlei Perspektiven beleuchtet werden, um nicht nur die Frage beantworten zu können, welche Ordnungsdynamiken aus den Intersektionen der verschiedenen »gemeinsamen Welten« hervorgehen, sondern zudem auch die Frage, wie die einzelnen Welten in den resultierenden Ordnungen dann jeweils repräsentiert sind.

Wiederum kann am Web 2.0 beobachtet werden, wie in dieser Konstellation mit neuen Formen der Kooperation und der Einbindung von Kreativitätspotenzialen der User experimentiert wird, angefangen von der direkten Kulturproduktion (Wikipedia, YouTube) und indirektem Trendsetting über die Simulation (Second Life) bis hin zu innovativen Produktionsmodellen *(*Open Source*)* oder der Intelligenz der Masse (etwa beim Social Bookmarking). Wie können angesichts dieser Spannungen zwischen Kultur und Kapitalismus Kompromissformen und Brückenschläge zwischen den verschiedenen »gemeinsamen Welten« aussehen, und welche

Struktur: Das Problem der Einbettung«, in: Hans-Peter Müller, Steffen Sigmund (Hg.), *Zeitgenössische amerikanische Soziologie*, Opladen 2000, S. 175-207.

unterschiedlichen Wandlungsdynamiken zeichnen sich damit in den digitalen Ordnungen ab? An vier Phänomenen wird im Folgenden näher untersucht, welches *Spektrum* an Formen netzwerkartiger Stabilisierung, technischer Vermittlung, dialogischer Aushandlung und kollektiver Repräsentation das Internet im Zeitalter des kulturellen Kapitalismus prägt: Social-Networking-Sites, neue Formen der Prosumtion, Open-Source-Produktion und schließlich das File-Sharing in digitalen Tauschbörsen.[32]

Social Net-Work

Viele große Plattformen im Internet, die als Kontaktbörsen fungieren oder zur Pflege von Freundschaften genutzt werden, gemeint sind so genannte Social-Networking-Sites (kurz: SNSs) wie Facebook, MySpace, StudiVZ, Twitter oder Xing, spiegeln schon deshalb das Regime des kulturellen Kapitalismus wider, weil sie Massen versammeln, was sich im umkämpften Aufmerksamkeits- und Werbemarkt als großer Wettbewerbsvorteil herausstellt. Allein die Verkaufserlöse dieser vorwiegend von Medienkonzernen übernommenen Plattformen sprechen Bände.[33] Wie aber gestaltet sich die Kernpraktik selbst, das Social-Networking, in diesen Kommunikationsumgebungen? Kann sich hier nicht trotz der ökonomischen Begehrlichkeiten, die von außen an diesen kulturellen Wertschöpfungen bestehen, eine von Kalkülen und Berechnungen freie Kultur der Anerkennung und Beziehungspflege entfalten? Sehr viele soziale Praktiken im Internet drehen sich um wechselseitige Hilfe und Unterstützung, bei der niemand auf die Idee kommen würde, diese Gaben an ökonomischen Äquivalenzstandards zu messen. In diversen Onlineforen, von den Hobbybastlern unterschiedlichster Sparten bis zu den Leidensgenossen verschiedenster Krankheiten,

32 Zu einer ersten Fassung dieser Untersuchungsschritte vgl. Jörn Lamla, »Kultureller Kapitalismus im Web 2.0. Zur Analyse von Segmentations-, Intersektions- und Aushandlungsprozessen in den sozialen Welten des Internets«, in: *Zeitschrift für Qualitative Forschung*, H. 1 (2010), S. 11-36, hier: S. 23-29.

33 *StudiVZ* wurde 2005 mit 5000 Euro Startguthaben von zwei Privatpersonen gegründet und 2007 für ca. 100 bis 150 Millionen Euro von der Holtzbrinck-Verlagsgruppe gekauft. Für MySpace (2003 von Tom Anderson gegründet) hat Rupert Murdoch 2005 580 Millionen US-Dollar bezahlt. Getoppt wird dies noch von der Seite *YouTube*, die der Suchmaschinenbetreiber Google 2006 für umgerechnet 1,31 Milliarden Euro (in Aktien) aufgekauft hat.

ist diese Form der Reziprozität fest verankert. Und gewiss nicht überall, wo solche Praktiken in Marktumgebungen eingebunden werden, nimmt diese Reziprozität gleich Schaden. Die Aufrechterhaltung der Grenzen zwischen den Welten des Marktes und der Gemeinschaft, ihre Segmentation, ist vielmehr trotz unmittelbarer Nähe und Überschneidung im digitalen Raum noch möglich.

Die genannten großen SNSs deuten jedoch auch auf eine Dynamik der Verschränkung von Kultur und Kapitalismus hin, die diese Trennung weitgehend aufhebt. Denn im Mittelpunkt dieser sozialen Welten steht die *Arbeit am Selbst*, wie ein Blick auf die Profile der Nutzerinnen und Nutzer offenbart. Seltener das freie Spiel mit der Identität als vielmehr die Suche nach der eigenen Authentizität ist hier zu finden, über die sich paradoxerweise ohne Bestätigung durch andere keine Gewissheit erlangen lässt. Das Social Web ist voll von narrativen und fotografischen Selbstthematisierungen, ausgebreitet vor einem Publikum, von dem man sich anerkennendes Feedback erhofft.[34] Das verweist zunächst auf den hohen Stellenwert der Welt der Meinung in diesen digitalen Umgebungen, ergänzt durch die Kreativitätsansprüche der Welt der Inspiration. Aber diese Gemeinwohlvorstellungen gehen enge Verbindungen mit der Welt des Marktes ein, wenn die *Anerkennung an das knappe Gut der Aufmerksamkeit geknüpft* wird und die Darstellung des Selbst sich nach der Nachfrage zu richten beginnt.[35]

34 Vgl. Ramón Reichert, *Amateure im Netz. Selbstmanagement und Wissenstechnik im Web 2.0*, Bielefeld 2008.

35 Vgl. auch Franck, *Ökonomie der Aufmerksamkeit.* Interessant ist etwa, wie User ihren Avatar gestalten, wenn sie sich entschieden haben, in der digitalen Welt des *Second Life* (⟨secondlife.com⟩, letzter Zugriff 4. 2. 2013) in Erscheinung zu treten. Bevor sie diese Welt betreten und sich einen Eindruck von den dort herrschenden Konventionen machen können, müssen sie dem digitalen Stellvertreter, mit dem sie sich auf der 3-D-Plattform bewegen, zunächst einen digitalen Körper, digitale Kleidung, eine digitale Frisur usw. verpassen. Die technischen Gestaltungsmöglichkeiten, die der Avatar-Konfigurator hierfür bereithält, sind äußerst vielseitig und nicht etwa auf eine endliche Zahl von Basistypen mit kleineren Variationsmöglichkeiten beschränkt. Und doch findet eine erstaunliche Standardisierung statt: Die überwiegende Zahl der Avatare reproduziert in der dreidimensionalen Körperform das gleiche weibliche bzw. männliche Schönheitsideal und individuiert sich lediglich über zweidimensionale Texturen, die z. B. als Kleidung auf die »Oberfläche« der dreidimensionalen Körperstruktur gelegt werden. Obgleich Avatare laufend verändert werden können, beschränken sie ihre Individualität auf das, was David Riesman »marginale Differenzen« genannt hat.

Wenn Anerkennung auf diese Weise als knappes Gut behandelt wird, nimmt sie schnell Züge des ökonomischen Kalküls an, wird also mit dem Ziel gewährt, die zurückerhaltene Anerkennung zu maximieren. Somit fließen *kreative Selbstschöpfung* und *kalkulierende Selbstvermarktung* im Bereich der Freundschaft, der Liebe, der sozialen Kontaktsuche und anderer Formen der Bildung von Vertrauen, Netzwerken und Communities tendenziell ineinander.[36] Die Seite MySpace veranschaulicht dies. Hier tummeln sich in großer Zahl Künstler beziehungsweise Personen, die sich als Künstler sehen, weshalb Praktiken der ästhetischen Stilisierung breiten Raum einnehmen. Anerkennung kann hier durch das *Adden* anderer Personen auf der eigenen Kontakt- oder Freundesliste gewährt werden. Aber nach welcher Logik erfolgt dies: als spontane Gabe und Vergnügen oder mit einem ökonomischen Interessenkalkül? Sicherlich gibt es unterschiedliche Motive. Insofern die Plattformen aber neben der Freundschaftspflege auch der Vermarktung von Produkten dienen (zum Beispiel von Musik, Büchern, Kunsthandwerk oder der eigenen Person als talentierte, kreative Arbeitskraft), werden die Freundeslisten zum Mittel, über die Plattform den Kreis potenzieller Adressaten zu erweitern und die eigene Bekanntheit zu steigern. Was dann zählt, ist vor allem die Quantität der Vernetzung. Freundschaft wird zur »digitalen Werbefläche« für das eigene Selbst.[37] Das lässt die Selbstdarstellungspraktiken dieser sozialen Welten nicht unberührt. Sie werden zum Einsatz, zu einer Investition, die sich am Ende auszahlen muss. Anerkennung wird dann nach den Regeln der Kapitalvermehrung und nicht mehr bedingungslos gewährt, also nicht als erste Gabe riskiert. Es geht vielmehr um den Rücklauf, um die empfangene Anerkennung. Daher wird um das Adden als Freund auf MySpace und anderen Seiten auf teilweise sehr subtile Weise gefeilscht.[38]

36 Vgl. Reckwitz, *Das hybride Subjekt*, S. 555-588.

37 Jörn Lamla, Thies W. Böttcher, »›Social Net‹-Work. Freundschaft als digitale Werbefläche«, in: *polar. Zeitschrift für politische Philosophie und Kultur*, H. 5 (2008), S. 32-37.

38 Auf Plattformen, die der Partnersuche dienen, wird diese Paradoxie noch gesteigert, insofern es hier wirklich um intime Beziehungen geht, Praktiken der Profil-Bildung und Kommunikation aber umso mehr an Marktstandards ausgerichtet werden (vgl. Illouz, *Gefühle in Zeiten des Kapitalismus*, S. 113-168).

Webangebote, die den Grenzverlauf zwischen Produktion und Konsumtion in der digitalen Welt gezielt verschieben, indem sie die Verbraucher in den Prozess der Erstellung oder Vermarktung eines Produkts, einer Dienstleistung oder einer Innovation einbeziehen, sollen hier als *Prosumtion 2.0* bezeichnet werden.[39] Der Begriff »Prosument« selbst geht auf Alvin Toffler zurück:[40] Die moderne Gesellschaft laufe auf eine dritte Innovationswelle zu, in der sich Produktion und Konsumption vermischten. Auf die agrargesellschaftliche Produktion für den Eigenverbrauch (erste Welle) und die industrielle Produktion für den Markt (zweite Welle) folge als dritte Phase ein neuer Aufstieg der Prosumenten. Damit sei kein Rückfall in die Selbstversorgungswirtschaft gemeint, die ja bereits eine Prosumenten-Ökonomie war, sondern die Zunahme an *Verschränkungen* zuvor getrennter Sektoren der *marktförmigen* Produktion einerseits und der *marktfernen*, eigenaktiven Tätigkeit von Konsumenten andererseits. »Ob es um die Selbsthilfe-Organisationen, die Heimwerker-Welle oder neue Produktionstechnologien geht – *überall* beobachten wir *dieselbe* Tendenz zur immer engeren Einbeziehung des Verbrauchers in den Produktionsprozeß.«[41] Hierbei träfen mit den Sektoren der Eigenarbeit und des Marktes auch *zwei Formen der Gegenseitigkeit* verstärkt aufeinander, nämlich auf der einen Seite die Form der bedingungslosen Gabe, die für die Kultur verschiedener Selbsthilfegruppen charakteristisch sei und die sich auf der anderen Seite grundlegend vom quantifizierenden Tausch von Äquivalenten unterscheide, wie er für Märkte typisch ist.[42]

In der wissenschaftlichen Diskussion finden sich konkurrierende Einschätzungen zur Frage der Ordnungsdynamiken, die dieses Phänomen der Prosumtion im Web 2.0 entfaltet. Auf der einen

39 Zur Diskussion um dieses Konzept vgl. auch David Beer, Roger Burrows, »Consumption, Prosumption and Participatory Web Cultures: An Introduction«, in: *Journal of Consumer Culture*, H. 1 (2010), S. 3-12; George Ritzer, Nathan Jurgenson, »Production, Consumption, Prosumption. The Nature of Capitalism in the Age of the Digital ›Prosumer‹«, in: *Journal of Consumer Culture*, H. 1 (2010), S. 13-36.

40 Alvin Toffler, *Die dritte Welle*, München 1980, S. 273.

41 Ebd., S. 281, Hervorhebung von J.L.

42 Vgl. ebd., S. 275 und S. 286.

Seite wird eine Win-Win-Konstellation ausgemacht, in der die Interaktion zwischen Business und Consumer zu völlig veränderten Beziehungen und Arbeitsteilungen führt, was Innovations- und Rationalisierungspotenziale erweitert, aber auch die Möglichkeiten der Mitbestimmung für die Verbraucher vermehrt.[43] Diesen Interpretationen stehen Ansätze gegenüber, die in der Arbeit der Konsumenten vor allem das Ausbeutungspotenzial sehen und die ungleichen Machtverhältnisse hervorheben, die es den Betrieben ermöglichten, auf die Verbraucher systematisch zuzugreifen, um sie in die eigenen Wertschöpfungsketten zu integrieren.[44] Aus dieser Perspektive folgt auf das Outsourcing nun das *Crowdsourcing*, das sich nicht mehr der Auslagerung von Betriebsteilen, sondern der verstreuten Masse an Internetnutzern bedient, um Arbeitskosten zu externalisieren. Demnach funktioniert die Wikipedia-Idee auch im kommerziellen Kontext. Dritte Positionen verbinden diese beiden Standpunkte, wenn sie das Aufkommen einer *digitalen Bohème* feiern, deren kreative Tätigkeiten außerhalb fester, sozialversicherungspflichtiger Beschäftigungsverhältnisse in den WLAN-Cafés in Berlin Prenzlauer Berg ebenso frei sind wie prekär.[45] Überwiegt hier noch die Faszination der ökonomischen Aussichten, die der kulturelle Kapitalismus zu bieten hat, so treten in einer vierten, Ambivalenzen und Konflikte ebenfalls nicht in Abrede stellenden Position die proprietären hinter nichtproprietäre Heilsversprechungen zurück: Das Internet ermögliche den Übergang zu einer »sozialen Produktion«, die ihre Arbeit zwischen Peers und damit eher nach Kriterien der Demokratie und Gerechtigkeit als nach denen des Marktes aufteilt.[46]

Diese Vielfalt an Deutungsvorschlägen lässt sich als Hinweis darauf verstehen, dass im Feld der digitalen Prosumtion verschiedene Formen der Intersektion zu verzeichnen sind. Die Projekte im Web 2.0, an denen sich Verbraucher als Produktivkraft beteiligen,

43 Vgl. etwa Ralf Reichwald, Frank Piller, *Interaktive Wertschöpfung. Open Innovation, Individualisierung und neue Formen der Arbeitsteilung*, Wiesbaden 2006.

44 Vgl. Voß, Rieder, *Der arbeitende Kunde* sowie dazu Frank Kleemann, »Ökonomisierung der Internetnutzung? Zur Analyse der Einbindung von Konsumenten in betriebliche Wertschöpfungsprozesse im Web 2.0«, in: *Zeitschrift für Qualitative Forschung*, H. 1 (2010), S. 37-54.

45 Holm Friebe, Sascha Lobo, *Wir nennen es Arbeit. Die digitale Bohème oder: Intelligentes Leben jenseits der Festanstellung*, München 2006.

46 Benkler, *The Wealth of Networks.*

können mehr oder weniger autonom organisiert, mehr oder weniger in kommerzielle Unternehmungen eingebunden, mehr oder weniger von Letzteren kontrolliert sein und die Tätigkeiten mehr oder weniger gerecht entlohnen. Wie das Fallbeispiel der Plattform Ciao.de gezeigt hat, sind die Grenzen allerdings nicht leicht zu ziehen. Nicht wenige Versuche, die kulturellen oder auch andere Investitionen von Zeit in wertschöpfende Tätigkeiten für die ökonomische Mehrwertaneignung nutzbar zu machen, basieren auf *Forminvestitionen*, die den Schein erzeugen, als hätten die Gemeinwohlprinzipien der marktfernen Welten darin Priorität. Die Ausweitung von Anwendungen der Selbstbedienung kann dann ebenso als Autonomie- oder Authentizitätsgewinn erscheinen, da doch der Verbraucher nicht mehr an Schalterzeiten gebunden sei oder ein auf die individuelle Persönlichkeit zugeschnittenes Produkt erhalte, wie die kostenlosen Möglichkeiten, Plattformen für die Vernetzung mit Freunden, die spielerische und kreative Selbstexploration oder den Meinungsaustausch zu nutzen, scheinbar nur neue Freiheiten enthalten. Durch verschiedene Rahmenelemente wird diese Autonomie häufig jedoch auf subtile Weise konterkariert, wenn die »autonome Produktion« als kultureller oder betriebsexterner Wertschöpfungsfaktor den ökonomischen Funktionsimperativen des Anbieters eingeordnet und Bestandteil betrieblicher Kalkulation wird. Und solche Formen der systematischen Einbeziehung in den Produktionsprozess sind es, die hier – durchaus im Sinne Tofflers – mit Prosumtion 2.0 bezeichnet werden sollen.

So wird beispielsweise durch eine virtuelle 3-D-Plattform wie das *Second Life* die Kreativität von Millionen von Usern mittels Spielumgebung stimuliert, in der diese die gesamte Welt (einschließlich ihres digitalen Selbst) neu gestalten können. Gleichzeitig aber hat die Firma *Linden Lab* mit dem in echte Dollar konvertierbaren Linden Dollar einen ökonomischen Code technisch implementiert und vorgegeben, der die angeblich umfassende Gestaltungsfreiheit der Prosumenten hintergründig beeinflusst. Denn dadurch wird die Plattform nicht nur mit der Möglichkeit assoziiert, Freunde zu finden, Träume auszuleben und kommunikative Beziehungen unterschiedlichster Art zu pflegen. Zugleich wirkt auch der Mythos, hier könne man sein Glück machen und viel Geld verdienen wie die Deutsch-Chinesin Ailin Gräf, die mit ihrem Avatar Anshe Chung mehr als eine Million reale US-Dollar als Land- und

Immobilienhändlerin im *Second Life* verdient hat. So entsteht ein kulturelles Milieu, in dem vor allem die Prüfung von Marktchancen unterschiedlichster Ideen die Führung gewinnt und die Investitions- und Zahlungsbereitschaft bei den Nutzern erhöht wird. Ob sich die digitale Ordnung in die gleiche Richtung entwickelt hätte, wenn auf das Implantat einer knappen Währung verzichtet worden wäre? Neben solchen Formen subtil gesteuerter Prosumtion gibt es zahlreiche, dazu kontrastierende, weil von den Nutzern weitgehend selbst bestimmte Projekte im Netz, an denen sich diese Frage weiter aufhellen lässt.

Soziale oder Peer-Produktion

In der sozialen Welt der Peer-Produktion wird die eigene Autonomie kraftvoll gegen die Dominanz kommerzieller Unternehmen behauptet. Ihre sozialen Produktionsformen reproduzieren systematisch die *Differenz* zwischen einer kapitalistischen Markt- und einer kulturellen Gabenlogik, insofern sie sich von proprietären Welten explizit abgrenzen. Insbesondere im Bereich der Open-Source-Software und der Social-Peer-Production lässt sich dies beobachten. Bekannte Beispiele für eine solche Differenzerzeugung sind die Oppositionen der Betriebssysteme *Microsoft Windows* und *Ubuntu-Linux* oder der Browser *Internet Explorer* und *Firefox* sowie die Zusammenstellung des Weltwissens in der freien Online-Enzyklopädie *Wikipedia*. In diesen Projekten wird mittels Creative-Commons-Lizenzen oder der GNU General Public License rechtlich gesichert, dass Wissensgüter oder der Quellcode von Software als nicht oder nur begrenzt privat aneignungsfähiges Gut behandelt werden, das dann als eine freiwillige Gabe durch die digitalen Netze zirkulieren kann. Mit diesen Bewegungen für freie Software beziehungsweise offenen Quellcode tauchen die Argumente der alten Griechen wieder auf, wonach Wissen keinen Preis habe.[47]

47 Marcel Hénaff bezieht sich in seiner Untersuchung über die Gabe, das Geld und die Philosophie auf die entschiedene Ablehnung des »Handels mit Wissen« bei Platon und Aristoteles. Beide behaupten gegenüber den Sophisten, dass Wahrheit keinen Preis habe und auch nicht haben könne. »Man nimmt an, dass die Tätigkeiten und Hervorbringungen des Geistes zu einem anderen Typ des Austauschs als der Markt gehören; sie unterstehen dem so genannten symbolischen Austausch, der nicht – wie die Anthropologie uns lehrt – danach trachtet, Güter

Das dominante Muster, mit dem der ins Grundsätzliche gewendete Widerspruch des kulturellen Kapitalismus hier bearbeitet wird, ist die *Segmentation*, die der Reinhaltung der eigenen Ziele und Praktiken dient. Dieses Muster setzt sich bis in die Subwelten sozialer Produktion fort. So grenzen sich die anti-kapitalistischen Idealisten der *Free-Software-Foundation* um Richard Stallman von einer pragmatischeren Haltung der *Open-Source-Initiative* um Eric S. Raymond ab. Und einzelne Projekte sind stets vom *Code-Forking* bedroht, das heißt von der Zersplitterung eines Projekts in zwei oder mehr Entwicklungspfade (zum Beispiel gibt es eine große Zahl an Linux-Distributionen), was deshalb leichtfällt, weil der bis zu einem bestimmten Punkt entwickelte Code ja niemandem, also allen gehört. Was bedeutet diese Neigung zur *Reinhaltung* der eigenen sozialen Welt durch Segmentation für die Zeitdiagnose zum kulturellen Kapitalismus?

Auch in diesen Fällen gibt es noch unpersönliche *Mittler* und personifizierte *Brückenbauer* zwischen den proprietären und nicht-proprietären Welten – das *Lizenzrecht* als Element der Eigentumsordnung etwa. Denn nicht zuletzt um Preisdiktaten und Monopolisierungen der in der Software enthaltenen Informationen durch Beschränkung von Zugriffsrechten zu entgehen, hat die Open-Source-Bewegung *dasselbe Ordnungsmittel* für ihre Anliegen in ganz anderen Richtungen neu ausgerichtet. Programmierer wie Richard Stallman, Linus Torvalds oder Eric S. Raymond entwickelten ein Gespür für die Folgen der Umwandlung ihrer kreativen Programmierleistungen in Eigentumstitel einer Software-Firma. Bei einem Unternehmenswechsel ihr Wissen beim Arbeitgeber be-

zu erwerben oder anzuhäufen, sondern mit ihrer Hilfe zwischen Personen oder Gruppen Bande der Anerkennung zu knüpfen. Kurz, es handelt sich um die Beziehung von Gabe und Gegengabe« (Hénaff, *Der Preis der Wahrheit*, S. 36). Allerdings kann sich diese Position der antiken Philosophen nicht durchhalten, und am Ende gilt auch ihre Tätigkeit als normaler Beruf. Das weist auf die Fähigkeit des Marktes hin, die unterschiedlichsten Güter bewerten und dadurch alles in seinen Bann ziehen zu können. Aber auch wenn das Wissen zur Ware wird, gilt dies laut Hénaff doch nicht für die Beziehung der Anerkennung selbst, da die Stärke des Geldes, das der Logik des Marktes zum Durchbruch verhilft, gerade darin bestehe, den Austausch von persönlichen Bindungen und Verpflichtungen zu befreien. Die Differenz zwischen Ökonomie und Anerkennung bleibe also bestehen, auch wenn mit dem Übergang zur Moderne der über Preise geregelte Warentausch immer größere Kreise ziehe.

lassen und von vorn beginnen zu müssen, empfand die Elite des digitalen Zeitalters als Einschränkung ihrer Marktchancen. Die lizenzrechtliche Absicherung der freien Zugänglichkeit des Codes beugt diesem Umstand vor. Nur musste ein *Äquivalent* für das *Kapital* der großen Unternehmen gefunden werden. Die freiwillige Kollaboration einer Open-Source-Community, die sich zudem in der Fehlerbereinigung als überlegen erwies, war die Lösung, zumal wenn sich deren Motivation durch nichtökonomische Anreize wechselseitiger Anerkennung von selbst aufrechterhalten würde.[48]

Dass die Welten der nicht-proprietären kulturellen Wertschöpfung einerseits und der proprietären Verwertungslogik andererseits im kulturellen Kapitalismus auf der Grundlage ihrer Trennung dann doch Verbindungen eingehen, zeigt sich schließlich auch an den Kooperationen, die beide Seiten nach und nach eingehen, etwa die Zusammenarbeit zwischen *IBM* und Open-Source-Entwicklern, die freilich nur zustande kam, weil der Konzern sich zuvor auf die Freigabe seines Codes (und damit Eigentums) eingelassen hatte.[49] Die Richtungen, die die Ordnungsbildung im kulturellen Kapitalismus einschlagen kann, sind aus Sicht dieser *Kompromissformen* zwischen den Welten also wesentlich weniger klar und festgelegt. Das zeigt sich nicht zuletzt an solchen Phänomenen der digitalen Evolution, die auf einer *Zusammenführung der getrennten Welten* der kommerziellen Markt- und der sozialen Gabenproduk-

48 Vgl. Castells, *Die Internet-Galaxie*, S. 53-63; Volker Grassmuck, *Freie Software – zwischen Privat- und Gemeineigentum*, Bonn 2002, S. 202-232. – Die Anerkennung von Leistungen spielt als Motiv eine wichtige Rolle, sich in einer Open-Source-Community zu engagieren und Code zu programmieren, Artikel zu verfassen, zu übersetzen oder Korrektur zu lesen, einen Straßenzug für das Open-Street-Map-Projekt mit dem eigenen GPS-Handy zu kartographieren oder sogar koordinierende Funktionen in einem Projekt zu übernehmen. »Open Source ermöglicht es, der Welt zu zeigen, wie kreativ man tatsächlich ist. Es ist, als ob man sein bestes Werk in der nationalen Kunstgalerie ausstellt, anstatt es im Keller wegzuschließen« (Steven Weber, *The Success of Open Source*, Cambridge 2004, S. 137). Und zusammenfassend schreibt Adam Arvidsson, »Kunden als Koproduzenten, soziale Produktion und die ethische Ökonomie«, in: Christoph Bieber u. a. (Hg.), *Soziale Netze in der digitalen Welt. Das Internet zwischen egalitärer Teilhabe und ökonomischer Macht*, Frankfurt/M., New York 2009, S. 161-177, hier: S. 171: »Man beteiligt sich an Prozessen sozialer Produktion, weil man sich nach sinnhaften sozialen Bindungen mit Anderen – oder um einen klassischen Begriff zu benutzen: Philia – sehnt.«

49 Vgl. Benkler, *The Wealth of Networks*, S. 46.

tion *auf höherer Ebene*, etwa *durch Dritte* basieren, die daraus, wie Google, einen großen Informations- und Aufmerksamkeitsmarkt kreieren. Einerseits bestand diese Vermittlung schon vorher durch die richtungsoffene digitale Technologie des Internets. Aber Google erzeugt andererseits, indem es scheinbar gar nicht in die autonomen Formen der Informationsproduktion eingreift und nur registriert, was im Netz ohnehin geschieht, mit seiner Suchmaschine eine machtvolle *Repräsentation* dieses gesamten Netzes und wirkt über diese gemeinsame Repräsentation auf die soziale ebenso wie ökonomische Produktion zurück[50] – wobei freilich auch dieser Konzern Profitinteressen verfolgt.

Tauschbörsen und File-Sharing

Mit dem Begriff der Internettauschbörse können in einem weiten Sinne alle Plattformen bezeichnet werden, die Tauschpraktiken zwischen den Nutzern organisieren, ohne auf das Geldmedium zurückzugreifen.[51] Auch das sind interessante Zonen der Neuversammlung verschiedener »gemeinsamer Welten«. Diese Definition berücksichtigt aber noch nicht die Besonderheiten des Tauschens von digitalen Gütern, die sich verlust- und weitgehend kostenfrei kopieren lassen, so dass Knappheit als zusätzliche Qualität erst erzeugt werden muss (z. B. durch technischen oder rechtlichen Kopierschutz). Der bekannteste Fall einer solchen *digitalen* Tauschbörse im engeren Sinne ist die 1999 eingeführte und nach drei Jahren und harten gerichtlichen Auseinandersetzungen um Urheberrechtsverletzungen wieder eingestellte Musiktauschbörse *Napster*. Es handelte sich dabei um eine Software, die es ermöglichte, Musikdateien im mp3-Format direkt zwischen Client-Computern,

50 Ein Beispiel dafür, wie diese Rückwirkung die Ordnungen der unterschiedlichen sozialen Welten kompromissförmig annähert, kann in der z. T. aggressiven Konkurrenz der Open-Source-Bewegung um Marktanteile gesehen werden, etwa wenn die aus einer Stiftung hervorgegangene Mozilla-*Corporation* den Firefox-Browser in ihren Kampagnen als *überlegenes Produkt* gegenüber Microsofts Internet-Explorer *bewirbt*.

51 So gibt es digitale Tauschplätze für Bücher, Spiele und vieles mehr, die zum Teil Spezialwährungen verwenden – etwa die Seite *tauschticket.de* – oder auf ein Äquivalenzmaß ganz verzichten wie die Seite *CouchSurfing.org*, die als globales Gastfreundschaftsnetzwerk Reisenden Privatunterkünfte und andere Dienste (z. B. Stadtführungen) vermittelt.

also *peer-to-peer* (p2p), zu tauschen. Mit der Einstellung dieses Dienstes sind Tauschbörsen gleichwohl nicht verschwunden, sondern vielfältig differenziert und technisch weiterentwickelt worden.

Die Praktiken der Nutzung solcher File-Sharing-Netzwerke durch die Verbraucher sind im vorangehenden Kapitel bereits analysiert worden.[52] Hier sollen nun in erster Linie die damit verbundenen Ordnungsdynamiken interessieren. So geben die digitalen Tauschbörsen immer wieder Anlass zu Gerichtsprozessen, insbesondere mit der Musik- und Filmindustrie. Öffentliche Einschätzungen schwanken dabei regelmäßig zwischen der Feier der in den Tauschbörsen praktizierten Gabenlogik auf der einen und der Kritik illegaler Piraterie auf der anderen Seite.[53] Die digitalen Tauschpraktiken sind allerdings so weit anonymisiert, dass von einer an persönliche Beziehungen geknüpften Gabe nicht mehr, sondern allenfalls von einem *verallgemeinerten* Gabentausch die Rede sein kann.[54] Die Konflikte, die im Fall der sozialen Produktion noch durch Segmentation vermieden bzw. durch rechtliche Mittler umschifft und in anderen Fällen durch Investitionen in die Form der Plattformen »vernebelt« werden konnten, treten hier offener zutage. Denn es handelt sich bei diesen Gabenpraktiken um direkte – mit de Certeau betrachtet auch subversiv zu verstehende – Angriffe auf die kapitalistische Eigentumsordnung, die zur Manifestation der Konflikte führen.[55]

Auf der anderen Seite provozieren Eingriffe in die Privatsphäre durch Datenhandel und -missbrauch – gewissermaßen das umgekehrte File-Sharing innerhalb der Welt des Marktes, das seitens der Welt des Hauses und teilweise auch der Welt der Staatsbürgerinnen als »illegal« kritisiert, vom Staat aber in gewissen Bereichen seinerseits mitpraktiziert wird – Gegenreaktionen, die mehr Schutzrechte und informationelle Selbstbestimmung politisch einfordern. So gab es öffentliche (aber letztlich allenfalls geringfügig erfolgreiche)

52 Siehe Kapitel IV, Abschnitt 2.4.

53 Vgl. Jessica Litman, *Sharing and Stealing*, 2003, ⟨ssrn.com/abstract=472141⟩, letzter Zugriff 4.2.2013.

54 Tauschsysteme wie *BitTorrent* ermöglichen es, Musikstücke (oder Filme und andere digitale Güter) über ein eigenes Transferprotokoll als Datenpakete zu beziehen, die aus vielen Quellen zusammengesetzt sind, sodass die Tauschpartner gar nicht mehr identifizierbar sind.

55 Vgl. de Certeau, *Kunst des Handelns*, S. 74.

Proteste von Mitgliedern des StudiVZ-Netzwerks, als das Unternehmen Holtzbrinck Ende 2007 zu Praktiken kommerzieller Datenauswertung überging, um personenbezogene Werbung auf der Plattform zu platzieren. Die öffentliche Austrittsdrohung der Bundesverbraucherministerin Ilse Aigner im Frühjahr 2010 gegenüber den Betreibern von Facebook, als diese ebenfalls die Verwendung und Verwertung der privaten Daten ausweiten wollten, ist ein weiteres Beispiel. Die verschiedenen »gemeinsamen Welten« geraten im kulturellen Kapitalismus also bisweilen auch konflikthaft an- und koexistieren keineswegs nur friedlich miteinander.

In den *politischen Arenen*, die in diesem Zusammenhang entstehen und in denen Repräsentantinnen der im Konflikt stehenden Welten für den Erhalt oder die Veränderung der »gemeinsamen« Ordnung kämpfen und streiten, werden *sowohl* die geltenden Eigentumsrechte und Kontrollkonzeptionen der Märkte *als auch* die kulturellen Gabenpraktiken reflexiv gebrochen und *neu verhandelt*. Keine Seite kann sich dauerhaft darauf berufen, quasi-natürliche Ordnungen oder anthropologische Konstanten zu repräsentieren, obgleich diese Ansprüche freilich als Mittel und Einsatz in der Konfliktaustragung von großer Bedeutung sind. In den »whirlpools« dieser sozialen Arenen geraten sie gleichwohl über kurz oder lang unter Revisionsdruck.[56]

Nicht zufällig haben sich, ausgehend vom prominenten schwedischen Fall als Gegenbewegung zur Kriminalisierung der digitalen Tauschpraktiken, in großer Zahl so genannte *Piratenparteien* herausgebildet, die in Deutschland zuletzt beachtliche Wahlerfolge verzeichnen konnten und zahlreiche Abgeordnete in Kommunal-

56 In der neueren wissenschaftlichen Diskussion um den Gabentausch spielt die Frage eine wichtige Rolle, ob es sich bei dieser Form der Reziprozität um ein modernes Konstrukt handelt, das in die früheren, archaischen Gesellschaften zurückprojiziert wird, um die nicht-utilitaristische Sozialität als ursprünglich behaupten zu können (vgl. Christian Papilloud, »MAUSS: Mouvement Anti-Utilitariste dans les Sciences Sociales«, in: Stephan Moebius, Dirk Quadflieg (Hg.), *Kultur. Theorien der Gegenwart*, Wiesbaden 2006, S. 267-281; Frank Adloff, Steffen Mau (Hg.), *Vom Geben und Nehmen. Zur Soziologie der Reziprozität*, Frankfurt/M., New York 2005). Ist dieser Anspruch erst dekonstruiert, erscheinen die zahlreichen Tauschbörsen im Web 2.0 nicht länger als das ganz Andere der Marktökonomie, sondern als offene Experimente zur Frage, wie sich geltende Marktregeln im kulturellen Kapitalismus heute noch zurückweisen und andere Ökonomien darüber möglich machen lassen.

und Landesparlamenten sowie im Europaparlament stellen. Mit der Perspektive auf die Intersektionen sozialer Welten im kulturellen Kapitalismus des Web 2.0 lässt sich diese Konfliktdynamik instruktiv deuten: Werden die »Piraten« vielfach als Single-Issue-Bewegung interpretiert, so erscheinen sie hier als durchaus bedeutsame politische Kraft, sofern sie lernen, sich als *öffentliches Sprachrohr zur Aufdeckung und Artikulation jener strukturellen Widersprüche zu begreifen, die den kulturellen Kapitalismus als gesellschaftliche Konstellation der Gegenwart durchziehen und sich im Internet exemplarisch manifestieren.*[57]

2. Die Ordnung des kulturellen Kapitalismus aus vier soziologischen Theorieperspektiven

Als kulturellen Kapitalismus bezeichne ich eine Konstellation, die auf Wechselwirkungen in einer symbiotisch-antagonistischen Beziehung von Kultur und Kapitalismus beruht. Der Begriff selbst ist von Jeremy Rifkin übernommen. Für den »voll entfalteten kulturellen Kapitalismus«[58] ist aus ökonomischer Perspektive sowohl die Verwertung kultureller Inhalte, also von Wissen, Erfahrung, subkulturellen Symboliken und Ausdrucksweisen, regionalen Traditionen usw., kennzeichnend als auch die nachhaltige Sicherung oder Neuschöpfung von Absatzmärkten für kulturelle Produkte und Dienstleistungen aller Art. Kultur muss als Wachstumsmarkt ökonomisch zugänglich gemacht, zugleich aber auch deshalb lebendig gehalten und zur Blüte gebracht werden, damit ihre Ressourcen nicht versiegen. Die Austausch- oder Leistungsbeziehungen von Kultur und Ökonomie werden in einem Maße in beiden Richtungen intensiviert, dass Annäherungen und Veränderungen auf beiden Seiten unvermeidlich werden. Sighard Neckel spricht in diesem Zusammenhang von einem neuen »Synkretismus von Ökonomie und Lebensform«.[59] Entsprechend rankt sich keines-

57 Vgl. vertiefend dazu Lamla, Rosa, »Beschleunigungsphänomen und demokratisches Experiment«.

58 Rifkin, *Access*, S. 193.

59 Sighard Neckel, »Die Marktgesellschaft als kultureller Kapitalismus. Zum neuen Synkretismus von Ökonomie und Lebensform«, in: Kurt Imhof, Thomas S. Eberle (Hg.), *Triumph und Elend des Neoliberalismus*, Zürich 2005, S. 198-211.

wegs nur im Web 2.0 eine Vielzahl an Vermittlungsbemühungen und innovativen Vermittlungsformen um das Verhältnis von Kultur und Kapitalismus.

So können kulturelle Differenzen selbst zum Gegenstand der Vermarktung werden, wie etwa das Beispiel »Mecca Cola« oder ganz allgemein der Tourismus zeigen.[60] Immaterielle Güter wie digitale oder auch genetische Codes geben Anlass zu heftigen Kämpfen um die rechtliche Eigentumsordnung. Dienstleistungen greifen immer tiefer in die private Lebensführung ein, wie sich an verschiedenen Beispielen emotional aufgeladener Tätigkeiten von der Alten- und Krankenpflege bis zum Management von Kindergeburtstagen zeigen lässt.[61] Nicht nur einzelne Bedürfnisse, sondern die ganze Lebensspanne rückt in den Fokus wirtschaftlicher Interessen. Das belegen die Ausrichtung des Marketings am »Lifetime-Value« der Kunden und die Diskussion um den »gläsernen Konsumenten«, der Folge einer intensivierten Sammel- und Handelsaktivität mit Kundendaten (nicht nur im Internet) ist.[62] Die gesamte Lebensführung wird kommerziell in Regie genommen, wo ethische Lifestyle-Konstrukte wie der LOHAS oder das unternehmerische Selbst propagiert werden. Posttraditionale Gemeinschaften bilden sich um Marken wie Apple oder Harley-Davidson und unterstützen damit die soziale Einbettung der Produktmärkte. Schließlich kommt es zu einer immer stärkeren Überlagerung und Integration öffentlicher und kommerzieller Räume, was nicht nur an den öffentlichen und kulturellen Events beobachtet werden kann, die in Shopping-Malls inszeniert werden, sondern auch am Sponsoring von Sportereignissen, kulturellen Einrichtungen bis hin zu Schulen und Hochschulen. Insgesamt dominiert damit die Orientierung am Verbraucher zunehmend über andere Aspekte der Produktion von Gütern und Dienstleistungen.

Auf welche Weisen die Wechselbeziehungen von Kapitalismus und Kultur, von Ökonomie und Lebensform oder System und Lebenswelt in dieser Konstellation aber Gestalt gewinnen und sich soziale Ordnungen stabilisieren, muss nicht zuletzt vor dem Hintergrund der sehr verschiedenen Intersektionsprozesse und

60 Vgl. Ram, »›Don't drink stupid, drink committed‹«.

61 Vgl. Arlie Russell Hochschild, *The Commercialization of Intimate Life. Notes from Home and Work*, Berkeley 2003.

62 Vgl. Rifkin, *Access*, S. 132-137.

-phänomene im Web 2.0 noch offengehalten und in unterschiedlichen Richtungen ausgeleuchtet werden.[63] Strukturelle Differenzen zwischen Kultur und Kapitalismus sind für den »kulturellen Kapitalismus« konstitutiv und erzeugen darin laufend Paradoxien. Für die Bildung und den Erhalt von Vertrauen oder für die Stabilisierung persönlicher Beziehungen und Bindungen etwa kann es wichtig sein, dass die Kommunikationen und Austauschbeziehungen einer Gabenlogik folgen, die zum ökonomischen Kalkül maximal Abstand halten muss, auch wenn in der Welt des Marktes großes Interesse daran besteht, solche Bindungsenergien als Quelle sozialer Einbettung verfügbar zu machen.[64] Und auch die für Wertschöpfungsprozesse wesentlichen Innovationen beruhen in erheblichem Ausmaß auf Formen der Wissensgenese und kulturellen Sinnstiftung durch Quellen wie Wissenschaft, soziale Bewegungen und ihre öffentliche Kritik, Kunst, Religion usw., die eine gewisse Distanz zum Markt und seiner Tauschlogik halten müssen, um Einfluss, Überzeugungskraft oder Charisma zu gewinnen.

Das strukturelle Spannungsverhältnis von Kultur und Ökonomie, das sich im kulturellen Kapitalismus reproduziert, ist auch keineswegs neu. Betrachtet man etwa, wie Clifford Geertz die pragmatische Konstellation der Erzeugung und Stabilisierung einer Ordnung auf dem marokkanischen Basar beschreibt, könnte man meinen, es handele sich um eine Analyse des Kampfes zwischen Microsoft und Google. Aber es geht um die ökonomischen Praktiken des Bargaining, die nicht funktionieren würden, wenn nicht zugleich auch Beziehungen des Vertrauens auf dem Basar stabilisiert würden:

> Das zentrale Paradox des Tauschens auf dem Basar besteht darin, dass es von Vorteil ist, sich mit relativ überlegenen Kommunikationsbeziehungen zu umgeben, wobei sich diese Verbindungen in scharfen antagonistischen Interaktionen ausformen, in denen Informationsungleichheiten die treibende Kraft sind und deren Ausbeutung das Ziel darstellt.[65]

63 Vgl. zu diesem Argument auch Scott Lash, John Urry, *Economies of Signs and Space*, London 1994.

64 Vgl. Ricœur, *Wege der Anerkennung*, S. 289.

65 Clifford Geertz, »The Bazaar Economy: Information and Search in Peasant Marketing«, in: Mark Granovetter, Richard Swedberg (Hg.), *The Sociology of Economic Life*, Cambridge 2001, S. 139-145, hier: S. 143.

Wesentlich für klassische[66] ebenso wie für neuere soziologische Perspektiven auf die Wirtschaft ist, dass sie die Annahme einer Selbstgenügsamkeit ökonomischer Ordnungen bestreiten und auf die nicht-ökonomischen, d.h. politischen, rechtlichen, sozialen oder kulturellen Bedingungen jeglichen ökonomischen Handelns verweisen. Einerseits gilt dies für die *Konstitution des Ökonomischen* als solchen, d.h. als spezifische Form der Rationalität, des Kalküls und der Berechnung. Eine Vielzahl sozialtheoretischer Ansätze der neueren Wirtschaftssoziologie fokussiert daher Prozesse der sozialen Konstruktion von Wirtschaft, ihrer Denkkategorien und institutionellen Mythen, also das Wissen, welches mobilisiert und performativ zur Geltung gebracht wird. Wissenssoziologisch gesehen wird das Ökonomische maßgeblich durch seine kognitiven und kommunikativen Rahmungen – etwa seitens der Wirtschaftswissenschaften – erst konstituiert, weshalb Kultur und Wirtschaft gar nicht als getrennte Sphären betrachtet werden können.[67] Andererseits besteht ein Verhältnis wechselseitiger Bedingtheit aber auch dort, wo von einer Pluralität von Welten oder Praktiken und ihrer Differenzierung ausgegangen wird, die in historisch wechselvollen Beziehungen der *Entbettung* und *(Wieder-)Einbettung* resultieren.[68]

66 Emile Durkheim hatte die auf Vertragsschlüssen zwischen individuellen Akteuren basierenden Ordnungsvorstellungen bereits mit dem Hinweis auf nichtvertragliche Grundlagen des Vertrags attackiert, und sein Neffe Marcel Mauss ist den komplexen Grundlagen des Wirtschaftens anhand der »totalen sozialen Tatsache« des Gabentausches weiter nachgegangen. Für Karl Marx waren es Herrschaftsbeziehungen zwischen antagonistischen Klassen, die der Konstitution einer ökonomischen Ordnung zugrunde lagen. Max Weber forschte nach religiösen Wurzeln des modernen okzidentalen Rationalismus und identifizierte die Prädestinationslehre des Calvinismus als dessen Schlüsselelement. Für Joseph A. Schumpeter bestand das Wesen des Kapitalismus in der dynamischen Eigenschaft der »schöpferischen Zerstörung«, die er in spezifischen bürgerlichen Dispositionen der Unternehmerpersönlichkeit verankert sah. Andere Klassiker wie Werner Sombart oder Thorstein Veblen haben demgegenüber im kulturellen Distinktionsstreben, das seinen markantesten Ausdruck im modernen Luxuskonsum findet, wesentliche Quellen des Kapitalismus vermutet. Hier ließe sich schließlich auch Georg Simmel anfügen, der mit seiner Philosophie des Geldes einen grundlegenden Beitrag für die Wirtschaftssoziologie verfasst hat.

67 Vgl. Mitchel Y. Abolafia, »Markets as Cultures: an Ethnographic Approach«, in: Callon (Hg.), *The Laws of the Markets*, S. 69-85; Callon, »Introduction«.

68 Die Initialzündung zur wirtschaftssoziologischen Erforschung empirischer Einbettungsrelationen geht auf Untersuchungen zur Rolle sozialer Netzwerke

Einbettung und Entbettung sind demnach weniger als historische Alternativen für das Verhältnis der Wirtschaft zu anderen Welten anzusehen als vielmehr auf ihre empirischen Mischungsverhältnisse und deren Veränderungsprozesse hin zu untersuchen.[69] In der Unterscheidung von »Spielarten des Kapitalismus« etwa wird mit dem Konzept der »institutionellen Komplementaritäten« auf den Sachverhalt verwiesen, dass sich viele nationale Ökonomien trennscharf nach Varianten einer liberalen bzw. koordinierten Marktwirtschaft einteilen lassen, die mit deutlich abweichenden Leistungsprofilen auf dieselben ökonomischen Herausforderungen der Globalisierung reagieren.[70] So lassen sich die wirtschaftlichen

in ökonomischen Beziehungen von Mark Granovetter (vgl. Granovetter, »Ökonomisches Handeln und soziale Struktur«) zurück. Die Einflüsse solcher Beziehungsnetzwerke in der modernen Wirtschaft lassen sich etwa am Kooperationsverhalten asiatischer Einwandererfamilien aufzeigen, die sich wechselseitig mit Krediten unterstützen und sogar eigene Banken aufbauen. Entscheidend ist dabei, dass solche Netzwerke nur dann mit wirtschaftlichem Erfolg einhergehen, wenn sie die reziproken Solidaritätsansprüche zugleich begrenzen können, was im Falle der untersuchten Einwanderer durch ihre kleine Zahl gewährleistet war (Granovetter, »Ökonomische Institutionen als soziale Konstruktionen«, S. 208). – Zu systematisch unterscheidbaren Verwendungsweisen des Begriffs der Einbettung vgl. auch Sharon Zukin, Paul J. DiMaggio, »Introduction«, in: Dies. (Hg.), *Structures of Capital: The Social Organization of the Economy*, Cambridge 1990, S. 1-36, hier: S. 14-23 sowie Bernard Barber, »All Economies Are ›Embedded‹: The Career of a Concept, and Beyond«, in: *Social Research*, H. 2 (1995), S. 387-413. An Objektbiografien lässt sich gut zeigen, wie Einbettungen und Entbettungen gleichzeitig transformiert werden, etwa wenn Dinge einerseits kommodifiziert, also zur Ware, und andererseits durch Werbung fetischisiert werden (vgl. Appadurai, »Introduction«).

69 Vgl. dazu auch Giddens, *Konsequenzen der Moderne.*

70 Vgl. dazu Peter A. Hall, Daniel W. Gingerich, »›Spielarten des Kapitalismus‹ und institutionelle Komplementaritäten in der Makroökonomie«, in: *Berliner Journal für Soziologie*, H. 1 (2004), S. 5-32; Max Miller (Hg.), *Welten des Kapitalismus. Institutionelle Alternativen in der globalisierten Ökonomie*, Frankfurt/M., New York 2005; Gerhard Willke, *Kapitalismus*, Frankfurt/M., New York 2006, S. 189-199. Die dichotome Einteilung der Varianten des Kapitalismus entlang dieser zwei Haupttypen, die auch als angelsächsischer vs. rheinischer Kapitalismus bezeichnet werden, ist einer der Streitpunkte dieser Debatte (vgl. etwa Colin Crouch, »Die Bedeutung von Governance für Vielfalt und Wandel im modernen Kapitalismus«, in: Miller (Hg.), *Welten des Kapitalismus*, S. 101-126). Eine zweite zentrale Diskussionslinie betrifft den gesellschaftlichen Wandel und die ungleichen Optionen einer institutionellen Transformation dieser Varianten sowie die damit zusammenhängende Frage, ob die liberale Variante unter

Koordinationsprobleme in einer kapitalistischen Marktwirtschaft entweder erfolgreich mit kurzfristigen Investitionskalkülen im Modus der Marktkonkurrenz bewältigen oder aber durch Absprache und längerfristige Koordination der Interessen verschiedener Akteure. Auf unterschiedliche Weise *komplementär* zueinander stehen hierbei jeweils Institutionen der Unternehmensführung und -finanzierung, der Berufsausbildung, der Arbeitsbeziehungen, der Abstimmung und Netzwerkbildung zwischen Unternehmen, der Regulierung von Produktmärkten sowie staatlicher Sozialpolitik.

Vor diesem Hintergrund gilt es genauer zu klären, was sich an dieser Konfiguration in der Gegenwart, in jenem Zeitalter also, in dem der kulturelle Kapitalismus nach Rifkin zu *voller Entfaltung* gelangt sei, krisenhaft zugespitzt, weiter verkompliziert oder hermetisch verdichtet haben könnte. Hierzu sind verschiedene Hypothesen möglich, die ich im Folgenden an *vier konkurrierenden Theorien oder Theoriefamilien* kurz erläutern möchte. An dieser Stelle können *starke* Theorien deshalb gut zum Einsatz kommen, weil sie nicht absolut gesetzt, sondern als Mittel genutzt werden, um den kulturellen Kapitalismus gedanklich in unterschiedlichen Richtungen weiter zu explorieren. Die vier Hypothesen, mit denen sich solche konkurrierenden Lesarten zum kulturellen Kapitalismus theoretisch ausarbeiten lassen, bezeichne ich als *Homologiethese* (2.1), *Fragmentierungsthese* (2.2), *Kopplungsthese* (2.3) und *Aushandlungsthese* (2.4). Es handelt sich um vier soziologische Denkfiguren, die über mehrere Generationen – angefangen bei den Klassikern – immer wieder Repräsentantinnen und Repräsentanten in den Sozialwissenschaften finden und sich damit als Denkwerkzeuge offenbar bewährt haben. Ihre Auswahl beruht aber nicht nur auf ihrer Theorienkonkurrenz. Vielmehr weisen sie auch gewisse

dem Anpassungsdruck der ökonomischen Globalisierung im Vorteil ist bzw. ob Transformationen in beiden Richtungen vonstattengehen können (vgl. Claus Offe, »Soziale Sicherheit im supranationalen Kontext: Europäische Integration und die Zukunft des ›Europäischen Sozialmodells‹«, in: Miller (Hg.), *Welten des Kapitalismus*, S. 189-225). Denn ein Übergang vom einen zum anderen Typ, etwa die seit den 1980er Jahren betriebene Verschlankung des Sozialstaats und Deregulierung von Arbeitsmärkten in den sozialen Marktwirtschaften Kontinentaleuropas, ist nur unter hohen Kosten möglich, da sich vorübergehende institutionelle Inkongruenzen, wenn z. B. die Kapitalmärkte in Europa nicht so flexibel auf kurzfristige Strategiewechsel reagieren können wie in den USA, negativ auf das Wirtschaftswachstum auswirken.

Affinitäten zu den Intersektionsmustern der vier Phänomenbereiche im Web 2.0 auf, die im vorangehenden Abschnitt vorgestellt wurden. Auch wenn sie darauf nicht passgenau zutreffen, liefern die Ordnungsdynamiken der *Social-Network-Sites*, *Prosumtion*, *Open-Source-Projekte* oder *digitalen Tauschbörsen* – und dies ist für das Argument ausreichend – genügend empirische Evidenzen für alle vier Theorien zur Ordnungsdynamik im kulturellen Kapitalismus. Aus diesem Grund muss die Möglichkeit in Rechnung gestellt werden, dass die Erklärungen, die von ihnen angeboten werden, nicht grundsätzlich in Konkurrenz zueinander stehen, sondern als komplementäre Elemente für unterschiedliche Bereiche dieser instiutionellen Konfiguration auch gleichzeitig Plausibilität beanspruchen könnten. Die folgende Darstellung zielt jedoch zunächst auf ihre Differenzen.

2.1 Homologiethese

In einer Reihe von Theorien der modernen Gesellschaft spielen Mechanismen der Sozialisation eine zentrale Rolle für das Verständnis ihres Zusammenhalts und ihrer Dynamik. Einen Schlüssel für die Konzeption des Zusammenhangs von Kultur und Kapitalismus liefert in dieser ersten Theoriefamilie der Begriff der *Homologie* von Formprinzipien ökonomischer Institutionen einerseits und habituellen Dispositionen der Wirtschaftsbürgerinnen andererseits. Deren kulturelle Wurzeln hatte Max Weber bis zur spezifischen Ausformung der protestantischen Ethik im Calvinismus zurückverfolgt. Was bei ihm als Geist und Form des Kapitalismus bezeichnet wurde, ist von Pierre Bourdieu zur Homologie von Habitus und Feld verallgemeinert worden: Bis in die alltäglichen körperlichen Praxisvollzüge eines individuellen Lebensstils hinein sedimentiert sich demnach ein mit den sozialstrukturellen Kapitalverteilungen verknüpfter sozialer Sinn, der dafür sorgt, dass die Handelnden soziale Klassenschranken und ökonomische Institutionen reproduzieren, obgleich sie sich darin relativ frei bewegen.[71]

Die *Homologiethese* behauptet, dass sich die Spannungen und Konflikte zwischen den verschiedenen »gemeinsamen Welten«, die aus ihren Intersektionen und Interdependenzen im kulturel-

71 Weber, *Die protestantische Ethik*; Bourdieu, *Die feinen Unterschiede.*

len Kapitalismus resultieren könnten, in Grenzen halten, weil auf einer strukturell tiefer liegenden Ebene zwischen ihnen eine Wahlverwandtschaft besteht oder sich neu herausbildet. Der Habitus bzw. ein neuer kapitalistischer (oder konsumistischer) Geist sorgt weitgehend unbemerkt dafür, dass die kulturellen Praktiken und Bestrebungen auch dann noch im Fahrwasser der kapitalistischen Marktgesellschaft verbleiben, wenn sie sich ihrem Selbstverständnis nach ganz unabhängig davon entfalten oder sogar Kritik daran üben. Selbst *Gabenpraktiken* können noch einer Logik der Kapitalakkumulation folgen, obgleich sie sich als »symbolische Güter«[72] von der Sprache des Marktes mit seinen Preisen, seiner Anonymität und Rechenhaftigkeit sehr sorgfältig zu distanzieren trachten und mittels feiner Rituale dafür sorgen, dass eine Gabe als Geschenk und nicht als Almosen oder Ware erscheint. Aber auch wenn der Austausch von Gaben und Gegengaben der wechselseitigen Anerkennung und Herstellung persönlicher Bindungen dient und einer anderen zeremoniellen Ordnung unterliegt als der ökonomische Gütertausch – etwa in zeitlicher Hinsicht –, geht es darin doch um *symbolischen Profit*, der sich nicht selten auch in einen materiellen konvertieren lässt.

Charakteristisch für diese erste *Theoriefamilie* sind solche Ansätze, die das Passungsverhältnis von Kultur und Kapitalismus als Dauerproblem behandeln. Bei Weber war der Geist nur für die Entstehung, nicht aber für die Erhaltung des stahlharten Gehäuses nötig. Dagegen wies Daniel Bell auf kulturelle Widersprüche im fortgeschrittenen Kapitalismus hin und brachte auch die Verbraucher ins Spiel, deren hedonistische Kultur die notwendigen Dispositionen der Askese, Strebsamkeit, Leistungsmotivation und des Konformismus zu untergraben drohten. Bekanntlich ist der Kapitalismus daran nicht zugrunde gegangen. Folglich hat Bell entweder die Sozialisationskräfte unterschätzt, die den produktivistischen Geist selbst im Konsumismus noch am Leben erhalten;[73]

72 Pierre Bourdieu, »Die Ökonomie der symbolischen Güter«, in: Adloff, Mau (Hg.), *Vom Geben und Nehmen*, S. 139-155.

73 Vgl. Bell, *Die kulturellen Widersprüche des Kapitalismus*. – Beim *Produktivismus* handelt es sich um die schon von Weber als paradox oder irrational herausgestellte Disposition von Wirtschaftsbürgerinnen, für die Arbeiten nicht mehr zum Leben dient, sondern die umgekehrt leben, um zu arbeiten. Anthony Giddens hat darauf hingewiesen, dass dieser Habitus in der post-traditionalen Ge-

das wäre ein Argument im Sinne Bourdieus oder Veblens, die in der Ästhetik der Konsumstile selbst noch Investitionskalküle erblicken. Oder die kulturelle Differenz zwischen Konsumismus und Produktivismus wird zugestanden, aber nicht als Widerspruch interpretiert.

So sieht Colin Campbell den Geist des modernen Konsumismus in einem zweiten Strang, dem Sentimentalismus und der romantischen Ethik, verankert.[74] Die Homologie zwischen dem Habitus der Wirtschaftsbürgerinnen und kapitalistischen Institutionen bestehe demnach sowohl auf der Produktions- als auch auf der Nachfrageseite, weil neben die – und nicht an die Stelle der – Selbstdisziplin die weitere Befähigung getreten ist, die eigenen Vorstellungen, Wünsche und Gefühle zu manipulieren. Das erst ermögliche den Verbrauchern die volle Teilhabe am Konsumkapitalismus. Wir sind in dieses Gehäuse demnach integriert, weil wir unsere Tagträume auf kommerzielle Angebote ausrichten, obgleich deren Versprechungen an den idealisierten Bildern häufig scheitern. Dieses Scheitern hat sogar System, solange die Enttäuschungen unsere Sehnsucht nur verstärken, ohne uns aus der Konsumspirale zu entlassen.

Darin unterscheidet sich der moderne Konsumismus grundlegend vom *traditionellen*, auf unmittelbare Befriedigung und gleichförmige Steigerung von Genusserfahrungen ausgerichteten *Hedonismus* (»mehr vom Wein!«). Letzterer ist durch das enge Spektrum sensorischer Sinnesreizungen, durch die Orientierung am Bekann-

sellschaft eine Form von Zwanghaftigkeit annimmt, die sich zur Sucht steigern und auch in krankhaften Konsumformen Ausdruck finden kann, etwa in der Magersucht (vgl. Giddens, *Modernity and Self-Identity* und Anthony Giddens, »Leben in einer posttraditionalen Gesellschaft«, in: Ulrich Beck u. a., *Reflexive Modernisierung. Eine Kontroverse*, Frankfurt/M. 1996, S. 113-194; siehe dazu auch Kapitel VI, Abschnitte 1.3 und 3). – Der *Konsumismus* bezeichnet ein Orientierungssyndrom, als dessen Merkmale etwa der Individualitäts- und Einzigartigkeitskult, die Erlebnisorientierung, verstanden als Hinwendung zur inneren Gefühlswelt (vgl. Gerhard Schulze, *Die Erlebnisgesellschaft. Kultursoziologie der Gegenwart*, Frankfurt/M., New York 1992; Reckwitz, *Das hybride Subjekt*), die Orientierung auf Neues vor dem Hintergrund gesteigerter Optionenvielfalt und die Eventisierung und Sensationsorientierung als unmittelbare Verschmelzung von Bedürfniserzeugung und -bearbeitung gelten können (vgl. Peter Gross, *Die Multioptionsgesellschaft*, Frankfurt/M. 1994; Prisching, *Die zweidimensionale Gesellschaft;* Rosa, *Beschleunigung*).

74 Campbell, *The Romantic Ethic and the Spirit of Modern Consumerism.*

ten und damit an der Vergangenheit sowie durch die unzureichende Kommunizierbarkeit der Bedürfnisse gleich dreifach begrenzt. Der autonome imaginative Hedonismus hingegen, in dem Campbell das Produkt einer melancholischen, durch die Romantik zur Verfeinerung ihrer Phantasietätigkeit angeregten, aber letztlich im modernen Konsumismus resultierenden Subjektform erblickt, zeichnet sich durch ein unendlich großes, weil nur vom emotionalen Vermögen und dem Aufbau einer geistigen Vorstellungswelt abhängiges, zugleich zukunftsorientiertes, von der Mode bis zur Neomanie steigerbares sowie schließlich durch die Werbung auch kommunikativ stimulierbares Bedürfnisspektrum aus.[75]

2.2 Fragmentierungsthese

Die *Fragmentierungsthese* unterscheidet sich von der Homologiethese nicht so sehr hinsichtlich der Führungsrolle, die der Ökonomie im Arrangement des kulturellen Kapitalismus zukommt, sondern in der Art, wie diese Führung ausgeübt wird. Im kapitalistischen Regime der flexiblen Akkumulation tritt die Sorge um die Reproduktion der kulturellen Ordnung hinter dem Ausbeutungs- und Verwertungsinteresse zurück. Kultur wird so wahrgenommen und behandelt, wie in den Entwicklungsphasen zuvor mit natürlichen Ressourcen umgegangen wurde, d. h. als (unerschöpflicher) Vorrat, den man als gegeben voraussetzt und nach Belieben ausnutzen kann. Treten Verschleißerscheinungen bei der einen Form kultureller Wert(ab)schöpfung auf, ziehen die Märkte weiter und suchen sich diesem Theoriemodell zufolge andere Quellen. Für Klaus Dörre wäre der kulturelle Kapitalismus somit nur eine weitere, neue Form der ökonomischen »Landnahme«.[76]

Eine *klassische* Variante der Fragmentierungsthese findet sich bei Karl Polanyi, dessen Buch *The Great Transformation* den wichtigsten Referenzpunkt für all jene liefert, die in der Entbettung eines selbstregulierten Marktsystems aus den institutionellen und

75 Allerdings weist Campbell (ebd., S. 215 f.) darauf hin, dass romantische Werte wie Authentizität und Selbstverwirklichung zum Konsumangebot auch in Konflikt geraten können. Und auch Bourdieu berücksichtigt in seiner Theorie den aus unzureichender Passung resultierenden Hysteresis-Effekt (vgl. Pierre Bourdieu, *Sozialer Sinn. Kritik der theoretischen Vernunft*, Frankfurt/M. 1993, S. 116).

76 Klaus Dörre, »Die neue Landnahme«.

kulturellen Ordnungszusammenhängen traditionaler Gesellschaften eine unheilvolle Entwicklung erblicken.[77] Der Anthropologe Polanyi unterscheidet zwischen den wirtschaftlichen Grundformen der Reziprozität, der Redistribution und des Austausches, die verschiedene institutionelle Muster der gesellschaftlichen Integration widerspiegeln: Während Reziprozität und Redistribution einen symmetrisch bzw. zentralistisch aufgebauten Solidaritätszusammenhang voraussetzten, sei der Marktaustausch auf flexible Preisbildung angewiesen und stehe daher zu den traditionalen Integrationsformen im Widerspruch.[78] Die historische Ausweitung des Marktprinzips auf die Produktionsfaktoren Arbeit und Boden sowie auf das Tauschmittel Geld mündete in einer umfassenden Transformation gesellschaftlicher Institutionen, die von einer »Doppelbewegung« bestimmt wurde: einerseits von der utopischen Idee des Wirtschaftsliberalismus, dass sich ein vom Profitinteresse getragenes Marktsystem selbst regulieren könne, andererseits von den pragmatischen Schutzinteressen jener Gruppierungen, die sich von der sozial-ökonomischen Entwurzelung bedroht sahen. Diese Kämpfe mündeten nicht nur in der institutionellen Trennung von wirtschaftlicher und politischer Sphäre, sondern schufen mit dem Freihandel und dem Goldstandard zugleich weltwirtschaftliche Interdependenzen, deren Instabilität und Zusammenbruch mitverantwortlich für die Katastrophen des 20. Jahrhunderts waren.[79] Letztendlich könne die moderne Gesellschaft weder als Anhängsel einer sozial entbetteten Marktwirtschaft bestehen, noch stehe der Weg zurück zu vormodernen Integrationsformen offen. Vielmehr müssten laufend neue Quellen der institutionellen und kulturellen Einbettung des Kapitalismus erschlossen werden.[80]

Auch für diese These gibt es ein breites Repertoire an Referenztheorien, das von Jürgen Habermas' These einer Kolonialisierung der Lebenswelt durch die Imperative davon entkoppelter ökono-

77 Vgl. Karl Polanyi, *The Great Transformation. Politische und ökonomische Ursprünge von Gesellschaften und Wirtschaftssystemen*, Frankfurt/M. 1978.

78 Vgl. Karl Polanyi, *Ökonomie und Gesellschaft*, Frankfurt/M. 1979, S. 219.

79 Polanyi, *The Great Transformation*, S. 185 und S. 286 f.

80 Daran sollte sich die Soziologie nach Polanyi, *Ökonomie und Gesellschaft*, S. 244 direkt beteiligen. Zumindest aber kann sie diese Prozesse der Wiedereinbettung nachträglich entschlüsseln (vgl. Jens Beckert, »Ökonomische Rationalität und die Einbettung wirtschaftlichen Handelns«, in: Axel T. Paul (Hg.), *Ökonomie und Anthropologie*, Berlin 1999, S. 89-101, hier: S. 100).

mischer und politisch-rechtlicher Systemlogiken bis zu Zygmunt Bauman reicht.[81] Was die Kultur im Unterschied zur Ökonomie auszeichnet, wird unter der Regie von Marktakteuren oberflächlich simuliert oder durch andere Formen des Übergriffs handhab- und verfügbar gemacht. Die Theorie der Kulturindustrie, die im Amüsierbetrieb der Mediengesellschaft eine verdeckte Herrschaftstechnik zur Manipulation der Massen erblickt, die mit der Angleichung von Kultur an die Warenform einhergehe, ist hierfür nach wie vor paradigmatisch.[82] Von Bedeutung ist dabei die Einschätzung, dass die Kultur durch den kapitalistischen Raubbau oder die Kolonialisierung Schaden nimmt. Das schlägt sich nicht zuletzt in Zerfallserscheinungen von Solidargemeinschaften nieder. *Gabenpraktiken* erweisen sich unter diesen Voraussetzungen als hoch riskanter Einsatz, weil die Geltungsbedingungen kultureller Regeln eine immer kürzere Halbwertszeit aufweisen.

Zur Beschreibung der ökonomischen Grundstruktur des flexiblen kapitalistischen Regimes dient heute insbesondere die *Netzwerkmetapher*. Einen zentralen Beitrag hierzu hat Manuel Castells mit seiner Trilogie über das Informationszeitalter beigesteuert: Die gesellschaftliche »Entwicklungsweise« beruhe zwar weiterhin auf den dynamischen Prinzipien der kapitalistischen Ökonomie, folge dabei aber einem nach-industriellen Paradigma, das am prägnantesten in den neuen Informationstechnologien und ihrem spezifischen Vernetzungspotenzial verkörpert werde.[83] Netzwerktechnologien seien aufgrund ihrer dezentralen Struktur durch ein Höchstmaß an Flexibilität, d.h. Mobilität und Unabhängigkeit, gekennzeichnet und bestimmten zunehmend die gesellschaftliche Evolution: Das gesamte wirtschaftliche und soziale Leben sei von zirkulierenden Informationsströmen abhängig, insbesondere der Finanzmärkte, aber auch neuer Formen der Unternehmensführung oder innovativer Netze des Wissens und der Symbolverarbeitung. Die Folge sei eine grundlegende *Umstrukturierung von Raum und Zeit*. Das zeigt Castells sowohl am Arbeitsleben und an Erwerbsbiografien als auch an der Entstehung eines globalen Netzes von alten Metropolen und neuen Megastädten, den ökonomischen

81 Habermas, *Theorie des kommunikativen Handelns*; Bauman, *Flüchtige Moderne*.

82 Vgl. Horkheimer, Adorno, *Dialektik der Aufklärung*, S. 128-176 sowie Haug, *Kritik der Warenästhetik*.

83 Vgl. Castells, *Der Aufstieg der Netzwerkgesellschaft*, S. 14-18 und S. 75-82.

Knotenpunkten der Weltgesellschaft.[84] Architektur und Raumplanung vollzögen das Schwinden der ortsvermittelten Erfahrung und Kommunikation nach, und eine weitreichende (durch Gentechnologie noch steigerbare) Veränderung von Lebenszyklen, Familienmustern, Generationenfolgen sowie differenzielle Beschleunigung und Überlagerung verschiedener Zeitrhythmen des Alltags (Arbeit, Freizeit usw.) zeichne sich ab. Dabei könnten ganze Regionen und Sektoren der Bevölkerung von ökonomischen Netzen einfach ausgeschaltet, abgekoppelt oder marginalisiert werden, wenn sie den Anforderungen schnell wechselnder Märkte nicht nachkämen.

Castells stellt sich auch die Frage nach dem kulturellen Kitt in diesem Gefüge. Er findet jedoch nur eine »Kultur des Ephemeren, eine Kultur einer jeden strategischen Entscheidung, ein Flickenteppich von Erfahrungen und Interessen, und keine Charta der Rechte und Pflichten«. »Der ›Geist des Informationalismus‹«, schreibt Castells, »ist die Kultur der ›kreativen Zerstörung‹, die auf die Geschwindigkeit der lichtelektronischen Schaltkreise beschleunigt wird, die ihre Signale verarbeiten. Schumpeter trifft Weber im Cyberspace des Netzwerk-Unternehmens.«[85] In dieser Konstellation geraten auch die politisch-kulturellen Vermittlungsagenturen der *Zivilgesellschaft* unter Druck. Diese setzt sich für Castells (im Anschluss an Gramsci) aus jenen Assoziationen, Organisationen und strukturierten sozialen Akteuren zusammen, die zwischen der politischen Herrschaftsordnung und den kulturellen Orientierungsbedürfnissen der Bevölkerung vermitteln, indem sie eine *legitimierende Identität* erzeugen oder aufrechterhalten, die sich um »Bürgerrechte, Demokratie, die Politisierung sozialen Wandels, die Beschränkung der Gewalt auf den Staat und seine Verzweigungen usw.« dreht.[86] Diese eng definierte Zivilgesellschaft befinde sich im Prozess der Desintegration, weil die Geltungsbedingungen ihres Identitätsangebotes an die Bürgerinnen zunehmend weniger erfüllt werden könnten. Im Aufwind seien demgegenüber die defensiven und häufig fundamentalistischen Reaktionsbildungen verschiedener *Widerstandsidentitäten*, die in gewisser Weise ihre Exklusion aus dem gesellschaftlichen Zusammenhang dadurch reziprok machen, dass sie sich in (lokale) Gemeinschaften zurückziehen, deren

84 Vgl. ebd., Kap. 4, 6 und 7.

85 Ebd., S. 227.

86 Castells, *Die Macht der Identität*, S. 10 f.

Randexistenz positiv umwerten und auf die Ausbildung kommunikativer Anschlussfähigkeit gegenüber der übrigen Gesellschaft und deren Identitäten verzichten. Dadurch geht freilich auch die Möglichkeit verloren, die Gesellschaft anders als durch Destruktion oder Fragmentierung zu verändern.[87]

Wohl nicht zufällig finden sich Parallelen zu dieser Lesart bei Klassikern, die sich den Kapitalismus ebenfalls über *Raum-Zeit-Strukturen* und *Architekturen* erschließen. Denn auch Simmels blasierte und reservierte Großstadtbewohner oder Benjamins Flaneure lernen mehr durch schock- oder rauschgiftartige Erfahrungen als durch kulturelle Bewährungsmythen. Auch Ritzers Studien zu modernen Konsumtempeln oder virtuellen Shopping-Sites setzen diesen Ansatz fort.[88] Die *Konsumkultur* ist für diese Theoriefamilie deshalb von zentraler Bedeutung, weil die Anforderungen, die der flexible Kapitalismus stellt, erst in dieser Sphäre eine Sinnschließung erhalten. Die heutige Gesellschaft, schreibt Zygmunt Bauman, nimmt »ihre Mitglieder in erster Linie als Konsumenten und nicht als Produzenten in die Pflicht«.[89] Vagabunden und Überflüssige seien darin die »fehlerhaften Konsumenten«, die nicht in der Lage sind, auf die Anreize des Marktes zu reagieren, oder denen die Ressourcen fehlen, die den Zutritt zu den Konsumtempeln gewähren. Spielräume und Ansatzpunkte für Kritik verengen sich nicht zuletzt deshalb, weil die kommerzielle Sphäre sogleich selbst auf die Symbole und Protestembleme der Gegenkultur zugreift und sie dadurch umcodiert. Die Formen, in denen kulturelle Werte in dieser Gesellschaft vermittelt werden, leisten so einer ästhetischen Umdeutung von politischen, moralischen oder ethischen Problem-

87 Auf der anderen Seite wird daher die Suche nach einem Typus von *Projektidentität* relevant, für den der Versuch der Wiedergewinnung von Autonomie und Kohärenz leitend ist und der im Zuge der Realisierung seines Projektes transformierend auf die Gesellschaft einwirkt. Skeptisch ist Castells aber hinsichtlich der Frage, ob sich dieser Typus noch aus der Zivilgesellschaft heraus entwickeln oder nicht vielmehr nur noch in Verlängerung eines gemeinschaftsorientierten Widerstandes auftreten kann (vgl. ebd., S. 14). Dabei spielt möglicherweise auch die Sensibilisierung und Aktivierung der Bürgerinnen in politikfernen, z. B. ökonomischen und konsumkulturellen Kontexten eine wichtige Rolle (vgl. ebd., S. 374 f.).

88 Simmel, »Die Großstädte und das Geistesleben«; Benjamin, *Charles Baudelaire*; Ritzer, *Enchanting a Disenchanted World*, S. 131-170.

89 Bauman, *Flüchtige Moderne*, S. 93.

stellungen Vorschub, mit dem Ergebnis, dass diese expressiven Wertfragen gleichgestellt und dadurch neutralisiert werden.[90] Im Ergebnis muss sich heute jede Politisierung an diese Bedingungen anpassen: An die Stelle umfassender sozialer Organisationsmodelle, die mit dem Konzept der »politischen Ökonomie« verknüpft waren, treten multifacettierte »Theater des Konsums«. Nicht Integration, sondern tolerante Koexistenz differenter Lebensweisen und soziale Diffusion in den Netzen offener Gemeinschaften seien heute maßgeblich. Die Radikalisierung von Konsummustern – Flexibilität, Verzicht auf Konsistenz, die *»show me, don't tell me«*-Haltung usw. – wird als letztes Mittel gegen alle hegemonialen Tendenzen empfohlen, auch auf den Kulturmärkten.

Jeder neue Vorschlag, die menschliche Handlungsfähigkeit zu sichern und sozialen Wandel voranzubringen, muss die Bedingungen unserer Zeit berücksichtigen: Fragmentierung, Globalisierung, die Ausrichtung auf den Konsum als Domäne sozialer/politischer Praxis und diskursiven Handelns, die drohende Erosion des Nationalstaates, rückläufiges Engagement für gesellschaftliche Großprojekte, fehlendes Interesse an sozialen Wandlungsbewegungen, die kulturelle Wende weg von Zukunfts- hin zu unmittelbaren Gegenwartsinteressen, ein generelles Misstrauen gegenüber allen visionären Ideen und anderes mehr.[91]

2.3 Kopplungsthese

Die *Kopplungsthese* nimmt eine Figur der funktionalen Differenzierungstheorie auf und bezieht sie auf das Verhältnis der unterschiedlichen sozialen Welten im »kulturellen Kapitalismus«. Wiederum nutzen sie die von der jeweils anderen Seite bereitgestellten Leistungen und Wertschöpfungen für sich aus, im Unterschied zur Fragmentierungsthese jedoch ohne deren Autonomie dabei einzu-

90 Vgl. Frank, *The Conquest of Cool*; Lash, Urry, *Economies of Signs and Space*, S. 133; Frederic Jameson, »Postmodernism and Consumer Society«, in: Ders., *The Cultural Turn: Selected Writings on the Postmodern*, London, New York 1998, S. 1-20; Cornelia Koppetsch, »Neue Wirtschaftsberater als Sinnstifter der Marktkultur? Zur professionspolitischen Bedeutung neuer Leitbilder wirtschaftlichen Handelns«, in: Ronald Hitzler, Michaela Pfadenhauer (Hg.), *Karrierepolitik. Beiträge zur Rekonstruktion erfolgsorientierten Handelns*, Opladen 2003, S. 263-280.

91 A. Fuat Firat, Nikhilesh Dholakia, *Consuming People. From Political Economy to Theaters of Consumption*, London, New York 1998, S. 153 f.

schränken. Im Gegenteil steigern sie diese und differenzieren sich damit stärker voneinander. Als Referenztheorie ist hier zunächst Luhmanns Theorie sozialer Systeme relevant. Er hat das Konzept der strukturellen Kopplung als Komplementärbegriff zur zentralen Theoriefigur der Autopoiesis eingeführt, um zu erklären, wie es angesichts der scharfen Differenzen und Grenzbildungen möglich ist, dass Systeme in einer Umwelt überleben können, über die sie eigentlich nichts wissen und deren Komplexität die eigene maßlos übersteigt.[92] Ihr Fortbestehen verdanke sich einer gesellschaftlichen Evolution von Strukturen, die man weder planen noch lenken, auf die man sich allenfalls etwas besser einstellen kann.[93] Diese Strukturen legen im System Bereiche erhöhter Irritierbarkeit durch Umweltereignisse fest. In seinen Möglichkeiten des autonomen Strukturaufbaus limitieren diese Kopplungen das System dabei aber nur so weit, dass es sich in einer undurchschaubaren Umwelt bewähren kann, d. h. die blind vorauszusetzenden ökologischen Reproduktionsbedingungen der eigenen Systemoperationen nicht übermäßig strapaziert. Die operative Geschlossenheit und damit die Selbstdetermination der Systeme würden durch strukturelle Kopplungen nicht eingeschränkt. Vielmehr setze sich beides wechselseitig voraus: Der »genetische und strukturelle Zusammenhang von operativer Schließung und struktureller Kopplung setzt sich auf allen vom Leben abhängigen Ebenen der Bildung autopoietischer Systeme fort.«[94]

92 Bezeichnet *Autopoiesis* im Falle sozialer Systeme die prinzipielle operative Geschlossenheit kommunikativer Sinnselektionen, die das System zur Selbstorganisation und zur Abgrenzung gegenüber seiner Umwelt zwingt, so antwortet der Begriff der *strukturellen Kopplung* auf die »schwierige Frage«, wie das System – sei es das Gesellschaftssystem im Ganzen, ein Funktionssystem wie das politische System oder auch jedes andere autopoietische, z. B. auch psychische System – »seine Beziehungen zur Umwelt [gestaltet], wenn es keinen Kontakt zur Umwelt unterhalten und nur über eigenes Referieren verfügen kann« (Luhmann, *Die Gesellschaft der Gesellschaft*, S. 100).

93 Vgl. ausführlicher dazu Jörn Lamla, »Kopplung vs. Dualität. Ein Vergleich der Strukturbegriffe von Niklas Luhmann und Anthony Giddens«, in: Kai-Uwe Hellmann u. a. (Hg.), *Das System der Politik. Niklas Luhmanns politische Theorie*, Wiesbaden 2003, S. 255-270.

94 Luhmann, *Die Gesellschaft der Gesellschaft*, S. 779; vgl. auch ebd., S. 104 und S. 107. Am Beispiel der strukturellen Kopplung von Kommunikation und Bewusstsein lässt sich dies verdeutlichen. Ohne einen spezifischen Beitrag sinnlicher Wahrnehmungsleistungen, die von den beteiligten psychischen Be-

In dem Maße nun, wie sich durch funktionale Differenzierung das Prinzip der operativen Schließung von Kommunikationen innerhalb der Gesellschaft wiederholt und vervielfältigt, stellen sich weitere gesellschaftsinterne strukturelle Kopplungen ein. Aber wiederum steht deren extreme Selektivität der Vorstellung entgegen, ein Teilsystem – etwa die Politik – könne auf andere, strukturell gekoppelte gesellschaftliche Teilsysteme steuernd durchgreifen oder gar auf die Gesellschaft im Ganzen politisch integrierend einwirken. Für die strukturelle Kopplung zwischen Politik und Wirtschaft im Rahmen der Finanzierung öffentlicher Haushalte (sei es durch Steuern und Abgaben, sei es durch Staatsverschuldung) etwa gilt: »Geldausgaben können dann im Rahmen zur Verfügung stehender

wusstseinssystemen getragen werden, kann keine Kommunikation stattfinden. Weil die Operation der Kommunikation auf dem Verstehen einer mitgeteilten Information beruht, bedarf es in ihren psychischen Umwelten der kognitiven Wahrnehmungsleistung, zwischen Mitteilung und Information unterscheiden zu können. Indem nun die Kommunikation Sprache benutzt und sich in ihrer Strukturbildung auf die zwar unendlich vielen, aber nicht beliebigen Möglichkeiten dieses Mediums beschränkt, bewegt sie sich in einem Bereich, wo soziale und psychische Systeme strukturell gekoppelt sind. Denn in der Evolution psychischer Systeme haben sich Bewusstseinsstrukturen ausgebildet, die sprachliche Laute oder Schriftzeichen anders wahrnehmen als den Rest der sinnlichen Eindrücke, nämlich als Sonderbereich von »mitgeteilten« Informationen. Das Bewusstsein hat sich seinerseits auf Irritierbarkeit durch solche sprachlichen Reize festgelegt, sodass diese es motivieren, mit Annahme oder Ablehnung – darin liegt sein Freiheitsgrad – zu reagieren, d. h. eine selektive Verstehensoperation in Gang zu setzen, an der es seine eigene Anschlussmitteilung ausrichtet. Weil die psychische Auswahl einer sprachlichen Mitteilung aber nicht festlegen kann, *welche* Information in einem anderen psychischen System *wie* (zustimmend oder ablehnend) verstanden wird, sondern strukturell lediglich sichergestellt ist, *dass* (nicht *was*) verstanden wird, liegt es an der Kommunikation selbst, mit dieser Unbestimmtheit zurechtzukommen. Es bleibt ein genuin soziales, von keinem beteiligten psychischen System kontrollierbares Ereignis bzw. Produkt, welcher Sinn einer mitgeteilten Information von einer Anschlusskommunikation zugewiesen wird und welche sozialen Einschränkungen für weitere Kommunikationsbeiträge daraus resultieren. Kommunikationen organisieren sich selbst zu sozialen Selektionszusammenhängen, und die emergierende soziale Ordnung – man denke z. B. an Mitgliedschaften in sozialen Gruppen oder Welten – kann sich durch die einfache Alternative von Annahme oder Ablehnung reproduzieren, ohne hierbei die Motive und Gedanken der beteiligten Bewusstseinssysteme kennen zu müssen, geschweige kontrollieren zu können. »Von irgendeiner Gleichartigkeit der Operationen und Zustände der strukturell gekoppelten Systeme kann nach all dem nicht die Rede sein« (ebd., S. 115).

Mittel *politisch* motiviert werden, ohne dass für die Politik die wirtschaftlichen Kontexte transparent werden müßten [...]. Zugleich ist das *Wirtschafts*system nicht gehindert, strukturdeterminiert zu reagieren und politische Geldbeschaffung und Geldausgabe nur als Irritation zu behandeln.«[95] Obgleich also strukturelle Kopplungen auch hier wechselseitige Abhängigkeiten markieren, ergibt sich daraus kein Gleichklang in den jeweiligen Operationen der funktional getrennten Teilsysteme, sondern allenfalls ein mühsames evolutionäres Einpendeln der jeweils autonomen Strukturentwicklungen.

Der *kulturelle Kapitalismus* vermehrt und verändert nach dieser theoretischen Lesart die strukturellen Kopplungen in der Koevolution der verschiedenen »gemeinsamen Welten«. Mit ihrem Kopplungskonzept hilft die Systemtheorie, Hypothesen über die Formen zu bilden, in denen etwa die Welt des Marktes und andere Welten, etwa der Meinung oder der Inspiration, aneinander gebunden und voneinander abhängig sein können, ohne ihre Differenz aufheben zu müssen. Der kulturelle Kapitalismus wäre dann eine Form der Koexistenz, die vor allem auf der Vermittlung des Verschiedenen basiert. In diesem Zusammenhang wird als Bezugstheorie auch die Akteur-Netzwerk-Theorie von Bruno Latour u. a. bedeutsam, insofern sie den Blick auf die *(technischen) Mittler* lenkt, die verschiedene Entitäten miteinander verknüpfen und deren Anschlusswerte übertragen und transformieren. Die Besonderheit dieser Mediatoren ist darin zu sehen, dass sie oftmals im Hintergrund verbleiben und genau dadurch die differenzierte und pluralisierte Ordnung stabilisieren – bzw. den Schein ihrer differenzierten Reinheit bewahren.[96]

Bezogen auf die Differenz von *Markt- und Gabenpraktiken*, die für den Vergleich der vier Theoriefamilien gut herangezogen werden kann, gilt der Kopplungsthese zufolge, dass diese ganz unterschiedliche soziale Register der Reziprozität bedienen, nämlich einer unpersönlichen Ökonomie des Geldes einerseits bzw. personengebundener Anerkennung andererseits. Gleichwohl können diese aber in räumliche und zeitliche Nähe zueinander gebracht werden und sich dadurch wechselseitig verstärken und ermögli-

95 Niklas Luhmann, *Die Politik der Gesellschaft*, Frankfurt/M. 2000, S. 384.

96 Vgl. Latour, »Über technische Vermittlung«; Latour, *Eine neue Soziologie für eine neue Gesellschaft*; Latour, *Wir sind nie modern gewesen.*

chen.[97] Die Gabenbeziehung, schreibt Marcel Hénaff dazu, darf nicht nur nicht mit dem Markt verwechselt werden, dem sie weder als archaische Frühform vorausgeht noch als Alternativökonomie gegenübersteht. Sie ist auch kein moralisches Phänomen, jedenfalls nicht in ihrer ursprünglichen, zeremoniellen Form, obgleich sie in der Moderne in einer privaten Haltung moralischen Verzichts und moralischer Großzügigkeit fortlebt. »Der Gabentausch ist ein zeremonielles Duell, bei dem autonome Menschen einander gegenübertreten, die sich zusammenschließen möchten, ohne ihre Freiheit einzubüßen.«[98] Gerade weil es sich bei Markt und Gabe um zwei ganz unterschiedliche, getrennte Ordnungen und Logiken handelt, können sie aber auch auf vielfältige Weise koexistieren und haben so mit dem gesellschaftlichen Wandel wechselnde Figurationen ihrer Verbindung hervorgebracht: »Auf diesen Unterschied hinzuweisen war nötig, bevor wir uns ansehen, auf welche Weise sich diese beiden Verfahren manchmal verbinden, überschneiden oder verschränken, ohne deshalb miteinander zu verschmelzen.«[99] Die Objekte des Tausches, die Waren, die Gaben und letztlich auch das Geld selbst, können als Mittler in ihrem »sozialen Leben«[100] zwischen den Zirkulationssphären hin- und herwechseln, und dennoch bleiben diese in ihrer Logik getrennt und eigensinnig.

Um diese Theoriefigur noch weiter auf den Gegenstandsbereich der *Konsumgesellschaft* zu beziehen, kann auf das Beispiel der strukturellen Kopplung oder Vermittlung durch *Marken* zurückgegriffen werden. Marken haben sowohl für Märkte hohen Orientierungswert als auch für andere Bereiche des kulturellen Lebens, etwa in der Welt der Meinung, des Hauses usw.[101] Ein für die zeitgenössischen Verbindungen von Kultur und Kapitalismus einschlägiges Beispiel liefert etwa der Softdrink *Mecca Cola*, der arabischen und muslimischen Konsumenten eine Alternative zur berühmten US-Marke *Coca Cola* bieten will, die er in Geschmack und Aussehen zugleich imitiert. Die Werbung zu diesem Produkt fordert die

97 Das betont schon Marcel Mauss, *Die Gabe. Form und Funktion des Austauschs in archaischen Gesellschaften*, Frankfurt/M. 1968.

98 Hénaff, *Der Preis der Wahrheit*, S. 216; vgl. auch ebd., S. 170-180.

99 Ebd., S. 472.

100 Vgl. Appadurai, »Introduction«.

101 Vgl. Adam Arvidsson, *Brands. Meaning and Value in Media Culture*, London, New York 2006; Kai-Uwe Hellmann, *Soziologie der Marke*, Frankfurt/M. 2003.

Verbraucher auf, nicht gedankenlos, sondern engagiert zu trinken. Jeweils zehn Prozent der Gewinne aus den Verkaufserlösen gehen an europäische NGOs bzw. Wohltätigkeitsorganisationen, die sich in Palästina für Frieden engagieren. Mecca Cola werde einerseits als »kommerzielle Rakete« im zivilen Kampf der Kulturen gegen den westlichen Imperialismus abgefeuert und kopiere dabei andererseits die ökonomischen Strukturen dieses westlichen Konsumkapitalismus. Auch wenn es sich für Uri Ram somit doch um eine »Coca-Kolonialisierung« arabischer und muslimischer Lebenswelten handelt und der bekämpfte Konsumkapitalismus letztlich siegreich sei, ist doch bemerkenswert, dass die offensive Vermarktung von Religion deren Symbolkraft nicht unbedingt schwächen muss, sondern auch zu deren Steigerung bis hin zum Fanatismus beitragen kann. So werde die *Differenz* zwischen der globalen Welt des Marktes und der lokalen Welt der religiösen Authentizität nicht aufgelöst, sondern *zugleich verstärkt und überbrückt*, wofür Uri Ram die treffende Bezeichnung »Glokommodifizierung« gewählt hat.[102]

2.4 Aushandlungsthese

Die *Aushandlungsthese* geht nicht davon aus, dass die strukturellen Differenzen überbrückt werden können, ohne dass sie sich *konfliktförmig* manifestieren. Vielmehr komme es an den Grenzen der verschiedenen »gemeinsamen Welten« vermehrt zu Aushandlungsprozessen, die sich zu politischen Arenen formieren, in denen Repräsentantinnen der unterschiedlichen Welten für die Durchsetzung ihrer Ordnungsvorstellungen kämpfen bzw. nach Kompromissen oder auch einvernehmlichen Lösungen suchen müssen. Als Referenztheorie kommt hier etwa die Theorie der sozialen Welten und Arenen von Anselm L. Strauss mit ihrem Bezug zum Konzept der »ausgehandelten Ordnung« infrage.[103] Auf breiter Linie werden in der neueren Wirtschaftssoziologie die Regelung des Tausches, die Eindämmung von Konkurrenz, die Reduktion von Unsicherheit, etwa der Wertzuschreibung,[104] oder die Sicherung

102 Ram, »›Don't drink stupid, drink committed‹«, S. 60-62.

103 Siehe dazu Kapitel II, Abschnitt 4 sowie einführend Jörg Strübing, *Anselm Strauss*, Konstanz 2007.

104 Vgl. Jens Beckert, »Die soziale Ordnung von Märkten«, in: Beckert u. a. (Hg.), *Märkte als soziale Strukturen*, S. 43-62, hier: S. 53-55.

von Ressourcen als pragmatische Probleme betrachtet, für deren Lösung die beteiligten, historisch situierten Akteure in strategische Positionskämpfe oder Aushandlungsprozesse eintreten, die dann in bestimmten Marktordnungen mit je eigenen Sets an Regeln und Ressourcenverteilungen münden. Als weiterer Referenztheoretiker hierfür kann Neil Fligstein herangezogen werden, dem zufolge *Markets as Politics* zu analysieren sind, da Marktordnungen auf Aushandlungen unterschiedlich mächtiger ökonomischer Akteure in Auseinandersetzung mit staatlichen Instanzen und anderen sozialen Welten beruhen.[105]

Fligstein greift das Netzwerkkonzept von Harrison C. White auf sowie dessen Fragestellung, wie und warum Märkte stabile, d.h. reproduzierbare und Unsicherheit absorbierende Ordnungsstrukturen ausbilden.[106] Zur Beantwortung führt er einerseits Argumente des Neo-Institutionalismus an, in dem neben rechtlichen insbesondere auch informelle kulturelle Regeln als maßgeblich für die Bildung isomorpher Governancestrukturen in den Organisationen eines Wirtschaftssektors angesehen werden. Sodann verwendet er einen Feldbegriff, der auf ein abgrenzbares Set von Marktpositionen, d.h. beteiligten Akteuren abstellt, zwischen denen relativ stabile Statushierarchien und Austauschregeln gelten. Schließlich werden auch Paradigmen der Bewegungsforschung herangezogen, um das Verhältnis von Wandel und Stabilität auf Märkten zu untersuchen. Besonders hervorgehoben wird in diesem Zusammenhang die ökonomische, politische oder kulturelle Macht, die es etablierten Marktakteuren eher als Neulingen gestattet, ihre *Ordnungs-*

105 Vgl. Fligstein, »Markets as Politics« sowie Fligstein, *The Architecture of Markets*.

106 Harrison C. White, »Where Do Markets Come From?«, in: *American Journal of Sociology*, H. 3 (1981), S. 517-547 formuliert die These, dass Produzenten ihr Handeln nicht an Vermutungen über die Absatzchancen bei den Konsumenten ausrichten, sondern durch die Beobachtung des Verhaltens anderer Produzenten im gleichen Produktmarkt steuern, in dem sie entlang der Variablen Preis und Qualität eine eigene Nische zu besetzen versuchen. Auf diese Weise bilden Märkte eine relativ stabile, sich reproduzierende Rollenstruktur von Anbietern aus, ein Netzwerk von Positionen. Dieses weist manche Gemeinsamkeit mit dem Feldkonzept bei Bourdieu auf, der darunter allerdings einen sozialen Raum von objektiven Relationen versteht, also die Reproduktion dieser Ordnung weniger an die *Aushandlungen* der Marktakteure, sondern an die *Operationsweise des Habitus* gebunden sieht (vgl. Pierre Bourdieu, *Der Einzige und sein Eigenheim*, Hamburg 1998, S. 180 f.).

vorstellungen vom Markt – ihre *»Kontrollkonzepte«*[107] – verbindlich durchzusetzen, d.h. als Interpretationsmuster eine Zeit lang zu verankern. Drohen etablierte Unternehmen in Krisenzeiten jedoch am Markt zu scheitern, können auch deren Kontrollkonzepte (wie etwa der Shareholder Value, bestimmte Spekulationspraktiken usw.) unter Revisionsdruck geraten.

Eine Schlüsselstellung nehmen in solchen Zeiten staatliche Regierungen ein, weil sie über das Mittel der rechtlichen Intervention und damit der Ausgestaltung von Eigentumsrechten verfügen. Die Gesetzgebung kann sich gegenüber konflikthaltigen Marktinteressen jedoch niemals neutral verhalten, wie gegenwärtige Auseinandersetzungen über Genpatentierung, Internettauschbörsen oder geistiges und künstlerisches Eigentum veranschaulichen können. Deshalb wird der Staat nicht nur von selbst aktiv, sondern auch von den untereinander konkurrierenden Firmen und Wirtschaftsakteuren mobilisiert, um die aus ihrer Perspektive vorteilhaften oder unvorteilhaften Marktordnungen zu verstetigen bzw. zu verändern. Für Harrison White sind Verbraucher dabei von untergeordneter Bedeutung. Und auch Neil Fligstein blendet diese weitgehend aus, räumt in neueren Publikationen jedoch ein, dass die Verbraucher und ihre Vertretungen durchaus eine aktive Rolle spielen, wenn auch indirekt.[108] Denn Märkte hängen auch von weiteren institutionenpolitisch handelnden Akteuren ab. In Anlehnung an die soziale Bewegungsforschung läge zumindest die Einbeziehung von Nicht-Regierungsorganisationen und anderen zivilgesellschaftlichen Akteuren einschließlich neuer Verbraucherbewegungen nahe, die etwa Kriterien formulieren und öffentlich Einfluss darauf nehmen, wann gesellschaftliches Engagement von Unternehmen als sozial verantwortungsvoll oder »bürgerschaftlich« gelten kann, und die durch das Internet neue Möglichkeiten der Einflussnahme hinzugewonnen haben. So geraten die etablierten Kontrollkonzepte vieler Märkte unter Änderungsdruck, wenn neben staatlichen Verbraucherschützern auch Rating-Agenturen, Warentester,

107 Vgl. Fligstein, »Markets as Politics«, S. 658; Fligstein, *The Architecture of Markets*, S. 35.

108 Neil Fligstein, Luke Dauter, »The Sociology of Markets«, in: *Annual Review of Sociology*, H. 33 (2007), S. 105-128; vgl. auch Viviana A. Zelizer, »Culture and Consumption«, in: Neil J. Smelser, Richard Swedberg (Hg.), *The Handbook of Economic Sociology*, Princeton NJ ²2005, S. 331-355.

Online-Verbraucherplattformen, Öko- und Fair-Trade-Label oder medienorientierte Protestaktionen an die Macht der Verbraucher appellieren oder erinnern, um konkurrierende Werte von Stakeholdern gegenüber dem Shareholder Value geltend zu machen. Schon solche Androhungen kollektiver Verbrauchermobilisierung oder die Idee des Mainstreamings ethischer Konsumleitbilder erzeugen in bestimmten Situationen Resonanz in den Ordnungen der Märkte.[109] Darüber hinaus können sich Verbraucherorganisationen mit Regierungen, Herstellern und Händlern zu komplexeren und dauerhafteren Institutionen ökonomischer Governance vernetzen, um die globale Wirtschaft zu überwachen.

Der Aushandlungscharakter von sozialen Ordnungen, den diese vierte *Theoriefamilie* betont, betrifft nun allerdings nicht nur den Markt, sondern alle gemeinsamen Welten. Wiederum gibt die anthropologische Literatur zum *Gabentausch* – insbesondere in den Diskussionen der MAUSS-Bewegung um Alain Caillé und deren Rezeption in Deutschland – Anhaltspunkte dafür, dass Märkte häufig mit konkurrierenden kulturellen Wertigkeiten konfrontiert sind, die zum Ausgleich gebracht werden müssen. Der Kampf im Internet um Eigentumsrechte und Tauschpraktiken bei digital verfügbaren Waren wie Musik, Filmen oder Büchern sowie der Streit zwischen Verfechtern proprietärer bzw. nicht-proprietärer Software sind hierfür aktuelle Beispiele. Allerdings trifft der fluide Charakter sozialer Ordnungen in diesem Theoriemodell auch auf Strukturen der nicht-marktlichen Welten zu, die ebenso performativ durch die Akteure erzeugt werden müssen und dadurch einem permanenten Wandel unterliegen: Gabenreziprozität wird nach Ansicht von Caillé keineswegs nach für alle Zeiten feststehenden Regeln, sondern durch eine Matrix widerstreitender Motive und Prinzipien gebildet – etwa der Spontaneität und der Verpflichtung, des Interesses und des Vergnügens –, die von den Akteuren situativ angewendet und ausgedeutet werden muss.[110] Aus diesem Grund allerdings kann mit dieser Perspektive gut erklärt werden, warum es gerade im *kulturellen Kapitalismus* vermehrt zu Konflikten zwischen unterschiedlichen Tauschformen und -idealen kommt.

109 Vgl. Hiß, *Warum übernehmen Unternehmen gesellschaftliche Verantwortung?*
110 Vgl. Alain Caillé, *Anthropologie der Gabe*, Frankfurt/M., New York 2008.

3. Prozessformen der Markt-Vergemeinschaftung im kulturellen Kapitalismus

Ich habe vier Modelle zur theoretischen Verknüpfung von Kultur und Kapitalismus unterschieden: Homologie, Fragmentierung, Kopplung und Aushandlung. In einen Zusammenhang lassen sie sich bringen, insofern sie in jeweils unterschiedlicher Weise Antworten kombinieren, die einerseits auf die Frage nach dem Dominanzverhältnis zwischen den verschiedenen involvierten »gemeinsamen Welten« (Heteronomie oder Autonomie?) sowie andererseits auf die Frage gegeben werden können, auf welcher gesellschaftlichen Integrationsebene die dynamische Verschränkung von Kultur und Kapitalismus primär verankert ist (Sozial- oder Systemintegration?). Tabelle 4 fasst diesen Ansatz zur Systematisierung der Theoriefamilien und Thesen zusammen. Sie werfen auf die mögliche(n) Ordnungsdynamik(en) im heutigen kulturellen Kapitalismus ein theoretisch differenziertes Licht und helfen so, deren verschiedene Aspekte besser auszuleuchten. Umgekehrt kann die Empirie zur Klärung der theoretischen Frage beitragen, inwiefern es sich eigentlich um *konkurrierende* Thesen oder aber *komplementäre* Erklärungsansätze handelt. Daran anknüpfend gilt es zum Abschluss dieses Kapitels zu bilanzieren, in welchem Zustand sich die Verbraucherdemokratie angesichts der gesellschaftlichen Konstellation dieser verschiedenen oder vielgestaltigen *Prozessformen der »Markt-Vergemeinschaftung«* im gegenwärtigen kulturellen Kapitalismus befindet.

	Sozialintegration	*Systemintegration*
Heteronomie	Homologie	Fragmentierung
Autonomie	Aushandlung	Kopplung

Tabelle 4: Vier Theoriemodelle zur Ordnungsdynamik im kulturellen Kapitalismus

Die ethnografischen Streifzüge durch das Web 2.0 haben nicht zum Ergebnis geführt, dass einzelne dieser Hypothesen klar falsifiziert werden könnten. Vielmehr liefern die Prozesse der Ordnungsbildung im Internet für jede der vier Theoriefamilien empirische Evidenzen. Sowohl homologe, fragmentarische, strukturell gekoppelte als auch interaktiv ausgehandelte Strukturentwicklungen lassen sich beobachten, sodass den entsprechenden theoriegeleiteten Thesen und Erklärungsansätzen für das Web 2.0 aufschließende Kraft zugesprochen werden kann. Sie leisten *komplementär* Beiträge für die Analyse und Interpretation der im Internet beobachtbaren Ordnungsdynamik in den Intersektionszonen verschiedener »gemeinsamer Welten«. Diese Evidenzen seien hier noch einmal kurz zusammengefasst:

Orientierungen am Markterfolg und die Tendenz zur Selbstvermarktung zeigen sich in digitalen Welten sozialen Netzwerkens. Sie reichen von Social-Network-Sites (MySpace, Facebook, StudiVZ, Xing usw.) über Online-Communities unterschiedlichster sozialer Parent-Worlds bis zu Partnervermittlungsagenturen. Die Gaben der Anerkennung und die Narrationen des Selbst zeigen hier deutliche Spuren einer »Ökonomie der symbolischen Güter« (Homologiethese).

In anderen Web 2.0-Unternehmungen werden soziale Welten künstlich erzeugt oder belebt, gewissermaßen als Kultur-Plantagen, die wie Meinungsplattformen, virtuelle Spiele und Communities (z. B. Second Life) für User-Generated Content sorgen sollen. Dabei zählen nicht Personen oder Inhalte, sondern funktionale Beiträge (Aufmerksamkeit, Netzwerkeffekte, Mund-zu-Mund-Propaganda usw.). Durch solche Formen einer Prosumtion 2.0 wird die kulturelle Wertschöpfung zugleich domestiziert und in einem begrenzten Maße *frei* gelassen, um sie als soziale Einbettungsressource instrumentalisieren und ökonomisch abschöpfen zu können (Fragmentierungsthese).

Durch Segmentationen sozialer Welten entstehen aber auch neue Gegensätze von Markt- und Gabenreziprozität, u. a. durch neue Formen sozialer Produktion (Wikipedia, Open-Source-, Free-Software-Bewegungen etc.). Die getrennten Welten von Kapitalismus und neuer sozialer Ökonomie bleiben aber durch Lizenzrecht, technische Mittler, direkte Konkurrenz usw. eng verkoppelt und beeinflussen sich somit wechselseitig in ihrer Koevolution (Kopplungsthese).

Konflikte zeigen sich schließlich sehr deutlich in den subversiven Angriffen auf geltende Eigentumsordnungen in sozialen Welten digitaler (Gaben-)Tauschbörsen oder als Abwehrprotest gegen staatliche oder kommerzielle Übergriffe auf die Privatsphäre. Piratenparteien reflektieren die strukturellen Widersprüche im kulturellen Kapitalismus und versuchen, die Interessen dieser Welten in Arenen der Netzpolitik zur Sprache zu bringen (Aushandlungsthese).

Unbeantwortet bleibt damit aber noch die Frage, welcher dieser Dynamiken eine relative Dominanz für den sozialen Wandel im kulturellen Kapitalismus zugesprochen werden kann oder muss. In dieser Hinsicht erscheinen die vier Theoriemodelle nicht als komplementäre, sondern als *konkurrierende* Ansätze, die zu gänzlich unterschiedlichen Prognosen über die weitere Entwicklung und die Zukunft der Demokratie – sowohl im Web 2.0 als auch in der Konsumgesellschaft insgesamt – führen. Aber auch dann schließen sich die vier Ansätze noch nicht gänzlich aus, denn die verschiedenen strukturellen Ordnungsdynamiken können sich ja nicht nur bereichsspezifisch ergänzen. Vielmehr können sie sich auch überlagern und damit verstärken oder abschwächen. Das Fallbeispiel der Shopping- und Meinungsplattform Ciao.de steht geradezu exemplarisch dafür, wie sich Kopplungs-, Fragmentierungs- und Homologietendenzen im kulturellen Kapitalismus wechselseitig verstärken und damit die Kapazitäten für die politische Aushandlung von Ordnungen systematisch abschwächen können. Verallgemeinert man dieses Fallbeispiel hypothetisch, dann läuft der kulturelle Kapitalismus auf eine gesellschaftliche Konstellation hinaus, in der mächtige ökonomische Interessen mit hohen Investitionen in die Kompromissformen des neuen Arrangements der verschiedenen »gemeinsamen Welten« versuchen, sich ihre Profitchancen darin zu sichern. Notfalls kaufen sie sich von den anderen Welten, was sie als externe Ressource für die Kontrolle und Einbettung dieser neuen ökonomischen Ordnung (neben den Zugriffschancen auf staatliche Rechtsmittel) benötigen. Die Marktwelt würde demnach den strukturellen Antagonismus zu überbrücken versuchen, indem sie Marktakteure wie die mächtigen Medienkonzerne dazu bewegt, zusätzlich zu den ohnehin bereits ablaufenden kulturellen Adaptionsprozessen in Bezug auf das Ökonomische (durch Tendenzen zu homologen Orientierungen und Fragmentierungen) technische und rechtliche Mittler geschickt so zu platzieren, dass die ökonomische Funktionalisierung der Wertschöpfungsbeiträge marktferner sozialer Welten in diesen selbst nicht mehr als Einschränkung ihrer Autonomie erscheint (Kopplung). Das liefe auf eine stark ökonomisch dominierte Form der Neuversammlung des aus unterschiedlichen »gemeinsamen Welten« zusammengesetzten Kollektivs hinaus, die sich als Pluralität und Offenheit bloß noch tarnt.

Auch der so interpretierte Neuordnungsprozess ließe sich noch als *Aushandlungsprozess* verstehen, der allerdings *äußerst asymmetrisch* verläuft. Die Prozessform des demokratischen Experimentalismus wäre in diesem Rahmen stark limitiert. Sofern sich die Versuche der marktfernen Welten, ihre Gemeinwohlvorstellungen in dem neuen hybriden Arrangement zur Geltung zu bringen, auf die Formvorgaben aus der Marktwelt einlassen, drohen diese durch Segmentation auf Nischenbildung reduziert zu werden, wodurch eine Politisierung der *grundlegenden Konflikte* zwischen den Welten schwerer fällt. Für demokratische Experimente stellt der kulturelle Kapitalismus somit *einerseits* ein schwieriges Terrain dar, in dem sich viele Kompromisse nach einiger Zeit als Scheinkompromisse zu erkennen geben könnten. *Andererseits* bleibt der kulturelle Kapitalismus – nicht zuletzt aus diesem Grund – auch eine instabile und kritikanfällige Ordnung. Eine Kultur, die nicht mehr glaubhaft das Andere kapitalistischer Ökonomie repräsentieren kann, verliert auch für diese an Wert. Die Welt des Marktes kommt deshalb nicht umhin, sich in dem neuen hybriden Setting immer auch selbst zu riskieren. Weil sie sich dem Druck zur Rechtfertigung und damit den jeweiligen Allgemeinwohlprinzipien und Bewährungsproben der anderen Welten aber ein Stück weit unterwerfen muss, schafft sie diesen stets aufs Neue Möglichkeiten, ihre Ansprüche aufrechtzuerhalten und zu artikulieren. Daraus können sich Chancen für gesellschaftliche Machtverschiebungen sowie neue politische Regulierungsformen ergeben. Das gilt nicht zuletzt für die milliardenschweren Investitionen seitens der großen Konzerne, die sich den Aufmerksamkeitsmarkt Internet untereinander aufteilen. Man sollte nicht vergessen, dass die Herstellung und der Betrieb digitaler Plattformen zumeist nur einen Bruchteil von dem kosten, was deren Aktien heute wert sind. Das ruft ihre potenzielle Fallhöhe ebenso in Erinnerung wie die Tatsache, dass Experimente mit alternativen Ordnungsmodellen für die anderen Welten – zumindest im digitalen Kommunikationsraum – stets in finanzieller und technischer Reichweite bleiben.

Es ist somit kein ganz eindeutiges und abschließendes Urteil möglich zu der Frage, was die Ordnungsdynamiken des kulturellen

Kapitalismus für den Neuversammlungsprozess der Verbraucherdemokratie letztlich implizieren. Trotz deutlicher Anzeichen dafür, dass diese gesellschaftliche Formation Kritik absorbiert und die Bildung von Arenen zur öffentlichen Konfliktaushandlung zwischen den verschiedenen »gemeinsamen Welten« durch pseudo-demokratische Partizipationsangebote (z. B. im »Mitmach-Web«) eher behindert, bleibt der kulturelle Kapitalismus eine Konstellation voller Widersprüche, die an unterschiedlichen Stellen auch aufbrechen, sichtbar werden und Experimenten mit alternativen Lösungen und Kompromissvorschlägen Nahrung geben. Als Zwischenergebnis muss an dieser Stelle deshalb festgehalten werden, dass eine Theorie zur gesellschaftlichen Ordnungsdynamik im kulturellen Kapitalismus aus den verschiedenen theoretischen Zugängen, die hier einander teils ergänzend, teils konkurrierend in Anschlag gebracht wurden, neu komponiert werden muss. Und eine solche Theorie wird ihrerseits experimentellen Charakter haben, also immer wieder empirisch überprüft werden müssen, weil in Rechnung zu stellen ist, dass sie selbst Bestandteil des geteilten Erfahrungswissens der Gesellschaft werden und ihren Gegenstand damit verändern kann.[111] Es macht deshalb Sinn, die Theorie so anzulegen, dass sie für demokratische Lernprozesse aufgeschlossen bleiben und mit diesen rechnen kann – auch wenn sich der Eindruck erhärten sollte, dass es um die Voraussetzungen für *demokratische* Experimente im kulturellen Kapitalismus gegenwärtig nicht gut steht.

Eine solche *pragmatistische Gesellschaftstheorie* bleibt aber vorerst Desiderat. Sie müsste den nicht aufeinander reduzierbaren, empirisch plausibilisierten Anteilen, die den verschiedenen Theoriefamilien an der Erklärung sozialer Ordnungsdynamiken zukommen, Rechnung tragen und zugleich deren übergreifenden gesellschaftlichen Zusammenhang elaborieren. Dieser Theorierahmen müsste also sichtbar machen, wie Prozesse der Aushandlung, der Kopplung, der Fragmentierung und der Herausbildung homologer Strukturen

111 Vgl. zu diesem Argument auch Giddens, *Konsequenzen der Moderne*, S. 190 f. Giddens schließt hier aus seinem Theorem der »doppelten Hermeneutik«, wonach die Interpretationsrahmen des Alltags und der Sozialwissenschaften trotz Differenz füreinander geöffnet bleiben und sich insbesondere in der Moderne laufend wechselseitig beeinflussen und durchdringen, dass die Soziologie notwendig kritisch an den gesellschaftlichen Lern- und Veränderungsmöglichkeiten orientiert sein müsse – und er nennt diese Haltung »utopischen Realismus«.

zwischen kulturellen Orientierungen und ökonomischen Institutionen in der gegenwärtigen gesellschaftlichen Entwicklungsphase konkret miteinander wechselwirken und welches übergreifende Wandlungsmuster damit die Prozesse der Ordnungsbildung in der »Großen Gesellschaft« bestimmt. Die Probleme der komplexen Theoriearchitektur, die sich damit einstellen, sind keineswegs neu. Die Theorie müsste in der Lage sein, zwischen *Sozial-* und *Systemintegration* zu differenzieren, wie David Lockwood gefordert hat, um die relativ unabhängigen Prozessformen sozialer Konfliktaushandlung einerseits und gesellschaftlicher Ordnungsbildung andererseits hinsichtlich ihrer historisch spezifischen Wechselbeziehung analysieren zu können.[112] Und sie müsste über eine *Theorie der Macht* verfügen, die sowohl für die verschiedenen Ressourcen der Machtausübung und deren asymmetrische Verteilung in der Gesellschaft – sowie unter den verschiedenen »gemeinsamen Welten« – ein Sensorium hat als auch für die Dialektik und die Paradoxien praktischer Machtausübung, die erst in Praxiskontexten sichtbar werden, in denen Handlungen konkret vollzogen und Ordnungen situativ ausgehandelt werden. Eine Würdigung der breiten Theoriediskussionen, die es hierzu bereits gibt, ist an dieser Stelle nicht möglich. Der Hinweis sei aber gestattet, dass Anthony Giddens für die Anlage einer solchen Theorie wertvolle Anregungen gegeben hat. Sein Ansatz zur Analyse der Relationen von Sozial- und Systemintegration wird aber – im Vergleich zur Rezeption seines Theorems der »Dualität von Struktur«, das für die gesuchte Theorie der Macht gewiss von Bedeutung ist – bislang noch weitgehend vernachlässigt.[113]

Ohne zu sehr ins Detail zu gehen, will ich den zentralen Grundgedanken dieses Vorschlags deshalb kurz in Erinnerung rufen: In scharfer Abgrenzung von funktionalistischen Theorien der Gesellschaft empfiehlt Giddens, das *Konzept des strukturellen Widerspruchs* ins Zentrum zu stellen, um charakteristische Wechselwirkungen von Prozessformen der Sozial- und der Systemintegration zu analysieren, die der gesellschaftlichen Ordnungsbildung in einzelnen historischen Epochen zugrunde liegen. Es handelt sich dabei um Gegensätze grundlegender Strukturprinzipien der Gesellschaft, die

112 Vgl. David Lockwood, »Soziale Integration und Systemintegration«, in: Wolfgang Zapf (Hg.), *Theorien des sozialen Wandels*, Köln, Berlin 1969, S. 124-137.

113 Vgl. dazu Lamla, *Anthony Giddens*, S. 59-82.

sich in ihrer Anwendung wechselseitig voraussetzen, aber zugleich negieren und dadurch »in Widerspruch zueinander stehen«.[114] Das Konzept der *Strukturprinzipien* ist dabei so angelegt, dass es einerseits in der Analyse sozialer *Praktiken* mit ihren spezifischen Kontexten und Situationsaushandlungen verankert werden kann und muss, andererseits davon aber auch abstrahiert, indem es jene Regeln und Ressourcen zu identifizieren trachtet, die zu solchen *Verkettungen von Handlungsfolgen* sowie regelmäßig reproduzierten *Komplexen von Sozialbeziehungen* beitragen, die in den unterschiedlichen gesellschaftlichen Epochen besonders weitreichende Interdependenzen in Raum und Zeit erzeugen. Den Unterschied von Sozial- und Systemintegration bestimmt Giddens dabei ganz ähnlich wie Luhmann über die Differenz von Anwesenheit und Abwesenheit. Das lässt sich gut an drei grundlegenden Gesellschaftstypen aufzeigen, die Giddens unterscheidet: Stammesgesellschaften, klassengegliederte Gesellschaften und die moderne Gesellschaft.

So ist für schriftlose Kulturen und Stammesgesellschaften noch der *existentielle* Widerspruch von Natur und Kultur zentral, wobei Beziehungen zu räumlich und zeitlich Abwesenden nur sporadisch auftreten und für die Reproduktion der gesellschaftlichen Ordnung keine tragende Bedeutung erlangen. Deren vorrangiger Integrationsmechanismus besteht in der *mündlichen Bekräftigung von Traditionen innerhalb verwandtschaftlich organisierter Gruppen*, wobei der existentielle Widerspruch seinen institutionellen Ausdruck in der mythischen Verarbeitung von Problemen wie Inzest, Sexualität, Leben und Tod findet. Erst mit dem Übergang zu klassengegliederten Gesellschaften treten Sozial- und Systemintegration deutlich auseinander und beginnt ein *neues soziales Strukturprinzip*, nämlich das *der staatlichen Macht*, die älteren widersprüchlich zu überlagern. *Räumlich* stabilisiert sich zwischen den entstehenden städtischen Zentren der politischen und militärischen Macht und der über allokative Ressourcen verfügenden Landbevölkerung ein symbiotisch-antagonistisches Beziehungsgefüge. Dabei zeigt sich insbesondere in *zeitlicher* Hinsicht der Widerspruch, dass die staatlichen Machtbehälter zwar eine bis dahin unbekannte geschichtliche Dynamik entfalten können, aber von der traditionalen Lebensweise in den verwandtschaftlich organisierten Gemeinschaften mit

114 Giddens, *Die Konstitution der Gesellschaft*, S. 248.

ihrer ganzheitlichen religiös-kosmologischen Symbolik abhängig bleiben. Denn die politischen Ressourcen sind noch nicht so weit entwickelt, dass sie auch die alltäglichen Geschehnisse in den unterworfenen Regionen steuern könnten. Dieses Verhältnis von Autonomie und Abhängigkeit ändert sich erst mit dem Übergang zum territorial scharf abgegrenzten Nationalstaat der modernen Gesellschaft, deren räumliche und zeitliche Interdependenzen auf die sozialintegrativen Mechanismen in den lokalen Alltagspraktiken zum Teil destruktiv zurückwirken, aber auch neue Möglichkeiten eröffnen, insofern die institutionelle Ordnung nun auf Systemwissen und dessen reflexive Aktivierung im Alltagshandeln angewiesen ist. Treten damit ältere Widersprüche in den Hintergrund, so bildet sich mit den *Strukturprinzipien von Kapitalismus und Nationalstaat*, die symbiotisch voneinander abhängen, aber durch die institutionelle Absonderung der Privatökonomie auch in Gegensatz zueinander geraten, sogleich ein neuer struktureller Widerspruch heraus.

Dieser Exkurs war erforderlich, um deutlicher machen zu können, wie sich die Analysen und Befunde zum kulturellen Kapitalismus in einen übergreifenden Theorierahmen stellen lassen. Der kulturelle Kapitalismus bezeichnet ein Stadium der Gesellschaftsentwicklung, in dem sich ein *neuer struktureller Widerspruch* ausbreitet, der die sozialen Praktiken und gesellschaftlichen Institutionen unter Veränderungsdruck setzt und zu überformen beginnt. Die historisch gefundenen Kompromisse zwischen den Strukturprinzipien von Kapitalismus und Nationalstaat geraten ihrerseits in enge Abhängigkeit von kulturellen Leistungen und Kontexten, deren Reproduktionslogik aber gewisse Bedingungen der Autonomie, Distanz oder relativen Unabhängigkeit voraussetzt. Umgekehrt drohen die kulturellen Prozesse in den Netzen des globalen Interdependenzgefüges der post-traditionalen Gesellschaft ihren festen Ort und Ankerplatz zu verlieren und können sich – jenseits fundamentalistischer Selbst-Exklusion – nur behaupten, sofern sie sich auf die materiellen oder infrastrukturellen Bedingungen der Symbolreproduktion einlassen, die durch die kapitalistischen Institutionen vorgeformt sind. Dies sind z. B. Märkte für Arbeit, Kapital und Güter, die Konsum- und Lebensmöglichkeiten, die damit gegeben sind, die Medienlandschaft und betrifft auch Institutionen des Rechts, der Wissenschaft oder politischen Willensbildung, insofern auch diese den modernen Kompromiss zwischen

Kapitalismus und Nationalstaat verkörpern. Angesichts der *Widersprüchlichkeit* dieser Konstellation von zwei Strukturprinzipen der Gegenwartsgesellschaft – die hier in einer Art »Kurzschrift« als *Kultur* und *Kapitalismus* bezeichnet werden – bleibt dieses Gefüge aber historisch offen und dynamisch. Analytisch würde die Rede vom Widerspruch wenig Sinn machen, wenn man diese gesellschaftliche Konstellation als stabil geordnet und hermetisch geschlossen betrachtet. Selbst dort aber, wo Homologien zwischen Form und Geist des Kapitalismus diagnostiziert werden, sind diese heute als Neu- und Kompromissbildungen zu verstehen, handelt es sich also um Prozesse der »Morphogenese« und nicht um »Morphostase«.[115]

Als Widerspruch verstanden, bezeichnet der kulturelle Kapitalismus somit keine bestimmte gesellschaftliche Ordnung, sondern vielmehr ein *Ringen um Ordnung*, welches verschiedene Prozessformen annehmen kann oder *sich über verschiedene Prozessformen vollzieht*, die von Aushandlungs- über Kopplungs- und Fragmentierungsprozesse bis zur Bildung homologer Habitusstrukturen reichen können. Wie dieses Ringen vonstattengeht, hängt davon ab, wie und wo sich die Widersprüche des kulturellen Kapitalismus praktisch niederschlagen und paradoxe Effekte erzeugen, zu Konflikten gegensätzlicher Interessenlagen führen, soziale Bewegungen mobilisieren, zu pragmatischer Kompromissfindung zwingen usw. Im Sinne der Differenz von Sozial- und Systemintegration kann nicht davon ausgegangen werden, dass der Widerspruch *als solcher* alltagspraktisch erfahren und breit reflektiert wird, sich konfliktförmig manifestiert oder zu kollektivem Aufbegehren führt. Vielmehr kann damit gerechnet werden, dass sich früher oder später Institutionen und konventionelle Formen herausbilden, die den gesellschaftlichen Widerspruch pragmatisch handhab- und aushaltbar machen. Durch welches Muster von Ordnungsprozessen diese Institutionen maßgeblich hervorgebracht werden, bedarf der empirischen Analyse. Politische Aushandlungen, technische Vermittlungen oder strukturelle Kopplungen, kulturelle Fragmentierungen oder die Bildung homologer Relationen von Geist und Form bzw. Habitus und Feld bilden ein Repertoire an Mechanismen, die nicht nur alternativ zueinander stehen, sondern in diversen Mischungsverhältnissen zum Tragen kommen können. Und

115 Vgl. Margaret S. Archer, »Morphogenesis Versus Structuration: On Combining Structure and Action«, in: *British Journal of Sociology*, H. 4 (1982), S. 455-483.

auf diese Weise überformt der kulturelle Kapitalismus nicht zuletzt auch die Ordnungsdynamiken der *Konsumgesellschaft* und schafft darüber Bedingungen dafür, wie *Verfahren der Neuversammlung* darin ablaufen. Anders formuliert: Angetrieben durch den Widerspruch des kulturellen Kapitalismus bilden sich in der Konsumgesellschaft neue Institutionen und Konventionen heraus, wobei zunächst offenbleibt, ob oder wie sehr die Prozess*formen*, die hierbei die problematischen in geordnete Situationen überführen, der Logik des Demokratischen Experimentalismus folgen oder entgegenkommen.

Zur Entspannung ihrer widersprüchlichen Konstellation bilden sich in der Gesellschaft also an verschiedenen Stellen und über ganz unterschiedliche Prozessformen neue Ordnungen und Kompromisse zwischen Kultur und Kapitalismus heraus, die ich hier übergreifend als *Experimente der Markt-Vergemeinschaftung* bezeichnen möchte. Das Fallbeispiel der digitalen Shopping- und Meinungsplattform Ciao.de ist dafür durchaus paradigmatisch. Allerdings ist das Muster, wie dieser Fall verschiedene Prozessformen kombiniert, keineswegs alternativlos. Vielmehr lässt sich in der gegenwärtigen historischen Konstellation eine größere Spannbreite und Vielfalt solcher Experimente ausmachen, die auf je unterschiedliche Weise versuchen, den Widerspruch kompromissförmig zu überbrücken und die Paradoxien zu entparadoxieren, die sich aus der symbiotisch-antagonistischen Beziehung, also dem spannungsgeladenen Verhältnis von Autonomie und Abhängigkeit zwischen Kultur und Kapitalismus ergeben. Daher bedeutet Markt-Vergemeinschaftung *formal* betrachtet nur, *dass* sich neue Gewohnheiten, neue Praktiken, neue Institutionen und ein neuer Common Sense in den Intersektionszonen der beteiligten »gemeinsamen Welten« herausbilden, und nicht, *welche* Praktiken, Institutionen, Konventionen usw. dies sind oder wie die Kompromisse qualitativ genau beschaffen sind. Das Verlaufsmodell des Demokratischen Experimentalismus zielt hingegen auf eine *spezifische Logik* der Vergemeinschaftung ab, die von problematischen Interdependenzen und Nebenfolgen in der »Großen Gesellschaft« ausgeht, diese intellektuell elaboriert und dadurch in gemeinsames Erfahrungswissen transformiert. Aber damit bleibt es als eine mögliche Prozessform innerhalb dieses formalen Rahmens. *Empirisch* ist jedoch mit unterschiedlichen Prozessformen der Markt-Vergemeinschaftung zu rechnen. Brand-

Communities, Soziale Produktion, File- oder Güter-Sharing usw. deuten diese Vielfalt an. Das Geflecht aus Homologien, Fragmentierungen, Kopplungen und Aushandlungen, mit dem Kultur und Kapitalismus vermittelt und neu geordnet werden, bleibt darüber nicht konstant. Die Markt-Vergemeinschaftung kann z.B. eher politisch aufgeladen oder entpolitisierend sein. Fair-Trade-Label und ethische Selbstverpflichtungen für Unternehmen bewegen sich etwa zwischen diesen Polen. Auch verschiedene Skalenniveaus sind zu berücksichtigen. So mögen Aushandlungen von Ordnungen in sehr überschaubaren Marktkontexten über die gemeinsame Interaktionsgeschichte der Beteiligten und Betroffenen Bindungen erzeugen. Aber auch »Europa« lässt sich als großes Projekt der Markt-Vergemeinschaftung verstehen, das über die Erzeugung eines einheitlichen Rechtsraums mit eigener Währung versucht, das Kollektivgefühl einer gemeinsamen kulturellen Zugehörigkeit zu evozieren.

Wie Qualität und Richtung der Markt-Vergemeinschaftung in den Intersektionszonen der verschiedenen, vom strukturellen Widerspruch des kulturellen Kapitalismus betroffenen »gemeinsamen Welten« gesamtgesellschaftlich und zeitdiagnostisch einzuschätzen sind, hängt nicht zuletzt davon ab, ob der Markt eher *Subjekt* oder *Objekt* der Vergemeinschaftung in diesen Prozessen ist. Max Weber beispielsweise hat dem Begriff in einem Abschnitt über die »Marktvergesellschaftung« in *Wirtschaft und Gesellschaft* eine Färbung gegeben, die sehr klar den *Subjektstatus* des Marktes betont:

> Die Marktgemeinschaft als solche ist die unpersönlichste praktische Lebensbeziehung, in welche Menschen miteinander treten können. […] Wo der Markt seiner Eigengesetzlichkeit überlassen ist, kennt er nur Ansehen der Sache, kein Ansehen der Person, keine Brüderlichkeits- und Pietätspflichten, keine der urwüchsigen, von den persönlichen Gemeinschaften getragenen menschlichen Beziehungen. Sie alle bilden Hemmungen der freien Entfaltung der nackten Marktvergemeinschaftung und deren spezifische Interessen wiederum die spezifische Versuchung für sie alle.[116]

Zugleich wird eine Beschreibung geliefert, die im Zeitalter des kulturellen Kapitalismus noch nicht einmal von Vertretern der Fragmentierungsthese uneingeschränkt mitgetragen werden könn-

116 Max Weber, *Wirtschaft und Gesellschaft. Grundriß der verstehenden Soziologie*, Tübingen [5]1980, S. 382 f.

te. Die Markt-Vergemeinschaftung reagiert hier gar nicht auf ein widersprüchliches Interdependenzverhältnis von Kultur und Kapitalismus, das aber auch zum Tragen kommt, wo sich der Kapitalismus durch Landnahmeprozesse kulturelle Wertschöpfungskapazitäten sichert. Vielmehr bleibt der Markt in Webers Modell »seiner Eigengesetzlichkeit überlassen«. Erst jenseits dieser idealtypischen Annahme beginnen aber die Kompromissbildungen mit den anderen »gemeinsamen Welten« im Prozess der Markt-Vergemeinschaftung – etwa mit der Welt der Inspiration, der staatsbürgerschaftlichen Solidargemeinschaft oder des Hauses, die Weber im Grunde selbst bereits anspricht –, wobei die institutionellen Marktordnungen dann auch »gehemmt« und somit auch *Objekt* kultureller Vergemeinschaftung werden.

Das idealtypische Gegenstück zu dieser einseitigen Prozessform wäre ein Verlauf, in dem der Markt nur noch als Objekt der Markt-Vergemeinschaftung vorkommt. Dies würde ein Kollektiv voraussetzen, das über die Einrichtung der ökonomischen Interdependenzen, der Produktions-, Handels- und Konsumformen usw. frei und autonom entscheiden kann. Aber die Einrichtung eines solchen Modells staatlicher Planwirtschaft oder hauswirtschaftlicher Gabenökonomie im Maßstab der »Großen Gesellschaft« erscheint im heutigen kulturellen Kapitalismus ebenfalls abwegig. Aber auch im Bereich zwischen diesen Extremformen idealtypisch denkbarer Prozesse der Markt-Vergemeinschaftung lassen sich noch Verläufe konstruieren, bei denen sich die Spannungen und Konflikte im kulturellen Kapitalismus scheinbar auflösen. So könnten sich die Zonen in der Gesellschaft vergrößern, in denen zwischen den verschiedenen »gemeinsamen Welten« kaum noch unterschieden werden kann, weil sich etwa Bedingungen sozialer Anerkennung und ökonomischen Erfolgs darin untrennbar amalgamiert haben.[117] Auch das wäre womöglich eine einseitige Angelegenheit der Markt-Vergemeinschaftung, sofern Märkte ihre Ordnung dann zwar nicht mehr in Differenz zu anderen Rechtfertigungsprinzipien verankern und die Menschen zu rationalen Nutzenmaximierern erziehen, dafür aber die Wertvorstellungen dieser anderen Welten

117 Vgl. Jörn Lamla, »Zonen der Ununterscheidbarkeit. Ökonomie und Anerkennung im digitalen Zeitalter«, in: Sighard Neckel (Hg.), *Kapitalistischer Realismus. Von der Kunstaktion zur Gesellschaftskritik*, Frankfurt/M., New York 2010, S. 256-278.

vereinnahmen, indem sie die Differenzen zu diesen, so gut es geht, verwischen. In dieser Prozessform würde vieles von den *faktischen Macht- und Einflussressourcen* abhängen, mit denen die kapitalistischen bzw. kulturellen Strukturprinzipien auf das Handeln in diesen Zonen einwirken. Eine Logik innovativer Lösungssuche durch Verfahren der intellektuellen Untersuchung dürfte es in solchen Zonen der Ununterscheidbarkeit jedenfalls schwer haben, da es für sie wesentlich ist, die verschiedenen Propositionen zu reflektieren.

Um vor diesem Hintergrund einer Bilanzierung, wie es um die Verbraucherdemokratie im kulturellen Kapitalismus steht, einen weiteren Schritt näher zu kommen, vergleiche ich noch zwei gesellschaftstheoretische Entwürfe, die unter diesem Gesichtspunkt gegensätzliche Einschätzungen zu den gegenwärtigen Prozessformen der Markt-Vergemeinschaftung nahelegen. So kann sowohl Nico Stehrs Theorie über *Die Moralisierung der Märkte* als auch Axel Honneths Versuch, eine Gerechtigkeitstheorie über Gesellschaftsanalysen zu entfalten, in denen Prozesse normativer Institutionenbildung auch in den Bereichen des Markthandelns und der Konsumsphäre historisch-soziologisch untersucht werden, sehr gut auf die Frage nach der Zukunft der Verbraucherdemokratie bezogen werden.

Die These von der *Moralisierung der Märkte* lässt sich dabei direkt an die obige Überlegung anschließen, dass heutige Marktinstitutionen verschiedene Ordnungsprinzipien immer schon auf schwer entwirrbare Weise verknüpfen. Damit verbindet Nico Stehr jedoch die Behauptung, dass sich die faktischen Macht- und Einflussgewichte historisch deutlich in Richtung der kulturellen und moralischen Werte verschieben. Die Prozesse der Markt-Vergemeinschaftung führen tatsächlich zu einem Ordnungsamalgam, in dem aber nicht die »Ökonomisierung der Kultur« den Trend vorgibt, der dann zur schleichenden Angleichung aller sozialen Wertschätzungskriterien und Gerechtigkeitsvorstellungen an die Bedingungen des Markterfolgs führt, sondern die umgekehrte Tendenz dominiert, die als Moralisierung oder auch »Kulturalisierung«[118] der Märkte bezeichnet wird. Indizien für diesen Trend sieht Stehr

118 Stehr, *Die Moralisierung der Märkte*, S. 70. Entwicklungen in der anderen Richtung schließt Stehr nicht völlig aus, sondern formuliert seine These vor dem Hintergrund der grundsätzlichen »Frage, welche dieser Entwicklungen – Demoralisierung oder Moralisierung der Märkte – nachhaltiger ist« (ebd., S. 34).

in der Zunahme solcher Konsum- und Unternehmenspraktiken, in denen Verbraucher und Unternehmen *auch* Gemeinwohlgesichtspunkte wie die soziale Gerechtigkeit und die ökologische Nachhaltigkeit von Produktionsformen geltend machen und ihren Entscheidungen zugrunde legen, wobei die steigende Relevanz dieser kulturellen Werte insbesondere die Stellung der Verbraucher in den Marktbeziehungen stärke. Verantwortlich für die langfristigen Verschiebungen der Verbraucherpräferenzen seien insbesondere der wachsende Wohlstand sowie der ebenfalls zunehmende Bildungsstand, die im Sinne Ronald Ingleharts zur Ausbreitung postmaterieller Wertorientierungen führen.[119] Ergänzend erwähnt Stehr auch veränderte Randbedingungen, etwa durch das Internet, durch soziale Bewegungen, durch die Bedeutungszunahme transnationaler Institutionen für die rechtliche Regulierung sowie nicht zuletzt auch der Frauen. Schließlich komme hinzu, dass *Wissen* in der gegenwärtigen Gesellschaft zum zentralen Produktionsfaktor und zur unverzichtbaren Basis ökonomischer Wertschöpfung geworden sei.[120]

Um besser einschätzen zu können, unter welchen Bedingungen die Verbraucherdemokratie im kulturellen Kapitalismus gestärkt wird, ist nun aber genauer zu fragen, wie der Prozess der Moralisierung der Märkte hier theoretisch gedeutet wird. Für Stehr handelt es sich ganz explizit um einen Prozess der Markt-Vergemeinschaftung, den er im Sinne Emile Durkheims als einen weitgehend anonymen Prozess auffasst, über den sich eine Gesellschaft die ihrem Entwicklungsstand gemäße moralische Grundlage von selber schaffe.[121] Die *Prozessform*, über die der Markt hier moralisch

119 Vgl. ebd., S. 42 und S. 232-235 sowie Ronald Inglehart, *The Silent Revolution. Changing Values and Political Styles Among Western Publics*, Princeton 1977. Es finden sich in der sozialwissenschaftlichen Diskussion allerdings nicht wenige skeptische Töne zum Bild einer dominanten Aufwärtsbewegung in der sozialstrukturellen Entwicklung (vgl. etwa Mau, *Lebenschancen* und Vogel, *Wohlstandskonflikte*).

120 Vgl. Stehr, *Die Moralisierung der Märkte*, S. 55, S. 58 f., S. 62. und S. 177.

121 Vgl. ebd., S. 138-142 sowie S. 9. – Aber schon Durkheim hatte in seiner berühmten Studie *Über soziale Arbeitsteilung* mit dem Problem zu kämpfen, dass sich die theoretisch angenommene organische Solidarität empirisch nicht ohne weiteres einstellen wollte, sondern viele *anomische* Entwicklungen an der Tagesordnung waren, was ihn – insbesondere in seinem berühmten Vorwort zur zweiten Auflage – zu wichtigen Korrekturen in seinem Prozessmodell veranlasst hat.

vergemeinschaftet wird, hebt die »unsichtbaren« Mechanismen der Vorauswahl von Produktpaletten und Dienstleistungsangeboten hervor, in denen sich die veränderten kulturellen Werte des (pluralisierten) sozialen Milieus vor jeder bewussten Konsumentscheidung der Verbraucher bereits niedergeschlagen haben:

Die Moralisierung der Märkte spielt sich demnach zu einem nicht unerheblichen Teil hinter dem Rücken der Konsumenten ab, denn die Entscheidungen der Marktteilnehmer haben, sofern die Moralisierung ein unverrückbarer Teil der Produkte und Rahmenbedingungen des Marktkontextes wird, in einem solchen Fall zumindest *nachgelagert* keine entscheidende Bedeutung mehr. Man kann letztlich nur noch *Produkte moralischen Gehalts* erwerben.[122]

Wie genau aber kommt dieser moralische Gehalt in die am Markt gehandelten Produkte und Dienstleistungen, und um welche kulturellen Werte handelt es sich bzw. was qualifiziert sie eigentlich als moralisch? Als maßgebliche Instanz der Vergemeinschaftung weist Stehr auf ein *gesellschaftliches Milieu* hin, in welches die Markthandlungen eingebunden sind, dessen qualitative Eigenschaften und Strukturierungsmodi aber weitgehend im Dunkeln bleiben.[123]

Die Lehren, die er hier zieht, laufen auf die Einsicht hinaus, dass die Stiftung eines modernen Solidaritätszusammenhangs auf ein ganzes Bündel von Bedingungen angewiesen ist, zu dem neben dem Autonomiekult des Individualismus sowie staatlich garantierten Fairness- und Gerechtigkeitsbedingungen in der institutionellen Struktur der Arbeitsteilung vor allem die Herausbildung und politische Einbindung eines Assoziationswesens auf der intermediären Ebene zwischen Familiensolidarität und staatlicher Administration gehört.

122 Ebd., S. 71.

123 Vgl. auch Marian Adolf, Nico Stehr, »Soziale Milieus und Konsum: Die Moralisierung der Märkte und ihre Kritik«, in: Heidbrink u. a. (Hg.), *Die Verantwortung des Konsumenten*, S. 245-267, hier: S. 250 und S. 262-265. Wenngleich der Titel anderes erwarten ließe, wird in diesem Text weder der Begriff des Milieus noch dessen Rolle im Moralisierungsprozess genau bestimmt. Es handelt sich um gruppen- oder schichtspezifische Werthaltungen, die sich mal schnell, mal langsam und in unterschiedlichsten, nur empirisch bestimmbaren Richtungen verändern, auf die die Märkte aber reagieren müssen. Auch die Mehrheitsmeinung sowie die »maßgeblichen Institutionen einer Gemeinschaft beziehungsweise Gesellschaft« (ebd., S. 262) werden als Milieufaktoren genannt. Und so kommt es zu der nun nicht mehr überraschenden Einschätzung, »dass es in modernen Gesellschaften eine Pluralität von Märkten gibt, auf denen der Trend zur Moralisierung in unterschiedlicher Weise und mit verschiedenen Werten von Konsumenten und Produzenten praktiziert wird« (ebd., S. 263), wobei dieser Trend kein Qualifizierungskriterium mehr beinhaltet, insofern »allein das

Ein relevanter Ansatzpunkt für die Erklärung transformativer Prozesse läge gewiss in der Zentralstellung des Wissens in dieser Wandlungstheorie, zumal sich daran auch die Frage knüpfen ließe, ob in dieser Prozessform der Markt-Vergemeinschaftung Verfahren der intellektuellen Elaboration von kollektiv als problematisch wahrgenommenen Folgen des Markthandelns eine Rolle spielen. Aber darin scheint kein zuverlässiger Mechanismus der Vergemeinschaftung mehr zu liegen, weil Wissen »im Prinzip immer strittig« und damit unsicher und der »wissenschaftliche Diskurs entpragmatisiert [ist]«.[124] Am Ende dominiert in dieser *optimistischen* Einschätzung gegenwärtiger Markt-Vergemeinschaftung daher doch die Marktform diesen Prozess, auch weil die öffentliche Meinung – über die das gesellschaftliche Milieu nach Durkheim seinen moralischen Vorstellungen Ausdruck verleiht – vollkommen desorganisiert zu sein scheint. Jedenfalls gibt es in der Theorie keine gegenteiligen Hinweise. Umgekehrt werden problematische Effekte der kapitalistischen Marktform, etwa die aus der Preiskonkurrenz resultierenden Rationalisierungszwänge und Externalisierungsstrategien, die ungebrochene ökonomische Wachstumsdynamik (und die damit verbundenen Rebound-Effekte des moralischen Konsums) oder die Fragmentierungs- und Desozialisierungseffekte durch Marktsegmentation und individualisierende soziale Verkehrsformen vielleicht mal erwähnt, aber im Rahmen des Prozessmodells nicht weiter berücksichtigt. Letztlich bestimmt hier der *Genitivus subiectivus*, was unter der *Moralisierung der Märkte* zu verstehen ist.

An den problematischen Effekten der Marktform setzt hingegen Axel Honneth an, wenn er in seiner historischen Rekonstruktion dem Markt wohl zuspricht, einmal vergemeinschaftet gewesen zu sein, wohingegen die jüngeren gesellschaftlichen Entwicklungen aber auf einen *Verfall dieser moralischen Grundlagen* hindeuten. Honneth ist der Auffassung, dass der Markt nicht als moralfreie oder ausschließlich negative Freiheiten sichernde Institution verstanden werden kann, sondern in erster Linie als moderne Form eines Kooperationszusammenhangs zur reziproken Sicherung und Vergrößerung sozialer Freiheiten gedacht war. Dementsprechend

Vorhandensein von als ethisch empfundenen Motiven auf Seiten der Käufer« (ebd., S. 262) zählt und auch die »Erreichung der Ziele des moralischen Konsums« kein Bewertungskriterium mehr sein kann (ebd., S. 259).

124 Ebd., S. 176 f.

begegneten sich die Marktteilnehmer mit geteilten normativen Ansprüchen und unter institutionellen Rechtfertigungsbedingungen auf dem Markt, um *gemeinsam* ihre jeweiligen Ziele zu erreichen. Es sei das »Versprechen, durch Tauschprozesse zu einer komplementären Ergänzung individueller Handlungsabsichten beizutragen«, das die »ganze Legitimität« des Marktes nach Denkern wie Hegel oder Durkheim ausmache.[125] Da Honneth in seinem Buch die Gerechtigkeitstheorie in einer soziologisch-historischen Gesellschaftsanalyse verankern will, kommt es darauf an, diese sittliche Einbettung des Marktes nicht einfach normativ zu postulieren, sondern anhand der Entwicklungsgeschichte moderner Institutionen auch empirisch zu rekonstruieren. So zeigt er etwa, wie durch Verbraucherproteste und das Aufkommen von Verbraucherschutzkonzeptionen Ansprüche auf gerechte Repräsentationsverhältnisse der am Markt beteiligten Akteure in der Konsumsphäre artikuliert wurden. Diese wurden nicht von außen an den Markt herangetragen, sondern als dessen breit geteilte normative Bestimmung aufgefasst, die Honneth wie folgt resümiert:

> Der Konsumgütermarkt läßt sich in der Tradition des moralischen Ökonomismus dann als ein institutionalisiertes Verhältnis wechselseitiger Anerkennung begreifen, wenn die unternehmerischen Anbieter und die Konsumenten als so aufeinander bezogen gedacht werden, daß sie komplementär zur Realisierung der legitimen Interessen der jeweils anderen Seite beitragen: Die Konsumenten können demnach ihre Freiheit der individuellen Bedürfnisbefriedigung nur dadurch verwirklichen, daß sie durch Nachfrage auf einem Markt den Unternehmen die Aussicht auf Gewinnmaximierung eröffnen, und die Unternehmen können diese Gewinnmaximierung umgekehrt nur dann realisieren, wenn sie tatsächlich die Güter produzieren, nach denen jene Konsumenten ursprünglich nachgefragt hatten. Aber keine der dabei ins Spiel kommenden Größen, weder die Gewinnspanne der Unternehmen noch die Art der überhaupt durch käuflichen Erwerb zu befriedigenden Bedürfnisse, weder die Mittel zur ökonomischen Bedürfnisanreizung noch die Weisen der Realisierung des Konsums, sind an sich schon durch den Markt selbst festgelegt oder bestimmt; vielmehr tun sich an all den genannten Stellen jeweils viele Alternativen auf, zwischen denen letztlich nur im Rückgriff auf normative Überlegungen und Gesichtspunkte zu entscheiden ist.[126]

125 Honneth, *Das Recht der Freiheit*, S. 348.
126 Ebd., S. 381.

Maßgeblich für die Einschätzung der Lage der Verbraucherdemokratie im gegenwärtigen kulturellen Kapitalismus ist daher zweierlei: *Zum einen* die Beantwortung der Frage, welchen Anforderungen der Prozess der Markt-Vergemeinschaftung genügen, insbesondere welcher *Verfahrenslogik* er folgen müsste, wenn die getroffene Auswahl unter den hier angedeuteten Alternativen den normativen Gehalt und den sozialen Zusammenhalt der Marktinstitution sichern sowie zukünftig noch umfassender realisieren soll; *zum anderen* die Beantwortung der Frage, welche *Prozessform* über die gegenwärtige Markt-Vergemeinschaftung *faktisch* bestimmt, wie also diese Auswahl empirisch getroffen wird und welche Konsequenzen dies für die gemeinschaftlichen oder moralischen Grundlagen des Marktes mit sich bringt. Macht Stehr diesbezüglich eine *konvergente* historische Entwicklung aus, weil er der Marktform letztlich selbst die Fähigkeit zur Moralisierung zuspricht und daher an die Prozessgestaltung, abgesehen von einigen gesellschaftlichen Rahmenparametern wie dem Einkommens- und Bildungszuwachs, keine weiteren Anforderungen stellen muss – mit der Konsequenz, dass die damit erreichbare Vergemeinschaftung kaum über eine weitere Aufladung des Marktes mit symbolischen Gehalten hinausgeht und somit beinahe jede historische Verlaufsform des kulturellen Kapitalismus als Moralisierung gelten kann, insofern darin ein Einflusszuwachs der kulturellen Werte zu verzeichnen ist –, unterscheidet sich Honneth davon diametral und diagnostiziert entsprechend eine *divergente* Entwicklung:

> Ein Baustein demokratischer Sittlichkeit ist, so muß man [...] nüchtern konstatieren, die marktvermittelte Sphäre des Konsums in den letzten Jahrzehnten nicht geworden. Auch wenn sie unter Mithilfe diskursiver Mechanismen und entsprechender Regularien das normative Potential dazu hätte, dient sie heute weder der Einübung einer wechselseitigen Perspektivenübernahme noch dem Erlernen von Praktiken der Bedürfnisbeschränkung, im Gegenteil: Es herrscht trotz der vielbeschworenen Moralisierung des Kaufverhaltens eine Mentalität des privaten Konsumismus vor, des rein individuellen Ansammelns von kurzlebigen Gütern, die den Unternehmen einen extrem großen Spielraum bei der Realisierung ihrer weitgehend autonom definierten Ziele eröffnet.[127]

Für Honneth resultiert diese Divergenz aus einer fehlerbehafteten institutionellen Dynamik in der historischen Entwicklung der

127 Ebd., S. 405.

Marktordnungen. Diese seien nämlich faktisch auf eine institutionelle Rechtsform reduziert worden, die nahezu ausschließlich der Sicherung von negativer Freiheit dient, also primär aus subjektiven Rechten vieler Einzelner bestehe. Dieser Rechtsform schreibt er die de-sozialisierenden Wirkungen zu, die er an vielen Erscheinungen der gegenwärtigen Entwicklung hin zu einer Marktgesellschaft – mit deutlich reduziertem Potenzial zur Markt-Vergemeinschaftung – empirisch beobachten zu können meint: Die Konsumstile entwickeln sich in diverse Richtungen, die Schere sozialer Ungleichheit geht immer weiter auseinander und bringt problematische Konsumfolgen mit sich, Werbung und Marketing gewinnen ein Interpretationsmonopol für die in den Bedürfnisartikulationen enthaltenen Werte usw. Weit dahinter zurück bleibe demgegenüber die Herausbildung von Kapazitäten, die den Markt noch als eine Institution *sozialer* Freiheit ausbuchstabieren und entsprechend auf die Auswahl unter den Alternativen für seine Ausgestaltung so einwirken könnten, dass sein normativ zu konkretisierender *Sinngehalt als Kooperationsgefüge* im Ergebnis auch wirksam in seinen Ordnungen verankert würde. Wiederum kann mit Honneth diesbezüglich das Fehlen einer hinreichend organisierten Öffentlichkeit als *das* zentrale Schlüsselproblem der Verbraucherdemokratie diagnostiziert werden, das ja auch schon in der Auseinandersetzung mit Stehr zu Nachfragen Anlass gegeben hat – mit dem Unterschied freilich, dass dieser keinen Schaden für den Prozess der Verbraucherdemokratie ausmachen kann, wo jener eine desaströse Entwicklung heraufziehen sieht.[128]

Honneth zieht aus dieser Diagnose den Schluss, dass den Meinungsbildungsprozessen in der *politischen* Öffentlichkeit als dem wichtigsten Ort demokratischer Vergemeinschaftung *auch* von Marktzusammenhängen allergrößte Aufmerksamkeit gebührt, wenn es zukünftig möglich bleiben soll, der globalisierten modernen Gesellschaft eine gelungene institutionelle Form zu geben.[129] Was »gelungen« dabei heißen kann, ergibt sich für ihn aus seiner

128 Vgl. ebd., S. 386-391 und S. 399-409.

129 Vgl. ebd., S. 608: »Einen Ausweg aus der Krise des demokratischen Rechtsstaates böte heute nur die Bündelung der öffentlichen Macht von Verbänden, sozialen Bewegungen und zivilen Assoziationen, um koordiniert den parlamentarischen Gesetzgeber massiv unter Druck zu setzen, Maßnahmen zur sozialen Wiedereinbettung des kapitalistischen Marktes zu ergreifen.«

Annahme, dass die Moderne bereits über einen kollektiven moralischen Leitwert verfügt, der sich als Ziel der Ausweitung individueller Freiheiten in all ihren rechtlichen, moralischen und sozialen Hinsichten ausbuchstabieren lasse.[130] Diese Ausgangsprämisse der Existenz einer übergreifenden »Vorstellung vom gemeinsamen Guten«, die Honneths *Erzählung* der Gesellschaftsgeschichte anleitet und damit entgegen seinem eigenen methodologischen Anspruch nicht mehr überzeugend (weil empirisch falsifizierbar) aus deren soziologischer *Rekonstruktion* gewonnen werden kann, muss man keineswegs teilen. Stattdessen kann weiterhin mit der offeneren Annahme einer soziologisch auch nachweisbaren Pluralität »gemeinsamer Welten« mit ihren konkurrierenden Gemeinwohlvorstellungen operiert werden. Dann meint »gelungen« einen Zustand demokratischer Vergemeinschaftung, dessen normative Formel durch kooperative Anstrengungen zu einer Neuversammlung des Kollektivs eben erst noch gefunden werden muss. Aber das setzt genauso voraus, dass die Möglichkeit zur öffentlichen Versammlung in der Zukunft gegeben ist. Unbeantwortet bleibt damit aber noch, welche *Prozessform* hierfür unter den gegenwärtigen Bedingungen des kulturellen Kapitalismus als geeignet und realistisch erscheint. Honneth setzt diesbezüglich – wiederum diametral zu Stehr – auf die klassische Differenzierung von staatsbürgerlicher und privat-ökonomischer Sphäre, obgleich er um deren komplizierte Interdependenzen weiß.[131] Er schätzt nämlich die Gefährdungen der Öffentlichkeit durch den Privatismus der expandierenden Marktform, die Fragmentierungseffekte der Werbung und Kulturindustrie sowie die resultierende politische Apathie derart hoch ein, dass er sich die Verwirklichung von Deweys Modell des Demokratischen Experimentalismus nur noch über ein »verfasstes« Wechselspiel von Staat und politischer Kultur vorstellen kann, welches die solidarische Gemeinwohlorientierung *vorab* zu sichern vermag – und welches nicht etwa erst als das *Resultat* politischer Versammlungen entsteht, die durch folgenreiche gesellschaftliche Vernetzungen von Beteiligten und Betroffenen mit disparaten Welthorizonten motiviert sind:

130 Vgl. ebd., S. 9 und S. 122 f.
131 Vgl. ebd., S. 472 f. und S. 614-619.

> Im Unterschied zu den anderen Sphären sozialer Freiheit [...] bedarf die Teilnahme an der demokratischen Öffentlichkeit und damit die Ausübung der in ihr beheimateten Freiheit zunächst eines individuellen Entschlusses, private Ziele hinter die Verfolgung des Gemeinwohls zurückzustellen, um sich im kooperativen Zusammenwirken mit anderen für eine Verbesserung der sozialen Lebensbedingungen einzusetzen [...]. Mithin ist die Existenz einer politischen Kultur, die derartige Solidaritätsgefühle speist und permanent beflügelt, die elementare Voraussetzung einer Vitalisierung, ja überhaupt erst einer Inkraftsetzung der demokratischen Öffentlichkeit; damit diese Sphäre nicht ein leerer Raum bleibt [...], bedarf es des zivilen Engagements von Staatsbürgern, die sich trotz aller gegenseitigen Fremdheit ihrer politischen Gemeinsamkeiten gewiß sind.[132]

Die »Große Gemeinschaft«, die erst am Ende eines experimentellen Versammlungsprozesses entstehen kann und deren Fehlen doch zu dessen Anlässen mit dazugehört, wird hier als zivilreligiöse Bedingung gelingender demokratischer Vergemeinschaftung bereits vorausgesetzt. Dies ist angesichts der Pluralität von Gemeinwohlvorstellungen und der »Abnahme der ›Kongruenz von Beteiligten und Betroffenen‹ (Habermas)«[133] aber nur mit einer *zweistufigen Prozessform* modellierbar, in die ein über den *pragmatisch* ausgerichteten Aushandlungssphären des Privatlebens und des Marktes angesiedelter *Reflexionsprozess* eingezogen wird, der dann als universell zuständiges öffentliches Forum institutionalisiert wird und an dem die Staatsbürgerinnen aufgrund ihrer patriotischen Bindung an die Verfassung eines staatlichen Gemeinwesens teilnehmen. Doch im Rahmen einer solchen Ebenen-Differenzierung droht sich der reflexive Willensbildungsprozess, der doch die (Markt-)Vergemeinschaftung tragen soll, tatsächlich zu »entpragmatisieren« (Stehr). Das aber dürfte zur Stärkung der »demokratischen Sittlichkeit« innerhalb des gesellschaftlichen Kooperationszusammenhangs nicht unbedingt beitragen.

Ob in einer solcherart differenzierten Prozessform der Markt-Vergemeinschaftung also die Zukunft der Verbraucherdemokratie realistisch liegen kann und diese auch geeignet wäre, eine institutionelle Neuordnung für das versammelte Kollektiv zu gewährleisten, erscheint fraglich. Um noch verbleibende *dritte* Optionen zu eruieren, die auf *Prozessformen jenseits vom luftigen Marktoptimis-*

132 Ebd., S. 544 f.; vgl. auch ebd., S. 505-517.

133 Ebd., S. 541; vgl. auch ebd., S. 488-500, S. 617 und S. 620.

mus einerseits und einer überfordernden Staatsbürgertugend andererseits basieren, wird der Blick daher im Folgenden auf den *Staat der Verbraucher* gerichtet. Dieser lässt sich aus einer Doppelperspektive analysieren, nämlich *als regulierendes Moment* der faktisch sich einstellenden institutionellen Neuordnungen der Konsumgesellschaft im kulturellen Kapitalismus *einerseits* und *als Verkörperung von Verfahrensabläufen und -normen andererseits*, die in diesem Prozess mehr oder weniger erfolgreich und überzeugend widerstreitende Propositionen und deren Gemeinwohlgesichtspunkte zusammenführen sowie Lösungen für die öffentlich identifizierten Probleme erarbeiten. Damit werden schließlich die Defizite gegenwärtiger Verbraucherdemokratie genauer bestimmbar.

VI. Der Staat der Verbraucher – Defizite der Verbraucherdemokratie

Der politische Prozess, mit dem die Verbraucherdemokratie auf die problematischen Interdependenzen und Nebenfolgen der Konsumgesellschaft reagiert, führt zu kritischen Reflexionen in einer öffentlichen Arena, die mit den Praktiken der Verbraucher sowie den eigendynamischen Ordnungsbildungen im kulturellen Kapitalismus pragmatisch noch nicht so vermittelt sind, dass die verschiedenen »gemeinsamen Welten«, die in diesem Prozess aufeinandertreffen, in einer »guten« gemeinsamen Ordnung oder »Großen Gemeinschaft« als auf neue Weise integriert betrachtet werden könnten. Die gesellschaftliche Konstellation ist anhaltend krisenhaft, steht aber nicht still, sondern produziert in unterschiedlichen kulturellen und ökonomischen Kontexten laufend experimentelle Ansätze der Markt-Vergemeinschaftung, die auf die Probleme reagieren und diese einer Lösung zuzuführen versuchen. Am (vorläufigen) Ende eines solchen – wenn auch nur begrenzt demokratisch kontrolliert und intellektuell geordnet ablaufenden – Experimentierprozesses, also in Phasen der (vorübergehenden) Stabilisierung der gesellschaftlichen Konstellation, steht – mit John Dewey – gleichwohl stets ein *politischer Staat*, nämlich eine *Form der kollektiven Regulierung* oder *Governance* dieser Interdependenzen und Nebenfolgen.[1] Dieser Staat kann das um die Probleme oder Streitsachen versammelte Kollektiv besser oder schlechter repräsentieren, je nachdem, wie gut die unterschiedlichen relevanten Anliegen und Gemeinwohlvorstellungen, die aus den verschiedenen »gemeinsamen Welten« heraus vorgetragen und vertreten werden, im Rahmen seiner parlamentarischen Verfahrensordnungen und administrativen Prozesse öffentlich artikuliert und pragmatisch vermittelt werden.

In der Verbraucherdemokratie – und dies ist nur ein Name, kein Präjudiz – bezeichnet das *Verbraucherwohl* dabei jenes *allgemeine* Wohl, auf das sich die Rechtfertigungen für das neugeordnete Kollektiv berufen müssen. Dieses *Verbrauchergemeinwohl* ist dabei inhaltlich allerdings keineswegs schon festgelegt, sondern

1 Vgl. Dewey, *Die Öffentlichkeit und ihre Probleme*, S. 44.

zentraler Bezugspunkt von *Deutungskonflikten*, die im politischen Prozess, der zu der staatlichen Reorganisation des Kollektivs hinführt, ausgetragen werden. Historisch betrachtet spiegelte sich in den Konzeptionen eines staatlichen Verbraucherschutzes über lange Jahre vor allem die Frontstellung zwischen marktliberalen und sozialstaatlichen Denkmodellen wider.[2] Dem ersten dieser Modelle entsprechend würde dieses Gemeinwohl am besten durch wohl-strukturierte Märkte repräsentiert, in denen eine annähernd symmetrische Beziehung zwischen Anbietern und Nachfragern die optimierte Bedürfnisbefriedigung gewährleistet. Nur in diesem Modell sei der Verbraucher vor Bevormundungen geschützt und habe in seinen privaten Konsumentscheidungen die *freie Wahl*. Allein ausnahmsweise und ausschließlich in solchen Bereichen, in denen hinreichende Sicherheit für die Verbraucher im Rahmen der Marktform nicht zu erreichen sei – etwa bei der Einführung neuer Medikamente im Bereich des Gesundheitsschutzes –, sei regulierendes Eingreifen des Staates gerechtfertigt. Ansonsten bleibe dieser auf Rahmengestaltung beschränkt. Das hierfür geeignete Mittel wird in der Förderung und Sicherung des ökonomischen Wettbewerbs, also der Verhinderung von Monopolbildungen oder anderer Marktvermachtungen gesehen.[3] Dagegen argumentieren Vertreter eines klassisch – staatszentrierten Modells mit der Machtasymmetrie zwischen Anbietern und Verbrauchern, durch die Letztere systematisch benachteiligt und in ihren legitimen Interessen verletzt würden.[4] Sie sehen in der Artikulation von Schutzinteressen der Verbraucher mit politischen Mitteln gegenüber der strukturell stärkeren Position der Anbieter eher den Normal- als den Ausnahmefall von Verbraucherpolitik. Zwar sollen auch hier – ähnlich wie im marktliberalen Modell – die Verbraucher durch Aufklärung gestärkt werden, wobei aber die Ausrichtung dieser Politik auf »Verbrauchererziehung« zu erkennen gibt, dass der Staat oder die Verbände das allgemeine Verbraucherwohl auch stellvertretend interpretieren und eine substantielle Lenkungsfunktion gegenüber

2 Siehe dazu Kapitel I, Abschnitt 1.3.

3 Vgl. Ursula Hansen, Bernd Stauss, »Marketing und Verbraucherpolitik – Ein Überblick«, in: Ursula Hansen u. a. (Hg.), *Marketing und Verbraucherpolitik*, Stuttgart 1982, S. 2-20, hier: S. 7.

4 Vgl. Gerhard Scherhorn u. a., *Verbraucherinteresse und Verbraucherpolitik*, Göttingen 1975.

den Konsumpräferenzen und Angeboten ausüben. Im marktliberalen Ansatz hingegen sind es die individuellen Verbraucher selbst, die darüber entscheiden müssen, worin ihr Verbraucherwohl nach ihrer Ansicht besteht.

Diese Gegenüberstellung von Markt und Staat wird der Konstellation, in der sich die gegenwärtige Konsumgesellschaft befindet und nach Regulierung ihrer Interdependenzen und Folgeprobleme verlangt, längst nicht mehr gerecht. Die Frontstellung mag sich im politischen Raum zwar nach wie vor halten – so ist das nun mal mit den institutionellen »Gewohnheiten«, die sich als »Wesenheiten« ausgeben.[5] Aber in der heutigen Krisenkonstellation werden diese Deutungsmuster durch neue Gemeinwohlinterpretationen überlagert, die in direkter Reaktion auf die dynamische Produktion schwerwiegender Nebenfolgen in der Konsumgesellschaft etwa an Prinzipien der *Nachhaltigkeit* festgemacht werden. Zugleich werden in Krisenkonstellationen auch *experimentelle* Ansätze staatlicher Verbraucherpolitik sichtbar, die auf den Umstand reagieren, dass sich die alten politischen Organisationsrezepte für die aktuellen Probleme nicht länger bewähren, sondern vielmehr selbst zu einem Teil des Problems geworden sind. Im deutschen Fall etwa hat die BSE-Krise um die Jahrtausendwende zu einer *Neuausrichtung in der Agrar- und Ernährungspolitik* geführt, die zwar einerseits krisenreaktiv auf die Anforderungen des Gesundheitsschutzes in Zeiten industrieller Intensivlandwirtschaft ausgerichtet blieb, mit dem Wechsel politischer Zuständigkeiten andererseits aber auch generelle Neukonzeptionen für das gesamte Politikfeld hervorgebracht hat. Wie sich die Deutungskonflikte um das allgemeine Wohl der Verbraucher in diesem historischen Moment manifestiert haben, wird im Folgenden anhand einiger Stichproben einer näheren Analyse unterzogen (1). Ein neues politisches Deutungsmuster, das sich in dieser Phase herauskristallisiert und in Entwürfen zu einer *Politik des Dritten Weges* manifestiert hat, verknüpft nun die Institutionen Markt und Staat auf neue Weise. Mit spezifischen Prüfungen einer *aktivierenden Verbraucherpolitik* versucht es, sich die erforderlichen Beiträge zur Herstellung des allgemeinen Wohls bei den Verbrauchern, verstanden als Citizen Consumers oder Consumer Citizens, zu sichern. Als kollektives Handlungsprogramm, das die relevanten

5 Latour, *Das Parlament der Dinge*, S. 122.

Anliegen und Interessen der Verbraucherdemokratie angemessen zu repräsentieren vorgibt, weist es jedoch gewichtige prozedurale Defizite auf (2). Vor diesem Hintergrund wird abschließend die Frage aufgeworfen, wie das Verbraucher(gemein)wohl in der Verbraucherdemokratie besser ermittelt und artikuliert werden könnte (3).[6]

1. Gemeinwohlkonflikte in der Verbraucherpolitik nach der BSE-Krise

Die Krise in der deutschen Landwirtschaft nach dem Auftreten der ersten Fälle der Rinderkrankheit BSE (Bovine Spongiforme Enzephalopathie) Ende des Jahres 2000 und die Rücktritte der grünen Bundesgesundheitsministerin und des sozialdemokratischen Bundeslandwirtschaftsministers im Januar 2001 markierten eine Zäsur in der deutschen Agrar- und Ernährungspolitik. Strukturelle und programmatische Weichenstellungen – etwa die Schaffung einer neuen integrierten Zuständigkeit für Verbraucherschutz, Ernährung und Landwirtschaft in der Bundesregierung, das Auswechseln des Führungspersonals, insbesondere die Rochade zwischen den Koalitionsparteien, sodann ehrgeizige Ziele wie die Schaffung einer »gläsernen Produktion«, die massive Ausweitung von extensiver Landwirtschaft mit einem Anteil des Öko-Landbaus von 20% in zehn Jahren, Präventivmaßnahmen zur Steigerung der Lebensmittelsicherheit und der allgemeinen Qualität im Ernährungskonsum sowie die Stärkung der Rechte und Einflussmöglichkeiten von Verbrauchern und ihrer Verbände – begründen die Vermutung, dass die Agrar- und Ernährungspolitik zu diesem Zeitpunkt umfassend in Bewegung geriet. Mit der politischen Willensbekundung der rot-grünen Bundesregierung, dem Verbraucherschutz im Rahmen

6 In den folgenden Abschnitt 1 sind viele Passagen eingeflossen aus Jörn Lamla, »Politikstil und Konsumkultur. Über den Umgang mit Deutungskonflikten bei Gemeinwohlzumutungen in der Agrar- und Ernährungspolitik«, in: Scherhorn, Weber (Hg.), *Nachhaltiger Konsum*, S. 147-158. Die darauf folgenden Abschnitte gehen zurück auf Jörn Lamla, »Sozialpolitische Verbraucheraktivierung. Konsumsubjekt und Bürgergemeinschaft in der Marktgesellschaft«, in: Adalbert Evers, Rolf G. Heinze (Hg.), *Sozialpolitik: Ökonomisierung und Entgrenzung*, Wiesbaden 2008, S. 301-320.

der Neuausrichtung ihrer Agrar- und Ernährungspolitik einen Vorrang einzuräumen, ließ sich die Hoffnung (oder nüchterner: Hypothese) verbinden, dass seitens des neuen Bundesministeriums für Verbraucherschutz, Ernährung und Landwirtschaft (BMVEL) unter Führung von Renate Künast (Bündnis 90/Die Grünen) Strukturprobleme der Konsumgesellschaft – insbesondere die gesellschaftliche Verankerung des nachhaltigen Konsums – insgesamt und grundlegender als bislang angegangen würden.

Eine Politik der Agrarwende ist mit zahlreichen und vielfältigen Problemen der politischen Umsteuerung konfrontiert. Ökonomische Interessenverflechtungen im Agrarsektor, Koordinationsprobleme im föderalen System und besonders im Rahmen der gemeinsamen europäischen Agrarpolitik, die Parteienkonkurrenz und der ängstliche Blick auf die Wiederwahlchancen sind alles bekannte Faktoren, die manch denkbarer Reformoption im Wege stehen können. Über diese traditionelle Problemsicht hinaus bestehen aber noch weitere, spezifischere und subtilere Konfliktpotenziale, die sich eher in *kulturellen Hindernissen der Ausdeutung von Problemlösungsoptionen und Gemeinwohlgesichtspunkten* einer verbraucherorientierten Neuausrichtung der Agrar- und Ernährungspolitik manifestieren.[7]

7 Die Politikforschung hat erst allmählich entdeckt, dass der »weiche« Operationsmodus von kulturellen Leitideen, politischen Deutungsmustern und Überzeugungssystemen, von kognitiven Rahmungen, Diskursen und Wissensformationen ein mitunter schwergewichtiger Faktor der Politikfeldstrukturierung sein kann (vgl. Paul A. Sabatier, »Advocacy-Koalitionen, Policy-Wandel und Policy-Lernen: Eine Alternative zur Phasenheuristik«, in: Adrienne Héritier (Hg.), *Policy-Analyse. Kritik und Neuorientierung, PVS-Sonderheft* 24, Opladen 1993, S. 116-148; Frank Nullmeier, »Wissen und Policy-Forschung. Wissenspolitologie und rhetorisch-dialektisches Handlungsmodell«, in: Héritier (Hg.), *Policy-Analyse*, S. 175-196; Frank Nullmeier, »Interpretative Ansätze in der Politikwissenschaft«, in: Arthur Benz, Wolfgang Seibel (Hg.), *Theorieentwicklung in der Politikwissenschaft – eine Zwischenbilanz*, Baden-Baden 1997, S. 101-144; Maarten A. Hajer, »Ökologische Modernisierung als Sprachspiel. Eine institutionell-konstruktivistische Perspektive zum Umweltdiskurs und zum institutionellen Wandel«, in: *Soziale Welt*, H. 2 (1997), S. 107-132; Dietmar Braun, »Der Einfluß von Ideen und Überzeugungssystemen auf die politische Problemlösung«, in: *Politische Vierteljahresschrift*, H. 4 (1998), S. 797-818; theoretisch und methodologisch auseinandergesetzt habe ich mich mit diesen Fragen in Jörn Lamla, »Politische Konstruktionen in rekonstruktiver Perspektive. Drei Modelle interpretativer Politikforschung«, in: Thorsten Bonacker u. a. (Hg.), *Die Ironie der*

Deutungskonflikte spielen in den verschiedenen Aufgabenfeldern und Problemzusammenhängen der Politik des Bundesministeriums für Verbraucherschutz, Ernährung und Landwirtschaft eine erhebliche Rolle. Angesichts der motivierenden Kraft und inneren Widerständigkeit, die sie in der alltäglichen Lebensführung, z. B. in der Ernährung, im Konsumverhalten, aber auch in Bereichen der landwirtschaftlichen Produktion entfalten, könnten sich die verschiedenen Gemeinwohlvorstellungen und damit verknüpften Prüfungen der »gemeinsamen Welten« als *die* »kritische Größe« erweisen, insofern sie mit dem Grad ihrer Verfestigung zu Gewohnheiten auch über die Reichweite gesellschaftlicher Lernchancen entscheiden. Ob die staatliche Administration über die Mittel und Möglichkeiten verfügt, Lernprozesse in diesem Feld zu initiieren und zu steuern, ist höchst ungewiss.[8] Leitideen spielen in der Politik zwar eine bedeutende Rolle. Insbesondere in Krisenkonstellationen, wenn eingeschliffene Problemdeutungen und Entscheidungsroutinen nicht mehr greifen, können sie neue Handlungsoptionen eröffnen. Sie bergen aber auch politische Risiken, können polarisierend wirken oder die Strategiefähigkeit einschränken, etwa wenn sich die Politik zu stark an ein positives Modell der ethisch guten Lebensführung bindet, dessen Realisierung am pluralisierten Wertehaushalt der modernen Gesellschaft mit ihren verschiedenen sozialen Welten zerschellt. Umgekehrt könnte die liberale Selbstbeschränkung einer Nachhaltigkeitsidee, die bloß negativ zur Vermeidung bestimmter, besonders ressourcenintensiver Entwicklungspfade im Ernährungskonsum und der Agrar- und Lebensmittelmärkte auffordert, sich als zu überzeugungsschwach erweisen, um überhaupt innovative Kräfte zu mobilisieren.[9]

Politik. Über die Konstruktion politischer Wirklichkeiten, Frankfurt/M., New York 2003, S. 310-330).

8 Skeptisch dazu: Niklas Luhmann, *Politische Theorie im Wohlfahrtsstaat*, München, Wien 1981, S. 32.

9 Vgl. zu Leitbildern der Nachhaltigkeit Joachim H. Spangenberg, Sylvia Lorek, »Sozio-ökonomische Aspekte nachhaltigkeitsorientierten Konsumwandels«, in: *Aus Politik und Zeitgeschichte*, H. 24 (2001), S. 23-29; Fritz Reusswig, »Nicht-nachhaltige Entwicklungen. Zur interdisziplinären Beschreibung und Analyse von Syndromen des Globalen Wandels«, in: Karl-Werner Brand (Hg.), *Nachhaltige Entwicklung. Eine Herausforderung an die Soziologie*, Opladen 1997, S. 71-90, hier: S. 89 f. und Zukunftskommission der Friedrich-Ebert-Stiftung, *Wirtschaftliche*

Es lohnt sich, zunächst den Blick für die Deutungskonflikte und ihre Hintergründe zu schärfen, bevor die Risiken und Paradoxien, die Optionen und auch die Versäumnisse des Staates hinsichtlich der gesellschaftlichen Verankerung von Gemeinwohlzumutungen im komplexen Feld von Verbraucherschutz, Landwirtschaft und Ernährung kritisch herausgestellt werden. Die Dynamik der verbraucherorientierten Neuausrichtung in der Agrar- und Ernährungspolitik hängt nicht unwesentlich davon ab, in welchem Verhältnis die verschiedenen Ansätze zur Interpretation des Gemeinwohls stehen, die darin artikuliert und repräsentiert werden. Die kritische Einschätzung der Agrarwendepolitik der Bundesregierung muss sich diesbezüglich nicht nur auf die institutionellen Kontexte und die Macht- und Einflussspiele der beteiligten Akteure,[10] sondern auch auf die politisch-kulturellen Dispositionen und prozeduralen Formen des Umgangs mit diesen Deutungsproblemen beziehen. Denn erfolgreiche staatliche Regulierung der Interdependenzen und Folgeprobleme der Konsumgesellschaft ist womöglich auch eine Frage des Stils und geeigneter Verfahren, um die Konflikte über das Gemeinwohl in einen gemeinsamen Deutungsrahmen zu überführen. Um diese Hypothesen und Überlegungen zu plausibilisieren, konzentriere ich mich im Folgenden auf drei Politikbereiche, in denen Gemeinwohlgesichtspunkte einer nachhaltigkeits- und verbraucherorientierten Agrar- und Ernährungspolitik jeweils spezifische Deutungskonflikte bergen. Hierbei handelt es sich um den gesundheitlichen Verbraucherschutz (1.1), um Kernprobleme einer Agrarstrukturreform (1.2) und schließlich um die Mobilisierung der Verbraucher im Ernährungssektor (1.3). Abschließend werden die Demokratiedefizite dieser Form der staatlichen Artikulationen des »Verbraucherwohls« zusammengefasst (1.4).

Leistungsfähigkeit, sozialer Zusammenhalt, ökologische Nachhaltigkeit. Drei Ziele – ein Weg, Bonn 1998.

10 Vgl. Renate Mayntz, Fritz W. Scharpf, »Der Ansatz des akteurzentrierten Institutionalismus«, in: Dies. (Hg.), *Gesellschaftliche Selbstregelung und politische Steuerung*, Frankfurt/M., New York 1995, S. 39-72.

1.1 Risikoprävention im gesundheitlichen Verbraucherschutz

Ein erster Aufgabenbereich der verbraucherorientierten Neuausrichtung in der Agrar- und Ernährungspolitik betrifft die Risikoprävention im gesundheitlichen Verbraucherschutz. Mit der Manifestation der BSE-Krise setzten administrative Bemühungen um eine präventiv ausgerichtete Risikoregulierung ein, die das Maß an Lebensmittelsicherheit generell heraufsetzen sollte. Der Fall der BSE-Krise kann in dieser Hinsicht etwa mit dem *Contergan-Schock* im Arzneimittelsektor verglichen werden.[11] Die Politik reagiert auf solche Krisen mit staatlicher Risikoübernahme. Der Staat sorgt nicht nur für Schadensbegrenzung im akut eingetretenen Fall, sondern übernimmt zudem die Verantwortung und verpflichtet sich, dafür zu sorgen, dass vergleichbare Gesundheitsgefährdungen in Zukunft vermieden werden. Darin steckt ein *erster Deutungskonflikt mit Gemeinwohlfragen*. Was bedeutet diese Risikoübernahme für den Bereich der Lebensmittelsicherheit genau? Welcher Logik wird das Risikomanagement im Lebensmittelsektor folgen, und welche Auswirkungen wird der Verlauf von Risikodiskursen zur Lebensmittelsicherheit auf die Wertvorstellungen von gesunder Ernährung haben?

Um zu verdeutlichen, dass der Gemeinwohlgesichtspunkt des gesundheitlichen Verbraucherschutzes im Bereich der Ernährung einen offenen Deutungsspielraum und ein latentes Konfliktpotenzial birgt, lassen sich zwei Interpretationen des Kriteriums der Lebensmittelsicherheit einander idealtypisch gegenübergestellen. Das eine Extrem wäre eine traditionale Ausdeutung nach dem Motto: »Was der Bauer nicht kennt, das isst er nicht« (Welt des Hauses). Die Strategie der Risikovermeidung würde in diesem Fall nicht auf wissenschaftliches Wissen, sondern in erster Linie auf tradiertes Alltags- und Erfahrungswissen zurückgreifen. Hinter einer entsprechenden politischen Proposition könnte auch die Befürchtung stehen, dass sich der Bereich des Nicht-Wissens über Lebensmittelrisiken durch experimentelle Forschung nicht verklei-

11 Vgl. Georg Krücken, »Risikotransformation. Voraussetzungen, Strukturen und Folgen der politischen Regulierung von Arzneimittelgefahren«, in: Petra Hiller, Georg Krücken (Hg.), *Risiko und Regulierung. Soziologische Beiträge zu Technikkontrolle und präventiver Umweltpolitik*, Frankfurt/M. 1997, S. 116-146.

nern lässt, sondern die dadurch ermöglichten und nahegelegten technischen Eingriffe aufgrund ihrer ungeklärten Nebenfolgenpotenziale die Verunsicherung in der Ernährung vielmehr vergrößern. Das andere Extrem wäre die weitere Angleichung der Kriterien für Lebensmittelsicherheit an Standards der Arzneimittelsicherheit in dem Sinne, dass die mit der Herstellung von Gesundheitsgütern befassten Industrien – etwa die Pharmaindustrie – und die zugehörigen staatlichen Kontrollbehörden auch zu Garanten für gesundheitsfördernde Lebensmittel würden. Nach dem Motto »Sicherheit ist machbar« (Welt der Industrie) könnten in diesem Deutungsszenario dann auch die von der Lebensmittelindustrie gepriesenen gentechnischen Möglichkeiten, etwa der Steigerung der Vitaminproduktion von Nahrungsmitteln, als Beitrag zum präventiven Gesundheitsschutz gezielt vorangetrieben werden.

Die grüne Führung des Ministeriums mag zur Skepsis gegenüber der technischen Eingriffstiefe der Gentechnologie im Lebensmittelsektor und damit eher zur Seite des Schutzes von traditionalen Formen der Produktion, Verarbeitung, Zubereitung und des Verzehrs von Lebensmitteln geneigt haben. Die Frage ist aber, wie sich eine solche Präferenz im Deutungsrahmen des präventiven gesundheitlichen Verbraucherschutzes begründen und legitimieren lässt. Für Gemeinwohlinterpretationen stellt sich hier die Frage, wie eng oder weit das Kriterium der *Lebensmittelsicherheit* gefasst werden kann. Der Deutungskonflikt zeigt sich daran, dass im Bereich der Ernährungspolitik neben dem Sicherheitskriterium auch der Begriff der *Lebensmittelqualität* eine Rolle spielt und mit Ersterem in Spannung gerät. Aber was kann mit Qualität über die Sicherheit und Förderung der Gesundheit hinaus gemeint sein? Geht es hierbei um Kriterien des guten Geschmacks? Und wenn ja, auf welcher Grundlage lässt sich dieses Qualitätskriterium festlegen (Welt der Authentizität? Welt der Meinung?), und inwiefern lässt sich eine so verstandene Lebensmittelqualität im Rahmen präventiver Risikoregulierung politisch empfehlen oder gar verordnen? Gelänge es der Administration, mit diesem Qualitätsgesichtspunkt den Deutungsrahmen für die zu regulierende Materie in Richtung des Leitbildes eines nachhaltigen Ernährungskonsums zu erweitern, würde der Verbraucherschutz in diesem Bereich Züge einer politischen Wertentscheidung annehmen. Die Politik würde ein Stück weit inhaltlich in die Zusammenstellung der Speisepläne ihrer Bürgerinnen eingreifen. Doch ist die Verankerung einer solchen Option im Deutungsrahmen des gesundheitlichen Verbraucherschutzes schwierig und unwahrscheinlich. Warum?

Risikoregulierung im Gesundheitsschutz gilt öffentlich in erster Linie nicht als ein Verteilungsproblem, wenngleich Macht- und Interessenkonflikte fast immer auch eine Rolle spielen, und auch nicht als Wertkonflikt, obgleich auch Wert- und Gemeinwohlfragen tangiert sind. Sie gilt typischerweise als ein Sachproblem der gezielten Umsetzung eines Zentralwertes, nämlich des Zentralwertes der Gesundheit, über den grundsätzlicher Konsens zu bestehen scheint, wohingegen über seine Sicherung eine gewisse kognitive Unsicherheit herrscht. Es ist nicht untypisch für Risikokonflikte, dass die *Verfechter gegensätzlicher Positionen sich auf dieselben unumstrittenen Schutzgüter beziehen*; nicht Wertprämissen, sondern die Problemdiagnose und die Mittel der Problemlösung scheinen demnach umstritten zu sein.[12] Für den Fall des BSE-Risikos besitzt dabei die Wissenschaft trotz aller kognitiven Ungewissheit in ihren eigenen Reihen die Deutungsautorität und liefert der Politik das entscheidungsrelevante Kausalwissen bzw. die entsprechenden Kausalitätsvermutungen.[13] Wie sollte und könnte diese Deutungshoheit wissenschaftlichen Wissens im Rahmen des vorbeugenden Gesundheitsschutzes im Lebensmittelsektor zugunsten von Wert- und Geschmackskriterien der Lebensmittelqualität verschoben werden? Die Erfahrungen von Gentechnik-Kritikern zeigen, dass Versuchen der Erweiterung des administrativen Regulierungssachverhalts bei

12 Vgl. Wolfgang van den Daele, »Objektives Wissen als politische Ressource: Experten und Gegenexperten im Diskurs«, in: Wolfgang van den Daele, Friedhelm Neidhardt (Hg.), *Kommunikation und Entscheidung, WZB-Jahrbuch 1996*, Berlin 1996, S. 297-326, hier: S. 299.

13 Vgl. Renate Mayntz, »Wissenschaft, Politik und die politischen Folgen kognitiver Ungewißheit«, in: Ronald Hitzler, Jürgen Gerhards (Hg.), *Eigenwilligkeit und Rationalität sozialer Prozesse*, Opladen 1999, S. 30-45, hier: S. 31 f. – Mit Latour ist dabei festzuhalten, dass diese Trennung von Tatsachenwissen und Wertentscheidungen auf institutionellen Weichenstellungen in der Moderne basieren, die ihrerseits durchaus infrage gestellt werden könnten. Eine solche Infragestellung, die auf die impliziten Wertsetzungen der Wissenschaft kritisch Bezug nehmen würde, erfordert aber insofern besondere Argumentationsleistungen, als sie nicht nur einzelne Lehrmeinungen, sondern gewissermaßen die in der Moderne fest etablierte Verteilung von Deutungsmacht selbst als falsch oder fragwürdig entlarven müsste (vgl. Latour, *Wir sind nie modern gewesen*).

der Zulassung von Gentech-Produkten um gesellschaftliche Wert-, Nützlichkeits- und Sozialverträglichkeitskriterien bislang wenig Erfolg beschieden war. Behörden wie die amerikanische Food-and-Drug-Administration oder die EG-Kommission entscheiden vorrangig nach wissenschaftlich operationalisierten Kriterien der Sicherheit, Wirksamkeit und Produktqualität.[14]

Ein Blick auf die Organisationsvorschläge der Präsidentin des Bundesrechnungshofes gibt zu erkennen, dass auch in den bundesdeutschen Plänen zur administrativen Verbesserung des präventiven Gesundheitsschutzes im Lebensmittelsektor eine institutionelle Logik fortgeschrieben wird, in der die wissenschaftlichen Experten als Garanten für die Wiedergewinnung des Vertrauens in unsere Lebensmittel eine Schlüsselposition besitzen.[15] Durch die strikte institutionelle Trennung von politischem Risikomanagement einerseits und wissenschaftlicher Risikobewertung und -kommunikation andererseits soll dieser Logik sogar erst zum Durchbruch verholfen werden. Die Vorschläge zielen auf die Einrichtung eines *Bundesinstituts für Risikobewertung* zur Einschätzung von Gesundheitsrisiken (in Analogie zur Europäischen Lebensmittelbehörde), dessen umfassende Unabhängigkeit (und daraus resultierende wissenschaftliche Autorität) im Errichtungsstatut bereits ausdrücklich normiert werden soll. Ein Verdacht auf Parteilichkeit und Interessenverflechtung soll nicht aufkommen können. Aus diesem Grund sollen auch die vielen fachlichen Gesichtspunkte einer Beurteilung von Lebensmittelsicherheit möglichst gleichberechtigt zur Geltung kommen, weshalb die Leitung dieser Risikopräventionsbehörde einem interdisziplinär zusammengesetzten Kollegium übertragen werden soll. In einem Beirat könnten ergänzend die verschiedenen im Bereich der Lebensmittelsicherheit agierenden Interessengruppen (von den Verbraucherverbänden bis zur Futtermittelindustrie) vertreten sein.

Die Möglichkeiten, durch ein solches Gremium den Gemein-

14 Vgl. Volker Heins, »Gentechnik aus der Verbraucherperspektive. Symbolische Kämpfe um neue Konsummodelle«, in: *Soziale Welt*, H. 4 (1992), S. 383-399, hier: S. 394.

15 Präsidentin des Bundesrechnungshofes (Hg.), *Organisation des gesundheitlichen Verbraucherschutzes (Schwerpunkt Lebensmittel). Empfehlungen der Präsidentin des Bundesrechnungshofes als Bundesbeauftragte für Wirtschaftlichkeit in der Verwaltung*, Stuttgart, Berlin u. a. 2001.

wohlgesichtspunkt des gesundheitlichen Verbraucherschutzes im Bereich der Ernährung in Richtung eines breiten Qualitäts- und Wertdiskurses zu öffnen, müssen trotz Bekenntnis zur wissenschaftlichen Pluralität und zur Berücksichtigung unterschiedlicher, sozusagen subkultureller Perspektiven im Risikodiskurs skeptisch eingeschätzt werden. Denn das Problem der präventiven Risikoregulierung zur Gewährleistung einer gesunden Ernährung ist und bleibt als Sach- und Forschungsproblem fehlenden Wissens über potenzielle Gesundheitsrisiken im Lebensmittelsektor definiert. Folglich müssen sich anders orientierte Gemeinwohlkriterien in diesem Diskursrahmen wissenschaftlicher Geltungsbegründung behaupten, wenn sie Einfluss auf die präventive Regulierung des Lebensmittelsektors nehmen wollen. Es ist aber wahrscheinlich, dass die zuständigen Gesundheits- und Ernährungswissenschaftler gerade unter dem Eindruck heterogener Interessen, mit denen sie seitens der Lebensmittel-, der Gentechnik-Industrie, der landwirtschaftlichen Erzeuger, der Verbraucher- und Umweltverbände usw. konfrontiert sind, ihr Deutungsmonopol einsetzen, um einen eng geschnittenen Kriterienkatalog durchzusetzen, der vor allem die gesundheitliche Unbedenklichkeit der Lebensmittel überprüft. Damit dürfte dieser *hegemoniale Diskursrahmen der Sicherheit* aber die Gewichte zwischen Ernährungslehren, die, in der Tradition der Diätetik stehend, mit holistischen Konzepten der Ernährung einschließlich Produktion, Verarbeitung und teilweise auch Verteilung der Lebensmittel argumentieren, und naturwissenschaftlichen Ernährungslehren, die von physiologischen Abläufen auf der Mikroebene körperinterner Vorgänge ausgehen, deutlich zugunsten letzterer verschieben.[16] Denn Letztere kommen mit den Formen der *Prüfung* dieser Gemeinwohlverträglichkeit in den wissenschaftlichen Laboren einfach besser zurande. Politische oder ethische Argumente, wonach z. B. der Einsatz von Gentechnik unter Gesichtspunkten des suffizienten Konsums oder einer bestimmten ästhetischen Geschmackskultur nicht gewollt sein könnte, werden in diesem objektivierenden und ethisch neutralisierenden Diskursrahmen erheblich geschwächt und erscheinen dann letztlich als sachlich unbegründete Markteinschränkungen.

16 Vgl. Eva Barlösius, *Soziologie des Essens. Eine sozial- und kulturwissenschaftliche Einführung in die Ernährungsforschung*, Weinheim, München 1999, S. 68 f.

1.2 Gemeinwohlinterpretationen im Rahmen der Agrarstrukturreform

Im engeren Bereich der Agrarpolitik bergen die Gemeinwohlinterpretationen ebenfalls konfliktreiche Deutungsprobleme. Hier geraten im Unterschied zur präventiven Risikoregulierung nicht so sehr die in der Moderne sorgfältig getrennten Deutungsmächte Wissenschaft und Politik aneinander. Das Konfliktpotenzial erwächst vielmehr aus der Überlagerung von Gemeinwohlinterpretationen mit ökonomischen Interessenpositionen der verschiedenen Marktakteure. Als struktureller Hintergrund ist in diesem Segment der Steuerungsproblematik also zu beachten, dass sich ein Gemeinwohldiskurs nicht von Macht- und insbesondere materiellen Verteilungskämpfen abtrennen lässt.

Gleichwohl sind Umverteilungsfragen hier keineswegs automatisch ethisch neutralisiert, so dass sich die Agrarpolitik auf eine negative Koordination, d. h. mehr oder weniger lautloses Aushandeln eines Interessenausgleichs zwischen den Marktparteien, die nur auf ihren eigenen Vorteil blicken, beschränken könnte oder müsste. Die Lage ist komplizierter, weil das Marktsegment der Landwirtschaft de facto von gesamtgesellschaftlichen Entscheidungslagen und staatlichen Regulierungen tief durchzogen ist. Jeder weiß, welche Rolle EU-Subventionen und staatlich finanzierte Einkommensbeihilfen in diesem Segment spielen. Dieser politisch-öffentliche Charakter der Landwirtschaft und der daraus resultierende Legitimationsbedarf bergen Ansatzpunkte für Gemeinwohlinterpretationen, die nicht zuletzt unter Gesichtspunkten der ökologischen Nachhaltigkeit geführt werden können. So argumentiert auch Eva Barlösius:

> Die […] zunehmende Kritik an der intensiven Landwirtschaft kann als gesellschaftliche Inanspruchnahme der der Landwirtschaft attestierten ›Gemeinwohlorientierung‹ interpretiert werden. Es beginnt offenbar ein gesellschaftlicher Diskurs darüber, was und wie landwirtschaftlich produziert werden soll. Dieser Disput wird von der Überzeugung getragen, dass, wenn die Landwirtschaft wesentlich aus Steuermitteln finanziert wird, sich daraus auch ein Mitspracherecht ergibt.[17]

17 Eva Barlösius, »Worüber forscht die deutsche Agrarsoziologie? Zum Verhältnis von Agrarsoziologie und Agrarpolitik«, in: *Kölner Zeitschrift für Soziologie und Sozialpsychologie*, H. 2 (1995), S. 319-338, hier: S. 334.

Die weitere Frage ist nun, mit welchen Deutungskonflikten in diesem Feld zu rechnen ist und welche staatlichen Gestaltungsoptionen sich daraus ergeben. Bis zur BSE-Krise haben es die Verteilungsinteressen der Agrarwirtschaft bislang immer verstanden, sich wirkungsvoll zur Geltung zu bringen. Dem hat nicht zuletzt die enge Interessenverflechtung von Agrarökonomie und zuständiger Administration gedient, die zu reduzieren das Ziel einer verbraucherorientierten Umkehr der Bundesregierung mitbegründet hat. Bis dahin hatte sich in der EU-Agrarpolitik über Jahre immer dieselbe Logik einer Dominierung von Reformdiskursen durch nationale Verteilungsinteressen reproduziert, getragen von einer merkwürdigen Koalition aus Bauernlobby und einem Konzert nationaler Sonderinteressen im Ministerrat der EU.[18] Und im Verhältnis zwischen Politik und Agrarlobby hat Letztere vielfach bewiesen, mit welcher Ignoranz sich wohlbegründete Gemeinwohlzumutungen – sei es hinsichtlich der bloßen Kostenreduktion in der öffentlichen Subventionspolitik, hinsichtlich eines Mitspracherechts der Verbraucher in Produktionsfragen oder hinsichtlich einer aus Umweltschutzgründen notwendigen Ökologisierung der Landwirtschaft – durch die Verschiebung von Deutungsrahmen auf dem Spielfeld der öffentlich inszenierten Meinungen parieren lassen. Der Deutsche Bauernverband konnte durchgreifende Reformen der mit hohen Kosten verbundenen protektionistischen Agrarpolitik auch dadurch wirksam verhindern, dass es ihm »jahrzehntelang gelungen ist, das agrarwirtschaftliche Sonderinteresse als Allgemeininteresse der Gesellschaft, sprich: Gemeinwohl, auszugeben«.[19] Dabei hat der Verband es sogar zustande gebracht, dass die Agrarpolitik auch noch an den Bedürfnissen der meisten Bauern vorbeiregiert und in erster Linie die Gruppe von privilegierten Groß- und Wachstumslandwirten protegiert hat.

Sicherlich hat die Krisenkumulation von BSE und MKS (Maul- und Klauenseuche) etwas Bewegung in die Fronten dieses Deutungskonflikts um die agrarpolitische Gemeinwohlinterpretation gebracht. Die zunehmende öffentliche Anerkennung der

18 So Lutz Ribbe, »Die Wende in der Landwirtschaft«, in: *Aus Politik und Zeitgeschichte*, H. 24 (2001), S. 30-38, hier: S. 35 f.

19 Rolf G. Heinze, Helmut Voelzkow, »Der Deutsche Bauernverband und das ›Gemeinwohl‹«, in: Renate Mayntz (Hg.), *Verbände zwischen Mitgliederinteressen und Gemeinwohl*, Gütersloh 1992, S. 122-161, hier: S. 141.

Ökologieproblematik hat der Landwirtschaft schon seit längerem eine reine Strategie der Ablenkung oder Verdrängung schwer gemacht, und die Skandale um die Gesundheitsgefahren der industriell verarbeiteten Futtermittel, um verseuchtes Tiermehl, BSE und den Umgang mit Antibiotika, um das Ausmaß und die Folgen von Tiertransporten (insbesondere im Fall von MKS), um nicht-artgerechte Haltung von Tieren usw. vermochten auch den resistenten Deutschen Bauernverband kurzzeitig kräftig zu verunsichern. Doch trotz anhaltender Skandale in der Lebensmittelindustrie – zuletzt vor allem um Gammelfleisch und giftiges Dioxin – vermittelt das Bild von öffentlichen Auftritten seiner Verbandsführer nicht gerade den Eindruck, dass diese Verunsicherung nachhaltig war und die Bauern zu einer anhaltenden Umlernbereitschaft auffordert. Die Agrarlobby hat nach der BSE-Krise recht schnell zu der alten Routine zurückgefunden, sich als Opfer einer verfehlten Politik zu präsentieren. Speziell die Bauern scheinen mit kulturell besonders tief habitualisierten politischen Reflexen auf Deutungskonflikte hinsichtlich ihrer gesamtgesellschaftlichen Verantwortung zu reagieren. Sie zeigen keine große Bereitschaft, sich diskursiv auf neue Gemeinwohlzumutungen einzulassen, und verknüpfen jede weitere Übernahme von Verantwortung für Kollektivgüter wie Naturschutz, Landschaftspflege oder gar umfassende Ökologisierung der Produktion mit der altbekannten Forderung nach einem staatlichen Kostenausgleich.[20]

Für die rot-grüne Bundesregierung ergab sich in dieser Konstellation insofern ein Konflikt hinsichtlich ihrer möglichen öffentlichen Deutungsangebote, als sie sich auf die Strategie der *Ökonomisierung von Gemeinwohlzumutungen* eher mehr oder eher weniger einlassen konnte. In dem Maße, wie sie die Ökologisierung der Agrarproduktion als Verhandlungsmasse in einem Verteilungskonflikt behandelte, ließ sie sich auf die Deutungsvorgaben der Landwirtschaft ein und schwächte ihr Potenzial, erweiterte Umweltschutzaufgaben im Sinne der Umwelt- und Naturschutzbewegungen als normale Gemeinwohlverpflichtungen *(Common Sense)* umzuinterpretieren, die gegebenenfalls auch staatlich verordnet werden könnten. Umgekehrt barg aber eine *konfrontative Politisierung der Landwirtschaft* und ein *gesellschaftlicher Leit-*

20 Vgl. ebd., S. 145-154.

bilddiskurs angesichts der Konfliktbereitschaft und -fähigkeit des Bauernverbandes Risiken eines öffentlichen Akzeptanzverlustes, sodass die Sanktionspotenziale, die von der Regierung im ökonomischen Deutungsrahmen mobilisiert werden konnten, zunächst größere Durchsetzungschancen versprachen. Mit dem Hinweis auf die Weltmarktentwicklungen, die anstehende EU-Osterweiterung und die zu begrenzende Kostenexplosion war es möglich, die Gewichte im ökonomischen Deutungsrahmen derart zu verschieben, dass die Bauern würden erkennen müssen, dass Subventionskürzungen mittelfristig unausweichlich sind. Vor diesem Hintergrund erschien die *Ökologisierung der Landwirtschaft als ökonomisch erträglichste Option, um den strukturellen Veränderungsdruck auf die Landwirtschaft sozialverträglich abzufedern.*[21] Sie ermöglichte, sich darauf einzulassen, dass der Erhalt des ökonomischen Status quo nur gewährleistet sein würde, wenn sich die Subventionen als gesellschaftliche Zahlungen für sinnvolle Dienstleistungen am gesamtgesellschaftlichen Wohl deuten lassen könnten. So versuchte die Bundesregierung etwa, die lange ungenutzten Möglichkeiten der Agenda 2000, die EU-Subventionen zu »modulieren«, im Sinne dieser Dienstleistungsinterpretation einzusetzen und ökologische Umstellungen und Extensivierungen der landwirtschaftlichen Produktion zu forcieren.

Die Politik stand also vor der Wahl, ob sie den Gemeinwohlbezug der Landwirtschaft durch *reflexive Thematisierung* politisieren oder ob sie Auseinandersetzungen zwischen den verschiedenen »gemeinsamen Welten« in diesem Segment eher *pragmatisch begrenzen* sollte. Vielleicht erleichterte die Strategie des ökonomischen Interessenausgleichs den Bauern und ihren politischen Verbandsvertretern jenes allmähliche Umlernen, das sie unter dem Druck öffentlich und ideologisch geführter Leitbilddiskurse womöglich viel stärker blockiert hätten. Eine strukturelle Analyse von kulturellen Deutungsmustern bei Jungbauern in der Schweiz zeigt etwa, dass traditionale Orientierungsmuster der Subsistenzwirtschaft im Rahmen eines behutsamen, d. h. identitäts- und kontinuitätswahrenden Lernprozesses allmählich in den Deutungsrahmen eines

21 Vgl. ebd., S. 152. Daran wird sehr gut deutlich, dass und wie staatliche Regierungspolitik im Zuge ihrer Markt-Vergemeinschaftung Gemeinwohlgesichtspunkte verschiedener »gemeinsamer Welten« miteinander kompromissförmig vermittelt.

modernen Verständnisses der ökologischen Landwirtschaft überführt werden können.[22] Andererseits bedeutete eine Strategie, die auf die ökonomischen Interessen der Landwirtschaft zuging und im Deutungsrahmen einer unvermeidlich fortschreitenden Weltmarktliberalisierung vornehmlich mit ökonomischen Anreizen zur Etablierung einer ökologisch nachhaltigen Qualitätsproduktion operierte, dass die Kosten hoch bleiben und in erster Linie auf den Verbraucher und die Steuerzahlerin abgewälzt werden müssten. Der Kompromiss zwischen Politik und Landwirtschaft, eine subventionierte Marktnische für hochwertige Agrarerzeugnisse zu schaffen, die vorzugsweise aus ökologischem Landbau stammen und deren regionale Herkunft als Auszeichnung gilt, war letztlich nur dann gesellschaftlich zu verankern, wenn die Verbraucher mitspielen und diese Agrarwende durch eine entsprechende Kauf- und Zahlungsbereitschaft honorieren würden. Damit verschob sich der Konflikt ins Problemfeld der Verbrauchermobilisierung.

1.3 Verbrauchergemeinschaft und Ernährungskultur

Im Appell der Verbraucherministerin Künast an die Verbraucher, »mit dem Einkaufskorb Politik zu machen«, weil eine Stärkung des Verbraucherschutzes die aktive Beteiligung der Bürgerinnen verlange, verbarg sich mithin das zentrale Mobilisierungsproblem einer verbraucherorientierten Neuausrichtung in der Agrar- und Ernährungspolitik: Die Bürgerinnen erschienen nicht nur in ihrer Rolle als Steuerzahlerinnen, sondern insbesondere auch als Endverbraucher der produzierten Lebensmittel als Schlüsselgröße für den Erfolg der politischen Bemühungen um eine Agrarwende im Allgemeinen und für die gesellschaftliche Verankerung eines nachhaltigen Konsums im Besonderen.[23] Es stellte sich daher die Frage, *wie* die Regierung die Bürgerinnen zu einem Gemeinwohlbeitrag wür-

22 Vgl. Peter Schallberger, »Bauern zwischen Tradition und Moderne? Soziologische Folgerungen aus der Rekonstruktion eines bäuerlichen Deutungsmusters«, in: *Schweizerische Zeitschrift für Soziologie*, H. 3 (1999), S. 519-547.

23 Renate Künast, »Global denken, lokal essen. Der Verbraucherschutz muß Aufgabe des Staates und Anliegen der Bürger sein«, in: *Frankfurter Allgemeine Zeitung*, 15.3.2001, S. 14; vgl. auch Karl Friedrich Bohler, »Die Krise der Landwirtschaft nach dem BSE-Schock«, in: *Sozialer Sinn. Zeitschrift für hermeneutische Sozialforschung*, H. 2 (2001), S. 367-375, hier: S. 374 f.

de motivieren können und *welche* Optionen sie im Umgang mit den Gemeinwohlkonflikten in diesem Zusammenhang verfolgte.

Konfliktpotenzial resultiert in diesem Bereich vor allem daraus, dass die Artikulation eines kollektiven Verbraucherinteresses weitgehend auf *advokatorische Deutungen* angewiesen ist. Die Verbraucherinteressen sind keineswegs in gleichem Maße wie die Landwirtschaft oder die Lebensmittelindustrie organisiert. Die Verbraucherverbände rekrutieren und finanzieren sich nicht aus der Mitgliedschaft von Konsumenten, sondern werden vorwiegend von anderen Verbänden getragen und durch öffentliche Mittel finanziert.[24] Ihre Vertreter sind nicht durch die Verbraucher gewählt und folglich nur schwach als politisches Sprachrohr der Verbraucher legitimiert. Auch das aggregierte Marktverhalten der Verbraucher kann nicht als authentischer Ausdruck ihrer Kollektivinteressen gelten, da dies den Konsumenten jene Autonomie unterstellen würde, die mit dem verbraucherpolitischen Argument eines Kompetenzdefizits und einer strukturellen Abhängigkeitslage gegenüber Produzenten und Anbietern im Lebensmittelsektor gerade bestritten wird. Das Verbraucherwohl erscheint im öffentlichen Raum der Verbraucherdemokratie daher als ein »symbolisches Dispositiv«,[25] das auf unterschiedliche Weise von Vertretern verschiedener Welten mit ihren substanziellen Gemeinwohlinterpretationen gefüllt werden kann.

Daraus ergab sich für die rot-grüne Politik zwar einerseits ein Deutungsspielraum, den sie zur Legitimitätsbeschaffung auch rhetorisch einsetzen konnte. Schon die bloße Behauptung etwa, die Neuausrichtung der Agrar- und Ernährungspolitik sei am allgemeinen Wohl des Verbrauchers orientiert, machte sich diesen Legitimationseffekt zunutze. Andererseits geht die advokatorische Rolle aber auch mit einer Verantwortung gegenüber den Verbrauchern einher, weshalb die beanspruchte Ausrichtung am legitimen Interesse der Verbraucher notfalls auch konsistent ausbuchstabiert werden können muss. Früher oder später wird die staatliche Verbraucherpolitik von der Frage eingeholt, was denn Verbraucherorientierung und Verbraucherwohl allgemein und speziell im Bereich der Ernährungskultur eigentlich bedeuten und wie sie der Bürge-

24 Vgl. Eike von Hippel, »Präventiver Verbraucherschutz: Vorbeugen ist besser als Heilen«, in: *Aus Politik und Zeitgeschichte*, H. 24 (2001), S. 16-22, hier: S. 21.

25 Vgl. Ulrich Rödel u. a., *Die demokratische Frage*, Frankfurt/M. 1989, S. 90.

rinnenschaft folglich *legitimerweise* gegenübertreten kann, was von dieser verlangt werden darf und womit sie motiviert werden kann. In welchem Maße etwa sollen die Bürgerinnen für die Realisierung ihrer Verbraucherinteressen selber einstehen und diese am Markt artikulieren? Oder brauchen sie umgekehrt Entlastung und somit ein anderes, vorab eingeschränktes Angebot, an dem zu beteiligen sie dann gar nicht mehr die Wahl (aber auch nicht die Qual) hätten? Wie müssen der Staat und seine Bürgerinnen kooperieren, damit die Umsetzung des Verbraucherwohls zum einen für die Verbraucher pragmatisch anschlussfähig bleibt und zum anderen von den Bürgerinnen auch demokratisch bewusst gewollt wird und so die demokratische Sittlichkeit in der Marktsphäre schließlich nachhaltig gestärkt werden kann? Ist das überhaupt zugleich möglich?

Im Bild von der »Politik mit dem Einkaufskorb« ist zunächst die emanzipatorische Zielvorstellung vom »mündigen Verbraucher«[26] enthalten, der sich kompetent macht und, flankiert von einem Unterstützungsnetzwerk aus Bildungs-, Informations- und Gegenmachtkapazitäten, seine Interessen am Markt möglichst selbständig durchzusetzen versteht. Die Politik könnte demgemäß versucht sein, eine *reflexive, sich selbst überwachende und korrigierende Konsumkultur* im Ernährungssektor zu etablieren, indem sie die Transparenz der Produktions- und Vermarktungsstrukturen steigert und flankierend zivilgesellschaftliche Kräfte wie Verbraucherinitiativen und -organisationen stärkt, die das Misstrauen in die eingefahrenen Strukturen der Lebensmittelerzeugung und -vermarktung wachhalten und verantwortungsethische Konsumleitbilder zu entwerfen helfen.[27] In diese Richtung geht eine ganze Reihe von Ansätzen, etwa die Informationsrechte der Verbraucher gegenüber den Behörden zu stärken, die Einrichtung digitaler Informationsportale oder die Erweiterung der Kennzeichnungspflichten für Lebensmittel – angefangen von der detailliert nachvollziehbaren Produktionskette z. B. bei Eiern oder Rindfleisch, über Hinweise, welche Produktions- und Vermarktungsstandards eingehalten wurden, bis zur Lebensmittelampel, die den Verbrauchern beim Einkaufen signalisieren soll, ob ein Nahrungsmittel gesundheitsförderlich ist oder nicht –, aber vom Interpretations- und Entscheidungsbedarf

26 Gerhard Scherhorn, *Gesucht: der mündige Verbraucher. Grundlagen eines verbraucherpolitischen Bildungs- und Informationssystems*, Düsseldorf 1973.

27 Vgl. Müller, »Grundlinien einer modernen Verbraucherpolitik«, S. 11.

damit auch nicht endgültig entlastet. Solche Vorschläge verlagern die staatsbürgerliche Beteiligung der Verbraucher weitgehend direkt in die Marktsphäre.

Allerdings ist ungewiss, ob sich die Ernährungskultur auf diese Weise wirklich nachhaltig transformieren lässt, insofern der Konsumalltag nur begrenzt in der Lage ist, die Lasten der verbraucherdemokratischen Reflexion zu schultern. Überforderungserscheinungen aufgrund der Zumutung eines risikobewussteren Konsums, Verunsicherung durch widersprüchliche Informationen aus unterschiedlichen wissenschaftlichen Expertenkreisen, denen man sich zunehmend hilflos ausgeliefert sieht, eine daraus folgende Verstetigung des Misstrauens bis hin zu einer strukturellen Vertrauenskrise und letztlich die Fortführung überkommener Verhaltensmuster aus zynischer Gelassenheit heraus sind ebenfalls denkbare Szenarien, mit denen die Konsumenten auf die veränderten Informationsstrukturen reagieren könnten. Auch die Zunahme von Suchtphänomenen ist hier zu berücksichtigen. Sie entstehen dort, wo sich (körperliche) Routinen der Lebensführung gegen eine reflexive Kontrolle noch sperren, aber zugleich durch traditionale Gewissheiten nicht mehr abgesichert, sondern durch reflexives (Experten-)Wissen und veränderte Wertorientierungen delegitimiert sind. Solche Suchtphänomene mit ihrer charakteristischen Spaltung von und Spannung zwischen reflexivem Kontrollanspruch und pragmatischem Handeln machen deutlich, welche Probleme die politische (Selbst-)Steuerung des alltäglichen Konsums mit sich bringt.[28]

Im Feld der Ernährungspolitik wären solche Tendenzen mit besonders hohen Folgekosten verbunden. Die Überforderung des Konsumenten in der Informationsgesellschaft[29] dürfte sich hier potenziert einstellen, weil die alltägliche Ernährung kaum den Grad an reflexiver Kontrolle vertragen kann, wie er z. B. für den Arzneimittelkonsum mit seiner Einbettung in Strukturen der professionalisierten Hilfe kennzeichnend ist. Wenn die alltägliche Ernährung zum reflexiven Projekt der Herstellung körperlicher Gesundheit

28 Vgl. Giddens, »Leben in einer posttraditionalen Gesellschaft«, S. 129-141; Anthony Giddens, *Wandel der Intimität. Sexualität, Liebe und Erotik in modernen Gesellschaften*, Frankfurt/M. 1993, S. 82-89; dazu: Lamla, *Anthony Giddens*, S. 118-132 sowie unten Abschnitt 3. Vgl. auch Gerhard Scherhorn, »Umwelt, Arbeit und Konsum«, in: Rosenkranz, Schneider (Hg.), *Konsum*, S. 283-304, hier: S. 292.

29 Vgl. Wiswede, »Konsumsoziologie«, S. 45 f.

wird, ist die Autonomie der Lebenspraxis tendenziell bedroht. Wo vormals habitualisiertes, in somatische Kulturen inkorporiertes oder in kulturellen Regelwerken der Küchentraditionen aufgespeichertes Erfahrungswissen von Reflexion entlastet hat, würden neue Abhängigkeiten von Expertenwissen erzeugt. Diese Entwicklung beschert dem Individuum nicht nur Freiheiten der Verfügung über seinen Körper, sondern induziert »kulturelle Enteignungen« durch neue »Wissens- und Gesundheitsgütermärkte« im Lebensmittelsektor.[30]

Vor diesem Hintergrund wird nachvollziehbar, dass die staatliche Verbraucherschutzpolitik nach Prozessformen sucht, die sowohl die *staatsbürgerliche Reflexion* in der Konsumkultur befördern als auch das *Vertrauen* in die Agrarerzeugnisse wiederherstellen und damit die Routinen des Ernährungsalltags gewährleisten. Die Verbraucher sollen in ihrer Entscheidungsautonomie gegenüber den Anbietern von Lebensmitteln gestärkt, aber zugleich von Kompetenzzumutungen entlastet und vor Überforderung in ihrem alltäglichen Ernährungskonsum geschützt werden. Erreicht werden sollte dies zunächst durch das Bio- bzw. Qualitätssiegel für Lebensmittel (aus ökologischem Landbau bzw. konventioneller Landwirtschaft). Diese »Mittler«[31] dienen aber nicht nur der Verknüpfung von reduzierten Reflexions- und pragmatischen Alltagsanforderungen des Konsums. In ihnen verkörpern oder materialisieren sich zugleich auch die *Gemeinwohlkonflikte* der verschiedenen »gemeinsamen Welten«, die im Konsumsektor der Ernährung aufeinander treffen und ihre Anliegen aushandeln. Im Falle des *Bio-Siegels* etwa, das die Ministerin Künast als ein Schwerpunktprojekt durchgesetzt hat und das den Standard der EG-Öko-Verordnung als Mindeststandard der gekennzeichneten Lebensmittel garantiert, symbolisiert schon die *Form* den im Rahmen *des »magischen Sechsecks«* unter Beteiligung von Futtermittelherstellern, Landwirtschaft, Lebensmittelindustrie, Einzelhandel, Verbraucherverbänden und der Administration *ausgehandelten Kompromiss*. Alle sind darin mit ihren Anliegen und Interessen – mehr oder weniger gut – berücksichtigt. Den Verbänden der Biobauern etwa gingen die Regelungen nicht weit genug (sie haben ihre eigenen *Labels*, hinter denen sich höhere

30 Vgl. Luc Boltanski, »Die soziale Verwendung des Körpers«, in: Dietmar Kamper, Volker Rittner (Hg.), *Zur Geschichte des Körpers. Perspektiven der Anthropologie*, München 1976, S. 138-183.

31 Vgl. Latour, *Eine neue Soziologie für eine neue Gesellschaft*, S. 69 f.

ökologische Anforderungen verbergen). Die Landwirtschaft wird staatlicherseits nicht gezwungen, 20 Prozent biologisch zu produzieren, sondern bekommt es mit einem neuen Anreizsystem zu tun. Und für die Verbraucher hebt sich die Reduktion der Komplexität, die durch das Siegel erreicht werden soll, in dem Maße wieder auf, wie zahllose weitere solcher Labels als Marktsignale eingesetzt werden und die Informationskosten (neben den ohnehin erhöhten Kosten für die Bio-Lebensmittel) wieder stark nach oben treiben.[32] Aber es handelt sich gleichwohl um einen neuen Kompromiss zwischen diesen verschiedenen Welten.

Ob sich aus einer solchen »Vorstufe«[33] eine neue »gemeinsame Welt« entwickeln und nachhaltig etablieren wird, die den damit erreichten Stand der Markt-Vergemeinschaftung rechtfertigen kann, und welches Gemeinwohl diese dann repräsentiert, ist nicht leicht zu sagen. Die öffentlichen Kämpfe der verschiedenen beteiligten Welten um die Interpretation des Gemeinwohls sind jedenfalls im Bereich der Ernährungspolitik bis heute nicht stillgestellt. Immer wieder wird das Bio-Siegel infrage gestellt, indem etwa behauptet wird, dass es keinen Qualitäts- sondern nur einen Preisunterschied zu konventionellen Lebensmitteln gebe usw. Die Regierung ist in diesem Konzert schnell der Versuchung ausgesetzt, ihre advokatorische Position der stellvertretenden Deutung des Verbraucherwohls zu überreizen und mit Marketing und Werbekampagnen darauf abzuzielen, dass die Verbraucher letztlich die Resultate »schlucken«, die in mühsamen Verhandlungen mit den Vertreterinnen verschiedener Welten und Interessen gefunden wurden. Ab einem bestimmten Punkt muss der »Staat der Verbraucher« aber womöglich doch erwägen, dazu überzugehen, diese Auseinandersetzungen zum *Gegenstand einer öffentlichen Reflexion* zu machen – Reflexion nicht als Prinzip einer individualisierenden »Politik mit dem Einkaufskorb« verstanden, die das reflexive Aushandeln der Gemeinwohlkonflikte jedem privaten Haushalt überantwortet, sondern als Prinzip eines *Kollektivs*, das sich in der Konsumgesellschaft neu versammeln und darin *das* Verbrauchergemeinwohl noch besser zu artikulieren lernen muss.

32 Vgl. etwa die Datenbank *Label-online* des Bundesverbandes Die Verbraucher-initiative e.V. mit Informationen zu über 400 *Labels*: ⟨http://label-online.de/startseite⟩, letzter Zugriff 4.2.2013.

33 Boltanski, Thévenot, *Über die Rechtfertigung*, S. 369.

1.4 Demokratiedefizite des staatlichen Verbraucherschutzes

An drei exemplarischen Aufgabenbereichen der staatlichen Verbraucherpolitik nach der BSE-Krise konnten experimentelle Weichenstellungen und typische Konfliktkonstellationen hinsichtlich der Ausdeutung von Gemeinwohlzumutungen aufgezeigt werden. Mit Blick auf die zukünftige Kritik und mögliche experimentelle Pfade gilt es festzuhalten, welche *alternativen politischen Prozessformen* in den Feldern des präventiven gesundheitlichen Verbraucherschutzes, der Agrarwende oder der Verbraucheraktivierung hätten realisiert werden können, um die kollektive Neuausrichtung von Landwirtschaft, Lebensmittelerzeugung und Ernährungskonsum voranzubringen und darin Gemeinwohlgesichtspunkte – etwa der Nachhaltigkeit – praktisch wirksamer und öffentlich zustimmungsfähiger zu verankern. Ich fasse die Ergebnisse zusammen:

Die erste Beobachtung ist, dass die präventive Risikoregulierung im Bereich des gesundheitlichen Verbraucherschutzes mit einem wissenschaftlich dominierten Deutungsrahmen für die Kriterien der Lebensmittelsicherheit konfrontiert ist. Die politischen Möglichkeiten, diesen Deutungsrahmen zu überschreiten, um darin weitere Gemeinwohlgesichtspunkte unterzubringen, sind eher skeptisch einzuschätzen. Dennoch ist zu fragen, ob die Regierung auf Versuche, die wissenschaftliche Deutungshoheit zu relativieren, nicht vorschnell verzichtet hat, anstatt sich dem Konflikt zwischen engen wissenschaftlichen Kriterien der Sicherheit und weiter gesteckten Werten der Qualität, des Geschmacks und der Lebensweise (z. B. Slow Food) erst einmal zu stellen und nach Wegen zu suchen (etwa durch die Mobilisierung von Bündnispartnerinnen in den Gesundheits- und Ernährungswissenschaften, aber auch darüber hinaus), die eine breitere öffentliche Reflexion der Standards der Lebensmittelregulierung ermöglicht und in Gang gesetzt hätten. Über den beschrittenen Pfad wissenschaftlicher Risikobewertung werden institutionelle Gewohnheiten staatlicherseits vor allem fortgeschrieben, wohingegen der alternative Pfad zu einer umfassenderen Neubewertung hätte beitragen können.

Auch im Feld der Agrarstrukturreform ist Skepsis angezeigt, da Gemeinwohlzumutungen hier vornehmlich als ökonomische Umverteilungsfragen verhandelt werden. In dem Maße freilich, wie die Regierung die Landwirtschaft zur Übernahme neuer Verpflichtungen und zur Umsteuerung ihrer Produktionsformen nur motivieren kann, wenn sie den Kostendruck von den Bauern abwendet, muss sie die finanziellen Lasten auf die Verbraucher und Steuerzahlerinnen umlenken. Da dieser Externalisierungsstrategie aber Grenzen gesetzt sind, wird auch hier nach alternativen Wegen gesucht werden müssen, soll dem Verbraucherwohl und der Nachhaltigkeit im Kampf mit der Bauernlobby und Lebensmittelindustrie zur Geltung verholfen werden. Die Beschränkung auf ökonomische Druckmittel, die der Politik im europäischen Rahmen zur Verfügung stehen, ist angesichts der Kombination von ökonomischer Kampfbereitschaft und habitualisiertem Ablehnungsreflex in der Bauernlobby ebenso mit unsicheren Erfolgsaussichten behaftet, wie die alternative Option, den Gemeinwohlbeitrag der Landwirtschaft öffentlich zu reflektieren, politisch riskant ist. Wieder stellt sich also das Problem, wie sich zwischen den Beteiligten und Betroffenen ein neuer Kompromiss wirksam institutionalisieren und durch staatliche Regularien absichern lässt, für den gleichzeitig ein Höchstmaß an öffentlicher Zustimmung erzielt werden kann, das auf umfassender intellektueller Exploration und Reflexion gründet.

Im dritten Aufgabenbereich, in dem es um die Umstellung der alltäglichen Konsum- und Ernährungsgewohnheiten geht, scheinen die Herausforderungen schließlich zu kulminieren. Diese Sphäre scheint dabei am ehesten der Ort zu sein, wo sich eine Politik bewähren kann, die durch reflexive Thematisierung und öffentliche Diskussion jener Rechtfertigungen, die unseren Produktions- und Konsummustern implizit zugrunde liegen, gesellschaftliche Lernprozesse anzustoßen versucht. Insbesondere bei den außen-geleiteten Verbrauchern sind Deutungen des Verbraucherwohls inhaltlich am wenigsten vorbestimmt. Ob es aber möglich ist, die Verbraucher über öffentliche Reflexionsprozesse direkt zu vergemeinschaften und dadurch ihr Einflusspotenzial in Marktkontexten zu stärken, erscheint mehr als fraglich. Zu heterogen ist deren Konsumkultur, und zu umstritten sind die stellvertretenden Deutungen ihres wohlbegründeten gemeinsamen Interesses durch verschiedene »Fürsprecherinnen«, was auf der pragmatischen Ebene des Konsumalltags zusätzliche Verunsicherungen mit sich bringt, obwohl die Verbraucher ohnehin schon durch anwachsende Informations-, Reflexions- und Begründungszumutungen überlastet zu werden drohen.

Aber auch die von der Ministerin Künast forcierte alternative Politikstrategie, diese Komplexität pragmatisch dadurch handhabbar zu halten, dass ein gestuftes System politisch konnotierter Labels (Bio- versus konventionelle Landwirtschaft) staatlicherseits eingeführt wird, das formal dem Markenprinzip folgt, weist ihre Tücken auf. Wird damit die Entlastung der Verbraucher von Informations- und Reflexionspflichten nämlich so weit getrieben, dass sie auch als Staatsbürgerinnen an der *politischen Aushandlung der Kompromisse* zwischen den Interessen und Gemeinwohlinterpretationen aller am Lebensmittelsektor Beteiligten und Betroffenen nicht mehr beteiligt werden, insofern deren Repräsentantinnen ihren Lösungsvorschlag ohne ausgiebige öffentliche Exploration und Deliberation hinter verschlossenen Türen aushandeln und dann verkünden (»magisches Sechseck«), leidet daran dessen *Kraft zur Markt- und Verbrauchervergemeinschaftung.* Und als Folge davon muss diese schließlich paternalistisch durch Marketing- und Werbestrategien beschworen werden – wobei deren Erfolg in zweifacher Hinsicht fragwürdig ist: Zum einen, weil Verunsicherung und Misstrauen im Konsumalltag in dieser Form auch nicht wirksam reduziert werden können, wie die aufkommende Flut konkurrierender Labels zeigt, zum anderen aber auch deshalb nicht, weil die in der Konsumsphäre verankerte demokratische Sittlichkeit an lobbyistischen Prozessformen staatlicher Entscheidungsfindung weiter Schaden nimmt. Bei den Verbrauchern könnte sich das – vielleicht nicht unbegründete – Gefühl festsetzen, dass ihre legitimen Interessen nicht wirksam geschützt und vertreten werden, weil sich in den staatlicherseits gefundenen Kompromissen strategische Anliegen mächtiger Gruppierungen sedimentieren, die zu allererst an deren Zahlungskraft interessiert sind.

So wichtig es für die staatliche Verbraucherschutzpolitik ist, zwischen den beteiligten und betroffenen Welten und ihren konfligierenden Gemeinwohlvorstellungen Kompromisse zu finden, die pragmatisch anschlussfähig sind – etwa hinsichtlich des Geltungsbereichs von wissenschaftlichen Gesundheitskriterien, des Umlernens habitueller Reflexe im Agrarsektor oder der Steuerung des Ernährungsverhaltens –, so wichtig ist es auch, die Herausbildung eines *neuen* Common Sense zu ermöglichen. Hierfür ist es unverzichtbar, die in der Suche nach kollektiven Lösungen auftretenden Interessen- und Gemeinwohlkonflikte öffentlich zur

Sprache zu bringen, damit sich die gefundenen Kompromisse vor dem Hintergrund breit elaborierter und reflektierter Alternativen als die angemessenste Antwort auf gemeinsam identifizierte Probleme zu rechtfertigen vermögen. Dabei ist es zweitrangig, weil nur *von Fall zu Fall* abzuwägen, ob dies in den Problemkontexten der Konsumgesellschaft durch ein *einstufiges Verfahren* innerhalb der Marktarena geschieht – etwa durch deren öffentliche und moralische Aufladung mittels Formen direkter Partizipation von Verbrauchern sowie ihrer Vertreterinnen an der Institutionalisierung neuer Regulierungsformen und Konventionen – oder in einem *zweistufigen Verfahren*, das die öffentliche Reflexion und die pragmatische Vermittlung eines neuen Kompromisses über problemangemessene repräsentative Organe und Körperschaften auseinanderzieht. Nur die für die Verbraucherdemokratie *konstitutive Komplementarität von öffentlicher Reflexion und pragmatischer Vermittlung* sollte *in keinem Fall* verloren gehen, weil sonst die Überforderung der Verbraucher und/oder staatsbürgerlicher Verdruss die Folge sind – wobei das »und« mehr das Fehlerpotenzial des einstufigen, das »oder« hingegen eher das des zweistufigen Verfahrens bezeichnet. Die Vermeidung jeder dieser Fehlentwicklungen kann als Kriterium für die Abwägung gelten, welches Verfahren politischer Markt-Vergemeinschaftung staatlicherseits favorisiert werden müsste, wenn es der demokratischen Lernkurve in der Konsumgesellschaft nicht abträglich sein soll.

2. Gouvernementale Formen der Verbrauchermobilisierung

Im gegenwärtigen politischen Diskurs richten sich die Begehrlichkeiten und Ambitionen vermehrt auf die Verbraucher. Wo Zugriffsmöglichkeiten staatlicher Handlungsagenturen schwinden, werden die nicht-staatlichen Akteure – und das sind neben den Unternehmen insbesondere die Verbraucher – aufgewertet und mit der normativen Erwartung konfrontiert, Verantwortung für das Gemeinwohl zu übernehmen. Das gilt insbesondere für »Dritte Wege« der Sozialpolitik, die das Feld der Marktwirtschaft nicht mehr als feindliches Territorium begreifen, sondern offensiv in ihre Gestaltungsansätze einbeziehen und dort handelnde Akteure deshalb nicht als Störgröße, sondern als Kooperationspartner betrachten. Insbesondere der *Aktivierungsgedanke* dieser Sozialpolitik wird entgrenzt und findet nicht nur auf das Erwerbssubjekt, sondern zunehmend auch auf schwer zu steuernde Verbraucher Anwendung. Leitbilder eines Consumer Citizen, der seine Wahlhandlungen in Marktumgebungen immer schon mit Gesichtspunkten des Gemeinwohls verknüpft, oder des Citizen Consumer, der die Effizienzvorteile der Exit-Option auch gegenüber öffentlich-rechtlichen Leistungsanbietern wirksam zur Geltung bringt, sind Teil der Lösungskonstruktion für einige der dringlichsten politischen Steuerungsprobleme unserer gesellschaftlichen Gegenwart.[34] Gerade mit Blick auf die Sozialpolitik und ihre Aktivierungsansätze sind die Bedingungen allerdings sehr genau zu analysieren, unter denen öffentliche Funktionen der Aktivbürgerinnenschaft von Verbrauchern übernommen werden können, ohne dass diese lediglich zum Ausfallbürgen für den Souveränitätsverlust des Staates werden.

Ich werde zunächst nach den Weichenstellungen einer Sozial- und Verbraucherpolitik fragen, die sich am Aktivierungsgedanken des »Dritten Weges« ausrichtet. Das Konsumsubjekt passt offenbar zu einer Politikkonzeption, die bevorzugt individuelle Vertragspartner adressiert, deren rechtlich zu schützende und sozialpolitisch zu stärkende Entscheidungsautonomie mit Gemeinwohlverpflichtungen korrespondieren soll (2.1). Eine Analyse dieser Konzeption dient anschließend dazu, Fehlerpotenziale sozialpolitischer Strategien sichtbar zu machen, die mittels Verbraucheraktivierung zur Zivilisierung der Marktgesellschaft beitragen wollen (2.2). Damit wird auch die Frage aufgeworfen, inwiefern diese Fehler vermeidbar sind und eine solche Zivilisierung dennoch konsistent begründ- und realisierbar bleibt, wofür das Ziel der Förderung von Verbraucherautonomie in einen erweiterten, demokratie- und professionstheoretischen Bezugsrahmen gerückt wird (3).

34 Vgl. Giddens, »Neoprogressivism«, S. 18.

2.1 Verbraucher-Leitbilder im Kontext »Dritter Wege« der Sozialpolitik

Die Ideen eines neuen Dritten Weges sind eng mit der so genannten »Sozialstaatskrise« nach der Prosperitätsphase westlicher Wohlfahrtsgesellschaften und der damit einhergehenden »neoliberalen Herausforderung« an die Sozial- und Wirtschaftspolitik verbunden.[35] Wie Anthony Giddens selbstkritisch bemerkt, war dieser Politikansatz zunächst vor allem negativ, als Kritik sowohl der neoliberalen Fixierung auf den Markt als auch der altlinken Sozialstaatsfixierung konzipiert.[36] Vor diesem Hintergrund stellt sich die Frage, ob das *Dritte* lediglich in Vermittlungen und Neukombinationen von Markt und Staat besteht oder ob es auf neue Formprinzipien jenseits dieser Institutionen verweist. Die Gegenüberstellung von Ansätzen staatlichen Verbraucherschutzes und marktförmiger Selbstregulierung hat eingangs bereits gezeigt, dass die Grenzen nicht leicht zu ziehen sind, insofern alle verbraucherpolitischen »Regime«[37] marktförmig-kapitalistische mit staatlichen Institutionen kombinieren. Sind Dritte Wege der Verbraucherpolitik daher womöglich nichts viel anderes als weitere Neukombinationen alter Institutionen und ihrer Weltbezüge?

So empfehlen beispielsweise verhaltenstheoretisch ausgerichtete Ökonomen einen recht schlichten Mittelweg: Gegenüber den Marktapologeten rücken sie die Transaktionskosten (z. B. Zeit, Informationsbeschaffungskosten) in den Blick, die ein reflektiertes, auch den Bereich alltäglichen Konsums noch durchrationalisierendes Marktverhalten mit sich brächte, und fordern entsprechend, »das Vertrauen des Konsumenten in die ›Problemlosigkeit‹ seines Kaufverhaltens zu schützen« und den Appellen an eine bewusste und reflektierte Kaufhaltung mittels reaktanztheoretisch ausgerichteten Immunisierungsstrategien entgegenzutreten.[38] Dazu wollen sie den Marketing-Methoden der Anbieter mittels Gegen-Marketing anstelle von Gegen-Information entgegentreten und nehmen

35 Vgl. Anthony Giddens, *The Third Way. The Renewal of Social Democracy*, Oxford 1998; Anthony Giddens, *The Third Way and its Critics*, Oxford 2000.

36 Giddens, »Neoprogressivism«, S. 6.

37 Vgl. Janning, »Der Staat der Konsumenten«, S. 173-179.

38 Werner Kroeber-Riel, Peter Weinberg, *Konsumentenverhalten*, München ^{7}1999, S. 667 und S. 671 f.

hierfür einen politischen Akteur in Anspruch, der die Verhaltenstrainings programmieren muss. Der Staat soll sich allerdings einer inhaltlichen Stellungnahme zu Interessen und Bedürfnissen der Konsumenten enthalten und das tatsächliche (über Methoden der Einstellungsforschung ermittelte) Verbraucherverhalten zum Ausgangspunkt seiner Konditionierungs-Interventionen machen, d.h. »von den gewohnheitsmäßigen oder erlebnisorientierten Entscheidungen des Konsumenten ausgehen und dafür sorgen, dass der Konsument dabei keinen Schaden erleidet«.[39]

Die Literatur zum »Wohlfahrtspluralismus«[40] weist demgegenüber die Einbeziehung intermediärer Instanzen des »Dritten Sektors« aus Verbänden, lokalen Initiativen, sozialen Bewegungen, global agierenden Nichtregierungsorganisationen oder diversen ehrenamtlichen Vereinsmitarbeitern in die gesellschaftliche Wohlfahrtsproduktion als das Besondere Dritter Wege aus, die allerdings ebenso wie die Solidargemeinschaften alter und neuer Familienmodelle, der Nachbarschaft oder von Betroffenen einer bestimmten Sachproblematik auf ganz unterschiedliche Weise zum Partner in neuen kooperativen Regierungsformen (Governance) ernannt und ermächtigt werden können. Auch multisektorale »welfare-mixes« können durch ökonomische Effizienz- und Leistungskriterien eines »Sozialinvestitionsstaates« dominiert sein. Etwas anders sieht es aus, wenn die Privathaushalte, die Bürgerinnengemeinschaft oder die Zivilgesellschaft nicht nur aufgefordert werden, *Defizite* von Staat und Markt *zu kompensieren*, sondern zugleich auch eine *politische Rolle* bei der *Neugestaltung von gesellschaftlichen Beziehungen* zu spielen beginnen. Vorläufer einer solchen Verbraucheraktivierung können in Konzeptionen gesehen werden, die auf eine Stärkung nicht nur der Exit-Optionen (nicht zuletzt gegenüber öffentlichen Diensten), sondern auch der Voice-Optionen von Verbrauchern ausgerichtet sind, sei es durch strukturelle Verankerung einer Gegenmacht der Verbraucher, die nicht stellvertretend vom Staat, sondern von den Verbrauchern oder ihren Assoziationen selbst ausgeübt werden muss, durch partizipative Modelle, die am Produktionsprozess oder bei der Mitbestimmung von Verbrauchern in

39 Ebd., S. 661f.

40 Vgl. Adalbert Evers, Thomas Olk (Hg.), *Wohlfahrtspluralismus. Vom Wohlfahrtsstaat zur Wohlfahrtsgesellschaft*, Opladen 1996.

Betrieben ansetzen,[41] oder durch Bewegungen, die über *autonome Öffentlichkeiten* kollektiven Druck gegenüber Akteuren des Marktes und des Staates aufbauen. Die Geschichte der Verbraucherpolitik kennt zahlreiche *Experimente mit Formen kollektiver Selbstorganisation* in der Verbraucherschaft (Konsumgenossenschaften, Verbraucherboykotts, Mitgliedschaftsverbände).

Welche Ausdeutungen des *Dritten* sich in der gegenwärtigen Verbraucherpolitik zeigen, lässt sich ausgehend von deren Neuformierung in Deutschland zusammenfassen. Zwar wurden diese Veränderungen, die 2001 mit der inzwischen rückgängig gemachten Nennung des Verbraucherschutzes an erster Stelle des Bundeslandwirtschaftsministeriums begannen, durch Krisen des gesundheitlichen Verbraucherschutzes im Agrar- und Ernährungssektor, insbesondere durch die BSE-Krise, ausgelöst. Und in diesem Problemkontext spielte die Aktivierung der Verbraucher nicht die vordringliche Rolle, da der Staat zur Abwendung der Krise zunächst seine eigene Handlungsfähigkeit durch institutionelle Reformen steigern musste und mit der Einrichtung eines Bundesinstituts für Risikobewertung (nach dem Vorbild der Europäischen Lebensmittelbehörde) einen präventiv ausgerichteten gesundheitlichen Verbraucherschutz forcierte, der nicht auf die Aktivierung wirtschaftlicher Akteure, sondern auf unabhängige Forschung und wissenschaftliche Kommunikation setzte. Auch das zweite große Ziel, die Einleitung einer großen Agrarstrukturreform mit dem Ziel der Steigerung des Anteils ökologischer Produktion auf 20 Prozent binnen zehn Jahren, adressierte die Verbraucher, wie im vorangehenden Abschnitt dargelegt, in erster Linie über ihre verbandsförmige Organisation im Rahmen eines neokorporativen Netzwerkes aus Vertretungen der Bauern, der Futtermittelindustrie, des Handels usw. Ihre unmittelbare Aktivierung trat hier nur insofern auf den Plan, als einer Umsteuerung ohne die Bereitschaft der Konsumenten, für ökologische Agrarerzeugnisse mehr zu bezahlen, wenig Aussicht auf Erfolg beschieden war.

Doch die Neustrukturierung fiel zeitlich mit der programmatischen Erneuerung in der europäischen Sozialdemokratie zusammen. Appelle an die Eigenverantwortung und das Engagement der Bürgerinnen waren für die Politik der Neuen Mitte unter Gerhard

41 Vgl. Offe, »Ausdifferenzierung oder Integration«.

Schröder typisch, sodass sich auch die Politik der Agrarwende auf die Kommunikation eines solchen Leitbildes stützen konnte, insbesondere in Gestalt des *nachhaltigen Konsums.* Um dieses Leitbild, das keineswegs auf Ernährungsfragen beschränkt ist, gesellschaftlich und kulturell zu verankern, griff das Verbraucherministerium auf einen kooperativen Regierungsstil zurück und holte neben den Interessengruppen der Agrar- und Ernährungsindustrie nicht nur die etablierten Verbraucherverbände an einen Tisch, sondern schenkte auch neuen zivilgesellschaftlichen Akteuren Gehör, etwa der unabhängigen Verbraucherorganisation *foodwatch*. Und im Falle des rot-grünen Vorzeigeprojekts in der Verbraucherpolitik, der Einführung des Bio-Siegels, das inzwischen sogar ins Sortiment der Discounter Einzug gehalten hat, nimmt der Staat auf die Entwicklung der Lebensmittelmärkte nicht direkt Einfluss, sondern durch Einbeziehung der Verbraucher, deren Möglichkeit zur alltäglichen Wahl zwischen zwei agrarpolitischen Philosophien er stark erleichtert hat. Begleitet wurde diese Aktivierungsmaßnahme durch einen staatlichen Kommunikationsstil, der neben Gesetzesinitiativen zur Erweiterung der Informationsfreiheit, die jedoch zunächst stecken blieben, insbesondere auf Werbekampagnen setzte. Dabei zeigten nicht zuletzt Initiativen des Ministeriums, die das Internet als Verbreitungsmedium einbezogen, etwa die Kampagne *echt gerecht – clever einkaufen*, dass sogar dort, wo mehrdirektionale Kommunikation nahegelegen hätte, ein *erziehungsstaatlicher Duktus* vorherrschend blieb.[42]

42 Die Seite ⟨www.echtgerecht.de⟩, letzter Zugriff 5.10.2005, entstand als Aufklärungskampagne des Bundesverbraucherministeriums unter der Ministerin Künast und zielte auf eine Verbraucherbildung hin zu aktiven, bewussten und dem Leitbild der Nachhaltigkeit genügenden Konsumenten. Sie eröffnete den Verbrauchern unter der Rubrik »Mitmachen« lediglich Pseudo-Aktionsmöglichkeiten wie das Schreiben von Online-Kommentaren, von denen allerdings nur »die besten Beiträge« auf der Website veröffentlicht wurden, oder das Ausfüllen eines höchst suggestiven Multiple-Choice-Tests zum eigenen Konsumverhalten. Ein ebenfalls vorhandenes »Extranet«, das Akteure »bei der Vernetzung mit anderen« unterstützen sollte, blieb hingegen stark zugangskontrolliert und der Nutzung durch die an der Kampagne direkt beteiligten Organisationen (wie BUND, germanwatch, transfair etc.) vorbehalten. Wenn also Renate Künast in Pötter, *König Kunde ruiniert sein Land*, S. 129 moniert, dass es in Deutschland keine wirkliche Verbraucherbewegung gibt, muss umgekehrt auch den Grünen attestiert werden, dass sie diesbezüglich an institutioneller Phantasie und politischer Kreativität parteihistorisch eingebüßt haben. In dieser Hinsicht kann das Ministerium von

Dieses Muster fügt sich in das Gesamtbild einer neuen Sozialpolitik, die in Reaktion auf die Grenzen politischer Steuerung die Mit- und Selbstverantwortung anderer gesellschaftlicher Akteure betont, nicht zuletzt der Verbraucher, die auf Märkten eigenständig Gemeinwohlbeiträge erbringen sollen. Fördern und Fordern lautet auch hier die staatliche Devise, die zwar unterschiedlich ausgestaltet wird, aber die Bürgerinnen stets als *individuelle Vertragspartner* adressiert, die mit der Inanspruchnahme sozialer Leistungen und Rechte immer auch gewisse Pflichten eingingen. Im Unterschied zur Arbeitsmarktpolitik, in der das als autonom adressierte Individuum (oder unternehmerische Selbst) durch staatliche Sanktionsandrohungen wie etwa Leistungskürzungen sehr direkt diszipliniert werden kann, operiert die Hervorbringung aktivierter Verbraucher primär mit moralischen Appellen oder ökonomischen Anreizen. Solche Unterschiede könnten sich freilich verringern, wenn sich Verbraucher etwa gestaffelt nach ihren Lebensgewohnheiten (z. B. Raucher, Fettleibige) an den Gesundheitskosten beteiligen müssen. Wesentlich ist, dass dieser Kommunikationsstil die Bürgerin als eigenverantwortliches Privatsubjekt anspricht, das zwar entlang sozialschichtspezifischer Dispositionen als mal mehr, mal weniger unterstützungsbedürftig erscheint, dessen Förderungen aber primär darauf abzielen, eine *ethisch kompetente* (und in diesem Sinne auch nachhaltig agierende) *Marktbürgerin* ins Werk zu setzen, wodurch andere mögliche Ausformungen ihrer (politischen) Identität abgeschattet werden. In diesem Sinne wird der Consumer Citizen oder Citizen Consumer zur paradigmatischen Figur einer Aktivierungsstrategie, in der sich *Marktform und Bürgerinnenkultur* gleichsam *wechselseitig zivilisieren* sollen – nicht nur in der Verbraucherpolitik, sondern auch in anderen Feldern der wirtschaftlich entgrenzten Sozialpolitik.

den zwölf europäischen Verbraucherorganisationen lernen, die das jugendorientierte e-zine ⟨www.yomag.net⟩, letzter Zugriff 5.10.2005, unterstützten. Zwar sicherte auch diese Website ihren über Schulprojekte rekrutierten Nachwuchsredakteuren die Themenhoheit, um die Lifestyle-Diskussionen zum jugendlichen Konsumalltag mit Gesichtspunkten der Nachhaltigkeit zu verknüpfen. Sie ermöglichte es Lesern aber immerhin, Kommentare zu den Artikeln abzugeben, und zeigte sich insgesamt offen für Vorschläge und Neuzugänge. Das Projekt wird vom vzbv, dem Verbraucherzentrale Bundesverband, der es zunächst gefördert hatte, schon seit längerem nicht mehr als »Internet-Projekt« verlinkt und ist offenbar ebenso wie die Kampagnenseite echtgerecht.de eingestellt worden.

Legitimiert wird die Anpassung der Steuerungsinstrumente an die Effizienzgesichtspunkte des Marktes, etwa durch den verstärkten Einbau von Wettbewerbselementen, nicht zuletzt mit einem affirmativen Hinweis auf die Konsumenten-Kultur. Ein Vorläufer dieser Entwicklung kann in den Verwaltungsreformen gesehen werden, die nach dem Leitbild des New Public Management in ihrem Kontext die Bürgerin zuerst in positiver Weise mit dem Bild des Kunden assoziierten, dem sie das Bild eines staatlich bevormundeten Untertanen gegenüberstellten.[43] Die Ausrichtung von öffentlichen Diensten an Prinzipien des Marktes, des modernen Managements und der wirtschaftlichen Effizienz, die in immer mehr Sektoren der Wohlfahrtsproduktion Einzug erhält, bringt allerdings häufig gar keine Ermächtigung der Citizen Consumers mit sich, sondern geht mit einer Externalisierung von Arbeitsvorgängen und Kosten in Richtung der Endkunden einher.[44] Solche Trends machen in der Folge dann die Hinwendung der Sozial- zur Verbraucherpolitik unausweichlich. Denn solange der Staat mit der Schaffung von privat bewirtschafteten oder privatwirtschaftlich ausgerichteten Wohlfahrtsmärkten in Bereichen wie Pflege, Gesundheit, Rente usw. weiterhin gewisse Gewährleistungspflichten oder »performance guarantees« übernimmt, muss er Sorge tragen, dass die Verbraucher die erforderlichen Marktkompetenzen mitbringen oder erwerben.[45] Der Citizen Consumer wird so zum Gestaltungsobjekt einer aktiv befähigenden *Politik der Lebensführung*, die zwar diese Marktkompetenzen weder in neoliberaler Manier einfach unterstellt noch in emanzipatorischer Tradition durch sozialstaatliche Rechtsansprüche lediglich abpolstert und negativ freistellt, sich mit ihrem dritten Weg aber dennoch in Widersprüchen zu verfangen droht, wenn über den individualisierenden oder atomisierenden Vergesellschaftungsmodus des Marktes selbst nicht mehr hinausgedacht wird.

So besteht auf der Seite des Individualwohls beispielsweise ein Unterschied zwischen einer sozialpolitischen Aktivierung, die ihre Klienten ausgehend von deren alltäglichen oder biografischen Pro-

43 Vgl. Jörg Bogumil, Leo Kißler, *Vom Untertan zum Kunden? Möglichkeiten und Grenzen von Kundenorientierung in der Kommunalverwaltung*, Berlin 1995.

44 Vgl. Voß, Rieder, *Der arbeitende Kunde.*

45 Giddens, »Neoprogressivism«, S. 13 ff.; vgl. auch Nullmeier, »Demokratischer Wohlfahrtsstaat und das neue Marktwissen«.

blemlagen bei der Gewinnung lebenspraktischer Autonomie unterstützen will, und einer Verbraucheraktivierung, die sich nur noch am Leitbild des mit umfassenden Marktkompetenzen auszustattenden Privat-Subjekts ausrichtet. Praktiken wie Fürsorge, Pflege, Liebe, Anerkennung oder die Förderung von Bildungsprozessen lassen sich nur bedingt mit Benchmarks verknüpfen oder durch private Verträge regulieren. Und wird die Förderung eines derart marktförmig zugeschnittenen Individualwohls dann noch mit Gemeinwohlforderungen verbunden, die kollektive Ziele wie die nachhaltige Entwicklung der Gesellschaft oder eine gerechtere Verteilung ihres Wohlstands allein als Aufgabe vereinzelter Marktbürgerinnen mit ihrer privat-individuellen Unternehmens-, Einkaufs- oder Spendentätigkeit verstehen, die sich so kaum noch als *Autorinnen kollektiv geltender Rechtsordnungen* begreifen können, droht die politische Autonomie des Gemeinwesens weiter zu erodieren. Solche Herausforderungen offensiv angehen zu wollen unterscheidet die Politik der Dritten Wege gewiss in mancher Hinsicht von neoliberaler Marktapologetik:[46] Eine am Kindeswohl orientierte Familienpolitik, die Bekämpfung von Gewalt und Ausgrenzung, die Einbeziehung dezentraler zivilgesellschaftlicher Instanzen in die Wohlfahrtsproduktion oder die Schaffung von »zweiten Chancen« in der Arbeitsmarktpolitik sind Beispiele dafür, wie der neue Sozialinvestitionsstaat jeweils bezogen auf konkrete Problemkonstellationen über reine Marktlösungen auch hinausgehen will und die Verknüpfung von sozialrechtlichen Unterstützungsleistungen mit gemeinwohlorientierten Handlungszumutungen nicht allein auf die individualisierende Vertragsform reduziert.

Wo eine kontextsensible Aushandlung von Rechten und Pflichten genauer zu prüfen verlangt, wer jeweils Adressat von Aktivierungen sein kann und was in diesem Zusammenhang die Stärkung von Autonomie an prozeduralen Implikationen mit sich führt, stoßen Konsumenten-Leitbilder aber an ihre Grenzen. Ihre ausgiebige politische Verwendung droht daher die Dritten Wege zu Komplizen einer Entwicklung hin zur Marktgesellschaft zu machen, die immer mehr Bereiche des sozialen Lebens der Marktform unterwirft. Vor dem Hintergrund einer solchen Expansion ökonomi-

46 Vgl. Adalbert Evers, »Investiv und aktivierend oder ökonomistisch und bevormundend? Zur Auseinandersetzung mit einer neuen Generation von Sozialpolitiken«, in: Evers, Heinze (Hg.), *Sozialpolitik*, S. 229-252.

scher Vertragsbeziehungen gilt es deshalb kritisch zu beleuchten, was Verbraucheraktivierung in den sozialpolitischen Leitbildern des Dritten Weges jeweils bedeutet: Sollen die Verbraucher als Bürgerinnen in ihrer Autonomie *nach allen Seiten gestärkt* werden, *oder* sollen die Bürgerinnen als Verbraucher *für die immer mehr Lebensbereiche durchdringende Marktordnung fit gemacht* werden? Giddens erwähnt in jüngsten Fassungen seiner Ideen die Notwendigkeit eines dezentralen demokratischen Dialogs und einer starken bürgerschaftlichen Öffentlichkeit, um die ausgehandelten und vertraglich fixierten Vermittlungen von Rechten und Pflichten zu legitimieren, die nach wie vor das Kernelement der Sozialpolitik des Dritten Weges darstellen.[47] Die Aktivierung des privatautonomen Subjekts, also die politische Befähigung, von individuellen Wahlfreiheiten in der Lebensführung kompetent Gebrauch machen zu können, verweist damit auch auf das *Komplement* einer demokratisch autonomen Rechts- und Bürgergemeinschaft. Wenn das Zusammenspiel zwischen diesen Instanzen aber bloß noch derart ausgestaltet wird, dass zwar über die Inhalte der Rechte und Pflichten öffentlich reflektiert werden soll, die vertragliche Form, in der die Leistungsbeziehungen zwischen Individuum und Gemeinschaft institutionalisiert werden, jedoch überhaupt nicht mehr zur Disposition steht, oder wenn kulturelle Beiträge auch dort an Gesichtspunkten einer effizienten Sozialinvestition ausgerichtet werden, wo die Gemeinschaft eigentlich andere Lebenswerte verfolgt, schränkt die Politik das Potenzial demokratischer Autonomie über Gebühr ein.

2.2 Verbraucheraktivierung als Regierungstechnik in der Marktgesellschaft

Dem Fehlerpotenzial einer Politik der Lebensführung, Autonomie mit Ökonomie zu verwechseln, wende ich mich nun genauer zu. Die voranstehenden Überlegungen dazu sollten deutlich machen, dass in Konzeptionen eines Dritten Weges zwar mehr aufscheint als die Optimierung von Staat und Markt, dass aber eine Reduzierung der Aktivierungsansätze auf diese Dimensionen sowohl in den klassischen Feldern der Verbraucherpolitik als auch in neueren politischen Konsum- und Ernährungsleitbildern und nicht zuletzt

47 Giddens, »Neoprogressivism«, S. 16 f.

in immer weiteren Kompetenzbereichen der Sozial-, Bildungs- und Gesundheitspolitik droht. Um den Sinn für die Differenzen und Widersprüche zwischen einer autonomiesteigernden Verbraucheraktivierung einerseits und der Ökonomisierung von Sozialpolitik andererseits zu schärfen, diskutiere ich zunächst ein Szenario, das diese Unterschiede verschwinden lässt.

Untersuchungen zu New Labours Reformen der öffentlichen Dienste unter dem Leitbild des Citizen Consumer haben gezeigt, dass die Kritik an der neoliberalen politischen Ökonomie die Vorgänge unzureichend erfasst, wenn sie die Dritten Wege allein auf Grenzverschiebungen vom Staat in Richtung Markt zurückführt.[48] Um die Entwicklungen sowohl auf der Seite des Publikums, der Klienten öffentlicher Dienste als auch der Angebotsstrukturen in so unterschiedlichen Bereichen wie dem Gesundheitswesen, der Polizei oder der Sozialfürsorge angemessen erfassen zu können, muss vielmehr ergänzend auch auf Foucaults Konzept der »Gouvernementalität« zurückgegriffen werden, welches von Nikolas Rose bereits auf die neueren Politikformen bezogen wurde. Am Beispiel der politischen *Leitidee der Freiheit* lässt sich diese *Technik des Regierens über mentale Strukturen* verdeutlichen. Sie wird zwar als Schutz vor staatlichen Eingriffen präsentiert, befördert zugleich aber die Vorstellung einer zur moralischen Selbstkontrolle fähigen Person und schränkt durch diese Zuschreibung deren Entfaltungsmöglichkeiten wieder ein. Heute seien Freiheitsvorstellungen insbesondere mit dem Konsumsubjekt verknüpft, das seine Existenz autonom gestalten muss:

(Moderne) Individuen genießen nicht nur ›Wahlfreiheit‹, sondern sind zur Freiheit gezwungen und gezwungen, ihr Leben als Akt des Auswählens zu begreifen und auch zu führen. Sie müssen ihre Vergangenheit als Ergebnis getroffener Wahlhandlungen deuten und sich ihre Zukunft als verbleibende Wahlhandlungen vorstellen. Ihre Wahlentscheidungen werden umgekehrt als Manifestationen der Eigenschaften der auswählenden Person betrachtet – Ausdruck ihrer Persönlichkeit – und werfen somit ein Licht auf die betreffende Person. In dem Maße, wie diese Mechanismen der Regulierung durch Wünsche, Konsum und den Markt – Zivilisierung durch Identifizierung – ihren Einfluss auf immer größere Teile der Bevölkerung ausdehnen, nimmt die Bedeutsamkeit früherer bürokratischer und gouvernementaler Mechanismen der Selbstformierung und Selbstkontrolle

48 Clarke u.a. (Hg.), *Creating Citizen-Consumers*, S. 146-157.

ab, sodass sie allmählich zurückgenommen und auf marginalisierte Individuen, die sich aufgrund von Unwilligkeit, Unfähigkeit oder Pech außerhalb dieser Netze ›konsumierender Zivilität‹ bewegen, neu ausgerichtet werden können.[49]

Das Konzept der Gouvernementalität berücksichtigt auch die subtilen Macht- oder Regierungstechniken, die nicht allein über Marktmechanismen, sondern über vielschichtige diskursive Praktiken vermittelt sind und die nicht zuletzt an der Erziehung der Bürgerinnen zu einer selbstverantwortlich abwägenden Konsumentenhaltung ansetzen. Kennzeichen dieser Regierungstechniken ist es gerade, dass sie sich kultureller Wissensordnungen bedienen, etwa aus dem Bereich der Therapie, der Biowissenschaften oder der Bevölkerungsstatistik, um auf das Selbstverständnis der Subjekte und das Verhalten der Bürgerinnengemeinschaft Einfluss zu nehmen. Indem die Politik des Dritten Weges positiv auf alle möglichen Fragen der Lebensführung Bezug nimmt, webt sie ein dichtes diskursives Netz aus Situationsdeutungen, Selbstkonzepten, Werten, Leitbildern und Entscheidungskriterien um die Alltagspraktiken ihrer Bürgerinnen herum.

Daraus kann nun nicht gefolgert werden, dass ein solcher diskursiver Regierungsstil auch effektiv funktioniert, da sich die konkreten Praktiken im Alltag – etwa im Falle der Inanspruchnahme sozialer Rechte oder Dienste – dem Selbstverständnis als Citizen Consumer nicht ohne weiteres einfügen.[50] Vielmehr können die Handelnden zu den politisch lancierten Deutungsangeboten eine reflexive Distanz einnehmen und alternative Deutungen mobilisieren – was sie im Zuge der Reform öffentlicher Dienste auch tatsächlich tun. Mithin unterliegen auch Regierungs- und Disziplinierungstechniken, die auf der Verschmelzung der Bürgerin mit dem eigenverantwortlichen Verbraucher in Leitvorstellungen des Dritten Weges beruhen, einer Dialektik der Macht, insofern sie bei den Regierten Empörung, offene Zurückweisung oder subversive Abwehrtaktiken hervorrufen können. In the long run könnten die Diskursordnungen dennoch in kulturelle Praktiken einsickern und über die Politikinszenierungen in den Talkshows oder reformierte Organisationsstrukturen (z. B. von Jobvermittlungsagenturen[51])

49 Rose, *Powers of Freedom*, S. 87.

50 Vgl. Clarke u. a. (Hg.), *Creating Citizen-Consumers*, S. 121-138.

51 Vgl. Wolfgang Ludwig-Mayerhofer u. a., »Disziplinieren und Motivieren: Zur

kritische Energien abwürgen und gesellschaftliche Konflikte paralysieren.

Erklären, warum politische Aktivierungsstrategien die Bürgerin auf das privatautonome Konsumsubjekt reduzieren und so mit der Expansionsdynamik der Marktgesellschaft verknüpfen, könnte das Bemühen, politische Steuerungskrisen durch den *Kurzschluss* von ökonomischen Zwängen und kultureller Identitätssuche zu lösen: Wenn die Politik mit ihren rechtlichen Mitteln weder den Markt noch die Kultur zivilisieren kann, vermag sie vielleicht die Verhältnisse so einzurichten, dass sich Markt und Kultur gegenseitig zivilisieren. Dazu werden die kulturellen Ansprüche auf Autonomie und Authentizität der individuellen Lebensführung einerseits bejaht, andererseits aber mit Bewährungstests verknüpft, die dem flexibilisierten Netzwerkkapitalismus entstammen und dessen Ressourcenzufluss sichern. Die gouvernementalen Regierungstechniken leisten in diesem Szenario Vermittlungsarbeit, indem sie rechtliche Freiheiten und die Autonomie des Subjekts mit Bürgerinnenpflichten assoziieren und diese zugleich – etwa in der Figur des Verbrauchers – an Marktstrukturen ausrichten. So werden der Consumer Citizen sowie der Citizen Consumer zu politischen Projektionsflächen für Reintegrationshoffnungen in der späten kapitalistischen Moderne. Und die sozialpolitische Verbraucheraktivierung bedient genau diese Hoffnungen. Sie sichert den ökonomischen Produktivismus nicht mehr allein durch Kompromisse zwischen Markt und Staat, also liberalen Freiheitsrechten und sozialen Rechten, ab, sondern befriedet diesen auch durch Einbeziehung kultureller Leitideen für die privatautonome Ausformung der individuellen Lebensführung.[52]

Es ist gleichwohl höchst ungewiss, ob sich die individuellen Lebensentwürfe mit gouvernementalen Regierungstechniken in den kapitalistischen Rahmen integrieren lassen. Politische Aktivierungsansätze stoßen immer wieder an ihre Verfügbarkeitsgrenzen und resignieren dann zuweilen vor der Unbelehrbarkeit jener Verbraucher, die ungebrochen ihrer Schnäppchenjagd frönen oder sich weiterhin ihrem Luxuskonsum hingeben. Für die Politisierung

Praxis der neuen Arbeitsmarktpolitik«, in: Evers, Heinze (Hg.), *Sozialpolitik*, S. 276-299.

52 Vgl. hierzu auch Stephan Lessenich, *Die Neuerfindung des Sozialen. Der Sozialstaat im flexiblen Kapitalismus*, Bielefeld 2008.

des Konsums besitzt die Regierung schon lange kein Gewaltmonopol mehr. Vielmehr wird in äußerst heterogener Weise um die Verbraucher gerungen, interpretieren die verschiedenen »gemeinsamen Welten« deren Wohl in höchst unterschiedlicher Weise. Im historischen Vergleich wäre daher zunächst genauer zu klären, unter welchen Bedingungen sich Verbraucher überhaupt als politisch aktivier- und mobilisierbare Sozialfiguren erweisen. Die inzwischen recht breite sozial-, kultur- und wirtschaftshistorische Forschung zu diesem Thema weist auf eine eher schwache Identifikationskraft dieser Kategorie hin, weshalb Mobilisierungs- und Aktivierungserfolge immer in Relation zu relativ eindeutigen Problemlagen der jeweiligen Gesellschaften stehen müssen – etwa der Hunger- und Armutsproblematik, dem Arbeiterkampf, der Kriegswirtschaft, nationalstaatlichen Wohlfahrtsprogrammen, der Systemkonkurrenz zwischen Ost und West, dem Aufkommen der Frauenbewegung usw.[53] Im Vergleich zu solchen früheren gesellschaftlichen Entwicklungsetappen erzeugt die Konsumgesellschaft im gegenwärtigen kulturellen Kapitalismus einen trügerischen Problemkontext, indem sie den Anschein erweckt, als müsste eine klug gewählte Aktivierungspolitik die eigendynamischen Kulturalisierungen, Politisierungen oder Moralisierungen der Ökonomie im Allgemeinen und des Konsums im Besonderen nur noch aufgreifen und auf das scheinbar konsistente Entwicklungsmuster eines Dritten Weges umlenken. Doch damit würde die Sozialpolitik die Herausforderungen einer Zivilisierung der Marktgesellschaft erheblich unterschätzen.

Maßgebend für eine Politik der Verbraucheraktivierung kann demnach nicht der *Kurzschluss* von Kultur und Kapitalismus selbst, sondern nur die politische Entwicklung von solchen Vermittlungsagenturen *zwischen* Kultur und Kapitalismus sein, die nicht unter dem Primat der Ökonomie, sondern im anspruchsvollen Sinne am Ziel der *Autonomiesicherung* in einer *demokratischen Bürgerinnengemeinschaft* ausgerichtet sind. Bereits Jürgen Habermas hatte einen ähnlichen Gedanken auf den produktivistischen Kompromiss zwischen Anhängern eines sozialstaatlichen und solchen eines liberalen Rechtsparadigmas bezogen: Insofern sie sich beide auf die Frage beschränken, »ob es genügt, die private Autonomie durch

53 Vgl. Trentmann, »The Modern Genealogy of the Consumer«.

Freiheitsrechte zu gewährleisten, oder ob die Entstehung privater Autonomie über die Gewährung von sozialen Leistungsansprüchen gesichert werden muß«, gerate »[in] beiden Fällen [..,] der interne Zusammenhang zwischen privater und staatsbürgerlicher Autonomie – und damit der demokratische Sinn der Selbstorganisation einer Rechtsgemeinschaft – aus dem Blick«.[54] Vor diesem Hintergrund gilt es abschließend zu fragen, ob und, wenn ja, wie die Strategien sozialpolitischer Aktivierung über die reduktionistischen Ansätze einer Politik des Dritten Weges hinausgehen und gegen den Einwand, sie erzeugten bloß neue gouvernementale Regierungstechniken, verteidigt werden könnten. Als Ausgangspunkt hierfür kann die normative Orientierung am Autonomieideal gelten, auf das die Sozialpolitik neben der sozialrechtlichen Absicherung negativer Freiheiten (De-Kommodifizierung) auch durch positive Befähigungen zu einer entsprechenden Lebensführung hinarbeiten soll.

3. Professionalisierung und Demokratisierung der Verbraucherpolitik

Es ist interessant, wie Anthony Giddens den Aktivierungsgedanken Anfang der 1990er Jahre entwickelt hat und welche Wendung er dann mit der Aufnahme von Beraterfunktionen für Blairs New Labour nimmt, also im Zuge der Ausarbeitung zum *Third Way.* Nachdem er in den 1980er Jahren seine allgemeine Theorie der Strukturierung zunächst zu einer Theorie der modernen Gesellschaft ausgebaut hat, die deren zentralen institutionellen Strukturprinzipien nachspürt, rücken nach dem Systemumbruch 1989 Probleme der Lebensführung und Identitätsbildung in post-traditionalen Gesellschaften mehr und mehr in den Mittelpunkt seiner Arbeiten. Hier nehmen Probleme der Abhängigkeit, Zwanghaftigkeit oder Sucht eine Schlüsselstellung ein: Durch das Wegbrechen der Einbettung in die Tradition verlören die Handlungsroutinen, auf die jede Form alltäglicher Lebensführung angewiesen bleibe, ihren sinnstiftenden Gegenhalt. Weil sie aber ins emotionale Gedächtnis eingeschrieben und daher nicht ohne weiteres abzulegen seien,

54 Habermas, *Faktizität und Geltung*, S. 491.

drohten diese Routinen eine rational nicht begründbare Zwanghaftigkeit anzunehmen und womöglich in krankhaften Suchthandlungen zu enden oder nur noch durch fundamentalistische Abwehrreflexe verteidigt werden zu können.

Unter den verschiedenen Beispielen, die Giddens für diese »Defensivreaktion« auf die Herausforderungen der Spätmoderne gibt, gewinnt nun der Produktivismus, d.h. die ursprünglich in der protestantischen Leistungsethik abgesicherte Ausrichtung der Lebensführung auf die Sphäre der Erwerbsarbeit, exemplarische Bedeutung. Noch in *Jenseits von Links und Rechts* kreisen wichtige Gedanken des Autors um die »realistische Utopie« einer »Nachknappheitsgesellschaft«, in der die Menschen beginnen, Lebenswerte jenseits der Produktionssphäre wichtiger zu nehmen.[55] Was hier als Befreiung aus der emotionalen Abhängigkeit von produktivistischen Zwängen erscheint, kehrt der Third Way jedoch wieder um, indem er die Gewöhnung an sozialstaatliche Sicherungen als Wohlfahrtsabhängigkeit problematisiert und als Therapie dagegen den Produktivismus empfiehlt, etwa dergestalt, dass dekommodifizierende Sozialrechte wieder enger an die Pflicht zur aktiven Suche und Bereitschaft zur Aufnahme von Erwerbsarbeit gekoppelt werden. Erst in dieser – keineswegs zwangsläufigen – Weichenstellung manifestiert sich der Kurzschluss von Ökonomie und Lebensführung, der die Politik des Dritten Weges zur gouvernementalen Regierungstechnik verkommen zu lassen droht.

Soll dieser Schritt hingegen vermieden werden, muss im Sinne der früheren Überlegungen von Giddens, die noch nicht unter Zugzwängen der Politikberatung standen, nach anderen Formen der Autonomiesicherung und Vermittlungsagenturen zwischen dem Individual- und dem Gemeinwohl der Verbraucher-Bürgerinnen Ausschau gehalten werden. Für diese kritische Rekonstruktion ist es hilfreich, sich auch an die Überlegungen von David Riesman und Mitarbeitern zu erinnern, die von einer Nachknappheitsgesellschaft ja bereits ausgehen, in der Wohlstand und Überfluss den Typus des außen-geleiteten Verbrauchers hervorbringen und vor das Problem stellen, seinem Leben in der gewachsenen Freizeit einen Sinn zu geben.[56] Das Autonomieproblem ergibt sich für Riesman

55 Vgl. Anthony Giddens, *Jenseits von Links und Rechts. Die Zukunft radikaler Demokratie*, Frankfurt/M. 1997.

56 Vgl. Riesman u.a., *Die einsame Masse* sowie ausführlicher Kapitel IV, Abschnitte 1.1 und 1.4.

in dieser Konstellation einerseits aus der Abhängigkeit von der Vergangenheit, d. h. von der fortwirkenden Berufs- und Leistungsorientierung des innen-geleiteten Zeitalters, andererseits aber auch aus der Abhängigkeit von der Anerkennung durch andere, beginnend bei der Peergroup in Kindheit und Jugend und fortschreitend bis zu den Meinungsführern in den Massenmedien. An Autonomie könne die Verbraucherpersönlichkeit nur gewinnen, wenn sie sich aus beiden Abhängigkeiten ein Stück weit zu befreien lerne: Einerseits aus der emotionalen Bindung ihrer Identität an den Mythos der Erwerbsarbeit, der die Entfaltung des Selbst in der Freizeit blockiere, und andererseits aus einer Anerkennungssucht, die das Konsumsubjekt zum Spielball der Meinungsmoden werden lasse. Neben der robusten rechtlichen, aber auch faktischen Absicherung ihrer Privatsphäre, die nicht zuletzt dem partiellen Rückzug vom Einfluss der verschiedenen Bezugsgruppen diene, um in angemessener Distanz die Entwicklung von Selbstachtung zu ermöglichen, lenkt Riesman den Blick *zum einen* auf die weitere Notwendigkeit, eine Verbindung zur demokratischen Bürgerinnengemeinschaft zu halten, sowie *zum anderen* auf die notwendige Unterstützung durch geschulte »Freizeitberater«. Damit benennt er institutionelle Bedingungen und Mittler zwischen den individuellen und kollektiven Aspekten des Verbraucherwohls, die für eine alternative Auslegung des politischen Aktivierungsgedankens noch einmal aufgegriffen werden können. Denn gegen den gouvernementalen Regierungsstil, der das Postulat der autonomen Lebensführung mit Erfordernissen der Marktgesellschaft kurzschließt, verweist die Idee der Bürgerinnengemeinschaft ebenso wie das Berufsethos einer professionalisierten und einzelfallorientierten Beratung auf Formen der Autonomiegewinnung, die sich einem solchen Kurzschluss durchaus widersetzen können.[57]

57 Ich kann hier auf die demokratie- und professionstheoretische Literatur nicht ausführlich eingehen, die genauer begründet, warum der Gedanke der Autonomie einer politischen Gemeinschaft bzw. der individuellen Lebensführung nicht überall, wo er die aktivierende Sozialpolitik anleitet und legitimiert, als disziplinierender oder gouvernementaler Regierungsstil kritisiert und abgetan werden kann (vgl. etwa Habermas, *Faktizität und Geltung*; Günter Frankenberg, *Die Verfassung der Republik. Autorität und Solidarität in der Zivilgesellschaft*, Frankfurt/M. 1997; Arno Combe, Werner Helsper (Hg.), *Pädagogische Professionalität. Untersuchungen zum Typus pädagogischen Handelns*, Frankfurt/M. ^{2}1997).

Denn es existiert eine prinzipielle Differenz zwischen der therapeutischen Logik eines professionellen Arbeitsbündnisses, das sich selbst überflüssig machen will, indem es, ausgehend von der Problemgeschichte des Einzelfalls, die in der Lebenspraxis vorhandenen Autonomiereserven aufgreift und stärkt, und einer deprofessionalisierten Beratungspraxis, die bloß vorgibt, Hilfe zur Selbsthilfe zu leisten, tatsächlich den Verbraucher aber in immer neue Abhängigkeiten verstrickt. Wo sie die Verbraucher etwa mit Ratgeberliteratur, therapeutischen Moden und einem unübersichtlichen Informationsangebot überschüttet, verschärft sie Autonomieprobleme durch Verwissenschaftlichung noch zusätzlich. Und nicht selten hat sie ein ökonomisches Interesse daran, dass die Klienten auf immer umfangreichere personalisierte Beratungsdienste angewiesen bleiben.[58] Letztlich beteiligt sich eine solche Praxis der Freizeitberatung, die sicher nicht in Riesmans Sinne wäre, an der Umdeutung von gesellschaftsstrukturellen Widersprüchen zu individuell erzeugten und bewältigbaren Problemen der Privatsubjekte. Umso mehr kommt es darauf an, Quellen der Autonomie zu stärken, die zur kommerziellen Sphäre mit ihren zahlreichen Ratschlägen und Offerten hinsichtlich der Ausbildung einer vollwertigen Verbraucherpersönlichkeit Abstand halten.

Und hinsichtlich der Stärkung demokratischen Bürgerinnenengagements macht es einen Unterschied, ob die Verbraucher mit der *Verteilung von Rechten und Pflichten* in einer solidarischen Bürgerinnengemeinschaft Erfahrungen durch aktive Partizipation oder öffentliche Reflexion verbinden oder ob ihnen die *Dimension kollektiver politischer Autonomie* gegenüber der Marktgesellschaft schon deshalb aus dem Blick gerät, weil sie einem *individualistischen Vertragsdenken* verhaftet bleiben, das zwischen Bürgerinnenstatus und Konsumsubjekt nivelliert. Sozialpolitische Verbraucheraktivierung sollte die empirische Beobachtung, dass Bürgerinnen in immer mehr Gesellschaftsbereichen zu Kundinnen werden, nicht normativ verdoppeln, sondern die advokatorischen Verpflichtungen gegenüber dem Verbrauchergemeinwohl so weit fassen, dass sie über die Sicherung und Stärkung der Privatautonomie hinaus immer auch die Spuren gemeinschaftlicher Solidarität öffentlich sichtbar

58 Vgl. zum Wachstumsmarkt der tief in die Autonomieprobleme privater Lebensführung eingreifenden Unterstützungs-Ökonomie erneut Zuboff, Maxmin, *The Support Economy*.

macht und zur Diskussion stellt, die in Form von Schutzrechten, öffentlichen Dienstleistungen, Infrastruktureinrichtungen oder auch klassischen sozialstaatlichen Umverteilungen gewährt wird. Anstatt diese Zusammenhänge aber als Nullsummenspiel zu rahmen und damit als *Schuldverhältnis* des Individuums gegenüber der Gemeinschaft aufzufassen, käme es darauf an, die staatsbürgerliche Solidarität über institutionelle Foren und Verfahren als *Positivsummenspiel* wieder möglich und erfahrbar zu machen.

Eine alternative staatliche Aktivierungspolitik müsste auf mehreren Ebenen operieren, um das individuelle Verbraucherwohl zu fördern und mit dem kollektiven Wohl der Gemeinschaft zu vermitteln. Sie müsste dabei kontext- und fallsensibel vorgehen und nicht auf ein einziges Aktivierungsschema setzen, das allein auf die Steigerung von individuellen Marktkompetenzen hinausläuft und darüber auch noch Gemeinwohlzumutungen adressiert. Erforderlich wäre dafür sowohl eine Professionalisierung als auch eine Demokratisierung von Verbraucherpolitik. *Professionalisierung*, weil eine solche Verbraucherpolitik *zum einen* weiterhin stellvertretende staatliche Entscheidungen hinsichtlich der Institutionalisierung des Verbrauchergemeinwohls mit all seinen konfligierenden Interpretationsansätzen treffen muss und in dieser stellvertretenden Funktion *zum anderen* unter Gesichtspunkten der Stärkung der Autonomie der Lebenspraxis abwägen muss, wann es die Konsumsubjekte hierfür entlasten muss und wann sie deren aktive Mithilfe einfordern darf, wann sie Schutzzonen um eine durch Reflexionszumutungen oder soziale Anerkennungskämpfe überforderte private Praxis bauen und wann sie auf Transformations- und Bildungsprozesse in dieser Praxis hinarbeiten sollte. Und diese Kompetenzanforderungen betreffen Instanzen der staatlichen Regulierung auf unterschiedlichsten Ebenen, die von der Gesetzgebung (durch Einrichtung des Bio-Siegels etc.) bis hin zur alltagsnahen »Freizeitberatung« (z. B. im Bereich der Ernährungsberatung durch Lehr- oder Fachpersonal) reichen. Komplementär dazu wäre aber auch *Demokratisierung* gefordert, weil die Institutionalisierung und Regulierung des Verbrauchergemeinwohls als souveräner Ausdruck der öffentlichen Willensbildung eines Kollektivs erfahrbar bleiben muss, wenn die Aktivierung der Konsumsubjekte nicht auf Kosten der Bürgergemeinschaft gehen soll. Dies kann *zum einen* geschehen, indem die Verbraucher als Staatsbürgerinnen an der kollektiven Verankerung normativer Marktordnungen direkter beteiligt werden (nicht zuletzt durch Einbeziehung zivilgesellschaftlicher Instanzen der Politisierung oder Moralisierung des Konsums, der Unternehmenspraktiken etc.); *zum anderen* kann die Institutionalisierung neuer Ordnungen, die Kompromisse unterschiedlicher Interessen und Gemeinwohlvorstellungen ausdrücken und gesellschaftlich verankern, über zweistufige Verfahren an öffentliche Prozesse der Reflexion und intellektuellen Elaboration von Politikalternativen rückgebunden werden, etwa wenn sich die Perspektiven verschiedener Welten einander in der Praxis nur behutsam annähern lassen (wie im Falle der Reformbereitschaft der Landwirtschaft) oder die Komplexität der konsumgesellschaftlichen Interdependenzen direkte Aushandlungsprozesse der Beteiligten und Betroffenen überfordert, sodass die Formierung spezieller Politikarenen erforderlich wird. Die Übergänge sind dabei gewiss fließend.

Neben prozeduralen Gesichtspunkten öffentlicher Verfahrensordnungen, die gegen die Aushöhlung von Kriterien einer deliberativen oder assoziativen, auch schwache Interessen berücksichtigenden Versammlung des Kollektivs in einem staatlichen Gebilde zu sichern wären, sowie professionellen, d. h. fallsensiblen Vermittlungen zwischen Anforderungen des Privat- und des Gemeinwohls mit Blick auf die verschiedenen Sphären der Lebenspraxis und ihrer Akteurskonstellationen ist für eine sozialpolitische Verbraucheraktivierung schließlich auch die *soziale Frage* besonders bedeutsam. Denn anders als Riesman, der noch von einem anhaltenden Wohlstand ausgehen und sich auf die seelischen Probleme der kleinbürgerlichen amerikanischen Mittelschicht konzentrieren konnte, haben wir es heute mit einer gesellschaftlichen Konstellation zu tun, in der ökonomische Prekarität und Gefühle der Unsicherheit wieder stark zunehmen. Daher darf insbesondere die Frage der robusten materiellen Absicherung des Verbraucherstatus durch die solidarische Gemeinschaft der Bürgerinnen in dieser Diskussion nicht ausgespart werden. Diese Frage betrifft aber keine eindeutig abgrenzbare Klasse oder Schicht, sondern heutzutage breite Bevölkerungskreise, die spüren, dass das Erreichen eines bestimmen Lebensstandards von Umständen abhängt, die heute sehr viel kontingenter sind als in der Prosperitätsphase der Nachkriegszeit.[59] In

59 Vgl. Mau, *Lebenschancen*; Vogel, *Wohlstandskonflikte*.

diesem zunehmend breiter geteilten *Kollektivschicksal* steckt neben all den Gefahren neuer Wohlstandskonflikte und fortschreitender Entsolidarisierungen auch die Chance, dass Verbraucher ihren Privatismus zukünftig überwinden und sich für sozialen Gemeinsinn mehr erwärmen könnten.

Der Status als Verbraucher gewinnt heute für die soziale Anerkennung und Selbstachtung, gesellschaftliche Teilhabe und Zugehörigkeit zur sozialen Gemeinschaft an Gewicht. Er entscheidet mithin über Inklusion und Exklusion oder über das Verweilen in einer breiten Zwischenzone der Verwundbarkeit.[60] Die ökonomische Prekarität individueller Lebensführung in der Marktgesellschaft spiegelt sich im deutlichen Anwachsen von Überschuldungen und Verbraucherinsolvenzen bei den Privathaushalten ebenso wie in der Zunahme von Kaufsuchtneigungen oder depressiven Rückzügen.[61] In diesen Feldern ist der Bedarf an professioneller Hilfe zur Wiedergewinnung der lebenspraktischen Autonomie besonders offensichtlich. Die sozialpolitische Verbraucheraktivierung sollte bei der Organisation und Gewährung individueller Hilfen aber nicht stehen bleiben, weil das breite Auftreten solcher Defensivreaktionen und anderer Folgeprobleme konsumgesellschaftlicher Strukturdynamiken im Zeitalter des kulturellen Kapitalismus deutlich werden lässt, dass der Schutz eines zunehmend prekären Verbrauchergemeinwohls zahlreiche kollektive Dimensionen aufweist und daher die Solidarität der Bürgergemeinschaft maßgeblich betrifft und herausfordert. Für die Verbraucherdemokratie bleibt folglich viel zu tun. Im nachfolgenden Kapitel wird nun nach den gesellschaftlichen Reserven gefragt, die hierfür noch mobilisiert werden könnten.

60 Vgl. einerseits Zygmunt Bauman, *Verworfenes Leben. Die Ausgegrenzten der Moderne*, Hamburg 2005, andererseits Robert Castel, *Die Metamorphosen der sozialen Frage. Eine Chronik der Lohnarbeit*, Konstanz 2000.

61 Vgl. SCHUFA Holding AG, *Schulden-Kompass 2006. Empirische Indikatoren der privaten Ver- und Überschuldung in Deutschland*, Wiesbaden 2006; Lucia A. Reisch u. a., »Zur Entstehung und Verbreitung der ›Kaufsucht‹ in Deutschland«, in: *Aus Politik und Zeitgeschichte*, H. 1-2 (2004), S. 16-22; Ehrenberg, *Das erschöpfte Selbst*.

VII. Was bleibt? – Reserven der Verbraucherdemokratie

Der staatlich-industrielle Kompromiss des früheren Sozial- und Wohlfahrtsstaates geht im Zeitalter des kulturellen Kapitalismus einen neuen Kompromiss mit der Welt des Marktes ein. Darin werden *kulturelle* Kritik- und Rechtfertigungsmuster durch eine Semantik der Aktivierung des Subjekts verstärkt aufgegriffen, aber zugleich in *Prüfungsformen des Markterfolges* überführt. So etwa ließe sich die Diagnose zum Staat der Verbraucher, d. h. zum kollektiven Regulierungsmuster der Verbraucherdemokratie zugespitzt zusammenfassen. Der Staat sichert damit eine Prozessform der kollektiven *Markt-Vergemeinschaftung* ab, die zwar die de-sozialisierenden Effekte der *Markt-Vergesellschaftung* kompensieren, dabei aber mit den Aushandlungs- und Rechtfertigungsformaten des Vertragsrechts auskommen soll. Ob dieser Kompromiss sich bewähren kann oder an seinen Paradoxien zerbricht, wird sich zeigen und hängt nicht zuletzt davon ab, ob es gelingt, die Defizite dieser Repräsentation des Verbrauchergemeinwohls öffentlich zu problematisieren und die Kritik in eine gebündelte, pragmatisch und politisch anschlussfähige Form zu bringen. Viele Gründe und Ansätze lassen sich zusammentragen, warum sich die aus unterschiedlichen »gemeinsamen Welten« heraus vorgebrachten Propositionen in diesem Kompromiss nicht angemessen repräsentiert oder sogar durch ihn ausgeschlossen sehen dürften und deshalb neue Anläufe zur öffentlichen Artikulation unternehmen werden. Sie betreffen die Selektivität der Aushandlungsprozesse und damit die Verlaufsformen der Verbraucherdemokratie. Sie betreffen aber auch die noch fehlende professionelle Sensibilität in der stellvertretenden Zuweisung von Rechten und Pflichten oder von alltagspraktischen Sicherheiten und individuellen Reflexionslasten. Und sie zeigen sich in der Vielfalt der Kritik einer publizistischen Öffentlichkeit, deren Heterogenität zwar auch Zeichen der Schwäche, Desorganisiertheit und mangelnden Rückbindung an die pragmatischen Problemkontexte der Konsumgesellschaft ist, die diesen Typ von Arena kennzeichnen, die damit aber gleichwohl dazu beiträgt, den Raum der relevanten Propositionen und Gesichtspunkte für das Verbrauchergemeinwohl auszuleuchten.

Ausgehend von dieser öffentlichen Matrix der Verbraucherdemokratie mit ihren Spaltungen von und Spannungen zwischen Sozial- und Künstlerkritik sowie vor dem Hintergrund der vielschichtigen Anforderungen an eine Politik, die fall- und kontextsensibel die Bedingungen einer gestärkten lebenspraktischen Autonomie der Verbraucher mit der Pluralität kollektiver Gemeinwohlperspektiven durch Einbeziehung des ganzen Institutionenrepertoires zwischen Staat und Markt vermitteln will, fragt dieses Kapitel nach Reserven, die sich für eine solche Prozessform *demokratischer* Markt-Vergemeinschaftung möglicherweise mobilisieren ließen. Dazu wird der komplexe Problemhaushalt der Konsumgesellschaft hier auf zwei Kernfragen reduziert, an denen zunächst gedankenexperimentell verfolgt werden soll, ob sie zu einer Neubeschreibung der Krisenkonstellation – insbesondere unter den Rahmenbedingungen des kulturellen Kapitalismus – führen und so zu innovativer Institutionenbildung beitragen können oder was genau eine solche kreative Lösungssuche in dieser Gesellschaft blockiert.

Zum einen gilt es auszuloten, ob und wie die *soziale Frage* so akzentuiert werden kann, dass die *Sozialkritik* an den ungerechten Inklusions-, Exklusions- und Verteilungseffekten sowie Dynamiken der Entsolidarisierung im gesellschaftlichen Institutionengefüge aufgegriffen, aber unter Gesichtspunkten der Verbraucherdemokratie auch neu perspektiviert werden kann, um deren Spaltung in einen an liberalen Freiheitsrechten und einen an solidarischem Zusammenhalt orientierten Kritikstrang zu überwinden. Ich greife dazu die sozialpolitische Diskussion um das Recht auf Grundeinkommen auf und versuche zu eruieren, ob sich dafür unter Gesichtspunkten der Krise der Konsumgesellschaft und der Neuordnungsprozesse im kulturellen Kapitalismus verborgene Reserven finden lassen. Ich habe die Vermutung, dass sich die Verbraucherdemokratie mit dem *bedingungslosen existenzsichernden Grundeinkommen* eine grundrechtliche Verfassung und damit eine basale Antwort auf die soziale Frage geben könnte. Die konkrete politische Ausgestaltung einer solchen sozialstaatlichen und ökonomischen Institution wäre ein Kernprojekt der Verbraucherdemokratie selbst, bei dem unweigerlich verschiedene Gesichtspunkte des Verbrauchergemeinwohls vermittelt werden müssten, insofern darin Fragen legitimer Konsummuster mit solchen der Verteilungsgerechtigkeit und der Verankerung liberaler Freiheiten eine enge Verbindung eingehen. Aber auch wenn sich Argumente für diese Vermutung finden lassen, lösen sich die Hindernisse damit nicht auf. Nicht nur die Fragen der Einkommenshöhe und des Kreises der Anspruchsberechtigten bergen vor dem Hintergrund der ökonomischen Interdependenzen in der transnationalen Konsumgesellschaft äußerst viel Konfliktstoff. Das Grundeinkommen soll hier auch nicht als Patentlösung empfohlen, sondern als hypothetisches Experiment verwendet werden, um die Potenziale, Blockaden und Reserven der Verbraucherdemokratie näher zu bestimmen (1).

Zum anderen hilft dieses Experiment dabei, die zweite Kernfrage zu fokussieren, wie die strukturell ähnliche Spaltungslinie innerhalb der *Künstlerkritik* überwunden werden könnte. Es lenkt nämlich den Blick auf die Rolle, die der *Authentizitätsmythos* für die Beantwortung kultureller Grundfragen im Rahmen verbraucherdemokratischer Auseinandersetzungen mit den Problemen der Konsumgesellschaft spielen kann. Gelingt es, diesen Mythos in eine neue Form zu bringen, an die emanzipatorische Autonomievorstellungen ebenso wie romantische Authentizitätsmotive kritisch anzuschließen vermögen, kann er, so die Vermutung, weitere Reserven für einen demokratischen Prozess der Markt-Vergemeinschaftung mobilisieren. Aber auch die Lösung der *Kulturfrage* lässt sich im kulturellen Kapitalismus nicht durch geistige Synthesen und die Flucht in philosophische Reflexions- und Abstraktionshöhen erreichen, vielmehr verweist sie auf materielle, pragmatische und prozedurale Bedingungen, die ihr mehr oder weniger entgegenkommen können, insofern sie kollektive Lernbereitschaft erzeugen oder aber verhindern (2). In dieser Hinsicht wird abschließend die Hypothese begründet und verfolgt, dass zwischen den ökonomisch-sozialrechtlichen Reserven des Grundeinkommens und dem möglichen kulturellen Transformationspotenzial, das sich im Mythos der Authentizität verbirgt, Konvergenzlinien sichtbar werden und andeuten, wie eine Brücke zwischen Sozial- und Künstlerkritik im Zeitalter des kulturellen Kapitalismus geschlagen werden könnte. Im wechselseitigen Zusammenspiel ermöglichen beide Reserven, also die Institutionalisierung eines allgemeinen Rechts auf Grundeinkommen und die prozedurale Neuausrichtung des Mythos der Authentizität, dass die Verbraucherdemokratie eine Lernkurve beschreiben und so zu umfassenderen Auffassungen und Repräsentationen ihres Verbrauchergemeinwohls gelangen könnte (3).

1. Grundeinkommen – Die sozial-rechtliche Verfassung der Verbraucherdemokratie

Ein politisches Experiment, das wiederholt öffentliche Aufmerksamkeit erlangt hat und auch gegenwärtig – allerdings primär abseits der Probleme der Konsumgesellschaft – diskutiert wird, wenngleich es nach wie vor einer praktischen Umsetzung harrt, ist das Recht auf ein allen Staatsbürgerinnen bedingungslos gewährtes, existenzsicherndes Grundeinkommen.[1] Bezogen wird dieser Vorschlag primär auf die Krise der Arbeitsgesellschaft.[2] Doch lohnt es sich zu prüfen, ob dieser Institution nicht gerade im Rahmen der Verbraucherdemokratie und ihrer Probleme weitere Legiti-

1 Erste Teilstücke zur folgenden Argumentation sind zu finden in Jörn Lamla, »Sozialstaatlichkeit oder Demokratisierung? Sozialpolitische Optionen einer bürgerzentrierten Begründung sozialer Rechte«, in: Anna Geis, David Strecker (Hg.), *Blockaden staatlicher Politik. Sozialwissenschaftliche Analysen im Anschluss an Claus Offe*, Frankfurt/M., New York 2005, S. 112-124 sowie in Jörn Lamla, »Authentizitätsmythos und Verbraucherautonomie. Über soziale Wertschätzung im kulturellen Kapitalismus und verbleibende Pfade in die ›Nachknappheitsgesellschaft‹«, in: Manuel Franzmann (Hg.), *Bedingungsloses Grundeinkommen als Antwort auf die Krise der Arbeitsgesellschaft*, Weilerswist 2010, S. 392-419.

2 Zumeist verläuft die Begründung des Grundeinkommens nicht mit Bezug zur Konsumgesellschaft. Vielmehr stehe der Anspruch auf Mindestteilhabe am gesellschaftlichen Reichtum jeder Bürgerin unbedingt, d. h. ohne korrespondierende Arbeits- oder Erwerbspflicht, zu, weil in der Krise der Arbeitsgesellschaft die Chancengerechtigkeit anders nicht mehr herzustellen sei. Erstens trage eine Erhöhung des Kommodifizierungsdrucks der Tatsache nicht angemessen Rechnung, dass die Arbeitslosigkeit strukturelle Ursachen habe, für die die Arbeitslosen nichts können. Zweitens sei der Grundeinkommensbezug eine Möglichkeit der Entlastung des Arbeitsmarktes vom Überangebot an Arbeitskräften, und deshalb sollte die Bereitschaft zum partiellen Rückzug vom Arbeitsmarkt honoriert werden. Und drittens und vor allem widerspreche das Misstrauen in die Bürgerinnen (Faulenzerinnen) dem liberalen Credo, sie als mündige und verantwortungsbewusste Personen zu achten (vgl. etwa Claus Offe, »Akzeptanz und Legitimität strategischer Optionen in der Sozialpolitik«, in: Christoph Sachße, H. Tristram Engelhardt (Hg.), *Sicherheit und Freiheit. Zur Ethik des Wohlfahrtsstaates*, Frankfurt/M. 1990, S. 179-202; Claus Offe, »Vollbeschäftigung? Zur Kritik einer falsch gestellten Frage«, in: *Gewerkschaftliche Monatshefte*, H. 12 (1994), S. 796-806; Claus Offe, »Der deutsche Wohlfahrtsstaat: Prinzipien, Leistungen, Zukunftsaussichten«, in: *Berliner Journal für Soziologie*, H. 3 (1998), S. 359-380; Ulrich Mückenberger u. a., »Das staatlich garantierte Grundeinkommen – ein sozialpolitisches Gebot der Stunde«, in: Hans Leo Krämer, Claus Leggewie (Hg.), *Wege ins Reich der Freiheit*, Berlin 1989, S. 247-278).

mationsressourcen zufließen. Geht es doch um ein Recht gegenüber der Wohlstands- und Konsumgesellschaft, ihrem materiellen Reichtum, an dem eine Mindestteilhabe für alle Bürgerinnen des staatlichen Gemeinwesens auf robuste Weise garantiert werden soll. Intuitiv lässt sich der Begründungszusammenhang schon durch die (rhetorische) Frage herstellen, ob ein solches Grundeinkommen nicht ebenso als soziales Bürgerinnenrecht zur Verbraucherdemokratie gehört wie das allgemeine und gleiche Wahlrecht zur herkömmlichen repräsentativen Demokratie, insofern in beiden Fällen erst durch die entsprechenden Rechte die Voraussetzung für eine effektive Partizipation und Teilhabe des Volkes geschaffen wird. Auch wenn ein Grundeinkommen keine Gleichheit der Teilhabe an der Konsumgesellschaft herstellen kann, schafft es darin doch eine Gleichheit im Sinne einer Vollinklusion aller Staatsbürgerinnen in das Gemeinwesen.

Die *soziale Frage* lässt sich ausgehend von den Interdependenzen der Konsumgesellschaft unterschiedlich stellen und adressieren. Sie betrifft die Wohlstandskonflikte innerhalb der westlichen Nationalstaaten ebenso wie die sozialen Ungleichheiten, die durch die globale Arbeitsteilung und Verflechtung in der transnationalen Konsumgesellschaft entstehen.[3] Viele Vorschläge, die innerhalb der politischen Versammlungsprozesse derzeit vorgebracht werden, zielen auf Umverteilungen zwischen beteiligten und betroffenen Marktakteuren, die aufgrund ihrer privatrechtlichen Vertragsformen auf individuelle Solidaritätsbereitschaft angewiesen sind und kollektiv nur sehr begrenzt – etwa durch Besteuerungen oder den Druck der öffentlichen Meinung – eingefordert werden können. Die soziale Frage über ein soziales Recht auf Grundeinkommen zu akzentuieren befreit das Kollektiv zwar nicht vom Problem der Finanzierung durch Steuern, impliziert aber, das Problem – zumindest in grundlegender Hinsicht – zunächst anders, nämlich

3 Daher dürfen die Grenzen des Gemeinwesens nicht einfach mit dem Nationalstaat identifiziert werden. Auf den Versammlungsprozess der Verbraucherdemokratie kämen folglich im Zuge der konkreten staatlichen Umsetzung eines Rechts auf Grundeinkommen schwierige Grenzbildungs- und Institutionalisierungsfragen zu, besteht doch die Gefahr, die mit dem Grundeinkommen verbundene Umverteilung des Reichtums innerhalb der Wohlstandsgesellschaften dadurch zu refinanzieren, dass die Abhängigkeits- und Ausbeutungsbeziehungen in der globalen Arbeitsteilung vertieft werden.

als konstitutive Angelegenheit eines demokratischen Kollektivs zu behandeln, gleichsam als *Verfassungsfrage*, und lediglich sekundär – etwa hinsichtlich der verbleibenden sozialen Ungleichheiten und deren Folgeprobleme – nach weiteren, nicht zuletzt marktförmigen Ausgleichsmechanismen sowie institutionellen Kompromissen zu suchen. Die Begründungen, die vorgebracht werden können, wenn die soziale Frage als Verfassungsfrage der Verbraucherdemokratie gestellt wird, zielen dann auf institutionelle Bedingungen sozialer und materieller Gerechtigkeit, die erfüllt sein müssen, damit der demokratische Lern- oder Neuversammlungsprozess seinen Auftrag erfüllen kann. Dabei geht es zum einen um die Inklusion des Demos der Verbraucherdemokratie, zum anderen aber auch um die Steigerung kollektiver Autonomie und die Ermöglichung innovativer Lösungssuche. Die Hypothese, die hier zwar nicht abschließend getestet, aber ein Stück weit exploriert werden kann, lautet daher nicht, dass das Grundeinkommen eine Gesamt- oder Patentlösung für die sozialen Fragen der Konsumgesellschaft liefert, sondern dass es geeignet ist, die Blockaden staatlicher Politik in dieser Gesellschaft zu lockern.

Eine solche von der Konsum- und Wohlstandsgesellschaft ausgehende, auf die Lockerung politischer Selbstblockaden zielende Begründung des Grundeinkommens lässt sich bereits bei Riesman finden, dem zufolge der außen-geleitete Verbraucher im Laufe des zwanzigsten Jahrhunderts zum dominanten Sozialtypus aufgestiegen sei.[4] Riesman hatte dabei eine Gesellschaft vor Augen, der die

4 Zur Erinnerung: Der außen-geleitete Charakter ist geprägt von antagonistischen Kooperationen mit anderen in der Freizeit, insbesondere in der Peergroup. Riesman vergleicht ihn mit einer »Radaranlage« (im Unterschied zum »Kreiselkompass« des Innen-Geleiteten), die dafür ausgelegt ist, sämtliche Signale aus der Umwelt einzufangen, um auswerten zu können, wie das Handeln an diese Umwelt anzupassen ist, sodass die Anerkennung und Bestätigung durch die verschiedenen Bezugsgruppen laufend gesichert bleibt. Bei der Ausformung jener »marginalen Differenzen«, die dem Außen-Geleitenen als Strategie der individuellen Besonderung dienen, greifen ihm insbesondere die Lebensstil- und Konsumgüterindustrien unter die Arme und nehmen sich der Sinnstiftung und Identitätsbehauptung an. Damit gleicht sich der Modus individueller Entscheidung in allen Lebensbereichen immer mehr der Auswahl von Angeboten aus einem Warensortiment an, was sich auch auf die Rezeption öffentlicher Themen auswirkt, wo die scheinbare »Wahl-Freiheit« über die faktische Abhängigkeit der Staatsbürgerinnen von den Meinungsmoden der Massenmedien bloß hinwegtäuscht (vgl. Riesman u. a., *Die einsame Masse* sowie Kapitel IV, Abschnitt 1.1).

Arbeit ausgeht und in der deshalb neue Sinnquellen für die Gestaltung des erweiterten Freizeitlebens gefunden werden müssen. Seine Argumentation lässt sich als Plädoyer für ein bedingungsloses Grundeinkommen lesen, insofern der produktivistische Habitus, der eine Fixierung auf Erwerbsarbeit bewirkt, mitverantwortlich dafür sei, dass sich alternative Lebensentwürfe in dieser Gesellschaft nur schwer entfalten und durchsetzen könnten:

Die Arbeit genießt mehr Prestige als das Spiel; hierzu kommt noch die Überzeugung, daß die Arbeit dem Menschen zuwider sei – also eine Art diszipliniertes Rettungsunternehmen darstelle, um jenes brauchbare soziale Wesen, den Menschen, vor dem Chaos und der Unordnung der ihm angeborenen Faulheit zu bewahren. [...] Daß jene scheinbare Faulheit nur eine Gegenreaktion der Menschen auf die ihnen aufgezwungene Arbeitsart und -auffassung darstellen könnte, haben wir bisher noch nicht ganz erkannt, obwohl wir dieser Erkenntnis bereits nähergerückt sind.« [...] »Die Institutionen und der Charakter des außen-geleiteten Menschen eröffnen [...] einen potentiell größeren Spielraum, aus dem heraus eine Neubestimmung und Neugestaltung der Arbeit erfolgen könnte. Vom Objekt her gesehen, kann auf Grund der neuen Situation, die jetzt in der Arbeit eingetreten ist, die Arbeitszeit verkürzt werden, während vom Subjekt her der Arbeit ihre überragende Bedeutung, die ihr die vorangegangene Epoche beigemessen hat, entzogen und auf die Freizeit übertragen werden könnte. Statt eine solche revolutionäre Umgestaltung zu unternehmen, zieht es der außengeleitete Mensch jedoch vor, sich mit den ganzen Reserven seiner Persönlichkeit und allen geselligen Fähigkeiten, die er aufgrund seines Charakters aufbringen kann, auf die Arbeit zu werfen.[5]

Selbst viele Konsumneigungen gingen noch kompensatorisch auf seelische Abhängigkeiten von der Sinnstiftung durch Arbeit und Leistung zurück.[6] Daraus folgt zum einen, dass eine offene und kreative Hinwendung zu den Fragen des Verbrauchergemeinwohls mit ihren vielfältigen normativen Gesichtspunkten weitreichend blockiert ist. In dieser Hinsicht gilt es zu prüfen, ob ein Grundeinkommen die Verfassung der Verbraucherdemokratie – d. h. ihre Konstitution, angefangen bei den habituellen Dispositionen über die staatlichen Institutionen und Verfahren bis hin zu ihrem aktu-

5 Ebd., S. 273 f. und S. 276. Vgl. auch Sascha Liebermann, *Autonomy of Life-Practice, Citizenship and the Nation-State. A Sociological Perspective on an Unconditional Basic Income*, Ms. 2004.

6 Vgl. Stihler, *Die Entstehung des modernen Konsums*, S. 210-233.

ellen Zeitgeist oder Gemütszustand – soweit ändert, dass den Prozessen kollektiver Problemlösung in der Konsumgesellschaft neue Energien, d. h. ein höheres Maß an Lern-, Innovations- und Veränderungsbereitschaft, zufließen. Zum anderen aber gilt es dabei im Auge zu behalten, ob und inwiefern diese Blockaden nicht insbesondere ein Projekt wie diese grundlegende Verfassungsänderung betreffen würden. Unter diesem Gesichtspunkt wiederum stellt sich die Frage, welche Reserven innerhalb der konsumgesellschaftlichen Krisenkonstellation im kulturellen Kapitalismus überhaupt noch gefunden werden könnten, um den einleitenden Schritt zu einer solchen konstitutionellen Transformation der Verbraucherdemokratie möglich zu machen.

Die Einführung eines bedingungslosen Grundeinkommens würde einen enormen Zugewinn an Freiheit für jede Bürgerin mit sich bringen, da es die materielle Existenzsicherung von der Erzielung eines Erwerbseinkommens am Arbeitsmarkt auf individueller Ebene entkoppelt. Und es befreit nicht nur diejenigen, für die es bei strukturell steigender Arbeitslosigkeit oder unter dem herrschenden kapitalistischen Flexibilisierungsdruck immer schwieriger wird, ein ausreichendes, stabiles Einkommen zu erzielen. Vielmehr löst es die gesamte Gesellschaft aus Zwängen der Arbeitsgesellschaft, weil es die Unternehmen von der Pflicht entlastet, Rationalisierungen zugunsten des Erhalts von Arbeitsplätzen zurückzustellen, und auch jenen erlaubt, sich auf Werte wie Kinder, Familie oder die Selbstverwirklichung zu besinnen, deren Leben bislang vom Kampf um den Erhalt der mit ihrem Erwerbsstatus verbundenen Privilegien bestimmt wird, da es allen Mitgliedern des Gemeinwesens gleichermaßen gewährt wird. Es greift tief in die Rechtfertigungsordnung westlicher Wohlfahrtsgesellschaften ein, insofern ein Teil der Erträge wirtschaftlicher Wertschöpfung von vornherein als *Gemeingut* angesehen und unter allen Mitgliedern des Gemeinwesens gleich verteilt wird. Dadurch wird das Leistungsprinzip deutlich begrenzt, insbesondere in der Form, wie es gegenwärtig die Sozialstaatsreformen dominiert, wo Transferzahlungen oder andere Unterstützungen in restriktiver Weise und unter dem Deckmantel der Aktivierungssemantik mit Gegenleistungsforderungen verknüpft werden. Relativiert wird so aber zugleich eine wesentliche Quelle der Sinnstiftung und Rechtfertigung im modernen Kapitalismus.

Wie das Grundeinkommen die Gewichte zwischen den Rechtfertigungsordnungen der Arbeits- und der Konsumgesellschaft verschiebt, damit Bewährungschancen neu verteilt und auf eine erweiterte Grundlage stellt, soll zunächst an zwei empirischen *Fallkonstellationen* näher untersucht werden. Sie zeigen exemplarisch, dass zwei Ebenen der Transformation zu berücksichtigen sind, nämlich jene der ökonomischen Institutionen sowie jene der kulturell und habituell verankerten Wertschätzungsorientierungen. Sie können unter Bedingungen des kulturellen Kapitalismus aus unterschiedlichen Richtungen in ein Missverhältnis geraten und so zum Gegenstand von Kritik und zum Anlass der Mobilisierung kritischer Reserven werden (1.1). Zugleich markieren diese Ebenen »institutioneller Gewohnheit« aber auch die Schwierigkeiten, eine politische Transformation hin zu einer neuen Rechtfertigungsordnung einzuleiten, die es mittels Grundeinkommen erst ermöglicht, das in der Arbeitsgesellschaft verankerte, der Welt der Industrie entlehnte, aber zwischenzeitlich *produktivistisch verhärtete Leistungsprinzip* als Wertschätzungskriterium zu transzendieren. Der Übergang zu einer aus produktivistischen Zwängen befreiten *Nachknappheitsgesellschaft* bleibt auf weitere Reserven angewiesen, die auch die kulturellen Streitfragen der Verbraucherdemokratie betreffen (1.2).

1.1 Fallkonstellationen zwischen Arbeits- und Konsumgesellschaft

Der erste der zwei Fälle,[7] die hier gedankenexperimentell mit der Institution eines bedingungslosen Grundeinkommens konfrontiert werden, ist ein knapp vierzigjähriger Single, der sich aus den produktivistischen Zwängen der Erwerbsarbeitsgesellschaft bereits verabschiedet hat. Mit seinem Germanistikstudium an institutionellen Bewährungsproben (Prüfung, Referat) gescheitert und deshalb seine Zivildiensttätigkeit wieder aufgreifend, ist Herr Urbig Krankenpfleger in einer Universitätsklinik geworden und damit weder besonders glücklich noch unglücklich. Der biografische Stellenwert der Tätigkeit ist eher nebensächlich, was sich daran zeigt, dass Herr Urbig die Gelegenheit herbeisehnt, seine Arbeits-

7 Zum Projektzusammenhang, in dem diese Fallgeschichten erhoben und ausgewertet wurden, siehe Kapitel IV, Abschnitt 2.

zeit vielleicht nicht ganz, aber doch um die Hälfte zu reduzieren, um mehr »freie« Zeit zum Lesen zu haben. Weil er hin und wieder etwas an seinem winzigen schiefen Fachwerkhaus machen muss, hält er sich mit diesem Schritt unter den gegebenen ökonomischen Voraussetzungen allerdings zurück. Gäbe es jedoch ein Grundeinkommen, stünde einer Reduktion seiner Arbeitszeit nichts mehr im Wege.

Das Leistungsprinzip ist in diesem Fall aus den institutionellen Zusammenhängen der Arbeitsgesellschaft bereits gelöst und wird ein Stück weit transzendiert. An die Stelle des beruflichen Fortkommens oder des universitären Prüfungswesens als institutionalisierte Bewährungsprobe der Arbeits- und Leistungsgesellschaft tritt bei Herrn Urbig ein stark individualisierter Bewährungsmythos, der zwar ein bildungsbürgerliches Muster aufweist und damit in gewisser Kontinuität zum Leistungsprinzip steht, aber seinen Bezugspunkt kaum noch in kollektiven Vergleichsmaßstäben findet, sondern vielmehr in einem biografischen Identitätsprojekt. Um dies nachvollziehen zu können, ist es aufschlussreich, anstelle der Berufsbiografie von Herrn Urbig seine alltagsökonomischen Praktiken als Verbraucher näher zu betrachten.

Im Umgang mit seinem knappen Einkommen hat sich Herr Urbig angewöhnt, am Monatsanfang Haushaltsabteilungen wie Miete, Ernährung, Gebrauchsmittel, anstehende Reparaturen etc. gedanklich auszustatten, um die bleibende Differenz zu berechnen, die er pünktlich mit Anbruch der zweiten Monatshälfte vollständig für das ausgibt, was man – etwas leichtfertig – als sein Hobby bezeichnen könnte: Herr Urbig sammelt und liest leidenschaftlich ausgewählte klassische Literatur und setzt sich deshalb an den Computer, um die großen Online-Antiquariate, Amazon und auch eBay nach neuen Fundstücken zu durchstöbern. Dabei kann sein Verhalten keineswegs als Flucht in die virtuellen Welten des Konsums interpretiert werden, da Herr Urbig nicht einmal die Grundfunktionen seines Browsers kennt, geschweige denn die Möglichkeit, die von ihm aufgesuchten Seiten als Favoriten zu speichern, um sie leichter wieder zu finden. Er weiß – als regelmäßiger Nutzer des Internets – mehr schlecht als recht gerade so viel von der Technik, dass er die Informationen findet, die er haben will. Kurz: Es sind über Jahre hinweg ausgebildete Relevanzen, die ihn bei seiner Suche leiten und auch im Internetzeitalter hoch resistent gegenüber den Möglichkeitsüberschüssen und Erlebnisoptionen des Konsumkapitalismus machen. Und doch ist es ein Werbespruch seines Lieblingsverlages, mit dem er seinen Lebenssinn im Interview abschließend auf den Punkt bringt: »*Wenn lesen, dann erlesen*«. Darin kann er seine Selbstachtung verankern, weil die Bücher des Manesse Verlages, um den es hier geht, Ansprüche *ästhetischer Authentizität* transportieren, die er quasi mit jedem Kauf und beim anschließenden Lesen auf sich überträgt. Auch die lebensgeschichtliche Dimension des Bewährungsproblems findet im Konsum dieser Bücher eine adäquate Bearbeitung. So erzählt Herr Urbig von seinem Lebensplan, irgendwann sämtliche der zum Zeitpunkt des Interviews etwa 600 Bände des sechzig Jahre alten Manesse Verlages besitzen zu wollen. Circa 250 habe er schon. Es handele sich, so sagt er selbst auf Nachfrage, um eine Art »*Vollständigkeitswahn*«, den er auch nicht näher begründen könne.[8]

Insofern diese Sammelleidenschaft aus der lebensgeschichtlichen Hingabe an eine Sache resultiert, folgt dieses Bewährungsmuster zwar weiterhin einem bürgerlichen Bildungsmythos, befreit sich aber ein Stück weit aus den Zwängen erwerbszentrierter Wertschätzung. Die Berufung ist sichtlich abgekoppelt vom Beruf und ganz auf die Freizeit konzentriert. Die Autonomie, die Herr Urbig als Verbraucher in seinem Konsumalltag demonstriert, geht auf habituelle Dispositionen eines Innen-Geleiteten im Sinne Riesmans zurück, die sich hier in einer starken Wertschätzung klassischer Literatur manifestieren. Das ist interessant, insofern dieser Fall die Dichotomie von außen-geleiteter Konsumorientierung und innen-geleitetem Berufshabitus, die theoretisch eher zu erwarten gewesen wäre, gerade durchkreuzt.[9] Offenbar kann sich die säkularisierte protestantische Ethik nicht nur in der kapitalistischen Arbeitsgesellschaft, sondern auch in der Konsumgesellschaft

8 Zur quasi-religiösen Funktion des Sammelns, die hier sichtbar wird, vgl. auch Alois Hahn, »Soziologie des Sammlers (unter besonderer Berücksichtigung der Institution des Museums)«, in: Ders., *Konstruktionen des Selbst, der Welt und der Geschichte. Aufsätze zur Kultursoziologie*, Frankfurt/M. 2000, S. 440-462.

9 Distinktionsbestrebungen und eine gewisse Abhängigkeit von der Wertschätzung durch andere (etwa durch den Interviewer) spielen auch für Herrn Urbig eine Rolle, sind aber nicht übermäßig ausgeprägt: »*Aber ich kenn relativ leider relativ wenige Menschen, mit denen ich mich über Literatur unterhalten kann, oder ich bin manchmal bin ich wirklich kein kein allzu lieber Mensch (.) Ähh es gibt Leute, wenn die mir Bücher empfehlen, dann weiß ich genau, das liest du auf keinen Fall.*«

realisieren. Die Autonomie der Innen-Geleiteten, die sich ihrer Identität anhand von Praktiken vergewissern, die gegen wechselnde Meinungsmoden immun sind, ist allerdings darauf angewiesen, dass die institutionellen Realisierungsbedingungen zu den individuellen Bildungs- und Selbstverwirklichungsprojekten strukturell passen, d. h. homolog sind. Daher ist Herr Urbig auf eine gewisse Transformation der *institutionalisierten Prüfungen* oder *Wertschätzungen* angewiesen, und das bedingungslose Grundeinkommen käme ihm diesbezüglich entgegen. Andernfalls können die innere Charakterstärke und der biografische Kreiselkompass auch zu einer tragischen Belastung werden, sofern die äußeren Widerstände der Gesellschaft zu groß werden und eine Realisierung der Lebenspläne verhindern oder stark erschweren.[10] Das Grundeinkommen würde hier Entlastung bedeuten und keinesfalls dazu führen, dass sich innen-geleitete Persönlichkeiten unversehens in selbstvergessene Hedonisten verwandeln, die ihre Identitätsentwürfe an die Deutungsschablonen der Kultur- und Konsumindustrie delegieren. Eine solche Verwandlung in »Faulenzer« kann als höchst unwahrscheinlich betrachtet werden.

Schwieriger liegt der Fall beim außen-geleiteten Charakter, den Riesman in westlichen Gesellschaften zur Dominanz gelangen sieht. Der nachfolgende Kontrastfall zu Herrn Urbig gibt dabei allerdings zu erkennen, dass die habituellen Dispositionen ebenfalls nicht ohne weiteres mit der Konsumgesellschaft gleichgesetzt werden dürfen, sondern genauso gut an die Prüfungen der Arbeits- und Leistungsgesellschaft gebunden bleiben können. Wie bereits gezeigt wurde, schildert Frau Bertram, die nach der Geburt ihres Kindes ihren Beruf als Personalleiterin eines größeren Unternehmens aufgibt und nach elfmonatiger Babypause vor allem für ihren Mann, einen selbständigen Finanzberater, sowie eine kleine Online-Geschenkagentur tätig ist, die sie ohne größere unternehmerische Ambitionen mit Überbrückungsgeld von zu Hause aufbaut, diesen Übergang vom Berufsleben zum Mutterdasein und zur Heimarbeit als tief greifende biografische Krise, weil ihr plötzlich die gewohnte Anerkennung entzogen wurde.[11] Die Einbußen an sozialer Wertschätzung, die sie in dieser Zeit erfährt und die ihr Selbstwertgefühl stark beeinträchtigen, hängen einerseits mit der

10 Vgl. Riesman u. a., *Die einsame Masse*, S. 252-267.

11 Siehe dazu Kapitel IV, Abschnitt 2.3.

Bindung an die Leistungs- und Erfolgsmaßstäbe der Berufs- und Arbeitswelt zusammen, gehen aber andererseits auch auf die Abhängigkeit von den beruflichen Bezugsgruppen zurück und geben – wie die Biografie von Frau Bertram insgesamt – die Disposition zum außen-geleiteten Charakter zu erkennen.

Die *»eBay-Abende«*, die sie zum Zeitvertreib verbringt und an denen sie auch das ein oder andere ersteigert, von dem sie ihrem Mann lieber nichts erzählen will, geben Schamgefühle zu erkennen, die sich einstellen, weil die Konsumakte ihrem (durch den Ehemann von außen gestützen) Selbstbild offenbar nicht entsprechen. Die soziale Wertschätzung ist daran gebunden, dass man (viel) Geld verdient, und nicht daran, dass oder wofür man es ausgibt. So werden auch die Surf- und Kaufpraktiken von Frau Bertram zunächst beruflich gerahmt und gerechtfertigt, nämlich als Produktrecherche für ihre heimische Geschenk-Agentur. Doch löst sich das Stöbern zunehmend aus dem beruflichen Kontext. Immer mehr wird der »imaginative Hedonismus«, etwa beim Blättern in Modezeitschriften und Katalogen, zum Modell für die alltägliche Internetnutzung, auch wenn Frau Bertram dieses Handeln noch als professionelle Marktanalyse rationalisiert.[12] Der uneingestandenen Verschiebung ihrer alltagsökonomischen Orientierungen von der Arbeits- hin zur Konsumgesellschaft kommen – wie gezeigt wurde – solche Konsumangebote besonders entgegen, bei denen das Kaufen selbst zum Beleg für die eigene Sparsamkeit werden kann, neben der Schnäppchenjagd bei eBay etwa das Punktesammeln mittels Payback-Karte. Das Fortwirken der erwerbs- und leistungszentrierten Wertschätzungsordnung wird also bis in die Konsum- und Freizeittätigkeiten hinein sichtbar, die einerseits das Paradigma wirtschaftlicher Rationalität und Sparsamkeit reproduzieren, aber zugleich eine kompensatorische Flucht in Spontankäufe, distinguierenden Konsum oder vage Zukunftsträume zu erkennen geben.

12 Vgl. Campbell, *The Romantic Ethic and the Spirit of Modern Consumerism.* Bei Frau Bertram gewinnen Gesichtspunkte, die auf ein romantisches Lebensideal gerichtet sind, allmählich auch in solchen Tätigkeitsfeldern die Führung, die dem Schein nach noch dem Aufbau eines eigenen Gewerbes dienen, denn *»alles was ich spar' was ich jetzt unter der Woche oder im Monat nicht ausgebe, das darf ich ja zur Seite nehmen schon für schicke Gardinen die ich dann haben will oder Ideen. Es ist ja, ja-jede Messe, jeden Katalog, den man sich anguckt: guck mal, oah, das könnt' mir dann in meinem Landhaus gefallen, ja«.*

Frau Bertram fällt es in ihrer aktuellen Lebenssituation schwer, einen identitätstragenden Mythos individueller Bewährung zu konstruieren, aus dem sie genug Selbstwertschätzung und Selbstachtung ziehen könnte. Im Unterschied zu Herrn Urbig ist es ihr nicht leicht möglich, die Konsumpraktiken als biografisches Bildungsprojekt aufzuwerten und damit am Leistungsprinzip zugleich festzuhalten und es zu überschreiten. Denn was der innen-geleitete Charakter leicht abstreifen kann, ist die Ausrichtung an der *Meinung der anderen*, die für das Selbstwertgefühl von Frau Bertram jedoch maßgeblich ist. Dadurch bindet sie sich auch emotional an das erwerbszentrierte Muster der sozialen Wertschätzung und Zuteilung von Größe, was sich im Verbraucheralltag zweifach auswirkt: zum einen setzt Frau Bertram darin ihre Ansprüche an rationale ökonomische Kapitalinvestition fort; zum anderen dient der Konsum aber auch kompensatorisch dazu, die empfundenen Status-Einbußen zumindest kurzzeitig zu verdrängen. Damit schränkt diese Verstrickung ihre Autonomie deutlich ein. So geben Verheimlichungen vor ihrem Mann Schwierigkeiten zu erkennen, ihr Schwanken zwischen Askese und Impulsivität konsistent zu rechtfertigen.

Würde ein bedingungsloses Grundeinkommen diese Abhängigkeiten beseitigen? Gewiss würde es das außen-geleitete Muster sozialer Wertschätzung nicht auf einen Schlag auflösen, da diese Charakterdisposition kulturell und habituell tief verankert ist. Ein bedingungsloses Grundeinkommen würde also nicht automatisch massenhaft biografische Bildungsprojekte initiieren. Denn dazu ist der bildungsbürgerliche Habitus zu voraussetzungsvoll. Orientierungsleitend für außen-geleitete Charaktere sind vielmehr die Anerkennung durch die signifikanten anderen – konkrete Bezugsgruppen – bzw. durch die zu Zeichensystemen sozialer Bezugswelten generalisierten anderen – also z. B. kommerzielle Statussymbole. Und politisch würde Frau Bertram ohnehin ablehnend zum Grundeinkommen stehen, selbst dann, wenn sie darin eine Chance für die Verwirklichung ihrer Lebenspläne erblicken könnte. Zu stark wiegen hierfür die mit dem hegemonialen Arbeits- und Leistungsmythos verbundenen Vorurteile – sichtbar etwa an emotional geladenen Abgrenzungen gegenüber ihrer Schwester, die als Inbegriff ostdeutscher Trägheit geschildert wird und mit Geld nicht umgehen könne, weshalb ihr schon mehrfach das Telefon abgestellt worden sei – und der ressentimentgeladene, komparative Blick auf andere – etwa auf die Nachbarn, die der Bezeichnung der Wohnsiedlung von Familie Bertram als *»Känguru-Hügel«* alle Ehre machen würden: *»große Sprünge, kleiner Beutel«*. Schließlich verzerrt dieser Leistungsmythos auch die Wahrnehmung eigener Inanspruchnahme von staatlichen Transferleistungen: Das Überbrückungsgeld, welches Frau Bertram – wie sie mit ihrem Mann berechnet habe – finanziell besserstellt als die Gründung einer Ich-AG, dient nur noch zum Schein dem Wunsch, an der beruflichen Selbstverwirklichung unter veränderten Familienbedingungen festzuhalten. Ihre Online-Geschenkagentur ist über eine provisorische Website und die Mobilisierung alter Geschäftskontakte nicht wirklich hinausgekommen. Gleichzeitig hat ihr Ehemann eine durch den Staat alimentierte Bürokraft gewonnen, ohne seine Ehefrau degradieren zu müssen, sondern unter Offenhaltung einer befristeten Spielwiese für deren eigenständige berufliche Selbstsuche.

Die Bedingungskonstellation der Veränderung von Rechtfertigungsmustern und -ordnungen – der kulturellen und habituellen Dispositionen einerseits, rechtlichen und ökonomischen Institutionen andererseits – stellt sich für die vorgestellten Fälle höchst unterschiedlich dar. Für den Innen-Geleiteten, der seinen individuellen Bewährungsmythos nicht an die jeweils geltende Meinung oder institutionalisierte Leistungsprüfungen knüpft, sondern auch im Widerspruch dazu verfolgen kann, vergrößert das bedingungslose Grundeinkommen die Möglichkeiten struktureller Passung. Der erste Fall bietet Reserven für die Transformation von Rechtfertigungsordnungen im kulturellen Kapitalismus auf, insofern er Ansprüche an eine Ausweitung geltender Standards sozialer Wertschätzung gegen die noch zu engen, institutionalisierten Prüfungsformen der kapitalistischen Ökonomie verkörpert. Der zweite Fall wirft hingegen die Frage auf, ob Außen-Geleitete aus ihrer Abhängigkeit von kollektiv geltenden Leistungs- und Wertschätzungsstandards durch ein Grundeinkommen überhaupt befreit werden könnten. Doch auch wenn die konsistente Begründung von Ansprüchen gegenüber den ökonomischen Verteilungswirkungen im Kapitalismus im Fall von Frau Bertram blockiert ist – der kulturelle Kapitalismus hat hier ganze Arbeit geleistet und die Angriffspunkte für Kritik ins Unvernehmbare abgedrängt –, vollzieht sie pragmatisch und taktisch ein von der Sozialkritik nahegelegtes Muster des Engagements und verschafft sich durch staatliche Transferzahlungen Freiräume gegenüber den Verwertungszwängen der kapitalistischen Ökonomie. Dabei gibt auch dieser Fall Reserven zu erkennen: Die zunächst noch klientelistisch ausgerichteten Umverteilungsansprüche könnten in dem Maße besser artikuliert werden, wie Elke Bertram ihre zaghaften Hinwendungen zu den Ansprüchen der Künstlerkritik selbst deutlicher wahrnehmen und reflektieren würde.

Denn für Frau Bertram würde das bedingungslose Grundeinkommen einen Unterschied zum projektbezogenen Überbrückungsgeld insofern machen, als es ihr das Recht auf einen längerfristigen Lernprozess einräumen würde, um verschiedene Wertorientierungen in ihrer Biografie neu zusammenzusetzen. Hierzu zählt ihr Wunsch, die Freude am Beruf und Kindererziehung unter einen Hut bringen und dabei gleichwohl auch ästhetische Ansprüche der Selbstverwirklichung realisieren zu können. Dass ihr dies unter den gegenwärtigen Bedingungen nicht gelingt und Betätigungen in der Familie, im Konsum, in der Freizeit und auf karitativem Gebiet (Kurzzeitpflegeelternschaft) primär zur Kompensation erfahrener beruflicher Missachtung dienen, deshalb an Leistungs- und Effizienzkriterien gemessen werden und so die in den anderen »gemeinsamen Welten« geforderten »Investitionsmodi« wie Liebe, Gabe, Kreativität oder Fürsorge systematisch zu verfehlen drohen, wird auch von ihr selbst als – vorerst diffuses – Leid erfahren und zum Ausdruck gebracht.[13] Insofern das Grundeinkommen ökonomische Status- und Existenzkämpfe deutlich relativiert, könnte sich die Lebensführung aus der Fixierung auf die produktivistischen Wertschätzungsgrößen allmählich befreien. Und das gilt nicht nur für die Orientierung an der Berufswelt, sondern auch für den Alltag als Verbraucherin. Als ökonomisches Bürgerinnenrecht würde es die Voraussetzung dafür schaffen, dass sich die Freizeit aus der emotionalen Verbundenheit mit dem zwanghaft gewordenen Produktivismus überhaupt lösen könnte – ganz gleich, ob sich dieses Band in der Konsumsphäre als Fortsetzung der asketischen Arbeitsethik oder als hedonistische Flucht aus dieser manifestiert oder als beides zugleich, wie bei Frau Bertram.

Im Ergebnis zeigen die Kontrastfälle, dass einer Transformati-

13 Vgl. ausführlicher dazu Lamla, »Konsumpraktiken in der virtuellen Alltagsökonomie«, S. 800 f.

on der institutionalisierten Rechtfertigungsordnung im kulturellen Kapitalismus von verschiedenen Seiten Motive entgegengebracht werden. In der Forderung nach einem bedingungslosen, die Existenz sichernden Grundeinkommen steckt das Potenzial, Forderungen seitens der Sozial- sowie Künstlerkritik auf neue Weise zu bündeln. Und pragmatische Anschlussfähigkeit ist auf der Ebene der alltäglichen Lebensführung ebenso gegeben wie in der Rechtfertigungsordnung des kulturellen Kapitalismus, die ja darauf abzielt, jene anderen »gemeinsamen Welten« als Sinnquellen innerhalb der ökonomischen Ordnung zur Geltung zu bringen. Über die Art und Weise, wie sich diese gebündelte Kritik genau vortragen und das Experiment durch demokratische Neuversammlung des Kollektivs umsetzen lässt, ist damit aber nicht viel gesagt. Dieser Prozess soll hier auch nicht gedanklich vorweggenommen werden. Vielmehr sollen die Bedingungen geklärt werden, unter denen eine veränderte Problemsicht öffentlich entstehen und innovative kollektive Neuordnungsprozesse in Gang bringen könnte. Welche argumentativen Reserven könnten und müssten mobilisiert werden, um das nach wie vor dominante und institutionell verankerte, mit Kriterien und Prüfungen des Markterfolgs[14] konfundierte industrie- und arbeitsgesellschaftliche Leistungsprinzip zu transzendieren und so die Einführung des bedingungslosen Grundeinkommens in Reichweite zu bringen?

1.2 Zur Transzendierung des produktivistischen Leistungsprinzips

Die Partei Bündnis 90/Die Grünen hatte Ende der 1990er Jahre noch einmal ausgiebig über experimentelle Ansätze der sozialen Mindestsicherung diskutiert. Die Grünen sind in den 1980er Jahren mit großen Sympathien für dieses Recht gestartet,[15] zeigten sich Ende der 1990er Jahre in ihren Begründungen aber höchst verunsichert. Formeln wie »Fördern und Fordern« oder »Keine Rechte ohne Verpflichtungen« waren so tief in den sozialpolitischen Diskurs eingedrungen, dass selbst die ursprünglich klar dekommodifizierende Ausrichtung grüner Sozialpolitik zusehends

14 Vgl. Neckel, »›Leistung‹ und ›Erfolg‹«.

15 Vgl. Thomas Schmid, *Befreiung von falscher Arbeit. Thesen zum garantierten Mindesteinkommen*, Berlin 1984.

dem (globalen) Re-Kommodifizierungsdruck wich, dem gemäß für jedes sozialstaatliche Leistungsrecht von den Staatsbürgerinnen ökonomisch verwertbare Gegenleistungen einzufordern seien.[16] Daran zeigt sich, wie politische Begründungen für eine robuste Grundsicherung oder ein garantiertes Grundeinkommen in den Sog öffentlicher Meinungen geraten, die an der bestehenden Rechtfertigungsordnung des kulturellen Kapitalismus mit seinem *Leistungs- und Vertragsdenken* festhalten. Selbst wenn kritische und ökonomische Reserven vorhanden sind, ist es nicht leicht, die bestehende Ordnung der Rechtfertigung und ihre ungleichen »Größenverhältnisse« und institutionellen »Prüfungsformen« zu überschreiten.

So gilt das politische Grundeinkommensexperiment, das den Bürgerinnen zwar negativ die Freiheit von ökonomischen Erwerbszwängen und Leistungsdruck sichern würde, aber positiv wenig darüber zu sagen weiß, was diese mit ihrer Freiheit anfangen werden, vielen als zu riskant. Und die Politik kann solche Akzeptanzprobleme nicht einfach ignorieren. Es reicht nicht, mit liberalem Gestus auf das Vertrauen in die Autonomie der Mitmenschen zu pochen und diese im emanzipatorischen Sinne mit »negativer Freiheit«[17] von Erwerbszwängen einfach gleichzusetzen, wenn von anderer Seite Skepsis hinsichtlich dieser Freiheitsfähigkeit geäußert wird – etwa weil die Konsumgesellschaft enorme Verführungskräfte gegenüber außen-geleiteten Verbrauchern mobilisieren kann. Einer offensiven Auseinandersetzung mit den Ansätzen einer aktivie-

16 Eine konsistente Vermittlung zwischen der Idee einer liberalen rechtlichen Freiheitsgarantie und der Verpflichtung auf das Leistungsprinzip misslang jedoch in den meisten Fällen, wodurch sich der Eindruck sozialpolitischer Unentschiedenheit einstellte. So haben die Grünen 1997 auf ihrem Parteitag beschlossen, das Bürgerrecht auf Grundsicherung mit der Bürgerpflicht zur Suche und Aufnahme von Erwerbsarbeit zu verbinden, diese Pflicht aber mit keinerlei Sanktion verknüpft. Ähnlich schwankten Vertreter einer Minderheit, die am *bedingungslosen* Grundeinkommen zwar festhielt, von den Bürgern zur demokratischen Legitimation dieses Rechts aber einen *einjährigen Sozialdienst* verlangte, dessen Pflichtcharakter sie unter der Hand in Freiwilligkeit umdeuteten (so Michael Opielka, »Leitlinien einer sozialpolitischen Reform«, in: *Aus Politik und Zeitgeschichte*, H. 48-49 (1997), S. 21-30, hier: S. 27). Siehe ausführlicher hierzu: Lamla, *Grüne Politik zwischen Macht und Moral*, S. 203-211 und S. 320-363.

17 Vgl. Charles Taylor, *Negative Freiheit? Zur Kritik des neuzeitlichen Individualismus*, Frankfurt/M. 1988.

renden Politik der Lebensführung, die Giddens als *life-politics* der emanzipatorischen Politik an die Seite stellt, lässt sich schon deshalb nicht ausweichen, weil das Grundeinkommen ebenso wie die Ideen für neue »Dritte Wege« in der Sozialpolitik unter den Verdacht geraten kann, sich im Zeichen der Freiheit und Autonomie eines neuen gouvernementalen Regierungsstils zu bedienen, der sich auf Techniken der Disziplinierung und die Subjektivierung von kollektiven Problemlasten stützt.[18] Was als Autonomie schöngeredet werde, so der Vorwurf, sei das Ruhigstellen jenes Bevölkerungsteils, der von einer vollständigen Teilhabe am gesellschaftlichen Leben – insbesondere durch sinnstiftende Tätigkeiten – dauerhaft ausgeschlossen bleibe.

Eine Rechtfertigung des bedingungslosen Grundeinkommens muss auf neue, erweiterte Grundlagen gestellt werden. Andernfalls sind gegen die *gewohnte* erwerbszentrierte Interpretation der *positiven* Beiträge autonomer Staatsbürgerinnen sowie deren rechtliche Institutionalisierung als Pflicht zur Gegenleistung (von 1-Euro-Jobs bis zur Bereitschaft, jedes Arbeitsangebot anzunehmen) keine Dämme gebaut. Die Geschichte der Grünen belegt dies deutlich, wobei jedoch die bleibenden Dissonanzen, mit denen diese politische Gruppierung in den Chor der erwerbsfixierten Sozialpolitik einzustimmen begann, Reste und Spuren einer alternativen Deutung zu erkennen geben. Diese intellektuellen Reserven sollen im Folgenden erschlossen werden.

Zunächst sei auf einige Schwierigkeiten hingewiesen, die Fixierung auf das Leistungsprinzip zu durchbrechen, solange sich die Rechtfertigungen *allein* auf die *Sprache des sozialstaatlichen Rechts* beschränken. Wie bereits sichtbar wurde, wird in den Ansätzen für neue Dritte Wege in der Sozialpolitik dafür plädiert, »Rechte« prinzipiell mit »Pflichten« zu verknüpfen.[19] Bei dieser Grundregel für den aktivierenden Sozialinvestitionsstaat handelt es sich jedoch um eine Abstraktion des Leistungs- oder Gegenleistungsprinzips, in der die korrespondierenden Akte – also das Empfangen von Rechten und das Erfüllen von Pflichten – über die Denkfigur eines *Vertragsschlusses* – also aus der Marktwelt – vermittelt sind. Die Rechte und Pflichten korrespondieren nicht länger *unmittelbar* (so wie aus

18 Vgl. zur Politik der Lebensführung Giddens, *Modernity and Self-Identity*, S. 209-231 sowie kritisch Rose, *Powers of Freedom*.

19 Siehe Kapitel VI, Abschnitt 2.

dem Recht auf Grundeinkommen die Pflicht logisch folgt, Steuern zahlen zu müssen), weil nun die Pflichten als Schuldverhältnis aufgefasst und zunehmend dafür eingesetzt werden, andere Probleme zu lösen und nicht zuletzt Defizite des Rechtsmediums selbst zu kompensieren. Dies kann als nötige Maßnahme erscheinen, weil der Rechtsgemeinschaft das kulturelle Unterfutter an ziviler Solidarität, das sie zur Stabilisierung der gesellschaftlichen Ordnung benötigt, abhandenzukommen droht.

Das Recht allein verbürgt nicht selbst Zivilität, sondern markiert die Ansprüche an Zivilität, die im sozialen Leben außerrechtlich zur Geltung zu bringen sind. [...] So kann gerade die detaillierte Positivierung und Formalisierung sozialer Normen ihrer faktischen Geltungskraft Abbruch tun, Spielräume für den strategischen Umgang mit Normen eröffnen und so Lücken der sozialen Integration aufreißen, die mit den Mitteln des Rechts allein nicht wieder zu schließen sind.[20]

Entzivilisierungstendenzen sowie die Abwanderung aus dem Zusammenhang einer Rechts- und Solidargemeinschaft lassen es berechtigt erscheinen, von den Bürgerinnen mehr soziale Verantwortung einzufordern. Was dabei gefordert wird, ist aber im Grunde eine Komplementärleistung gesellschaftlicher Ordnungsbildung, die auf autonome Kräfte der verschiedenen »gemeinsamen Welten« zurückgehen muss und gerade nicht mit den Mitteln der Rechtspflicht hergestellt werden kann. Wird diese Leistung dennoch als Rechtspflicht positiv normiert und verordnet, so wird der sozialstaatliche Rechtsgebrauch paternalistisch und widerspricht damit schnell dem Ziel, durch ökonomische Rechte den Bürgerinnen und ihren berechtigten Anliegen die erforderlichen Freiräume zur Entfaltung zu geben. Eingriffe dieser Art müssen sich mit Blick auf die spezifischen Erzeugungs- und Reproduktionsbedingungen dieser autonomen Komplementärleistungen legitimieren. Und dies erfordert professionelle Kompetenzen sowie einen Sinn für die administrative Unverfügbarkeit der zum staatlichen Recht komplementären Wertsphären, Welten oder Rechtfertigungsordnungen. Politisch befinden sich die Befürworterinnen eines bedingungslo-

20 Claus Offe, »Moderne ›Barbarei‹: Der Naturzustand im Kleinformat?«, in: Max Miller, Hans-Georg Soeffner (Hg.), *Modernität und Barbarei. Soziologische Zeitdiagnose am Ende des 20. Jahrhunderts*, Frankfurt/M. 1996, S. 258-289, hier: S. 265 und S. 284f.

sen Grundeinkommens damit in einer Situation zwischen Skylla und Charybdis: Verzichten sie auf die Verknüpfung des Rechts mit (anderen als den unmittelbar korrespondierenden) Pflichten, verletzt es die Akzeptanzgrenzen großer Bevölkerungsteile, deren Reziprozitätserwartungen noch vom Leistungsprinzip geprägt sind. In diesem Fall scheitert es mithin an der notwendigen politischen Realisierungschance. Institutionalisiert man das Verhältnis von Recht und Pflichten hingegen im Stile eines Äquivalententausches, wird die kulturell-kapitalistische Verfassung der Lohnarbeitsgesellschaft auf einer zweiten, das gesamte Staatsunternehmen betreffenden Ebene noch einmal reproduziert und verdoppelt, anstatt sie zu verändern.

Während also das politische Vertragsdenken letztlich ökonomische Machtverhältnisse festschreibt, wobei die Zwänge, die primär schwache Gesellschaftsmitglieder betreffen, als allgemeine Bürgerinnenpflichten getarnt werden, bleiben für die zweite, das soziale Recht bedingungslos einführende Argumentationslinie noch Reserven, wenn anstelle rechtlicher Pflichten die Eigenbeiträge der verschiedenen »gemeinsamen Welten« berücksichtigt und in den Begründungszusammenhang für die politische Neuordnung einbezogen werden. Aber auch dann lässt sich die Dominanz des Leistungsprinzips nicht leicht überwinden, da es unter diesen verschiedenen Welten seine eigene Wertsphäre machtvoll und ausgreifend verankert hat. Dies kann an der Unterscheidung von *rechtlicher Anerkennung* und *sozialer Wertschätzung* verdeutlicht werden, wie sie Axel Honneth in seiner Anerkennungstheorie entfaltet hat. Diese Theorie muss zeigen können, wie sich die verschiedenen Sphären der Anerkennung, in seinem Fall also die Sphären der Liebe, des Rechts und der sozialen Wertschätzung, zueinander verhalten, abhängig voneinander entwickeln und dynamisch wechselseitig stimulieren und stabilisieren (sollen).[21] In welcher Richtung

21 Das Buch von Honneth *Kampf um Anerkennung* kann als vereinfachtes Modell für die Analyse interdependenter Wandlungsdynamiken in den Ordnungen der Rechtfertigung zugrunde gelegt werden, auch wenn sie sich im Vergleich zur Theorie von Boltanski und Thévenot nur in drei »gemeinsamen Welten« bewegt, nämlich der staatsbürgerlichen Welt (Recht), der Welt des Hauses (Liebe) und der Welt der Industrie (Wertschätzung der Leistung). – Nicht uninteressant ist, dass Nancy Fraser der Theorie Honneths zu unterstellen scheint, sie tendiere eher zu den Welten der Meinung, des Marktes und der Inspiration (soziale Anerkennung beliebiger kultureller Identitäten). Vgl. dazu Nancy Fraser, Axel Hon-

würde das Recht auf Grundeinkommen die für den solidarischen Zusammenhalt so wesentliche Sphäre der sozialen Wertschätzung beeinflussen? Und finden sich in Letzterer autonome Quellen, die zur negativen Freiheit des Rechts die erforderliche positive Freiheitsfähigkeit beisteuern?

In der rechtlichen Sphäre der Anerkennung geht es um den universellen Respekt vor der Willensfreiheit der Person, also um die formale Konstitution von Autonomie im emanzipatorischen Sinne. Der Geltungsüberhang des Rechtfertigungsprinzips, mit dem sich in dieser staatsbürgerlichen Welt die gesellschaftlichen Verhältnisse kritisieren lassen, besteht im *Prinzip formaler Gleichheit* oder *Unterschiedslosigkeit*, das sich für Forderungen nach mehr Chancengleichheit, aber auch für mehr Teilhabegerechtigkeit mobilisieren lässt – also nicht zuletzt auch für die Forderung nach einer Vollinklusion aller Bürgerinnen in die Verbraucherdemokratie.[22] In der Sphäre der sozialen Wertschätzung hingegen geht es um die *Anerkennung der Besonderheiten einer Person* – nicht ihrer intimen Bedürfnisse, die der Privatsphäre zugehören, sondern um jene Besonderheiten, die der öffentlichen Seite gemeinschaftlicher oder kooperativer Sozialbeziehungen zuzurechnen sind. Nach Honneth unterliegen diese Wertschätzungen weitgehend den Prüfungen der Welt der Industrie, da sich diese Anerkennungssphäre in der Moderne über das *Leistungsprinzip* ausdifferenziert habe.[23] Perspektivisch verweist die sozialkritisch angetriebene Geltungsdynamik dieser Form sozialer Wertschätzung auf Emile Durkheims Ideal »fairer Arbeitsteilung«.[24]

Nach Boltanski und Thévenot zielt *eine* Form der Kritik darauf ab, die institutionalisierten Prüfungen eines Rechtfertigungsprinzips, nach dem Rangstufen der sozialen Wertschätzung oder Größe verteilt werden, besser und gerechter einzurichten, ohne das zugrunde liegende Rechtfertigungsprinzip selbst in seinem Wesen anzutasten.[25] Boltanski spricht diesbezüglich auch von »reformis-

neth, *Umverteilung oder Anerkennung? Eine politisch-philosophische Kontroverse*, Frankfurt/M. 2003.

22 Vgl. Honneth, *Kampf um Anerkennung*, S. 186-195.

23 Vgl. ebd., S. 203-210.

24 Vgl. etwa Durkheim, *Über soziale Arbeitsteilung*, S. 478.

25 Boltanski, Thévenot, *Über die Rechtfertigung*, S. 293; siehe dazu auch Kapitel II, Abschnitt 4.

tischer Kritik« oder »reformatorischer Kritik«, die sich des Mittels der »Realitätsprüfung« bedient, also der Überprüfung, ob die gesellschaftlichen Institutionen den sie rechtfertigenden normativen Prinzipien angemessen sind oder verändert werden müssen.[26] Bezogen auf das Leistungsprinzip lässt sich mit Verweis auf die gesellschaftliche Nützlichkeit bestimmter Tätigkeiten etwa eine Revision oder graduelle Ausweitung einseitiger Institutionalisierungen seiner Rechtfertigungs- und Prüfungsordnung einfordern. Implizit wird damit aber an einer Privilegierung dieses Prinzips festgehalten, weil sich über Arbeit und Leistung erst jene *sittliche Kooperationsgemeinschaft* konstituiere, in der die zum Recht komplementären Sozialintegrationspotenziale reproduziert würden. Der Sozialkritik verbleiben dann nur die Möglichkeiten, das *Leistungsprinzip etwas umzuwerten* oder dessen *unangemessene Institutionalisierung anzugreifen und zu modifizieren*.[27]

Alternativ dazu besteht nach Boltanski und Thévenot freilich noch die *zweite* Möglichkeit einer »radikalen Kritik« bzw. solcher *experimentellen Krisensituationen*, die auf eine Veränderung der Prinzipien selbst und damit auf die Institutionalisierung neuartiger Prüfungen hinauslaufen, die noch nicht etabliert sind. Wenn sich also gute Gründe anführen lassen, warum die Verankerung der sozialen Wertschätzung im Leistungsprinzip der modernen Arbeitsgesellschaft selbst fragwürdig geworden ist, kommt womöglich auch das bedingungslose Grundeinkommen wieder ins Spiel. Denn die Auswirkungen dieses de-kommodifizierenden sozialen Bürgerinnenrechts erscheinen dann unter Umständen nicht mehr als schwer zu verkraftender Bruch mit den geltenden Kriterien sozialer Wertschätzung, sondern als Ermöglichung eines *Wertschätzungslernens*, das aufgrund der gesellschaftlichen Problemkonstellation angezeigt sein könnte. In der Gesellschaft konkurrieren mehrere Ordnungen der Rechtfertigung darum, die Anerkennungsverhältnisse zu be-

26 Boltanski, »Individualismus ohne Freiheit«, S. 139 f. und S. 145.

27 Beides geht oft miteinander einher, wie die Anerkennung von Erziehungsarbeit durch ein Transfereinkommen für Eltern bei gleichzeitigem Ausbau von Betreuungseinrichtungen für Kleinkinder zeigt. Damit wird das erwerbs- und berufszentrierte Leistungsverständnis zum einen deutlich relativiert, doch ohne dessen Primat in Frage zu stellen. Vielmehr werden die Institutionen gesellschaftlicher Arbeitsteilung lediglich modifiziert, indem das Transfereinkommen zeitlich begrenzt und die berufliche Wiedereingliederung durch die Betreuungsplätze erleichtert wird.

stimmen, auch wenn dem Erfolgs- und Leistungsprinzip durch den staatlich-marktförmig-industriellen Kompromiss bislang ein deutlicher Vorzug gewährt wird. Aber welche anderen »Größen« *sollten* an die Stelle dieses Prinzips treten, und wie *könnte* das Wertschätzungslernen in der Kooperationsgemeinschaft vonstattengehen?

In einer Debatte zwischen Honneth und Nancy Fraser taucht die Frage auf, inwiefern das Konzept der Anerkennung sich auch auf *kulturelle Identitätskämpfe* in der modernen Gesellschaft bezieht oder beziehen ließe.[28] Darin deutet sich eine mögliche Richtung für solche Lernprozesse an, insofern diese Kämpfe auf Wertschätzungskriterien verweisen, die sich nicht mehr ohne weiteres auf einen kollektiv geteilten Wertekanon beziehen lassen, der zudem allein den kompromissförmig verschmolzenen Welten der Industrie und des Marktes entnommen werden könnte. Sie liefen vielmehr auf eine Form der öffentlichen Anerkennung von Besonderheiten einer Person oder Gruppe hinaus, die das Erfolgs- und Leistungsprinzip transzendiert, insofern sie den Unterschieden in den Geschichten, die den kulturellen Identitäten zugrunde liegen, Wertschätzung entgegenbringt. So könnte die Gemeinschaft unter ästhetischen Gesichtspunkten »biografisches Lebenskünstlertum« wertschätzen oder auch die Unterschiede von Traditionen respektieren. Dabei besteht eine gewisse Kontinuität zum Leistungsprinzip noch insofern, als darin ein unverzichtbarer Beitrag für den Erhalt einer lernoffenen und experimentierfreudigen Kultur gesehen werden kann, die einerseits auf Erfahrungswissen, andererseits aber auch auf Kreativität angewiesen bleibt.[29] Und im kulturellen Kapitalismus wird eine solche Neuperspektivierung durchaus anschlussfähig. Insofern könnte sich der kollektive Lernprozess in gewisser Hinsicht graduell, gleichsam als eine Transzendierung des produktivistischen Leistungsprinzips von innen vollziehen.

Ins Zentrum rücken gleichwohl mehr und mehr Auseinan-

28 Vgl. Honneth, Fraser, *Umverteilung oder Anerkennung?*, S. 139-148 und S. 191-201.

29 Vgl. auch die Überlegungen zur Begründung des bedingungslosen Grundeinkommens bei Ulrich Oevermann, »Die Krise der Arbeitsgesellschaft und das Bewährungsproblem des modernen Subjekts«, in: Roland Becker u. a. (Hg.), *Eigeninteresse und Gemeinwohlbindung. Kulturspezifische Ausformungen in den USA und Deutschland*, Konstanz 2001, S. 19-38; Ulrich Oevermann, »Kann Arbeitsleistung weiterhin als basales Kriterium der Verteilungsgerechtigkeit dienen?«, in: Franzmann (Hg.), *Bedingungsloses Grundeinkommen*, S. 111-126.

dersetzungen um andere Größen der sozialen Wertschätzung, insbesondere um das *Prinzip der Authentizität*, über das solche Geschichten und Identitäten Anerkennung erhalten könnten. Während das Leistungsprinzip die Wertschätzung der besonderen Fähigkeiten und Eigenschaften einer Person noch an einen kollektiven Vergleichsmaßstab und kooperative Zielsetzungen bindet, ist im Falle der Anerkennung der kulturellen Identität von Personen oder Gruppen unter Gesichtspunkten der Authentizität zunächst nicht sehr klar, ob darin noch die komplementär zur Institution eines sozialen Rechts auf Grundeinkommen benötigten Solidaritäts- und Zivilitätspotenziale verankert werden könnten. In der Künstlerkritik an der Konsumgesellschaft sind solche Fragen hoch umstritten, zumal sie den zentralen Widerspruch und die paradoxe Dynamik des kulturellen Kapitalismus betreffen. Handelt es sich um ein Wertschätzungsprinzip, das unter den Randbedingungen eines Rechts auf Grundeinkommen einen gesellschaftlichen Zerfall in partikulare Kulturen und Gemeinschaften bewirkt und damit zugleich dessen Voraussetzungen untergräbt, insofern die für die Einrichtung dieser Institution erforderliche Solidarität weiter erodiert? Oder steckt in den nur noch an individuellen Biografien oder gruppenspezifischen Geschichten ausgerichteten Mythen authentischer Lebensführung das Potenzial für eine Erneuerung von Gemeinsinn, sodass die Solidarität mittels des Rechts auf Grundeinkommen auf eine dazu passende institutionelle Unterlage gestellt würde?

Bevor diese Fragen im folgenden Abschnitt wieder aufgenommen werden, sei zunächst der Argumentationszusammenhang noch einmal verdeutlicht. An der Institution des Rechts auf bedingungsloses, existenzsicherndes Grundeinkommen scheint die Möglichkeit einer neuen Bündelung von Sozial- und Künstlerkritik auf, insofern es sowohl eine erste Antwort auf die »soziale Frage« der Konsumgesellschaft als auch eine Verschiebung der Kriterien sozialer Wertschätzung in Richtung der kulturellen Anerkennung verschiedener Lebensgeschichten ermöglicht. Damit birgt der Vorschlag ein Potenzial, das produktivistisch verengte Erfolgs- und Leistungsprinzip zu transzendieren. Ob dieses Potenzial aber derart mobilisiert werden kann, dass es Prozesse kollektiven Wertschätzungslernens einleitet, die nicht zum Zerfall staatsbürgerlicher Solidarität, sondern zur Erweiterung der demokratischen Kapazitäten führen, die vielfältigen Probleme der Konsumgesellschaft kollektiv und auf innovative Weise zu regulieren, ist damit noch nicht ausgemacht. Das hängt nicht nur vom Grundeinkommen allein ab, und im kulturellen Kapitalismus sind verschiedene Ordnungsdynamiken angelegt, die es als offen bis fraglich erscheinen lassen, ob kulturelle Reserven vorhanden sind, die zu einer Erneuerung der Wertgrundlagen des gesellschaftlichen Kooperationszusammenhangs beitragen können. Jedenfalls kann dies nicht einfach unterstellt, sondern es muss spezifiziert werden, welche Bedingungen eine solche Vergemeinschaftung heute noch ermöglichen. So darf ein solches Experiment nicht länger allein die Lebensführungsmuster sowie kulturellen Autonomie- und Selbstverwirklichungsansprüche des sozialen Bewegungsmilieus der späten 1960er und 1970er Jahre, der künstlerischen Avantgarde der 1920er Jahre oder des Bildungsbürgertums aus dem 19. Jahrhundert als gedankliche Folie anlegen. Vielmehr sollten die Argumente auch mit Blick auf die Orientierungsbedürfnisse einer fragmentierten Verbraucherschaft mit außen-geleiteten Charakteren Bestand haben.

Darüber hinaus müsste gezeigt werden, dass die verschiedenen kulturellen Milieus in der sozial-rechtlich neu verfassten Verbraucherdemokratie nicht nur einen Rahmen für ihre friedliche, zivilisierte Koexistenz finden, sondern darüber hinaus auch in die Lage versetzt werden, die vielfältigen Probleme der Konsumgesellschaft offensiv anzugehen, also nicht wiederum nur den alten produktivistischen Kompromiss reproduzieren. Denn die ökologischen Probleme des gegenwärtigen konsumgesellschaftlichen Entwicklungsmusters – so könnte man gegen den Vorschlag erwidern – würden wohl kaum dadurch gelöst, dass man das Ziel einer Vollinklusion in die westliche Konsumgesellschaft anstrebt und alle Bürgerinnen mit robusten materiellen (Konsum-)Freiheiten ausstattet. Doch übersieht dieser Einwand, dass und in welcher Weise das Grundeinkommen ganz im Sinne Riesmans den Produktivismus (und den damit verknüpften Konsumismus) als zwanghafte Ausformungen einer Leistungsethik, die zum Selbstzweck geworden ist und sich bis in die Gewohnheiten des Konsumalltags hinein verhärtet hat, relativiert. Es birgt auch ein Potenzial – dessen Entfaltung es allerdings wiederum nicht allein garantieren kann –, die Gesellschaft aus diesen teils suchtartigen Abhängigkeiten zu befreien und in einen Zustand jenseits der Knappheit zu überführen. Eine solche

»Nachknappheitsgesellschaft« wird von Anthony Giddens, der diesen Begriff benutzt,

> nicht mit dem Ende des Wirtschaftswachstums gleichgesetzt. Sie bildet auch keine soziale Ordnung, in der die meisten Menschen wohlhabend genug geworden sind, um zu tun, wonach ihnen der Sinn steht. Eine Nachknappheitsgesellschaft beginnt [...] dort zu entstehen, wo das Wirtschaftswachstum Schaden anrichtet oder offensichtlich kontraproduktiv wird. Sie entwickelt sich dort, wo man das Ethos des Produktivismus weithin in Frage zu stellen beginnt und sich um die Anerkennung und Entfaltung anderer Lebenswerte bemüht.[30]

Das Grundeinkommen kann Prozesse des Wertschätzungslernens in der Konsumgesellschaft begünstigen, nicht aber garantieren. Es könnte sich für die Bildung einer wohlbegründeten, geordneten Verfassung der Verbraucherdemokratie als notwendige, aber nicht hinreichende sozial-rechtliche Institution erweisen. Es genügt sich nicht selbst, sondern verweist auf den demokratischen Prozess der kollektiven Suche nach dem Verbrauchergemeinwohl selbst. Das gilt schon für die vielfältigen Fragen der näheren Ausgestaltung dieses sozialen Rechts selbst. Welche Folgen hat es etwa für die Konsumgesellschaft, wenn eine Finanzierung des Grundeinkommens – wie Götz Werner vorschlägt – nicht durch (direkte) Umverteilung des Reichtums, sondern durch eine Konsumsteuer erfolgt?[31] Und offen ist auch, welche Folgen dieses Experiment im transnationalen Raum der Konsumgesellschaft zeitigt, sofern es nur im nationalstaatlichen Rahmen umgesetzt wird. Bleiben dann noch ökonomische Kapazitäten, um sich den sozialkritischen Fragen sozialer Gerechtigkeit im transnationalen Rahmen zu widmen? Dies sind gewichtige Fragen an die Verbraucherdemokratie, die im Zuge ihrer Suche nach Möglichkeiten, das Kollektiv neu zusammenzusetzen, sukzessive beantwortet werden müssen. Um dies aber zu ermöglichen und zu forcieren, müsste sie weitere Reserven aufspüren, die in der Gesellschaft demokratische Lernprozesse motivieren. *Eine* solche Reserve, die nicht dem ökonomischen Potenzial, sondern der kulturellen Eigendynamik

30 Giddens, *Jenseits von Links und Rechts*, S. 222.

31 Vgl. dazu Götz Werner, André Presse, »Revolutionär denken, evolutionär handeln. Methodische Überlegungen zur Einführung eines bedingungslosen Grundeinkommens«, in: Franzmann (Hg.), *Bedingungsloses Grundeinkommen*, S. 309-316, hier: S. 311.

des kulturellen Kapitalismus entstammt, soll im Folgenden näher betrachtet werden.

2. Mythos der Authentizität – Eine kulturelle Reserve der Verbraucherdemokratie

Das gesellschaftliche Leben würde nach Einführung eines bedingungslosen Grundeinkommens auf einer *formal-rechtlich und materiell erweiterten Autonomie* der individuellen Lebensführung gründen, die den Bürgerinnen von der politischen Gemeinschaft gewährt, aber auch zugemutet würde. Was würden sie mit diesem Autonomiegewinn anfangen? Um diese Frage ranken sich zahlreiche Einwände, Spekulationen und Ängste, die vor allem die Zukunft der ökonomischen Produktion betreffen, aber auch agonistische Motive zu erkennen geben: Was ist, wenn dann niemand mehr arbeiten will? Wie werden sich diejenigen vorkommen, die weiterhin ihre Arbeitskraft verkaufen, wenn zahlreiche Mitbürgerinnen aus dem produzierten gesellschaftlichen Reichtum versorgt werden, ohne dazu etwas beigetragen zu haben? Denjenigen, die befürchten, dass unser modernes Arbeitsethos erodieren und die wirtschaftliche Prosperität kapitalistischer Gesellschaften zusammenbrechen wird, werfen die Befürworter des Grundeinkommens Paternalismus vor: Anstatt Vertrauen in die Autonomie zu setzen, würden die Grundeinkommensgegner den Mitbürgerinnen weiterhin Vorschriften darüber machen wollen, wie sie ihr Leben zu leben haben. Dabei sei der Verdacht, die Menschen würden sich kollektiv in die Hängematte legen, ziemlich unbegründet. Der Druck auf das Individuum nehme vielmehr zu, einen Ersatz für den säkularen Bewährungsmythos zu finden, der in der Arbeitsgesellschaft durch das Leistungsprinzip der protestantischen Ethik verkörpert wurde und auf die Sinnfragen des endlichen Lebens antworten muss.[32]

Die kollektive Rechtfertigungsordnung wird durch ein Grundeinkommen verunsichert. Solange die gesellschaftlichen Praktiken und Prüfungen habituell und institutionell an die Fortgeltung des

32 Vgl. Oevermann, »Ein Modell der Struktur von Religiosität«; Oevermann, »Die Krise der Arbeitsgesellschaft und das Bewährungsproblem des modernen Subjekts«.

Leistungs- und Gegenleistungsdenkens gebunden sind, führt dessen Erschütterung zu einer massenkulturellen Krise im kollektiven Werte- und Mythenbestand. Das Grundeinkommen bedeutet einen Legitimationsschock, der den individuellen Statuspassagen des Renteneintritts oder der Berufsaufgabe werdender Mütter oder Väter strukturell ähnlich ist.[33] Für solche Übergänge mögen sich in der individuellen Lebenspraxis früher oder später taugliche Lösungen finden, etwa gestützt durch die frühe Gewöhnung an Autonomieanforderungen im Jugendalter, durch Aufwertung bürgerschaftlichen Engagements oder von Familienarbeit. Doch kann die Angst vor dem Verlust geltender Sinn-, Rechtfertigungs- und Bewährungsgrundlagen auch kollektive Abwehrreflexe heraufbeschwören. Dann bleibt die offene Infragestellung des geltenden Arbeits- und Leistungsmythos ein kollektives Tabu. In einer solchen Blockade-Konstellation könnte es unverzichtbar sein, den »seelischen« Anforderungen der autonomen Lebensführung mehr Aufmerksamkeit zu schenken.

Die Soziologie ist nun sicherlich nicht in der Position, einen neuen Bewährungsmythos zu erfinden oder zu postulieren. Sie kann aber die gesellschaftsstrukturellen Bedingungen analysieren, unter denen sich eine Neubewertung der individuellen Lebenskonstellationen herausbilden und durchsetzen könnte. Insbesondere kann sie zu rekonstruieren versuchen, welche kulturellen Dynamiken einen Prozess kollektiven Wertschätzungslernens bereits unterstützen und welche ihm zuwiderlaufen. Ausgehend von diesen Befunden kann die Soziologie zudem reflektieren, ob und wann die »Politik der Lebensführung« in normativer Hinsicht mit der Idee der Autonomie kompatibel ist und diese angemessen umsetzt oder aber deren Sinngehalt bloß paternalistisch oder gouvernementalistisch wendet und dadurch korrumpiert. Es gilt also, *kulturelle Reserven* mit sozialwissenschaftlichen Erkenntnismitteln freizulegen und zu verstärken, mit denen sich die Autonomie steigern und neben der ökonomischen Struktur- auch die Sinnkrise der produktivistischen Arbeitsgesellschaft nachhaltig überwinden ließe.

Im vorangehenden Abschnitt wurde die Frage aufgeworfen, ob im *Mythos der Authentizität* Reserven für Wertschätzungslernprozesse in Richtung einer Nachknappheitsgesellschaft liegen könn-

33 Vgl. Giddens, *Jenseits von Links und Rechts*, S. 230-235.

ten.[34] Dieser Mythos ist mit dem Arbeits- und Leistungsmythos sinnstrukturell verwandt, gerät aber zu dessen produktivistischer Ausgestaltung in der Arbeitsgesellschaft auch in Widerspruch und induziert dadurch politische Geltungskonflikte: Solange die Idee der Selbstverwirklichung mit beruflicher Selbstverwirklichung gleichbedeutend, also auf den Handlungsrahmen des Erwerbslebens angewiesen bleibt, verschärft sie die Krise, weil solche doppelten Bewährungschancen erst recht verknappt sind. Anstatt individuelle Ansprüche der Lebensgestaltung zugunsten der Erhaltung von Erwerbschancen immer weiter zu reduzieren oder ganz aufzugeben, könnte ausgehend vom Authentizitätsmythos jedoch auch der Selbstverwirklichung das höhere Gewicht beigemessen und dafür um gesellschaftliche Anerkennung gestritten werden. Dieser Kampf könnte historische Sinnquellen freilegen, die der Suche nach Identität und dem Streben nach Bewährung jenseits von Erwerbsarbeit Halt und Orientierung geben und das zwanghafte Festhalten am Leistungsprinzip nachhaltig irritieren. Doch könnte die Ausrichtung der Sinnsuche an Kriterien der Authentizität ihrerseits Orientierungsprobleme – etwa zwischen ästhetischen, biografischen und traditionellen Ansprüchen – mit sich bringen. Jedenfalls ist nicht unmittelbar klar, ob dieser Mythos in der heutigen Konsumgesellschaft noch einen Zugewinn an Autonomie verheißen kann.[35] Das hängt entscheidend von seinem historischen,

34 Vgl. zur folgenden Argumentation auch Jörn Lamla, »Authentizität im kulturellen Kapitalismus. Gedanken zur ›konsumistischen‹ Subjektformation der Gegenwart«, in: Ursula Amrein (Hg.), *Das Authentische. Referenzen und Repräsentationen*, Zürich 2009, S. 321-336; Jörn Lamla, »Consuming Authenticity: A Paradoxical Dynamic in Contemporary Capitalism«, in: Phillip Vannini, J. Patrick Williams (Hg.), *Authenticity in Culture, Self, and Society*, Aldershot 2009, S. 171-185 sowie Lamla, »Authentizitätsmythos und Verbraucherautonomie«.

35 In der philosophischen Diskussion spielt das Spannungsverhältnis von Autonomie und Authentizität eine prominente Rolle. Vgl. etwa den entsprechenden Schwerpunkt in der *Deutschen Zeitschrift für Philosophie*, H. 1 (1991), S. 59-139 sowie Alessandro Ferrara, »Authenticity and the Project of Modernity«, in: *European Journal of Philosophy*, H. 3 (1994), S. 241-273; Hartmut Rosa, *Identität und kulturelle Praxis, Politische Philosophie nach Charles Taylor*, Frankfurt/M., New York 1998, S. 181-239; Rössler, *Der Wert des Privaten* und Arnd Pollmann, *Integrität. Aufnahme einer sozialphilosophischen Personalie*, Bielefeld 2005. Die Orientierung an Gesichtspunkten der authentischen Selbstverwirklichung belegt das Leben mit historischen Hypotheken, die den Autonomiespielraum einschränken. Da eine Existenz ohne Orientierung allerdings ebenso wenig autonom zu

gesellschaftlichen und kulturellen Zuschnitt ab und bedingt die Einbeziehung solcher Bereiche der individuellen und kollektiven Lebensführung in die Analyse, die jenseits der Erwerbssphäre lokalisiert sind oder diese komplementieren. Ich wende mich dem Mythos der Authentizität zunächst aus theoretischer Perspektive zu (2.1), bevor ich anschließend dessen Transformationsdynamik im kulturellen Kapitalismus verfolge und nach seiner Bedeutung für die Künstlerkritik an der heutigen Konsumgesellschaft frage (2.2).

2.1 Struktur und Dynamik des Authentizitätsmythos

Warum und inwiefern handelt es sich überhaupt um einen *Mythos* der Authentizität, und was folgt daraus? Als sozialwissenschaftliches Konzept verstanden, lenkt der Begriff des Mythos die Aufmerksamkeit auf Grundprobleme der menschlichen Lebensformen, die in der Kulturgeschichte auf unterschiedliche Weise gedeutet und bearbeitet werden.[36] Methodisch soll dieses Konzept spezifische Interpretationen von Authentizität, etwa im romantischen Idealismus, in wissenschaftlichen Theorien gelungener Identitätsbildung oder aber in der kommerziellen Werbung von heute, als historische Konstruktionen sichtbar und begreiflich machen.[37] Diese Konstruktionen variieren allerdings nicht beliebig, sondern stehen in dynamischer Wechselwirkung mit den gesellschaftlichen Lebensformen, die im Mythos eine gewisse Plausibilisierung und Rechtfertigung erfahren, darin aber zugleich auch eine Quelle der Kritik vorfinden. Einer Auffassung, wonach die kulturellen Mythen bloß semantische Oberflächenphänomene darstellen, die keinerlei rationaler Geltungslogik oder moralischer Konfliktgrammatik folgen, sondern in beliebiger Form der latenten Funktionserfüllung dienen, wird damit ebenso widersprochen wie den umgekehrten Vorstellungen, Authentizität würde als Bezeichnung für einen idealen Zustand des Selbstverhältnisses tatsächlich in irgendeiner Weise abschließend begrifflich bestimmbar

nennen wäre, bleibt entscheidend, welche Hypotheken dies sind, wie sie sich in verschiedenen Phasen entwickeln und nicht zuletzt unter Bedingungen eines Grundeinkommens auswirken würden.

36 Vgl. Claude Lévi-Strauss, »Die Struktur der Mythen«, in: Ders., *Strukturale Anthropologie I*, Frankfurt/M. 1977, S. 226-254.

37 Vgl. etwa Roland Barthes, *Mythen des Alltags*, Frankfurt/M. 1964.

sein. Ich denke, dass die kulturelle Reserve, die darin verborgen liegt, anders gelagert ist.

Am Beispiel der Philosophie- und Literaturgeschichte hat Lionel Trilling aufgezeigt, wie wechselvoll und konfliktreich die kulturellen Deutungen sind, die sich um Themen der Aufrichtigkeit, Authentizität, Selbstexploration und -verwirklichung drehen. Indem er die Beiträge verschiedener Epochen aufeinander bezieht und aneinander kontrastiert, treten einige Parameter hervor, die das Problem des kulturellen Selbstverhältnisses in allgemeinen sowie historisch besonderen Hinsichten erzeugen.[38]

Problematisch wird das kulturelle Selbstverhältnis in einer Phase, die Trilling als Übergang von der Aufrichtigkeit (*sincerity*) zur Authentizität bezeichnet.[39] Wo die aufrichtige Person bei Shakespeare zum Gegenstand des darstellenden Spiels werde, verweise dies auf verborgene Seiten, auf Täuschung oder Heuchelei, und bringe so die historischen Kontingenzen traditionaler Lebensformen zu Bewusstsein. Die komplexe Gesellschaft zwinge uns zum Rollenspiel und trenne uns von unserem »einzigen«, »besten« oder »wahren« Selbst, wogegen sich die Kritik von Rousseau richte, der noch dem Ideal der Aufrichtigkeit verpflichtet sei. Von Hegel und anderen werde die gesellschaftliche Entfremdung hingegen als unvermeidlich anerkannt, ja sogar als Freiheitsgewinn begrüßt, insofern sie Selbsttransformationen und damit *Bildung* ermögliche. Authentizität werde damit aber zu einer problematischen, instabilen Kategorie.[40] In ihr drücke sich weniger ein harmonischer Zustand als vielmehr eine Zerrissenheit und daraus resultierende schwierige, nicht stillzustellende Suchbewegung aus, die mit einem Leiden oder »Unbehagen in der Kultur«[41]

38 Lionel Trilling, *Das Ende der Aufrichtigkeit*, Frankfurt/M., Berlin u. a. 1983.

39 Vgl. ebd., S. 21.

40 Darauf zielt auch Thomas Noetzel, *Authentizität als politisches Problem. Ein Beitrag zur Theoriegeschichte der Legitimation politischer Ordnung*, Berlin 1999, S. 161 mit der Anwendung von Ernesto Laclaus Konzept des »leeren Signifikanten« auf den Begriff der Authentizität ab, der sich auf unterschiedliche Weise historisch füllen lasse. Trotz gewisser Gemeinsamkeiten transportiert das hier verwendete Konzept des Mythos nicht diese Vorstellung einer beliebigen, allein von Macht- und Hegemoniekämpfen abhängigen Konstruierbarkeit dessen, was in einer Gesellschaft als authentisch gelten kann.

41 Vgl. dazu die berühmte Schrift von Sigmund Freud, »Das Unbehagen in der Kultur«, in: Ders., *Fragen der Gesellschaft, Ursprünge der Religion, Studienausgabe*, Bd. IX, Frankfurt/M. 1974, S. 191-270.

einhergehe. Die kollektiven Lösungs- und Deutungsangebote, die durch die Mythen der Authentizität in ihrer wechselvollen Geschichte für dieses Problem bereitgestellt worden seien, schwankten zwischen heroischer Innenorientierung, die das authentische Selbst in Distanz zum Gesellschaftsleben und seinen zivilisatorischen Kunst- und Kulturformen suche, und solchen Daseinsformen, die sich den Zwängen des Alltags, der Arbeit und äußeren Dingwelt, aber auch der sozialen Position in der Klassenstruktur nicht widersetzten, ihr gesellschaftliches Wesen also akzeptierten, es – etwa im Sinne der protestantischen Berufsethik – aber auch mit Bedeutungsschwere ausstatten. Formen der Künstlerbiografie, die wie im Fall des Dandys durch ästhetische Stilisierung, Ironisierung oder Übersteigerung mit dem kulturellen Material, das die Gesellschaft bereitstellt, spielen und sich im Extremfall dadurch treu bleiben, dass sie in ihrem Leben so unauthentisch und künstlich wie möglich agieren, repräsentieren einen dritten Weg zum authentischen Selbst.[42]

Insbesondere Freud habe mit der Kategorie des Unbewussten eine weitere Grenze der Autonomie neben der Gesellschaft und ihrem kulturellen Denk-, Sprach-, Regel- und Normengefüge ins Spiel gebracht, die ebenfalls maßgeblich zur Geltungsdynamik des

42 In diesen historischen Wandel scheinen auch verschiedene sozialwissenschaftliche Theorieschulen verstrickt zu sein, die den Begriff Authentizität jeweils anders verwenden, etwa *poststrukturalistisch* zur Kennzeichnung eines essentialistischen Subjektverständnisses, das es zu dekonstruieren gelte, oder in der *hermeneutischen* Tradition als Sinnhorizont für die Bewältigung existentieller Dilemmata oder *zeitdiagnostisch* als typisches Bewährungsproblem spätmoderner Identitätsentwürfe oder *kommunikationstheoretisch* als Darstellung subjektiver Innenwelten mit dem Geltungsanspruch der Wahrhaftigkeit oder *theaterwissenschaftlich* als Maßstab für die gelungene Inszenierung einer Rolle. Schon in der kritischen Theorie Adornos lassen sich eher gegensätzliche Verwendungsweisen finden. Einmal wird er in der Kritik an Heidegger zum Gegenstand der Entlarvung ideologischer Weltbilder und Sprachstile (vgl. Theodor W. Adorno, *Jargon der Eigentlichkeit. Zur deutschen Ideologie*, Frankfurt/M. 1964). Dann wieder verweist der Begriff »Authentizität« auf jene Reste autonomer Lebensführung und Bildung, die aufgehoben im Modell einer avantgardistischen Kunst den scharfen Kontrast zu allen sozialen Praktiken darstellen, die durch die Kulturindustrie, vor allem durch Haltungen des modernen Massenkonsums, kontaminiert sind (vgl. Martin Jay, »Taking On the Stigma of Inauthenticity: Adorno's Critique of Genuineness«, in: *New German Critique 97*, H. 1 (2006), S. 15-30).

Authentischen beigetragen habe.[43] Die Selbstsuche ist auch von dieser Seite mit dem Problem konfrontiert, ob Authentizität gegen die menschliche Triebnatur gerichtet ist oder vielmehr in deren Befreiung von gesellschaftlichen Zwängen und Zwanghaftigkeiten bestehen muss. An theoretischen Reflexionen zu Sigmund Freud, Jean Paul Sartre und Herbert Marcuse arbeitet Trilling die Paradoxien und Schwierigkeiten heraus, auf die alle Versuche stoßen, eine endgültige Versöhnung zwischen den bewussten und unbewussten Anteilen psychodynamischer Prozesse zu erzielen.[44] Bedeutsam für die Transformation zur Nachknappheitsgesellschaft, insbesondere mit Blick auf die Konsumkultur, sind z. B. die argumentativen Wendungen zum Verhältnis von *Eros und Kultur* bei Herbert Marcuse. Dieser verbinde mit der Befreiung vom Leistungsprinzip, die durch technische und ökonomische Fortschritte möglich werde, zunächst eine Hoffnung auf erlösende psychische Veränderungen, die auf einen von Friede, Freiheit und Lust bestimmten gesellschaftlichen Zustand zusteuerten. Zugleich beklage er jedoch den Verlust an Authentizität, der sich einstelle, wenn diese Freiheiten die Gestalt des außen-geleiteten, ich-schwachen Charakters annähmen, wie er in der amerikanischen Konsum- und Überflussgesellschaft zu beobachten sei: »[Im] selben Augenblick, da Marcuse das mögliche Ende der Not prophezeit, entdeckt er in ihr eine unerwartete Wohltat – ihrem rauhen Gebot verdankt sich die Authentizität des Individuums und seiner Erfahrung.«[45]

In den Mythen der Authentizität werden Strukturprobleme der

43 Diesen zwei Unverfügbarkeiten Rechnung tragen will Axel Honneth, »Dezentrierte Autonomie. Moralphilosophische Konsequenzen aus der modernen Subjektkritik«, in: Ders., *Das Andere der Gerechtigkeit*, Frankfurt/M. 2000, S. 237-251, ohne die Idee der individuellen Autonomie damit preiszugeben. Vielmehr gelte es, diese Kräfte in der Tradition des symbolischen Interaktionismus George Herbert Meads als *Konstitutionsbedingungen von Individuierungsprozessen* begreiflich zu machen, die an einem revidierten Begriff der (moralischen) Autonomie festzuhalten gestatten. Dieser verweise auf komplementäre Bedingungen der Anerkennung in der erweiterten Kommunikationsgemeinschaft sowie auf den Erwerb einer Sensibilität für die möglichen inneren Konfliktlagen einer jeden Person.

44 Vgl. Trilling, *Das Ende der Aufrichtigkeit*, S. 132-153.

45 Ebd., S. 153; vgl. auch Reimut Reiche, »Triebstruktur und Gesellschaft«, in: Axel Honneth u. a. (Hg.), *Schlüsseltexte der Kritischen Theorie*, Wiesbaden 2006, S. 344-348.

kulturellen Lebenspraxis verarbeitet, die in sozialwissenschaftlichen und sozialphilosophischen Theorien als Probleme der Selbst-Identität reflektiert und debattiert werden, wobei die Übergänge zur gesellschaftlichen Mythenkonstruktion auch hier fließend sind. So stellt etwa das Konzept der »narrativen Identität« einerseits den Versuch dar, allgemeine Formprinzipien des individuellen und kollektiven Umgangs mit den körperlichen, psychischen und sozialen Unverfügbarkeiten des Selbst herauszuarbeiten.[46] Andererseits kommt es in Verdacht, seinerseits als mythische Konstruktion die moderne Hoffnung auf Erreichbarkeit eines authentischen Lebens zu nähren, wenn es etwa die autobiografischen Narrationen mit Anforderungen der Kohärenz, Konsistenz und Kontinuität in Verbindung bringt.[47] Dem stehen postmoderne Theorien gegenüber, in deren Folge auch der Wahnsinn als authentische Lebensform erscheinen kann. Sie dekonstruieren derartige Identitätsmodelle als Restbestände bildungsbürgerlicher Ideologie, um in bestimmter Negation Modelle der Pluralisierung, Erfindung oder auch Auflösung von Identität zu postulieren.[48] Doch auch diese Sicht weist deutliche Züge eines Mythos auf.[49] Dazwischen finden sich viele vermittelnde Theorien, die vor allem die operative oder prozessuale Seite von Identität betonen, ihre laufende Aufrechterhaltung, Erneuerung und situationsbezogene Anpassungsfähigkeit.[50] Sofern sich solche sozialwissenschaftlichen Diskussionen nicht in theoretischen Schleifen verlieren, sondern zwischen begrifflicher Reflexion und empirischer Analyse von Identitätsbildungsprozessen oszillieren, bringen sie weitere strukturelle Problemdimensionen ans Licht, auf die in den Authentizitätsmythen rekurriert

46 Vgl. Ricœur, *Das Selbst als ein Anderer.*

47 Vgl. etwa Luise Behringer, *Lebensführung als Identitätsarbeit. Der Mensch im Chaos des modernen Alltags*, Frankfurt/M., New York 1998; Heiner Keupp u. a., *Identitätskonstruktionen. Das Patchwork der Identitäten in der Spätmoderne*, Reinbek 1999.

48 Vgl. etwa Gergen, *Das übersättigte Selbst;* Turkle, *Leben im Netz.*

49 Vgl. Werner Helsper, »Das ›postmoderne Selbst‹ – ein neuer Subjekt- und Jugend-Mythos? Reflexionen anhand religiöser jugendlicher Orientierungen«, in: Heiner Keupp, Renate Höfer (Hg.), *Identitätsarbeit heute. Klassische und aktuelle Perspektiven der Identitätsforschung*, Frankfurt/M. 1997, S. 174-206.

50 Vgl. Jürgen Straub, Joachim Renn (Hg.), *Transitorische Identität. Der Prozesscharakter des modernen Selbst*, Frankfurt/M., New York 2002; Kaufmann, *Die Erfindung des Ich.*

werden muss. Insbesondere räumliche und zeitliche Grenzen und Prozessdimensionen des Selbst sind hier zu nennen, wobei mit der Endlichkeit der individuellen Lebensspanne nicht zuletzt auch deren (religiöse) Transzendierung und Bewährung thematisch wird.

Angesichts der Unausweichlichkeit solcher strukturellen Widersprüche menschlicher Existenz zwischen Innen- und Außenorientierung, bewussten und unbewussten Prozessen, situativen, biografischen und geschichtlichen Horizonten stellt sich die Frage, welche Formen mythischer Praxis die Authentizitätssuche in halbwegs stabile Bahnen zu lenken vermögen. Historisch scheint hierfür das romantische Individualitätskonzept besonders bedeutsam gewesen zu sein.[51] Dabei lassen sich zwei grundlegende idealtypische Ausprägungen des Strebens nach »Einzigartigkeit« unterscheiden: ein Modell der Selbstfindung einerseits und ein Modell der Selbstproduktion andererseits. Während ersteres eine mystische, d.h. prinzipiell unabschließbare oder aber auf die irdische Bestimmung des Selbst abzielende *Suchbewegung* bezeichnet, gestaltet oder *erfindet* sich das Selbst im zweiten Modell in künstlerisch-schöpferischen Perfektionierungen oder aber als offenes Projekt einer auf wechselnde Umstände flexibel abstimmbaren »Bastel-Existenz«.[52] An dieser Typologisierung wird deutlich, dass sich die romantischen Individualitätsideale teils von profanen gesellschaftlichen Bedingungen abwenden und diese negieren (mystische Selbstfindung, demiurgische Selbstproduktion), in anderen Fällen hingegen mit diesen Vorgegebenheiten arrangieren (entelechetische Selbstfindung, Ästhetik der Bastel-Existenz). Diese Unterschiede weisen darauf hin, dass mit der Romantik zwar eine generelle Orientierung auf das Innenleben des Subjekts verknüpft ist, auf seine Gefühle, Erlebnisse und Erfahrungen, dass dies aber nicht zwingend mit einem

51 Ein anderes charismatisches Gedankengebäude, das die Authentizitätssuche und das Streben nach Selbstverwirklichung im 20. Jahrhundert lebenspraktisch angeleitet und geprägt haben könnte, lässt sich in Freuds Psychoanalyse selbst erblicken (so Eli Zaretsky, *Freuds Jahrhundert. Die Geschichte der Psychoanalyse*, Wien 2006).

52 Vgl. dazu und im Folgenden Undine Eberlein, *Einzigartigkeit. Das romantische Individualitätskonzept der Moderne*, Frankfurt/M., New York 2000 sowie speziell für den letzten Typ Ronald Hitzler, Anne Honer, »Bastelexistenz. Über subjektive Konsequenzen der Individualisierung«, in: Ulrich Beck, Elisabeth Beck-Gernsheim (Hg.), *Riskante Freiheiten. Individualisierung in modernen Gesellschaften*, Frankfurt/M. 1994, S. 307-315.

Streben nach Unabhängigkeit von anderen Gesellschaftsmitgliedern gleichbedeutend ist. Vielmehr kann eine solche explorative Haltung gegenüber dem Innenleben sogar mit einer weitreichenden Fremdsteuerung durch Handlungsoptionen und Sinnangebote einhergehen, wie sie in der modernen Gesellschaft insbesondere durch den Markt und seine Konsumgüter bereitgestellt werden.[53]

2.2 Zur Transformation des Authentizitätsmythos im kulturellen Kapitalismus

Die bisherigen Betrachtungen zum Mythos der Authentizität haben gezeigt, wie ruhelos dieser ist, dass er in keiner seiner vielen Fassungen letztlich stillzustellen war. Inwiefern kann der Authentizitätsmythos vor diesem Hintergrund noch als kulturelle Reserve der Verbraucherdemokratie bezeichnet werden? Inwiefern spart er Ressourcen auf, die dem Prozess demokratischer Neuversammlung des Kollektivs – oder konkreter: der Markt-Vergemeinschaftung – im kulturellen Kapitalismus zufließen und diesen mit kritischen, die kollektive Lernbereitschaft steigernden Kapazitäten versorgen könnten? Um diese Frage beantworten zu können, ist es erforderlich, die gemeinsame, übergreifende Struktur der Probleme zu identifizieren, auf die dieser Mythos in seiner historisch variierenden Gestalt Antworten zu geben versucht. Diese Struktur, so lautet meine These, wiederholt sich auch in den Problemen demokratischer Kompromisssuche. Denn sie weist deutliche Analogien zu den Schwierigkeiten der *Vermittlung von Pragmatik und Reflexivität* unter Bedingungen einer *Pluralität von »gemeinsamen Welten«* auf, mit denen der Demokratische Experimentalismus im Zuge seiner kreativen und erfahrungsbasierten Suche nach Problemlösungen umzugehen lernen muss.[54] Es gibt viele Paradoxien und

53 Andreas Reckwitz bezeichnet den hybriden Subjekttypus der »postmodernen« Gegenwart als »ästhetisch-ökonomische Doublette«. Er sei zum einen durch ausgedehnte konsumatorische Praktiken der Selbstexploration gekennzeichnet, zum anderen aber an ökonomischen Gelegenheiten orientiert, was »unter günstigen (Markt-)Umständen zwar eine ideale Symbiose von Authentizität und Erfolg« herbeiführen, in anderen Fällen das Subjekt »jedoch auch leicht in eine als mangelhaft perzipierte double-bind-Konstellation treiben« kann (Reckwitz, *Das hybride Subjekt*, S. 526).

54 Siehe dazu auch Kapitel II, insbesondere Abschnitt 4. Auf der Grundlage der

Widersprüche, an denen die historischen Versuche, den Anspruch auf Authentizität zu realisieren, zerschellen können. Die Pluralität konkurrierender Rechtfertigungsordnungen in komplexen Gesellschaften ist darunter gewiss ein gewichtiger. Und doch werden sowohl in pragmatischer als auch in reflexiver Hinsicht stets neue Anläufe gemacht, diese Differenzen kompromissförmig zu vermitteln und in einer übergreifenden Weltperspektive zu versöhnen. Gerade auch im kulturellen Kapitalismus.

Die Künstlerkritik an der Konsumgesellschaft zeigt in ihrer Gespaltenheit, dass sich an der widersprüchlichen strukturellen Dynamik nichts Grundlegendes geändert hat. Der Authentizitätsmythos ist dabei so lebendig wie eh und je, auch wenn (oder gerade weil) hoch umstritten ist, was denn noch als dessen Grundfeste gelten könne. Die Philosophie der Postmoderne und der Poststrukturalismus haben ihn nicht beseitigt, sondern wieder einmal nur transformiert. Das ist eine der Paradoxien der Moderne, auf die Boltanksi und Chiapello in ihrem Buch zum neuen Geist des Kapitalismus hinweisen, wenn sie herausstellen, dass es dem neuen Kapitalismus nicht zuletzt deshalb so leichtgefallen ist, künstlerkritische Anliegen der Authentizität in sein hoch flexibles institutionelles Gehäuse zu integrieren (und mit diesem zu versöhnen), weil diese Anliegen durch den theoretischen Diskurs zuvor diskreditiert wurden.[55] So hat nämlich der Einfluss postmoderner und

dort entfalteten Theorie könnte die Dynamik und Ruhelosigkeit der Suche nach Authentizität damit erklärt werden, dass es einerseits eine nicht reduzierbare *Pluralität* von »gemeinsamen Welten« gibt (und auch geben muss, solange es Kritik gibt), dass es andererseits *einer* dieser Welten – der Welt der Inspiration – aber darum geht, Identität oder Einheit zu finden, sodass sie nur zu Größe kommen kann, wo es ihr gelingt, die differenten Welt-Perspektiven miteinander zu versöhnen (und sei es durch Weltflucht). Ob sich der Mythos der Authentizität aufgrund dieser paradoxen Struktur notwendig im »Besonderen des Besonderen« auflösen muss (Armin Nassehi, *Der soziologische Diskurs der Moderne*, Frankfurt/M. 2006, S. 165), weil er für das Allgemeine, das die Welt der Inspiration beansprucht, aus strukturellen Gründen keine Prüfung mehr einrichten kann, an der sich die Bewährung von Größe in dieser Welt intersubjektiv messen lassen kann, scheint mir aber noch nicht ausgemacht zu sein.

55 Vgl. Boltanski, Chiapello, *Der neue Geist des Kapitalismus*, S. 492. Die »projektbasierte Polis« bezeichnet einen Legitimationszusammenhang, der für den flexibilisierten Akkumulationsmodus und die Status- und Positionsverteilungen im neuen Netzwerk-Kapitalismus die passenden Maßstäbe sozialer Wertschätzung liefert. Die Künstlerkritik hat mit den Forderungen nach autonomer und

poststrukturalistischer Ideen, die mit der Dekonstruktion der Suche nach »Ursprünglichem« die Idee der Authentizität in ironische Distanz zu sich selbst bringen, dazu beigetragen, die Motive der Autonomie und Selbstverwirklichung zu dynamisieren und so mit dem Flexibilitäts-, Wachstums- und Erneuerungsbedarf des Kapitalismus in Einklang zu bringen. Entscheidend für die Bewährung als authentische Person sind nicht länger Konsistenz, Kohärenz oder Kontinuität des Selbstentwurfes, sondern die performativen Fähigkeiten, die es gestatten, galant die Interaktionsanforderungen in wechselnden Kontexten zu bespielen, um soziales Beziehungskapital zu akkumulieren. Doch bleibt diese Konstellation nicht frei von Spannungen. Sie resultieren u. a. daraus, dass die Authentizitätsnorm weiterhin sowohl »Garant der persönlichen Beziehungen« ist als auch die »Diskreditierung der Authentizität zugunsten der Anpassungsnorm in sich schließt«, insofern sich die Selbstsuche über eine diskontinuierliche Abfolge marktgängiger Projektidentitäten vollzieht. Die Lösung kann so nur ein fragiler Zustand sein, der Authentizität »auf einfache Interaktionserfordernisse reduziert, die nicht unbedingt tief in das so enthüllte Ich hinabreichen«.[56]

Das passt nun zu einer Konstellation, in der gerade die Kulturindustrie den Subjekten bei den Neukonstruktionen »authentischer« Identitätsentwürfe unter die Arme greifen will. Der Kapitalismus reagiert auf die Künstlerkritik nämlich nicht nur, indem er die Forderung nach individueller Selbstverwirklichung in das Organisationsleitbild des Managements integriert, sondern auch

authentischer Lebensführung ältere Kritik- und Bewertungssysteme delegitimiert, die noch mit sozialer Herkunft, Ideen der Solidarität und Gleichheit, Autorität und Verantwortung oder einem klassischen Bildungs- und Berufsethos verknüpft waren. An ihre Stelle treten Bewährungsproben, die auf kommunikative Kontaktfähigkeit und die Bereitschaft abstellen, zwischen Aufgaben flexibel zu changieren. Den Beteiligten wird das Aktivitätsmuster offeriert, sich im Rahmen eines zeitlich befristeten Projekts *als ganze Personen* begeistert, beziehungsstiftend und eigenverantwortlich in den ökonomischen Kooperationszusammenhang einzubringen. Als Preis für die gewonnenen Autonomiespielräume und Selbstverwirklichungsoptionen müssten sie allerdings Erwartungen an feste Karrierepfade, soziale Sicherheiten und berufliche Statusgarantien aufgeben. Denn die Mobilität und Ungebundenheit von Netznomaden, die sich sozialräumlich von Kontakt zu Kontakt und zeitlich von Projekt zu Projekt hangeln, ohne auf die Beständigkeit ihrer Biografie und ihres Selbstbildes zu bestehen, erfahre in dieser Polis die größte Wertschätzung.

56 Ebd., S. 501.

damit, dass er die Bedürfnisse nach »authentischer« Lebensführung durch Diversifizierung des Warenangebots bedient. Die Ansprüche der Konsumgesellschaft werden so zur maßgeblichen Stütze seines ökonomischen Akkumulations- und Wachstumsregimes. Aber gegen die warenförmige Einlösung von Authentizitätsversprechen bleiben auch Vorbehalte bestehen, was sich etwa in der Kritk an als »authentisch« gelabelten Konsumgütern äußert, die als »verdächtige Objekte« erscheinen und das Marketing zwingen, stets mit neuen Kniffen ihre Marktferne unter Beweis zu stellen und »Glaubwürdigkeit« zurückzugewinnen.[57] Aber nicht nur innerhalb der Welt des Marktes wird eine Spirale in Gang gesetzt, die solche Arrangements der kulturellen Einbettung hervorbringen wie die Shopping- und Meinungsplattformen im Internet. Vielmehr setzt die Künstlerkritik auch Gegenbewegungen in Gang, die in diversen Anstrengungen zur Begrenzung der Marktsphäre von außen münden.[58] Und auch dafür finden sich ja im Internet viele Belege, etwa in den subversiven Gabentauschpraktiken der File-Sharing-Netzwerke oder in den Umwertungen des Lizenzrechts durch die soziale Welt der Open-Source-Programmierung.

Ist also die Subjektgestalt des *Konsumismus*, in dem viele soziologische Gegenwartsdiagnosen heute die Form sehen, in die sich der Mythos der Authentizität transformiert hat, auch nur eine instabile Phase des Übergangs? Es ist eine inzwischen recht verbreitete Interpretation, die konsumistische Subjektform oder Geisteshaltung als stabiles, geronnenes Resultat anzusehen, auf das die Dynamik im kulturellen Kapitalismus unweigerlich zusteuere. Ihr Hauptkennzeichen sei die *gesteigerte Dynamisierung von kulturellem Sinnbedarf*. Denn indem das heutige Konsumsubjekt ein Bedürfnis zur Selbstexpression und einen Erlebnishunger ausbilde, die es bereit machten, permanent neue Erfahrungen aufzunehmen, spontan zu sein, sich verführen zu lassen, neue Sinnangebote zu integrieren, seine Selbstkonzepte zu revidieren und kreativ fortzubilden, weise es Eigenschaften auf, die es zum idealen Adressaten einer unablässig wachsenden Kultur- und Konsumindustrie machten, für den der Marktmechanismus zur »zweiten Natur« werde.[59] Colin

57 Vgl. ebd., S. 478-487.
58 Vgl. ebd., S. 506-513.
59 Vgl. Prisching, *Die zweidimensionale Gesellschaft*; Bolz, *Das konsumistische Manifest*; Schulze, *Die Erlebnisgesellschaft*; Georg Franck, *Mentaler Kapitalismus. Eine*

Campbell ging hingegen noch von einer *konstitutiven Spannung* zwischen dem *hedonistischen Selbstinteresse* und dem *romantischen Ideal* des Konsumismus aus, die sich in aktuellen Diagnosen aufzulösen scheint:

Diese zwei Formen sind in der Tat nicht nur miteinander verbunden, sondern als untrennbar verkoppelt zu betrachten; sie sind durch Prozesse verzahnt, die das Bedürfnis nach Vergnügen in die ernsthafte Sorge um Ideale übergehen und ethische Impulse in schieren Narzissmus ›degenerieren‹ lassen. Wenn solche individuellen Prozesse sodann aggregiert und in makro-sozialer Perspektive als sozio-kulturelle Bewegungen betrachtet werden, wird ersichtlich, wie eine moderne konsumistische Weltsicht und eine romantische Ethik sowohl in generativer als auch degenerativer Richtung miteinander verbunden sein können: nämlich durch Tendenzen, in Phasen kommerzieller Entwicklungsdynamik in idealistischen ›Erneuerungen‹ zu münden, sowie durch idealistische Umwälzungen, die in sentimentale Selbstsuche abgleiten. Da es keinen guten Grund gibt anzunehmen, dass solche Wandlungen durch einen einseitigen Trend bestimmt werden, scheint es plausibel, von einem rekursiven Muster aus Entstehung – Niedergang – Erneuerung als prägend für die vergangenen zweihundert Jahre auszugehen. Wenn also der Romantizismus den modernen Hedonismus ursprünglich erst möglich gemacht hat, war es umgekehrt der Geist des Hedonismus, der in der Folge weiteren Eruptionen romantischer Leidenschaft Vorschub geleistet hat.[60]

Ist also die Annahme, dass diese Dialektik im kulturellen Kapitalismus zum Stillstand gekommen ist, plausibel? Gehen die Ordnungsdynamiken, die mit den vier analytischen Perspektiven der *Homologie*, der *Fragmentierung*, der *Kopplung* und der *Aushandlung* theoretisch gefasst wurden, jene unheilvolle Allianz ein, in der am Ende die Versöhnung der verschiedenen »gemeinsamen Welten« deshalb erfolgt, weil sich alle auf den Modus der freien Wahl zwischen ihnen verständigt haben oder niemand mehr in der Lage ist, die Unterschiede zwischen ihnen überhaupt zu sehen und zu benennen? Sind jene Kämpfe um die Authentisierung von Kernpraktiken, die im Zentrum der Aushandlungen in und zwischen sozialen Welten gehören, in einer Weise marginalisiert, dass nur noch die Form der Markt-Segmentation als Lösung akzeptiert wird? Oder kann noch ausgehandelt werden, welche Institutionen

politische Ökonomie des Geistes, München, Wien 2005; Reckwitz, *Das hybride Subjekt*, S. 500-630; Rosa, *Beschleunigung*, S. 333-390.

60 Campbell, *The Romantic Ethic and the Spirit of Modern Consumerism*, S. 216.

geeignet sind, die Differenzen der gesellschaftlichen Weltperspektiven in neuen Repräsentationsverhältnissen gemeinschaftlich zu artikulieren?

Darauf kann eine empirische Antwort insofern gegeben werden, als in dieser Arbeit mit dem publizistischen Diskurs der Verbraucherdemokratie eine *Arena* analysiert worden ist, die zeigt, dass der Kampf um den Mythos der Authentizität längst nicht ausgekämpft ist. Die Konsumismus-Diagnosen tauchen darin als eine Position neben anderen auf. Auch die anderen Strukturprobleme, um die der Mythos der Authentizität immer wieder kreist, werden darin re-präsentiert und debattiert. Was die einen aus dem Diskurs verdrängen, weil der Markt mit der Betonung individueller Wahlfreiheit letztlich zur Auflösung auch noch des Anspruchs auf Authentizität führe, bringen die anderen wieder in ihn ein, weil ebendieser Markt sein kulturelles Außen benötige, ohne welches er gar keine Verheißungen produzieren könnte. Legen die einen hierbei den Schwerpunkt auf die Person als Objekt der Authentizitätssuche, indem sie diese als individuelles Bildungsprojekt ausbuchstabieren, verweisen andere darauf, dass dieser Bildungsprozess in der Konsequenz notwendig über den individuellen Horizont hinausführen und das Subjekt als handwerklich geschulte Staatsbürgerin in den Aufbau eines politischen Gemeinwesens einbeziehen müsse. Nehmen wieder andere Diskursteilnehmer für sich in Anspruch, für dieses Gemeinwesen gleich positiv bestimmen zu dürfen, was denn eine authentische Lebensführung auszeichne, und direkt ans Werk gehen, die »gemeinsame Welt« von ihrer kommerziellen Seele zu befreien, tauchen gegenüber sogleich die Gegnerinnen auf und feiern das Inauthentische als letztes Mittel, um – als »echte« Medienprofis – die Freiheit vor solchem Authentizitätsterror zu schützen. Es geht also munter hin und her in dieser Arena. Ist das nun selbst ein Hinweis für den Stillstand? Oder lässt sich daraus noch etwas lernen? Enthält der Authentizitätsmythos doch noch kulturelle Reserven für die Verbraucherdemokratie?

Insofern ihr experimenteller Prozess als unabgeschlossen gilt, ist es mit der hier gewählten Analyseperspektive schon aus methodologischen Gründen unvermeidlich, für die Lernchance zu plädieren. Aber die Alternativhypothese kann natürlich falsch und die Nullhypothese der Postdemokratie letztlich doch die zutreffendere sein. Also kommt es darauf an, Wege aufzuzeigen, wie sich diese

Reserven mobilisieren ließen. Angenommen etwa, die Öffentlichkeit der Verbraucherdemokratie würde sich als solche erkennen und identifizieren, bemerken, dass ein Großteil ihres Diskurses um den Mythos der Authentizität kreist, diesen von allen möglichen Seiten beleuchtet, aber an keiner Stelle so richtig zu fassen bekommt – was würde sie mit dieser Streitsache dann machen? Nun, sie könnte versuchen, das Bezugsproblem genauer zu bestimmen, auf das diese verschiedenen Deutungen und Verwerfungen des Authentizitätsmythos reagieren. Dieser Vorschlag beinhaltet, dass sich die Diskursteilnehmerinnen wechselseitig ernst nehmen, indem sie einerseits den Mythos der *Authentizität* ernst nehmen, insofern ein Strang der Künstlerkritik daran weiter festhält, und zugleich den anderen Kritikstrang ernst nehmen, wonach es sich bei der Authentizität um einen *Mythos* handelt. Was hätte die Experimentiergemeinschaft damit herausgefunden? Intellektuell hätte sie zunächst die Chance, das Problem genauer vor sich zu bringen, auf das mit dem Kampf um den Mythos der Authentizität Antworten zu geben versucht wird.

Worauf diese Analyse hinauslaufen könnte, will ich an einem kurzen Exkurs zur Theorie der Identitätsbildung verdeutlichen. So unterscheiden sich Kultur- oder Sozialtheorien in der Frage, wie variabel oder elastisch sich Subjekte in historische Konstellationen des Kulturellen und des Ökonomischen einpassen. Poststrukturalistische Dekonstruktionen von *Identität* und *Authentizität* etwa – die beide auf Essentielles verwiesen, das bei näherem Hinsehen gleich verdampfe – münden im sozialtheoretischen Diskurs vielfach in radikal dezentrierten Modellen der Subjektformation: Die Identität oder der »wahre Kern« einer Person seien nichts anderes als situationsabhängig hergestellte, also immer wieder neu, dabei vielfach anders akzentuierte soziale Konstruktionen.[61] Dabei würden diese Fiktionen keineswegs von den Trägern dieser Eigenschaften – hier unbekümmert von Subjekten zu sprechen wäre bereits sträflich – bestimmt. Vielmehr seien sie Produkt dezentrierter Sprachspiele, sozial verteilter Kommunikationsrollen oder institutioneller Zu-

61 Vgl. neben der komplexeren Theorie von Reckwitz, *Das hybride Subjekt*, S. 34-50 z. B. Armin Nassehi, »ICH-Identität paradox«, in: Gerd Nollmann, Hermann Strasser (Hg.), *Das individualisierte Ich in der modernen Gesellschaft*, Frankfurt/M., New York 2004, S. 29-44 als gedrängte, fast idealtypische Fassung dieser Position.

rechnungsmuster. Was hierbei von den kulturell formbaren Leibern zu tun bleibe, beschränke sich auf gekonntes Mitspielen, d. h. auf die performative Mobilisierung inkorporierten Schemawissens, auf das situativ angemessene Abrufen von Denk- und Handlungsroutinen, mit denen die kulturellen Codes ins Werk gesetzt, also praktisch werden.

Diesen poststrukturalistischen, konstruktivistisch argumentierenden Theorien soll ihr Beitrag zur sozialwissenschaftlichen Erkenntnis keineswegs abgesprochen werden. Der Gedanke, dass es sich bei der Unterscheidung von Authentizität und Inauthentizität um »leere Signifikanten« handele, die in der Sprache der Sozialwissenschaft nicht blind verdoppelt werden sollten, macht durchaus Sinn.[62] Er fordert dazu auf, aus der Position eines Beobachters zweiter Ordnung danach zu fragen, welche sozialen Praktiken in welchen sozialen Kontexten diesen Code warum und womit inhaltlich anfüllen. Dann lässt sich feststellen, dass sich hinter der sozialen Erwartung, eine authentische oder wahrhafte Person zu sein, Herrschafts- oder Kontrollmechanismen verbergen können, wie etwa historisch am Beispiel der Beichte oder aktuell an Formeln wie »Ich-AG« in der aktivierenden Sozialpolitik deutlich wird.[63] Aber Diskurs-Praxis-Relationen sind *nicht nur* eine Frage der *Konstruktion* (sonst beginge der Konstruktivismus den Fehler des kritisierten Repräsentationsdenkens mit umgekehrtem Vorzeichen), *sondern auch* eine der *Bewährung*.[64]

62 Vgl. erneut Noetzel, *Authentizität als politisches Problem*.

63 Ein anderes Beispiel stellt das narrative autobiografische Interview dar. An dieser Methode wird ebenfalls kritisiert, dass sie jene Einheitlichkeit der Person durch die künstliche Erhebungssituation mit ihren Erzähl- und Darstellungszwängen erst erzeugt, die sie später in der Auswertung vorschnell als gegeben und wirkmächtig rekonstruiert (vgl. Gabriele Lucius-Hoene, Arnulf Deppermann, *Rekonstruktion narrativer Identität. Ein Arbeitsbuch zur Analyse narrativer Interviews*, Opladen 2002). Es ist aber unplausibel, das Kind gleich mit dem Bade auszuschütten und die Repräsentationsbeziehung, die zwischen den Konstruktionen des authentichen Selbst und den gelebten Erfahrungen besteht, ganz aufzulösen bzw. als vollständig kontingent zu betrachten. Das verleitet nämlich dazu, die soziale Konstruktion der Wirklichkeit als einzigen Aspekt oder »eigentlichen« Prozess gesellschaftlicher Praxis aufzufassen, den es zu analysieren gilt (vgl. dazu auch Michael Kauppert, *Erfahrung und Erzählung. Zur Topologie des Wissens*, Wiesbaden 2010).

64 Vgl. als Ausweg das Konzept der »zirkulierenden Referenz« von Latour, *Die Hoffnung der Pandora*, S. 36-95.

Fragt man hingegen nach den praktischen Problemkonstellationen, für die der Mythos der Authentizität Lösungen anzubieten versucht oder vorgibt, so handelt es sich überwiegend um solche Probleme, die aus der prinzipiellen Unsicherheit der Beziehung zwischen Zeichen und Bezeichnetem resultieren, mithin aus einer *Krise der Repräsentation*, die in der sozialen Praxis jederzeit aufbrechen, jedoch immer nur pragmatisch gelöst werden kann. So gewinnt die performative Verfertigung von Wahrhaftigkeitsansprüchen oder Vertrauenswürdigkeit in sozialen Interaktionssituationen in dem Maße an Bedeutung, wie die wechselseitige Unzugänglichkeit psychischer Vorgänge für die Fortsetzung der Kommunikation zum Problem zu werden droht. In einer verallgemeinerten Fassung, so würde ich vermuten, antwortet der Mythos der Authentizität auf Probleme, wie sie aus dem Auseinanderfallen von Pragmatik und Reflexion in der einen oder anderen Situation resultieren. Für Subjekte nämlich, die sich ihre Identitäten kreieren und hierbei u. a. aus dem Repertoire an Narrativen seitens der Kultur- und Konsumgüterindustrie bedienen, gilt nicht viel anderes. Sie haben nicht nur konstruktive Freiheiten, vielmehr müssen sich die reflexiven Bilder oder Erzählungen, so fragmentarisch sie auch sein mögen, auch lebenspraktisch bewähren können. Kennzeichen der Subjektformation der Gegenwart sind dann nicht nur gestiegene Freiheitsgrade, die Bedeutungszunahme und Vervielfältigung virtueller Kreationen des Selbst, sondern auch Probleme, mit dem dadurch angehäuften kognitiv-emotionalen Ballast handlungsfähig zu bleiben. Und das ist, wie Jean-Claude Kaufmann an vielen Beispielen aus dem Alltag zeigt, kein leicht abzuschüttelndes oder durch kulturelle Schablonen vorab zu lösendes Problem.[65]

Eine interessante theoretische Fassung erhält dieses Problem bei Paul Ricœur, der Identität nicht nur auf der Ebene sprachlicher Zuschreibung eines Selbst (Selbstheit) betrachtet, sondern dieser den »Charakter« als praktische Wirkmacht gegenüberstellt, womit er »die Gesamtheit der dauerhaften Habitualitäten eines Menschen, aufgrund deren man eine Person wiedererkennt«, be-

65 Ein Beispiel berichtet von einem Mann, der nach der Fernsehübertragung eines Fußballspiels, bei dem sein Favorit verloren hat, ohne Umschweife zur Tagesordnung übergehen will, den Ärger trotz intellektueller Distanz aber nicht los wird (vgl. Kaufmann, *Die Erfindung des Ich*, S. 96).

zeichnet (Selbigkeit).[66] Erfahrungen sedimentieren sich zu stabilen Entscheidungsroutinen und bilden neben weiteren, z. B. leiblichen Dispositionen einen Teil der Geschichtlichkeit eines jeden Subjekts, die sich dem reflexiven Wissen und vor allem dem konstruierenden oder inszenierenden Zugriff zumindest partiell entzieht. Auf der anderen Seite stellt sich mit der Selbstheit ein Problem der Beständigkeit, das mit dem Erheben des Geltungsanspruchs der Wahrhaftigkeit zusammenhängt. Ricœur versteht darunter die »Treue zu sich selbst im Einhalten des einmal gegebenen Wortes«. Bei diesem Versprechen geht es um ein Moment von Identität, das es dem Handelnden gestattet, sich im Zweifel gegen den Charakter an ethischen Regeln auszurichten oder – schwächer – die geltenden kulturellen Codes der wechselseitigen Selbstdarstellung und Identitätszurechnung zu bedienen.

Zwischen diesen beiden Polen der Identität *vermittelt* und *oszilliert* nach Ricœur die *narrative Identität*.[67] Sie ist nichts anderes als der auf die Person bezogene Unterfall des allgemeineren Problems, auf das der Mythos der Authentizität antwortet. Die Struktur dieses Problems und das Spektrum möglicher Formen, mit denen darauf reagiert werden kann, sind deshalb für den vorgeschlagenen Klärungsprozess von großem Interesse. Es mag nämlich durchaus verschiedene Wege geben, wie sich virtuelle Selbstbilder mit den weiteren Dispositionen der Alltagspraxis und Lebensführung zur Kongruenz bringen lassen. Und wenig spricht dafür, dass eine kontinuierliche, konsistent erzählte, in sich stimmige Autobiografie unter den ökonomischen Ungewissheiten im kulturellen Kapitalismus als Königsweg gelten kann. Womöglich ist eine fragmentierte Identität, die ihr Selbstbild unmittelbar und ikonisch statt vermittelt über Erzählungen stabilisiert, die bessere Alternative.[68] Beide, Erzählungen der Lebensgeschichte ebenso wie situativ erzeugte Selbstbilder, greifen aber ihrerseits auf ein historisch wandelbares, kulturelles Formenpotenzial und Mythenrepertoire zurück, wenn sie auf die eine oder andere Weise das Problem fehlender Kongruenz, das sich hier zwischen Pragmatik und Reflexion in der individuellen Lebensführung auftut, zu lösen versuchen. Auf solche *Kongruenzprobleme* nehmen die Mythen der Authentizität dieser

66 Ricœur, *Das Selbst als ein Anderer*, S. 147 und S. 150.

67 Vgl. ebd., S. 154 f.

68 Vgl. Kaufmann, *Die Erfindung des Ich*, S. 157-179.

Rekonstruktion zufolge also Bezug, wobei jeder konkrete Mythos als Deutungsvorschlag mehr oder weniger umstritten und umkämpft sein wird und sich auch pragmatisch besser oder schlechter als Antwort auf die aufgeworfenen Fragen bewähren kann.

Was folgt aus dieser Betrachtung über die Rolle verschiedener Authentizitätsmythen im Rahmen individueller Identitätsbildung, wenn man sie auf den *kollektiven* Prozess der Verbraucherdemokratie überträgt? Inwiefern kann in der Relevanz, die der Mythos der Authentizität in den öffentlichen Reflexionsprozessen dieser Verbraucherdemokratie nach wie vor besitzt, eine Chance für deren demokratische Lernkurve gesehen werden? Nun, auf der einen Seite wird dieser Mythos durch die konfrontative öffentliche Auseinandersetzung über die Frage der authentischen Lebensführung reflexiv gebrochen; auf der anderen Seite bringt diese durch debzw- rekonstruktiv ausgerichtete Künstlerkritik des Authentischen vorangetriebene Transformation die Suche nach Antworten auf die Kongruenzprobleme der kollektiven Lebensführung aber keineswegs zum Verschwinden, sondern transformiert sie ihrerseits.[69] Der *Mythos der Authentizität wird reflexiv* und degradiert seine verschiedenen Auslegungen zu Vorschlägen, wie die gesellschaftlichen Kongruenzprobleme zwischen den Ordnungen der kollektiven Praxis einerseits und ihren Welt- und Selbstdeutungen sowie dabei zu vermittelnden Rechtfertigungsprinzipien andererseits gelöst werden könnten. In dieser Form richtet er nur noch eine Frage an das Kollektiv: *Wie wollen und können wir »gemeinsam« leben?* Dies stellt aber eine Reserve für die Verbraucherdemokratie insofern dar, als er mit dieser Frage die *Idee einer kollektiven Verfahrensordnung* für die Suche nach einer gemeinsamen Antwort wachhalten und damit im kulturellen Kapitalismus wie ein Stachel wirken kann, der die marktförmig, durch Segmentation und Individualismus bestimmten pragmatischen Kompromisse daraufhin zu prüfen auffordert, inwiefern sie die Kongruenz zwischen Gesellschaft und Gemeinschaft erhöhen oder verringern. Die Transformation des Authentizitätsmythos in ein kollektives Motiv zur Einberufung solcher demokratischen Versammlungen – mit dem Ziel der experimentellen Suche nach Antworten auf die Fragen, wie wir »gemeinsam« leben

69 Vgl. zu dieser reflexiven Wendung des Kongruenzproblems der Authentizität auch Alessandro Ferrara, *Reflective Authenticity: Rethinking the Project of Modernity*, London, New York 1998.

wollen und können – ist jedoch an zusätzliche Bedingungen gekoppelt. Eine solche Bereitschaft zum kollektiven Lernen stellt sich nicht ohne weiteres ein, sondern bedarf einer geeigneten sozialrechtlichen Absicherung.

3. Demokratisches Wertschätzungslernen im kulturellen Kapitalismus

Die Lernkurve der Verbraucherdemokratie ergibt sich nicht notwendig. Die Entwicklung, die vom Mythos der Authentizität im kulturellen Kapitalismus ausgeht, kann auch eine andere sein. Der Anspruch, die verschiedenen Rechtfertigungsordnungen, Prüfungen und Wertschätzungskriterien lebenspraktisch und öffentlich kongruent zu machen, mündet womöglich weniger in Versuchen ihrer deliberativen Vermittlung als vielmehr in harten individuellen Existenzkämpfen,[70] kulturellen Antagonismen und fundamentalistischen kollektiven Identitätsbehauptungen, sofern sich keine institutionellen Rahmenbedingungen herausbilden, die den Authentizitätmythos für demokratisches Wertschätzungslernen zu mobilisieren gestatten.

Unter den gegenwärtigen Bedingungen des kulturellen Kapitalismus – als Kompromiss unter einseitiger Führung der Marktwelt – gibt es für diese degenerative Dynamik viele Anzeichen. Auf individueller Ebene etwa wird die kulturelle Selbstvergewisserung mittels kommerzieller Konsumpraktiken als Mittel des sozialen Statuskampfes immer wichtiger, weil die Bedingungen des ökonomischen Erfolgs und damit verknüpfter Wertschätzung immer prekärer werden. Die individuelle Authentizität ist dann alles andere als kongruent. »Es ist eine Individualität, die gewissermaßen ›überexponiert‹ ist und um so mehr in vorderster Reihe steht, als sie brüchig und von Zerfall bedroht ist. Sie droht mithin, sich zu einer Bürde auszuwachsen«.[71] Die Vergewisserung der sozialen Wertschätzung des Selbst ist heute im Kontext einer ausgeweiteten »Zone der Verwundbarkeit«, also im Kontext der wahrgenommenen Gefährdung sozialer Integration zu sehen. Und die Konsum-

70 Vgl. dazu Michel Foucault, *Ästhetik der Existenz. Schriften zur Lebenskunst*, Frankfurt/M. 2007.

71 Castel, *Die Metamorphosen der sozialen Frage*, S. 408.

praktiken fungieren hier als Einsätze der Mittelschicht im Abwehrkampf gegen ihre drohende Prekarisierung.[72] Dieser Kampf ist freilich ambivalent, sofern er das Kollektivschicksal – die soziale Frage – im Mythos *individueller* Authentizität gerade verdeckt.

Ist die Frage, wie wir leben wollen und können, erst derart ins Partikuläre abgedrängt und aufgelöst worden, sodass das »Gemeinsame« dieser Problemstellung gerade nicht mehr auf Versöhnung der Pluralität zielt oder *Versöhnung* nur noch in der Form des Marktes gedacht werden kann, in der sie als *Beliebigkeit* und nicht als *rechtliche Toleranz* oder *sozialer Respekt* erscheint, sind gegen die Kraftproben und Identitätskämpfe der vielfältigen Bezugswelten, die alle ihre Version für den Mythos der Authentizität anbieten, keine Dämme mehr gebaut. Distinktion, wechselseitiges Ressentiment, Kämpfe um ökonomische Selbstbehauptung in der *creative class*, post-säkulare Schließungstendenzen, ungebremste Segmentationsprozesse, die sich auch sozial räumlich manifestieren, usw. könnten daher charakteristisch für die Transformationsdynamik des Authentizitätsmythos im kulturellen Kapitalismus sein. Welche Bedingungen müssten aber gegeben sein, damit die *kulturelle Wandlungsdynamik im Mythos der Authentizität* das Gemeinwesen zum kollektiven Wertschätzungslernen befähigt?

Diese Frage hat Frank Nullmeier zum Ausgangspunkt einer normativen Begründung des Sozialstaats genommen: »Sozialstaatlichkeit wird verstanden als ein System, das Bedingungen reflektierter allgemeiner Wertschätzung und Voraussetzungen des Wertschätzungslernens sichert.«[73] Er kombiniert die Theorie der Anerkennung mit einer politischen Theorie der behutsamen, zwangfreien Präferenz-Intervention, um die sozialstaatlichen Rechte mit den Bedingungen sozialer Wertschätzung zu vermitteln. Er zielt auf eine liberale, im Prinzip der Freiheit begründete Verankerung bzw. Verteidigung robuster sozialstaatlicher Rechte, die am besten geeignet seien, in einer Kultur des sozialen Vergleichens, des agonistischen Handelns und des reziproken Neidens soziale Wertschätzung zu sichern, ohne den moralischen Orientierungshaushalt der

72 Vgl. auch Berthold Vogel, »Kristallisationskerne der neuen sozialen Frage. Zur politischen Ordnung sozialer Verwundbarkeit und prekären Wohlstands«, in: Imhof, Eberle (Hg.), *Triumph und Elend des Neoliberalismus*, S. 212-225.

73 Frank Nullmeier, *Politische Theorie des Sozialstaats*, Frankfurt/M., New York 2000, S. 408.

Individuen zu überfordern. Durch sozialstaatliche Garantien sollen die Freiheiten zu »sozialkomparativen Handlungen« ebenso ermöglicht wie beschränkt werden: »Innerhalb des Rechts und nicht außerhalb desselben sind die Bindungskräfte zu entfalten, die nur aus Gründen ihrer eigenen Sicherung darauf gerichtet sind, Bedingungen auch sozialer und kultureller Bindung durch ein hohes Niveau reflektierter Wertschätzung zu schaffen.«[74]

An diesem Muster der Argumentation zeigt sich, wie die Sozial- und die Künstlerkritik im Rahmen einer sozialrechtlichen Begründung für das bedingungslose Grundeinkommen zusammenkommen und miteinander verzahnt werden könnten. Die Begründung, dass mit der Einrichtung dieser sozial-rechtlichen Reserve ein demokratisches Wertschätzungslernen ermöglicht würde, müsste sich dabei keineswegs – wie bei Nullmeier – notwendig auf Agonalität und Wettbewerb stützen, auch wenn diese Dispositionen und Motive in der gegenwärtigen Konsumgesellschaft großes Gewicht haben. Denn diese Kultur des Agonalen darf nicht als Konstante angenommen werden, insofern sie ihrerseits Resultat hergestellter, institutioneller Wettbewerbsordnungen sein dürfte, mit deren rechtlicher Relativierung zugleich ein Potenzial für Lernprozesse freigesetzt würde, die dieses Wertschätzungsmuster überschreiten.[75] Es bedarf aber eines robusten existenzsichernden und auch egalitären Rahmens, damit sich solche Pfade kulturellen Wertschätzungslernens, ausgehend von den Interdependenzen und indirekten Folgen der heutigen Konsumgesellschaft, eröffnen und

74 Ebd., S. 412. Für Nullmeier ist mithin das sozialstaatliche Recht selbst das Medium, in dem sich in der modernen Gesellschaft das Wertschätzungslernen primär vollziehen muss. Darin drückt sich die Skepsis aus, dass die zum Recht komplementären Wertschätzungssphären kaum in der Lage seien, Konventionen mit hoher Bindungskraft und hinreichender Integrationsdynamik hervorzubringen. Es sind drei Vorbehalte, die in dieser Einschätzung zum Tragen kommen: Erstens sollen die Bürgerinnen in der Wettbewerbsgesellschaft nicht mit moralischen Zumutungen überfordert werden, wozu kommunitaristische und republikanische Ansätze neigten. Zweitens will Nullmeier das soziale Recht aus seinem abgeleiteten, nachrangigen Status holen, in dem es von demokratietheoretischen Ansätzen regelmäßig belassen werde. Und drittens könnten die kleinräumigen Solidaritäten wohl kaum mit der Komplexität und Leistungsfähigkeit sozialstaatlichen Rechts Schritt halten (vgl. ebd., Kapitel VI).

75 Vgl. Claus Offe, »Democracy against the Welfare State?«, in: Ders., *Modernity and the State*, Cambridge 1996, S. 147-182.

für die mit dem Mythos der Authentizität verknüpfte Frage, wie wir »gemeinsam« leben wollen und können, weitere Perspektiven und Propositionen jenseits der Knappheit und der Marktkonkurrenz in den Blick rücken. An dieser Stelle trifft sich die Künstlerkritik also mit der Sozialkritik, die hierfür den Vorschlag bereithält, ein bedingungsloses existenzsicherndes Grundeinkommen als sozial-ökonomisches Grundrecht für alle Staatsbürgerinnen des neuen Gemeinwesens fest zu reservieren.

Umgekehrt ist eine solche Sozialkritik aber auch auf die künstlerkritische Mobilisierung von kulturellen Reserven angewiesen, insofern die sozialstaatliche Transformation ohne jede *konkrete Aussicht* auf Relativierungen des produktivistisch verhärteten, auf Agonalität und Wettbewerb getrimmten Erfolgs- und Leistungsprinzips als Maßstab sozialer Wertschätzung ohnehin kaum Realisierungschancen haben dürfte. Es sind also kulturelle Quellen, aus denen heraus Perspektiven einer Transzendierung der institutionellen Ordnungen der Marktgesellschaft und ihrer aktivierenden sozialpolitischen Prüfungsformen und Rechtfertigungssemantiken überhaupt eröffnet werden müssten. Ein *reflexiv* gewendeter und auf demokratische Verfahren *kollektiver* Versammlung hin ausgerichteter Mythos der Authentizität könnte hierfür eine letzte noch verbliebene Reserve bereitstellen, die durch die Widersprüche und Kongruenzprobleme des kulturellen Kapitalismus und seiner Integrationsversprechen laufend befeuert wird. Es käme aber darauf an, diese Probleme nicht ausschließlich als Privatsachen zu deuten, sondern auf der Grundlage ihrer weitreichenden, globalen Verflechtungszusammenhänge die Suche nach der authentischen Lebensform als Problem einer Öffentlichkeit zu verstehen, der es um die Zukunft der Idee demokratischer Gemeinschaft in der Konsumgesellschaft geht. Die Frage nach deren sozial-rechtlicher und ökonomischer Verfassung wäre dabei der grundlegende und deshalb nicht zu vernachlässigende Gegenstand all ihrer Bemühungen um tragfähige institutionelle Kompromisse. Auf diese Weise sind folglich Sozialstaatlichkeit und öffentliche Deliberation als Bedingungen der Ermöglichung eines kollektiven Wertschätzungslernens in der Verbraucherdemokratie untrennbar verknüpft.

Fazit und Ausblick

Ausgangspunkt dieser Untersuchung zur Verbraucherdemokratie waren sehr verschiedene Phänomene der Politisierung des Konsums, die in der gegenwärtigen Konsumgesellschaft aufeinandertreffen. Sie lassen sich als Artikulationsversuche politischer Anliegen und Vorschläge interpretieren, die auf die komplexen Interdependenzen und Folgeprobleme dieser Konsumgesellschaft hinweisen. In den Prozessen kollektiver Lösungssuche, die auf solche Probleme reagieren, können diese Anliegen mehr oder weniger Berücksichtigung finden. Diese Prozesse können mehr oder weniger offen und öffentlich sowie experimentell auf die Neuordnung der Repräsentationsverhältnisse in den konsumgesellschaftlichen Institutionen ausgerichtet sein. Auch die Verpflichtung auf das Gemeinwohl der Verbraucher kann in ihnen mehr oder weniger stark verankert sein und die Verfolgung partikularer Interessen entsprechend unter Legitimationsdruck gesetzt werden. Mit John Dewey und Bruno Latour wurde dabei angenommen, dass die Suche nach gemeinsamem Wissen, geteilter Erfahrung und kollektiven Staats- oder Regulierungsinstanzen sich – zumindest kontrafaktisch – selbst in der Konsumgesellschaft noch fortsetzt: Wo sich deren folgenreiche Interdependenzen zu Streitsachen kristallisieren und zur Einberufung öffentlicher Versammlungen führen, wirkt darin auch die Demokratie, d. h. die »Idee des Gemeinschaftslebens selbst«,[1] als *reflexive* Verpflichtung fort, alle vorgebrachten Propositionen umfassend zu prüfen und in neugeordneten Institutionen miteinander zu vermitteln. Insofern sie auf eine Pluralität »gemeinsamer Welten« mit höchst unterschiedlichen Ordnungen sozialer Wertschätzung trifft, wird freilich auch die enorme Konflikthaltigkeit dieser Idee sichtbar.

In diesem Sinne handelt es sich bei der Verbraucherdemokratie um ein theoretisches Modell für die Rekonstruktion der politischen Prozessformen, die in die Ordnungsdynamiken der Konsumgesellschaft eingelassenen sind. Abgesehen von einigen prozeduralen Implikationen werden dabei kaum normative Antworten auf die Frage

1 Dewey, *Die Öffentlichkeit und ihre Probleme*, S. 129.

gegeben, welche institutionelle und staatliche Gestalt den Problemen und Interdependenzen der Gesellschaft angemessen wäre oder beanspruchen dürfte, die konfligierenden Propositionen und »gemeinsamen Welten« ausgewogen zu repräsentieren. Diese Kriterien sollten hier – im methodischen Sinne einer Verlaufskontrolle – den empirischen Prozessbeobachtungen selbst entnommen werden. Dazu wurden vorweg zwei Szenarien hypothetisch kontrastiert, nämlich das *Szenario eines postdemokratischen Verfallsprozesses*, in dessen *Verlaufskurve* die Verbraucherdemokratie kaum noch zu kritischer Reflexion, offener Problemdiskussion und innovativer Vermittlung der verschiedenen Standpunkte der Konsumgesellschaft in der Lage ist, sondern ihre kollektiven Handlungskapazitäten an eigendynamische Ordnungsprozesse verloren hat, die weitgehend von ökonomischen Verwertungsimperativen bestimmt sind. Den Kontrast dazu bildet das *Szenario eines Demokatischen Experimentierstadiums*, nach dem die gesellschaftliche Entwicklung eine politische *Lernkurve* zu beschreiben, d. h. zu innovativen Kompromissen zwischen den widerstreitenden Propositionen und Weltbildern ihrer Streitsachen zu finden vermag, wobei die experimentellen Lösungsansätze ein breites Repertoire an Vergemeinschaftungsformen und »staatlichen« Regulierungsmechanismen umfassen können. Um entscheiden zu können, welchem dieser Verläufe die Verbraucherdemokratie gegenwärtig eher folgt, wurden drei Ebenen ihrer Prozessdynamik genauer untersucht, nämlich ihr *Diskurs*, ihre *Praktiken* und ihre *Ordnungen*. In diesem Kräftedreieck gesellschaftlicher Strukturbildung bewegen sich alle politischen Regulierungsversuche, über die der *Staat* der Verbraucherdemokratie allmählich seine neue Gestalt gewinnt. Es spannt gewissermaßen den *gesellschaftstheoretischen* Rahmen auf, innerhalb dessen die *Politische Soziologie* der Konsumgesellschaft den aktuellen Zustand von Öffentlichkeit und Demokratie zu bestimmen versucht.

Der *Diskurs* der Verbraucherdemokratie manifestiert sich insbesondere in einer lebendigen publizistischen Auseinandersetzung, die hier in erster Linie anhand des Spektrums einschlägiger Sachbücher rekonstruiert wurde. Deren Beitrag ist keineswegs ohne Wert für einen öffentlichen Experimentierprozess, der zunächst einmal die Bestandteile seiner Problemsituation ordnen, d. h. alle Argumente vor sich bringen muss und erst anschließend sehen kann, wie diese in einem gemeinsamen Rahmen zu vermitteln sind. Ihre Auflage und

Verbreitung in die Massenmedien hinein helfen auch dabei, dass sich die Öffentlichkeit der Verbraucherdemokratie selbst erkennen und identifizieren und somit eine übergreifende Arena formieren kann, in der die Argumente protokolliert und gespeichert werden, sodass alle weiteren Auseinandersetzungen auf diesen Diskurs Bezug nehmen können. Zugleich weist dieser Beitrag des publizistischen Diskurses zur Formierung der Öffentlichkeit aber auch schwerwiegende Defizite auf, insofern er sich in den Fängen dieses Sachbuchmarktes zu verheddern droht. Es sind dann die Regeln der Aufmerksamkeitsökonomie, die darüber entscheiden, wie Argumente aufbereitet und vorgetragen werden. Unter diesen strukturellen Randbedingungen vermag es die publizistische Arena der Verbraucherdemokratie nicht, die Argumente und Propositionen neu zu ordnen. Vielmehr behindert die zentrifugale Dynamik ab einem bestimmten Punkt den kollektiven Lernprozess. So fällt die Verbindung von Sozial- und Künstlerkritik nicht zuletzt deshalb schwer, weil der Diskurs innerhalb dieser Stränge der Kritik an der Konsumgesellschaft institutionelle Grundpositionen verdoppelt – nämlich die Differenz von Recht und Solidarität, von Emanzipation und Authentizität, aber auch von Staat und Markt –, deren Unvermitteltheit ein wesentlicher Bestandteil der Problemstruktur der in die Krise geratenen Konsumgesellschaft ist. Der öffentliche Reflexionsprozess kann den Druck dieser Probleme nicht pragmatisch kanalisieren – oder anders formuliert: Weil der Diskurs die Probleme der Konsumgesellschaft in einer öffentlichen Arena verhandelt, die strukturell vom Handlungs- und Entscheidungsdruck der Praxis entfernt ist, schweben die Vorschläge zur Lösung der Probleme zu sehr in der Luft, sodass sich unter der Hand die alte, pragmatisch eingewöhnte, institutionelle Differenzierungslogik bis in diesen Diskurs hinein reproduziert. Nur in ihrer kollektiven Disparatheit sichert die öffentliche Matrix dann noch die Agenda der Verbraucherdemokratie. Deren politische Autonomie, verstanden als Kapazität zur Neuversammlung des Kollektivs und zur institutionellen Verankerung neuer Kompromisse zwischen Markt und Staat, rechtlichen Freiheiten und solidarischen Pflichten sowie kulturellen Differenzen und gemeinsamen Werten, stärkt sie damit nur sehr begrenzt.

Auch die *Praktiken* der Verbraucherdemokratie bestätigen diese Diagnose. Der oftmals beschworene Consumer Citizen bleibt eine idealtypische Abstraktion, dessen hybrides Handlungsmuster sich in der Praxis sehr viel schwieriger mobilisieren lässt als in den Sphären gouvernementaler Attribuierung. Die habituellen Strukturen und institutionellen Routinen der Alltagsökonomie weisen eine hohe Persistenz auf, und noch dort, wo die gesellschaftliche Spaltung der Verbraucher-Demokratie als besonders belastend empfunden wird, zeigt sich im biografischen Schwanken der Bürgerinnen zwischen den Formen des öffentlichen und des privaten Engagements, wie ausweglos die Lage für die Einzelnen nach wie vor erscheint (was nicht zuletzt an den Personalquerelen der Piratenpartei im Feld der Netzpolitik sichtbar wird). Gewiss sollte nicht übersehen werden, dass sich die öffentliche Kritik der Konsumgesellschaft an vielen Punkten mit *sozialen Bewegungen* verbindet, die durchaus transformierende Wirkungen auf die Praktiken der Verbraucherdemokratie haben können. Um die Tragweite dieses Bewegungseinflusses genauer abschätzen zu können, sind aber die Mobilisierungsmuster differenziert zu betrachten und qualitativ zu bestimmen: Bio-Konsum, Marken-Kritik oder kollektives File-Sharing etwa aggregieren sich keineswegs zu einer einzigen, übergreifenden Sammlungsbewegung der Verbraucherdemokratie, sondern weisen ihrerseits auf den sozialstrukturell segmentierten und fragmentierten Zustand der Zivilgesellschaft hin, die von den Formprinzipien des Marktes kaum noch zu unterscheiden ist. So lässt sich über das *Typenspektrum* von Verbrauchern, die sich in eher innen- bzw. traditions-geleitete und eher außen-geleitete oder eher taktisch-kalkulierende Konsummuster aufteilen, ein Einblick in die heterogenen lebenspraktischen Mobilisierungsbedingungen gewinnen, auf die soziale Bewegungsformen treffen und für die sie passfähig sein müssen. Unter Gesichtspunkten einer Verbraucherdemokratie, die den Verlust kollektiver Autonomie über individuelle Marktpraktiken kompensieren muss, stellt sowohl die ethische Rigidität von Gesinnungsgenossinnen oder das Geltungs- und Orientierungsbedürfnis von ich-schwachen Informationssammlerinnen und Mitläuferinnen als auch die Unverbindlichkeit taktisch kalkulierender Gelegenheitssucherinnen ebenso viele Hindernisse wie Ressourcen für die Vergemeinschaftung der interdependenten konsumgesellschaftlichen Marktordnung dar. Wiederum fehlt es vor allem an öffentlichen Prozeduren, die diese Logiken der Praxis und ihrer typischen Bewegungsformen in einen kollektiven Lernprozess verwickeln.

Unter diesen Bedingungen verwundert es nicht länger, dass die Verbraucherdemokratie mit eigendynamischen *Ordnungen* in der Konsumgesellschaft konfrontiert ist, die machtvoll Kompromisse eines voll entfalteten *kulturellen Kapitalismus* etablieren, in dem die kulturellen *Wertschätzungen* der verschiedenen »gemeinsamen Welten« primär als *Wertschöpfungen* für den unstillbaren Durst der Kapitalakkumulation interessieren und nur in zweiter Linie, im Rahmen der dadurch vorgegebenen Formen der Vermarktbarkeit, für ihre eigenen Anliegen Geltung beanspruchen können und sollen. Die Prozesse der Markt-Vergemeinschaftung, die unter diesen Formbedingungen vonstattengehen, sind weit davon entfernt, demokratische Lernkurven zu beschreiben. Eher weisen sie auf eine Kombination von Adaptations- und Segmentationsdynamiken zwischen ökonomischen und kulturellen Welten hin, die der öffentlichen Kritik die Anknüpfungspunkte nehmen und deren Einflussradius damit weiter verkleinern. Doch heben solche Formen der Pseudo-Vergemeinschaftung im kulturellen Kapitalismus dessen Widersprüchlichkeit nicht auf. Sie drängen diese nur ins Unsichtbare ab, von wo aus sie aber laufend wieder an die Oberfläche zurückkehren kann. Und das gilt auch für die gouvernementalen Muster sozial- und verbraucherpolitischer Aktivierung, die darauf abzielen, die Verpflichtungen auf das Verbrauchergemeinwohl an die souveränen Vertragsaushandlungen ökonomischer Privatakteure zu delegieren. Solche Paradigmen der gemeinschaftlichen Integration brechen sich früher oder später an dem Problemgehalt der hoch interdependenten Konsumgesellschaft, den sie mit ihren marktförmigen Mitteln allein nicht nachhaltig bändigen können. Der ökologische Lifestyle wird mit den Rebound-Effekten der Wachstumsdynamik konfrontiert, die er permanent anheizt; Authentizitätsversprechen der Tourismusindustrie werden zügig als kommerziell inszenierte Fälschungen entlarvt; das individuelle Bemühen, im Alltag ethisch korrekt zu konsumieren, bricht sich schon beim nächsten Kantinen- oder Stadtgang an den pragmatischen Zwängen des Hungergefühls oder Hosenbedarfs; die freundlichen Empfehlungen, mit denen die Online-Freunde dank Facebook und Co. allzeit präsent sind, können als obsessive Störungen der Privatsphäre erlebt werden usw. Über eine Vielzahl solcher Erfahrungen kann sich der Eindruck verfestigen, dass es sich bei den institutionellen Kompromissvorschlägen des kulturellen Kapitalismus in erster Linie um »faule Kompromisse« handelt, weshalb andere Formen der Vermittlung zwischen den Beteiligten und Betroffenen der folgenreichen Vernetzungen in der Konsumgesellschaft gefordert sind.

In seiner gegenwärtigen Gestalt ist der *Staat* der Verbraucherdemokratie kaum in der Lage, in seinen Entscheidungen das Kräftefeld der Konsumgesellschaft mit geordneten Verfahren neu zu versammeln und anders zu assoziieren. In vielen Fällen reproduziert er nur den alten produktivistischen Kompromiss und dessen neuere Überformungen durch den kulturellen, andere Sinnquellen und Wertsphären etwas ernster nehmenden Kapitalismus. Das gilt besonders dort, wo er die Aktivierung der Verbraucher auf eine gouvernementale Technik der Regierung sozial isolierter Akteure einer Marktgesellschaft reduziert. Er müsste im Dreieck der Diskurse, der Praktiken und der Ordnungen der Konsumgesellschaft seine Responsivität sowohl gegenüber den öffentlichen Reflexionsbeiträgen als auch den diversen praktischen Erfordernissen der Autonomiesicherung im Alltag deutlich verbessern und sich nicht nur der ökonomischen Ordnungsdynamik anschmiegen, wenn sich daran etwas ändern sollte. Es bedürfte aber wohl weitreichender Umbauten ihrer Verfassung, sollen solche Einflussgewichte in der Verbraucherdemokratie grundlegender verschoben und neue Spielräume für den kollektiven Experimentierprozess eröffnet werden. Der Vorschlag zur Einführung des bedingungslosen Grundeinkommens, verstanden als sozial-ökonomisches Grundrecht dieser Demokratie, weist in Richtung einer solchen Nachknappheitsgesellschaft. Es kann die Voraussetzungen für ein kollektives Wertschätzungslernen verbessern, das allerdings seinerseits erforderlich ist, um für die grundrechtliche Garantie der materiellen Inklusion aller Bürgerinnen in die Verbraucherdemokratie die Akzeptanz zu verbessern. Aus diesem Grunde sind die kollektiven Lernprozesse maßgeblich davon abhängig, dass die öffentlichen Verfahren und Aushandlungen staatlicherseits verbessert werden. Einerseits müssten sie das intellektuelle Reflexions- und Problemlösungsvermögen durch methodische Schritte steigern und freisetzen, aber auch wieder fokussieren und einbinden. Andererseits gälte es, die aktivere politische Einbeziehung der Verbraucher mit einer professionalisierten Stellvertretung zu verknüpfen, um den demokratischen Prozess gegenstandsangemessen mit den pragmatischen Handlungsbedingungen aller an den jeweiligen Problemkonstellationen der Konsumgesellschaft Beteiligten und Betroffenen vermitteln zu können.

Bedeutet nun diese pessimistisch klingende Zeitdiagnose, dass die »Nullhypothese« am Ende doch richtig lag und die Verbraucherdemokratie das Schicksal der *Postdemokratie* teilt? Ist ihr Verlauf in erster Linie von inneren Verfallsprozessen geprägt, die im Ergebnis nur noch die kalten und unbewohnbaren Mauern der Demokratie stehen lassen? Diese Schlussfolgerung erscheint mir zum jetzigen Zeitpunkt deutlich verfrüht. So wie die Postdemokratiethese den Blick dafür verstellen kann, wo die Demokratie in der heutigen Konsumgesellschaft ihre Zelte aufschlägt, um darin Versammlungen abzuhalten und über die Dinge zu verhandeln, die es zu verhandeln gibt,[2] weil diese These zu unterstellen neigt, dass die Erneuerung der Demokratie sich nur im Modus des Gruppenkonfliktes zwischen den Mächtigen und den Unterdrückten vollziehen kann, so könnte auch die hier vorgenommene Analyse der Verbraucherdemokratie deren Versammlungsprozesse noch zu grobkörnig dokumentiert haben. Denn diese vollziehen sich nicht notwendig in einer großen öffentlichen Arena, sondern oftmals dezentral und über eine Vielzahl experimenteller Settings, in denen es um sehr konkrete Streitsachen geht – etwa ob die Wertstoffe unserer hoch technisierten Konsumgüter in privater oder in kommunaler Trägerschaft recycelt werden sollten, ob es richtig ist, dass Asylbewerberinnen nicht mit Geld, sondern mit Gutscheinen einkaufen müssen, ob der Handel mit einem T-Shirt, das für weniger als fünf Euro verkauft wird, gleichwohl allen Beteiligten zugutekommen kann, wie sich verhindern lässt, dass in Kürze wieder Dioxin (oder Ähnliches) in unseren Frühstückseiern auftaucht oder was denn nun eigentlich schiefgelaufen ist bei der Einführung des verflixten Bio-Kraftstoffs E10.[3] Entscheidend für die Frage, ob sich die hier getroffenen Diagnosen zur Verbraucherdemokratie bestätigen lassen oder ob sie modifiziert werden müssen, wird zukünftig

2 Vgl. zu dieser »nomadischen« Perspektive auf die Demokratie auch Latour, *Von der »Realpolitik« zur »Dingpolitik«*, S. 53-57.

3 Dies sind Themen, die von Studentinnen und Studenten der Friedrich-Schiller-Universität Jena im Wintersemester 2010/11 und im Sommersemester 2011 im Rahmen eines Lehrforschungsprojekts mit dem hier entwickelten Analyserahmen untersucht wurden.

sein, durch die vergleichende Analyse solch *konkreter Problemfälle der transnational verflochtenen Konsumgesellschaft* zu rekonstruieren, wie sich darin verschiedene Propositionen öffentlich Gehör verschaffen, wie die unterschiedlichen Gemeinwohlvorstellungen mit den institutionellen Gewohnheiten und Gegebenheiten neu vermittelt werden und inwiefern in der Summe aus der öffentlichen Thematisierung und kollektiven Bearbeitung solcher Probleme der Konsumgesellschaft eine neue »Große Gemeinschaft« hervorgehen und zusammenwachsen kann.

Danksagung

Bei dem vorliegenden Buch handelt es sich um die überarbeitete und leicht erweiterte Fassung meiner Habilitationsschrift zum Thema »Verbraucherdemokratie. Politische Soziologie der Konsumgesellschaft im Zeitalter des kulturellen Kapitalismus«, die am 25. April 2012 von der Fakultät für Sozial- und Verhaltenswissenschaften der Friedrich-Schiller-Universität Jena angenommen wurde. Für ihre Unterstützung möchte ich mich zunächst bei Hartmut Rosa, Sighard Neckel und Klaus Dörre bedanken, die als Gutachter fungiert haben, mir aber darüber hinaus auch viele wertvolle Hinweise und das gute Gefühl gegeben haben, dass es sich um ein lohnendes Projekt handelt.

Dessen Anfänge reichen gut zehn Jahre zurück. Der soziologische – durch die unmittelbare Nähe des Jenaer Instituts zur wichtigsten Shopping Mall der Stadt aber gewiss mitbedingte – Eindruck, dass die Praktiken des Konsums und die Dispositionen der Verbraucher eine ausgesprochen hohe gesellschaftliche Tragweite besitzen, traf damals auf die politischen Umbrüche in der bundesdeutschen Verbraucherpolitik nach der BSE-Krise, die im Wechsel der Zuständigkeiten von der SPD zu den Grünen mündeten. Ich danke Hans-Joachim Giegel dafür, mir damals den Zugang zum neuen Bundesministerium für Verbraucherschutz, Ernährung und Landwirtschaft gebahnt zu haben, sowie dem damaligen Staatssekretär Alexander Müller für seine Aufgeschlossenheit und Kooperationsbereitschaft. Ich bin gespannt, ob sich einige Früchte meiner Forschungen im Rahmen meiner inzwischen aufgenommenen Beiratstätigkeit an die Politik dieses Ministeriums zurückgeben lassen.

Recht schnell war mir jedoch klar geworden, dass eine staatszentrierte Perspektive auf die Verbraucherpolitik dem Problemgehalt nicht gerecht werden kann. Gefordert war vielmehr ein entschlossener soziologischer Perspektivenwechsel, der die Konsumgesellschaft selbst ins Zentrum der Analyse ihrer Politik rückt. Hilfreich hierbei war zunächst der geo- und biografische Ortswechsel von Jena nach Gießen, wo ich neben der theoretischen und politischsoziologischen zum einen eine stärker kultursoziologische Perspektive auf die Konsumgesellschaft verfolgen, zum anderen aber auch den empirischen Fokus auf Konsumpraktiken konkretisieren konnte. Letzteres geschah im Rahmen eines DFG-Forschungsprojekts, das organisatorisch und thematisch an das Gießener Zentrum für Medien und Interaktivität angebunden war. Den Diskussionen mit Kolleginnen und Kollegen dieses Zentrums verdanke ich viel. Hervorheben möchte ich neben Sighard Neckel und dem damaligen Direktor des ZMI, Claus Leggewie, insbesondere Christoph Bieber, Paul Gebelein, Sven Jakob, Carmen Ludwig und Katharina Witterhold, aber auch die Teilnehmerinnen und Teilnehmer meiner am kulturwissenschaftlichen Graduate Center angesiedelten Internet Study Group, namentlich Thies W. Böttcher und Carsten Ochs, sowie verschiedener Lehrforschungsprojekte. Eine enge und sehr gute Kooperation verband mich zudem mit Adalbert Evers und seinem Kolloquium, das in weiten Teilen von denselben Fragen bewegt war. Darüber hinaus haben die räumliche Nähe und personelle Verflechtung mit dem Frankfurter Institut für Sozialforschung zuverlässig dafür gesorgt, dass die Ideen und Diskussionsgelegenheiten in dieser Zeit nicht ausgingen.

Fertiggestellt wurde die Arbeit aber in Jena, wo ich noch einmal große Unterstützung von Hartmut Rosa und den Kolleginnen und Kollegen seines Arbeitsbereiches für Allgemeine und Theoretische Soziologie erfahren habe. Anja Gregor, Henning Laux und Hartmut Rosa haben Teile des Manuskripts gelesen und kommentiert, wofür ich ihnen sehr dankbar bin. Und in Bruno Hildenbrand habe ich bei so mancher Pendlerheimfahrt einen äußerst interessierten und kritischen Mitreisenden gefunden, der viel Sympathie für die Verbindung von älterem und neuerem Pragmatismus gezeigt hat. In der Endphase hat mir zudem die Arbeit mit hoch motivierten Studierenden im Rahmen eines Lehrforschungsprojekts zur »Verbraucherdemokratie« sehr genützt. Vor allem Stephan Laser, Tonio Weicker sowie meinem Kollegen Stephan Lorenz möchte ich in diesem Zusammenhang meinen Dank aussprechen. Bei der Erstellung des Verlagsmanuskripts haben mir schließlich auch Sigrid Engelhardt und Stephan Elkins sowie Philipp Hölzing seitens des Suhrkamp Verlags mit ihren ausgesprochen hohen Sprachkompetenzen sehr viel Arbeit abgenommen.

Zum Abschluss wäre die Arbeit gleichwohl nicht ohne die Unterstützung meiner Familie gekommen. Dafür danke ich an erster Stelle meiner Frau Melanie Fabel-Lamla, aber auch unseren Eltern, die uns manches abgenommen haben, und – ganz besonders – unserem Sohn Linus, dessen Energie und Neugierde uns täglich beflügelt. Mit dem gerade erlernten Drei-Wort-Schema hatte er bei einer Auseinandersetzung mit einem ersten Manuskript zu diesem Buch gleich die passende Frage gestellt: »Autos drin sind?« Ihm widme ich dieses Buch – einerseits ganz persönlich, andererseits aber auch als Repräsentant einer Generation, die auf jene Probleme der Konsumgesellschaft und Herausforderungen der Verbraucherdemokratie, die unsere Generation noch vor sich herzuschieben können glaubt, anders wird reagieren müssen.

Kassel, im November 2012
Jörn Lamla

Textnachweise

Einige Passagen der Einleitung sind identisch eingeflossen in: »Verbraucherdemokratie: Ein Zwischenbericht zur Politik der Konsumgesellschaft«, in: Ludger Heidbrink u. a. (Hg.), *Die Verantwortung des Konsumenten, Über das Verhältnis von Markt, Moral und Konsum*, Frankfurt/M., New York 2011, S. 93-112.

Kapitel IV, Abschnitt 1 ist eine überarbeitete Fassung von »Die Autonomie des Verbrauchers und ihre politischen Formen. Bausteine einer Kulturtheorie des Consumer Citizen«, in: Sigrid Baringhorst u. a. (Hg.), *Politik mit dem Einkaufswagen. Unternehmen und Konsumenten als Bürger in der globalen Mediengesellschaft*, Bielefeld 2007, S. 53-80 und folgt weitgehend der englischen Fassung: »Consumer Autonomy and its Political Manifestations. Towards a Sociological Theory of the Consumer Citizen«, in: *Krisis. Journal for Contemporary Philosophy*, H. 1 (2012), S. 32-48.

Das Fallbeispiel in Kapitel V, Abschnitt 1.1 ist entnommen aus: »Markt-Vergemeinschaftung im Internet. Das Fallbeispiel einer Shopping- und Meinungsplattform«, in: Ronald Hitzler u. a. (Hg.), *Posttraditionale Gemeinschaften. Theoretische und ethnographische Erkundungen*, Wiesbaden 2008, S. 170-185 (mit freundlicher Genehmigung der Springer Science + Business Media B. V.). Weitere Teile, insbesondere Abschnitt 1.2, greifen in überarbeiteter Form zurück auf den Artikel: »Kultureller Kapitalismus im Web 2.0. Zur Analyse von Segmentations-, Intersektions- und Aushandlungsprozessen in den sozialen Welten des Internets«, in: *Zeitschrift für Qualitative Forschung*, H. 1 (2010), S. 11-36.

Kapitel VI, Abschnitt 1 geht zurück auf den Aufsatz: »Politikstil und Konsumkultur. Über den Umgang mit Deutungskonflikten bei Gemeinwohlzumutungen in der Agrar- und Ernährungspolitik«, in: Gerhard Scherhorn und Christoph Weber (Hg.), *Nachhaltiger Konsum. Auf dem Weg zur gesellschaftlichen Verankerung*, München 2002, S. 147-158. Die darauf folgenden Abschnitte verwenden Textteile aus: »Sozialpolitische Verbraucheraktivierung. Konsumsubjekt und Bürgergemeinschaft in der Marktgesellschaft«, in: Adalbert Evers und Rolf G. Heinze (Hg.), *Sozialpolitik: Ökonomisierung und Entgrenzung*, Wiesbaden 2008, S. 301-320 (mit freundlicher Genehmigung der Springer Science + Business Media B. V.).

Kapitel VII übernimmt insbesondere in Abschnitt 2.1 Textteile aus: »Authentizitätsmythos und Verbraucherautonomie. Über soziale Wertschätzung im kulturellen Kapitalismus und verbleibende Pfade in die ›Nachknappheitsgesellschaft‹«, in: Manuel Franzmann (Hg.), *Bedingungsloses Grundeinkommen als Antwort auf die Krise der Arbeitsgesellschaft*, Weilerswist 2010, S. 392-419.

Literaturverzeichnis

Abolafia, Mitchel Y. (1998), »Markets as Cultures: An Ethnographic Approach«, in: Michel Callon (Hg.), *The Laws of the Markets*, Oxford: Blackwell, S. 69-85.

Adloff, Frank u. a. (Hg.) (2005), *Wirtschaft und Zivilgesellschaft. Theoretische und empirische Perspektiven*, Wiesbaden: VS.

Adloff, Frank und Steffen Mau (Hg.) (2005), *Vom Geben und Nehmen. Zur Soziologie der Reziprozität*, Frankfurt/M., New York: Campus.

Adolf, Marian und Nico Stehr (2011), »Soziale Milieus und Konsum: Die Moralisierung der Märkte und ihre Kritik«, in: Ludger Heidbrink u. a. (Hg.), *Die Verantwortung des Konsumenten. Über das Verhältnis von Markt, Moral und Konsum*, Frankfurt/M., New York: Campus, S. 245-267.

Adorno, Theodor W. (1964), *Jargon der Eigentlichkeit. Zur deutschen Ideologie*, Frankfurt/M.: Suhrkamp.

Almond, Gabriel A. und Sidney Verba (1963), *The Civic Culture. Political Attitudes and Democracy in Five Nations*, Princeton, NJ: Princeton University Press.

Amann, Klaus und Stefan Hirschauer (1997), »Die Befremdung der eigenen Kultur. Ein Programm«, in: Dies. (Hg.), *Die Befremdung der eigenen Kultur. Zur ethnographischen Herausforderung soziologischer Empirie*, Frankfurt/M.: Suhrkamp, S. 7-52.

Andersen, Jørgen Goul und Mette Tobiasen (2004), »Who Are These Political Consumers Anyway? Survey Evidence from Denmark«, in: Michele Micheletti u. a. (Hg.), *Politics, Products, and Markets. Exploring Political Consumerism Past and Present*, New Brunswick, London: Transaction Publishers, S. 203-221.

Appadurai, Arjun (1986), »Introduction: Commodities and the Politics of Value«, in: Ders. (Hg.), *The Social Life of Things. Commodities in Cultural Perspective*, Cambridge: Cambridge University Press, S. 3-63.

Archer, Margaret S. (1982), »Morphogenesis Versus Structuration: On Combining Structure and Action«, in: *British Journal of Sociology*, H. 4, S. 455-483.

Arendt, Hannah (1981), *Vita activa oder vom tätigen Leben*, München, Zürich: Pieper.

Arvidsson, Adam (2006), *Brands. Meaning and Value in Media Culture*, London, New York: Routledge.

Arvidsson, Adam (2009), »Kunden als Koproduzenten, soziale Produktion und die ethische Ökonomie«, in: Christoph Bieber u. a. (Hg.), *Soziale Netze in der digitalen Welt. Das Internet zwischen egalitärer Teilhabe und ökonomischer Macht*, Frankfurt/M., New York: Campus, S. 161-177.

Aßländer, Michael S. (2011), »Unternehmerische Verantwortung und die Rolle der Konsumenten«, in: Ludger Heidbrink u. a. (Hg.), *Die Verantwortung des Konsumenten. Über das Verhältnis von Markt, Moral und Konsum*, Frankfurt/M., New York: Campus, S. 57-74.

Aufenanger, Stefan (2006), »Interview«, in: Ruth Ayaß und Jörg R. Bergmann (Hg.), *Qualitative Methoden der Medienforschung*, Reinbek: Rowohlt, S. 97-114.

Ayaß, Ruth und Jörg R. Bergmann (Hg.) (2006), *Qualitative Methoden der Medienforschung*, Reinbek: Rowohlt.

Backhaus-Maul, Holger u. a. (Hg.) (2008), *Corporate Citizenship in Deutschland. Bilanz und Perspektiven*, Wiesbaden: VS.

Backhaus-Maul, Holger und Ingolf Schubert (2005), »Unternehmen und Konsumenten: Diffuse Verantwortung und schwache Interessen?«, in: *Forschungsjournal Neue Soziale Bewegungen*, H. 4, S. 78-88.

Bakardjieva, Maria (2005), *Internet Society. The Internet in Everyday Life*, London u. a.: Sage.

Balzer Axel, u. a. (Hg.) (2005), *Politik als Marke. Politikvermittlung zwischen Kommunikation und Inszenierung*, Münster: Lit.

Barber, Benjamin R. (1994), *Starke Demokratie. Über die Teilhabe am Politischen*, Hamburg: Rotbuch.

Barber, Benjamin R. (2007), *Consumed. Wie der Markt Kinder verführt, Erwachsene infantilisiert und die Demokratie untergräbt*, München: C. H. Beck.

Barber, Bernard (1995), »All Economies Are ›Embedded‹: The Career of a Concept, and Beyond«, in: *Social Research*, H. 2, S. 387-413.

Baringhorst, Sigrid (2006), »Keine Reizwäsche aus Burma. Menschenrechte durch politisierten Konsum?«, in: Jörn Lamla und Sighard Neckel (Hg.), *Politisierter Konsum – konsumierte Politik*, Wiesbaden: VS, S. 233-258.

Baringhorst, Sigrid (2007), »Konsumenten als Netizens. Das Internet als ambivalentes Medium für ein Empowerment von Verbrauchern«, in: Sigrid Baringhorst u. a. (Hg.), *Politik mit dem Einkaufswagen. Unternehmen und Konsumenten als Bürger in der globalen Mediengesellschaft*, Bielefeld: transkript, S. 81-108.

Baringhorst, Sigrid u. a. (Hg.) (2007), *Politik mit dem Einkaufswagen. Unternehmen und Konsumenten als Bürger in der globalen Mediengesellschaft*, Bielefeld: transkript.

Baringhorst, Sigrid u. a. (2007), »Verbraucher und Unternehmen als Bürger in der globalen Mediengesellschaft. Bürgerschaft als politische Dimension des Marktes«, in: Sigrid Baringhorst u. a. (Hg.), *Politik mit dem Einkaufswagen. Unternehmen und Konsumenten als Bürger in der globalen Mediengesellschaft*, Bielefeld: transkript, S. 7-28.

Baringhorst, Sigrid u. a. (2007), »Wandel und Kontinuität von Protestkulturen seit den 1960er Jahren: Eine Analyse ausgewählter Anti-Corporate Campaigns«, in: Sigrid Baringhorst u. a. (Hg.), *Politik mit dem Einkaufswagen. Unternehmen und Konsumenten als Bürger in der globalen Mediengesellschaft*, Bielefeld: transkript, S. 109-135.

Barlösius, Eva (1995), »Worüber forscht die deutsche Agrarsoziologie? Zum Verhältnis von Agrarsoziologie und Agrarpolitik«, in: *Kölner Zeitschrift für Soziologie und Sozialpsychologie*, H. 2, S. 319-338.

Barlösius, Eva (1999), *Soziologie des Essens. Eine sozial- und kulturwissenschaftliche Einführung in die Ernährungsforschung*, Weinheim, München: Juventa.

Barthes, Roland (1964), *Mythen des Alltags*, Frankfurt/M.: Suhrkamp.

Barthes, Roland (1983), *Elemente der Semiologie*, Frankfurt/M.: Suhrkamp.

Barthes, Roland (1985), *Die Sprache der Mode*, Frankfurt/M.: Suhrkamp.

Batelle, John (2005), *The Search. How Google and Its Rivals Rewrote the Rules of Business and Transformed Our Culture*, New York: Portfolio.

Baudrillard, Jean (1988), »Die Simulation«, in: Wolfgang Welsch (Hg.), *Wege aus der Moderne. Schlüsseltexte der Postmoderne-Diskussion*, Weinheim: VCH acta humaniora, S. 153-162.

Baudrillard, Jean (1991), *Das System der Dinge. Über unser Verhältnis zu den alltäglichen Gegenständen*, Frankfurt/M., New York: Campus.

Bauman, Zygmunt (2003), *Flüchtige Moderne*, Frankfurt/M.: Suhrkamp.

Bauman, Zygmunt (2005), *Verworfenes Leben. Die Ausgegrenzten der Moderne*, Hamburg: Hamburger Edition.

Bauman, Zygmunt (2009), *Leben als Konsum*, Hamburg: Hamburger Edition.

Baym, Nancy K. (2000), *Tune In, Log On: Soaps, Fandom, and Online Community*, London u. a.: Sage.

Beck, Ulrich (1988), *Gegengifte. Die organisierte Unverantwortlichkeit*, Frankfurt/M.: Suhrkamp.

Beck, Ulrich (1993), »Subpolitik. Der Machtzerfall der Institutionen«, in: Joachim Hohl und Günter Reisbeck (Hg.), *Individuum, Lebenswelt, Gesellschaft*, München, Wien: Profil, S. 11-26.

Beck, Ulrich (2007), *Weltrisikogesellschaft. Auf der Suche nach der verlorenen Sicherheit*, Frankfurt/M.: Suhrkamp.

Beckert, Jens (1999), »Ökonomische Rationalität und die Einbettung wirtschaftlichen Handelns«, in: Axel T. Paul (Hg.), *Ökonomie und Anthropologie*, Berlin: Berliner Wissenschaftsverlag, S. 89-101.

Beckert, Jens (2007), »Die soziale Ordnung von Märkten«, in: Ders. u. a. (Hg.), *Märkte als soziale Strukturen*, Frankfurt/M., New York: Campus, S. 43-62.

Beckert, Jens u. a. (2007), »Einleitung. Neue Perspektiven für die Markt-

soziologie«, in: Ders. u. a. (Hg.), *Märkte als soziale Strukturen*, Frankfurt/M., New York: Campus, S. 19-39.
Beer, David und Roger Burrows (2010), »Consumption, Prosumption and Participatory Web Cultures: An Introduction«, in: *Journal of Consumer Culture*, H. 1, S. 3-12.
Behringer, Luise (1998), *Lebensführung als Identitätsarbeit. Der Mensch im Chaos des modernen Alltags*, Frankfurt/M., New York: Campus.
Beigbeder, Frédéric (2001), *Neununddreißig neunzig*, 5. Aufl., Reinbek: Rowohlt.
Bell, Daniel (1991), *Die kulturellen Widersprüche des Kapitalismus*, Frankfurt/M., New York: Campus.
Belz, Frank-Martin u. a. (Hg.) (2007), *Nachhaltiger Konsum und Verbraucherpolitik im 21. Jahrhundert*, Marburg: Metropolis.
Benjamin, Walter (1974), *Charles Baudelaire. Ein Lyriker im Zeitalter des Hochkapitalismus*, Frankfurt/M.: Suhrkamp.
Benjamin, Walter (2003), *Das Kunstwerk im Zeitalter seiner technischen Reproduzierbarkeit. Drei Studien zur Kunstsoziologie*, Frankfurt/M.: Suhrkamp.
Benkler, Yochai (2006), *The Wealth of Networks. How Social Production Transforms Markets and Freedom*, New Haven, London: Yale University Press.
Bennett, Lance W. (2004), »Branded Political Communication: Lifestyle Politics, Logo Campaigns, and the Rise of Global Citizenship«, in: Michele Micheletti u. a. (Hg.), *Politics, Products, and Markets. Exploring Political Consumerism Past and Present*, New Brunswick, London: Transaction Publishers, S. 101-125.
Berger, Peter A. (1995), »›Life politics‹. Zur Politisierung der Lebensführung in nachtraditionalen Gesellschaften«, in: *Leviathan*, H. 3, S. 445-458.
Berghoff, Hartmut, (Hg.) (1999), *Konsumpolitik. Die Regulierung des privaten Verbrauchs im 20. Jahrhundert*, Göttingen: Vandenhoeck und Ruprecht.
Beyreuther, Tabea u. a. (Hg.) (2012), *consumers@work. Zum neuen Verhältnis von Unternehmen und Usern im Web 2.0*, Frankfurt/M., New York: Campus.
Bieber, Christoph und Jörn Lamla (2005), »Das Netz der Konsumenten. Innovationschancen der Verbraucherbewegung im Internet«, in: *Forschungsjournal Neue Soziale Bewegungen*, H. 4, S. 65-77.
Bogumil, Jörg und Leo Kißler (1995), *Vom Untertan zum Kunden? Möglichkeiten und Grenzen von Kundenorientierung in der Kommunalverwaltung*, Berlin: edition sigma.
Bohler, Karl Friedrich (2001), »Die Krise der Landwirtschaft nach dem BSE-Schock«, in: *Sozialer Sinn. Zeitschrift für hermeneutische Sozialforschung*, H. 2, S. 367-375.

Bohrer, Karl-Heinz und Kurt Scheel (Hg.) (2003), *Kapitalismus oder Barbarei? Sonderheft MERKUR. Deutsche Zeitschrift für europäisches Denken*, H. 9/10.
Boltanski, Luc (1976), »Die soziale Verwendung des Körpers«, in: Dietmar Kamper und Volker Rittner (Hg.), *Zur Geschichte des Körpers. Perspektiven der Anthropologie*, München: Hanser, S. 138-183.
Boltanski, Luc (2008), »Individualismus ohne Freiheit. Ein pragmatischer Zugang zur Herrschaft«, in: *WestEnd. Neue Zeitschrift für Sozialforschung*, H. 2, S. 133-149.
Boltanski, Luc und Ève Chiapello (2003), *Der neue Geist des Kapitalismus*, Konstanz: UVK.
Boltanski, Luc und Laurent Thévenot (2007), *Über die Rechtfertigung. Eine Soziologie der kritischen Urteilskraft*, Hamburg: Hamburger Edition.
Bolz, Norbert (2002), *Das konsumistische Manifest*, München: W. Fink.
Bömmel, Hermann van (2003), *Konsumentensouveränität. Neue Gestaltungsoptionen des Konsumenten in der Postindustriellen Wirtschaft*, Marburg: Metropolis.
Bourdieu, Pierre (1979), *Entwurf zu einer Theorie der Praxis auf der ethnologischen Grundlage der kabylischen Gesellschaft*, Frankfurt/M.: Suhrkamp.
Bourdieu, Pierre (1982), *Die feinen Unterschiede. Kritik der gesellschaftlichen Urteilskraft*, Frankfurt/M.: Suhrkamp.
Bourdieu, Pierre (1993), *Sozialer Sinn. Kritik der theoretischen Vernunft*, Frankfurt/M.: Suhrkamp.
Bourdieu, Pierre (1998), *Der Einzige und sein Eigenheim*, Hamburg: VSA.
Bourdieu, Pierre (1998), *Über das Fernsehen*, Frankfurt/M.: Suhrkamp.
Bourdieu, Pierre (2005), »Die Ökonomie der symbolischen Güter«, in: Frank Adloff und Steffen Mau (Hg.), *Vom Geben und Nehmen. Zur Soziologie der Reziprozität*, Frankfurt/M., New York: Campus, S. 139-155.
Bourdieu, Pierre u. a. (1997), *Das Elend der Welt. Zeugnisse und Diagnosen alltäglichen Leidens an der Gesellschaft*, Konstanz: UVK.
Brand, Karl-Werner (1997), »Probleme und Potentiale einer Neubestimmung des Projekts der Moderne unter dem Leitbild ›Nachhaltige Entwicklung‹«, in: Karl-Werner Brand (Hg.), *Nachhaltige Entwicklung. Eine Herausforderung an die Soziologie*, Opladen: Leske und Budrich, S. 9-32.
Braun, Dietmar (1998), »Der Einfluß von Ideen und Überzeugungssystemen auf die politische Problemlösung«, in: *Politische Vierteljahresschrift*, H. 4, S. 797-818.
Brunkhorst, Hauke (Hg.) (1998), *Demokratischer Experimentalismus. Politik in der komplexen Gesellschaft*, Frankfurt/M.: Suhrkamp.
Buchstein, Hubertus (1996), »Die Zumutungen der Demokratie. Von der normativen Theorie des Bürgers zur institutionell vermittelten Präferenzkompetenz«, in: Klaus von Beyme und Klaus Offe (Hg.), *Politische*

Theorien in der Ära der Transformation, Opladen: Leske und Budrich, S. 295-324.

Buchstein, Hubertus und Frank Nullmeier (2006), »Einleitung: Die Postdemokratie-Debatte«, in: *Forschungsjournal Neue Soziale Bewegungen*, H. 4, S. 16-22.

Burchardt, Uli (2012), *Ausgegeizt! Wertvoll ist besser – Das Manufactum-Prinzip*, Frankfurt/M., New York: Campus.

Busse, Tanja (2006), *Die Einkaufsrevolution. Konsumenten entdecken ihre Macht*, München: Blessing.

Caillé, Alain (2008), *Anthropologie der Gabe*, Frankfurt/M., New York: Campus.

Callon, Michel (1998), »Introduction: The Embeddedness of Economic Markets in Economics«, in: Ders. (Hg.), *The Laws of the Markets*, Oxford: Blackwell, S. 1-57.

Campbell, Colin (1987), *The Romantic Ethic and the Spirit of Modern Consumerism*, Oxford: Blackwell.

Castel, Robert (2000), *Die Metamorphosen der sozialen Frage. Eine Chronik der Lohnarbeit*, Konstanz: UVK.

Castells, Manuel (2002), *Die Macht der Identität. Das Informationszeitalter*, Bd. 2, Opladen: Leske und Budrich.

Castells, Manuel (2003), *Der Aufstieg der Netzwerkgesellschaft. Das Informationszeitalter*, Bd. 1, Opladen: Leske und Budrich.

Castells, Manuel (2005), *Die Internet-Galaxie. Internet, Wirtschaft und Gesellschaft*, Wiesbaden: VS.

Celikates, Robin (2009), *Kritik als soziale Praxis. Gesellschaftliche Selbstverständigung und kritische Theorie*, Frankfurt/M., New York: Campus.

Certeau, Michel de (1988), *Kunst des Handelns*, Berlin: Merve.

Chatriot, Alain u. a. (Hg.) (2006), *The Expert Consumer. Associations and Professionals in Consumer Society*, Aldershot: Ashgate.

Clarke, Adele E. (2005), *Situational Analysis. Grounded Theory after the Postmodern Turn*, Thousand Oaks, CA: Sage.

Clarke, John (2007), »Unsettled Connections. Citizens, Consumers and the Reform of Public Services«, in: *Journal of Consumer Culture*, H. 2, S. 159-178.

Clarke, John u. a. (2007), *Creating Citizen-Consumers. Changing Publics and Changing Public Services*, London: Sage.

Cohen, Lizabeth (2003), *A Consumers' Republic: The Politics of Mass Consumption in Postwar America*, New York: Knopf.

Combe, Arno und Werner Helsper (Hg.) (1997), *Pädagogische Professionalität. Untersuchungen zum Typus pädagogischen Handelns*, 2. Aufl., Frankfurt/M.: Suhrkamp.

Cortina, Adela (2006), »Eine Ethik des Konsums. Die Bürgerschaft der Verbraucher in einer globalen Welt«, in: Peter Koslowski und Birger P. Priddat (Hg.), *Ethik des Konsums*, München: W. Fink, S. 91-103.

Cronin, Anne M. (2000), *Advertising and Consumer Citizenship. Gender, Images and Rights*, London: Routledge.

Crouch, Colin (2005), »Die Bedeutung von Governance für Vielfalt und Wandel im modernen Kapitalismus«, in: Max Miller (Hg.), *Welten des Kapitalismus. Institutionelle Alternativen in der globalisierten Ökonomie*, Frankfurt/M., New York: Campus, S. 101-126.

Crouch, Colin (2008), *Postdemokratie*, Frankfurt/M.: Suhrkamp.

Daele, Wolfgang van den (1996), »Objektives Wissen als politische Ressource: Experten und Gegenexperten im Diskurs«, in: Wolfgang van den Daele und Friedhelm Neidhardt (Hg.), *Kommunikation und Entscheidung, WZB-Jahrbuch 1996*, Berlin: edition sigma, S. 297-326.

Dahl, Robert A. (1992), »The Problem of Civic Competence«, in: *Journal of Democracy*, H. 4, S. 45-59.

Dahrendorf, Ralf (1993), »Die Zukunft der Bürgergesellschaft«, in: Bernd Guggenberger und Klaus Hansen (Hg.), *Die Mitte. Vermessungen in Politik und Kultur*, Opladen: Westdeutscher Verlag, S. 74-83.

Dahrendorf, Ralf (1994), *Der moderne soziale Konflikt. Essay zur Politik der Freiheit*, München: dtv.

Dallwitz-Wegner, Dominik (2005), »Verbraucherportale und Online-Access-Pools am Beispiel Ciao AG«, in: Martin Welker u. a. (Hg.), *Online-Research. Markt- und Sozialforschung mit dem Internet*, Heidelberg: dpunkt, S. 223-230.

Daunton, Martin und Matthew Hilton (Hg.) (2001), *The Politics of Consumption. Material Culture and Citizenship in Europe and America*, Oxford: Berg.

Derrida, Jacques (1972), »Die Struktur, das Zeichen und das Spiel im Diskurs der Wissenschaften vom Menschen«, in: Ders., *Die Schrift und die Differenz*, Frankfurt/M.: Suhrkamp, S. 422-442.

Deutscher Bundestag (2004), *Unterrichtung durch die Bundesregierung. Verbraucherpolitischer Bericht (Drucksache 15/4499)*, Berlin.

Deutschmann, Christoph (2000), »Geld als ›absolutes Mittel‹. Zur Aktualität von Simmels Geldtheorie«, in: *Berliner Journal für Soziologie*, H. 3, S. 301-313.

Deutschmann, Christoph (2001), *Die Verheißung des absoluten Reichtums. Zur religiösen Natur des Kapitalismus*, 2. Aufl., Frankfurt/M., New York: Campus.

Devinney, Timothy M. u. a. (2010), *The Myth of the Ethical Consumer*, Cambridge: Cambridge University Press.

Dewey, John (1996), *Die Öffentlichkeit und ihre Probleme*, Bodenheim: Philo.
Dewey, John (1998), *Die Suche nach Gewißheit. Eine Untersuchung des Verhältnisses von Erkenntnis und Handeln*, Frankfurt/M.: Suhrkamp.
Dewey, John (2002), *Logik. Die Theorie der Forschung*, Frankfurt/M.: Suhrkamp.
Doll, Martin (2006), »Vom Protest zum Produkt. Über die Schattenseite der Rebellion als Lifestyle«, in: Jörn Lamla und Sighard Neckel (Hg.), *Politisierter Konsum – konsumierte Politik*, Wiesbaden: VS, S. 163-183.
Dörre, Klaus (2009), »Die neue Landnahme. Dynamiken und Grenzen des Finanzmarktkapitalismus«, in: Klaus Dörre, Stephan Lessenich und Hartmut Rosa, *Soziologie – Kapitalismus – Kritik. Eine Debatte*, Frankfurt/M.: Suhrkamp, S. 21-86.
Döring, Nicola (2003), *Sozialpsychologie des Internet*, 2. Aufl., Göttingen: Hogrefe.
Downs, Anthony (1968), *Ökonomische Theorie der Demokratie*, Tübingen: Mohr Siebeck.
Durkheim, Emile (1977), *Über soziale Arbeitsteilung. Studie über die Organisation höherer Gesellschaften*, Frankfurt/M.: Suhrkamp.

Eberlein, Undine (2000), *Einzigartigkeit. Das romantische Individualitätskonzept der Moderne*, Frankfurt/M., New York: Campus.
Edgell, Stephen u. a. (Hg.) (1996), *Consumption Matters. The production and experience of consumption*, Oxford: Blackwell.
Ehrenberg, Alain (2004), *Das erschöpfte Selbst. Depression und Gesellschaft in der Gegenwart*, Frankfurt/M., New York: Campus.
Ehringfeld, Klaus (2004), »Im Schatten der Sonnenpyramide«, in: *Frankfurter Rundschau*, 29. 10. 2004, S. 8.
Eimeren, Birgit van u. a. (2003), »Internetverbreitung in Deutschland: Unerwartet hoher Zuwachs«, in: *Media Perspektiven*, H. 8, S. 338-358.
Engemann, Christoph (2003), *Electronic Government – Vom User zum Bürger. Zur kritischen Theorie des Internets*, Bielefeld: transcript.
Esping-Anderson, Gøsta (1991), *The Three Worlds of Welfare Capitalism*, Princeton: Princeton University Press.
Esposito, Elena (2004), *Die Verbindlichkeit des Vorübergehenden: Paradoxien der Mode*, Frankfurt/M.: Suhrkamp.
Evers, Adalbert (1998), »Consumers, Citizens and Coproducers – A Pluralistic Perspective on Democracy in Social Services«, in: Gaby Flösser und Hans-Uwe Otto (Hg.), *Toward more Democracy in Social Services*, Berlin, New York: de Gruyter, S. 43-52.
Evers, Adalbert (2008), »Investiv und aktivierend oder ökonomistisch und bevormundend? Zur Auseinandersetzung mit einer neuen Generation

von Sozialpolitiken«, in: Adalbert Evers und Rolf G. Heinze (Hg.), *Sozialpolitik: Ökonomisierung und Entgrenzung*, Wiesbaden: VS, S. 229-252.

Evers, Adalbert und Thomas Olk (Hg.) (1996), *Wohlfahrtspluralismus. Vom Wohlfahrtsstaat zur Wohlfahrtsgesellschaft*, Opladen: Westdeutscher Verlag.

Featherstone, Mike (1991), *Consumer Culture and Postmodernism*, London: Sage.

Ferrara, Alessandro (1994), »Authenticity and the Project of Modernity«, in: *European Journal of Philosophy*, H. 3, S. 241-273.

Ferrara, Alessandro (1998), *Reflective Authenticity: Rethinking the Project of Modernity*, London, New York: Routledge.

Festinger, Leon (1957), *A Theory of Cognitive Dissonance*, Stanford: Stanford University Press.

Firat, A. Fuat und Nikhilesh Dholakia (1998), *Consuming People. From Political Economy to Theaters of Consumption*, London, New York: Routledge.

Fligstein, Neil (1996), »Markets as Politics. A Political-Cultural Approach to Market-Institutions«, in: *American Sociological Review*, H. 4, S. 656-673.

Fligstein, Neil (2001), *The Architecture of Markets. An Economic Sociology of Twenty-First Century Capitalist Societies*, Princeton, NJ: Princeton University Press.

Fligstein, Neil und Luke Dauter (2007), »The Sociology of Markets«, in: *Annual Review of Sociology*, H. 33, S. 105-128.

Follesdal, Andreas (2004), »Political Consumerism as Chance and Challenge«, in: Michele Micheletti u. a. (Hg.), *Politics, Products, and Markets. Exploring Political Consumerism Past and Present*, New Brunswick, London: Transaction Publishers, S. 3-20.

Foucault, Michel (1976), *Überwachen und Strafen. Die Geburt des Gefängnisses*, Frankfurt/M.: Suhrkamp.

Foucault, Michel (1978), *Dispositive der Macht. Über Sexualität, Wissen und Wahrheit*, Berlin: Merve.

Foucault, Michel (2000), »Die ›Gouvernementalität‹«, in: Ulrich Bröckling u. a. (Hg.), *Gouvernementalität der Gegenwart. Studien zur Ökonomisierung des Sozialen*, Frankfurt/M.: Suhrkamp, S. 41-67.

Foucault, Michel (2007), *Ästhetik der Existenz. Schriften zur Lebenskunst*, Frankfurt/M.: Suhrkamp.

Franck, Georg (1998), *Ökonomie der Aufmerksamkeit. Ein Entwurf*, München, Wien: Hanser.

Franck, Georg (2005), *Mentaler Kapitalismus. Eine politische Ökonomie des Geistes*, München, Wien: Hanser.

Frank, Thomas C. (1997), *The Conquest of Cool: Business Culture, Counterculture, and the Rise of Hip Consumerism*, Chicago: University of Chicago Press.

Frankenberg, Günter (1997), *Die Verfassung der Republik. Autorität und Solidarität in der Zivilgesellschaft*, Frankfurt/M.: Suhrkamp.

Frankfurt, Harry G. (1971), »Freedom of the Will and the Concept of a Person«, in: *Journal of Philosophy*, H. 1, S. 5-20.

Fraser, Nancy und Axel Honneth (2003), *Umverteilung oder Anerkennung? Eine politisch-philosophische Kontroverse*, Frankfurt/M.: Suhrkamp.

Freud, Sigmund (1974), »Das Unbehagen in der Kultur«, in: Ders., *Fragen der Gesellschaft, Ursprünge der Religion, Studienausgabe*, Bd. IX, Frankfurt/M.: S. Fischer, S. 191-270.

Friebe, Holm und Sascha Lobo (2006), *Wir nennen es Arbeit. Die digitale Bohème oder: Intelligentes Leben jenseits der Festanstellung*, München: Heyne.

Friedman, Monroe (1999), *Consumer Boycotts. Effecting Change through the Marketplace and the Media*, New York, London: Routledge, S. 201-212.

Furlough, Ellen und Carl Strikwerda (Hg.) (1999), *Consumers against Capitalism? Consumer Cooperation in Europe, North America, and Japan, 1840-1990*, Lanham u. a.: Rowman und Littlefield.

Gabriel, Yiannis und Tim Lang (1995), *The Unmanageable Consumer. Contemporary Consumption and its Fragmentations*, London: Sage.

Galbraith, John Kenneth (1959), *Gesellschaft im Überfluß*, München, Zürich: Droemersche Verlagsanstalt.

Garfinkel, Harold (1967), *Studies in Ethnomethodology*, Cambridge: Polity.

Geertz, Clifford (1987), »Dichte Beschreibung. Bemerkungen zu einer deutenden Theorie der Kultur«, in: Ders., *Dichte Beschreibung. Beiträge zum Verstehen kultureller Systeme*, Frankfurt/M.: Suhrkamp, S. 7-43.

Geertz, Clifford (2001), »The Bazaar Economy: Information and Search in Peasant Marketing«, in: Mark Granovetter und Richard Swedberg (Hg.), *The Sociology of Economic Life*, Cambridge: Westview Press, S. 139-145.

Gergen, Kenneth (1996), *Das übersättigte Selbst. Identitätsprobleme im heutigen Leben*, Heidelberg: Carl-Auer-Systeme.

Gerhards, Maria und Annette Mende (2002), »Nichtnutzer von Online: Kern von Internetverweigerern?«, in: *Media Perspektiven*, H. 8, S. 363-375.

Giddens, Anthony (1979), *Central Problems in Social Theory. Action, Structure and Contradiction in Social Analysis*, Houndmills u. a.: University of California Press.

Giddens, Anthony (1985), *The Nation-State and Violence*, Cambridge: Polity.

Giddens, Antony (1991), *Modernity and Self-Identity. Self and Society in the Late Modern Age*, Cambridge: Polity.
Giddens, Anthony (1992), *Die Konstitution der Gesellschaft. Grundzüge einer Theorie der Strukturierung*, Frankfurt/M., New York: Campus.
Giddens, Anthony (1993), *Wandel der Intimität. Sexualität, Liebe und Erotik in modernen Gesellschaften*, Frankfurt/M.: Fischer.
Giddens, Antony (1995), *Konsequenzen der Moderne*, Frankfurt/M.: Suhrkamp.
Giddens, Anthony (1996), »Leben in einer posttraditionalen Gesellschaft«, in: Ulrich Beck u. a., *Reflexive Modernisierung. Eine Kontroverse*, Frankfurt/M.: Suhrkamp, S. 113-194.
Giddens, Anthony (1997), *Jenseits von Links und Rechts. Die Zukunft radikaler Demokratie*, Frankfurt/M.: Suhrkamp.
Giddens, Anthony (1998), *The Third Way. The Renewal of Social Democracy*, Oxford: Polity.
Giddens, Anthony (2000), *The Third Way and its Critics*, Oxford: Polity.
Giddens, Antony (2003), »Neoprogressivism. A New Agenda for Social Democracy«, in: Anthony Giddens (Hg.), *The Progressive Manifesto. New Ideas for the Centre-Left*, Oxford: Polity, S. 1-34.
Giegel, Hans-Joachim (1999), »Kompetenzen und Qualifizierung von Akteuren als Bedingung und Resultat der Qualifizierung von Demokratie«, in: Hans-Joachim Giegel und Dirk Berg-Schlosser (Hg.), *Perspektiven der Demokratie. Probleme und Chancen im Zeitalter der Globalisierung*, Frankfurt/M., New York: Campus, S. 177-216.
Giegel, Hans-Joachim (1999), »Moralische Orientierungen im politischen Prozeß – ein Ankerplatz für die normative Analyse der Demokratie?«, in: Thomas Greven, Rainer Schmalz-Bruns (Hg.), *Politische Theorie heute*, Baden-Baden: Nomos, S. 177-213.
Gießmann, Sebastian u. a. (Hg.) (2009), *Politische Ökologie. Zeitschrift für Kulturwissenschaften*, H. 2, Bielefeld: transcript.
Gläser, Jochen (2005), »Neue Begriffe, alte Schwächen: Virtuelle Gemeinschaft«, in: Michael Jäckel und Manfred Mai (Hg.), *Online-Vergesellschaftung? Mediensoziologische Perspektiven auf neue Kommunikationstechnologien*, Wiesbaden: VS, S. 51-72.
Glickman, Lawrence (1997), *A Living Wage. American Workers and the Making of Consumer Society*, Ithaca, London: Cornell University Press.
Goffman, Erving (1973), *Asyle. Über die soziale Situation psychiatrischer Patienten und anderer Insassen*, Frankfurt/M.: Suhrkamp.
Goldhammer, Klaus (2002), »Ein Blick zurück nach vorn: Die Internet-Ökonomie. Ökonomisches Handeln im Netz«, in: Stefan Münker und Alexander Roesler (Hg.), *Praxis Internet – Kulturtechniken der vernetzten Welt*, Frankfurt/M.: Suhrkamp, S. 102-119.

Goodwin, Neva R. u. a. (Hg.) (1997), *The Consumer Society*, Washington, D.C.: Island Press.
Götzenbrucker, Gerit (2001), *Soziale Netzwerke und Internet-Spielewelten*, Wiesbaden: Westdeutscher Verlag.
Granovetter, Mark S. (2000), »Ökonomische Institutionen als soziale Konstruktionen«, in: Dieter Bögenhold (Hg.), *Moderne amerikanische Soziologie*, Stuttgart: Lucius und Lucius, S. 199-217.
Granovetter, Mark (2000), »Ökonomisches Handeln und soziale Struktur: Das Problem der Einbettung«, in: Hans-Peter Müller und Steffen Sigmund (Hg.), *Zeitgenössische amerikanische Soziologie*, Opladen: Leske und Budrich, S. 175-207.
Grassmuck, Volker (2002), *Freie Software – zwischen Privat- und Gemeineigentum*, Bonn: bpb.
Grazia, Victoria de (1996), »Empowering Women as Citizen-Consumers«, in: Victoria de Grazia und Ellen Furlough (Hg.), *The Sex of Things. Gender and Consumption in Historical Perspective*, Berkeley, Los Angeles: University of California Press, S. 275-286.
Grazia, Victoria de und Ellen Furlough (1996), *The Sex of Things. Gender and Consumption in Historical Perspective*, Berkeley, Los Angeles: University of California Press.
Greenberg, Cheryl (2004), »Political Consumer Action: Some Cautionary Notes from African American History«, in: Michele Micheletti u. a. (Hg.), *Politics, Products, and Markets. Exploring Political Consumerism Past and Present*, New Brunswick, London: Transaction Publishers, S. 63-82.
Grimm, Fred (2006), *Shopping hilft die Welt verbessern. Der andere Einkaufsführer*, München: Mosaik bei Goldmann.
Gross, Peter (1994), *Die Multioptionsgesellschaft*, Frankfurt/M.: Suhrkamp.

Habermas, Jürgen (1973), »Stichworte zu einer Theorie der Sozialisation«, in: Ders., *Kultur und Kritik*, Frankfurt/M.: Suhrkamp.
Habermas, Jürgen (1981), *Theorie des kommunikativen Handelns*, 2 Bde., Frankfurt/M.: Suhrkamp.
Habermas, Jürgen (1983), *Moralbewußtsein und kommunikatives Handeln*, Frankfurt/M.: Suhrkamp.
Habermas, Jürgen (1990), *Strukturwandel der Öffentlichkeit. Untersuchungen zu einer Kategorie der bürgerlichen Gesellschaft*, Frankfurt/M.: Suhrkamp.
Habermas, Jürgen (1992), *Faktizität und Geltung. Beiträge zur Diskurstheorie des Rechts und des demokratischen Rechtsstaats*, Frankfurt/M.: Suhrkamp.
Hahn, Alois (2000), »Soziologie des Sammlers (unter besonderer Berücksichtigung der Institution des Museums)«, in: Ders., *Konstruktionen*

des Selbst, der Welt und der Geschichte. Aufsätze zur Kultursoziologie, Frankfurt/M.: Suhrkamp, S. 440-462.
Hajer, Maarten A. (1997), »Ökologische Modernisierung als Sprachspiel. Eine institutionell-konstruktivistische Perspektive zum Umweltdiskurs und zum institutionellen Wandel«, in: *Soziale Welt*, H. 2, S. 107-132.
Hall, Peter A. und Daniel W. Gingerich (2004), »›Spielarten des Kapitalismus‹ und institutionelle Komplementaritäten in der Makroökonomie«, in: *Berliner Journal für Soziologie*, H. 1, S. 5-32.
Hall, Stuart (1999), »Die zwei Paradigmen der Cultural Studies«, in: Karl-Heinz Hörning und Rainer Winter (Hg.), *Widerspenstige Kulturen. Cultural Studies als Herausforderung*, Frankfurt/M.: Suhrkamp, S. 13-42.
Hansen, Ursula und Ulf Schrader (2001), »Nachhaltiger Konsum – Leerformel oder Leitprinzip?«, in: Ulf Schrader und Ursula Hansen (Hg.), *Nachhaltiger Konsum. Forschung und Praxis im Dialog*, Frankfurt/M., New York: Campus, S. 17-45.
Hansen, Ursula und Bernd Stauss (1982), »Marketing und Verbraucherpolitik – Ein Überblick«, in: Dies. u. a. (Hg.), Marketing und Verbraucherpolitik, Stuttgart: Schäffer-Poeschel, S. 2-20.
Hardt, Michael und Antonio Negri (2002), *Empire. Die neue Weltordnung*, Frankfurt/M., New York: Campus.
Hardt, Michael und Antonio Negri (2004), *Multitude. Krieg und Demokratie im Empire*, Frankfurt/M., New York: Campus.
Harrison, Rob u. a. (Hg.) (2005), *The Ethical Consumer*, London u. a.: Sage.
Hartmann, Kathrin (2009), *Ende der Märchenstunde. Wie die Industrie die Lohas und Lifestyle-Ökos vereinnahmt*, München: Blessing.
Hartmann, Martin (2003), *Die Kreativität der Gewohnheit. Grundzüge einer pragmatistischen Demokratietheorie*, Frankfurt/M., New York: Campus.
Harvey, Eugénie und David Robinson (2006), *Einfach die Welt verändern. 50 kleine Ideen mit großer Wirkung*, München, Zürich: Pendo.
Hauff, Volker (1987), *Unsere gemeinsame Zukunft. Bericht der Weltkommission für Umwelt und Entwicklung*, Greven: Eggenkamp.
Haug, Wolfgang Fritz (2009), *Kritik der Warenästhetik. Gefolgt von Warenästhetik im High-Tech-Kapitalismus*, Frankfurt/M.: Suhrkamp.
Haupt, Heinz-Gerhard und Claudius Torp (Hg.) (2009), *Die Konsumgesellschaft in Deutschland 1890-1990. Ein Handbuch*, Frankfurt/M., New York: Campus.
Häußler, Oliver (1997), »Reisen in der Hyperrealität. Baudrillard und das Problem der Authentizität«, in: *Voyage. Jahrbuch für Reise- und Tourismusforschung*, Bd. 1: *Warum Reisen?*, Köln: DuMont.
Heath, Joseph und Andrew Potter (2005), *Konsumrebellen. Der Mythos der Gegenkultur*, Berlin: Rogner und Bernhard.
Heidbrink, Ludger und Imke Schmidt (2011), »Das Prinzip der Konsu-

mentenverantwortung – Grundlagen, Bedingungen und Umsetzungen verantwortlichen Konsums«, in: Ludger Heidbrink u.a. (Hg.), *Die Verantwortung des Konsumenten, Über das Verhältnis von Markt, Moral und Konsum*, Frankfurt/M., New York: Campus, S. 25-56.

Heidbrink, Ludger u.a. (Hg.) (2011), *Die Verantwortung des Konsumenten. Über das Verhältnis von Markt, Moral und Konsum*, Frankfurt/M., New York: Campus.

Heins, Volker (1992), »Gentechnik aus der Verbraucherperspektive. Symbolische Kämpfe um neue Konsummodelle«, in: *Soziale Welt*, H. 4, S. 383-399.

Heins, Volker (2005), »Mächtige Zwerge, umstrittene Riesen. NGOs als Partner und Gegenspieler transnationaler Unternehmen und internationaler Organisationen«, in: Achim Brunnengräber u.a. (Hg.), *NGOs im Prozess der Globalisierung. Mächtige Zwerge – umstrittene Riesen*, Wiesbaden: VS, S. 172-211.

Heinze, Rolf G. und Helmut Voelzkow (1992), »Der Deutsche Bauernverband und das ›Gemeinwohl‹«, in: Renate Mayntz (Hg.), *Verbände zwischen Mitgliederinteressen und Gemeinwohl*, Gütersloh: Bertelsmann, S. 122-161.

Hellmann, Kai-Uwe (2003), *Soziologie der Marke*, Frankfurt/M.: Suhrkamp.

Hellmann, Kai-Uwe (2005), »No Sweatshops! No Logos! Die globale Zivilgesellschaft im Kampf gegen die ökonomische Globalisierung«, in: Frank Adloff, u.a. (Hg.), *Wirtschaft und Zivilgesellschaft. Theoretische und empirische Perspektiven*, Wiesbaden: VS, S. 157-174.

Helsper, Werner (1997), »Das ›postmoderne Selbst‹ – ein neuer Subjekt- und Jugend-Mythos? Reflexionen anhand religiöser jugendlicher Orientierungen«, in: Heiner Keupp und Renate Höfer (Hg.), *Identitätsarbeit heute. Klassische und aktuelle Perspektiven der Identitätsforschung*, Frankfurt/M.: Suhrkamp, S. 174-206.

Hénaff, Marcel (2009), *Der Preis der Wahrheit. Gabe, Geld und Philosophie*, Frankfurt/M.: Suhrkamp.

Hennig-Thurau, Thorsten und Gianfranco Walsh (2004), »Electronic Word-of-Mouth: Motives for and Consequences of Reading Customer Articulations on the Internet«, in: *International Journal of Electronic Commerce*, H. 2, S. 51-74.

Hentschel, Christine (2006), »Der Schlanke Staat und der dicke Konsument. Zur Regierung der Fettleibigkeit«, in: Jörn Lamla und Sighard Neckel (Hg.), *Politisierter Konsum – konsumierte Politik*, Wiesbaden: VS, S. 113-131.

Hepp, Andreas (1999), *Cultural Studies und Medienanalyse. Eine Einführung*, Opladen: Westdeutscher Verlag.

Hepp, Andreas (2005), »Kommunikative Aneignung«, in: Lothar Mikos und Claudia Wegener (Hg.), *Qualitative Medienforschung. Ein Handbuch*, Konstanz: UVK, S. 67-79.
Hepp, Andreas u. a. (Hg.) (2006), *Konnektivität, Netzwerk und Fluss. Konzepte gegenwärtiger Medien-, Kommunikations- und Kulturtheorie*, Wiesbaden: VS.
Herzinger, Richard (2000), »Endziel Konsum«, in: *Die Zeit*, 2. 11. 2000, S. 58.
Hildenbrand, Bruno (2007), »Mediating Structure and Interaction in Grounded Theory«, in: Antony Bryant und Kathy Charmaz (Hg.), *The Sage Handbook of Grounded Theory*, Los Angeles, CA u. a.: Sage, S. 539-564.
Hilton, Matthew (2003), *Consumerism in Twentieth-Century Britain. The Search for a Historical Movement*, Cambridge: Cambridge University Press.
Hilton, Matthew (2005), »Die Globalisierung der Verbraucher. Zur Geschichte des Konsumerismus als sozio-politische Bewegung«, in: *Forschungsjournal Neue Soziale Bewegungen*, H. 4, S. 18-29.
Hine, Christine (2000), *Virtual Ethnography*, London u. a.: Sage.
Hine, Christine (2007), »Connective Ethnography for the Exploration of e-Science«, in: *Journal of Computer-Mediated Communication*, H. 2, ⟨http://jcmc.indiana.edu/vol12/issue2/hine.html⟩, letzter Zugriff 24. 8. 2007.
Hippel, Eike von (2001), »Präventiver Verbraucherschutz: Vorbeugen ist besser als Heilen«, in: *Aus Politik und Zeitgeschichte*, H. 24, S. 16-22.
Hirsch, Fred (1980), *Die sozialen Grenzen des Wachstums. Eine ökonomische Analyse der Wachstumskrise*, Reinbek: Rowohlt.
Hirschman, Albert O. (1974), *Abwanderung und Widerspruch. Reaktionen auf Leistungsabfall bei Unternehmungen, Organisationen und Staaten*, Tübingen: Mohr Siebeck.
Hirschman, Albert, O. (1984), *Engagement und Enttäuschung. Über das Schwanken der Bürger zwischen Privatwohl und Gemeinwohl*, Frankfurt/M.: Suhrkamp.
Hirschman, Albert O. (1984), *Leidenschaften und Interessen. Politische Begründungen des Kapitalismus vor seinem Sieg*, 2. Aufl., Frankfurt/M.: Suhrkamp.
Hiß, Stefanie B. (2006), *Warum übernehmen Unternehmen gesellschaftliche Verantwortung? Ein soziologischer Erklärungsversuch*, Frankfurt/M., New York: Campus.
Hitzler, Ronald und Anne Honer (1994), »Bastelexistenz. Über subjektive Konsequenzen der Individualisierung«, in: Ulrich Beck und Elisabeth Beck-Gernsheim (Hg.), *Riskante Freiheiten. Individualisierung in modernen Gesellschaften*, Frankfurt/M.: Suhrkamp, S. 307-315.

Hochschild, Arlie Russell (2003), *The Commercialization of Intimate Life. Notes from Home and Work*, Berkeley: University of California Press.
Honer, Anne (2000), »Lebensweltanalyse in der Ethnographie«, in: Uwe Flick u.a. (Hg.), *Qualitative Forschung. Ein Handbuch*, Reinbek: Rowohlt, S. 194-204.
Honneth, Axel (1992), *Kampf um Anerkennung. Zur moralischen Grammatik sozialer Konflikte*, Frankfurt/M.: Suhrkamp.
Honneth, Axel (1999), »Demokratie als reflexive Kooperation. John Dewey und die Demokratietheorie der Gegenwart«, in: Hauke Brunkhorst und Peter Niesen (Hg.), *Das Recht der Republik*, Frankfurt/M.: Suhrkamp, S. 37-65.
Honneth, Axel (2000), »Dezentrierte Autonomie. Moralphilosophische Konsequenzen aus der modernen Subjektkritik«, in: Ders., *Das Andere der Gerechtigkeit*, Frankfurt/M.: Suhrkamp, S. 237-251.
Honneth, Axel (2005), *Verdinglichung. Eine anerkennungstheoretische Studie*, Frankfurt/M.: Suhrkamp.
Honneth, Axel (2011), *Das Recht der Freiheit. Grundriß einer demokratischen Sittlichkeit*, Berlin: Suhrkamp.
Horkheimer Max und Theodor W. Adorno (1988), *Dialektik der Aufklärung. Philosophische Fragmente*, Frankfurt/M.: Suhrkamp.
Hörning, Karl-Heinz (2001), *Experten des Alltags. Die Wiederentdeckung des praktischen Wissens*, Weilerswist: Velbrück.
Hörning, Karl-Heinz und Rainer Winter (Hg.) (1999), *Widerspenstige Kulturen. Cultural Studies als Herausforderung*, Frankfurt/M.: Suhrkamp.
Huber, Josef (1995), *Nachhaltige Entwicklung. Strategien für eine ökologische und soziale Erdpolitik*, Berlin: edition sigma.
Huber, Josef (1998), »Die Konsistenz-Strategie», in: *Politische Ökologie*, Sonderheft 11, S. 26-30.

Illouz, Eva (2003), *Der Konsum der Romantik. Liebe und die kulturellen Widersprüche des Kapitalismus*, Frankfurt/M., New York: Campus.
Illouz, Eva (2006), *Gefühle in Zeiten des Kapitalismus*, Frankfurt/M.: Suhrkamp.
Inglehart, Ronald (1977), *The Silent Revolution. Changing Values and Political Styles Among Western Publics*, Princeton: Princeton University Press.

Jäckel, Michael (2004), *Einführung in die Konsumsoziologie. Fragestellungen – Kontroversen – Beispieltexte*, Wiesbaden: VS.
Jacobs, Meg (2001), »The Politics of Plenty in the Twentieth-Century United States«, in: Martin Daunton und Matthew Hilton (Hg.), *The Politics of Consumption. Material Culture and Citizenship in Europe and America*, Oxford: Berg, S. 223-239.

Jameson, Frederic (1998), »Postmodernism and Consumer Society«, in: Ders., *The Cultural Turn: Selected Writings on the Postmodern*, London, New York: Verso, S. 1-20.

Janning, Frank (2003), »Der Staat der Konsumenten. Plädoyer für eine politische Theorie des Verbraucherschutzes«, in: Roland Czada und Reinhard Zintl (Hg.), *Politik und Markt, Politische Vierteljahresschrift*, Sonderheft 34, Wiesbaden: VS, S. 151-185.

Janning, Frank (2004), »Die Spätgeburt eines Politikfeldes. Verbraucherschutzpolitik in Deutschland«, in: *Zeitschrift für Politik*, H. 4, S. 401-433.

Janning, Frank (2005), »Konjunkturen der Konsumentenmacht. Politische Gelegenheitsstrukturen in der deutschen Verbraucherschutzpolitik«, in: *Forschungsjournal Neue Soziale Bewegungen*, H. 4, S. 30-40.

Janning, Frank (2008), »Risk Regulation without Political Conflicts? Regime Structures in Food Safety Politics in Germany, Great Britain and the Netherlands«, in: *German Policy Studies*, H. 1, S. 67-106.

Jay, Martin (2006), »Taking On the Stigma of Inauthenticity: Adorno's Critique of Genuineness«, in: *New German Critique 97*, H. 1, S. 15-30.

Joas, Hans (1990), »Die Demokratisierung der Differenzierungsfrage. Die Krise des Fortschrittsglaubens und die Kreativität des kollektiven Handelns«, in: *Soziale Welt*, H. 1, S. 8-27.

Joas, Hans (Hg.) (2000), *Philosophie der Demokratie. Beiträge zum Werk von John Dewey*, Frankfurt/M.: Suhrkamp.

Jörke, Dirk (2003), *Demokratie als Erfahrung. John Dewey und die politische Philosophie der Gegenwart*, Wiesbaden: Westdeutscher Verlag.

Jörke, Dirk (2006), »Warum ›Postdemokratie‹?«, in: *Forschungsjournal Neue Soziale Bewegungen*, H. 4, S. 38-46.

Jokeit, Hennric (2009), »Neuropsychologische Ansichten zur Authentizität«, in: Ursula Amrein (Hg.), *Das Authentische. Referenzen und Repräsentationen*, Zürich: Chronos, S. 209-223.

Kammerer, Patric (2005), »Verbraucherschutz, Konsumentenmacht und unternehmerisches Handeln im Zeitalter der (Anti-)Globalisierung«, in: *Forschungsjournal Neue Soziale Bewegungen*, H. 4, S. 89-97.

Kaufmann, Jean-Claude (2005), *Die Erfindung des Ich. Eine Theorie der Identität*, Konstanz: UVK.

Kauppert, Michael (2010), *Erfahrung und Erzählung. Zur Topologie des Wissens*, Wiesbaden: VS.

Kettner, Matthias (1998), »John Deweys demokratische Experimentiergemeinschaft«, in: Hauke Brunkhorst (Hg.), *Demokratischer Experimentalismus. Politik in der komplexen Gesellschaft*, Frankfurt/M.: Suhrkamp, S. 44-66.

Keupp Heiner u. a. (1999), *Identitätskonstruktionen. Das Patchwork der Identitäten in der Spätmoderne*, Reinbek: Rowohlt.

Kleemann, Frank (2010), »Ökonomisierung der Internetnutzung? Zur Analyse der Einbindung von Konsumenten in betriebliche Wertschöpfungsprozesse im Web 2.0«, in: *Zeitschrift für Qualitative Forschung*, H. 1, S. 37-54.

Klein, Naomi (2002), *No Logo! Der Kampf der Global Players um Marktmacht. Ein Spiel mit vielen Verlieren und wenigen Gewinnern*, 2. Aufl., Pößneck: Riemann.

Kleinschmidt, Christian (2004), »›Konsumerismus‹ versus Marketing – eine bundesdeutsche Diskussion der 1970er Jahre«, in: Christian Kleinschmidt und Florian Triebel (Hg.), *Marketing. Historische Aspekte der Wettbewerbs- und Absatzpolitik*, Essen: Klartext, S. 249-260.

Kling, Rob und Elihu M. Gerson (1977), »The Social Dynamics of Technical Change in the Computing World«, in: *Symbolic Interaction*, H. 1, S. 132-146.

Kling, Rob und Elihu M. Gerson (1978), »Patterns of Segmentation and Intersection in the Computing World«, in: *Symbolic Interaction*, H. 2, S. 24-43.

Kloppenberg, James T. (2000), »Demokratie und Entzauberung der Welt: Von Weber und Dewey zu Habermas und Rorty«, in: Hans Joas (Hg.), *Philosophie der Demokratie. Beiträge zum Werk von John Dewey*, Frankfurt/M.: Suhrkamp, S. 44-80.

Kneer Georg u. a. (Hg.) (2008), *Bruno Latours Kollektive. Kontroversen zur Entgrenzung des Sozialen*, Frankfurt/M.: Suhrkamp.

Kneip, Veronika (2010), *Consumer Citizenship und Corporate Citizenship. Bürgerschaft als politische Dimension des Marktes*, Baden-Baden: Nomos.

Knoblauch, Hubert (2001), »Fokussierte Ethnographie«, in: *Sozialer Sinn*, H. 1, S. 123-141.

Knorr-Cetina, Karin (1998), »Sozialität mit Objekten. Soziale Beziehungen in post-traditionalen Wissensgesellschaften«, in: Werner Rammert (Hg.), *Technik und Sozialtheorie*, Frankfurt/M., New York: Campus, S. 83-120.

Knorr-Cetina, Karin und Urs Brügger (2002), »Traders' Engagement with Markets. A Postsocial Relationship«, in: *Theory, Culture and Society*, H. 5/6, S. 161-185.

Koppetsch, Cornelia (2003), »Neue Wirtschaftsberater als Sinnstifter der Marktkultur? Zur professionspolitischen Bedeutung neuer Leitbilder wirtschaftlichen Handelns«, in: Ronald Hitzler und Michaela Pfadenhauer (Hg.), *Karrierepolitik. Beiträge zur Rekonstruktion erfolgsorientierten Handelns*, Opladen: Leske und Budrich, S. 263-280.

Koppetsch, Cornelia (2004), »Die Werbebranche im Wandel. Zur Neujustierung von Ökonomie und Kultur im neuen Kapitalismus«, in: Kai-Uwe Hellmann und Dominik Schrage (Hg.), *Konsum der Werbung. Zur*

Produktion und Rezeption von Sinn in der kommerziellen Kultur, Wiesbaden: VS, S. 147-161.
Koslowski, Peter und Birger P. Priddat (Hg.) (2006), *Ethik des Konsums*, München: Fink.
Kracauer, Siegfried (2001), *Die Angestellten. Aus dem neuesten Deutschland*, Frankfurt/M.: Suhrkamp.
Kraimer Klaus (Hg.) (2000), *Die Fallrekonstruktion. Sinnverstehen in der sozialwissenschaftlichen Forschung*, Frankfurt/M.: Suhrkamp.
Krauss, Werner (2008), »Die ›Goldene Ringelgansfeder‹. Dingpolitik an der Nordseeküste«, in: Georg Kneer u. a. (Hg.), *Bruno Latours Kollektive. Kontroversen zur Entgrenzung des Sozialen*, Frankfurt/M.: Suhrkamp, S. 425-456.
Kroeber-Riel, Werner und Peter Weinberg (1999), *Konsumentenverhalten*, 7., verbesserte und ergänzte Aufl., München: Vahlen.
Kroen, Sherryl (2003), »Der Aufstieg des Kundenbürgers? Eine politische Allegorie für unsere Zeit«, in: Michael Prinz (Hg.), *Der lange Weg in den Überfluss: Anfänge und Entwicklung der Konsumgesellschaft seit der Vormoderne*, Paderborn: Schoeningh, S. 533-564.
Kropp, Cordula (2006), »›Enacting Milk‹. Die Akteur-Netzwerke von ›Bio-Milch‹«, in: Martin Voss und Birgit Peuker (Hg.), *Verschwindet die Natur? Die Akteur-Netzwerk-Theorie in der umweltsoziologischen Diskussion*, Bielefeld: transcript, S. 203-232.
Krücken, Georg (1997), »Risikotransformation. Voraussetzungen, Strukturen und Folgen der politischen Regulierung von Arzneimittelgefahren«, in: Petra Hiller und Georg Krücken (Hg.), *Risiko und Regulierung. Soziologische Beiträge zu Technikkontrolle und präventiver Umweltpolitik*, Frankfurt/M.: Suhrkamp, S. 116-146.
Krüger, Hans-Peter (2000), »Prozesse der öffentlichen Untersuchung. Zum Potential einer zweiten Modernisierung in John Deweys ›Logic. The Theory of Inquiry‹ (1938)«, in: Hans Joas (Hg.), *Philosophie der Demokratie. Beiträge zum Werk von John Dewey*, Frankfurt/M.: Suhrkamp, S. 194-234.
Künast, Renate (2001), »Global denken, lokal essen. Der Verbraucherschutz muß Aufgabe des Staates und Anliegen der Bürger sein«, in: *Frankfurter Allgemeine Zeitung*, 15. 3. 2001, S. 14.
Kuhlmann, Eberhard (1990), *Verbraucherpolitik. Grundzüge ihrer Theorie und Praxis*, München: Vahlen.
Kusche, Isabel (2006), »Wa(h)re Politik? Politische Kommunikationsforschung und Marketingtheorie«, in: Jörn Lamla und Sighard Neckel (Hg.), *Politisierter Konsum – konsumierte Politik*, Wiesbaden: VS, S. 281-299.

Lamla, Jörn (1998), »Grüne Professionalisierungsansätze. Perspektiven für den reformpolitischen Kernbestand der neuen Regierungspartei«, in: *Forschungsjournal Neue Soziale Bewegungen*, H. 4, S. 9-19.
Lamla, Jörn (2002), *Grüne Politik zwischen Macht und Moral*, Frankfurt/M., New York: Campus.
Lamla, Jörn (2002), »Politikstil und Konsumkultur. Über den Umgang mit Deutungskonflikten bei Gemeinwohlzumutungen in der Agrar- und Ernährungspolitik«, in: Gerhard Scherhorn und Christoph Weber (Hg.), *Nachhaltiger Konsum. Auf dem Weg zur gesellschaftlichen Verankerung*, München: oekom, S. 147-158.
Lamla, Jörn (2003), *Anthony Giddens*, Frankfurt/M., New York: Campus.
Lamla, Jörn (2003), »Kopplung vs. Dualität. Ein Vergleich der Strukturbegriffe von Niklas Luhmann und Anthony Giddens«, in: Kai-Uwe Hellmann u. a. (Hg.), *Das System der Politik. Niklas Luhmanns politische Theorie*, Wiesbaden: VS, S. 255-270.
Lamla, Jörn (2003), »Politische Konstruktionen in rekonstruktiver Perspektive. Drei Modelle interpretativer Politikforschung«, in: Thorsten Bonacker u. a. (Hg.), *Die Ironie der Politik. Über die Konstruktion politischer Wirklichkeiten*, Frankfurt/M., New York: Campus, S. 310-330.
Lamla, Jörn (2005), »Kontexte der Politisierung des Konsums. Die Zivilgesellschaft in der gegenwärtigen Krisenkonstellation von Politik, Ökonomie und Kultur«, in: Frank Adloff u. a. (Hg.), *Wirtschaft und Zivilgesellschaft. Theoretische und empirische Perspektiven*, Wiesbaden: VS, S. 127-153.
Lamla, Jörn (2005), »Sozialstaatlichkeit oder Demokratisierung? Sozialpolitische Optionen einer bürgerzentrierten Begründung sozialer Rechte«, in: Anna Geis und David Strecker (Hg.), *Blockaden staatlicher Politik. Sozialwissenschaftliche Analysen im Anschluss an Claus Offe*, Frankfurt/M., New York: Campus, S. 112-124.
Lamla, Jörn (Hg.) (2005), »Themenschwerpunkt: Unterschätzte Verbrauchermacht. Potenziale und Perspektiven der neuen Verbraucherbewegung«, in: *Forschungsjournal Neue Soziale Bewegungen*, H. 4.
Lamla, Jörn (2006), »Politisierter Konsum – konsumierte Politik. Kritikmuster und Engagementformen im kulturellen Kapitalismus«, in: Jörn Lamla und Sighard Neckel (Hg.), *Politisierter Konsum – konsumierte Politik*, Wiesbaden: VS, S. 9-37.
Lamla, Jörn (2007), »Die Autonomie des Verbrauchers und ihre politischen Formen. Bausteine einer Kulturtheorie des Consumer Citizen«, in: Sigrid Baringhorst u. a. (Hg.), *Politik mit dem Einkaufswagen. Unternehmen und Konsumenten als Bürger in der globalen Mediengesellschaft*, Bielefeld: transkript, S. 53-80.
Lamla, Jörn (2007), »Konsumpraktiken in der virtuellen Alltagsökonomie.

Forschungsdesign und exemplarische Fallskizze«, in: Renate Buber und Hartmut Holzmüller (Hg.), *Qualitative Marktforschung. Konzepte – Methoden – Analysen*, Wiesbaden: Gabler, S. 779-803.

Lamla, Jörn (2008), »Markt-Vergemeinschaftung im Internet. Das Fallbeispiel einer Shopping- und Meinungsplattform«, in: Ronald Hitzler u. a. (Hg.), *Posttraditionale Gemeinschaften. Theoretische und ethnographische Erkundungen*, Wiesbaden: VS, S. 170-185.

Lamla, Jörn (2008), »Sozialpolitische Verbraucheraktivierung. Konsumsubjekt und Bürgergemeinschaft in der Marktgesellschaft«, in: Adalbert Evers und Rolf G. Heinze (Hg.), *Sozialpolitik: Ökonomisierung und Entgrenzung*, Wiesbaden: VS, S. 301-320.

Lamla, Jörn (2009), »Authentizität im kulturellen Kapitalismus. Gedanken zur ›konsumistischen‹ Subjektformation der Gegenwart«, in: Ursula Amrein (Hg.), *Das Authentische. Referenzen und Repräsentationen*, Zürich: Chronos, S. 321-336.

Lamla, Jörn (2009), »Consuming Authenticity: A Paradoxical Dynamic in Contemporary Capitalism«, in: Phillip Vannini und J. Patrick Williams (Hg.), *Authenticity in Culture, Self, and Society*, Aldershot: Ashgate, S. 171-185.

Lamla, Jörn (2010), »Authentizitätsmythos und Verbraucherautonomie. Über soziale Wertschätzung im kulturellen Kapitalismus und verbleibende Pfade in die ›Nachknappheitsgesellschaft‹«, in: Manuel Franzmann (Hg.), *Bedingungsloses Grundeinkommen als Antwort auf die Krise der Arbeitsgesellschaft*, Weilerswist: Velbrück, S. 392-419.

Lamla, Jörn (2010), »Digitale Konsumwelten als politische Bildungsräume? Zur Typologisierung der Online-Praktiken von Verbrauchern«, in: Petra Grell (Hg.), *Neue digitale Kultur- und Bildungsräume*, Wiesbaden: VS, S. 145-167.

Lamla, Jörn (2010), »Kultureller Kapitalismus im Web 2.0. Zur Analyse von Segmentations-, Intersektions- und Aushandlungsprozessen in den sozialen Welten des Internets«, in: *Zeitschrift für Qualitative Forschung*, H. 1, S. 11-36.

Lamla, Jörn (2010), »Zonen der Ununterscheidbarkeit. Ökonomie und Anerkennung im digitalen Zeitalter«, in: Sighard Neckel (Hg.), *Kapitalistischer Realismus. Von der Kunstaktion zur Gesellschaftskritik*, Frankfurt/M., New York: Campus, S. 256-278.

Lamla, Jörn (2010), »Zugänge zur virtuellen Konsumwelt. Abgrenzungsprobleme und Revisionsstufen der Ethnografie«, in: Friederike Heinzel u. a. (Hg.), *»Auf unsicherem Terrain«. Ethnographische Forschung im Kontext des Bildungs- und Sozialwesens*, Wiesbaden: VS, S. 127-139.

Lamla, Jörn (2011), »Verbraucherdemokratie: Ein Zwischenbericht zur Politik der Konsumgesellschaft«, in: Ludger Heidbrink u. a. (Hg.), *Die*

Verantwortung des Konsumenten. Über das Verhältnis von Markt, Moral und Konsum, Frankfurt/M., New York: Campus, S. 93-112.
Lamla, Jörn (2012), »Consumer Autonomy and its Political Manifestations. Towards a Sociological Theory of the Consumer Citizen«, in: *Krisis. Journal for Contemporary Philosophy*, H. 1, S. 32-48 ⟨http://www.krisis.eu/content/2012-1/krisis-2012-1-04-lamla.pdf⟩, letzter Zugriff 14. 10. 2012.
Lamla, Jörn (2012), »›Netizenship‹ oder Alltagsökonomie? Typologische Betrachtungen über die Motivlagen und Beteiligungsmuster von Internetnutzern sowie die Zukunft digitaler Demokratie«, in: Tabea Beyreuther u. a. (Hg.), *consumers@work. Zum neuen Verhältnis von Unternehmen und Usern im Web 2.0*, Frankfurt/M., New York: Campus, S. 152-179.
Lamla, Jörn und Thies W. Böttcher (2008), »›Social Net‹-Work. Freundschaft als digitale Werbefläche«, in: *polar. Zeitschrift für politische Philosophie und Kultur*, H. 5, S. 32-37.
Lamla Jörn und Sven Jacob (2005), »Shopping im Internet. Anstöße für die kulturtheoretische Dimensionierung der Konsumsoziologie«, in: Kai-Uwe Hellmann und Dominik Schrage (Hg.), *Das Management der Kunden. Studien zur Soziologie des Shopping*, Wiesbaden: VS, S. 196-217.
Lamla, Jörn und Sighard Neckel (Hg.) (2006), *Politisierter Konsum – konsumierte Politik*, Wiesbaden: VS.
Lamla, Jörn und Hartmut Rosa (2012), »Beschleunigungsphänomen und demokratisches Experiment. Auf welche Problemlage reagieren die Piraten?«, in: Christoph Bieber und Claus Leggewie (Hg.), *Unter Piraten. Erkundungen in einer neuen politischen Arena*, Bielefeld: transcript, S. 175-185.
Lamla, Jörn und Katharina Witterhold (2009), »Click-Work: eine Form post-sozialer Verdinglichung. Fallstudie zu den Dispositionen unmotivierter Internetnutzung«, in: *Sozialwissenschaften und Berufspraxis*, H. 2, S. 240-249.
Lang, Tim und Yiannis Gabriel (2005), »A Brief History of Consumer Activism«, in: Rob Harrison u. a. (Hg.), *The Ethical Consumer*, London u. a.: Sage, S. 39-53.
Lanier, Jeron (2006), *Beware the Online Collective*, ⟨www.edge.org/3rd_culture/ lanier06/lanier06.2_index.html⟩, letzter Zugriff 11. 6. 2011.
Lash, Scott und John Urry (1994), *Economies of Signs and Space*, London u. a.: Sage.
Lasn, Kalle (2005), *Culture Jamming. Das Manifest der Anti-Werbung*, Freiburg: Orange.
Latour, Bruno (1996), *Der Berliner Schlüssel. Erkundungen eines Liebhabers der Wissenschaft*, Berlin: Akademie-Verlag.
Latour, Bruno (2002), *Die Hoffnung der Pandora. Untersuchungen zur Wirklichkeit der Wissenschaft*, Frankfurt/M.: Suhrkamp.

Latour, Bruno (2005), *Von der »Realpolitik« zur »Dingpolitik« oder wie man Dinge öffentlich macht*, Berlin: Merve.
Latour, Bruno (2006), »Über technische Vermittlung«, in: Andréa Belliger und David J. Krieger (Hg.), *ANThology. Ein einführendes Handbuch zur Akteur-Netzwerk-Theorie*, Bielefeld: transkript, S. 483-528.
Latour, Bruno (2007), *Eine neue Soziologie für eine neue Gesellschaft. Einführung in die Akteur-Netzwerk-Theorie*, Frankfurt/M.: Suhrkamp.
Latour, Bruno (2007), »Turning Around Politics: A Note on Gerard de Vries' Paper«, in: *Social Studies of Science*, H. 5, S. 811-820.
Latour, Bruno (2008), *Wir sind nie modern gewesen. Versuch einer symmetrischen Anthropologie*, Frankfurt/M.: Suhrkamp.
Latour, Bruno (2010), *Das Parlament der Dinge. Für eine politische Ökologie*, Frankfurt/M.: Suhrkamp.
Latour, Bruno und Peter Weibel (2005), *Making Things Public. Atmospheres of Democracy*, Cambridge, Mass.: MIT Press.
Leander, Kevin M. und Kelly K. McKim (2003), »Tracing the Everyday ›Sitings‹ of Adolescents on the Internet: A Strategic Adaptation of Ethnography Across Online and Offline Spaces«, in: *Education, Communication and Information*, H. 2, S. 211-240.
Lebel, Louis u. a. (Hg.) (2010), *Sustainable Production Consumption Systems. Knowledge, Engagement and Practice*, Dordrecht u. a.: Springer Netherlands.
Lee, Martyn J. (Hg.) (2000), *The Consumer Society Reader*, Malden, MA, Oxford: Blackwell.
Lemke, Thomas u. a. (2000), »Gouvernementalität, Neoliberalismus und Selbsttechnologien. Eine Einführung«, in: Ulrich Bröckling u. a. (Hg.), *Gouvernementalität der Gegenwart. Studien zur Ökonomisierung des Sozialen*, Frankfurt/M.: Suhrkamp, S. 7-40.
Lessenich, Stephan (2008), *Die Neuerfindung des Sozialen. Der Sozialstaat im flexiblen Kapitalismus*, Bielefeld: transkript.
Lessenich, Stephan (2009), »Mobilität und Kontrolle. Zur Dialektik der Aktivgesellschaft«, in: Klaus Dörre u. a., *Soziologie – Kapitalismus – Kritik. Eine Debatte*, Frankfurt/M.: Suhrkamp, S. 126-177.
Lessenich, Stephan und Ilona Ostner (Hg.) (1998), *Welten des Wohlfahrtskapitalismus. Der Sozialstaat in vergleichender Perspektive*, Frankfurt/M., New York: Campus.
Lévi-Strauss, Claude (1977), »Die Struktur der Mythen«, in: Ders., *Strukturale Antropologie I*, Frankfurt/M.: Suhrkamp, S. 226-254.
Liebermann, Sascha (2004), *Autonomy of Life-Practice, Citizenship and the Nation-State. A Sociological Perspective on an Unconditional Basic Income*, Ms.
Lippmann, Walter (1925), *The Phantom Public*, New York: Harcourt, Brace and Co.

Lippmann, Walter (1998), *Public Opinion*, 2. Aufl., New Brunswick, NJ: Transaction Publishers.

Litman, Jessica (2003), *Sharing and Stealing*, ⟨ssrn.com/abstract=472141 or doi:10.2139/ssrn.472141⟩, letzter Zugriff 31.3.2010.

Lockwood, David (1969), »Soziale Integration und Systemintegration«, in: Wolfgang Zapf (Hg.), *Theorien des sozialen Wandels*, Köln, Berlin: Kiepenheuer und Witsch, S.124-137.

Lodziak, Conrad (2002), *The Myth of Consumerism*, London: Pluto.

Lorenz, Stephan (2006), »Biolebensmittel und die ›Politik mit dem Einkaufswagen‹«, in: Jörn Lamla und Sighard Neckel (Hg.), *Politisierter Konsum – konsumierte Politik*, Wiesbaden: VS, S.91-112.

Lorenz, Stephan, (Hg.) (2010), *TafelGesellschaft. Zum neuen Umgang mit Überfluss und Ausgrenzung*, Bielefeld: transkript.

Lucius-Hoene, Gabriele und Arnulf Deppermann (2002), *Rekonstruktion narrativer Identität. Ein Arbeitsbuch zur Analyse narrativer Interviews*, Opladen: Leske und Budrich.

Luckmann, Benita (1970), »The Small Life-Worlds of Modern Man«, in: *Social Research*, H. 4, S.580-596.

Lüders, Christian (2000), »Beobachten im Feld und Ethnographie«, in: Uwe Flick u.a. (Hg.), *Qualitative Forschung. Ein Handbuch*, Reinbek: Rowohlt, S.384-401.

Ludwig-Mayerhofer, Wolfgang u.a. (2008), »Disziplinieren und Motivieren: Zur Praxis der neuen Arbeitsmarktpolitik«, in: Adalbert Evers und Rolf G. Heinze (Hg.), *Sozialpolitik: Ökonomisierung und Entgrenzung*, Wiesbaden: VS, S.276-299.

Luhmann, Niklas (1981), *Politische Theorie im Wohlfahrtsstaat*, München, Wien: Olzog.

Luhmann, Niklas (1988), *Die Wirtschaft der Gesellschaft*, Frankfurt/M.: Suhrkamp.

Luhmann, Niklas (1996), *Protest. Systemtheorie und soziale Bewegungen*, Frankfurt/M.: Suhrkamp.

Luhmann, Niklas (1997), *Die Gesellschaft der Gesellschaft*, Frankfurt/M.: Suhrkamp.

Luhmann, Niklas (2000), *Die Politik der Gesellschaft*, Frankfurt/M.: Suhrkamp.

Lütz, Susanne (2003), »Governance in der politischen Ökonomie – zum Stand der Debatte«, in: *Politische Vierteljahresschrift*, H. 2, S.231-243.

Maclachlan, Patricia und Frank Trentmann (2004), »Civilizing Markets: Traditions of Consumer Politics in Twentieth-Century Britain, Japan and the United States«, in: Mark Bevir und Frank Trentmann (Hg.), *Markets in Historical Contexts: Ideas and Politics in the Modern World*, Cambridge: Cambridge University Press, S.170-201.

Maier, Rudi (2006), »Werbung & Revolte. Protestemblemata in kommerziellen Werbeanzeigen 1967 bis heute«, in: Jörn Lamla und Sighard Neckel (Hg.), *Politisierter Konsum – konsumierte Politik*, Wiesbaden: VS, S. 143-161.

Mair, Judith und Silke Becker (2005), *Fake for Real. Über die private und politische Taktik des So-tun-als-ob*, Frankfurt/M., New York: Campus.

Marcus, George E. (1995), »Ethnography in/of the World System: The Emergence of Multi-Sited Ethnography«, in: *Annual Reviews Anthropology*, Jg. 24, S. 95-117.

Markham, Annette N. (1998), *Life Online. Researching Real Experience in Virtual Space*, Walnut Creek: Altamira Press.

Marotzki, Winfried (2003), »Online-Ethnografie«, in: Ralf Bohnsack u. a. (Hg.), *Hauptbegriffe Qualitativer Sozialforschung. Ein Wörterbuch*, Opladen: Leske und Budrich, S. 129-130.

Marotzki, Winfried (2004), »Interaktivität und virtuelle Communities«, in: Christoph Bieber und Claus Leggewie (Hg.), *Interaktivität. Ein transdisziplinärer Schlüsselbegriff*, Frankfurt/M., New York: Campus, S. 118-131.

Marshall, Thomas H. (1964), *Class, Citizenship and Social Development*, Garden City, NY: Anchor Books.

Martiny, Anke (1978), »Privater Konsum als öffentliche Aufgabe. Das Theoriedefizit der Verbraucherpolitik und seine praktisch-politischen Folgen«, in: *Aus Politik und Zeitgeschichte*, H. 24, S. 15-37.

Marx, Karl (1961), *Zur Kritik der Politischen Ökonomie*, Berlin: Dietz.

Marx, Karl (1962), *Das Kapital. Kritik der politischen Ökonomie*, Bd. 1, Berlin: Dietz.

Marx, Karl und Friedrich Engels (1972), *Ausgewählte Werke in sechs Bänden*, Bd. 2, Berlin: Dietz.

Mau, Steffen (2012), *Lebenschancen. Wohin driftet die Mittelschicht?*, Berlin: Suhrkamp.

Mauss, Marcel (1968), *Die Gabe. Form und Funktion des Austauschs in archaischen Gesellschaften*, Frankfurt/M.: Suhrkamp.

Mayntz, Renate (1999), »Wissenschaft, Politik und die politischen Folgen kognitiver Ungewißheit«, in: Ronald Hitzler, Jürgen Gerhards (Hg.), *Eigenwilligkeit und Rationalität sozialer Prozesse*, Opladen: Westdeutscher Verlag, S. 30-45.

Mayntz, Renate und Fritz W. Scharpf (1995), »Der Ansatz des akteurzentrierten Institutionalismus«, in: Dies. (Hg.), *Gesellschaftliche Selbstregelung und politische Steuerung*, Frankfurt/M., New York: Campus, S. 39-72.

Micheletti, Michele (2003), *Political Virtue and Shopping. Individuals, Consumerism, and Collective Action*, New York, Houndmills u. a.: Palgrave Macmillan.

Micheletti, Michele (2004), »Why More Women? Issues of Gender and Political Consumerism«, in: Michele Micheletti u.a. (Hg.), *Politics, Products, and Markets. Exploring Political Consumerism Past and Present*, New Brunswick, London: Transaction Publishers, S. 245-264.

Micheletti, Michele u.a. (Hg.) (2004), *Politics, Products, and Markets. Exploring Political Consumerism Past and Present*, New Brunswick, London: Transaction Publishers.

Mikos, Lothar (2005), »Alltag und Mediatisierung«, in: Lothar Mikos und Claudia Wegener (Hg.), *Qualitative Medienforschung. Ein Handbuch*, Konstanz: UVK, S. 80-94.

Mikos, Lothar und Claudia Wegener (Hg.) (2005), *Qualitative Medienforschung. Ein Handbuch*, Konstanz: UVK.

Miller, Daniel (Hg.) (1995), *Acknowledging Consumption. A Review of New Studies*, London, New York: Routledge.

Miller, Daniel und Don Slater (2000), *The Internet. An Ethnographic Approach*, Oxford, New York: Berg.

Miller, Max (1992), »Rationaler Dissens. Zur gesellschaftlichen Funktion sozialer Konflikte«, in: Hans-Joachim Giegel (Hg.), *Kommunikation und Konsens in modernen Gesellschaften*, Frankfurt/M.: Suhrkamp, S. 31-58.

Miller, Max (Hg.) (2005), *Welten des Kapitalismus. Institutionelle Alternativen in der globalisierten Ökonomie*, Frankfurt/M., New York: Campus.

Miller, Peter und Nikolas Rose (1997), »Mobilizing the Consumer. Assembling the Subject of Consumption«, in: *Theory, Culture and Society*, H. 1, S. 1-36.

Misik, Robert (2007), *Das Kult-Buch. Glanz und Elend der Kommerzkultur*, Berlin: Aufbau.

Mitropoulos, Stefan (1997), *Verbraucherpolitik in der Marktwirtschaft. Konzeptionen und internationale Erfahrungen*, Berlin: Duncker & Humblot.

Mouffe, Chantal (2007), *Über das Politische. Wider die kosmopolitische Illusion*, Frankfurt/M.: Suhrkamp.

Mückenberger, Ulrich u.a. (1989), »Das staatlich garantierte Grundeinkommen – ein sozialpolitisches Gebot der Stunde«, in: Hans Leo Krämer, Claus Leggewie (Hg.), *Wege ins Reich der Freiheit*, Berlin: Rotbuch, S. 247-278.

Müller, Edda (2001), »Grundlinien einer modernen Verbraucherpolitik«, in: *Aus Politik und Zeitgeschichte*, H. 24, S. 6-15.

Müller, Edda (2008), »Current State and Prospects of Consumer Policy: An introductory Essay«, in: *German Policy Studies*, H. 1, S. 7-44.

Nader, Ralph (1965), *Unsafe at Any Speed: The Designed-In Dangers of the American Automobile*, New York: Grossman Publishers.

Nassehi, Armin (2004), »ICH-Identität paradox«, in: Gerd Nollmann und Hermann Strasser (Hg.), *Das individualisierte Ich in der modernen Gesellschaft*, Frankfurt/M., New York: Campus, S. 29-44.
Nassehi, Armin (2006), *Der soziologische Diskurs der Moderne*, Frankfurt/M.: Suhrkamp.
Neckel, Sighard (2001), »›Leistung‹ und ›Erfolg‹. Die symbolische Ordnung der Marktgesellschaft«, in: Eva Barlösius u. a. (Hg.), *Gesellschaftsbilder im Umbruch. Soziologische Perspektiven in Deutschland*, Opladen: Leske und Budrich, S. 245-265.
Neckel, Sighard (2005), »Die Marktgesellschaft als kultureller Kapitalismus. Zum neuen Synkretismus von Ökonomie und Lebensform«, in: Kurt Imhof und Thomas S. Eberle (Hg.), *Triumph und Elend des Neoliberalismus*, Zürich: Seismo, S. 198-211.
Negt, Oskar und Alexander Kluge (1972), *Öffentlichkeit und Erfahrung. Zur Organisationsanalyse von bürgerlicher und proletarischer Öffentlichkeit*, Frankfurt/M.: Suhrkamp.
Neve, Geert de u. a. (Hg.) (2012), *Hidden Hands in the Market. Ethnographies of Fair Trade, Ethical Consumption, and Corporate Social Responsibility*, Bingley: Emerald.
Noetzel, Thomas (1999), *Authentizität als politisches Problem. Ein Beitrag zur Theoriegeschichte der Legitimation politischer Ordnung*, Berlin: Akademie Verlag.
Nullmeier, Frank (1993), »Wissen und Policy-Forschung. Wissenspolitologie und rhetorisch-dialektisches Handlungsmodell«, in: Adrienne Héritier (Hg.), *Policy-Analyse. Kritik und Neuorientierung*, PVS-Sonderheft 24, Opladen: Westdeutscher Verlag, S. 175-196.
Nullmeier, Frank (1997), »Interpretative Ansätze in der Politikwissenschaft«, in: Arthur Benz und Wolfgang Seibel (Hg.), *Theorieentwicklung in der Politikwissenschaft – eine Zwischenbilanz*, Baden-Baden: Nomos, S. 101-144.
Nullmeier, Frank (2000), *Politische Theorie des Sozialstaats*, Frankfurt/M., New York: Campus.
Nullmeier, Frank (2002), »Demokratischer Wohlfahrtsstaat und das neue Marktwissen«, in: Heinrich-Böll-Stiftung (Hg.), *Gut zu Wissen – Links zur Wissensgesellschaft*, Münster: Westfälisches Dampfboot, S. 97-111.

Oevermann, Ulrich (1991), »Genetischer Strukturalismus und das sozialwissenschaftliche Problem der Erklärung der Entstehung des Neuen«, in: Stefan Müller-Doohm (Hg.), *Jenseits der Utopie*, Frankfurt/M.: Suhrkamp, S. 267-336.
Oevermann, Ulrich (1995), »Ein Modell der Struktur von Religiosität. Zugleich ein Strukturmodell von Lebenspraxis und von sozialer Zeit«, in:

Monika Wohlrab-Sahr (Hg.), *Biographie und Religion. Zwischen Ritual und Selbstsuche*, Frankfurt/M., New York: Campus, S. 27-102.
Oevermann, Ulrich (1997), »Theoretische Skizze einer revidierten Theorie professionellen Handelns«, in: Arno Combe und Werner Helsper (Hg.), *Pädagogische Professionalität. Untersuchungen zum Typus pädagogischen Handelns*, 2. Aufl., Frankfurt/M.: Suhrkamp, S. 70-182.
Oevermann, Ulrich (2001), »Die Krise der Arbeitsgesellschaft und das Bewährungsproblem des modernen Subjekts«, in: Roland Becker u. a. (Hg.), *Eigeninteresse und Gemeinwohlbindung. Kulturspezifische Ausformungen in den USA und Deutschland*, Konstanz: UVK, S. 19-38.
Oevermann, Ulrich (2010), »Kann Arbeitsleistung weiterhin als basales Kriterium der Verteilungsgerechtigkeit dienen?«, in: Manuel Franzmann (Hg.), *Bedingungsloses Grundeinkommen als Antwort auf die Krise der Arbeitsgesellschaft*, Weilerswist: Velbrück, S. 111-126.
Offe, Claus (1981), »Ausdifferenzierung oder Integration – Bemerkungen über strategische Alternativen der Verbraucherpolitik«, in: *Zeitschrift für Verbraucherpolitik/Journal of Consumer Policy*, H. 1-2, S. 119-133.
Offe, Claus (1985), »New Social Movements: Challenging the Boundaries of Institutional Politics«, in: *Social Research*, H. 4, S. 817-868.
Offe, Claus (1990), »Akzeptanz und Legitimität strategischer Optionen in der Sozialpolitik«, in: Christoph Sachße und H. Tristram Engelhardt (Hg.), *Sicherheit und Freiheit. Zur Ethik des Wohlfahrtsstaates*, Frankfurt/M.: Suhrkamp, S. 179-202.
Offe, Claus (1994), »Vollbeschäftigung? Zur Kritik einer falsch gestellten Frage«, in: *Gewerkschaftliche Monatshefte*, H. 12, S. 796-806.
Offe, Claus (1996), »Democracy against the Welfare State?«, in: Ders., *Modernity and the State*, Cambridge: Polity, S. 147-182.
Offe, Claus (1996), »Moderne ›Barbarei‹: Der Naturzustand im Kleinformat?«, in: Max Miller und Hans-Georg Soeffner (Hg.), *Modernität und Barbarei. Soziologische Zeitdiagnose am Ende des 20. Jahrhunderts*, Frankfurt/M.: Suhrkamp, S. 258-289.
Offe, Claus (1998), »Der deutsche Wohlfahrtsstaat: Prinzipien, Leistungen, Zukunftsaussichten«, in: *Berliner Journal für Soziologie*, H. 3, S. 359-380.
Offe, Claus (2005), »Soziale Sicherheit im supranationalen Kontext: Europäische Integration und die Zukunft des ›Europäischen Sozialmodells‹«, in: Max Miller (Hg.), *Welten des Kapitalismus. Institutionelle Alternativen in der globalisierten Ökonomie*, Frankfurt/M., New York: Campus, S. 189-225.
Opielka, Michael (1997), »Leitlinien einer sozialpolitischen Reform«, in: *Aus Politik und Zeitgeschichte*, H. 48-49, S. 21-30.
O'Reilly, Tim (2005), *What Is Web 2.0? Design Patterns and Business Models for the Next Generation of Software*, ⟨www.oreillynet.com/lpt/a/6228⟩, letzter Zugriff 1. 9. 2007.

Paccagnella, Luciano (1997), »Getting the Seats of Your Pants Dirty: Strategies for Ethnographic Research on Virtual Communities«, in: *Journal of Computer Mediated Communication*, H. 1, ⟨http://jcmc.indiana.edu/vol3/issue1/paccagnella.html#s3.2⟩, letzter Zugriff 24.8.2007.
Pahl, Hanno (2008), *Das Geld in der modernen Wirtschaft. Marx und Luhmann im Vergleich*, Frankfurt/M., New York: Campus.
Palm, Reinhard (2001), »Soziale Gestaltung der Globalisierung. Sozialsiegel und Verhaltenskodizes von Unternehmen«, in: *Internationale Politik und Gesellschaft*, Nr. 3, S. 322-334.
Papilloud, Christian (2006), »MAUSS: Mouvement Anti-Utilitariste dans les Sciences Sociales«, in: Stephan Moebius und Dirk Quadflieg (Hg.), *Kultur. Theorien der Gegenwart*, Wiesbaden: VS, S. 267-281.
Peretti, Jonah und Michele Micheletti (2004), »The Nike Sweatshop Email: Political Consumerism, Internet, and Culture Jamming«, in: Michele Micheletti u. a. (Hg.), *Politics, Products, and Markets, Exploring Political Consumerism Past and Present*, New Brunswick, London: Transaction Publishers, S. 127-142.
Peters, Bernhard (1991), *Rationalität, Recht und Gesellschaft*, Frankfurt/M.: Suhrkamp.
Poferl, Angelika (2004), *Die Kosmopolitik des Alltags. Zur Ökologischen Frage als Handlungsproblem*, Berlin: edition sigma.
Polanyi, Karl (1978), *The Great Transformation. Politische und ökonomische Ursprünge von Gesellschaften und Wirtschaftssystemen*, Frankfurt/M.: Suhrkamp.
Polanyi, Karl (1979), *Ökonomie und Gesellschaft*, Frankfurt/M.: Suhrkamp.
Pollmann, Arnd (2005), *Integrität. Aufnahme einer sozialphilosophischen Personalie*, Bielefeld: transkript.
Pötter, Bernhard (2006), *König Kunde ruiniert sein Land. Wie der Verbraucherschutz am Verbraucher scheitert. Und was dagegen zu tun ist*, München: oekom.
Präsidentin des Bundesrechnungshofes (Hg.) (2001), *Organisation des gesundheitlichen Verbraucherschutzes (Schwerpunkt Lebensmittel). Empfehlungen der Präsidentin des Bundesrechnungshofes als Bundesbeauftragte für Wirtschaftlichkeit in der Verwaltung*, Stuttgart, Berlin u. a.
Priddat, Birger P. (1998), *Moralischer Konsum. 13 Lektionen über die Käuflichkeit*, Stuttgart, Leipzig: Hirzel.
Priddat, Birger P. (2004), »Lernmaschine«, in: *Frankfurter Allgemeine Zeitung*, 8.1.2004.
Prisching, Manfred (2006), *Die zweidimensionale Gesellschaft. Ein Essay zur neokonsumistischen Geisteshaltung*, Wiesbaden: VS.
Putnam, Hilary (1992), »A Reconsideration of Deweyan Democracy«, in: Ders.: *Renewing Philosophy*, Cambridge, Mass., London u. a.: Harvard University Press, S. 180-200.

Putnam, Robert D. (2000), *Bowling Alone. The Collapse and Revival of American Community*, New York u. a.: Simon und Schuster.

Ram, Uri (2004), »Glocommodification: How the Global Consumes the Local – McDonald's in Israel«, in: *Current Sociology*, H. 1, S. 11-31.
Ram, Uri (2005), »›Don't drink stupid, drink committed‹. Die Verwässerung des Engagements«, in: *Forschungsjournal Neue Soziale Bewegungen*, H. 4, S. 53-64.
Rammert, Werner (2007), *Technik – Handeln – Wissen. Zu einer pragmatistischen Technik- und Sozialtheorie*, Wiesbaden: VS.
Rancière, Jacques (2002), *Das Unvernehmen. Politik und Philosophie*, Frankfurt/M.: Suhrkamp.
Rat für Nachhaltige Entwicklung (2011), *Der Nachhaltige Warenkorb. Einfach besser einkaufen. Ein Ratgeber*, 3., komplett überarbeitete Aufl. Berlin.
Reckwitz, Andreas (2003), »Grundelemente einer Theorie sozialer Praktiken. Eine sozialtheoretische Perspektive«, in: *Zeitschrift für Soziologie*, H. 4, S. 282-301.
Reckwitz, Andreas (2006), *Das hybride Subjekt. Eine Theorie der Subjektkulturen von der bürgerlichen Moderne zur Postmoderne*, Weilerswist: Velbrück.
Reich, Robert (2008), *Superkapitalismus. Wie die Wirtschaft unsere Demokratie untergräbt*, Frankfurt/M., New York: Campus.
Reiche, Reimut (2006), »Triebstruktur und Gesellschaft«, in: Axel Honneth u. a. (Hg.), *Schlüsseltexte der Kritischen Theorie*, Wiesbaden: VS, S. 344-348.
Reichert, Ramón (2008), *Amateure im Netz. Selbstmanagement und Wissenstechnik im Web 2.0*, Bielefeld: transcript.
Reichwald, Ralf und Frank Piller (2006), *Interaktive Wertschöpfung. Open Innovation, Individualisierung und neue Formen der Arbeitsteilung*, Wiesbaden: Gabler.
Reisch, Lucia A. u. a. (2004), »Zur Entstehung und Verbreitung der ›Kaufsucht‹ in Deutschland«, in: *Aus Politik und Zeitgeschichte*, H. 1-2, S. 16-22.
Reisch, Lucia A. und Kornelia Hagen (2011), »Kann der Konsumwandel gelingen? Chancen und Grenzen einer verhaltensökonomisch basierten sozialen Regulierung«, in: Ludger Heidbrink u. a. (Hg.), *Die Verantwortung des Konsumenten, Über das Verhältnis von Markt, Moral und Konsum*, Frankfurt/M., New York: Campus, S. 221-243.
Reusswig, Fritz (1997), »Nicht-nachhaltige Entwicklungen. Zur interdisziplinären Beschreibung und Analyse von Syndromen des Globalen Wandels«, in: Karl-Werner Brand (Hg.), *Nachhaltige Entwicklung. Eine Herausforderung an die Soziologie*, Opladen: Leske und Budrich, S. 71-90.

Rheingold, Howard (1993), *The Virtual Community: Homesteading on the Electronic Frontier*, Reading: Addison-Wesley.
Ribbe, Lutz (2001), »Die Wende in der Landwirtschaft«, in: *Aus Politik und Zeitgeschichte*, H. 24, S. 30-38.
Ricœur, Paul (1996), *Das Selbst als ein Anderer*, München: Fink.
Ricœur, Paul (2006), *Wege der Anerkennung. Erkennen, Wiedererkennen, Anerkanntsein*, Frankfurt/M.: Suhrkamp.
Riesman, David u. a. (1958), *Die einsame Masse. Eine Untersuchung der Wandlungen des amerikanischen Charakters*, Reinbek: Rowohlt.
Rifkin, Jeremy (2002), *Access. Das Verschwinden des Eigentums*, Frankfurt/M.: Fischer.
Ritzer, George (1999), *Enchanting a Disenchanted World: Revolutionizing the Means of Consumption*, London u. a.: Sage.
Ritzer, George (2005), *Die Globalisierung des Nichts*, Konstanz: UVK.
Ritzer, George und Nathan Jurgenson (2010), »Production, Consumption, Prosumption. The Nature of Capitalism in the Age of the Digital ›Prosumer‹«, in: *Journal of Consumer Culture*, H. 1, S. 13-36.
Rödel Ulrich u. a. (1989), *Die demokratische Frage*, Frankfurt/M.: Suhrkamp.
Rosa, Hartmut (1998), *Identität und kulturelle Praxis, Politische Philosophie nach Charles Taylor*, Frankfurt/M., New York: Campus.
Rosa, Hartmut (2005), *Beschleunigung. Die Veränderung der Zeitstrukturen in der Moderne*, Frankfurt/M.: Suhrkamp.
Rosa, Hartmut (2011), »Über die Verwechslung von Kauf und Konsum: Paradoxien der spätmodernen Konsumkultur«, in: Ludger Heidbrink u. a. (Hg.), *Die Verantwortung des Konsumenten. Über das Verhältnis von Markt, Moral und Konsum*, Frankfurt/M., New York: Campus, S. 115-132.
Rose, Nikolas (1999), *Powers of Freedom. Refraiming Political Thought*, Cambridge: Cambridge University Press.
Rose, Nikolas (2000), »Tod des Sozialen? Eine Neubestimmung der Grenzen des Regierens«, in: Ulrich Bröckling u. a. (Hg.), *Gouvernementalität der Gegenwart. Studien zur Ökonomisierung des Sozialen*, Frankfurt/M.: Suhrkamp, S. 72-109.
Rosenkranz, Doris und Norbert F. Schneider (Hg.) (2000), *Konsum. Soziologische, ökonomische und psychologische Perspektiven*, Opladen: Leske und Budrich.
Rössler, Beate (2001), *Der Wert des Privaten*, Frankfurt/M.: Suhrkamp.
Roßler, Gustav (2008), »Kleine Galerie neuer Dingbegriffe: Hybriden, Quasi-Objekte, Grenzobjekte, epistemische Dinge«, in: Georg Kneer u. a. (Hg.), *Bruno Latours Kollektive. Kontroversen zur Entgrenzung des Sozialen*, Frankfurt/M.: Suhrkamp, S. 76-107.

Roszak, Theodore (1973), *Gegenkultur. Gedanken über die technokratische Gesellschaft und die Opposition der Jugend*, München: List.
Ryan, Alan (1995), *John Dewey and the High Tide of American Liberalism*, New York, London: W. W. Norton und Co.

Sabatier, Paul A. (1993), »Advocacy-Koalitionen, Policy-Wandel und Policy-Lernen: Eine Alternative zur Phasenheuristik«, in: Adrienne Héritier (Hg.), *Policy-Analyse. Kritik und Neuorientierung*, PVS-Sonderheft 24, Opladen: Westdeutscher Verlag, S. 116-148.
Safran Foer, Jonathan (2010), *Tiere essen*, Köln: Kiepenheuer und Witsch.
Saussure, Ferdinand de (2001), *Grundfragen der allgemeinen Sprachwissenschaft*, 3. Aufl., Berlin: de Gruyter.
Scammell, Margaret (2000), »The Internet and Civic Engagement: The Age of the Citizen-Consumer«, in: *Political Communication*, H. 4, S. 351-355.
Scammell, Margaret (2003), »Citizen Consumers: Towards a New Marketing of Politics?«, in: John Corner, Dick Pels (Hg.), *Media and the Restyling of Politics. Consumerism, Celebrity and Cynicism*, London u. a.: Sage, S. 117-137.
Schallberger, Peter (1999), »Bauern zwischen Tradition und Moderne? Soziologische Folgerungen aus der Rekonstruktion eines bäuerlichen Deutungsmusters«, in: *Schweizerische Zeitschrift für Soziologie*, H. 3, S. 519-547.
Schatzki, Theodore R. (1996), *Social Practices. A Wittgensteinian Approach to Human Activity and the Social*, Cambridge: Cambridge University Press.
Scherhorn, Gerhard (1973), *Gesucht: der mündige Verbraucher. Grundlagen eines verbraucherpolitischen Bildungs- und Informationssystems*, Düsseldorf: Droste.
Scherhorn, Gerhard (2000), »Umwelt, Arbeit und Konsum«, in: Doris Rosenkranz und Norbert F. Schneider (Hg.) *Konsum. Soziologische, ökonomische und psychologische Perspektiven*, Opladen: Leske und Budrich, S. 283-304.
Scherhorn, Gerhard u. a. (1975), *Verbraucherinteresse und Verbraucherpolitik*, Göttingen: Otto Schwartz und Co.
Scherhorn, Gerhard und Christoph Weber (Hg.) (2002), *Nachhaltiger Konsum. Auf dem Weg zur gesellschaftlichen Verankerung*, München: oekom.
Schiller, Friedrich (2000), *Über die ästhetische Erziehung des Menschen in einer Reihe von Briefen. Mit den Augustenburger Briefen*, Stuttgart: Reclam.
Schmalz-Bruns, Rainer (1995), *Reflexive Demokratie. Die demokratische Transformation moderner Politik*, Baden-Baden: Nomos.
Schmid, Thomas (1984), *Befreiung von falscher Arbeit. Thesen zum garantierten Mindesteinkommen*, Berlin: Wagenbach.
Schneider, Helmut (2004), *Marken in der Politik. Erscheinungsformen, Re-*

levanz, identitätsorientierte Führung und demokratietheoretische Reflexion, Wiesbaden: VS.
Schönberger, Klaus (2001), »Der Internetforscher im eigenen Feld. Der Fall Claudio Belmonte oder die Unmöglichkeit, ohne die Ausnahme die Regel zu denken«, in: Katharina Eisch und Marion Hamm (Hg.), *Die Poesie des Feldes. Beiträge zur ethnographischen Kulturanalyse*, Tübingen: Tübinger Vereinigung für Volkskunde, S. 184-195.
Schoenheit, Ingo (2001), »Denkanstöße zum Konzept des nachhaltigen Konsums«, in: Ulf Schrader, und Ursula Hansen (Hg.), *Nachhaltiger Konsum. Forschung und Praxis im Dialog*, Frankfurt/M., New York: Campus, S. 117-124.
Schoenheit, Ingo (2007), »Politischer Konsum. Ein Beitrag zum faustischen Konsumentenverhalten«, in: Michael Jäckel (Hg.), *Ambivalenzen des Konsums und der werblichen Kommunikation*, Wiesbaden: VS, S. 211-234.
Schor, Juliet B. und Douglas B. Holt (Hg.) (2000), *The Consumer Society Reader*, New York: The New Press.
Schrader, Ulf (2003), *Corporate Citizenship: Die Unternehmung als guter Bürger?*, Berlin: Logos.
Schrader, Ulf und Ursula Hansen (Hg.) (2001), *Nachhaltiger Konsum. Forschung und Praxis im Dialog*, Frankfurt/M., New York: Campus.
Schrage, Dominik (2003), »Integration durch Attraktion. Konsumismus als massenkulturelles Weltverhältnis«, in: *Mittelweg*, H. 6, S. 57-86.
Schrage, Dominik (2009), *Die Verfügbarkeit der Dinge. Eine historische Soziologie des Konsums*, Frankfurt/M., New York: Campus.
SCHUFA Holding AG (2006), *Schulden-Kompass 2006. Empirische Indikatoren der privaten Ver- und Überschuldung in Deutschland*, Wiesbaden.
Schulze, Gerhard (1992), *Die Erlebnisgesellschaft. Kultursoziologie der Gegenwart*, Frankfurt/M., New York: Campus.
Schütze, Fritz (2002), »Das Konzept der sozialen Welt im symbolischen Interaktionismus und die Wissensorganisation in modernen Komplexgesellschaften«, in: Inken Keim und Wilfried Schütte (Hg.), *Soziale Welten und kommunikative Stile*, Tübingen: Narr, S. 57-83.
Scitovsky, Tibor (1977), *Psychologie des Wohlstands. Die Bedürfnisse des Menschen und der Bedarf des Verbrauchers*, Frankfurt/M., New York: Campus.
Selter, Gerhard (1973), »Idee und Organisation des Konsumerismus«, in: *Soziale Welt*, H. 2/3, S. 185-205.
Sen, Armatya (1977), »Rational Fools: A Critique of the Behavioural Foundations of Economic Theory«, in: *Philosophy and Public Affairs*, H. 4, S. 317-344.
Sennett, Richard (1983), *Verfall und Ende des öffentlichen Lebens. Die Tyrannei der Intimität*, Frankfurt/M.: Fischer.

Sennett, Richard (1998), *Der flexible Mensch. Die Kultur des neuen Kapitalismus*, Berlin: Berlin Verlag.
Sennett, Richard (2005), *Die Kultur des neuen Kapitalismus*, Berlin: Berlin Verlag.
Sennett, Richard (2008), *Handwerk*, Berlin: Berlin Verlag.
Shibutani, Tomatsu (1955), »Reference Groups as Perspectives«, in: *American Journal of Sociology*, H. 6, S. 562-569.
Siegrist Hannes u. a. (Hg.) (1997), *Europäische Konsumgeschichte. Zur Gesellschafts- und Kulturgeschichte des Konsums (18. bis 20. Jahrhundert)*, Frankfurt/M., New York: Campus.
Simmel, Georg (1986), »Die Mode«, in: Silvia Bovenschen (Hg.), *Die Listen der Mode*, Frankfurt/M.: Suhrkamp, S. 179-207.
Simmel, Georg (1989), *Philosophie des Geldes*, Frankfurt/M.: Suhrkamp.
Simmel, Georg (1995), »Die Großstädte und das Geistesleben«, in: Ders.: *Aufsätze und Abhandlungen 1901-1908*, Bd. I (Gesamtausgabe Bd. 7), Frankfurt/M.: Suhrkamp, S. 116-131.
Slater, Don (1997), *Consumer Culture and Modernity*, Cambridge: Polity.
Smith, Adam (1910), *Der Reichtum der Nationen*, Leipzig: Kröner.
Sombart, Werner (1996), *Liebe, Luxus und Kapitalismus. Über die Entstehung der modernen Welt aus dem Geist der Verschwendung*, Berlin: Wagenbach.
Soper, Kate und Frank Trentmann (Hg.) (2008), *Citizenship and Consumption*, Basingstoke: Palgrave Macmillan.
Spangenberg, Joachim H. und Sylvia Lorek (2001), »Sozio-ökonomische Aspekte nachhaltigkeitsorientierten Konsumwandels«, in: *Aus Politik und Zeitgeschichte*, H. 24, S. 23-29.
Stegbauer, Christian (2001), »Von den Online Communities zu den computervermittelten sozialen Netzwerken. Eine Reinterpretation klassischer Studien«, in: *Zeitschrift für qualitative Bildungs-, Beratungs- und Sozialforschung*, H. 2, S. 152-173.
Stegbauer, Christian (2002), »Die Gebundenheit von Raum und Zeit im Internet«, in: *Sozialwissenschaften und Berufspraxis*, H. 4, S. 343-352.
Stehr, Nico (2007), *Die Moralisierung der Märkte. Eine Gesellschaftstheorie*, Frankfurt/M.: Suhrkamp.
Stiegler, Bernard (2008), *Die Logik der Sorge. Verlust der Aufklärung durch Technik und Medien*, Frankfurt/M.: Suhrkamp.
Stihler, Ariane (1998), *Die Entstehung des modernen Konsums. Darstellung und Erklärungsansätze*, Berlin: Duncker und Humblot.
Stolle, Dietlind und Marc Hooghe (2004), »Consumers as Political Participants? Shifts in Political Action Repertoires in Western Societies«, in: Michele Micheletti u. a. (Hg.), *Politics, Products, and Markets. Exploring Political Consumerism Past and Present*, New Brunswick, London: Transaction Publishers, S. 265-288.

Stolle, Dietlind u. a. (2004), »Zwischen Markt und Zivilgesellschaft: politischer Konsum als bürgerliches Engagement«, in: Dieter Gosewinkel u. a. (Hg.), *Zivilgesellschaft – national und transnational. WZB-Jahrbuch 2003*, Berlin: edition sigma, S. 151-171.

Stolle, Dietlind und Michele Micheletti (2005), »Warum werden Käufer zu ›politischen Verbrauchern‹?«, in: *Forschungsjournal Neue Soziale Bewegungen*, H. 4, S. 41-52.

Straub, Jürgen und Joachim Renn (Hg.) (2002), *Transitorische Identität. Der Prozesscharakter des modernen Selbst*, Frankfurt/M., New York: Campus.

Strauss, Anselm L. (1978), *Negotiations. Varieties, Contexts, Processes and Social Order*, San Francisco: Jossey-Bass.

Strauss, Anselm L. (1978), »A Social World Perspective«, in: *Studies in Symbolic Interaction*, H. 1, S. 119-128.

Strauss, Anselm L. (1982), »Social Worlds and Legitimation Processes«, in: *Studies in Symbolic Interaction*, Jg. 4, S. 171-190.

Strauss, Anselm L. (1984), »Social Worlds and their Segmentation Processes«, in: *Studies in Symbolic Interaction*, Jg. 5, S. 123-139.

Strauss, Anselm L. (1993), *Continual Permutations of Action*, Hawthorne, NY: Aldine de Gruyter.

Strauss, Anselm L. (1994), *Grundlagen qualitativer Sozialforschung. Datenanalyse und Theoriebildung in der empirischen soziologischen Forschung*, München: Fink.

Strauss, Anselm L. und Juliet Corbin (1996), *Grounded Theory. Grundlagen Qualitativer Sozialforschung*, Weinheim: Juventa.

Streeck, Wolfgang und Philippe C. Schmitter (1985), »Gemeinschaft, Markt und Staat – und die Verbände? Der mögliche Beitrag von Interessenregierungen zur sozialen Ordnung«, in: *Journal für Sozialforschung*, H. 2, S. 133-157.

Strübing, Jörg (2006), »Webnografie? Zu den methodischen Voraussetzungen einer ethnografischen Erforschung des Internets«, in: Werner Rammert und Cornelius Schubert (Hg.), *Technografie. Zur Mikrosoziologie der Technik*, Frankfurt/M., New York: Campus, S. 249-274.

Strübing, Jörg (2007), *Anselm Strauss*, Konstanz: UVK.

Strünck, Christoph (Hg.) (2008), »Sonderheft: Reshaping Consumer Policy in Europe«, *German Policy Studies*, H. 1.

Strünck, Christoph (2008), »Claiming Consumers' Rights: Patterns and Limits of Adversarial Legalism in European Consumer Protection«, in: *German Policy Studies*, H. 1, S. 167-192.

Surowiecki, James (2004), *The Wisdom of Crowds: Why the Many Are Smarter than the Few and how Collective Wisdom Shapes Business, Economies, Societies and Nations*, London: Little Brown.

Taylor, Charles (1988), *Negative Freiheit? Zur Kritik des neuzeitlichen Individualismus*, Frankfurt/M.: Suhrkamp.

Taylor, Charles (1995), *Das Unbehagen an der Moderne*, Frankfurt/M.: Suhrkamp.

Thévenot, Laurent (1984), »Rules and Implements: Investment in Forms«, in: *Social Science Information*, H. 1, S. 1-45.

Thomas, William Isaac und Dorothy Swaine Thomas (1928), *The Child in America: Behavior Problems and Programs*, New York: Knopf, S. 572.

Toffler, Alvin (1980), *Die dritte Welle*, München: Goldmann.

Torp, Claudius (2006), »Konsum als politisches Problem. Konsumpolitische Ordnungsentwürfe in der Weimarer Republik«, in: Jörn Lamla und Sighard Neckel (Hg.), *Politisierter Konsum – konsumierte Politik*, Wiesbaden: VS, S. 41-65.

Torp, Claudius und Heinz Gerhard Haupt (2009), »Einleitung: Die vielen Wege der deutschen Konsumgesellschaft«, in: Heinz-Gerhard Haupt und Claudius Torp (Hg.), *Die Konsumgesellschaft in Deutschland 1890-1990. Ein Handbuch*, Frankfurt/M., New York: Campus, S. 9-24.

Trentmann, Frank (2001), »Bread, Milk and Democracy: Consumption and Citizenship in Twentieth-Century Britain«, in: Martin Daunton und Matthew Hilton (Hg.), *The Politics of Consumption. Material Culture and Citizenship in Europe and America*, Oxford, New York: Berg, S. 129-163.

Trentmann, Frank (2006), »The Modern Genealogy of the Consumer. Meanings, Identities and Political Synapses«, in: John Brewer und Frank Trentmann (Hg.), *Consuming Cultures, Global Perspectives. Historical Trajectories, Transnational Exchanges*, Oxford, New York: Berg, S. 16-69.

Trentmann, Frank (2007), »Introduction. Citizenship and Consumption«, Special Issue, *Journal of Consumer Culture*, H. 2, S. 147-158.

Trilling, Lionel (1983), *Das Ende der Aufrichtigkeit*, Frankfurt, Berlin u. a.: Ullstein.

Turkle, Sherry (1998), *Leben im Netz. Identität in Zeiten des Internet*, Reinbek: Rowohlt.

Ullrich, Wolfgang (2006), *Habenwollen. Wie funktioniert die Konsumkultur?*, Frankfurt/M.: Fischer.

Unfried, Peter (2008), *Öko. Al Gore, der neue Kühlschrank und ich*, Köln: DuMont.

Unsichtbares Komitee (2010), *Der kommende Aufstand*, ⟨http://linksunten.indymedia.org/node/22964⟩, letzter Zugriff 17. 8. 2012.

Veblen, Thorstein (2007), *Theorie der feinen Leute. Eine ökonomische Untersuchung der Institutionen*, Frankfurt/M.: Fischer.

Verbraucherzentrale Nordrhein-Westfalen (2005), *Stichprobe bei Verbraucherforen im Internet: Mangelhafte Meinungen*, Pressemitteilung vom 27.7.2005.

Vogel, Berthold (2005), »Kristallisationskerne der neuen sozialen Frage. Zur politischen Ordnung sozialer Verwundbarkeit und prekären Wohlstands«, in: Kurt Imhof und Thomas S. Eberle (Hg.), *Triumph und Elend des Neoliberalismus*, Zürich: Seismo, S. 212-225.

Vogel, Berthold (2009), *Wohlstandskonflikte. Soziale Fragen, die aus der Mitte kommen*, Hamburg: Hamburger Edition.

Vogel, David (2004), »Tracing the American Roots of the Political Consumerism Movement«, in Michele Micheletti u. a. (Hg.), *Politics, Products, and Markets. Exploring Political Consumerism Past and Present*, New Brunswick, London: Transaction Publishers, S. 83-100.

Voß, G. Günter und Kerstin Rieder (2005), *Der arbeitende Kunde. Wenn Konsumenten zu unbezahlten Mitarbeitern werden*, Frankfurt/M. New York: Campus.

Wagner, Peter (1995), *Soziologie der Moderne. Freiheit und Disziplin*, Frankfurt/M., New York: Campus.

Walter, Nadine und Kai Alexander Saldsieder (2010), »Machtfaktor Konsumentendemokratie – Chancen und Herausforderungen für die Markenführung im Web 2.0«, in: Ulrich Görg (Hg.), *Erfolgreiche Markendifferenzierung. Strategie und Praxis professioneller Markenprofilierung*, Wiesbaden: Gabler, S. 127-148.

Walzer, Michael (1994), *Sphären der Gerechtigkeit. Ein Plädoyer für Pluralität und Gleichheit*, Frankfurt/M., New York: Campus.

Warde, Alan (2005), »Consumption and Theories of Practice«, in: *Journal of Consumer Culture*, H. 2, S. 131-153.

Weber, Christoph (2001), »Nachhaltiger Konsum – Versuch einer Einordnung und Operationalisierung«, in: Ulf Schrader und Ursula Hansen (Hg.), *Nachhaltiger Konsum. Forschung und Praxis im Dialog*, Frankfurt/M., New York: Campus, S. 63-76.

Weber, Max (1980), *Wirtschaft und Gesellschaft. Grundriß der verstehenden Soziologie*, 5. Aufl., Tübingen: Mohr.

Weber, Max (1988), »Politik als Beruf«, in: Ders., *Gesammelte Politische Schriften*, 5. Aufl., Tübingen: Mohr, S. 505-560.

Weber, Max (1991), *Schriften zur Wissenschaftslehre*, Stuttgart: Reclam.

Weber, Max (1996), *Die protestantische Ethik und der »Geist« des Kapitalismus*, 2. Aufl., Weinheim: Belz.

Weber, Steven (2004), *The Success of Open Source*, Cambridge: Harvard University Press.

Wellman, Barry und Milena Gulia (1999), »Virtual Communities as Communities. Net Surfers Don't Ride Alone«, in: Marc A. Smith und Peter Kollock (Hg.), *Communities in Cyberspace*, London: Routledge, S. 167-194.

Wenzel, Harald (2001), *Die Abenteuer der Kommunikation. Echtzeitmassenmedien und der Handlungsraum der Hochmoderne*, Weilerswist: Velbrück.

Werner, Götz und André Presse (2010), »Revolutionär denken, evolutionär handeln. Methodische Überlegungen zur Einführung eines bedingungslosen Grundeinkommens«, in: Manuel Franzmann (Hg.), *Bedingungsloses Grundeinkommen als Antwort auf die Krise der Arbeitsgesellschaft*, Weilerswist: Velbrück, S. 309-316.

Werner, Klaus und Hans Weiss (2003), *Das neue Schwarzbuch Markenfirmen. Die Machenschaften der Weltkonzerne*, Wien, Frankfurt: Deuticke.

Westbrook, Robert B. (2000), »John Dewey und die Logik der Demokratie«, in: Hans Joas (Hg.), *Philosophie der Demokratie. Beiträge zum Werk von John Dewey*, Frankfurt/M.: Suhrkamp, S. 341-361.

Westebbe, Achim und David Logan (1995), *Corporate Citizenship. Unternehmen im gesellschaftlichen Dialog*, Wiesbaden: Gabler.

White, Harrison C. (1981), »Where Do Markets Come From?«, in: *American Journal of Sociology*, H. 3, S. 517-547.

Willke, Gerhard (2006), *Kapitalismus*, Frankfurt/M., New York: Campus.

Wimbauer Christine u. a. (2002), »Prekäre Balancen – Liebe und Geld in Paarbeziehungen«, in: Christoph Deutschmann (Hg.), *Die gesellschaftliche Macht des Geldes. Leviathan-Sonderheft 21*, Wiesbaden: Westdeutscher Verlag, S. 263-285.

Wissenschaftlicher Beirat für Verbraucher- und Ernährungspolitik beim BMVEL (2003), *Strategische Grundsätze und Leitbilder einer neuen Verbraucherpolitik*, 2., redaktionell überarbeitete Fassung, Stuttgart-Hohenheim, Berlin.

Wiswede, Günter (2000), »Konsumsoziologie – Eine vergessene Disziplin«, in: Doris Rosenkranz und Norbert F. Schneider (Hg.) *Konsum. Soziologische, ökonomische und psychologische Perspektiven*, Opladen: Leske und Budrich, S. 23-72.

Wittgenstein, Ludwig (2003), *Philosophische Untersuchungen*, Frankfurt/M.: Suhrkamp.

Wolin, Sheldon S. (2001), *Tocqueville between Two Worlds*, Princeton, NJ: Princeton University Press.

Worldwatch Institute (Hg.) (2004), *Zur Lage der Welt 2004. Die Welt des Konsums*, Münster: Westfälisches Dampfboot.

Young, Iris Marion (2006), »Responsibility and Global Justice. A Social Connection Model«, in: *Social Philosophy and Policy*, H. 1, S. 102-130.

Zadek, Simon u.a. (Hg.) (1997), *Building Corporate Accountability. Emerging Practices in Social and Ethical Accounting, Auditing and Reporting*, London: Earthscan.

Zaretsky, Eli (2006), *Freuds Jahrhundert. Die Geschichte der Psychoanalyse*, Wien: Paul Zsolnay Verlag.

Zelizer, Viviana A. (1994), *The Social Meaning of Money*, Princeton NJ: Princeton University Press.

Zelizer, Viviana A. (2000), »Die Farben des Geldes. Vielfalt der Märkte, Vielfalt der Kulturen«, in: *Berliner Journal für Soziologie*, H. 3, S. 315-332.

Zelizer, Viviana A. (2005), »Culture and Consumption«, in: Neil J. Smelser und Richard Swedberg (Hg.), *The Handbook of Economic Sociology*, 2. Aufl., Princeton NJ: Princeton University Press, S. 331-355.

Zuboff, Shoshana und James Maxmin (2002), *The Support Economy. Why Corporations Are Failing Individuals and the Next Episode of Capitalism*, New York: Penguin.

Zukin, Sharon und Paul J. DiMaggio (1990), »Introduction«, in: Dies. (Hg.), *Structures of Capital: The Social Organization of the Economy*, Cambridge: Cambridge University Press, S. 1-36.

Zukunftskommission der Friedrich-Ebert-Stiftung (1998), *Wirtschaftliche Leistungsfähigkeit, sozialer Zusammenhalt, ökologische Nachhaltigkeit. Drei Ziele – ein Weg*, Bonn: Dietz.

Namenregister

Sachregister

NF 163/1/4.08

Nico Stehr

- Die Moralisierung der Märkte. Eine Gesellschaftstheorie. stw 1831. 379 Seiten
- Wissen und Wirtschaften. Die gesellschaftlichen Grundlagen der modernen Ökonomie. stw 1507. 451 Seiten

Hartmut Winkler. Diskursökonomie. Versuch über die innere Ökonomie der Medien. stw 1683. 258 Seiten

NF 163/2/4.08